Catherine Marten
Bernhards Baukasten

Studien zur
deutschen Literatur

―

Herausgegeben von
Georg Braungart, Eva Geulen,
Steffen Martus und Martina Wagner-Egelhaaf

Band 217

Catherine Marten
Bernhards Baukasten

Schrift und sequenzielle Poetik
in Thomas Bernhards Prosa

DE GRUYTER

Gedruckt mit freundlicher Unterstützung der Geschwister Boehringer Ingelheim Stiftung für Geisteswissenschaften in Ingelheim am Rhein.

Die vorliegende Arbeit wurde von der Philosophischen Fakultät II der Humboldt-Universität zu Berlin im Jahr 2015 als Dissertation zur Erlangung des akademischen Grades eines Doktors der Philosophie angenommen.

ISBN 978-3-11-070903-2
e-ISBN (PDF) 978-3-11-059153-8
e-ISBN (EPUB) 978-3-11-058927-6
ISSN 0081-7236

Library of Congress Cataloging-in-Publication Data
Names: Marten, Catherine, 1981- author.
Title: Bernhards Baukasten : Schrift und sequenzielle Poetik in Thomas Bernhards Prosa / Catherine Marten.
Description: Boston : De Gruyter, 2018. | Series: Studien zur deutschen Literatur ; 217 | Includes bibliographical references and index.
Identifiers: LCCN 2018031533 (print) | LCCN 2018032944 (ebook) | ISBN 9783110591538 (electronic Portable Document Format (pdf) | ISBN 9783110587395 (hardback) | ISBN 9783110591538 (e-book pdf) | ISBN 9783110589276 (e-book epub)
Subjects: LCSH: Bernhard, Thomas--Criticism and interpretation. | Bernhard, Thomas. Prose works. | BISAC: LITERARY CRITICISM / European / German.
Classification: LCC PT2662.E7 (ebook) | LCC PT2662.E7 Z7764 2018 (print) | DDC 838/.91409--dc23
LC record available at https://lccn.loc.gov/2018031533

Bibliografische Information der Deutschen Nationalbibliothek
Die Deutsche Nationalbibliothek verzeichnet diese Publikation in der Deutschen Nationalbibliografie; detaillierte bibliografische Daten sind im Internet über http://dnb.dnb.de abrufbar.

© 2020 Walter de Gruyter GmbH, Berlin/Boston
Dieser Band ist text- und seitenidentisch mit der 2018 erschienenen gebundenen Ausgabe.
Satz: Dörlemann Satz, Lemförde
Druck und Bindung: CPI books GmbH, Leck

www.degruyter.com

Dank

Bei der vorliegenden Studie handelt es sich um die überarbeitete Fassung meiner Dissertation, die im Wintersemester 2015/2016 von der der Philosophischen Fakultät II der Humboldt-Universität zu Berlin angenommen wurde.

Meiner Doktormutter Andrea Polaschegg danke ich für ihr enthusiastisches Mitdenken, ihre unermüdliche Bereitschaft, Gutachten zu verfassen, ihre stets luzide Kritik und gewinnbringenden Einfälle, ihre vertrauensvolle Gelassenheit und schlussendliche Ungeduld. Kurzum für die bestmögliche aller Betreuungen. Eva Geulen danke ich dafür, dass sie diese Arbeit angestoßen, gefördert, begutachtet und somit entscheidend zum Exorzismus der Bernhard-Dämonen beigetragen hat. Ihre detailgenaue Kenntnis von und ihr unbestechlicher und sensibler Umgang mit literarischen Texten, die vor einer reinen Applikation von Theorie auf dieselben bewahren, hat meinen methodischen Zugang und die vorliegende Arbeit wesentlich geprägt.

Grundlegend beeinflusst wurde diese Arbeit auch vom DFG-Graduiertenkolleg *„Schriftbildlichkeit": Über Materialität, Wahrnehmbarkeit und Operativität von Notationen*, dem fruchtbarsten Forschungszusammenhang, den ich während meiner Studien- und Promotionszeit kennenlernen durfte. Ich danke allen Mitgliedern des Kollegs und seiner Sprecherin Sybille Krämer für ihr Engagement sowie der DFG für die Gewährung eines Promotionsstipendiums. Insbesondere aber danke ich meinen Mitpromovierenden für ihre konstruktive Kritik, ihre Diskussionsbereitschaft und ihre Begeisterungsfähigkeit für unser gemeines Projekt. Auch den Mitgliedern des Doktorandenkolloquiums von Andrea Polaschegg bin ich für produktive Diskussionen und wichtige Anregungen zu Dank verpflichtet.

Ohne den Zugang zum Nachlass Thomas Bernhards und zum Siegfried Unseld Archiv wäre diese Arbeit nicht möglich gewesen. Ich danke der Thomas-Bernhard-Privatstiftung, die von 2001 bis 2014 das Thomas Bernhard Archiv in Gmunden betrieben hat, für die Schaffung exzellenter Arbeitsbedingungen, für die vor Ort auch Martin Huber und Bernhard Judex gesorgt haben. Ebenso danke ich dem Deutschen Literaturarchiv Marbach für die Ermöglichung nicht minder ertragreicher Rechercheaufenthalte und eine hervorragende bestandsbezogene Beratung. Zu guter Letzt möchte ich mich herzlich bei Peter Fabjan und Raimund Fellinger für die Genehmigung zur Veröffentlichung der für die Argumentation dieser Studie unerlässlichen Archivalien bedanken.

Großer Dank gilt Anna-Lena Scholz und Friederike Krippner, die nicht nur die Arbeit und ihre Verfasserin von Anfang an begleitet, sondern auch noch die undankbare Aufgabe des Korrekturlesens übernommen haben. Beides war mir eine immense Hilfe.

Meiner Mutter Brigitte Marten möchte ich für ihre großzügige Unterstützung in Zeiten finanzieller Unsicherheit danken und ihr und meiner Schwester Nicoline Marten dafür, dass sie mir unbedingt zur Seite gestanden und mir Mut gemacht haben.

Robert Memering von *Prinzipalsatz Typographie* in Münster danke ich dafür, dass er seine unerschöpfliche typographische Expertise mit mir geteilt und meine Argumente kritisch geschärft hat.

Herzlich möchte ich mich zudem bei all jenen bedanken, die die Arbeit befeuert, vielfältig erleichtert oder mit dem nötigen Pragmatismus versehen haben. Ich danke Anne Beyreuther, Imke Birx, Hanno Burmester, Gwendolin Engels, Frauke Fechner, Patricia Heitmann, Hanne Holm, Anna Koch, Stefanie Moraw, Katia Schwerzmann, Brigitte Schultz, Daniel Stursberg und Peter Wittkamp.

Mein ganz besonderer Dank gilt jedoch Benjamin Dittmann, Christian Driesen und Claude Haas, ohne die die Arbeit kein Ende gefunden hätte.

Berlin, im Juli 2018

Inhaltsverzeichnis

Dank —— V

Zitierweise und Siglenverzeichnis —— XI

Einleitung —— 1

1	**Schreibszenen/Schreib-Szene —— 13**	
1.1	Die Studie und der Geistesmensch – Schreibprojekte in Bernhards Prosa —— 16	
1.1.1	„Die Studie auf das Papier kippen" – *Das Kalkwerk* —— 22	
	Exkurs: Schreibprozesse nach Hurlebusch – Der Kopfarbeiter —— 24	
1.1.2	Das Scheitern der Studie und das Gelingen des Bernhard'schen Texts —— 26	
1.1.3	„Genau auf die Kippkante" – Der Kegelbau und das Kippen der Wahrnehmung in Bernhards *Korrektur* —— 29	
1.1.4	Spuren auf dem Papier – Das Ende der Schreibszene und das Potenzial der Leseszene —— 54	
1.1.5	„Sichten und Ordnen" – Die Betonung der Schriftgestalt in Bernhards *Korrektur* —— 61	
1.2	Die Schreib-Szene als invertierte Selbstreflexion: Bernhards konträre Arbeitsweise —— 86	
1.3	Schrift als Sequenz —— 90	
2	**Thomas Bernhards Arbeitsweise —— 98**	
2.1	„Wie ein Maschinengewehrfeuer" – Thomas Bernhards Schreibgerät —— 98	
2.1.1	Manuskript vs. Typoskript —— 100	
2.1.2	Eine Semiotik des Typoskripts —— 104	
2.2	„Das sind die Sätze, Wörter, die man aufbaut" – Schreiben mit Textbausteinen —— 108	
2.2.1	Rhythmus/Musikalität des Schreibens —— 111	
2.2.2	Allgemeine Bemerkungen zu Thomas Bernhards Typoskripten —— 120	
2.2.3	Bernhards Entwurfspraxis: Satzmodelle und Textbausteine —— 131	
	Entwürfe zum *Kalkwerk* —— 138	
2.2.4	Korrekturen —— 148	

	Serielle Bearbeitung und Einfügen von Textbausteinen —— 149
	Streichungen als produktive Leerstellen —— 156
	Schreiben in der vierten Dimension – Der Umbau des *Korrektur*-Typoskripts —— 158
2.2.5	Satzzeichen —— 163
2.2.6	Auszeichnungen in Typoskript und Druck —— 171
2.2.7	Visuelles Schreiben —— 180
2.2.8	Größere Textbausteine —— 186
	Seitenvorgaben —— 187
	Systematische Streichungen —— 189
	Eingeklebte Textbausteine —— 192
	Typographisch auffällige Bausteine aus anderen Texten —— 199
2.3	Inszenierter Schreibfluss und Störungen des sukzessiven Prinzips —— 202
2.3.1	Werkgenetischer vs. automatisierter Schreibprozess —— 206
2.3.2	Die Auswirkungen der typographischen Form auf die Wahrnehmung der Textbausteine —— 211
2.3.3	Der „Weinflaschenstöpselfabrikant" – Störungen des Schreib- und Lesevorgangs —— 218
3	**Typographie —— 224**
3.1	Das typographische Programm des Suhrkamp Verlags —— 224
3.1.1	Die Reihen der **60**er Jahre: *Bibliothek Suhrkamp* & *edition suhrkamp* —— 225
3.1.2	Markenetablierung durch Typographie und Buchgestaltung —— 233
3.2	Die Marke Thomas Bernhard im Suhrkamp Verlag —— 238
3.2.1	Bernhard als zeitgenössischer Autor in der *edition suhrkamp* —— 238
3.2.2	Bernhard als moderner Klassiker – Der Wechsel in die *Bibliothek Suhrkamp* —— 243
3.2.3	Etablierung des Markenimages durch individuelle Erstausgaben —— 249
3.3	Unselds Programm der Lesbarkeit und Bernhards typographische Vorgaben —— 258
3.4	Typographisches Dispositiv – Steuerung von Rezeptionserwartung und Lektüreprozessen —— 267
3.5	Wechselwirkung: Buchgestaltung und Markenbildung im Suhrkamp Verlag und Bernhards sequenzielle Poetik —— 271
3.5.1	Das Ideal einer ‚neutralen' Satzgestaltung im Suhrkamp Verlag —— 272

3.5.2	Typographische Sonderfälle im Suhrkamp Verlag (70er Jahre) —— **275**	
3.5.3	Typographische Gestaltung und Rezeptionssteuerung am Beispiel Thomas Bernhards —— **300**	
	Ausstattung und Umschlaggestaltung —— **302**	
	Satzgestaltung und Seitenspiegel —— **314**	
	Ein typographischer Rettungsversuch – Bernhards *In der Höhe* —— **322**	

4 **Exemplarische Analyse von Thomas Bernhards *Gehen* (1971) —— 326**
4.1   Das Aufschlagen des Buches: Leserwartung und Rezeptionssteuerung —— **327**
4.2   Der Gang in den „rustenschacherschen Laden" —— **332**
4.3   Ein Absatz als Passage in die Arbeitsweise: Schreibprozess und Textgenese —— **337**
4.3.1   Die „schütteren Stellen" als Kulminationspunkt des Textes —— **339**
4.3.2   Entwurf und Vorarbeiten zu *Gehen* —— **342**
4.4   Kursivierung als Verfahren zur Betonung der Schriftgestalt —— **350**
4.5   Wiederholung und Variation als Verfahren zur Betonung der Sequenzialität —— **354**

Ausblick —— 365

Literaturverzeichnis —— 375
    Quellen —— **375**
    Werkausgabe (WA) —— **375**
    Erstausgaben (EA) —— **375**
    Andere Ausgaben und Texte —— **376**
    Interviews, Zeitungsartikel, Filme, Briefe —— **376**
    Andere literarische Texte —— **377**
    Forschungsliteratur —— **377**

Abbildungsverzeichnis —— 391
    Kapitel 1 —— **391**
    Kapitel 2 —— **391**
    Kapitel 3 —— **392**
    Kapitel 4 —— **394**

Personenregister —— 397

Zitierweise und Siglenverzeichnis

Thomas Bernhards Texte werden in der vorliegenden Studie sowohl aus der Werkausgabe (WA) als auch aus den Erstausgaben (EA) zitiert. Während die differenzierten Kommentare der Werkausgabe mit großem Gewinn konsultiert wurden, stellen die eingerichteten Texte oftmals keine geeignete Grundlage für die methodische Herangehensweise der vorliegenden Untersuchung dar, da teils entscheidende Veränderungen am Text vorgenommen wurden, ohne diese mithilfe von Variantenverzeichnissen und entsprechenden Apparaten abzubilden. So kommt es vor allem bei Auszeichnungen und bei der Interpunktion zu erheblichen, jedoch nicht nachvollziehbaren Abweichungen zwischen den verschiedenen Ausgaben. Aus diesem Grund greift die Arbeit an den Stellen, wo es um die Analyse schriftgestaltlicher Phänomene geht, auf die Erstausgaben zurück, da diese die letzte, von Bernhard autorisierte Fassung der Texte abbilden. In den Kurztiteln werden die verschiedenen Ausgaben mit den Kürzeln WA (Werkausgabe) und EA (Erstausgabe) nachgewiesen.

Häufig zitierte Texte werden im laufenden Text unter Angabe von Siglen zitiert:
G   Bernhard, Thomas, Gehen, Frankfurt a.M. 1971 (EA, suhrkamp taschenbuch, Bd. 5).
Ka Bernhard, Thomas, Das Kalkwerk. Roman. In: Bernhard, Werke, Bd. 3, hg. von Renate Langer, Frankfurt a.M. 2004.
Ko Bernhard, Thomas, Korrektur. Roman, Frankfurt a.M. 1975 (EA).

Dokumente aus dem Nachlass Thomas Bernhards werden unter NLTB [Nachlass Thomas Bernhard], TBA [Thomas Bernhard Archiv] und Angabe der internen Sigle des Thomas Bernhard Archivs zitiert.

Besonderheiten der zitierten Texte bezüglich ihrer Interpunktion und Orthographie werden beibehalten, Hervorhebungen der Verfasserin sind als solche kenntlich gemacht.

Einleitung

Thomas Bernhard: Geschichtenzerstörer, Sprachskeptiker, Schimpfkünstler, literarischer Komponist. All diese Zuschreibungen zielen auf Bernhards unverwechselbaren sprachlichen Stil, der dem „Übertreibungskünstler" nicht nur einen Platz im Regal der lesenden Öffentlichkeit gesichert, sondern ihn auch fest im Kanon der Literaturwissenschaft verankert hat. Die vorliegende Arbeit will einen Komplex beleuchten, der durch diese Fokussierung auf Bernhards Sprache in der Forschung bisher weitestgehend unbeachtet geblieben ist: Thomas Bernhards Umgang mit *Schrift*.

Schrift und Schreiben stellen in Thomas Bernhards Prosatexten prominente Themen dar und haben auch in der Forschung ein breites Echo gefunden. Jedoch wird dieser Komplex in aller Regel *sprach*wissenschaftlich und/oder hermeneutisch behandelt. Dabei wird weder die spezifische Struktur von Schrift noch ihre Gestalt in den Blick genommen.[1] Wie sehr sich die Literaturwissenschaft in Bernhards Fall an einem solch phonographisch-sprachzentrierten Verständnis von Schrift orientiert, lässt sich etwa daran erkennen, dass mit der besonderen ‚Form' der Texte stets Sprache (allenfalls Sprachstil) und niemals Schrift oder Schreiben im engeren Sinne gemeint ist.[2] Auch wenn eine solche Untersuchung durchaus ihre Berechtigung hat, gerät sie doch in deutliche Spannung mit dem Befund, dass ein Verweis auf genuine Schriftlichkeit in nahezu allen Bernhard'schen Prosatexten zu finden ist. Nicht nur werden reihenweise (gescheiterte) Schreibprojekte der ‚Geistesmenschen' thematisiert, auch werden die Texte selbst als Berichte *(Frost, Das Kalkwerk)*, Studien *(Korrektur, Auslöschung)* oder protokollarische Niederschriften *(Holzfällen)* inszeniert, wobei es nicht selten zu paradoxen Verhältnissen zwischen dem der Leserin vorliegenden Text und dem darin geschilderten Prozess des nicht gelingenden Schreibens kommt:[3] Während Bernhard seine Geistesmen-

---

[1] Eine große Ausnahme bilden dabei die beiden folgenden Forschungsbeiträge, denen meiner Arbeit entscheidende Anregungen verdankt. Vgl. Alois Eder, Perseveration als Stilmittel moderner Prosa. Thomas Bernhard und seine Nachfolge in der Österreichischen Literatur. In: Annali Studi Tedeschi, Bd. 22, Heft 1, 1979, S. 65–100 und Lars Jacob, Bildschrift – Schriftbild. Zu einer eidetischen Fundierung von Erkenntnistheorie im modernen Roman, Würzburg 2000, insb. S. 259–297.
[2] Vgl. etwa Christoph Kappes, Schreibgebärden. Zur Poetik und Sprache bei Thomas Bernhard, Peter Handke und Botho Strauss, Würzburg 2006 oder Nikolaus Langendorf, Schimpfkunst. Die Bestimmung des Schreibens in Thomas Bernhards Prosawerk, Frankfurt a.M. u. a. 2001.
[3] Bernhards *Holzfällen* (1984) etwa entwickelt eine paradoxe Zirkelstruktur, indem die Schrift, die der Erzähler am Ende des Romans zu schreiben intendiert, bereits geschrieben und materiell vorhanden ist und dem Leser als schriftliches Artefakt vorliegt. In Bernhards vorletztem

schen an der Realisierung ihrer Studien und Schriften auf ganzer Linie scheitern lässt, inszeniert der Bernhard'sche Text auf dieser Folie das „Gelingen eines Satz- und Text-Baukunstwerks der raffiniertesten, ausgeklügeltsten, manchmal auch verspieltesten Art".[4] Dass sich dieses „Satz und Text-Baukunstwerk[]" Bernhards konstruktivem Umgang mit Schrift verdankt, soll die vorliegende Untersuchung zeigen.

Ihren Ausgang nimmt die Untersuchung in einer zunächst trivial erscheinenden Beobachtung: Thomas Bernhards Prosa ist, das wissen Bernhard-Fans wie -Gegner, nicht einfach zu lesen. Damit ist nicht in erster Linie ein erschwertes *Verstehen* der Texte gemeint, das durch eine Überkomplexität ihrer Inhalte erzeugt würde, sondern zunächst eine ganz wörtlich zu verstehende Erschwerung des *Leseprozesses*. Die für Bernhards Stil charakteristischen extrem langen, verschachtelten Sätze produzieren einen in der Forschung vielfach diagnostizierten ‚Sog' der Texte, in dem der Leser sich – schon weil ein erlösender Absatz oder Punkt oftmals weder sichtbar noch überhaupt zu erhoffen ist –, gefangen fühlt. Von dieser forcierten sukzessiven Lektüre, welche zusätzlich mit einer Unvorhersehbarkeit der zu verarbeitenden Informationen zu kämpfen hat – gemeint sind zum Beispiel die in einem Prosatext nicht zu erwartenden extremen Wortwiederholungen oder die für Bernhard ebenso typischen, geballt auftretenden und keinem erkennbaren Schema gehorchenden Kursivierungen –, kippt die Wahrnehmung der Texte immer wieder in eine synoptische Betrachtung der Gestalt und Anordnung der Schrift. Der Blick findet sich lesend nicht mehr zurecht und bleibt an den wiederholten und kursivierten Wörtern hängen, er nimmt den absatzlosen Textblock der Prosa wahr, findet wieder in die Lektüre zurück, die bald darauf wieder gestört wird und so weiter und so fort. Am Ende der Lektüre, auch diesen Effekt kennt jede_r Bernhard-Leser_in, stehen die für die Bernhard'schen Texte charakteristischen „Textbausteine"[5] zwar deutlich vor Augen, den Inhalt oder genauen Handlungsverlauf zu rekonstruieren wird indes schwierig, und zwar nicht nur, weil Bernhards Texte zu einem Großteil aus (wiedergegebenen) Reflexionen der Hauptfiguren bestehen. Vielmehr sorgt der kontinuierlich stattfindende Wahrnehmungswechsel dafür, dass eine herkömmliche, auf den Inhalt oder ‚Tiefsinn' des Textes ausgelegte Lektüre immer wieder blockiert wird.

Roman *Auslöschung* (1986) wird in Muraus Schrift, die ebenso den Titel „Auslöschung" trägt, die Erinnerung an seine Familie, die durch die Studie eigentlich getilgt werden soll, gerade *qua* Be-Schreibung konserviert.

4 Anne Betten, Thomas Bernhard unter dem linguistischen Seziermesser. In: Wissenschaft als Finsternis?, hg. von Martin Huber und Wendelin Schmidt-Dengler, Wien/Köln/Weimar 2002, S. 181–194, hier S. 191.

5 Ich komme auf diesen für die Arbeit zentralen Begriff im Laufe der Einleitung zurück.

Dieses beständige Kippen zwischen dem Sehen der Schriftgestalt und der sukzessiven Lektüre ist indessen höchst unüblich für die Rezeption literarischer und speziell literarischer *Prosa*texte. Zwar nehmen wir *jeden* Text noch vor Beginn der Lektüre in der Zusammenschau wahr, dieser synoptische Betrachtungsmodus erlaubt uns, aus der typographischen Anordnung der Schrift eine ‚Leseanleitung' zu erhalten, die sich entscheidend auf die – kulturell erlernte – Art und Weise auswirkt, wie wir den Text rezipieren: Lexika erfordern ein konsultierendes und selektives Lesen, Zeitungen liest man gängigerweise ‚quer', die dem Roman angemessene Lektüre ist das ‚lineare', konsekutive Lesen, um nur die prominentesten Beispiele zu nennen.[6] Während die Leserin eines Lexikon-Eintrags, einer Zeitung, und auch eines Bandes mit konkreter Poesie also von vornherein darauf eingestellt ist, diese Texte *auch* in der Zusammenschau und nicht nur sukzessiv lesend zu konsumieren, wird der Leser eines Prosatextes die Vorstellung, ihn nicht wenigstens einmal von vorne bis hinten *durch*zulesen (so er denn seinen Geschmack trifft), einigermaßen befremdlich finden. Dass unsere Rezeptionserwartung zwischen den verschiedenen Textsorten so deutlich divergiert, liegt nicht etwa in deren sprachstilistischen oder inhaltlichen Attributen begründet. Der Umstand, dass wir Lexikon, Zeitung, Gedicht und Roman auf *einen Blick* erkennen und voneinander unterscheiden können, noch bevor wir zu lesen begonnen haben, ist wie gesagt eine direkte Konsequenz der Buch- und Seitengestaltung – ein Umstand, der in der Literaturwissenschaft jedoch noch allzu oft unbeachtet bleibt.[7]

Auch Bernhards Prosatexte sind auf den ersten Blick als solche erkennbar: Die zum Großteil im Suhrkamp Verlag erscheinenden Texte verfügen über alle buch-

---

[6] Vgl. etwa Susanne Wehde, Typographische Kultur. Eine zeichentheoretische und kulturgeschichtliche Studie zur Typographie und ihrer Entwicklung, Tübingen 2000, S. 125 sowie Hans Peter Willberg und Friedrich Forssman, Lesetypographie, Mainz 1997, S. 16–63.
[7] Vgl. dazu Andrea Polaschegg, Der Anfang des Ganzen. Eine Theorie der Literatur als Verlaufskunst, Habilitationsschrift HU Berlin 2015 [unveröffentlichtes Manuskript], S. 292f. Wie Polaschegg hier richtigerweise bemerkt, hat der „alles andere als marginale Umstand, dass der überwiegende Teil literarischer Texte im Unterschied zur enzyklopädischen Literatur darauf angelegt ist, bei der Erstlektüre gerade nicht konsultierend oder ‚quer', sondern tatsächlich von vorne bis hinten gelesen zu werden, [...] die wissenschaftliche Aufmerksamkeit bislang noch nicht auf sich zu ziehen vermocht." Susanne Wehde hat auf dieses Forschungsdesiderat bereits in ihrer 2000 erschienenen detaillierten Studie *Typographische Kultur*, welche die Bedingungen und Effekte typographischer Bedeutungsvermittlung untersucht, hingewiesen: „Daß man Textsorten erkennt, bevor man ein einziges Wort des Sprachtextes gelesen hat, ist Indiz dafür, daß ein Text immer zuerst als visuelle Gestalt wahrgenommen wird und erst dann sprachlich-inhaltlich; eine Tatsache, die in der Literaturwissenschaft praktisch gar nicht reflektiert und auf ihre produktions- und rezeptionsästhetischen Konsequenzen befragt wird (beispielsweise für Lesemotivation, Textverständnis und Vertextungsstrategien)." Wehde, Typographische Kultur, S. 125.

und satzgestalterischen Eigenschaften, die in Summe das erzeugen, was Susanne Wehde in ihrer Studie *Typographische Kultur* als „typographisches Dispositiv"[8] bezeichnet. Das makrotypographische Kompositionsschema, welches Prosa auch ohne sprachliche ‚Füllung' unmittelbar als solches erkennbar macht, definiert sich im Gegensatz zu den meisten anderen über die Abgrenzung zu anderen typographischen Dispositiven: Wenn wir einen Text sehen, der *nicht* in Versen gesetzt ist und *nicht* über eine große weiße Rahmung verfügt (wie das typographische Dispositiv Lyrik), nicht stark gegliedert ist (wie ein Lexikon), *keine* Fußnoten (wie ein wissenschaftlicher Text), *keine* Spalten (wie ein Zeitungsartikel) und *keine* Bilder (wie ein Sachtext) besitzt, können wir davon ausgehen, dass wir es mit einem literarischen Prosatext zu tun haben. Die in Bernhards Fall hinzukommende gut lesbare Schrifttype und -größe, der für ein ungestörtes Lesen proportionierte Satzspiegel[9] sowie die Verwendung gattungsspezifischer Paratexte und Buchgestaltungsmerkmale untermauern bereits vor der lesenden Ingebrauchnahme der Texte den Eindruck eines geradezu prototypischen Prosatexts.

Die sukzessive Lektüre, welche diesem Text angemessen erscheint, ist somit eine von der Buchgestaltung gelenkte Operation – die jedoch vom Text selbst unterminiert wird. Gerade *weil* Bernhards Text aussieht, wie er aussieht, ist die Leserin auf das beschriebene Kippen der Wahrnehmung vom annoncierten Verlauf des Textes in die unerwartete Synopse nicht im geringsten vorbereitet.[10] Umso stärker ist die Irritation des Lesens, die daraus resultiert. Auf dieses emi-

---

8 Vgl. zur Definition des Konzepts Wehde, Typographische Kultur, S. 119–126.
9 Vgl. zu den typographischen Merkmalen eines Textes, die ein ungestörtes Lesen ermöglichen, Willberg/Forssman, Lesetypographie, S. 17.
10 Den Begriff der ‚Verläuflichkeit' des Textes verwende ich in Rückgriff auf Andrea Polascheggs 2015 an der Humboldt Universität eingereichte Habilitationsschrift *Der Anfang des Ganzen. Eine Theorie der Literatur als Verlaufskunst.* Im Gegensatz zum Begriff der Linearität trägt derjenige der Verläuflichkeit, wie Polaschegg zeigt, dem Richtungsvektor (und dem konstitutiven Anfangsmoment) von Texten Rechnung, welche anderen, linear strukturierten Objekten (Fäden, Taue, Linien), die „keine Anfänge, sondern nur zwei Enden" hätten, gerade nicht eigneten. Polaschegg: *Der Anfang des Ganzen*, S. 59. Ebenso verdankt meine Untersuchung der Arbeit von und den Diskussionen mit Andrea Polaschegg, das Konzept des Kippens zwischen den Wahrnehmungsebenen, welches im Falle der Bernhard'schen Prosa nicht ausschließlich am Textanfang stattfindet. Dieser Vorgang ähnelt dem Konzept des Wittgenstein'schen „Aspektwechsels", er läuft jedoch im Unterschied zu diesem zwischen den beiden Modi der synoptischen Betrachtung und der sukzessiven Lektüre ein und desselben Objekts – der Schrift – ab, statt zwischen zwei „Gesichtsbildern". Vgl. dazu Ludwig Wittgenstein, Philosophische Untersuchungen. In: Wittgenstein, Werkausgabe, Bd. 1: Tractatus logico-philosophicus. Tagebücher. Philosophische Untersuchungen, neu durchgesehen von Joachim Schulte, Frankfurt a.M. 1984, S. 522–531 sowie Polaschegg, Der Anfang des Ganzen, S. 97 f.

nente Spannungsverhältnis zwischen der typographisch gesteuerten Rezeptionserwartung und den davon abweichenden Rezeptionseffekten wird die vorliegende Untersuchung ihr Augenmerk lenken, da sie von der heuristischen Grundannahme ausgeht, dass sich in der Konzentration auf die Struktur und Gestalt von Schrift in Bernhards Prosatexten Effekte seines poetologischen Programms offenlegen lassen. Dabei geht die Arbeit davon aus, dass es sich nicht etwa um akzidentielle Effekte handelt, sondern dass diese auf Bernhards Schreibprozess – im doppelten Sinne einer am Medium Schrift orientierten Poetik der Texte und seiner tatsächlichen anhand des Nachlasses zu rekonstruierenden Schreib*verfahren* – zurückzuführen sind.

Die dem Text abzulesenden literarischen Verfahren, welche die Aufmerksamkeit immer wieder vom Verlauf des Textes abziehen und auf die synoptische Gestalt(ung) und Anordnung der Schrift lenken, sind, wie eingangs bereits angerissen, vor allem in der Wiederholung und Variation einzelner Wörter, Phrasen oder ganzer Sätze zu suchen. Diese unaufhörliche Reproduktion und Aneinanderreihung von Elementen produziert die für Bernhard typischen extrem langen, parallel gebauten und verschachtelten Sätze, in denen die einzelnen Elemente als solche sichtbar bleiben. Aber auch Bernhards idiosynkratische Verwendung von Satzzeichen und Kursivierungen heben die einzelnen Elemente, sei es durch Isolierung, sei es durch graphische Betonung, zusätzlich innerhalb der schriftlichen Sequenz hervor.

Mit dem Stichwort der ‚schriftlichen Sequenz' ist nun auch der Untertitel der Arbeit aufgerufen. Wenn dieser ankündigt, sich mit „Schrift und sequenzielle[r] Poetik in Thomas Bernhards Prosa" auseinandersetzen zu wollen, so hat dies zwei Implikationen: (1.) Schrift wird hier nicht als Metapher, sondern als konkrete Kulturtechnik verstanden, welche sich nicht in ihrer Funktion eines (sekundären) Notats sprachlicher Äußerung erschöpft. Stattdessen verfügt sie über einen aisthetischen Eigensinn – in der Arbeit bezeichne ich diese wahrnehmbare Form als ‚Schriftgestalt' – und über ein operationales Potenzial, das sich im Schrift*gebrauch*, sei dieser schreibend oder lesend, zur Entfaltung bringt.[11] (2.) Schrift

---

[11] Diese beiden Grundannahmen verdanken sich der Forschung zur Schriftbildlichkeit, vgl. exemplarisch die beiden Publikationen des DFG-Graduiertenkollegs „Schriftbildlichkeit": *Über Materialität, Wahrnehmbarkeit und Operativität von Notationen:* Gernot Grube, Werner Kogge und Sybille Krämer (Hg.), Schrift. Kulturtechnik zwischen Auge, Hand und Maschine, Paderborn/München 2005; Eva Cancik-Kirschbaum, Sybille Krämer und Rainer Totzke (Hg.), Schriftbildlichkeit. Wahrnehmbarkeit, Materialität und Operativität von Notationen, Berlin 2012. Den Begriff der ‚Gestalt' verwende ich in meiner Untersuchung nicht in einem wie auch immer gearteten psychologischen Sinn, sondern als Bezeichnung für die *Form* der Schrift, die auf einen Blick erfasst werden kann. Vgl. Wolfgang Raible, Die Semiotik der Textgestalt. Erscheinungsformen

wird als *sequenziell* organisierte Struktur verhandelt, die aus einzelnen Elementen besteht, welche in eine pragmatisch geregelte Abfolge gebracht sind. Ein Teil dieser Elemente bleibt im Lesen stets präsent, ihre Anordnung schreibt im Wortsinn die Übergänge zu den nachfolgenden Elementen vor, woraus im Falle des literarischen Textes ein sukzessives Lesen generiert wird. Die Zweidimensionalität des Schriftbildes und der Textverlauf schließen sich so keineswegs grundsätzlich aus, vielmehr bildet die Sequenz ein Relais zwischen den einzelnen schriftlichen Einheiten und ihrer Abfolge.[12] Dies bedeutet jedoch auch, dass die Schrift beim Lesen – entgegen der in der Sprach- und Medienwissenschaft weit verbreiteten Rede von einer ‚Zeichentransparenz'[13] – nicht etwa ‚verschwindet'. Vielmehr wird die wahrgenommene Gestalt und Anordnung der Schrift außer Acht gelassen, um in die sukzessive Lektüre eintreten zu können. Dieser für den Beginn einer jeden Lektüre konstitutive Moment des Kippens von der synoptischen Wahrnehmung des typographisch gestalteten Textes in das sukzessive Lesen, welcher sich zuverlässig am Textanfang vollzieht,[14] liegt demnach auch in der sequenziellen Struktur der Schrift begründet, welche einerseits die Wahrnehmung der einzelnen Einheiten und ihrer Anordnung ermöglicht, andererseits *als* Abfolge schriftlicher Entitäten wahrgenommen werden kann. Wird dieses Moment des Kippens, wie in der Rezeption von Bernhards Prosa, immer wieder reproduziert und zum Störfaktor des pragmatisch geregelten Nacheinanders, das im Fall des literarischen Textes die sukzessive Lektüre ermöglicht und forciert, geht dies, so die These der Untersuchung, auf eine wie auch immer geartete produktionsseitige Manipulation der Gestalt und Struktur von Schrift zurück.

---

und Folgen eines kulturellen Evolutionsprozesses, Heidelberg 1991 sowie Andrea Polaschegg, „diese geistig technischen Bemühungen ...'". Zum Verhältnis von Gestalt und Sinnversprechen der Schrift: Goethes arabische Schreibübungen und E.T.A. Hoffmanns *Der goldene Topf*. In: Cancik-Kirschbaum/Krämer/Totzke (Hg.), Schrift. Kulturtechnik zwischen Auge, Hand und Maschine, S. 279–304.
12 Dieses lautsprachenneutrale Konzept einer sequenziellen Grundstruktur von Schrift verdankt sich Werner Kogge, Schrift und das Rätsel des Lebendigen. Die Entstehung des Begriffssystems der Molekularbiologie zwischen 1880 und 1950. In: Schriftbildlichkeit. Wahrnehmbarkeit, Materialität und Operativität von Notationen, S. 329–359.
13 Vgl. kritisch dazu Gisela Fehrmann und Erika Linz, Resistenz und Transparenz der Zeichen. Der verdeckte Mentalismus in der Sprach- und Medientheorie. In: Die Kommunikation der Medien, hg. von Jürgen Fohrmann und Erhard Schüttpelz, Tübingen 2004, S. 81–104.
14 Vgl. zu diesen Zusammenhängen, die in der Arbeit ausführlich diskutiert werden, noch einmal Polaschegg, Der Anfang des Ganzen, insb. S. 93–99, hier S. 94: „Was sich hier im Moment des Anfangs auflöst, ist nicht die sinnliche Wahrnehmbarkeit der Wörter, sondern die Synopsis der Fläche, von deren zweidimensionaler Komposition der Verlauf des Textes im Wortsinne absieht und von der er umgekehrt auch absehen muss, um anfangen zu können."

Um zu klären, durch welche spezifischen autor- bzw. verlagsseitigen Eingriffe diese unerwarteten Rezeptionseffekte zustande kommen, untersucht die vorliegende Studie Bernhards Prosatexte in dreifacher Perspektive: Sie betrachtet (1.) die in den Texten vielfach thematisierten und in den meisten Fällen zum Scheitern verurteilten Schreibprojekte in Korrelation mit der – aus dem gelungenen ‚Text-Baukunstwerk' abzuleitenden – Produktivität des Autors Thomas Bernhard, um diesem so eine konstruktive Arbeitsweise zu attestieren, welche sich auf der Folie der scheiternden Geistesmenschen inszeniert. (2.) wird diese konstruktive Arbeitsweise anhand des Nachlasses rekonstruiert, um zu zeigen, dass Bernhards Schreib- und Konstruktionsverfahren sowohl einer sequenziellen Poetik gehorchen als auch den bei der Lektüre zu beobachtenden Kippvorgang generieren. (3.) wird die Arbeitsweise Bernhards mit der Buchgestaltung und Vermarktung seiner Prosatexte im Suhrkamp Verlag in Beziehung gesetzt, um aufzuzeigen, welche Auswirkungen die typographischen und paratextuellen Operationen auf den Kippvorgang zwischen sukzessiver Lektüre und synoptischer Wahrnehmung haben.

Im ersten Kapitel der Arbeit wird zunächst eine innertextuelle Schreibszene[15] in Bernhards Roman *Das Kalkwerk* (1970) beleuchtet, die so oder ähnlich in etlichen seiner Texte auftaucht: Die Bernhard'schen Figuren scheitern am Versuch, ihre Gedanken verlustfrei in Schrift umzusetzen und ein als philosophisch-naturwissenschaftlich-autobiographisch angelegtes Universalprojekt zu realisieren. Bernhards medienwirksame Selbstinszenierung entspricht ganz diesem Bild des – von Bernhard so betitelten – ‚Geistesmenschen', der sich in einem ‚Schreibkerker' von der Außenwelt abschottet, um arbeiten zu können.[16] Allerdings spricht der

---

[15] Ich entlehne den Begriff und das Konzept Rüdiger Campes einflussreichem Aufsatz und der sich daran anschließenden Forschung zu den ‚Genealogien des Schreibens' im Umfeld Martin Stingelins (vgl. Rüdiger Campe, Die Schreibszene, Schreiben. In: Paradoxien, Dissonanzen, Zusammenbrüche. Situationen offener Epistemologie, hg. von Hans Ulrich Gumbrecht und K. Ludwig Pfeiffer, Frankfurt a.M. 1991, S. 759–772). Allerdings unternimmt meine Arbeit eine Neujustierung dieses Forschungsansatzes: Sie fokussiert nicht nur den Schreibprozess mit seinen materiellen, gestischen und sprachlichen Bedingungen, sondern erweitert die Perspektive, indem sie das *Produkt* dieses Prozesses, nämlich den – in Bernhards Fall – getippten und gedruckten Text und seine gestaltlichen und strukturellen Eigengesetzlichkeiten sowie die sich an den Produktionsprozess anschließende ‚Leseszene' in den Blick nimmt.
[16] Vgl. Bernhards Inszenierung seines Arbeitsplatzes im Film-Interview *Drei Tage*: „Ich bin am liebsten allein. Im Grunde ist das ein Idealzustand! Mein Haus ist eigentlich ein riesiger Kerker. Ich hab das sehr gern; möglichst kahle Wände. Es ist kahl *und* kalt. Das wirkt sich auf meine Arbeit sehr gut aus. Die Bücher, oder was ich schreib', *sind wie das,* worin ich hause." Thomas Bernhard, Drei Tage. In: Bernhard, Der Italiener, Salzburg 1971, S. 152 f.

von ihm *de facto* produzierte Text eine gänzlich andere Sprache: Der wortreiche Bernhard'sche Text inszeniert sich gerade auf der Negativfolie des Scheiterns eines durch ihn selbst und seine Figuren propagierten werkgenetisch orientierten Schreibens und stellt das Gelingen des eigenen konstruktiven Umgangs mit Schrift buchstäblich zur Schau.[17] In Bernhards *Korrektur* (1975) lässt sich dieses konstruktive Schreiben *dem Text selbst* in zweierlei Weise ablesen: zum Einen im Bild eines gelingenden Bauprojekts, das sich deutlich von den scheiternden Schreibprojekten absetzt. Während Roithamer, die Hauptfigur in *Korrektur*, ebenso wie die anderen Geistesmenschen daran scheitert, seine Studie zu realisieren, ist er mit einem anderen Projekt höchst erfolgreich: Für seine Schwester baut er ein kegelförmiges Gebäude in den Mittelpunkt eines Waldes. Dieser Bau, der dem auf absichtlich verschlungen angelegten Pfaden zu ihm Gelangenden plötzlich als inhaltsleere Gestalt den Weg versperrt, lässt sich als Spiegel der Bernhard'schen Textkonstruktion und des dadurch initiierten Kippens zwischen Verlauf und Synopse deuten. Zweitens lassen sich die Effekte von Bernhards konstruktiven Schreibverfahren genau in diesem Irritationsmoment erkennen, das auch während der Lektüre von *Korrektur* immer wieder eine Zusammenschau des Textes produziert und damit ein sukzessives Lesen momenthaft unterbindet. Ein nicht semantisch interpretierendes, sondern rein auf die Mechanismen des Lesens orientiertes *close reading* von *Korrektur* untersucht die verschiedenen Verfahren, die dieses Kippen evozieren: die Kursivierung einzelner Wörter oder Phrasen, welche keiner klaren Systematik folgt und somit für eine Irritation des Lesens sorgt; die übertriebene Wiederholung oder Variation von immer wieder auftretenden Wörtern, Inquit-Formeln, Phrasen und Sätzen, die der Leserin buchstäblich ins Auge springen; und den Bau teilweise überkomplexer oder exzessiv parallel gebauter Sätze, in denen semantische Uneindeutigkeiten den Blick auf die einzelnen Wörter oder auf die Konstruktion des Textes lenken.

In Rückgriff auf Werner Kogges Konzept einer grundsätzlich sequenziellen Organisation von Schrift werden am Ende des ersten Kapitels die in den Texten beobachteten Rezeptionseffekte als eine in ihrer *Produktion* angelegte wechselseitige Betonung der einzelnen Elemente und ihrer Abfolge beschrieben. Die in Bernhards Prosa gestaltlich und in ihrer Anordnung sichtbar werdenden schriftlichen Einheiten, so die These der Arbeit, lassen sich als Spuren einer ‚Manipulation' von Schrift denken, die sich in einer ‚Mutation' der Wahrnehmungsprozesse

---

[17] Vgl. zu den Kategorien des werkgenetischen und konstruktiven Schreibens, die in der Arbeit ausführlich dargestellt werden, Klaus Hurlebusch, Den Autor besser verstehen: aus seiner Arbeitsweise. Prolegomenon zu einer Hermeneutik textgenetischen Schreibens. In: Textgenetische Edition, hg. von Hans Zeller und Gunter Martens, Tübingen 1998, S. 7–51, insb. S. 46.

ausdrückt.[18] Obwohl zwischen Schreib- und Leseakt keine einfache Analogie herrschen kann, wird über die Struktur der Schrift dennoch eine vermittelte Reziprozität zwischen den Schreiboperationen und der Lektüre hergestellt. Zur genauen Untersuchung dieses Verhältnisses wird im zweiten Kapitel Bernhards Arbeitsweise anhand der nachgelassenen Entwürfe, Typoskripte und Druckfahnen erstmalig und umfassend rekonstruiert.

Die einzelnen Einheiten der Sequenz, welche durch die beschriebenen Verfahren im Drucktext betont werden, werden in diesem Kapitel und in der gesamten Arbeit als „Textbausteine" bezeichnet. Dieser Begriff verdankt sich dem konstruktiven Charakter des Bernhard'schen Textes, der sowohl in der Rezeption der Drucktexte als auch mit Blick auf Bernhards Nachlass nachvollziehbar wird. Die in den Texten aufscheinenden und deshalb als solche erkennbar werdenden schriftlichen Einzelelemente erweisen sich mit Blick auf Thomas Bernhards Arbeitsweise als das schriftliche *Material* seiner Schreib- und Kompositionsverfahren, die – auch in Hinblick auf Bernhards berühmte poetologische Selbstäußerung des ‚Wörter- und Sätzeaufbauens' – als Baukastensystem beschrieben werden.[19] Da die Konstellierung der einzelnen Bausteinen zu einer Sequenz bei Bernhards Schreibprozess stets auf die Herstellung eines vorher genau dimensionierten Textes abzielt, werden diese Elemente *Text*bausteine genannt. Bernhard macht in der Ausführung dieser Verfahren keinen Unterschied hinsichtlich der Größe dieser konstruktiven Elemente – in seinen Entwürfen legt er das Repertoire kleinster und kleiner schriftlicher Einheiten fest (Satzzeichen, Pronomen, Wörter, Namen, Inquit-Formeln, einzelne Sätze), im Schreibprozess greift er sogar auf bereits bestehende große Textbausteine, etwa auf in anderen Arbeitsphasen geschriebene Episoden (die oftmals genau eine Seite im Typoskript ausmachen), oder ganze Textkonvolute zurück. All diese Textbausteine werden denselben Ver-

---

18 Vgl. zu diesem aus dem Bereich der Molekularbiologie stammenden Konzept und Vokabular, das auch zur Beschreibung der durch die Bernhard'schen Schreibverfahren initiierten Wahrnehmungseffekte geeignet ist und auf die manipulierbare Struktur und das operative Potenzial von Schrift aufmerksam macht Kogge, Schrift und das Rätsel des Lebendigen, S. 329–359.
19 Vgl Thomas Bernhard, Drei Tage, S. 147. „Das sind Sätze, Wörter, die man aufbaut. Im Grunde ist es wie ein Spielzeug, man setzt es übereinander, es ist ein musikalischer Vorgang. Ist eine bestimmte Stufe erreicht nach vier, fünf Stockwerken – man baut das auf – durchschaut man das Ganze und haut alles wie ein Kind wieder zusammen." Auch die HerausgeberInnen der Werkausgabe haben Bernhards übliches Verfahren der Wiederverwendung von „einzelnen Textabschnitten [...] nach geringfügigen Änderungen in verschiedenen thematisch ähnlichen Werken [...]", als „Baukastensystem" beschrieben. Thomas Bernhard, Das Kalkwerk. Roman. In: Bernhard, Werke, Bd. 3, hg. von Renate Langer, Frankfurt a.M. 2004, S. 250. Die vorliegende Untersuchung soll zeigen, dass dieses ‚Baukastensystem' tatsächlich alle Größen von Textbausteinen einschließt, die nach den immer gleichen Verfahren zu einem Text zusammen gesetzt werden.

fahren unterzogen: Wiederholen, Variieren, Austauschen, Hervorheben, seriell Überarbeiten etc. Aus diesem Grund bezeichnet auch die vorliegende Untersuchung sämtliche durch die beschriebenen Verfahren – im Drucktext wie im Typoskript – als solche sichtbar werdenden Schriftelemente, ungeachtet ihrer Ausmaße, als Textbausteine.

Eine systematische Untersuchung der Arbeitsweise Thomas Bernhards anhand des Nachlasses ist bisher noch nicht unternommen worden, sodass der Forschung auch seine augenscheinlichste Besonderheit als nicht weiter beachtenswertes Faktum erscheinen konnte: Er besteht nahezu ausnahmslos aus *maschinell getippten* Texten. Maßgeblich ist diese Beobachtung deshalb, weil die stets identische ‚Wortbilder' produzierende normierte Schreibmaschinentype zur Vorbedingung für Bernhards Schreibverfahren wird, welche sich an der visuell wahrnehmbaren Gestalt und sequenziellen Grundstruktur der Schrift orientieren.[20] Bernhards Schreib- und Kompositionsverfahren arbeiten, wie bereits angerissen, sowohl mit kleinsten und kleinen Textbausteinen (Satzzeichen, Wörter, Phrasen etc.) als auch mit größeren Textbausteinen, die entweder einzelne Seiten oder ganze Passagen ausmachen. Nicht selten werden kleinere Textbausteine – zusammen mit der Regel ihrer Verwendung – schon in den Entwürfen festgeschrieben, in den darauffolgenden Typoskripten werden sie, oftmals in serieller Manier, ausgetauscht oder nachträglich in bestehenden Text eingefügt, wodurch teilweise gravierende Veränderungen, etwa ein Wandel der Erzählperspektive, vorgenommen werden. Größere Textbausteine werden gestrichen und an andere Stellen des Typoskripts verschoben oder durch andere, aus bereits existierenden Textkonvoluten entnommene, ersetzt. Mitunter werden sogar ganze Passagen neu getippt, ausgeschnitten und in den vorhandenen Text eingeklebt. Bernhard collagiert, ob mit Schere und Papier oder auf der Schreibmaschine, seine Texte nicht nur immer wieder aus früheren Textkonvoluten, seine gesamte Arbeitsweise ist durch das Konstellieren einzelner *Textbausteine* zu einem Fließtext gekennzeichnet.

Im darauffolgenden dritten Kapitel wird ein aus der Untersuchung des Nachlasses gewonnener Befund weiterverfolgt und auf seine Potenzierung durch das typographische Programm des Suhrkamp Verlags hin untersucht: Die Typoskripte, die Bernhard dem Verlag übergibt, wirken nicht nur dadurch, dass Bernhard im letzten Arbeitsgang alle Spuren seiner konstruktiven Schreibverfahren

---

20 Vgl. zum Aspekt der Betonung der Zweidimensionalität von Schrift durch das Schreibmaschineschreiben, etwa in der Produktion konkreter Poesie, Vilém Flusser, Die Geste des Schreibens. In: Schreiben als Kulturtechnik. Grundlagentexte, hg. von Sandro Zanetti, Berlin 2012, S. 261–282, insb. S. 263.

systematisch tilgt, druckreif und ‚wie aus einem Guss'. Sie vermitteln auch durch das von Bernhard erstellte und sich – für einen mit der Schreibmaschine produzierten Text höchst unüblich – maximal an einen Blocksatz annähernde Seitenarrangement den Eindruck, als wären sie das Resultat eines werkgenetisch orientierten Arbeitsprozesses. Der Verlag greift nicht nur dieses makrotypographische Ordnungsschema auf, das im späteren Drucktext das typographische Dispositiv Prosa erzeugen wird, er setzt auch den – durch Bernhards ‚Glättung' des Manuskripts erzeugten – Eindruck eines in sich geschlossenen „Ganzen" in ein Autorenimage um, das durch verschiedene Maßnahmen wie Reihenpublikationen, Buch- und Satzgestaltung, Klappentexte, Autorenprospekte und auch durch Selbstaussagen des Autors befördert wird: Bernhard gilt im Suhrkamp Verlag – vor allem in den 70er Jahren – als tiefsinniger, geradezu philosophischer Autor, der die intellektuelle LeserInnen-Elite des Suhrkamp Verlags ansprechen soll. Die Entstehung und Etablierung dieser Autorenmarke, die ihrerseits die Marke Suhrkamp stärkt,[21] verdankt sich ebenfalls solchen Wirkungen, die an die Gestalt(ung) und Struktur(ierung) von Schrift gebunden sind. Der in den 70er Jahren auf dem Höhepunkt seiner Dichte anlangende Satzspiegel der Bernhard'schen Texte (relativ kleine Schriftgröße, schmale Stege, dementsprechend viel Schrift auf der Seite, die durch Bernhards Typoskripte vorgegebene Absatzlosigkeit) produziert das Bild eines nicht minder ‚dichten' und auf eine sinnsuchende Lektüre ausgerichteten Textes.[22] Diese verlagsseitigen Justierungen der Marke Thomas Bernhard und der Erscheinungsweise der Texte generieren eine, wenn auch implizite, so doch höchst wirkmächtige Leseanleitung, durch die der Kippeffekt von sukzessiver Lektüre zu synoptischer Betrachtung der Schrift deutlich verstärkt wird. Da die Leserschaft voll und ganz auf eine den ‚Tiefsinn' der Texte ergründenden Lektüre eingestellt ist, wirken die immer wieder an der Oberfläche der

---

21 Den Grundgedanken einer im Suhrkamp Verlag verfolgten Marketingstrategie, welche sowohl die Etablierung als auch die wechselseitige Stärkung von Verlagsmarke und Autorenmarke verfolgt, übernehme ich aus Rainer Gerlach, Die Bedeutung des Suhrkamp Verlags für das Werk von Peter Weiss, St. Ingbert 2005.
22 Ich orientiere mich in meiner Untersuchung an Steffen Martus' literatursoziologischem Konzept der ‚Werkpolitik', indem auch ich die Strategien der Aufmerksamkeitslenkung untersuche, welche eine spezifische Rezeption des literarischen Werks zeitigen sollen. Vgl. Steffen Martus, Werkpolitik. Zur Literaturgeschichte kritischer Kommunikation vom 17. bis ins 20. Jahrhundert mit Studien zu Klopstock, Tieck, Goethe und George, Berlin/New York 2007, insb. S. 1–51. Die buchgestalterischen Fragen, mit denen sich Martus im Zuge der Analyse von Stefan Georges Werkpolitik auseinandersetzt (vgl. ebd. S. 529 f. und S. 597–606), möchte ich dabei weiter verfolgen, um so zunächst die verlagsseitige Steuerung des Buchgebrauchs zu untersuchen, welche wiederum eminenten Einfluss auf die (laienhafte und philologische) Rezeption der Bernhard'schen Texte hat.

Texte auftauchenden Schriftgestalten umso überraschender, wodurch der Leseprozess noch nachhaltiger irritiert wird. Das dritte Kapitel untersucht weiterhin, wie sich die Autorenmarke in Abhängigkeit von Buch- und Seitengestaltung über die Jahre verändert und welche Implikationen diese Veränderung nicht nur für den Leseprozess bergen, sondern auch für die – oftmals aus den Rezensionen und Klappentexten generierten – Schlag*wörter* der Literatur-Kritik und der literaturwissenschaftlichen Interpretation.

In einem letzten Kapitel werden die in den einzelnen Kapiteln gewonnen Interpretamente anhand einer exemplarischen Analyse von Bernhards Erzählung *Gehen* (1971) zusammengeführt. Dieser Text ist für eine solche exemplarische Analyse deshalb besonders geeignet, weil er nicht nur als einer der „abstraktesten und hermetischsten Texte"[23], ergo als einer der – im Sinne des Untersuchungsansatzes – am schwersten zu *lesenden* gilt, sondern auch, weil diese Abgeschlossenheit mit einem in den 70er Jahren ebenfalls absolut hermetisch wirkenden Textblock korrespondiert. Die Spannung zwischen der durch die Buch- und Satzgestaltung und die Paratexte generierten Leseanweisung einerseits und den durch die literarischen Verfahren initiierten Irritationsmomenten des Lesens andererseits ist hier am größten. Gerade in dieser Spannung liegt ein hohes Erkenntnispotenzial sowohl hinsichtlich der Bedingungen und Effekte der autor- und verlagsseitigen Werkpolitik, welche ihrerseits entscheidende Auswirkungen auf die Gattungs- und Werkpoetik der Texte haben, als auch bezüglich der Regeln und Verfahren von Bernhards sequenzieller Poetik, die wiederum mit der konkreten Arbeitsweise des Autors kurzgeschlossen werden kann.

---

23 Vgl. Stefan Winterstein, Reduktionen, Leerstellen, Widersprüche. Eine Relektüre der Erzählung *Gehen* von Thomas Bernhard. In: Thomas Bernhard Jahrbuch 2004, hg. von Martin Huber, Manfred Mittermayer, Wendelin Schmidt-Dengler u. a., Wien/Köln/Weimar 2005, S. 31–54, hier S. 31.

1 Schreibszenen/Schreib-Szene

Thomas Bernhard – ein 34 Jahre alter, relativ unbekannter Autor, dessen erster Roman *Frost* drei Jahre zuvor im Suhrkamp Verlag erschienen ist – beschreibt sein ideales und durch ihn selbst optimiertes Arbeitsumfeld in einem Zeitungsartikel so:

> Mein Haus ist mein Hof, den ich mir vor einem Jahr gekauft habe, der fruchtlosen Irritationen überdrüssig, mein Hof, von dem ich glaube, dass er mich nicht umbringen, sondern züchtigen für die Zukunft, auf mein Ziel konzentrieren und so wenig als möglich konfus machen wird. [...] Die Wände sind weiß, die Türen grün, die Böden aus Lärchenbrettern. Allein mit den weißen Wänden, den grünen Türen, den Lärchenbrettern, gelingt es mir jetzt, mich auf die beste Weise zu konzentrieren. Ich mache mir, nach und nach einer Spekulation nach der anderen folgend, die fürchterliche Landeinsamkeit gefügig. Im Umgang mit meinen Gedanken erhalte und erzeuge ich mir die Unruhe, die ich brauche; meine Genossenschaft sind die wirklichen und die erfundenen Bibliotheken von Tausenden und Hunderttausenden und von Millionen erfundenen und wirklichen, geschriebenen und ungeschriebenen Büchern. [...] Die Welt wie sie ist und erscheint, zu zergliedern, damit fülle ich meine Einsamkeit aus, eine, meine eigene von den Milliarden Einsamkeiten, damit fülle ich meinen Hof aus, meinen Kerker, meinen Vierkantarbeitskerker [...]. Mein Hof verbirgt, was ich tue. Ich habe ihn zugemauert, ich habe mich eingemauert. Mit Recht. Mein Hof schützt mich. Ist er mir unerträglich, laufe ich, fahre ich weg, denn die Welt steht mir offen.[1]

Neben den für Bernhard so typischen humoristisch-ironischen Untertönen, die diese Beschreibung ebenso enthält (Bernhard betont, er habe seinen „Kerker" nicht nur bewohnbar gemacht, sondern „auch mit dem besten Komfort ausgestattet", er gehe dort „abwechselnd [...] in der Welt der Schweine und Kühe und in der Welt der Philosophien und Kakophonien hin und her"),[2] ruft die selbstinszenierte Schreibszene des Autors doch das Bild einer kargen, klosterähnlichen Schreibzelle hervor, die zur Grundbedingung für ein konzentriertes Schreiben erklärt wird. Dieses Bild wird durch die zahlreichen in den 1960er und 70er Jahren aufgenommenen Fotografien des Vierkanthofs unterstützt, der stets puristisch und solitär wirkt (s. Abb. 1).

Dass es sich bei diesem Bild jedoch um eine von der Realität signifikant abweichende Selbstinszenierung des Autors handelt, die durch verschiedene

---

1 Thomas Bernhard, Meine eigene Einsamkeit. In: Die Presse (24. Dezember 1965), auch veröffentl. in Wieland Schmied/Erika Schmied, Thomas Bernhards Häuser, Salzburg/Wien 1995, S. 5–6, hier S. 5 f.
2 Schmied/Schmied, Bernhards Häuser, 5 f.

https://doi.org/10.1515/9783110591538-003

Abb.1: Thomas Bernhards Vierkanthof in Obernathal.

Medien (Texte, Fotografien, Filmaufnahmen) transportiert wird,³ wird schnell deutlich, besichtigt man den heute als Museum fungierenden Vierkanthof. Die Irritation über die sich in Obernathal faktisch darbietende Szenerie beschreibt der Blogeintrag eines Besuchers sehr eindrücklich:

> Aus irgendwelchen Gründen war ich noch nie in Obernathal gewesen, hatte aber ein festes Bild von dem Ort im Kopf. Ein einsamer Vierkanthof musste es sein, weit weg vom nächsten Nachbarn, und zur vermeintlichen Misanthropie eines Thomas Bernhard passend. Ein menschenfreier Rückzugsort, wo der Autor ungestört seiner Übertreibungskunst nachgehen

---

3 Wie Clemens Götze richtig konstatiert, nimmt Bernhard von Beginn seiner Karriere starken Einfluss auf das Autorbild, das im Zusammenspiel mit dem Marketing des Suhrkamp Verlags entsteht, dank seiner „höchst produktiven Inszenierungskunst", die „durch die Einschreibung und Inszenierung einer singulären Autorfigur im medialen Gefüge von Text, Bild und Performance" funktioniere. Clemens Götze, Ichwerdung als dichterischer Selbstentwurf. Thomas Bernhards ‚literarische' Inszenierung. In: Subjektform Autor. Autorschaftsinszenierungen als Praktiken der Subjektivierung, hg. von Sabine Kyora, Bielefeld 2014, S. 69–82, hier S. 69.

kann. „Obernathal" in Gmunden also schnell ins Navi eingegeben und schon bald ging die Fahrt über einen besseren Feldweg in die Einöde, so schien es. Aus der Einöde wurde aber schnell eine Siedlung und als die Blechstimme „Sie haben ihr Ziel erreicht" tönte, standen wir vor einem Weiler, an dessen Rande Bernhards Bauernhof lag. Zwei Nachbarhäuser zum Greifen nahe! Eine riesige Hochspannungsleitung darüber und in sichtbarer Hörweite als Zugabe die Westautobahn. Keine Spur vom erwarteten einsamen Elfenbeinturm.[4]

Und auch das Innere des Hauses entspricht schwerlich dem von Bernhard gezeichneten Bild des „Vierkantarbeitskerker[s]". Im Gegenteil, die noch im Originalzustand wie zu Bernhards Lebzeiten erhaltenen Wohnräume sind tatsächlich nicht überladen eingerichtet, jedoch mit einigem Komfort ausgestattet und wirken eher behaglich als spartanisch. Auch das Schreibzimmer ist zwar das kleinste, nicht jedoch das kargste des Hauses: Auf einem Holztisch, umgeben von Bücherregalen, in denen überwiegend verschiedene Ausgaben der eigenen Bücher Platz finden, tippt Bernhard auf seiner Schreibmaschine. Allerdings ist dies nicht Bernhards einziger Schreibort: Die „Westautobahn" ist der profane Weg, den Bernhard nutzt, um ‚wegzufahren', in eine ‚Welt, die ihm offensteht'. Tatsächlich schreibt der Autor nämlich nicht ausschließlich in seinem schon auf den ersten Blick gar nicht so einsamen Vierkanthof, sondern auch auf zahlreichen Auslandsreisen, unter anderem in Brüssel, auf Mallorca und in Kroatien.[5] Auch hier inszeniert

---

4 Christian Köllerer, Zu Besuch bei Thomas Bernhard in Obernathal, online unter www.koellerer.net/2011/03/19/zu-besuch-bei-thomas-bernhard-in-obernathal/, letzter Zugriff: April 2018. Das Bild eines menschenleeren Ortes vermitteln auch zahlreiche Abbildungen, die im Netz kursieren. Der Bildausschnitt scheint, wie auch schon in früheren Fotografien, mit Bedacht stets so gewählt zu sein, dass das direkt angrenzende Nachbarhaus nicht zu sehen oder durch seinen Anschnitt immerhin nicht eindeutig als separates Gebäude zu erkennen ist.
5 Auch diese Schreiborte spielen entscheidende Rollen in der medialen Selbstinszenierung Bernhards. Vgl. zum Beispiel das 1981 für den ORF gedrehte und von Krista Fleischmann geführte Interview *Eine Herausforderung. Monologe auf Mallorca* (Krista Fleischmann, Monologe auf Mallorca & Die Ursache bin ich selbst. Die großen Interviews mit Thomas Bernhard, DVD mit Begleitheft, darin Essays von Raimund Fellinger und Krista Fleischmann, 94 Minuten, Frankfurt a. M. 2008) sowie die aus dem oberösterreichischen „Vierkantarbeitskerker" in ein kroatisches Hotelzimmer verlagerte Schreibszene zu Bernhards erster großer Erzählung aus dem Jahr 1964 mit dem Titel *Amras*. Diese dem „Arbeitskerker" diametrale Schreibszene wurde 1980 geschrieben, erschien jedoch erst 2009 im Prosaband *Meine Preise*: „Zwei Monate später [...] fuhr ich nach Istrien. Wir wohnten wie schon so oft in der Villa Eugenija, einer Herrschaftsvilla aus dem Jahr achtundachtzig mit breiten herrlichen Balkonen und mit einem sanft abschwingenden Kiesweg direkt an das tiefblaue Wasser. Gagarin hatte gerade seinen ersten Weltraumflug hinter sich gehabt, das weiß ich noch. Mein weißer Herald [das neu gekaufte Auto, mit dem Bernhard später einen Unfall auf der kroatischen Küstenstraße hat, C.M.] stand unten neben der Eingangspforte, es war keine Eingangstür, es war eine Eingangspforte und ich schrieb oben im zweiten Stock,

Bernhard sich jedoch zumeist als Bewohner eines ‚Schreibkerkers', dessen Abgeschlossenheit ihm die Arbeit an seinen Texten erst ermöglicht.[6]

1.1 Die Studie und der Geistesmensch – Schreibprojekte in Bernhards Prosa

Bernhards Inszenierung seiner eigenen Schreibszene ist absolut deckungsgleich mit derjenigen, die er für die sogenannten Geistesmenschen in seiner Prosa entwirft. Für sie wird die Abgeschiedenheit, die ‚Einsperrung', um ein Bernhard'sches Lieblingswort zu benutzen, ebenfalls zur Vorbedingung für das Schreiben. Dies allerdings nur in der Theorie, denn im Gegensatz zu Bernhard selbst sind sie in der Regel vollkommen unproduktiv, was das Schreiben anbelangt. Ein besonders anschauliches Beispiel für einen solchen Geistesmenschen ist die Figur Konrads in Bernhards 1970 erschienenen Roman *Das Kalkwerk*. Auch er muss für die Arbeit an seiner Studie zunächst ein optimales Schreibensemble kreieren, das sich vor allem durch die Abschottung von der Außenwelt auszeichnet:

> Zu Fro: kahle Wände, Zweckmäßigkeit. Selbstverletzungsstrategie. Katastrophalcephalökonomie. Zu Wieser: festverschlossene, festverriegelte Türen, festvergitterte Fenster alles festverschlossen und festverriegelt und festvergittert.[7]

Diese Kulisse, die nicht zufällig an Bernhards Inszenierung des „Vierkantarbeitskerkers" erinnert, soll für die nötige Konzentration zum Schreiben einer Studie mit dem Titel *„Das Gehör"* (Ka, 24) sorgen. Trotz dieser von Konrad und anderen Figuren als optimal eingeschätzten Schreibbedingungen bringen sie sämtlich rein gar nichts zu Papier. Worin sie sich deutlich von ihrem Urheber unterscheiden, der in den Jahren zwischen 1962 und 1989 in mitunter atemberaubender

---

als Alleininhaber von drei großen Zimmern mit sechs großen Fenstern hinter hauchdünnen Seidenvorhängen, die noch aus der Zeit vor dem Kriege stammten, *Amras*." Thomas Bernhard, Der Julius-Campe Preis. In: Bernhard, Meine Preise, Frankfurt a.M. 2009, S. 50–65, hier S. 59f. An der Offenheit und Leichtigkeit der Szenerie sowie an der betonten Beiläufigkeit und – wie man annehmen muss – Schnelligkeit des Schreibens erkennt man deutlich, wie die Selbstinszenierung sich (zusammen mit der Inszenierung durch den Verlag) zwischen Spät-und Frühwerk wandelt.
6 So findet sich etwa auf dem Deckblatt des Typoskripts zu *Verstörung* der Hinweis: „*Einsperrung* vom / 23.IX.–1.XI.66 / Bruxelles / Rue de la Croix 60 / II. / (Alex u. Liesl Uexküll) / Mit Blick auf das / Kloster." NLTB, TBA, W 2/2, Blatt 1 [Hvh. C.M.]. Ich komme auf diese Inszenierung ausführlich im zweiten Kapitel dieser Arbeit zurück.
7 Thomas Bernhard, Das Kalkwerk (WA), S. 21. Im Folgenden im Text unter der Sigle Ka und Angabe der Seitenzahl zitiert.

Geschwindigkeit 14 Romane, über 40 Erzählungen und Kurzprosastücke, 24 Theaterstücke und seine fünfbändige Autobiographie schreibt (hinzu kommen noch zahlreiche, hauptsächlich in den 50er Jahren geschriebene Gerichtssaalberichte und Gedichte sowie eine Vielzahl an Zeitungsartikeln, Leserbriefen etc.).[8]

Bernhards Geistesmenschen hingegen schreiben entweder überhaupt nicht und sprechen nur ohne Unterlass über die beabsichtigte Niederschrift einer Studie oder sie vernichten das einmal Geschriebene, das nie ihren Ansprüchen genügen kann, bis kaum etwas oder gar nichts davon übrig bleibt.[9] So beschreibt ein ‚Industrieller', der sich in Bernhards zweitem Roman *Verstörung* (1967) in einer abgeschiedenen Jagdhütte verschanzt, seine „schriftstellerische Arbeit über ein *durch und durch philosophisches Thema*"[10] wie folgt: „Wenn ich auch alles, was ich bis jetzt geschrieben habe, vernichtet habe, [...] habe ich doch die größten Fortschritte gemacht."[11] In Bernhards zuletzt erschienenem Roman *Auslöschung* (1986) plant der in Rom lebende Intellektuelle Franz-Josef Murau eine „Antiautobiographie", mit der er seine Familie – der Titel von Bernhards Roman entspricht dem des Murau'schen Schreibprojekts – „auslöschen" will. Im Text wird jedoch mehrfach die Unmöglichkeit des Schreibens vorgeführt und durch Murau selbst thematisiert:

> [W]ir glauben, wir können ein solches Vorhaben anfangen und sind doch nicht imstande dazu, alles ist immer gegen uns und gegen ein solches Vorhaben, so zögern wir es immer hinaus und kommen niemals dazu, so werden so viele Geistesarbeiten, die geschrieben werden müßten, nicht geschrieben, bleiben so viele Niederschriften, die wir die ganze Zeit, jahrelang, jahrzehntelang in unserem Kopf haben, in unserem Kopf.[12]

Diese beiden Schreibprojekte markieren nur die chronologischen Eckpunkte eines Œuvres, in dem ein immer wiederkehrendes Motiv das Scheitern einer als

---

8 Eine vollständige Auflistung der Werke findet sich auf der offiziellen Thomas Bernhard Internetseite, die gemeinsam von Thomas Bernhard Privatstiftung, Thomas-Bernhard-Archiv und Internationaler Thomas Bernhard Gesellschaft unterhalten wird (online unter http://www.thomasbernhard.at/index.php?id=110, letzter Zugriff: April 2018).
9 Am Prominentesten ist das Thema der Vernichtung der Schrift in Bernhards Roman *Korrektur* (1975). Ich werde auf dieses Schreibkonzept im Folgenden ausführlich zu sprechen kommen.
10 Thomas Bernhard, Verstörung. In: Bernhard, Werke, Bd. 2, hg. von Martin Huber und Wendelin Schmidt-Dengler, Frankfurt a.M. 2003, S. 45.
11 Bernhard, Verstörung (WA), S. 52.
12 Thomas Bernhard, Auslöschung. In: Bernhard, Werke, Bd. 9, hg. von Hans Höller, Frankfurt a.M. 2009, S. 157.

Universalprojekt angelegten „Schrift"[13] ist, die dem Anspruch gerecht werden muss, philosophische, naturwissenschaftliche und autobiographische Aspekte in sich zu vereinen.

In der Forschung ist der Typus des Geistesmenschen verschiedentlich als autobiographische Spiegelung des Autors Thomas Bernhard gelesen worden. Der Grund hierfür ist auch und vielleicht gerade in Bernhards elaborierter Selbstinszenierung zu suchen, die durch die spezifische Vermarktung seiner Person und seiner Bücher durch seine Verlage, insbesondere durch den Suhrkamp Verlag, noch unterstützt wurde.[14] Für eine solche Vermarktung sind auch Zuschreibungen von Zeitzeugen maßgeblich, die sich wiederum stets an dem von Bernhard selbst gezeichneten Bild des schreibenden Klausners orientieren und wenig mit der Realität zu tun haben. Eine solcher als belastbarer Zeuge auftretender Zeitgenosse Bernhards ist sein langjähriger Freund Wieland Schmied, der im von ihm selbst herausgegebenen und im Residenz Verlag erschienenen Band *Thomas Bernhards Häuser* eine – nur notdürftig kaschierte – Kongruenz zwischen dem Schriftsteller und seinen Figuren konstatiert:[15]

> Es fällt auf, dass die Ich-Erzähler in den Texten Thomas Bernhards immer mit wissenschaftlichen, meist mit naturwissenschaftlichen Studien beschäftigt sind. Sie arbeiten über die Luftschichten, über die Antikörper über die Physiognomik, über das Gehör, aber ihnen allen gelingt nicht die Niederschrift der Studien, die im Kopf schon vollendet sind, – der einzige, der sie zu Papier bringen kann, der Architekt Roithamer, sieht sich zu fortwährender Korrektur gezwungen. Was den Schriftsteller Thomas Bernhard mit seinen Protagonisten verbindet, ist die Schreibhemmung. Doch bleibt er dabei, statt schriftstellerischer Arbeit

---

13 Neben der „Studie" ist die „Schrift" die prominenteste Bezeichnung für die Schreibprojekte in Bernhards Texten.
14 Ich komme auf die spezifische Vermarktung der Marke Thomas Bernhard durch den Suhrkamp Verlag ausführlich im dritten Kapitel dieser Arbeit zurück.
15 In der Ankündigung eines 2008 erschienen Bandes mit dem Titel *Thomas Bernhard Leben und Werk in Bildern und Texten,* in dem Schmieds Essay ebenfalls enthalten ist, heißt es: „Erika und Wieland Schmied sind zwei von wenigen Menschen, denen es gegönnt war, Thomas Bernhard privat, als Nachbar und als Freund zu erleben. Ihr Bild von Thomas Bernhard stützt sich auf die Erinnerung an unzählige Begegnungen und gemeinsame Erlebnisse und ist konkurrenzlos umfassend dokumentiert in Hunderten von Fotos. Die Fotos, charaktervoll wie unsentimental, geben einen Einblick in Bernhards Lebensumfeld, die Häuser und Landschaften, in denen er lebte. Sie vermitteln aber auch ein Bild von den Schauplätzen, über die er schrieb. So entsteht eine Gesamtschau des Kosmos Thomas Bernhard, in dem sich Leben und Werk durchdringen." Online unter http://www.residenzverlag.com/?m=30&o=2&id_title=1101, letzter Zugriff: April 2018.

1.1 Die Studie und der Geistesmensch – Schreibprojekte in Bernhards Prosa — 19

stets wissenschaftliche Arbeit zu sagen. Es ist nahezu die einzige Camouflage, die er sich in seiner stark autobiographisch getönten Prosa erlaubt.[16]

Hier wird nicht nur eine – allein aufgrund der zwischen Bernhard und seinen Protagonisten stark divergierenden Schreibproduktivität einigermaßen grotesk anmutende – fiktionale Aufarbeitung der eigenen Schreibschwierigkeiten des Autors angenommen. Es wird auch – genau wie in großen Teilen der Bernhard-Forschung – eine *generelle* Deckungsgleichheit von Figur und Autor unterstellt.[17] Exemplarisch sei für diesen Forschungszweig Joachim Hoell zitiert, für den alle Bernhard'schen Protagonisten ein „fiktionales Portrait" des Autors zeichnen,

> dessen Nöte als Schriftsteller auf humoristische Weise dargestellt werden. Reflexionen über die Marterkammer des Autors, die Ruhestörung beim Schreiben, das Problem des ersten Satzes sind Bernhard'sche Topoi einer vom Scheitern bedrohten Geistesexistenz.[18]

---

[16] Schmied/Schmied, Bernhards Häuser, S. 100. Viele Forschungsbeiträge bestätigen diesen selbstreferenziellen Charakter der Bernhard'schen Prosa, vgl. etwa Johannes Frederik G. Podszun, Untersuchungen zum Prosawerk Thomas Bernhards. Die Studie und der Geistesmensch: Entwicklungstendenzen in der literarischen Verarbeitung eines Grundmotivs, Frankfurt a.M./ New York 1998, S. 19. Auch Alina Voica setzt in ihrer Dissertation *Selbstmordverschiebung. Zu Thomas Bernhards Schreibverhalten im Prosawerk* (online http://www.diss.fu-berlin.de/diss/ receive/FUDISS_thesis_000000012663, letzter Zugriff: April 2018) die Schreibschwierigkeiten Bernhards implizit mit denen seiner Geistesmenschen gleich. Diese latente, jedoch für die Annahme, es handle sich bei den in Bernhards Texten dargestellten Schreibkonzepten um „Selbstreflexivitätserscheinungen" (S. 244) grundlegende Kopplung, zeigt sich besonders in unscharfen Formulierungen, die eine Entsprechung nahelegen, aber nicht explizit machen: „Die äußerst starken Schreibhemmungen, die primär von einer tief negativen Schreibhaltung herkommen, die Thomas Bernhard und seinen Protagonisten gemeinsam ist, führen zur absoluten Unmöglichkeit der Niederschrift und folglich zum unermüdlich wiederholten Scheitern der Studie, sodass die Schrift als eine große Absenz erscheint" (S. 164).
[17] Von dieser Übereinstimmung geht implizit auch die Studie Michael Billenkamp, Thomas Bernhard. Narrativik und poetologische Praxis, Heidelberg 2008 aus. Billenkamp sieht im Geistesmenschen-Typus zwar ebenfalls Bernhards Großvater Johannes Freumbichler verkörpert (vgl. S. 127 f.), stellt jedoch stets auch Analogien zwischen Bernhard und seinen Figuren her. Vgl. etwa das Kapitel „Der intellektuelle Außenseiter in der Dorfgemeinschaft" (S. 168–182), in dem Bernhards Lebensweise unkommentiert sowohl mit dem Motiv des Geistesmenschen als auch der Erzählperspektive seiner Autobiographie kurzgeschlossen wird.
[18] Joachim Hoell, Die Bücher des Geistesmenschen. Thomas Bernhards Bibliothek des bösen Geistes. In: Thomas Bernhard – eine Einschärfung, hg. von Joachim Hoell, Alexander Honold und Kai Luehrs-Kaiser, Berlin 1998, S. 26–31, hier S. 29 [Hvh. C.M.]. Vgl. zu der vielfach behaupteten Korrelation von Geistesmensch und Autor auch Voica, Selbstmordverschiebung. Zwar soll ihre Arbeit eine (durch syntaktische Untersuchungen linguistisch fundierte) „produktionsästhetische Perspektive" auf die Bernhard'schen Texte einnehmen, es bleibt jedoch bei einer Analyse der innertextuellen ‚Schreibszenen', die als Metaphern für Bernhards eigenes Schreiben gelten.

Geht man für den Moment von der Richtigkeit dieser Annahme aus, dann müsste es sich im Horizont der literarischen Schreibprozessforschung bei sämtlichen ‚Schreibszenen' in Bernhards Texten um selbstreflexive ‚Schreib-Szenen' handeln.

Das in seinem Aufsatz *Die Schreibszene, Schreiben* von Rüdiger Campe entwickelte Konzept der ‚Schreibszene', welches auf die Forschung zur *Genealogie des Schreibens* um Martin Stingelin großen Einfluss ausgeübt hat, sieht das Schreiben als gerahmtes Ensemble aus instrumentellen, gestischen und semantischen Faktoren.[19] In diesem Ensemble werden alle Gegebenheiten des Schreibprozesses – und mögen sie noch so selbstevident erscheinen – relevant: der technologische Aspekt des Schreibens (Instrumentalität), der körperliche Akt des Schreibens (Geste) sowie seine semantische Dimension (Sprache).[20] Wenn in dieser Beziehung jedoch inszenierte oder reale Widerstände auftauchen, treten die Bestandteile der Schreibszene, das Schreiben und sein Schauplatz, auseinander – was sich in dem trennend-zusammenfügenden Strich schriftbildlich verdeutlichen soll: Aus Campes „Schreibszene" wird so eine „Schreib-Szene". Martin Stingelin sieht letztere immer dort realisiert, „wo sich dieses Ensemble in seiner Heterogenität und Nicht-Stabilität an sich selbst aufzuhalten beginnt, thematisiert, problematisiert und reflektiert."[21]

Bernhard würde also – gemäß Joachim Hoells Logik – die Thematisierung des eigenen Schreibens in seine Texte verlagern und mit fiktionalen Mitteln seinen eigenen realen Schreibprozess reflektieren. Auf den ersten Blick mag diese Argumentation durchaus einleuchten. Selbst wenn man der – jedoch schon wegen Bernhards gekonnter Selbstinszenierung als hochproblematisch zu bewerten-

---

Dabei gerät weder das Schreiben im Sinne eines Schreibprozesses noch die Schrift selbst als Medium oder Struktur mit aisthetischen Qualitäten in den Blick der Untersuchung.

19 Vgl. Campe, Die Schreibszene, Schreiben. Die Beschreibung des Forschungsprojekts *Zur Genealogie des Schreibens. Die Literaturgeschichte der Schreibszene von der Frühen Neuzeit bis zur Gegenwart*, dessen Anspruch es ist, mittels Einzelstudien die Literaturgeschichte der ‚Schreibszene/Schreib-Szene' von der Frühen Neuzeit bis zur Gegenwart zu beleuchten, findet sich unter www.schreibszenen.net, letzter Zugriff: April 2018.

20 Campe versteht unter der semantischen Dimension von Schrift die Interaktion zwischen Mündlichkeit und Schriftlichkeit: „Sie [die Wörter *écrire* und *écriture*] können sich offenbar auf die Schrift als eine Instanz der Sprache im Verhältnis von Mündlichkeit und Schriftlichkeit beziehen, implizieren aber auch immer eine Praktik, ein Repertoire von Gesten und Vorkehrungen" (Campe, Die Schreibszene, Schreiben, S. 759).

21 Martin Stingelin, Schreiben. Einleitung. In: Mir ekelt vor diesem tintenklecksenden Säkulum. Schreibszenen im Zeitalter der Manuskripte, hg. von Martin Stingelin, Davide Giuriato und Sandro Zanetti, München 2004, S. 7–21, hier S. 15. Vgl. für eine gelungene Pointierung des Campe'schen Konzepts und zur Anwendung des Konzepts auf maschinengeschriebene Texte Davide Giuriato, Maschinen-Schreiben. In: Zanetti (Hg.), Schreiben als Kulturtechnik, S. 305–317.

den – Gleichsetzung von Figur und Autor folgen wollte, stellt sich schnell heraus, dass es sich bei der vielfach dargestellten Bernhard'schen ‚Schreib-Szene' im strengen Sinn gar nicht um eine solche handeln *kann:* Die Komponenten, die Campe für ein Schreibensemble als elementar ansieht, existieren in den Texten schlechterdings nicht. Das Schreiben wird von den Figuren allenfalls sprachlich thematisiert und nicht schreibend *praktiziert*, weshalb die instrumentellen und gestischen Bedingungen des Schreibens gänzlich unter den Tisch fallen. Die Schreibvorbereitungen und auch die ansatzweise stattfindenden Schreibhandlungen (z. B. in Form impulsiv niedergeschriebener und dann wieder vernichteter Notizen) lassen weder ein klares Bild von der angestrebten Arbeitsweise noch von den – ebenfalls nur rudimentär vorhandenen – Schriftzeugnissen entstehen.[22]

Deutlich wird nur, dass Bernhards Figuren beabsichtigen, mit der Hand zu schreiben, von einem anderen Schreibgerät ist nirgends die Rede. Schon in dieser Wahl des Schreibgeräts unterscheiden sie sich damit grundlegend von Bernhard selbst, der seine Texte fast ausnahmslos auf der Schreibmaschine tippt. Die *tatsächliche* Schreibhandlung bleibt bei den Geistesmenschen jedoch ohnehin aus oder verkehrt sich in die Korrektur und eine damit einhergehende Reduktion des bereits Geschriebenen. Damit bleibt die für die Schreibszene so konstitutive körperliche Geste ebenso unscharf wie der Gebrauch des Schreibinstruments; ein schriftliches Zeugnis, dem die Spuren des Schreibprozesses in irgendeiner Weise abzulesen wären, fehlt ebenfalls. Der Körper der Geistesmenschen tritt allenfalls in die Szene ein, wenn die Figuren statt zu schreiben als Ersatzhandlung z. B. ohne Unterlass im Zimmer auf und ab gehen.[23]

Der Schreibprozess selbst ist – in der sprachlichen Thematisierung durch die Figuren – zu einem Akt deformiert, in dem es möglich wäre, „seinen Kopf urplötzlich von einem Augenblick auf den anderen auf das rücksichtsloseste um- und also die Studie auf das Papier zu kippen" (Ka, 231). Er ist de-formiert im eigentlichen Sinne: Statt auf die Formation eines Textes durch einen konstruktiven Schreibprozess hinzuarbeiten, pflegen die Figuren ausschließlich das Phantasma eines Schreibprojekts, das jedoch an und in seiner Realisierung scheitern

---

[22] Konrad kauft Schreibpapier (Ka, 200), begibt sich regelmäßig auf den „Weg zur Studie, zum Schreibtisch, zu dem Stoß Papier, den er sich für das Niederschreiben der Studie zurechtgelegt hat" (Ka, 220), notiert sogar handschriftlich einzelne Einfälle (vgl. Ka, 125f.), sodass sich in seinem Zimmer „Aufzeichnungen, Zettel, die Studie betreffend" (Ka, 162) befinden. Es wird jedoch weder klar, wie diese Zettel aussehen, ob es sich ausschließlich um Notizen oder zusammenhängende Texte handelt, noch in welchem Umfang sie vorhanden sind etc.
[23] Vgl. etwa Ka, 133f.

würde.[24] Die nicht-realisierbaren Texte aus der Feder der Bernhard'schen Figuren stehen demnach in größtmöglichem Kontrast zu der offensichtlichen, maschinengenerierten Text-Produktivität ihres Autors. Wo die Figuren komplette Studien im Kopf haben, die sie jedoch nicht imstande sind, „auf das Papier zu kippen", schreibt Bernhards Text sich höchst produktiv Endlossatz für Endlossatz fort. Schon das wortgewaltige Resultat dieses Schreibprozesses lässt die Arbeitsweise der Figuren als innerdiegetisches Gegenmodell zum tatsächlichen Schreiben des Autors erscheinen. Gerade deshalb und weil besagte Schreibszenen innerhalb von Bernhards Prosa erheblichen Raum einnehmen, lohnt es sich, sie genauer zu untersuchen, um so Bernhards eigene Arbeitsweise und die damit verknüpfte Poetologie zu beleuchten. Im Folgenden soll deshalb ein Blick auf die wohl prominentesten Schreibprojekte in Bernhards Texten geworfen werden: Konrads geplante Studie über das Gehör im Roman *Das Kalkwerk* (1970) und das „Sichten und Ordnen" eines Manuskripts aus dem Nachlass des Architekten Roithamer durch den Ich-Erzähler in *Korrektur* (1975).

1.1.1 „Die Studie auf das Papier kippen" – *Das Kalkwerk*

Das Kalkwerk präsentiert sich vordergründig als Kriminalroman: Die Hauptfigur Konrad erschießt in der Weihnacht seine gehbehinderte Frau, mit der er seit Jahren in einem stillgelegten Kalkwerk lebt und an der er seit geraumer Zeit sogenannte Hörexperimente durchführt, welche die wissenschaftliche Grundlage seiner Studie bilden sollen. Der Text ist das Protokoll eines Lebensversicherungsvertreters, der anhand der ebenfalls zitierten Äußerungen anderer prominenter Figuren – Fro, Wieser, Höller etc. – versucht, die Geschehnisse zu rekonstruieren und das Motiv für Konrads Tat herauszufinden. Durch diese Konstruktion kommt es zu einer mehrfach verschachtelten Perspektive: Der Erzähler gibt das wieder, was die anderen Figuren ihm berichten, was wiederum Konrad und seine Frau zu ihnen gesagt haben *sollen* – die Verschachtelung und der durchgängig gebrauchte Konjunktiv machen ihn dabei zu einer höchst unzuverlässigen narrativen Instanz. Die Gründe für Konrads Tat, die der Roman angeblich aufdecken soll, und auch diejenigen für das Nicht-Schreiben der Studie, mit dem die Tat offenbar in engem

---

24 Vgl zur utopischen Vorstellung des idealen Zeitpunkts zur augenblicklichen Realisierung der Studie Alexandra Pontzen, Künstler ohne Werk. Modelle negativer Produktionsästhetik in der Künstlerliteratur von Wackenroder bis Heiner Müller, Berlin 2000, S. 328: „Als sukzessiv funktionierendes Zeichensystem, dessen Produktion und Rezeption durch Prozessualität gekennzeichnet ist, vermag Schrift den Anspruch allumfassender Sofortpräsenz nicht einzulösen [...]."

1.1 Die Studie und der Geistesmensch – Schreibprojekte in Bernhards Prosa — 23

Zusammenhang steht, werden unter diesen Umständen, wie man sich unschwer vorstellen kann, indes eher verunklärt als erhellt.[25] Ein in der Forschung vielfach als der wahrscheinlichste Grund für Konrads Mord an seiner Frau angesehene hängt direkt mit dem Scheitern seiner Studie zusammen: Als Gewährsmänner werden der ‚Baurat' und ‚Wieser' herangezogen, die mutmaßen, der Grund für die Tat sei in der Kritik von Konrads Frau zu suchen, dass die Studie offenbar nur in Konrads Kopf existiere:

> Einerseits glaube sie nicht an den Wert seiner Studie, andererseits könne sie ja auch nicht sagen, die Studie, an welche ihr Mann den Großteil seiner Existenz verwendet hat, sei nichts wert und so fort [...], in jedem Falle müsse die Studie auf das Papier gebracht werden, schon allein deshalb, damit sich die Vermutung, ihr Mann, Konrad, sei nichts weiter als ein Verrückter, einer der vielen Narren, die überall herumlaufen und behaupten, sie hätten etwas, gleich was, und sei es eine ominöse Studie, im Kopf, von welcher man nie etwas sehe, schon um ihr selbst vor allem eine große Blamage zu ersparen, die Studie müsse also aus dem Kopf ihres Mannes heraus auf das Papier, das erflehe sie und so fort. (Ka, 166 f.)[26]

Die Studie befindet sich – diese Formulierung wird immer wieder sowohl von Konrad als auch von seiner Frau benutzt – ausschließlich in Konrads *Kopf* und eben nicht auf dem Papier (daher auch die eingangs zitierte „Katastrophalcephalökonomie"). Der Transfer auf das Papier kann offenbar nur in einem Zug erfolgen, weshalb der anvisierte Schreibprozess im Roman fast ausschließlich als „Niederschrift" bezeichnet wird. Noch eindrücklicher als dieser Terminus ist jedoch das Bild des urplötzlichen Umkippens des eigenen Kopfes, das die Studie auf Papier bannen soll:

> An Rücksichtslosigkeit auch oder gerade gegen sich selber habe es ihm in Hinblick auf die Studie in diesen einerseits, wie er sich selbst ausgedrückt haben soll, demütigend in die Länge gezogenen, andererseits erschreckend kurzen Jahrzehnten, nicht gemangelt, aber das Wichtigste habe ihm gefehlt: Furchtlosigkeit vor der Realisierung, vor Verwirklichung, Furchtlosigkeit einfach davor, seinen Kopf urplötzlich von einem Augenblick auf den anderen auf das rücksichtsloseste um- und also die Studie auf das Papier zu kippen. (Ka, 210)

---

[25] Vgl. dazu Harald Neumeyer, ‚Experimentalsätze' und ‚Lebensversicherungen'. Thomas Bernhards Kalkwerk und die Methode des Viktor Urbantschitsch. In: Politik und Medien bei Thomas Bernhard, hg. von Franziska Schössler und Ingeborg Villinger, Würzburg 2002, S. 4–29.
[26] Dieser Satz ist im Originaltext unvollständig, nach „schon allein deshalb, damit sich die Vermutung, ihr Mann, Konrad, sei nichts weiter als ein Verrückter" fehlt die Fortführung „sich nicht bewahrheitete" o. ä.

Diesem bizarr anmutenden Schreibkonzept sieht man auf den ersten Blick an, wie sehr es von einem übertrieben ideellen Werkverständnis geprägt ist.[27] Konrad glaubt an die Existenz eines in seinem Kopf zur Gänze existierenden Werks, das es *als* dieses Ganze aufs Papier zu bringen gilt. Der Moment des Umkippens zeigt dabei deutlich, dass es Konrad nicht um einen Schreib*prozess* im eigentlichen Sinne zu tun ist. Das urplötzliche Umkippen steht vielmehr für das zwar aktive Anstoßen eines sich dann jedoch autonom und vor allem in Windeseile vollziehenden und selbstregulierenden Vorgangs, der im strengen Sinne nicht einmal sukzessiv genannt werden kann. Von einem Augenblick auf den anderen wird die im Kopf existierende Studie auf das Papier gekippt und wortwörtlich ins Werk gesetzt. Der Vorgang fällt zeitlich nahezu komplett mit dem Resultat zusammen. Dass Konrad bei einer solchen Vorstellung der „Niederschrift" überhaupt nichts zu Papier bringt, kann kaum verwundern.[28] Die Eigengesetzlichkeiten der Schrift, ihre Verläuflichkeit und ihre Gestalt, spielen bei dem imaginierten Vorgang keine und, wenn überhaupt, eine eher hinderliche Rolle, da es ausschließlich darum geht, den im Kopf befindlichen semantischen Gehalt verlustfrei in Schrift zu übersetzen. Konrads Vorstellung von der Realisierung seiner Studie treibt das, was Klaus Hurlebusch als einen idealtypischen „reproduktiven, werkgenetischen" Schreibvorgang klassifizieren würde, karikaturesk auf die Spitze.

Exkurs: Schreibprozesse nach Hurlebusch – Der Kopfarbeiter
In seinem Beitrag *Den Autor besser verstehen: aus seiner Arbeitsweise. Prolegomenon zu einer Hermeneutik textgenetischen Schreibens* versucht Klaus Hurlebusch den auf den ersten Blick unüberwindlichen Hiatus zwischen den beiden philologischen Disziplinen zu überbrücken, die im Untertitel seines Vortrags so scheinbar harmonisch miteinander verbunden sind: zwischen Hermeneutik und Textgenetik. Diese Versöhnung soll über eine Untersuchung der Arbeitsweise von Autor*innen geleistet werden, welche sich nicht in einer textgenetischen Edition oder in einer rein phänomenalen Rekonstruktion der Schreibprozesse erschöpft, sondern diese Ergebnisse für die Interpretation der Texte fruchtbar macht. Hurlebuschs Anliegen ist es,

---

27 Vgl. Pontzen, Künstler ohne Werk, S. 311–335, insb. S. 333.
28 Das einzige, was der Leser tatsächlich von der Studie erfährt, ist ihr Titel: „Alles, was man höre, wie alles, was man nicht höre, mache einen im Kalkwerk hellhörig. Dieser Umstand komme naturgemäß seiner Studie zugute, die sich nicht zufällig mit dem Gehör befasse, schließlich sei ja auch *Das Gehör* der Titel der Studie." (Ka, 24).

auf der Basis der französischen und deutschsprachigen Textgenetik zu einem umfassenderen und zugleich differenzierteren Verständnis des literarischen Schaffens zu gelangen, d. h. zu einem Verständnis, das die *rezeptiv-produktive Doppelnatur* des Autors und die *kommunikativ-kreative Doppelfunktion* des Schreibens angemessener berücksichtigt, als das bisher gelang.²⁹

Die Hermeneutik, die Hurlebusch installieren will, setzt sich dezidiert von einer solchen ab, die „an den fertigen, kommunizierten Text gebunden" ist und deshalb alle vor- oder nicht-kommunikativen Zeugnisse des Schreibprozesses – etwa Entwürfe, Stichwortlisten, Anmerkungen und schließlich auch das dem Drucktext vorgängige Manuskript – schlechterdings bei der Edition nicht berücksichtigen *kann*.³⁰ Einer Editionspraxis, die einer so ausgerichteten Hermeneutik folge, müsste notgedrungen all das, was nicht zum Werk im emphatischen Sinne gehört, absolut irrelevant erscheinen, im besten Falle könnte es als ‚Vorstufe' des endgültigen Textes gelten. Hurlebuschs Interesse gilt jedoch genau diesen zu ‚Vorstufen' reduzierten Textzeugen, welche in der von ihm konzipierten Hermeneutik eine komplett andere Bewertung erhalten. Statt eine lineare Entwicklung vom ersten Entwurf über verschiedene Vorstufen zum Manuskript und schließlich zur endgültigen Druckfassung anzunehmen (die es, denkt man an überarbeitete Auflagen etc., ohnehin nur idealiter geben kann), entwickelt Hurlebusch eine in der französischen Textgenetik verankerte Methode zur Einbeziehung *aller* Textzeugnisse eines Autors, und zwar nicht im Sinne einer „werkästhetisch deduzierten Betrachtung der Voraussetzungen und Mittel dichterischer Hervorbringung", sondern einer „induktiven Produktionsforschung oder Schaffensästhetik".³¹

Die Untersuchung arbeitet mit den heuristischen Kategorien des „vorherrschend reproduktiven, werkgenetischen Schreibens" und des „vorherrschend konstruktiven, psychogenetischen Schreibens". Bernhards Geistesmenschen verkörpern, wie deutlich geworden sein dürfte, mehrheitlich ersteren Typus:

> Der dominante Grundzug des Schreibens, das zu solchen Werken führt, ist die *finite, zielgerichtete Reproduktion* eines gedanklichen Gehalts, die Übersetzung von Vorgedachtem in Geschriebenes. Der Schaffensprozeß strebt von vornherein aus dem subjektiven vorkommunikativen Binnenraum des Schreibens in die intersubjektive Sphäre der Kommunikation, d. h. in die *stabile Linearität des Textes*.³²

---

29 Hurlebusch, Den Autor besser verstehen, S. 16.
30 Vgl. Hurlebusch, Den Autor besser verstehen, S. 14 f.
31 Hurlebusch, Den Autor besser verstehen, S. 32.
32 Hurlebusch, Den Autor besser verstehen, S. 37.

Für eine Untersuchung der Bernhard'schen Texte – und hiermit ist das gesamte Spektrum von Entwürfen, Typoskripten, Korrekturen, Drucktexten etc. gemeint – ist Hurlebuschs Ansatz sehr fruchtbar: Er bietet dank der oben genannten Kategorien die Möglichkeit, Unterschiede zwischen der Arbeitsweise der Geistesmenschen und derjenigen des Autors zu beleuchten. Gelingen kann dies schon anhand der Gegenüberstellung der Selbstaussagen der Geistesmenschen und der Bauweise der Bernhard'schen Sätze, die eine konstruktive Arbeitsweise erkennen lassen.

1.1.2 Das Scheitern der Studie und das Gelingen des Bernhard'schen Texts

Thomas Bernhard lässt seine Figuren auf ganzer Linie scheitern und führt das werkgenetisch orientierte Schreiben gerade dadurch als absolut ineffektiv vor. Konrad zum Beispiel hat nicht nur eine temporäre Schreibhemmung, wie sie jede_r Schreibende kennt, er hat in Jahrzehnten ausschließlich unzusammenhängende Notizen und unzählige erste Sätze zu Papier gebracht, nie jedoch zusammenhängende Teile seiner Studie produziert. Die Persistenz, mit der die Figuren trotzdem an der Möglichkeit der Realisierung der Studie festhalten, wirkt vollkommen grotesk:

> Aber an die hunderte und an die tausende Male habe er dasselbe gedacht, soll Konrad zu Wieser gesagt haben, daß er nur ein paar Sätze zu schreiben habe, um dann auf einmal nach und nach alles niederschreiben zu können, tausende Male so gedacht, tausende Male, so wie Konrad sich ausdrückt, habe er so denken und handeln müssen und das heißt, nach ein paar Anfangssätzen das Ganze abbrechen, schon in den Augsburger Tagen habe er geglaubt, die Studie nach ein paar Sätzen in einem einzigen Zuge niederschreiben zu können, in Augsburg und in Innsbruck und in Paris und in Aschaffenburg und in Schweinfurt und in Bozen und in Meran und in Rom und in London und in Wien und in Florenz und in Kopenhagen und in Hamburg und in Frankfurt und in Köln und in Brüssel und in Ravensburg und in Rattenberg und in Toblach und in Neulengbach und in Korneuburg und in Gänserndorf und in Calais und in Kufstein und in München und in Prien und in Mürzzuschlag und in Thalgau und in Pforzheim und in Mannheim. (Ka, 59 f.)

Konrads Formulierung „auf einmal nach und nach" zeigt einmal mehr, dass gerade der Konflikt zwischen dem durchaus vorhandenen Bewusstsein eines notwendig sukzessiven Schreibprozesses – der „nach und nach" entstehenden Schrift – und dem Anspruch, die Studie müsse „auf einmal" da sein, unauflösbar ist. Seine sich „an die hunderte und an die tausend Male" reproduzierenden Gedanken, die er jedoch nie zu Papier bringt, zeugen in der 29fachen Wiederholung des absolut parallel gebauten Satzteils „und in ..." von einer geistigen Verwirrung, die sich in diesem Repetitionszwang manifestiert. Auch Konrads Frau erklärt Konrad zum

„hochintelligenten Geisteskranken", was, „wie Wieser sagt", der eigentliche Grund für die bereits mehrfach durch Konrad angedrohte Bluttat ist (Ka, 183), welche so ebenfalls in enger Verbindung mit dem Scheitern der Studie steht.

Neben dieser hermeneutischen Deutung der Passage lässt die massive Wiederholung der exakt gleichen Phrase jedoch indirekt auch Rückschlüsse auf Bernhards eigene Arbeitsweise zu. Versteht man den Text nämlich nicht als indirekte mündliche Äußerung Konrads, sondern zunächst sehr viel basaler als das lesbare Resultat von *Bernhards* Schreibprozess, wird hier einerseits das Scheitern der Niederschrift der Studie thematisiert, andererseits jedoch das Gelingen von Bernhards Text vorgeführt. Ein stets wiederkehrendes Muster in Bernhards Texten ist nämlich dieses: Der Geistesmensch hat eine Vorstellung seiner zu schreibenden Studie, die jedoch reines Phantasma bleibt; Bernhards Text hingegen führt ein *erfolgreiches* Schreiben vor, das durch seine konstruktive ‚Baukunst' im Sinne einer Akkumulation von Textbausteinen besticht. Die wahn- oder stumpfsinnig wirkende Aneinanderreihung der Floskel „in [Städtename]" sorgt dafür, dass die sich als wiederkehrende Variation eines Textbausteins erweisenden Wendungen als Schriftgestalten hervortreten, während ihr Sinn nahezu austauschbar wird. Der Zuwachs an Text, der so generiert wird, muss nicht dem Anspruch der Geistesmenschen genügen, komplizierte Inhalte verlustfrei zu Papier zu bringen, er genügt sich darin, seine eigene, nur konturenhafte Materialität auszustellen. Dadurch wird ein starker Kontrast zwischen Konrads Anspruch, die Studie „in einem einzigen Zuge niederschreiben zu können", und Bernhards gelungenem „nach und nach" von Textbausteinen erzeugt.[33]

Diese Substitutionsfigur lässt sich in vielen Texten Bernhards wiederfinden, und zwar nicht nur mikrostrukturell auf Satzebene, sondern auch in der Anlage der Texte selbst. So setzt sich etwa Bernhards Roman *Auslöschung* an die vom Protagonisten und Ich-Erzähler Franz-Josef Murau geplante Schrift, die bezeichnenderweise denselben Titel wie der Roman trägt (und wiederum als Surrogat für das bereits geschriebene, aber verschollene Manuskript seines Onkels Georg gelten kann).[34] Während Murau die „Niederschrift" selbst nicht realisiert, substituiert Bernhards Roman *Auslöschung* – wie schon der kurzerhand ‚plagiierte' Titel deutlich signalisiert – die ungeschrieben bleibende Studie und stellt so

---

33 Die Schwierigkeit, einen Text zu beginnen, wird auch durch den Beginn des *Kalkwerks* selbst inszeniert. Auf den ersten Seiten finden sich immer wieder Auslassungspunkte, die ein neuerliches Anfangen des Textes suggerieren, jedoch schließlich verschwinden und von einem absatzlosen Textblock abgelöst werden, der sich über die typographische Form als geschlossenes Ganzes inszeniert.
34 Vgl. dazu etwa Mona Körte, Blatt für Blatt. Text, Tod und Erinnerung bei Thomas Bernhard und Imre Kertesz, Graz 2012, S. 26 ff.

sein eigenes Gelingen aus.[35] Ganz ähnlich ist der vom Ich-Erzähler an sich selbst gerichtete Appell am Ende von Bernhards autobiographisch gefärbtem Skandal-Roman *Holzfällen* (1984) zu verstehen, über das „künstlerische Abendessen", das er soeben fluchtartig verlassen hat, „egal was, nur *gleich* und *sofort*"[36] zu schreiben. Doch just in dem Moment, in dem dieser Entschluss gefasst wird, setzt der Autor Thomas Bernhard bereits den Schlusspunkt unter den damit vollendeten Text. Der Ich-Erzähler muss sich so mit seiner Rolle begnügen, das „künstlerische Abendessen" in pseudo-mündlicher Manier zu *be*schreiben, während Bernhards Text seine Geschichte im wahrsten Sinne *vor*schreibt.

In beiden Fällen steht Bernhards Text in deutlichem Kontrast zu der phantasmatisch bleibenden oder – was für den Geistesmenschen noch schlimmer sein dürfte – durch eine andere Instanz realisierten bzw. angeeigneten Schrift. Durch dieses Verfahren wird die Arbeitsweise der Geistesmenschen karikiert und durch Bernhards eigene, produktivere Arbeitsweise konterkariert, weshalb von einer realistischen Selbstbeschreibung des Autors kaum die Rede sein kann. Wo

---

[35] Hier gestaltet sich die Lage etwas komplexer, da die anonyme Herausgeberfiktion, die den Roman rahmt, suggeriert, Muraus Schrift könnte tatsächlich realisiert worden sein. Die Herausgeberfiktion beschränkt sich auf den ersten und letzten Satz des Romans (Erster Satz: „Nach der Unterredung mit meinem Schüler Gambetti, mit welchem ich mich am Neunundzwanzigsten auf dem Pincio getroffen habe, *schreibt Murau, Franz-Josef*, um die Mai-Termine für den Unterricht zu vereinbaren [...]." Bernhard, Auslöschung (WA), S. 7 [Hvh. C.M.]; Letzter Satz: „Von Rom aus, wo ich jetzt wieder bin und wo ich diese *Auslöschung* geschrieben habe, und wo ich bleiben werde, *schreibt Murau* (geboren 1934 in Wolfsegg, gestorben 1983 in Rom), dankte ich ihm für die Annahme." Bernhard, Auslöschung (WA), S. 508 [zweite Hvh. C.M.]). Claude Haas hat überzeugend gezeigt, dass die Durchdringung der verschiedenen narrativen Instanzen (Herausgeber und Murau) im letzten Satz deren „Hierarchie [...] sowohl etabliert als auch einreißt". Damit würde unentscheidbar, ob der anonyme Herausgeber die realisierte *Auslöschung* tatsächlich präsentiere oder ob er ebenfalls nur Teil dieser (durch Bernhard realisierten) Schrift sei. Vgl. Claude Haas, Arbeit am Abscheu. Zu Thomas Bernhards Prosa, München 2007, S. 208. Thomas Meyer hat versucht, dieses Paradox mit Blick auf die Schreibszene Muraus zu klären (vgl. Thomas Meyer, Die phantastische Gabe des Gegen-Gedächtnisses. Ethik und Ästhetik in Thomas Bernhards „Auslöschung", Bielefeld 2014, S. 155), und betont, dass eine Beendigung und damit Realisierung der Schrift schon deshalb nicht möglich sei, weil sie laut Muraus Selbstaussage keinen Anfang habe: „Die Schwierigkeit ist ja immer nur, wie einen solchen Bericht anfangen, wo einen tatsächlich brauchbaren ersten Satz einer solchen Aufschreibung hernehmen, einen solchen allerersten Satz. In Wahrheit, Gambetti, habe ich ja schon oft angefangen mit diesem Bericht, aber ich bin schon in dem allerersten aufgeschriebenen Satz gescheitert." (Bernhard, Auslöschung (WA), S. 155) In der geplanten „Aufschreibung" des Berichts findet sich ein exaktes Äquivalent zur „Niederschrift" der Studie, weshalb ich in *Auslöschung* ebenso das beschriebene Ersetzungsschema am Werk sehe.

[36] Thomas Bernhard, Holzfällen. Eine Erregung. In: Bernhard, Werke, Bd. 7, hg. von Martin Huber und Wendelin Schmidt-Dengler, Frankfurt a.M. 2007, S. 199.

Bernhard mit seiner Schreibpotenz, seiner Verbosität und seinen „ausladenden Wort- und Satzungetüme[n]"[37] den Standard setzt, kann der Geistesmensch mit der Niederschrift seiner Studie nur scheitern.

1.1.3 „Genau auf die Kippkante" – Der Kegelbau und das Kippen der Wahrnehmung in Bernhards *Korrektur*

Während das Scheitern der Studie im *Kalkwerk* und in anderen Texten wie *Verstörung*, *Ja* oder *Beton* als Gegenbild zur Schreibproduktivität des Autors gelesen werden kann, wird im 1975 erschienenen Roman *Korrektur*, der in der Forschung gemeinhin als Zäsur im Bernhard'schen Werk gilt,[38] das Gelingen gleich zweier Kunstwerke vorgeführt. Dabei handelt es sich jedoch interessanterweise nicht um Schreibprojekte im eigentlichen Sinn. Roithamers Studie ist zu dem Zeitpunkt, an dem der Romans einsetzt, bereits gescheitert. Der Nachlass, welcher in Form „Tausende[r] von Roithamer beschriebene[r] Zettel" in den Besitz des Erzählers übergegangen ist, enthält ebenso ein „umfangreiches Manuskript"[39] über Roithamers Heimatort Altensam. Schon im Titel dieses Manuskripts offenbart sich auch hier der Absolutheitsanspruch der Studie: *„Über Altensam und alles, das mit*

---

37 Anne Betten, Kerkerstrukturen. Thomas Bernhards syntaktische Mimesis. In: Rhetorik und Sprachkunst bei Thomas Bernhard, hg. von Joachim Knape und Olaf Kramer, Würzburg 2011, S. 63–80, hier S. 63.
38 Bernhard verfasst in dieser Zeit zum einen seine fünfbändige Autobiographie, die zwischen 1972 und 1982 im Residenz Verlag erscheint, und schreibt vermehrt Theaterstücke. Erst 1982 erscheint der nächste umfangreichere Roman *Beton* – in den Jahren dazwischen erscheinen nur kleinere Prosaarbeiten wie *Ja* (1978) oder *Die Billigesser* (1980). Die perspektivisch verschachtelten und stilistisch komplexeren Romane der 70er Jahre würden abgelöst durch die (oftmals in einer Rahmenerzählung in der drittem Person sich entwickelnde) monologische Rede der Romane der 80er Jahre, heißt es in der Forschung. Vgl. dazu etwa Andreas Gößling, Thomas Bernhards frühe Prosakunst. Entfaltung und Zerfall seines ästhetischen Verfahrens in den Romanen: Frost, Verstörung, Korrektur, Berlin/New York 1987, S. 358 ff.; Bernhard Sorg, Thomas Bernhard, 2., neubearbeitete Auflage, München 1992, S. 132; Christian Klug, Thomas Bernhards Theaterstücke, Stuttgart 1991, S. 6–12; Joachim Hoell, Thomas Bernhard, München 2000, S. 109; Billenkamp, Narrativik und poetologische Praxis, S. 149 f.; prominent auch Alfred Pfabigan, der Bernhards Prosatexte in einen „chthonischen" Block – bestehend aus *Frost*, *Verstörung*, *Ungenach* und *Korrektur* – und einen darauf folgenden „apollinischen" Block segmentiert, zu dem er die Texte *Der Untergeher*, *Holzfällen*, *Alte Meister* und *Auslöschung* zählt. Vgl. Alfred Pfabigan, Thomas Bernhard. Ein österreichisches Weltexperiment, Wien 1999, insb. S. 9–36.
39 Thomas Bernhard, Korrektur, Frankfurt a.M. 1975 (EA), S. 7. Im Folgenden im Text unter der Sigle Ko und Angabe der Seitenzahl zitiert. Aus Gründen, auf die ich im Folgenden noch eingehen werde, zitiere ich hier nach der Erst- und nicht nach der Werkausgabe.

Altensam zusammenhängt, unter besonderer Berücksichtigung des Kegels" (Ko, 7 u. ö.). Roithamer stellt insgesamt drei Fassungen seiner „Hauptschrift" her, „die erste, also die achthundert Seiten lange Niederschrift, und die zweite dreihundert Seiten lange Fassung dieser Niederschrift und die dritte nurmehr noch achtzig Seiten lange Fassung der zweiten Niederschrift" (Ko, 178). Diese Fassung korrigiert er noch einmal, um sie schließlich ‚aufzulösen' und „in allerletzter Konsequenz überhaupt nichts mehr von dem Ganzen übrig zu lassen" (Ko, 179/180). Die Schrift wird so – zumindest nach Ansicht ihres Verfassers, der sich in letzter radikaler Konsequenz dieses Reduktionsprozesses das Leben nimmt – vernichtet, obwohl sie *de facto* in Form des korrigierten Manuskripts fortbesteht. Wie in anderen Bernhard-Texten zählt für den Geistesmenschen auch hier nur die Erstellung eines „Ganzen", das unerreichbare Phantasma dieser Ganzheit ist letztlich verantwortlich für sein – hier besonders dramatisch gezeichnetes – Scheitern.

Die Projekte, die dementgegen gelingen, sind weniger Schreib- als Bauprojekte: Aus den unzusammenhängenden und ungeordneten Zetteln und Notizen Roithamers ‚baut' der Ich-Erzähler mittels der von ihm als „Sichten und Ordnen" benannten Verfahren – so auch die Überschrift des zweiten Teils der *Korrektur* (Ko, 193) – einen zusammenhängenden Text, der sich mit eben diesem zweiten Teil des Romans deckt. Dieses ist das erste der eingangs erwähnten gelungenen Bauprojekte. Das zweite ist das ebenso erfolgreich realisierte Architekturprojekt Roithamers: ein kegelförmiges Wohnhaus, das er für seine Schwester im Mittelpunkt des „Kobernaußerwaldes" baut. Bernhard führt, wie zu zeigen sein wird, anhand dieser beiden Bauprojekte seine eigene konstruktive Arbeitsweise vor, oder – mit Anne Betten gesprochen – das „Gelingen eines Satz- und Text-Baukunstwerks der raffiniertesten, ausgeklügeltsten, manchmal auch verspieltesten Art".[40] Im Folgenden werde ich zunächst Roithamers architektonisches Kunstwerk untersuchen, um es auf Analogien mit Bernhards „Textkunstwerk" zu befragen.

Wie schon mit Blick auf Konrads manische Wiederholungen im *Kalkwerk* beschrieben, präsentiert sich die Konstruktivität des Bernhard'schen Textes über die Zurschaustellung seiner eigenen Bauweise und in der Betonung der Schriftgestalt. Im *Kalkwerk* waren es die ostentativ parallel gebauten Sätze, die eine Akkumulation von Schriftmaterial zeitigten, in *Korrektur* arbeitet Bernhard vermehrt mit graphischen Auszeichnungen, nämlich den für seine Texte so charakteristischen und extensiv verwendeten Kursivierungen. Um Rückschlüsse auf Bernhards Poetik, im Sinne eines wörtlich verstandenen schreibenden „Machens" und Gestaltens, ziehen zu können, ist meine Analyse auf die Schriftgestalt und -struktur fokussiert

---

40 Betten, Thomas Bernhard unter dem linguistischen Seziermesser, S. 191.

und deshalb auf eine vom Autor abgesegnete Textfassung angewiesen, in der die Schriftgestalt(ung) seinen Vorgaben und Wünschen entspricht. Gerade *in puncto* Kursivierungen sind jedoch zwischen der Erst- und der Werkausgabe von Bernhards *Korrektur* erhebliche Unterschiede zu verzeichnen, weshalb es zunächst unerlässlich ist, die Textauswahl für die folgende Analyse zu begründen.

Korrektur ist in vielerlei Hinsicht Bernhards komplexestes Buch, dies lässt sich schon daran erkennen, dass Bernhard an diesem Text (von seinem Erstling *Frost* einmal abgesehen) wie an wohl keinem zweitem bis zur Fertigstellung gearbeitet hat, auch die Werkausgabe dokumentiert eindringlich diese „Sonderstellung".[41] Die Überlieferungslage sei, so die Herausgeber, „übersichtlich", jedoch verursachten „schon die wenigen im Nachlaß erhaltenen Textzeugen eine Reihe von Problemen, deren Lösung einer einläßlichen textgenetischen Untersuchung vorbehalten bleiben muß".[42] Da die Druckfahnen des Textes im Thomas Bernhard Archiv nicht erhalten seien, würde als Textgrundlage der Werkausgabe das „mitunter schwer leserliche"[43] Typoskript W 4/2, das auch als Druckvorlage für die Erstausgabe diente, verwendet. Allerdings seien Veränderungen an der Textgestalt vorgenommen worden, da beim Satz des endgültigen Typoskripts einige Fehler unterlaufen seien.[44] Diese Änderungen werden im Kommentar nachgewiesen, allerdings mit einer entscheidenden Einschränkung: „Bagatellfälle ausgenommen".[45] Zu diesen Bagatellfällen gehören, wie ein Vergleich der verschiedenen Ausgaben zeigt, für die Herausgeber ganz offenbar auch die für die vorliegende Untersuchung hochrelevanten Kursivierungen, die in der Werkausgabe deutlich von der Erstausgabe abweichen. In keiner der auf zwanzig Seiten versammelten möglichen Konjekturen zu unvollständigen oder „fehlerhaften" Textstellen ist ein Eingriff in die Schriftgestalt dokumentiert,[46] obwohl die Kursivierungen für Bernhard selbst

---

41 Vgl. den Kommentar in Thomas Bernhard, Korrektur. In: Bernhard, Werke, Bd. 4, hg. von Martin Huber und Wendelin Schmidt-Dengler, Frankfurt a.M. 2005, S. 321–349, hier S. 343.
42 Bernhard, Korrektur (WA), S. 343
43 Bernhard, Korrektur (WA), S. 359.
44 Vgl. Bernhard, Korrektur (WA), S. 358 f.
45 Bernhard, Korrektur (WA), S. 359. Hier zeigt sich einmal mehr, dass die Werkausgabe, deren Kommentare zur Enstehungs- und Publikationsgeschichte und Rezeption der Texte überaus informativ sind, editorisch oftmals einen Kompromiss darstellt. Dies ist den Herausgebern durchaus bewusst: „Eine vollständige Darstellung der Textgenese mit einem Verzeichnis der Varianten in einem entsprechenden Apparat müssen ebenso wie die detaillierte Wort- und Sacherklärungen, Hinweise auf Parallelstellen etc. einer historisch-kritischen Ausgabe vorbehalten bleiben." Bernhard, Korrektur (WA), S. 321.
46 Vgl. Bernhard, Korrektur (WA), S. 360 f. Die Herausgeber wollen die „Fehlerhaftigkeit" stets als in Anführungszeichen gesetzt verstanden wissen, da für sie die Unvollständigkeiten vor dem Hintergrund des Themas einer Edition des Roithamer'schen Nachlasses, mit welcher der Ich-

höchste Priorität haben.⁴⁷ Im Gegenteil scheinen die Herausgeber die Kursivierungen nach einem Schema vereinheitlicht zu haben, welches sich weder in *Korrektur* noch in irgendeinem anderen Bernhard'schen Text in dieser Weise erkennen lässt. Die Kursivierungen, deren Bedeutung stets variiert (in Bernhards Texten sind sowohl Eigennamen kursiviert als auch mündliche Äußerungen als auch die Abbildung von Geschriebenem etc.), produzieren ganz im Gegenteil durch ihre nicht-konventionalisierte Verwendung eine kalkulierte Irritation, die im Text der Werkausgabe nicht in gleichem Maße stattfindet.

Zwar ist die Druckfahne des Textes nicht erhalten, dies ist jedoch meines Erachten kein plausibler Grund, das letzte Typoskript auch als letzten autorisierten Text zu verstehen. Bernhard hat bei all seinen Texten die Druckfahnen gründlich kontrolliert und teilweise stark überarbeitet. Nicht selten sehen die Druckfahnen nach der Überarbeitung so aus wie bei seinem Text *Unseld*, der in einem Band zum 60. Geburtstag des Verlegers erscheint (s. Abb. 2).⁴⁸ Im Fall von *Korrektur* korrigiert Bernhard sogar nicht nur wie üblich die Fahnen, er bittet den Verlag um zwei Umbruchexemplare,⁴⁹ um den endgültigen Satz ein weiteres Mal zu kontrollieren. Darüber hinaus schreibt er an Siegfried Unseld:

> Was die Fahnen der Korrektur betrifft, so habe ich noch niemals so vorzüglich gesetzte gesehen und ich bitte Sie, dem Setzer meine Bewunderung zu übermitteln für diese seine ganz hervorragende, ja beinahe schon unglaubliche übermenschliche Arbeit!, denn ich kenne ja das Manuskript, es ist eine Meisterleistung.⁵⁰

Auch wenn man, wie die Werkausgabe, in Rechnung stellt, dass Bernhard bei aller Begeisterung „kaum Satz für Satz verglichen haben dürfte",⁵¹ so ist doch davon auszugehen, dass gerade die Kursivierungen, auf die Bernhard stets gesteigerten Wert legt, einer erneuten Kontrolle unterzogen wurden. Die einzige Ausgabe, die im Sinne einer Ausgabe letzter Hand als Resultat einer durch Bernhard autorisierten und vor allem durchgesehenen Druckvorlage gelten kann, ist somit die Erstausgabe, auf die ich mich deshalb im Folgenden ausschließlich beziehen werde.

Erzähler – in den Augen der Herausgeber – „offensichtlich hoffnungslos überfordert ist", aufschlussreicher als eine „richtige Version" seien.
47 Vgl. dazu Kapitel 2.2.6 dieser Untersuchung „Auszeichnungen in Typoskript und Druck".
48 Thomas Bernhard, Unseld. In: Der Verleger und seine Autoren. Siegfried Unseld zum sechzigsten Geburtstag, Frankfurt a.M. 1984, S. 52–54.
49 Vgl. Thomas Bernhard, Brief 325 (22. Juli 1975). In: Thomas Bernhard/Siegfried Unseld, Der Briefwechsel, hg. von Raimund Fellinger, Frankfurt a.M. 2009, S. 480.
50 Bernhard, Brief 325 (22. Juli 1975). In: Bernhard/Unseld, Briefwechsel, S. 481.
51 Kommentar in Bernhard, Korrektur (WA), S. 359.

1.1 Die Studie und der Geistesmensch – Schreibprojekte in Bernhards Prosa

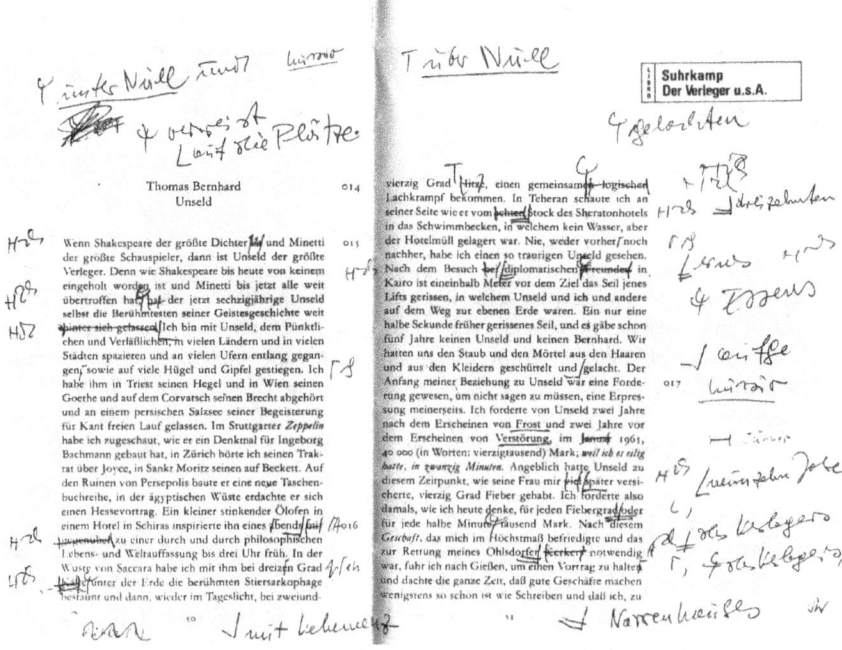

Abb. 2: Thomas Bernhard, *Unseld*, vom Autor korrigierte Druckfahne (1984).

Die „höllersche Dachkammer", in der Roithamer seine Studie ‚zu Tode' korrigiert, dient ebenso als „Ideen- und Konstruktionszimmer für den Bau des Kegels" (Ko, 16). Auch in diesem Schreibkerker treffen wir auf das Motiv der Lärchenböden, die sowohl in Bernhards eingangs zitierter eigener Schreibszene als auch im *Kalkwerk* präsent waren. Diese ‚Lärchenböden' wirken gleichsam als Stichwort für das Aufspannen einer Szenerie, in der die Geistesmenschen, von der Außenwelt isoliert, in einem schwer zugänglichen Haus, an ihren nichtrealisierbaren Studien laborieren.[52] Das „Höllerhaus", das im Roman mehrfach

---

[52] Im *Kalkwerk* heißt es, Konrad habe „neue Fußböden legen lassen [...], Lärchenböden, [...] möglichst breite Bretter habe ich legen lassen, unregelmäßige Bretter [...]. Brett an Brett, Nute an Feder, Feder an Nute [...]." (Ka, 103) Diese ‚Lärchenböden' finden sich auch im 1967 erschienenen Roman *Verstörung* im Haus des Industriellen: „Ich folgte meinem Vater durch mehrere, nur dank den Fugen der Fensterläden nicht gänzlich verfinsterte Räume, kalkweiße. Wir gingen über Lärchenböden. Wir mußten in den ersten Stock hinauf. Oben ein langer Gang, genauso finster, systematisch verfinstert. An ein Klosterinneres dachte ich." Bernhard, Verstörung (WA), S. 52. In der 1982 erschienenen Erzählung *Beton* und im 1986 erschienenen Roman *Auslöschung* tauchen die Lärchenböden erneut auf. Vgl. Thomas Bernhard, Beton. In: Bernhard, Werke, Bd. 5,

als Vorbild für Roithamers Kegelbau ausgewiesen wird, liegt mitten in einem reißenden Fluss, der Ich-Erzähler, der in der „höllerschen Dachkammer" vollkommene Stille erwartet hat, wird überrascht von dem „Getöse der Aurach" (vgl. Ko, 106–108):

> Aber der Höller hatte sein Haus so konstruiert, so Roithamer, daß es nicht weggerissen werden kann, die Lage des höllerschen Hauses ist so, daß es unter keinen Umständen auch nur in Mitleidenschaft gezogen werden kann von der Aurach, er, Höller, habe sein Haus an der Aurachenge gerade so konstruiert, daß es gegen alle Naturgewalttätigkeiten *immun* sei, gerade dieser Umstand, an der gefährlichsten Stelle der Aurach, an der Aurachengstelle, wo kein Mensch jemals ein Haus hingebaut hätte, gerade da ein Haus hinzubauen, hatte den Höller nicht mehr in Ruhe gelassen, immer wieder hatte er sich gesagt, ich muß gerade da mein Haus hinbauen, wo kein Mensch ein Haus hinbauen würde, gerade da, in die Aurachengstelle, die jeder fürchtet, hinein baue ich mein Haus, ich baue es genau dahin und er setzte sich naturgemäß damit dem größten Widerspruch aus [...]. (Ko, 108)

Der „größte Widerspruch", der hier präsentiert wird, ist derjenige zwischen reißendem Fluss und statischem Gebäude. Die in der Passage mehrfach auftauchenden Variationen des Verbs „hinbauen" zeigen, wie wenig das Gebäude in seine Umgebung passt, es wirkt wie ein Fremdkörper im Flusslauf. Roithamers Beschreibung des Höller'schen Baukunstwerks – die in für Bernhard typisch verschachtelter Perspektive vom Ich-Erzähler referiert wird – wird indes auf Ebene des Bernhard'schen Textkunstwerks gespiegelt, und zwar auf Ebene der Schriftgestalt: Auch hier kommt ein Zuwachs an Text durch eine Akkumulation gleichartiger Textbausteine zustande, die sich schon im *Kalkwerk* beobachten ließ. Die parallel gebauten Konsekutivsätze zu Beginn der Passage („[...] der Höller hatte sein Haus so konstruiert [...], daß es nicht weggerissen werden kann / die Lage des höllerschen Hauses ist so, daß es unter keinen Umständen auch nur in Mitleidenschaft gezogen werden kann [...] / [...] Höller habe sein Haus an der Aurachenge gerade so konstruiert, daß es gegen alle Naturgewalttätigkeiten *immun* sei") konstruieren durch die Aneinanderreihung von gleichen Bausteinen einen zusammenhängenden Text. Das repetierte Muster führt zu einer Rhythmisierung des Textes, die in der Bernhard-Forschung vielfach als musikalisches Prinzip beschrieben worden ist. Ich möchte den Begriff des Rhythmus hier jedoch nicht als akustisches Phänomen verstehen und beschreiben, sondern – mit Émile Benveniste – als im wahrsten Sinne des Wortes augenblickliche Konfiguration, die

---

hg. von Martin Huber und Wendelin Schmidt-Dengler, Frankfurt a.M. 2006, S. 14 sowie Bernhard, Auslöschung (WA), S. 133/281.

1.1 Die Studie und der Geistesmensch – Schreibprojekte in Bernhards Prosa — 35

nur im Spannungsfeld von zeitlichem Ablauf und räumlicher Anordnung vom Leser performiert werden kann.[53]

Beide Dimensionen, die zeitliche wie die räumliche, sind in dem Bild des reißenden Flusses, der das Haus umspült, angesprochen. Und auch Bernhards Text spiegelt diese Struktur wider. Nicht nur sind die einzelnen Satzteile als solche erkennbar und zugleich im Fluss aufgehoben, das unerwartet inmitten des Satzes gestaltlich emergierende Wort „*immun*" treibt diese Spannung zwischen Verlauf und Räumlichkeit auf die Spitze. Die Kursivsetzung dient hier nämlich nicht wie üblich dazu, eine etwaige Ambiguität von Aussagen zu tilgen, sie produziert im Gegenteil erst eine Vieldeutigkeit, die sich nicht auflösen lässt.[54] Das Wort wird so als ‚immuner' Textbaustein gestaltlich betont und ragt gleich dem Höllerhaus wie ein Fremdkörper aus dem ihn umspülenden Fluss hervor.[55]

Die Spannung zwischen fließender Bewegung der Aurach und statischem Aufragen des Hauses wird auf Textebene durch die Spannung zwischen der Ver-

---

53 Vgl. Émile Benveniste, Der Begriff des „Rhythmus" und sein sprachlicher Ausdruck. In: Benveniste, Probleme der allgemeinen Sprachwissenschaft, Frankfurt a.M. 1977, S. 363–374, hier S. 370 f.: „ῥυθμός [bezeichnet] die Form in dem Augenblick, in dem sie angenommen wird, durch das, was beweglich, bewegend, flüssig ist, die Form von dem, was keine organische Konsistenz besitzt [...]. Es ist die improvisierte, momentane und veränderliche Form. Man kann also verstehen, daß ῥυθμός wörtlich ‚eine besondere Art des Fließens' bedeutet und deshalb das geeignetste Wort gewesen ist, um ‚Dispositionen' oder ‚Formen' ohne Festigkeit oder natürliche Notwendigkeit, Resultate einer immer der Veränderung unterworfenen Anordnung zu beschreiben." Teresa Hiergeist bemerkt in ihrer Dissertation zu Recht, dass Benveniste das Phänomen des Rhythmus reduktionistisch als Struktur, nicht jedoch als grundlegend für Aufführung oder Ereignis begreife. Vgl. Teresa Hiergeist, Erlesene Erlebnisse: Formen der Partizipation an narrativen Texten, Bielefeld 2014, S. 160 ff. Auch ich möchte mein Augenmerk im Folgenden auf die Auf- bzw. lesende Ausführung der Struktur richten.
54 Die Leserin fragt sich: Gibt die Kursivsetzung ein von Höller geäußertes Wort wieder? Handelt es sich um ein Wort, das Roithamer – oder aber der Erzähler – besonders hervorheben will? Und wenn ja, worin liegt die Besonderheit dieses Wortes? Lars Jacob hat diese Verräumlichung der Bernhard'schen Schrift in seiner Untersuchung auf den Punkt gebracht: „Bernhards Schriftbild, das den Lesefluß in seinen kursiven und gesperrten Hervorhebungen immer wieder hemmt, dient [...] weniger dem Zweck, inhaltlich Wichtiges zu markieren, sondern eher dazu, das visuelle Ereignis des aufleuchtenden Buchstabens vor dem Entziffern zu betonen." Jacob, Bildschrift – Schriftbild, S. 289.
55 Auf den Punkt der semantischen Entleerung und der daraus entstehenden Materialisierung der Bernhard'schen Wörter hat Eva Marquardt bereits sehr früh hingewiesen. Nach Marquardts Verständnis sind diese Wörter aufgrund ihrer eingebüßten Funktion zur Bewahrung und Übermittlung von Bedeutung zu im buchstäblichen Sinne „leeren Worten" und damit selbst „zu Dingen geworden". Eva Marquardt, ‚Wörterverkehr'. Sprachskepsis im Werk Thomas Bernhards. In: Skepsis oder das Spiel mit dem Zweifel, hg. von Carola Hilmes, Dietrich Mathy und Hans Joachim Piechotta, Würzburg 1994, S. 132–139, hier S. 136.

laufsdimension des Textes und der aisthetischen Dimension der Schriftgestalt gespiegelt. Diese wiederum äußert sich in einem kategorischen Wechsel der Wahrnehmungsebenen: Das Lesen des Textes kippt durch die Betonung der Schriftgestalt in ein simultanes Sehen des einzelnen Worts und *vice versa*. Dieser Vorgang ähnelt dem Wittgenstein'schen Konzept des „Aspektwechsels", allerdings mit dem entscheidenden Unterschied, dass der von Wittgenstein beschriebene Kippvorgang auf der gleichen Wahrnehmungsebene stattfindet, nämlich zwischen dem synoptischen Sehen zweier unterschiedlicher „Gesichtsbilder" (man denke an das prominente Beispiel vom „Hasen-Enten-Kopf"). In Bernhards Texten ereignet sich der Aspektwechsel jedoch als unwillkürlicher Kippvorgang zweier voneinander geschiedener Wahrnehmungsmodi: dem *Lesen* und der *Betrachtung* von Schrift.[56] Der beständige Wechsel der Wahrnehmungsebenen, welcher motivisch in der Anlage des „Höllerhauses" gespiegelt ist, lässt sich als Effekt der spezifischen Konstruktion des Textes denken.

Das hier beschriebene spannungsreiche Bauen führt Bernhards *Korrektur* auch anhand der beiden zur Realisierung kommenden Baukunstwerke – dem Kegel und der Zusammensetzung eines Textes aus den Notizen des Nachlasses – vor und kontrastiert diese direkt mit dem Scheitern von Roithamers sich stetig abbauender Studie. Der Kegelbau, so wird dieses Kapitel zeigen, spiegelt dabei, genau wie sein architektonisches Vorbild, das „Höllerhaus", die Konstruktion des Bernhard'schen Textes wider.

Roithamers Kegel existiert im exakt errechneten Mittelpunkt des Waldes, der nur über einen ebenfalls von ihm selbst angelegten Weg, zu erreichen ist:

> [...] er [Roithamer, C.M.] ließ aufeinmal in Wirklichkeit die Straße durch den Kobernaußerwald anlegen, genau von einem von ihm in monatelanger Nachtarbeit berechneten Winkel sollte diese Straße genau in den Mittelpunkt des Kobernaußerwaldes führen, denn genau auf den Mittelpunkt gedachte er den Kegel zu bauen und er baute ihn auch genau in den Mittelpunkt des Kobernaußerwaldes [...]. (Ko, 19)

Der Kegel, der sowohl im Mittelpunkt des Kobernaußerwaldes steht, als auch im übertragenen Sinne der Dreh- und Angelpunkt von Roithamers Studie ist („unter *besonderer* Berücksichtigung des Kegels", Hvh. C.M.), avanciert ebenso zum motivischen Mittelpunkt von Bernhards Roman. Die durch den Erzähler wiedergege-

---

[56] Vgl. zum Konzept des Aspektwechsels Wittgenstein, Philosophische Untersuchungen, S. 522–531. Andrea Polaschegg, hat das Kippen des synoptischen Aspekts in den Verlaufsaspekt des Textes vor dem Hintergrund des in der Literaturwissenschaft bisher wenig beachteten Phänomens des Textanfangs untersucht. Vgl. Polaschegg, Der Anfang des Ganzen, insb. S. 97 f.

benen oder aus dem Nachlass zitierten Reflexionen Roithamers kreisen immer wieder um dieses grotesk anmutende und symbolisch aufgeladene Bauwerk, das allein durch seinen Anblick eine tödliche Krankheit der Schwester Roithamers hervorruft, weshalb es kaum verwundert, dass der Kegel in der Forschung zum „am meisten interpretierte[n] Kunstgegenstand im Bernhardschen Gesamtwerk"[57] geworden ist.

Die Interpretationen sind dabei breit gefächert,[58] wie schon eine stichprobenartige Auswahl beweist: Der Kegel gilt als Symbol für Roithamers Schwester, die, auch aufgrund der immer wieder betonten Entsprechung zwischen ihr und dem Bauwerk, in einen Kunstgegenstand verwandelt werde;[59] andernorts gilt er als Selbstdarstellung Roithamers;[60] das erste Bernhard-Symposion sieht in ihm einhellig die „Chiffre des idealen Romans";[61] einigen Autorin_innen gilt er als

---

57 Haas, Arbeit am Abscheu, S. 226.
58 Der Forschungsüberblick Margarete Kohlenbachs besitzt immer noch Relevanz, da die Forschungsbeiträge im Anschluss einerseits abebben, andererseits oftmals Weiterentwicklungen der hier skizzierten Positionen darstellen. Vgl. Margarete Kohlenbach, Das Ende der Vollkommenheit. Zum Verständnis von Thomas Bernhards „Korrektur", Tübingen 1986, S. 89 f.
59 Vgl. Hermann Helms-Derfert, Die Last der Geschichte. Interpretationen zur Prosa von Thomas Bernhard, Köln: 1997, S. 41: „Der tödliche Schrecken, der sie [die Schwester, C.M.] beim Anblick des Kegels befällt, ist auch und vor allem der Schrecken des in einen toten Steinbau verwandelten, zum Kunstgeschöpf präparierten Menschen." Vgl. dazu Haas, Arbeit am Abscheu, S. 227. Haas verbindet diese „Präparation" der Schwester luzide mit der Arbeit des Tierpräparators Höller.
60 So etwa bei Margarete Kohlenbach, die im Kegelbau Roithamers Wunsch nach Vollkommenheit und den Ausschluss von Erfahrungsbereitschaft sieht. Vgl. Kohlenbach, Roithamers Lebenswerk [Kap.]. In: Kohlenbach, Das Ende der Vollkommenheit, S. 100–133, zum Konzept der „Vollkommenheit" insb. S. 103 ff. Vgl. daran anschließend Burghard Damerau, der im Kegelbau Roithamers „romantischen Wunsch nach Synthese als unumstößlicher Harmonie" materialisiert sieht. Burghard Damerau, Selbstbehauptungen und Grenzen. Zu Thomas Bernhard, Würzburg 1996, S. 171–174.
61 Vgl. die Dokumentation der wichtigsten Bernhard-Konferenzen und Symposien in Wendelin Schmidt-Dengler, ‚Absolute Hilflosigkeit (des Denkens)'. Zur Typologie der wissenschaftlichen Auseinandersetzung mit Thomas Bernhard. Eine Einführung. In: Wissenschaft als Finsternis?, hg. von Huber/Schmidt-Dengler, S. 9–18. Zur Darstellung der Diskussions-Dynamik auf besagtem Symposion vgl. Wendelin Schmidt-Dengler, Von der Schwierigkeit, Thomas Bernhard zu lesen. In: Bernhard. Annäherungen, hg. von Manfred Jurgensen, Bern 1981, S. 123–141, hier S. 138. Schmidt-Dengler selbst vermutet hinter dem Kegel die mögliche „Chiffre für eine Perfektion", die im starken Kontrast zum Prinzip des Fragmentarischen, das in Bernhards Texten eine große Rolle spiele, stehe und den Wunsch nach Ganzheit repräsentiere. Vgl. Wendelin Schmidt-Dengler, Elf Thesen zum Werk Thomas Bernhards. In: Studien zur Literatur des 19. und 20. Jahrhunderts in Österreich, hg. von Johann Holzner, Michael Klein und Wolfgang Wiesmüller, S. 231–234, hier S. 233.

Sexualsymbol.[62] Die „Polyvalenz" des Kegels[63] wird, wie Andreas Gößling bereits sehr früh festgestellt hat, einerseits durch seine verdichtete Materialität befördert, an der die verschiedenen Deutungsansätze gleichsam abgleiten. Andererseits würde der Kegel gerade dadurch, dass er sich in seiner eigenen Materialität erschöpfe, zu einem ‚asemantischen' Gegenstand:

> Das Kegel-Symbol als eines der äußersten Verdichtung, als gewissermaßen schon monströs überdeterminiertes Symbol, in dem sich der in *Verstörung* noch breit entfaltete restaurative Wunschtraum „zu einem einzigen äußersten Punkte" zusammenzieht, um in dieser „vollkommenen Konzentration" schließlich „explosionsartig" zu „zerreißen" (Ko, 38 f.), tendiert somit letztlich zu ‚asemantischer' Verselbständigung.[64]

Zwar ist der Kegel aus verschiedenen Materialien zusammengesetzt („Steine, Ziegel, Glas, Eisen sonst nichts." Ko, 222), jedoch außen (wie innen) weiß gekalkt (vgl. ebd.), sodass nur seine glatte Hülle wahrgenommen wird. Vor dem Hintergrund des Waldes, der den Kegel umgibt, ist dieser deutlich als Fremdkörper wahrnehmbar. Hinzu kommt, dass die spärlich vorhandenen Fenster bzw. Ausblicke, „die nicht zu öffnen also auch nicht zu schließen sind" (ebd.), die Oberfläche des Objekts kaum durchbrechen. Auch dadurch, dass die Räume des Kegels unbenannt existieren sollen (vgl. Ko, 221 f.), materialisiert das Bauwerk die absolute Abwesenheit sprachlicher Bedeutung. Claude Haas spricht hier von der Prädiskursivität (der Innenräume) des Kegels, die sich eben darin zeige, dass Roithamer der Schwester verbiete, die Räume des Kegels zu benennen, sie also ihre Funktion qua Bezeichnung repräsentieren zu lassen. Haas zeigt überaus plausibel, dass der Meditationsraum, der als einziger benannt werden darf, dieses Prinzip der im Wortsinn ‚zementierten Sprachlosigkeit' nicht etwa untergräbt, sondern ‚untermauert', schließlich sei der Meditationsraum „traditionellerweise der Inbegriff des Raums, in welchem geschwiegen [werde]."[65] Der Kegel hebelt so die symbolische Ordnung aus und setzt an ihre Stelle ein Zeichen, das sich in der Ausstellung seiner eigenen Materialität erschöpft. Der sprachlichen Verfasstheit des Romans steht so ein materielles Objekt gegenüber, das Sprachlosigkeit und Inhaltsleere versinnbildlicht.

---

62 Exemplarisch für diese Forschungsrichtung sei hier Bernhard Sorg zitiert: „[E]in Kegel steht, tiefenpsychologisch betrachtet, als Sexualsymbol gleichermaßen für männliches und weibliches Genitale […]." Sorg, Thomas Bernhard, S. 103. Für weitere Deutungen vgl. ebenso den Forschungsüberblick in Kohlenbach, Das Ende der Vollkommenheit.
63 Johannes Pause, Die ironische Korrektur. Vom philosophischen Paradigmenwechsel Thomas Bernhards, Berlin 2004, S. 72.
64 Gößling, Bernhards frühe Prosakunst, S. 323.
65 Vgl. Haas, Arbeit am Abscheu, S. 226 ff., Zit. S. 228.

Umso erstaunlicher mag es wirken, dass neben den zahllosen allegorischen Ausdeutungen des Kegels in der Forschung immer wieder eine Verbindungen zwischen der „Tektonik der *Korrektur*" und dem „Kegel-Vorhaben" behauptet wird.[66] Dies geschieht einerseits durch Vergleiche zwischen der Konstruktion des Kegels und der Syntax des Romans,[67] jedoch auch durch die Behauptung einer wie auch immer gearteten *Struktur*analogie, die zwischen Roman und Kegel bestünde.[68] Eine solche Analogie zwischen Bauwerk und Roman kann jedoch nur dann hergestellt werden, wenn von einem Umstand gänzlich abgesehen wird: den spezifischen Wahrnehmungsprozessen, die diese unterschiedlichen Kunstwerke initiieren. Während ein architektonisches Bauwerk, gleich einer Skulptur oder einem Bild, seiner Betrachterin ein synoptisches, sich nicht an festen Raumlinien orientierendes Sehen abverlangt, ist dem Text als genuinem Verlaufsmedium eine sequenzielle Struktur inhärent, die vom Leser sukzessiv lesend verfolgt werden muss.[69]

Auf diesen durch den Text initiierten Wahrnehmungsprozessen und deren Spiegelung im Kegelbau soll das Augenmerk der Untersuchung liegen. Betrachtet man nicht nur das isolierte Kegelgebäude, sondern auch seinen Standort im Mittelpunkt des Waldes und den „in monatelanger Nachtarbeit" (Ko, 19) ange-

---

[66] So Burghard Damerau, der in den Sätzen Bernhards „Gedanken-Gebäude" erkennt, die sich im Verlauf des Romans immer weiter hochschrauben würden, um dann in immer kürzer werdenden Sätzen die Kegelspitze, das „pointierende Schlußwort" des Romans zu erreichen. Vgl. Damerau, Selbstbehauptung und Grenzen, S. 182 f. Diesem Befund kann schon allein deshalb nicht zugestimmt werden, weil die Satzlängen im gesamten Roman stark variieren.
[67] Stellvertretend sei hier auf Anne Betten verwiesen, die in den variierenden Satzlängen ein „ständiges An- und Abschwellen" repräsentiert sieht, das ein Muster von Sätzen bilde, die einem Kegel ähnelten, „der im Text mit Worten gleichsam ständig neu auf- und abgebaut" werde. Vgl. Betten, Bernhard unter dem linguistischen Seziermesser, S. 190 f.
[68] So etwa Sahbi Thabti, die von einem nicht weiter erläuterten „kegelartigen Konstruktionsschema" spricht, „das zwischen Konzentration und Auflösung" alterniere und in mehreren Texten Bernhards zur Anwendung komme. Sahbi Thabti, Die Paraphrase der Totalität. Zum Verhältnis von Denken und Sprechen in Thomas Bernhards *In der Höhe*. In: Wirkendes Wort, Bd. 44, 1994, S. 296–315, hier S. 307. Vgl. dazu auch Wolfgang Maier, der Bernhards Prosa schon sehr früh – Jahre vor dem Erscheinen von *Korrektur* – eine „pyramidale oder konzentrische Struktur" attestiert. Wolfgang Maier, Die Abstraktion vor ihrem Hintergrund gesehen. In: Über Thomas Bernhard, hg. von Anneliese Botond, Frankfurt a.M. 1970, S. 7–23, hier S. 17. Diese räumlich definierten Strukturen, seien sie überhaupt als solche beschreibbar, müssen freilich einen sukzessiven Leseprozess, in dem sie zum Verschwinden gebracht oder oder gar nicht erst wahrgenommen würden, vollends außer Acht lassen.
[69] Ich übernehme sowohl den Begriff des Verlaufsmediums als auch den Grundgedanken aus Polaschegg, Der Anfang des Ganzen, vgl. insb. S. 76–80.

legten Zugang, wird in der Darstellung der Gesamtanlage der beschriebene Wahrnehmungswechsel bereits überdeutlich thematisiert: Vom Ich-Erzähler und aus Roithamers Schriftstücken erfahren wir, dass der Kegel nicht nur schwierig erreichbar ist, sondern auch erst in dem Moment gesehen werden kann, in dem der oder die Ankommende direkt vor ihm steht:

> Die Höhe des Kegels ist die Höhe des Waldes, so daß es unmöglich ist, den Kegel zu sehen, außer man steht unmittelbar davor, die Straße, die zum Kegel führt, führt nicht gerade durch den Kobernaußerwald auf den Kegel zu, sondern ist sechsmal in nordöstliche und sechsmal nordwestliche Richtung in Windungen an den Kegel herangeführt, damit der Kegel erst dann gesehen werden kann, wenn der Ankommende unmittelbar vor dem Kegel steht. (Ko, 222)[70]

Der Kegel ist absichtlich in die Mitte des Waldes gebaut, der Weg absichtlich so verschlungen angelegt, *damit* der Kegel erst in dem Augenblick gesehen werden kann, in welchem seine konzentrierte Materialität den Weg versperrt und den Besucher zum Stillstand zwingt. In der Planung und Ausführung des Baus ist demzufolge vor allem Wert auf seine wortwörtlich zu verstehende *Erscheinung* gelegt. Die Gesamtkonstruktion Roithamers steuert maßgeblich die Bewegung des Besuchers: Die gewundene Straße gibt den Weg vor, das plötzliche Erscheinen des Kegels sorgt für einen abrupten Wechsel von der sukzessiven Bewegung des Gehens zu einem synoptischen Sehen des Bauwerks.

Sieht man also Roithamers Kegelbau als Gesamtheit von Kegelgebäude und umgebender Raumorganisation, lassen sich durchaus Parallelen zur Bauform von Bernhards Roman entdecken: Auch der Leser sieht sich mit dem Aufschlagen des Buches einem ‚Dickicht aus Schrift' gegenüber, mit dem ersten Satz jedoch wird er mit dem ‚Durchlauf' durch den Text beginnen, der ihm durch Bernhards typische Endlossätze durchaus so verwinkelt erscheinen mag wie Roithamers Weg:

> Nach einer anfänglich leichten, durch Verschleppung und Verschlampung aber plötzlich zu einer schweren gewordenen Lungenentzündung, die meinen ganzen Körper in Mitleidenschaft gezogen und die mich nicht weniger als drei Monate in dem bei meinem Heimatort gelegenen, auf dem Gebiete der sogenannten Inneren Krankheiten berühmten Welser Spital festgehalten hatte, war ich, nicht *Ende Oktober*, wie mir von den Ärzten angeraten, sondern schon *Anfang Oktober*, wie ich unbedingt wollte und in sogenannter Eigenverantwortung,

---

70 Das plötzliche Erscheinen des Kegels deckt sich mit Konrads Beschreibung des Kalkwerks: „Das hochgewachsene Gestrüpp ist so hoch gewachsen, mein lieber Wieser, daß kein Mensch mehr einen Blick auf das Kalkwerk werfen kann, man sieht ja auch das Kalkwerk erst, wenn man schon unmittelbar davorsteht, so Konrad zu Wieser, das heißt, wenn man nur noch einen oder einen halben Meter davor stehe [...]." (Ka, 28)

1.1 Die Studie und der Geistesmensch – Schreibprojekte in Bernhards Prosa — 41

einer Einladung des sogenannten Tierpräparators Höller im Aurachtal Folge leistend, gleich in das Aurachtal und in das Höllerhaus, ohne Umweg nach Stocket zu meinen Eltern, *gleich in die sogenannte höllersche Dachkammer*, um den mir nach dem Selbstmord meines Freundes Roithamer, der auch mit dem Tierpräparator Höller befreundet gewesen war, durch eine sogenannte letztwillige Verfügung zugefallenen, aus Tausenden von Roithamer beschriebenen Zetteln, aber auch aus dem umfangreichen Manuskript mit dem Titel *Über Altensam und alles, das damit zusammenhängt, unter besonderer Berücksichtigung des Kegels*, zusammengesetzten Nachlaß zu sichten, möglicherweise auch gleich zu ordnen. (Ko, 7)

In diesem ersten Satz, in dem – wie für Bernhards Anfangssätze durchaus üblich – „nahezu die gesamte inhaltliche Problematik [des Romans] vorgeführt wird",[71] droht der Leser sich durchaus zu verirren. Dies liegt nicht nur daran, dass der Romaneinsatz in *medias res* sich mit dem offenbar überhasteten Aufbruch des Ich-Erzählers ins „Aurachtal" und seinem augenblicklichen Eintritt in die „höllersche Dachkammer" deckt.[72] Die ausgeprägte paratakische Verschachtelung, die Störung der Hauptaussage (etwa „Ich war in das Höllerhaus [gegangen], um den Nachlaß zu sichten, möglicherweise auch gleich zu ordnen.") durch Partizipialkonstruktionen und Konjunktionalsätze, das Fehlen der Verbform (‚gegangen') und der absurd hohe Informationsgehalt des Satzes müssten ein Lesen nahezu unmöglich machen. Trotzdem fordert *und* ermöglicht der Satzbau eine kontinuierliche sukzessive Lektüre, die zwar aufgrund von Verständnisschwierigkeiten verlangsamt sein kann, jedoch schließlich am herbeigesehnten abschließenden Punkt ankommt.[73] Dass das zu erwartende Verb „gehen" in diesem Satz fehlt, ist dabei signifikant in dem Sinne, dass die Bewegung (des Ich-Erzählers zum Nachlass sowie des Lesers zum Ende des Satzes) durch diese Ellipse noch selbstverständlicher, im buchstäblichen Sinne vernachlässigbar erscheint.[74] Mit dem

---

[71] Pause, Die ironische Korrektur, S. 49.
[72] Vgl. dazu Reinhild Steingröver, Einerseits und andererseits. Essays zur Prosa Thomas Bernhards, New York 2000, S. 21.
[73] Anne Betten bezeichnet dieses Ende als „Moment der Erlösung", der Bernhards „grammatischen Exerzitien" stets folge. Vgl. Betten, Bernhard unter dem linguistischen Seziermesser, S. 187.
[74] Selbst den Herausgebern der Werkausgabe entgeht das fehlende Verb im ersten Satz des Romans, obwohl sie im Kommentar explizit darauf hinweisen, dass viele der Sätze in *Korrektur* ohne Verb auskommen müssen. Wie sie bin ich ebenfalls der Ansicht, dass unklar ist und bleibt, ob Bernhard die im Text immer wieder zu beobachtende „Unvollständigkeit/Fehlerhaftigkeit als bewußtes Stilmittel eingesetzt hat, [oder] ob sie sich auf einer auch dem Autor nicht voll bewußten Ebene des Schreibprozesses (gleichsam ‚hinter seinem Rücken') ereignet hat" (vgl. den Kommentar in Bernhard, Korrektur (WA), S. 360). Die Intentionalität der „Fehlerhaftigkeit" spielt jedoch für die vorliegende Untersuchung keine Rolle, da es ihr darum geht zu zeigen, an welcher Stelle und wodurch Irritationen des Leseflusses entstehen. Ein ausgespartes Wort, und

zweiten, sich über ca. drei Seiten erstreckenden Satz etabliert sich dann auch endgültig der für Bernhards Texte so oft konstatierte „Sprach-Sog".[75] Parallel zum Ich-Erzähler, der sich die vergangenen Ereignisse vergegenwärtigt, um nun ohne Umwege in die „höllersche Dachkammer" zu gelangen, kommt die Sukzession des Textes zunächst nur mühsam in Gang, entfaltet sich aber schon im zweiten Satz vollends. Im nochmaligen Vergleich mit Roithamers Kegelanlage könnte man davon sprechen, dass der Leser sich mit dem Textbeginn auf einen „nicht geraden" Weg begeben hat, um diesem nun trotz aller Windungen und Richtungsänderungen zu folgen.

Natürlich sind der Beginn der Sukzession und ihr Ende durch den Anfang und das Ende des Romans vorgegeben, diese Erkenntnis ist zugegebenermaßen trivial. Interessant ist jedoch, dass es in *Korrektur* ebenso eine erzählerische Thematisierung dieser Punkte gibt, die sich motivisch als Eintritt und Austritt beschreiben lassen und unweigerlich an die Lage und Anbindung des Wohnkegels erinnern. Während der Gang des Ich-Erzählers in die Dachkammer die Erzählung unvermittelt eröffnet und so ebenfalls die Sukzession – wenn auch zögerlich – *in Gang* bringt, beendet der letzte (vollständige) Satz abrupt einen „Vorgang" und bringt damit auch die Sukzession zum Stillstand: „Das Ende ist kein Vorgang. Lichtung." (Ko, 363) Die Lichtung, auf der sich der Leser schlussendlich und bernhardtypisch ‚urplötzlich' befindet, markiert dabei den Austritt nicht nur aus dem Wald, sondern auch aus einem gesteuerten Lese-Prozess, der hier sein vorläufiges und willkürlich gesetztes Ende findet. Der Text könnte noch weitergehen, der Weg, der durch ihn hindurchführt, der Verlauf der Schrift, bricht jedoch jäh ab.[76]

---

sei es das semantisch überaus relevante Verb des Satzes, erzeugt dabei interessanterweise *weniger* Irritation als ein in extremer Häufung auftretendes oder kursiv gesetztes, das seine eigene Gestalt akzentuiert. Insofern wäre auch zu überlegen, ob solche ‚Fehler' nicht tatsächlich darauf zurückgehen, dass „auf der ‚Kippkante' (Ko, 362) zwischen erster, artifiziell-symbolischer, und zweiter, tendenziell autobiographischer Werkphase nicht nur der *Korrektur*-Erzähler, sondern mit und über ihm auch der konkrete Autor als Textproduzent streckenweise die Kontrolle über den formalen Aspekt des Produktionsprozesses verlor", wie Andreas Gößling vorschlägt (Gößling, Bernhards frühe Prosakunst, S. 317). Ich würde zustimmen, dass das Weglassen einzelner Worte oder Satzteile Bernhard oftmals schlichtweg unterläuft, wohingegen ich das Wiederholen einzelner Worten oder Phrasen als kontrolliertes Schreibverfahren bewerte. Anders als Gößling sehe ich Bernhards ‚Fehler' eher als Symptom der übersteigerten Kontrolle über den „formalen Aspekts des Produktionsprozesses", wie ich im Folgenden noch zeigen werde.
75 Vgl. prominent Franz Eyckeler, Reflexionspoesie. Sprachskepsis, Rhetorik und Poetik in der Prosa Thomas Bernhards, Berlin 1995, S. 13 u. ö.
76 Für diese Interpretation spricht auch die Thematisierung des „Durchstoßens einer äußersten Grenze" auf den letzten beiden Seiten des Romans: „Eines Tages, in einem einzigen Augenblick durchstoßen wir die äußerste Grenze, aber der Zeitpunkt ist noch nicht da. Wir kennen die Me-

Versteht man also den gesamten Roman aufgrund der auffälligen Motivik des Ein- und Austritts in einen geleiteten Prozess als Metapher für den Lesevorgang durch das Dickicht aus Schrift, und bindet diese Metaphorik zurück an Roithamers Beschreibung des ebenso in Windungen zum Kegel führenden Weges, bleibt natürlich noch zu fragen: Wo ist der Mittelpunkt des *Romans* erreicht, an dem die sukzessive Lektüre (das Begehen des Weges) in die simultane Betrachtung der Schriftgestalt (das Erblicken des Kegels) kippt?[77]

Motivisch wie faktisch spiegeln Anfang und Ende des Romans klar den Anfang und das Ende des Lesevorgangs. Nimmt man des Weiteren das Experiment einer Analogie zwischen der Bauform des Kegels und des Romans mit ihren Effekten auf die Wahrnehmungsprozesse ernst, müsste man demnach in der Mitte der *Korrektur* auf eine eminente Irritation des Lesevorgangs stoßen, die für den Leser absolut unvorhergesehen auftaucht und den sukzessiven Wahrnehmungsmodus in einen synoptischen überführt. Man wird hier zunächst automatisch

---

thode, aber den Zeitpunkt kennen wir nicht. [...] Immer zu weit gegangen, damit sind wir immer an die äußerste Grenze gegangen. Aber durchstoßen haben wir sie nicht. Wenn ich sie einmal durchstoßen habe, ist *alles* vorbei, so Roithamer, alles unterstrichen." (Ko, 362) Hans Höller hingegen sieht in der Lichtung eine „starke assoziative Beziehung zu Heideggers Ontologie des Kunstwerks", das sich durch sein Offenes und Freies kennzeichne. Vgl. Hans Höller, Wie die Form der Sprache das Denken des Lesers ermöglicht. Der analytische Charakter von Bernhards Sprache. In: Knape/Kramer (Hg.), Rhetorik und Sprachkunst bei Thomas Bernhard, S. 81–90, hier S. 90. Versteht man den Roman allerdings, wie ich es tue, als Spiegelung der durch den Kegelbau verursachten Rezeptionsprozesse, bekommt die Lichtung eine weitaus profanere, jedoch nicht weniger plausible Bedeutung. Birgit Nienhaus weist darauf hin, dass die ‚natürliche Lichtung' am Ende des Romans, die wiederum genau zwischen den beiden Ortschaften Altensam und Stocket, also zwischen den Heimatorten Roithamers und des Erzählers, liege, symmetrisch zu der ‚künstlichen Lichtung' sei, die für den Kegel in den Wald geschlagen werden müsse. Vgl. Birgit Nienhaus, Architekturen und andere Räume. Raumdarstellung in der Prosa Thomas Bernhards, Marburg 2010, S. 147 f. Bezieht man die ‚natürliche Lichtung' tatsächlich auf die Abbildung des Rezeptionsprozesses, so wird auch die zweite Lichtung zu einer ‚künstlichen', da sie den Leseprozess abrupt beendet.

77 Lars Jacob hat diese Metaphorik der Räumlichkeit und ihre Entsprechung in der gelenkten Rezeption, die durch Bernhards spezifischen Umgang mit Schrift entsteht, ebenfalls erkannt: „Wie also wird Schrift bei Bernhard aufgefaßt? Betrachten wir Murdaus Selbsteinschätzung nicht als Autor, sondern als Vermittler ‚literarischer[r] Liegenschaften', so offenbart sich schon in dieser Wendung eine Tendenz zur Verräumlichung, die ihre Metaphorik auf das eigene Fundament, die Buchstabenbilder, wendet. Entsprechend geht es hier nicht mehr so sehr um mühsames Entziffern, sondern um eine Art des ‚Herumspazierens' im typographischen Bildraum, im ‚Blätterwald' der Buchseiten. Die semantische Funktion der Schrift tritt dabei hinter ihrer ‚ontologischen Dominanz' zurück. Das Bildbewußtsein arbeitet an der semantisch-ontischen Nahtstelle, die dem Lesenden eben als ‚Nähfaden' des Schriftzugs gegenübertritt." Jacob, Bildschrift – Schriftbild, S. 289.

an die einzige Zäsur des Romans denken, die sich tatsächlich ungefähr in der Mitte des Romans findet (die Überschriften der beiden Teile lauten „Die höllersche Dachkammer" (Ko, 7) und „Sichten und Ordnen" (Ko, 193)). Ein kategorialer Wechsel des Wahrnehmungsmodus findet allerdings, wie sich zeigen wird, nicht etwa durch diese unübersehbare typographische Gliederung statt (obwohl zweifelsohne auch hier der Lesevorgang unterbrochen wird), sondern bereits einige Seiten zuvor.

Während man also mit Einsetzen des Textes den Ich-Erzähler auf seinem Weg in die „höllersche Dachkammer" begleitet, sich mit ihm in seiner und der durch ihn vermittelten Gedankenwelt Roithamers einrichtet, seinen in verschiedene Richtungen gehenden Reflexionen über die Einrichtung dieser Dachkammer folgt, über Roithamers dort konzipiertes und geschriebenes Bau- und Schreibprojekt, über sein eigenes Schreibprojekt und seine Krankheit, die ihm dieses Schreibprojekt erschwert, und seine Beschreibungen des „Höllerhauses" und der „Höllerfamilie" etc. liest, konzentriert sich die Handlung in der Mitte des Romans auf eben diese „höllersche Dachkammer". Dass diese „errechnete Mitte" wie bei Roithamers Kegelbau zum „tatsächlichen Mittelpunkt" wird,[78] deutet sich bereits durch die sonst im Text kaum anzutreffende Handlungsdynamik an, die schlussendlich in einer Sequenz kulminiert, die meiner Ansicht nach als Zentrum des Textes und seiner Konstruktion gelten kann.

Zunächst befindet sich der Ich-Erzähler jedoch beim Abendessen mit der Familie des Tierpräparators Höller. In einer kurzen Sequenz wird, ähnlich wie im ersten Satz, die Grundkonstellation des Romans und die Inangriffnahme des „Sichtens und Ordnens" des Nachlasses noch einmal rekapituliert:

> Jetzt werde ich, sagte ich zum Höller, einmal alle Bücher und Schriften Roithamers ordnen, wenn ich auch nicht wisse, wie, denn wahrscheinlich sei ja die Unordnung der Bücher und der Schriften Roithamers ihre Ordnung, gleich wie, ich versuchte mich erst einmal in der höllerschen Dachkammer oben einzugewöhnen, dann erst in Hinblick auf die Beschäftigung mit dem Nachlaß Roithamers. Daß er, Höller, mir für diesen Zweck die Dachkammer zur Verfügung gestellt habe, sei mir der nützlichste Umstand, wie ja auch die gerade überstandene, wenn auch noch nicht ganz überstandene Krankheit, ein ebensolcher glücklicher Umstand im Hinblick auf den Nachlaß Roithamers sei. Vier oder fünf Tage, sagte ich, wollte ich bleiben, um einmal alles in Augenschein zu nehmen, mich in weiteren vier oder fünf Tagen damit intensiv zu beschäftigen. Mehr könne ich nicht sagen. Höller berichtete anschließend, wie er den Roithamer in der Lichtung entdeckt und vom Baum, von der großen Linde dort, heruntergeschnitten habe. Jetzt brauchte ich keine Angst mehr zu

---

78 „Die Vorstellung, die ich gleich im ersten Augenblick vom Kegel gehabt habe: Mitte des Kobernaußerwaldes, die mit dem jetzigen Standort des Kegels übereinstimmt. [...] Die Vorstellung, einen *errechneten* Mittelpunkt [...] zu einem *tatsächlichen* Mittelpunkt zu machen [...]." (Ko, 344)

1.1 Die Studie und der Geistesmensch – Schreibprojekte in Bernhards Prosa — 45

haben, ihn zu seinem Bericht zu drängen, er berichtete alles und zwar in der ihm angeborenen, durch den Umgang mit Roithamer wahrscheinlich noch geschulten folgerichtigen, nur auf Wichtigkeit und Notwendigkeit bedachten Weise. (Ko, 149 f.)

Versteht man die Lektüre des Romans tatsächlich als gewundenen Pfad, so wäre dieser Passus als ein Sich-Umwenden auf diesem Weg zu interpretieren: Alles, was dem Leser bisher an relevanten Informationen zuteil geworden ist, wird noch einmal komprimiert zusammengefasst und so vor Augen geführt. Von Höllers Bericht erfahren die Lesenden nichts, außer dass er eine Viertelstunde dauert, nach der sich der Ich-Erzähler verabschiedet und sich in die Dachkammer zurückzieht. Dort angekommen, stellt er fest, dass er nicht schlafen kann und beginnt zu überlegen, ob es richtig und sinnvoll sei, das noch einmal in Erinnerung gerufene Projekt, welches ja der eigentliche Grund seines Aufenthalts im „Höllerhaus" sei, in Angriff zu nehmen und „sich schon jetzt mit dem Nachlaß Roithamers zu beschäftigen [...]". (Ko, 151) Kurz darauf beschließt er jedoch „hin- und hergehend", sich dem „Nachlaß Roithamers nur zu nähern [...], zuerst nur zu nähern." (Ko, 174) Die „Hunderte und Tausende" von beschriebenen Zetteln, aus denen sich Roithamers Nachlass zusammensetzt und die der Erzähler – denkbar unpassend – in seinem Wanderrucksack in die Dachkammer transportiert hat, will er vorerst keinesfalls bearbeiten:

> Daß ich möglicherweise all das, was Bruchstücke sind, Fetzen möglicherweise, zueinander in Beziehung bringe und aus lauter Bruchstücken und Fetzen seines Denkens ein Ganzes mache, ein solches, dann zu veröffentlichendes Ganzes, daran war nicht zu denken [...].[79] (Ko, 174 f.)

---

[79] Mit dieser anvisierten ‚Editionspraxis', bei der nicht einmal klar wird, *ob* sie auf eine Veröffentlichung abzielt (und wie eine solche aussehen sollte), widerspricht der Ich-Erzähler vehement der Werkauffassung Roithamers. Dieser will zwar genau wie Konrad im *Kalkwerk* ein in sich geschlossenes Werk produzieren, glaubt jedoch – immerhin prinzipiell – daran, dass dieses ‚Ganze' sich auch aus einzelnen Bruchstücken zusammensetzen lasse: „[...] denn wie mir bei der ersten Berührung mit dem Nachlaß Roithamers schon zu denken gegeben hat, handelt es sich doch zum Großteil nur aus Bruchstücken seines Denkens, die er selbst nach Vollendung (Roithamer), Fertigstellung (Höller) des Kegels zu einem Ganzen habe machen wollen, [...] denn tatsächlich habe ich, so Roithamer, die ganzen Jahre, die ich mit der Arbeit am Kegel beschäftigt gewesen bin, nur Bruchstücke in meiner wissenschaftlichen Schreibarbeit zustande bringen können, und nur solche Bruchstücke allein genügen nicht, solche Bruchstücke müssen dann, aber erst dann, wenn der Kopf dazu in der Lage ist, *in dieser richtigen Kopflage, verstehst du*, hat Roithamer zu mir gesagt, zu einem Ganzen gemacht werden." (Ko, 175) Roithamer scheitert also nicht wie Konrad an einem werkgenetischen Schreibprozess, sondern an einem konstruktiven, es gelingt ihm nicht, das ‚Ganze' zusammenzusetzen, stattdessen reduziert er den Text immer weiter und vernichtet damit in seinen Augen die komplette Studie.

Über sein Abwägen, wie mit dem Nachlass Roithamers zu verfahren sei, gerät der Ich-Erzähler in eine zunehmende Erregung, die er selbst für die Folge eines Wetterumschwungs hält und die sich stilistisch in der manischen Wiederholung der gleichen Wörter und Phrasen sowie in unzulässigen Verallgemeinerungen und polemischen Steigerungen äußert. Diese Erregung überträgt sich durch verschiedene Textverfahren auf das Rezeptionsverhalten der Leser_in. Um diese Effekte nachvollziehbar zu machen, ist es unumgänglich, diese Passage *in toto* zu zitieren:

> So handelt es sich tatsächlich, wie ich gleich gesehen habe, um Hunderte und Tausende Bruchstücke, die mir Roithamer hinterlassen hat, die ich aber nicht bearbeiten werde, weil ich kein Recht dazu habe, überhaupt hat Bearbeitung niemals ein Recht, gleich wer was bearbeitet, er hat niemals ein Recht darauf, aber überall und auf der ganzen Welt werden andauernd sogenannte unfertige Geistesprodukte, Arbeiten von Köpfen, die plötzlich nicht mehr an diesen Arbeiten weiterarbeiten hatten können, gleich aus welchen Gründen, aber meistens doch aus Krankheits- und Verzweiflungsgründen oder aus Gründen der Selbstkritik, so Roithamer, aus Gründen der Verwerfung des von ihnen Gedachten und dann immer nur des ganzen von ihnen lebenslänglich Gedachten gleichzeitig liegengelassen, und andere gehen an die Bearbeitung solcher liegen- und stehengelassenen Bruchstücke, Fetzen, Geistesfetzen heran und glauben, sie müßten sie bearbeiten und veröffentlichen, gleich wo, herausgeben, diese Herausgeberschaft ist in jedem Falle immer ein Verbrechen, vielleicht das größte Verbrechen, weil es sich um ein Geistesprodukt oder um viele solcher Geistesprodukte handelt, die von ihrem Erzeuger aus gutem Grunde liegen- und stehengelassen worden sind, hin und her gehend in der höllerschen Dachkammer sagte ich mir, und immer wieder hatte ich das gedacht, auch schon im Spital gedacht, ich werde den Nachlaß Roithamers niemals bearbeiten, dieses Bearbeitungsverbrechen nicht begehen, ich werde kein sogenannter Bearbeiter, diese verabscheuungswürdigste Art von Verbrecher, sein, ich werde den Nachlaß Roithamers *ordnen, sichten,* dann möglicherweise, weil er sich dafür interessiert hat und nicht nur Roithamer gegenüber, sondern auch mir gegenüber, dieses Interesse in einem Brief an mich in das Spital bekundet hat, aber auch auf eine mich doch sehr mißtrauisch machende Weise bekundet hat, seinem Verleger zukommen lassen, diesem Verleger Einblick geben in den Nachlaß Roithamers, dachte ich, hin und her gehend und dadurch möglicherweise die Höllerschen in ihrem Schlafzimmer störend, ich glaubte ja nicht, daß die Höllerschen, ich meine die Höller und ihre Kinder, schlafen, denn es war tatsächlich unvorstellbar, daß sie schliefen, weil alles dagegen gewesen war, weil auch die plötzlich aufgekommene Luftveränderung und -strömung dagegen gewesen war, plötzlich hatte ich die eigentliche Ursache meiner Schlaflosigkeit und sich ständig noch steigernden Unruhe heraußen gehabt, daß sich nämlich die Witterungsverhältnisse am Abend geändert und dadurch in allen eine fürchterliche Unruhe erzeugt haben, das hatte wahrscheinlich auch den Höller veranlaßt, aufzubleiben und in die Werkstatt zu flüchten, ein kurzer Blick in die Werkstatt hinunter genügte, um festzustellen, daß er, Höller, noch immer mit dem großen, schwarzen, riesigen Vogel beschäftigt gewesen war, es war gar nicht daran zu denken gewesen, daß er jetzt aufhört oder in der kürzesten Zeit, nicht einmal in absehbarer Zeit wird der Höller mit der Arbeit an dem Vogel aufhören, dachte ich, dann gleich wieder, daß sie hier an der Aurachengstelle immer ganz plötzlichen, urplötzlichen Wetter-

1.1 Die Studie und der Geistesmensch – Schreibprojekte in Bernhards Prosa — 47

umschwüngen ausgeliefert sind, daß die Leute durch die Wetterumschwünge an den Rand ihrer Existenz getrieben werden und nur durch Tätigkeit aus dieser dadurch hervorgerufenen Verzweiflung und Überverzweiflung wieder herauskommen, wie der Höller, der sich andauernd mit dem Vogel beschäftigt, wie die Höller, die sich nach dem Nachtmahl noch an die Nähmaschine gesetzt hatte und die wahrscheinlich jetzt gar nicht im Bett liegt, dachte ich, sondern noch immer mit Nähen, wenn auch nicht mit der Nähmaschine, beschäftigt ist, daß sie an dem Tischchen in ihrem Zimmer sitzt und mit der Hand näht oder stopft oder strickt, gleich was, sie muß die Nacht, die einen solchen Wetterumschwung gebracht hat, überstehen, alle müssen diese Nacht überstehen, alle, alle, alles, dachte ich und während ich das dachte und wieder einmal zur Tür und wieder einmal zum Fenster gegangen war, war mir leichter, weil solche sich mit den Zuständen der andern sich beschäftigenden Gedanken den eigenen Zustand immer erleichtern. Daß ich den Nachlaß Roithamers ordnen und sichten werde, auf diese zwei Begriffe konzentrierte ich mich jetzt, und ich sagte mehrere Male laut vor mich hin *ordnen und sichten*, dann wieder mehrere Male *ordnen und sichten*, aber nicht bearbeiten, ich werde keine Zeile ändern, ich werde an dem Nachlaß nicht das geringste ändern, ich werde ihn ordnen und sichten, immer wieder sagte ich ordnen und sichten und in dem immer wieder ausgesprochenen ordnen und sichten hatte ich mich doch beruhigen können, ich glaubte, während ich ordnen und sichten sagte, mich zu beruhigen, und deshalb sagte ich so oft und immer wieder ordnen und sichten, keine, nicht die geringste Bearbeitung sagte ich mir. (Ko, 175–178)

Beim Lesen dieser *beiden* Sätze ist eine deutliche Veränderung des Rezeptionsmodus spürbar, wobei dieser Wechsel mit den Zuständen des Ich-Erzählers (Erregung vs. Ruhe) korrespondiert. Während die Sukzession im ersten „Satzgebäude"[80] dadurch vorangetrieben wird, dass über 81 Zeilen des Drucktextes immer neue Nebensätze produziert werden, die die „fürchterliche Unruhe" repräsentieren, die den Erzähler aus heiterem Himmel – oder um eines von Bernhards Lieblingswörtern zu benutzen: ‚urplötzlich' – befallen hat. Wie er sagt, gilt es – für ihn selbst und alle anderen Figuren –, diese „sich ständig noch steigernde Unruhe" und die daraus resultierende „Verzweiflung und Überverzweiflung" durch „Tätigkeit" abzumildern. Die Tätigkeit des Erzählers beschränkt sich im Gegensatz zum Ehepaar Höller, das handwerkliche Arbeiten ausführt, im „hin und her gehen" und der Reflexion über seine Gastgeber. Die Unruhe des Erzählers überträgt sich auf den Leser, der in der Sukzession des Textes absolut gefangen ist und diesen in seiner Ausrichtung auf das nicht abzusehende Ende dieses langen Satzes immer schneller, aber auch stolpernder prozessiert. Was der Erzähler über den Tierpräparator Höller äußert, scheint auch für ihn selbst zu gelten: „[...] es war gar nicht daran zu denken gewesen, daß er jetzt aufhört oder in der kürzesten Zeit, nicht einmal in absehbarer Zeit wird [er] aufhören." Die Länge des Satzes produziert

---

[80] Ich übernehme diesen Begriff aus Maier, Die Abstraktion vor ihrem Hintergrund gesehen, S. 19.

Schwierigkeiten beim Lesen, die Bezüge werden anfangs durch die extrem parataktische Struktur unklar. Das Hin und Hergehen des Erzählers spiegelt sich in der Rezeption des Satzes: Zum besseren Verständnis muss der Leser immer wieder im Satz zurückzuspringen, um dann eine erneute vorwärtsgerichtete Lektüre zu beginnen. Trotzdem ist das sukzessive Prinzip durch die endlose Aneinanderreihung von Satzteilen so stark, dass sich das Lesen gegen Ende des Satzes beschleunigt und der Leser das Gefühl hat, auf dieses Ende zuzusteuern.[81] Und tatsächlich bremst das manisch wirkende, mehrfach wiederholte „alle, alle, alles" die Sukzession und ebenso die Erregung des Erzählers. Dieser fühlt sich dank der Beschäftigung mit dem Zustand der Anderen, der Leser durch den erlösenden Schlusspunkt des durchgearbeiteten Satzes deutlich erleichtert. Der eigentliche *Stillstand* – sowohl auf der Erzähl- als auch auf der Rezeptionsebene – findet aber erst mit dem nächsten Satz statt: Die zwischen beiden Sätzen deutlich wahrnehmbare jedoch typographisch nicht angezeigte Zäsur wird bereits durch das erste Wort „Daß" markiert, welches dank des fehlenden oder immerhin weit zurückliegenden Anschlusses vollkommen aus dem Kontext gerissen wirkt. Zwar erinnert es an die mehrmals auftauchende Phrase „dachte ich, daß …", tatsächlich deckt es sich jedoch am ehesten mit dem Beginn des Satzes, der dem zitierten ‚Satzungetüm' vorausging: „Daß ich möglicherweise all das, was Bruchstücke sind, Fetzen möglicherweise, zueinander in Beziehung bringe und aus lauter Bruchstücken und Fetzen seines Denkens ein Ganzes mache, ein solches, dann zu veröffentlichendes Ganzes, daran war nicht zu denken […]" (Ko, 174 f.) Der Ich-Erzähler vergegenwärtigt sich sein ursprüngliches Problem, die Beschäftigung mit dem Nachlass Roithamers, befindet sich jedoch, was die Entschiedenheit angeht, wie mit diesem Nachlass zu verfahren sei, deutlich auf einem anderen Niveau. Durch die Konzentration auf die Begriffe „ordnen und sichten", die der Text durch deren mehrfache Wiederholung vorführt, beruhigt sich nicht nur der Erzähler, auch der Lesefluss kommt in gewisser Weise zum Stillstand. Das „ordnen und sichten", das bereits in der Mitte des vorhergehenden, langen Satzes durch seine Kursivierung eine im Wortsinn hervorgehobene Rolle spielte („ich werde den Nachlaß Roithamers *ordnen, sichten*"), wird hier nun gänzlich zum Mittelpunkt des Satzes gemacht. Der Rest der Satzkonstruktion scheint sich um diese Phrase zu gruppieren, was sich auch deutlich im Lesevorgang zeigt: Das wiederholte Auftauchen der Phrase „ordnen und sichten", die – auch aufgrund der zweimaligen Kursivsetzung – auf einen Blick erfasst wird, wird *gesehen*, bevor es überhaupt gelesen werden kann. Der Blick nimmt das immer wieder auftauchende Muster synop-

---

[81] Hier werden auch die Bezüge deutlich klarer als am Anfang, da die Sätze weniger stark verschachtelt sind.

1.1 Die Studie und der Geistesmensch – Schreibprojekte in Bernhards Prosa — 49

tisch wahr und torpediert dergestalt die sukzessive Lektüre des Textes.[82] Die zuvor im doppelten Sinne über-flüssig wirkende Reflexion des Erzählers aggregiert in den drei unübersehbaren Wörtern:

> Daß ich den Nachlaß Roithamers ordnen und sichten werde, auf diese zwei Begriffe konzentrierte ich mich jetzt, und ich sagte mehrere Male laut vor mich hin *ordnen und sichten*, dann wieder mehrere Male *ordnen und sichten*, aber nicht bearbeiten, ich werde keine Zeile ändern, ich werde an dem Nachlaß nicht das geringste ändern, ich werde ihn ordnen und sichten, immer wieder sagte ich ordnen und sichten und in dem immer wieder ausgesprochenen ordnen und sichten hatte ich mich doch beruhigen können, ich glaubte, während ich ordnen und sichten sagte, mich zu beruhigen, und deshalb sagte ich so oft und immer wieder ordnen und sichten, keine, nicht die geringste Bearbeitung sagte ich mir. (Ko, 178)

Will man die Entsprechung der Konstruktion von Roithamers und Bernhards ‚Bauwerk' ernst nehmen, ließe sich in dieser Sequenz der Mittelpunkt des Romans *sehen*. Wie der Kegel unbemerkt vor dem sich Nähernden auftaucht, führen die ‚hin und hergehenden' Reflexionen des Erzählers zu dem Punkt, wo die Sukzession an Tempo gewinnt und über die steile Gerade den Mittelpunkt des Kegels erreicht, um dort einen Moment zu verweilen. Dabei lässt sich der Mittelpunkt nicht auf einen Blick, etwa durch das typographische Mittel eines Absatzes, erkennen, ausschließlich die veränderte Rezeption macht ihn *sicht*bar.

Wie in der errechneten und tatsächlichen Mitte des Waldes der Kegel als materialisiertes Denkprojekt Roithamers *plötzlich* sichtbar wird, tritt in der errechneten Mitte des Textes das Editionsprojekt des Erzählers in den drei Wörtern „ordnen und sichten" in Erscheinung. Die Erstausgabe von *Korrektur* besitzt 356 bedruckte Seiten, *exakt* in der Mitte, auf S. 178 des Romans, taucht das geballte „ordnen und sichten" auf. Auch um diesen Mittelpunkt herum ist der Text erstaunlich parallel gebaut: Der Satz, der die Leser an den Mittelpunkt des „ordnen und sichten" führt, hat 81 Zeilen, während der folgende Satz sich über 84 Zeilen erstreckt. Hier beschäftigt der Erzähler sich mit den verschiedenen Fassungen der Roithamer'schen Schrift und bekräftigt einmal mehr seinen Entschluss, nur „ordnen und sichten" zu wollen, da für ihn alle Textzeugnisse gleich wichtig

---

[82] Vgl. dazu Sabine Gross, Lese-Zeichen. Kognition, Medium und Materialität im Leseprozess, Darmstadt 2006, S. 7: „Dauer und Ort der Fixierungen werden von einer Reihe von Faktoren beeinflußt. Zunächst tasten die Augen keineswegs jeden Buchstaben einzeln ab, nicht einmal jedes Wort. Peripher aufgenommene Informationen zur räumlichen Anordnung des Textes [...] spielen eine Rolle für die jeweilige Größe der Saccade und den Ort der nächsten Fixation [...]. Das Auge greift [...] dem eigentlichen Erfassen des Wortes bereits vor." Die unerwartet häufige Wiederholung des immer gleichen ‚Wortbildes' steigert diesen Mechanismus in Bernhards Texten erheblich.

seien: „Und die Hauptschrift Roithamers [...] werde ich so, wie sie ist, seinem Verleger zukommen lassen [...] *alle diese drei Fassungen der Niederschrift* Roithamers, denn alle diese Fassungen gehören zusammen, die eine jeweils aus der anderen und sind ein Ganzes, ein über tausend Seiten umfassendes Ganzes", erklärt der Erzähler, nun „wieder in der höllerschen Dachkammer hin und her gehend". (Ko, 178) Die Beschreibung seines Projekts schließt er „am Fenster stehend" mit folgenden Worten ab:

> [...] ich werde diesen Nachlaß nicht bearbeiten, ich werde alles ordnen oder wenigstens den Versuch machen, Ordnung in diesen riesigen Haufen von Geschriebenem hineinzubringen, aber nicht bearbeiten, allein das Wort *bearbeiten* oder *Bearbeitung* verursachte mir schon Übelkeit. (Ko, 180)

Auch wenn der von diesen beiden fast exakt gleich langen Sätzen eingefasste Part, den ich hier als den Mittel- und Höhepunkt des Romans beschrieben habe, semantisch kaum etwas her gibt (außer eben, dass der Erzähler den Nachlass nicht bearbeiten, sondern „ordnen und sichten" will), ist er signifikant für den übrigen Text. Er spiegelt dabei nicht nur Roithamers Konstruktion des Kegels und dessen Infrastruktur, er gibt *qua* Gestalt und Struktur der Schrift sowie der dadurch beeinflussten Wahrnehmung Auskunft über die Poetologie des Gesamttextes, die im zweiten Teil des Buches mit der Überschrift „Sichten und Ordnen" nochmals von Bernhard durchgespielt wird.

Die Editionspraxis des Ich-Erzählers unterscheidet sich deutlich von den Schreibprojekten der Bernhard'schen Geistesmenschen, für die die Studie nur als phantasmatisches Ganzes Bestand hat (zu diesem Typus gehört indirekt auch Roithamer, der die Studie durch seine Kürzungen diesem Phantasma sowohl ideell als auch materiell wieder annähern will). Für den Erzähler handelt es sich bei Roithamers Nachlass um nichts als „Tausende von Seiten, [...] Hunderte und Tausende von Bruchstücken, zusammenhängenden einerseits, überhaupt nicht zusammenhängenden andererseits." Dabei kommt es ihm nicht darauf an, wie sich diese spezifischen Bruchstücke unterscheiden, seien es Notizen, Anmerkungen oder zusammenhängender Text, sie alle sind gleichwertige Teile des disparaten Konvoluts. So hat der Erzähler sie auch in seinem „Hochgebirgsrucksack [...] in die höllersche Dachkammer hereingeschleppt", in dem – und hier kommt Bernhards unverwechselbar lakonischer Humor zum Einsatz – „sonst nur Wollsocken und Würste, Schmalz und Fußbinden, Ohrenschützer und Schuhbänder, Zucker und Brot, und alles vollkommen durcheinander befördert wird." (Ko, 180) Diesen Rucksack, der nun statt des üblichen zweckdienlichen ‚Zeugs' Roithamers absolut disparate Schrift-Stücke enthält, gedenkt der Erzähler „sorgfältig und mit Verstand und mit aller mir möglichen Ruhe der Hände" (Ko, 181), auszupacken, ist sich jedoch unschlüssig, ob er dabei die Blätter nicht in eine noch größere Unordnung bringt. Diese Unschlüssigkeit bringt ihn schließlich dazu, den Rucksack in einem – durchaus an Konrads Kopf erinnernden – plötzlichen Akt umzukippen, so dass alle darin befindlichen Papiere auf dem Diwan zu liegen kommen. Entsetzt über sein Handeln entfernt er sich von dem Nachlass, dem er sich doch vorsichtig hatte nähern wollen:

> [...] ich trat einen Schritt zurück und dann noch einen Schritt und dann noch einen Schritt und beobachtete vom Fenster aus [...] den Papierhaufen, der sich jetzt, wie ich ihn vom Fenster aus beobachtete, noch bewegte, nach und nach rutschten noch einige Blätter des Nachlasses Roithamers von oben nach unten, wo Hohlräume in dem Papierhaufen waren, gaben diese Hohlräume nach, sah ich, und wieder gingen Blätter zu Boden. (Ko, 182)

Im Gegensatz zur Vision eines plötzlichen Kopf-Umkippens hat das Ausleeren des Rucksacks in keinster Weise den Effekt, etwas stabiles ‚Ganzes' herzustellen, im Gegenteil: Die Blätter rutschen in den abstrus riesig erscheinenden Papierhaufen, als würden sie ein Eigenleben führen, gehen eine neue Ordnung ein und trennen sich, auf den Boden fallend, vom Rest. Noch bevor die Blätter in Form eines ‚Papierkegels'[83] eine feste Konstellation eingehen können, stürzt der Erzähler zurück, packt die Papiere und stopft sie in die Schubladen des Schreibtischs:

> Immer wieder nahm ich eine Handvoll Papiere und stopfte sie in die Schreibtischladen, solange, bis das letzte Papier im Schreibtisch untergebracht war, zuletzt mußte ich mit dem Knie nachhelfen, um die Lade, die ich als letzte Lade bis zum äußersten angestopft hatte, zuzubringen. (Ko, 182)

Diese, wie der Erzähler selbst zugeben muss, „fürchterlich-komische Situation" erinnert die Leserin indes an die Tätigkeit, mit der der Tierpräparator Höller die Nacht verbringt. Dieser stopft nämlich in seiner Werkstatt, unter permanenter Beobachtung des Ich-Erzählers, einen großen schwarzen Vogel mit Zellstoff aus. Der Erzähler sieht einen „riesigen Zellstoffhaufen neben dem Höller auf dem Boden und ich dachte, dieser riesige Zellstoffhaufen wird jetzt nach und nach in den, wie ich zuerst schon dachte, längst vollgestopften Vogel hineingestopft." (Ko, 169) Just in dem Moment, in dem der Erzähler selbst einen ganz ähnlichen ‚Zellstoffhaufen' produziert hat, sieht er, wie der Tierpräparator seine Arbeit beendet und den Vogel zunäht. Dieser Anblick bewegt ihn offenbar dazu, die Blätter in die Schubladen zu stopfen, obwohl er weiß, dass er die ursprüngliche

---

[83] Tatsächlich formiert sich hier in ironischer Anlehnung an Roithamers Projekt ein „kegelförmiger Haufen Papier". Vgl. dazu Damerau, Selbstbehauptung und Grenzen, S. 183.

Ordnung nie wieder wird herstellen können, da „die Papiere Roithamers [...] fast nie gekennzeichnet sind, keine Seitenziffern undsofort". (Ko, 183) Auch wenn der Erzähler die Aussichtslosigkeit seiner Lage erkennt, scheint die nun zufällige Ordnung der Blätter eine gewisse Entspannung und eine kaum merkliche Veränderung des Editionsprojekts hervorzurufen: „Und ich saß auf dem alten Sessel und sagte mehrere Male wieder ordnen und sichten, sichten und ordnen, bis ich es sooft gesagt hatte, daß ich auflachen musste, ich lachte laut, ganz laut auf." (Ko, 183) Aus dem Projekt mit dem Titel „ordnen und sichten" ist nun ein „sichten und ordnen" geworden. Da die Bruchstücke sich einer sinnvollen Ordnung entziehen, nachdem der Erzähler sie – analog zum Stopfen und Verschließen des Vogels durch den Präparator Höller[84] – in die Schubladen gestopft und diese geschlossen hat, bleibt ihm nichts anderes übrig, als diese Fragmente zunächst erneut in die Hand zu nehmen, und sie, wenn schon nicht in die ursprüngliche, so doch in *eine* Ordnung zu bringen, anders gesagt: sie in Augenschein zu nehmen und *anzuordnen*. So lautet auch der Vorsatz, mit dem der erste Teil des Buches endgültig beschlossen wird: „In der Frühe werde ich mich dem Nachlaß Roithamers nähern, zuerst mich ihm *nähern* und dann ihn *sichten* und *ordnen*." (Ko, 192) Die Kursivierung dieser drei Wörter führt noch einmal zurück an den Anfang der Passage, die als ‚Kegel' gedeutet werden kann. Auch im hier geäußerten Vorhaben des Ich-Erzählers, sich dem „Nachlaß Roithamers nur zu *nähern* [...], zuerst nur zu *nähern*" (Ko, 174), ist das entscheidende Wort zwei mal kursiv gesetzt. An der

---

[84] Auf dieses interessante Detail der „Höller-Imitation" durch den Ich-Erzähler hat bereits Claude Haas hingewiesen. Das ungeordnete Vollstopfen des Vogels sei zwar analog zum ungeordneten Hineinstopfen der Papiere in die Schubladen, unterscheide sich jedoch deutlich von dieser Handlung, indem sie eine neuerliche Bearbeitung der Papiere im „Sichten und Ordnen" zur Folge habe. Vgl. Haas, Arbeit am Abscheu, S. 230 f. Auffällig ist in der gesamten Passage ohnehin die Spaltung zwischen „Geistesbeschäftigung" – der Ich-Erzähler denkt darüber nach, wie mit dem Nachlass zu verfahren sein – und produktiver „Körperbeschäftigung". (Ko, 157) Die Stopfarbeit Höllers, welche der Erzähler schlussendlich imitiert und erst damit die Textproduktion des „Sichtens und Ordnens" initiiert, erscheint als Gegenteil der Unproduktivität der Geistesmenschen. Ihr Pendant im *Kalkwerk* bildet das unermüdliche Stricken *eines* Fäustlingspaares durch Konrads Frau. Dieses Paar wird immer dann, wenn es fast fertig ist, wieder aufgetrennt und neu gestrickt: „[...] sie strickt und strickt und trennt auf und strickt wieder und trennt wieder auf, sie strickt ein Paar dunkelgrüne, sie strickt ein Paar hellgrüne, sie strickt ein Paar weiße, ein Paar schwarze strickt sie und trennt sie wieder auf, so Konrad zu Fro." (Ka, 154) Auch hier wird eine im Gegensatz zu Konrads Schreibprojekt gelingende Handlung vorgeführt (Konrad muss neben Schreibpapier stets auch „Fäustlingswolle" (Ka, 200) für seine Frau kaufen), die ebenso auf Bernhards eigene Verfahren verweist: Es wird das Stricken einer *Textur* vorgeführt, die immer wieder in Varianten hergestellt werden kann, da die Operationen, die zu ihrer Herstellung führen, perfekt beherrscht werden. Vgl. zum Übungsaspekt von Bernhards Schreibverfahren Kapitel 2.3.1 „Werkgenetischer vs. automatisierter Schreibprozess" in dieser Untersuchung.

Spitze folgt das mehrfach wiederholte und zwei mal kursiv gesetzte „ordnen und sichten" (Ko, 178), verlassen wird der Kegel endgültig mit den ebenfalls kursivierten Wörtern „*bearbeiten* oder *Bearbeitung*" (Ko, 180), die dem Erzähler Übelkeit verursachen und ihn im wahrsten Sinne – auch vom Kegel – abstoßen, um ihn wieder in seine Reflexionen zum Editionsprojekt zu entlassen.

Die beschriebene Rezeptionserfahrung lässt Rückschlüsse auf die Bauweise des Textes zu, die ein bloßer Vergleich zwischen Kegel und – wie auch immer gedachter – Text*struktur* nicht zu leisten vermag: Die Steigerung des sukzessiven Prinzips durch hypotaktische, stark verschachtelte Sätze, die einem erlösenden Schlusspunkt zustreben, wird jäh abgelöst durch eine Betonung der Schriftgestalt, die ein synoptisches Sehen zur Folge hat. Dieser Wechsel des Rezeptionsmodus entspricht exakt dem überraschenden Auftauchen des Kegels, der aus der Ferne nicht gesehen werden kann. Seine verdichtete Materialität lässt sich am ehesten mit den semantisch leeren ‚Worthüllen' vergleichen, die sich dem Leser als „ordnen und sichten" in den Weg stellen.[85] Die zusätzliche, jedoch nicht konventionalisierten Regeln folgende Kursivierung unterstützt diese Materialisierung noch. Der Lesefluss kippt in einen anderen Rezeptionsmodus: Die unerwartet häufigen Wiederholungen produzieren Pro- und Regressionen des Blicks,[86] das „ordnen und sichten" wird gesehen statt gelesen.

Diese Übereinstimmung zwischen Roithamers Bauprojekt und der Makrostruktur des Romans zeigt deutlich, dass Bernhards Schreib- und Kompositionsverfahren ebenfalls eher einem konstruktiven Bauprozess als den werkgenetisch orientierten Schreibprojekten seiner Geistesmenschen gleichkommen. Das Bau-

---

85 Vgl. zu der Irritation des Leseflusses durch ständig wiederholte Textbausteine, die hier mit dem psychologischen Begriff der ‚Perseveration' gefasst wird, Eder, Perseveration als Stilmittel moderner Prosa, S. 77.
86 Vgl. Gross, Lese-Zeichen, S. 13: „Daß vorbewußt ablaufende Vorgänge die Zeit der visuellen Textverarbeitung meßbar beeinflussen, haben Wahrnehmungsphysiologen und kognitive Psychologen experimentell nachgewiesen. Die Lesezeit basiert vor allem auf der Erwartbarkeit und Wahrscheinlichkeit einzelner Elemente. Erwartungsverifizierungen brauchen weniger Zeit als die Verarbeitung unerwarteter Textinformationen. [...] Generell gibt es zwei Möglichkeiten, wie der visuell-kognitive Apparat auf lokale Probleme bei der Textverarbeitung reagiert: Entweder mit einer Verlängerung der Fixationszeit [die Zeit, in der das Auge über die Netzhaut aus der Umgebung Informationen aufnimmt, C.M.] oder mit Regressionen [Sakkaden, d. h. Blickbewegungen, die keine Informationen aufnehmen, sondern entgegen der Leserichtung zu schon verarbeiteten Textstellen zurückkehren, C.M.]. Vgl. dazu auch Albrecht W. Inhoff und Keith Rayne, Das Blickverhalten beim Lesen [Art]. In: Schrift und Schriftlichkeit. Ein interdisziplinäres Handbuch internationaler Forschung, hg. von Hartmut Günther und Otto Ludwig, Berlin/New York 1994–1996, Bd. 2, S. 942–957.

material eines Textes ist, wenig überraschend, Schrift. Der Umgang mit dieser Schrift als Baumaterial führt jedoch dazu, dass schriftliche Einheiten (wie hier die Phrase „ordnen und sichten") gestaltlich betont werden und so den Lesefluss – wenn auch nur momenthaft – hemmen und eine simultane Betrachtung der Schriftgestalt forcieren. Die Irritation des Leseflusses, die solchermaßen entsteht, bringt die sequenzielle Bauweise der Schrift, die Abfolge einzelner Elemente zum Vorschein.[87] Bernhards spezifischer Umgang mit Schrift betont dabei wechselseitig den Verlauf dieser Sequenz und ihrer konstitutiven Textbausteine, welche üblicherweise in der Sukzession aufgehoben wären und so das Lesen nicht irritieren würden. Der permanente Kippvorgang zwischen dem Aspekt des Textverlaufs und der Synopse der Schriftgestalt ist, wie noch zu zeigen sein wird, nicht etwa akzidentiell, sondern ein vermittelter Effekt des Bernhard'schen Schreibprozesses.

1.1.4 Spuren auf dem Papier – Das Ende der Schreibszene und das Potenzial der Leseszene

Auch Sandro Zanetti fragt in seinem 2011 erschienen Text *Proben auf dem Papier* danach, wie sich Dynamiken, die an der Entstehung eines Textes beteiligt sind, in das schließlich Gedruckte vermitteln lassen. Er vergleicht dabei den Schreibprozess mit dem Probenprozess im Theater:

> Denn nicht nur für das Theater, auch für die Literatur kann behauptet werden, dass die Produktionsweise – das, was man traditionell als ‚Poetik' bezeichnet – und somit auch der Probenprozess dem Produzierten nicht äußerlich ist, sondern im schließlich Gemachten, Vorgeführten, Präsentierten oder Repräsentierten als transformierter Impuls bestehen bleibt. Das ist der Grund, warum Proben- und Produktionsprozesse für die Rezeption des schließlich Erprobten und Produzierten oft so aufschlussreich sind.[88]

Grundlegend für Zanettis Argumentation in diesem Aufsatz ist die Gleichsetzung von Theaterstück und literarischem Text. Schon in dieser Grundannahme offenbart sich jedoch meines Erachtens ein Hauptproblem der philologischen Forschung zu Schreibprozessen und Produktionslogiken, welche in der von Martin Stingelin herausgegebenen Schriftenreihe „Genealogie des Schreibens" gebün-

---

[87] Auf die sequenzielle Grundstruktur von Notationen werde ich im Unterkapitel 1.3 „Schrift als Sequenz" zurückkommen.
[88] Sandro Zanetti, Proben auf dem Papier. In: Chaos und Konzept. Proben und Probieren im Theater, hg. von Melanie Hinz und Jens Roselt, Berlin 2011, S. 171–189, hier S. 178.

delt ist.[89] Ihr Forschungsinteresse hört nämlich in den meisten Fällen genau dort auf, wo auch der Schreib*prozess* an ein – wenn auch vorläufiges – Ende kommt, nämlich bei der spezifischen Gestalt und Struktur der Schrift selbst. Das Schreiben wird in Rückgriff auf Rüdiger Campes Aufsatz *Die Schreibszene, Schreiben* als heterogenes Ensemble verstanden, das durch körperlich-gestische, instrumentell-technische wie sprachlich-semantische Faktoren definiert ist.[90] Vilém Flussers Zusammenschau der Diversität des Schreibvorgangs liest sich in diesem Sinne wie folgt:

> Um schreiben zu können, benötigen wir – unter anderen – die folgenden Faktoren: eine Oberfläche (Blatt, Papier), ein Werkzeug (Füllfeder), Zeichen (Buchstaben), eine Konvention (Bedeutung der Buchstaben), Regeln (Orthographie), ein System (Grammatik), ein durch das System der Sprache bezeichnetes System (semantische Kenntnis der Sprache), eine zu schreibende Botschaft (Ideen) und das Schreiben.[91]

Das Ensemble, dessen Rahmung die Schreibszene „gleichsam wie auf eine Bühne aus dem alltäglichen Schreiben heraushebt"[92], wird dynamisiert, indem die Widerstände dieses Schreibens, die zumeist das Schreibgerät betreffen, in der ‚Schreib-Szene' inszeniert werden.[93] Bei dieser Fokussierung auf Schreibgeräte, Schreibgesten und sprachliche Prozessierung kann eines jedoch kaum in den Blick geraten: die Eigengesetzlichkeiten der produzierten Schrift selbst. So ist es auch möglich, dass, wie in Zanettis Text, ein Theaterstück und ein literarischer Text unter den gleichen Prämissen betrachtet werden; was dieser Logik folgend im Schreibprodukt wie in der Aufführung erhalten bleibt, können allenfalls „Spuren" eines Prozesses sein, anhand derer er sich wiederum rekonstruieren lässt. Dazu Zanetti:

> In der Schrift dokumentiert sich der Prozeß, auf der Ebene des Materials allerdings nur so, wie sich die Flamme eines brennenden Stückes Holz in der Asche dokumentiert: Der Akt selbst hebt sich auf, bewahrt bleiben allenfalls noch Spuren davon.[94]

---

89 Vgl. für eine Übersicht aller Titel der Reihe www.fink.de/katalog/reihe/zur_genealogie_des_schreibens.html, letzter Zugriff: April 2018.
90 Vgl. auch hier Campe, Die Schreibszene, Schreiben.
91 Vilém Flusser, Die Geste des Schreibens, S. 261 f.
92 Martin Stingelin, Schreibwerkzeuge [Art.]. In: Handbuch Medien der Literatur, hg. von Natalie Binczek, Till Dembeck und Jörgen Schäfer, Berlin 2013, S. 99–119, hier S. 100.
93 Bei dieser innerhalb der Schreibprozessforschung gängigen Dramatisierungs-Metaphorik ist es wenig verwunderlich, dass Zanetti den m. E. zu kurz greifenden Vergleich zwischen Theaterstück und Text wählt.
94 Sandro Zanetti, Einleitung. In: Zanetti (Hg.), Schreiben als Kulturtechnik, S. 31.

Was so in der Betrachtung der Schreibszene, ob mit oder ohne inszenierte Trennung ihrer Bestandteile, erstaunlicherweise ausgeklammert wird, sind die Struktur und Gestalt der Schrift selbst, deren Charakteristika nur durch die und in der Rezeption erkannt werden können. Stattdessen geraten fast ausschließlich die Prozesse und Verfahren, die während des Schreibens ablaufen bzw. angewandt werden, sowie das Ensemble des Schreibens in den Blick der Forschung.[95]

Diese Verengung des Blicks auf den Schreibprozess und seine materiellen, gestischen und sprachlichen Bedingungen zeigt sich auch in Zanettis Analyse des literarischen „Probenprozesses". Die Analyse fokussiert auf die prominente Schreibszene aus Stanley Kubrick's Film *The Shining* aus dem Jahr 1980, in der Jack seine Frau Wendy aus dem Arbeitszimmer verweist, um ungestört an seinem Roman arbeiten zu können. Zanetti deutet diese Schreibszene als Ensemble, das eine gängige genieästhetische Grundkonstellation des Schreibens reflektiere. Soweit ist die Analyse überaus plausibel. Es handelt sich in der Tat um eine den Schreibprojekten der Bernhard'schen Geistesmenschen sehr ähnliche Konstellation: Der ehemalige Lehrer Jack Torrance will mit seiner Frau und seinem Sohn den Winter im aufgrund der Witterungsverhältnisse geschlossenen und somit komplett von der Außenwelt isolierten *Overlook*-Hotel verbringen, um dort einen Roman zu schreiben. Jack wird im Laufe des Films immer manischer und aggressiver, bis es zum blutigen Showdown kommt. Den Grund seiner Schreib-

---

[95] Eine Ausnahme bilden hier zwei Titel der Reihe, von denen einer (Bd. 21) jüngst erschienen und der zweite (Bandnummer noch nicht angekündigt) im Erscheinen begriffen ist. Klaus Müller-Wille konzentriert sich in seiner Untersuchung *Sezierte Bücher* auf die, so seine These, von H. C. Andersen entwickelte frühe Form einer literarischen Materialästhetik, die den Gebrauch des Buches, also das Lesen, fundamental verändere (Klaus Müller-Wille, Sezierte Bücher. Hans Christian Andersens Materialästhetik, Paderborn 2017). Bernhard Metz' Untersuchung *Die Lesbarkeit der Bücher: Typographische Studien zur Literatur* erscheint voraussichtlich im Juni 2019. Die – durch Typographie geregelte und gesteuerte – Rezeption spielt in anderen Publikationen der Schreibprozessforschung meistenteils nur dann eine Rolle, wenn sie als Teil des Produktionsprozesses begriffen werden kann, d. h. in Form von Relektüren, analytischem Lesen, das Korrekturen nach sich zieht, etc. Vgl. dazu etwa Sandro Zanetti, Durchstreichen – und dann? (Beckett, Kafka, Celan, Schmidt). In: Schreiben und Streichen. Zu einem Moment produktiver Negativität, hg. von Lucas Marco Gisi, Hubert Thüring und Irmgard Wirtz, Göttingen/Zürich 2011, S. 287–303. hier S. 288: „Dieser doppelte Schauplatz des Poetischen [als Funktion *und* Herstellungsweise] lässt sich nun produktionsästhetisch genauer bestimmen, wenn man die Sphäre der Rezeption (Wahrnehmung, Imagination, aber auch Analyse, lektürebezogene Mit- und Weiterarbeit etc.) nicht einfach von jener der Produktion (Textherstellung) trennt, sondern wenn die fortlaufenden (Selbst-)Rezeptionsakte, durch die Schreibprozesse bereits von sich aus bestimmt sind, als integrale Bestandteile von Produktionsprozessen begriffen werden." Vgl. dazu auch den neunten Band der Reihe Schreiben heißt: sich selber lesen Schreibszenen als Selbstlektüren, hg. von Davide Giuriato, Martin Stingelin und Sandro Zanetti, München 2008.

1.1 Die Studie und der Geistesmensch – Schreibprojekte in Bernhards Prosa — 57

schwierigkeiten sieht er – und auch darin ähnelt er Bernhards Geistesmenschen – in der schieren Präsenz seiner Frau Wendy.[96] Seine später brutal eskalierende Feindseligkeit ihr gegenüber zeigt sich zum ersten Mal in der Szene, die Zanetti beschreibt:

WENDY: Hi Honey. How's it going?
JACK: Fine.
WENDY: Get a lot written today?
JACK: Yes.
WENDY: Hey! Weather forecast said it's gonna snow tonight.
JACK: What do you want me to do about it?
WENDY: Aw, come on, hun. Don't be so grouchy.
JACK: I'm not being grouchy. I just want to finish my work.
WENDY: OK, I understand. I'll come back later on with a couple of sandwiches for you, and maybe you'll let me read something then.
JACK: Wendy, let me explain something to you. Whenever you come in here and interrupt me you're breaking my concentration. You're distracting me. And it will then take me time to get back to where I was! You understand?
WENDY: Yeah.
JACK: Fine. Now we're gonna make a new rule. Whenever I'm in here and you hear me typing ... *(tap tap taptaptap)* or whether you don't hear me typing or whatever the fuck you hear me doing in here, when I am in here that means that I am working, that means don't come in. Now do you think you can handle that?
WENDY: Yeah.
JACK: Fine. Why don't you start right now and get the fuck outta here?
WENDY: Okay.[97]

---

[96] So auch Rudolf in *Beton:* „An die zwei Stunden dachte ich gleichzeitig über den ersten Satz meiner Mendelssohn-Arbeit nach und horchte, ob meine Schwester nicht wieder zurückgekommen sei, um meine Arbeit über Mendelssohn, noch bevor ich sie überhaupt angefangen habe, zunichte zu machen. [...] Ich hatte mich getäuscht, obwohl sie gar nicht mehr da war, fühlte ich doch an allen Ecken und Enden des Hauses noch meine Schwester, welche das geistfeindlichste Wesen ist, das sich denken läßt. Allein der Gedanke an sie macht alles Denken in mir zunichte, hat immer alles Denken in mir zunichte gemacht, hat alle meine Geistespläne im Keim erstickt." Thomas Bernhard, Beton. In: Bernhard, Werke, Bd. 5, hg. von Martin Huber und Wendelin Schmidt-Dengler, Frankfurt a.M. 2006, S. 8 f. und S. 10. Die Figur Rudolfs zeigt besonders anschaulich, wie Bernhard die Geistesmenschen als sein eigenes Spiegelbild inszeniert. Die Inszenierung funktioniert auch hier – wie im Falle der ‚Lärchenböden' – über Stichwörter, die in diesem speziellen Fall (wie auch im zwei Jahre später erscheinenden Skandalroman *Holzfällen*) autobiographischer Natur sind: Protagonist wie Autor leiden an „Morbus Boeck", leben zurückgezogen in „Ohlsdorf", reisen nach „Palma", haben einen schreibenden Großvater mütterlicherseits etc.
[97] Szene aus Stanley Kubricks *The Shining* (1980), zit. n. Zanetti, Proben auf dem Papier, S. 173 f.

Zanetti sieht in dieser Schreibszene die – wie bei Bernhard klar männlich konnotierten – Topoi des genieästhetischen Schreibens verkörpert: „Schreiben wird zum Geheimnis erklärt, gefordert ist höchste Konzentration, Einsamkeit, Ruhe, Inspiration."[98] Allerdings, so bemerkt er lakonisch, „verbirgt sich im Produktionsvorgang [möglicherweise] aber gar nichts Geniales".[99] Die meines Erachtens für die ‚Poetik' des Textes, der er auf die Spur kommen will, sehr viel aufschlussreichere, im Film kurz darauf folgende Szene, fasst Zanetti mit den Worten zusammen: „Auf die Schreibszene folgt eine Leseszene, in der Wendy die endlos mit demselben Satz – ‚All work and no play makes Jack a dull boy' – betippten Blätter zu Gesicht bekommt."[100]

Zanettis Beobachtungen hören damit just an der Stelle auf, an der es verspricht, wirklich interessant zu werden: Im Unterschied zu Bernhards Geistesmenschen bringt Jack nämlich tatsächlich etwas zu Papier, und Wendy, die sich unerlaubt der Schreibmaschine nähert, bekommt das zu Gesicht, was Zanetti als „schließlich Gemachte[s]" bezeichnet, in dem die „Produktionsweise – das, was man traditionell als ‚Poetik' bezeichnet [...] – als transformierter Impuls bestehen bleibt".[101] Erst die Rezeption des Typoskripts aus Jacks Maschine (s. Abb. 3) lässt erkennen, dass nicht etwa die Mystifikation des Schaffensprozesses das Wesentliche dieser Schrift ist, wie die bloße Betrachtung des Schreibensembles nahelegen könnte, sondern der hier *augenscheinlich* werdende Wahnsinn seines Schreibers. Nicht umsonst eröffnet die Entdeckung dieses Typoskripts den Showdown – der mit einer Axt bewaffnete Jack macht im *Overlook*-Hotel Jagd auf Frau und Kind.[102]

Der Wahnsinn, der etymologisch das von Sinn Entleerte ist,[103] kann hier durchaus als poetisches, also produktionsästhetisches Verfahren gelten, das im Schreibprozess etwas hervorbringt, was in diesem Fall eigentlich hätte verborgen

---

98 Zanetti, Proben auf dem Papier, S. 175.
99 Zanetti, Proben auf dem Papier, S. 175.
100 Zanetti, Proben auf dem Papier, S. 176.
101 Zanetti, Proben auf dem Papier, S. 178.
102 Es wäre zu überlegen, ob in beiden Fällen, im *Kalkwerk* wie in *The Shining*, die Bluttat, die zwar im Film dadurch verhindert wird, dass Jacks Sohn Danny seine eigenen Fußspuren im verschneiten Labyrinth tilgt und sie damit für Jack un*lesbar* macht, an die Stelle des geplanten Werks tritt bzw. treten soll. Dafür würde auch sprechen, dass Konrad eine groteske, sich durch das gesamte Kalkwerk ziehende Blutspur hinterlässt, indem er die Leiche seiner Frau von einem Ort zum anderen schleift, um sie dann schlussendlich wieder in ihrem Ohrensessel zu platzieren. Diese Spur kann und soll von den anderen Figuren *gelesen* werden, um die Tat zu rekonstruieren (vgl. Ka, 12–14).
103 Wahnsinn [Art.]. In: Etymologisches Wörterbuch der deutschen Sprache, hg. von Friedrich Kluge, bearb. von Elmar Seebold, 24., durchges. und erw. Aufl., Berlin/Boston 2002, S. 968.

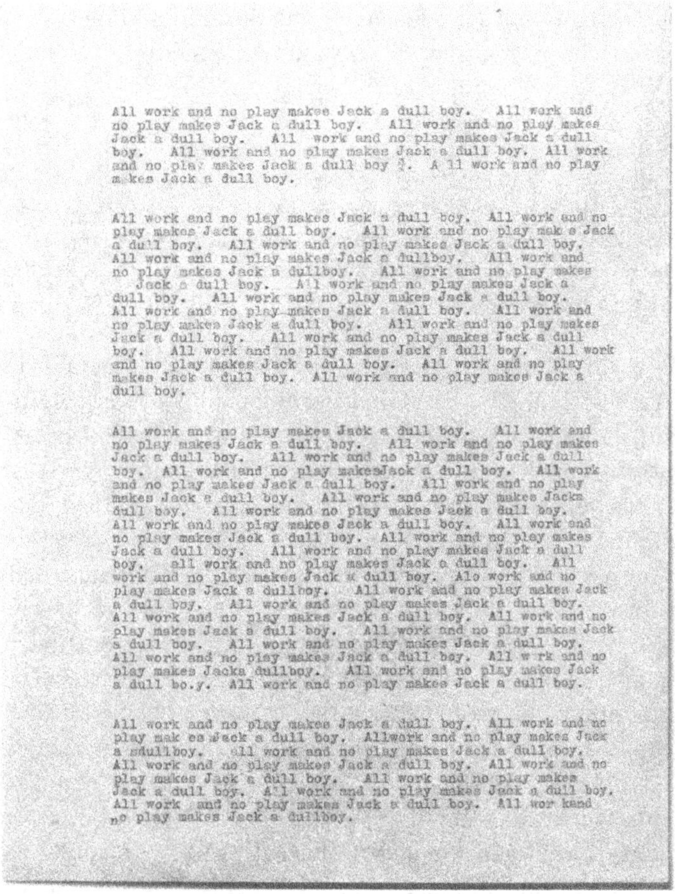

Abb. 3: Requisit aus Stanley Kubricks Film *The Shining* (1980), Typoskriptseite.

bleiben sollen. Jack leidet gewissermaßen unter einer skripturalen Echolalie, die in der Schrift buchstäblich zum *Ausdruck* kommt, indem ein einziger (im Englischen noch dazu idiomatischer) Satz unaufhörlich reproduziert wird. Die Schrift enthält so nicht nur Spuren des Schreibprozesses, sie ist vielmehr ein *Symptom* der Vorgänge, die zu ihrer Entstehung führten. Der geheimgehaltene Wahnsinn erzeugt einen auf den ersten Blick unauffälligen Text, der jedoch durch die ständige Wiederholung des immer gleichen Satzes semantisch absolut leer ist. Das Schriftstück wirkt typographisch geradezu musterhaft für ein Romantyposkript: Der Flattersatz, die unregelmäßigen Absätze, welche eine Unterteilung in Sinneinheiten suggerieren, sowie die räumliche Organisation der Seite (das Verhältnis von Satzspiegel und Seitenrändern) produzieren – mit Susanne Wehde gesprochen – ein „typographisches Dispositiv"[104], das auf den ersten Blick erkannt wird:

> Die regelhafte, typographisch dispositive Gliederung eines Textes erzeugt eine wiedererkennbare Form, die maßgeblich Einfluß auf die Leseweise und auf den Lektüreprozeß des Textes hat. Dispositive Textmerkmale beeinflussen den rezeptiven Zugriff auf einen Text nachhaltig – sie ‚konditionieren' unsere Lektüre. [...] Sie fordern jeweils andere, kulturell gelernte Lektüreweisen: konsultierend-selektives Lesen (Lexikon), ‚Cross-Reading' (Zeitung) oder konsekutives Lesen (Roman).[105]

Das konsekutive Lesen, das durch die Gestaltung des Textes nahegelegt und eingefordert wird, wird zugleich durch seine Inhaltsleere torpediert: Der Schreiber manipuliert die Schrift dergestalt, dass sie sich quasi gegen sich selbst richtet und trotz ihrer eigentlichen Lesbarkeit unlesbar wird, eben weil das konsekutive Lesen sich in ein synoptisches Sehen verwandelt, sobald die Leserin erfasst hat, dass sich die Sätze unaufhörlich wiederholen. Auch in der Filmszene ist dieser kategoriale Wahrnehmungswechsel im wahrsten Sinne ersichtlich: Während Wendy zunächst offenbar sukzessiv liest – ihre Augen bewegen sich von links nach rechts über das Typoskript –, verändert sich ihre Wahrnehmung schon nach Sekunden, ihr Blick scheint nur noch über das Papier zu gleiten, um den immer gleichen Satz in der räumlichen Anordnung eines Romantyposkripts wahrzunehmen. Besonders deutlich wird dieses sprunghafte Sehen, wenn Wendy Teile des Typoskripts panisch durchblättert und innerhalb von *Augenblicken* versteht, dass es nur in der Anhäufung dieses einzigen Satzes besteht.

In seinem Aufsatz geht Sandro Zanetti nicht weiter auf die Rezeption des Typoskripts ein, um die Frage zu beantworten, „wie sich von der Dynamik der Entstehung eines Textes [...] etwas in das schließlich Gedruckte [...] hineinbringen oder hinüberretten lässt".[106] Die Transformation eines Impulses in das „Gemachte" ist vielleicht nicht so enigmatisch, wie seine Formulierungen es suggerieren mögen: Bezieht man die *Rezeption* in die Untersuchung literarischer Texte mit ein und versteht ihr „Gemachtsein" als Effekt eines für den Schreibenden symptomatischen Umgangs mit Schrift, äußert sich die Übertragungsdynamik gerade in einer ‚mutierenden' Rezeption. Dieses Kippen der Wahrnehmungsmodi vom sukzes-

---

104 Wehde, Typographische Kultur, S. 119 ff. Ich komme auf Wehdes Konzept ausführlich im dritten Kapitel dieser Arbeit zurück. Vgl. insb. Kapitel 3.4 „Typographisches Dispositiv – Steuerung von Rezeptionserwartung und Lektüreprozessen".
105 Wehde, Typographische Kultur, S. 125.
106 Zanetti, Proben auf dem Papier, S. 178.

siven Lesen zum synoptischen Sehen gilt es im Folgenden anhand von Thomas Bernhards *Korrektur* nachzuzeichnen.

1.1.5 „Sichten und Ordnen" – Die Betonung der Schriftgestalt in Bernhards *Korrektur*

Während im ersten Teil des Kapitels die Bauweise des Gesamttextes in Hinblick auf die Kegelkonstruktion im Vordergrund der Untersuchung stand, wird es im Folgenden um die mikrostrukturellen Besonderheiten gehen, die im zweiten Teil des Romans ebenfalls für eine Kippen der Wahrnehmungsmodi sorgen und die wiederum auf Thomas Bernhards spezifischen Umgang mit Schrift als Baumaterial zurückzuführen sind. Was auf die Passage in der „höllerschen Dachkammer" folgt, ist ein formal gänzlich anders gestalteter zweiter Teil der *Korrektur*. Hier scheint das anvisierte Editionsprogramm des Erzählers schlussendlich in Kraft zu treten, wobei die Überschrift „Sichten und Ordnen" (Ko, 193) zugleich eine Anweisung für die Leser beinhaltet: Die Fragmente aus Roithamers Nachlass, die hier ohne erkennbare Ordnung aneinandergereiht werden, müssen von der Leserin des Romans zunächst gesichtet werden, um ihre Anordnung, die Struktur des Textes, zu verstehen. Zwar gibt der Text sich typographisch als zusammenhängender Fließtext aus – auch in diesem Teil der *Korrektur* sucht man vergeblich nach jedweder Gliederung in Form von Absätzen, Überschriften etc. –, während des Lesens wird sein Bauprinzip jedoch augenfällig: Der Text besteht aus den im Rucksack transportierten Zetteln, die der Erzähler in die Schubladen des Schreibtischs gestopft hatte und die er nun offenbar willkürlich aneinanderreiht. Wie im Lesevorgang deutlich wird, handelt es sich um gänzlich unterschiedliche Schriftstücke: Notizen, Anmerkungen, längere Text-Bausteine, Tagebucheinträge und dergleichen, die jedoch auf den ersten Blick ununterscheidbar zu einem Fließtext angeordnet werden. Erst durch das Lesen wird die An*ordnung* der einzelnen Bausteine ersichtlich. So, wie der Kegel im Wald versteckt und der sichtbare Mittelpunkt des Textes erst im lesenden Durchgang sichtbar wird, sind auch die Text-Bausteine in der Sukzession aufgehoben – im doppelten Sinne einer Aufbewahrung *und* Liquidation.

Zu Beginn des zweiten Teils der *Korrektur* ist dieser Anordnungscharakter der Schrift noch nicht zu erkennen, der Ich-Erzähler gibt weiterhin Äußerungen Roithamers wieder, es bleibt unklar, ob der Prozess des „Sichtens und Ordnens" bereits begonnen hat. Dies liegt an der Verwendung des Konjunktivs und der immer wiederkehrenden Formel „so Roithamer", die allein noch nicht zwischen der Wiedergabe schriftlicher und mündlicher Äußerung Roithamers zu differenzieren erlauben. Die initiale Leseirritation findet auf der zweiten Seite des Textes statt, wenn der Modus abrupt zum Indikativ wechselt und Roithamer das ‚Ich' des Textes wird, der bisherige Erzähler tritt deutlich in den Hintergrund, seine Funktion erschöpft sich in dem stetig auftauchenden Zusatz „so Roithamer":

> Alles sei ihm immer das Schwerste gewesen. Aber es hatte sich schon früh der Vorteil dieser doch fortwährend größeren als normalen Anstrengungen in allem gezeigt, so Roithamer, dadurch ist mir immer alles gründlicher gewesen, kein Schritt ohne Erkenntnis des vorausgegangenen, so Roithamer, nichts, ohne vorher immer alles zuende studiert zu haben oder wenigstens den Versuch gemacht zu haben, sich vor jedem weiteren Schritt über alles Vorhergegangene Klarheit zu verschaffen, freilich in dem Bewußtsein, daß in nichts Klarheit möglich ist, aber doch annähernde Klarheit, angenäherte, in tatsächliche Erkenntnis, aber doch angenäherte, alles immer nur ein Angenähertes ist und nur ein Angenähertes sein kann. (Ko, 194)

Auch der oder die Lesende muss sich über „alles Vorhergegangene Klarheit [...] verschaffen", um diesen doch recht überraschenden Wechsel der Perspektive zu begreifen, der durch das ihm direkt vorangehende „so Roithamer", das den Ich-Erzähler prominent in den Satz holt, noch abrupter wirkt. Auch hier verweist das „Angenäherte" erneut zurück auf die Handhabung der materiell vorhandenen Schriftstücke Roithamers, denen der Ich-Erzähler sich zunächst nur „nähern" wollte. Ein solches Schriftstück wird nun in den Text eingefügt: ein 37 Zeilen langer und aus fünf Sätzen bestehender Textbaustein, der nur ein Mal durch den Zusatz „so Roithamer" unterbrochen wird und ansonsten vollkommen autonom wirkt. Sein Ende wirkt ebenso scharf umrissen wie sein Anfang: Die Perspektive wechselt genauso abrupt wie zu Anfang, diesmal mit dem Beginn eines neuen Satzes: „Er, Roithamer, habe sich zuerst, in der frühesten Kindheit, noch nicht zu erkennen gegeben als der, der er später dann ganz offen gewesen ist, lange Zeit, bis in die Volksschulzeit hinein war ihm selbst nicht erkennbar gewesen, wer er wirklich ist [...]." (Ko, 195f.) Der noch unvermittelter ausfallende erneute Wechsel in die Perspektive Roithamers nach zwei Dritteln des Satzes läutet den sich fortan durchziehenden Indikativ ein, der im gesamten Text mit dem immer wieder auftretenden „so Roithamer" durchsetzt ist:

> [...] denn nach außen war seine Kindheit, wenigstens seine frühe Kindheit, als eine normale Kindheit auf Altensam erkennbar gewesen, *keine schon gegen Altensam gerichtete*, obwohl schon damals und wie gesagt, von den ersten Anzeichen meines Denkens an, alles in mir gegen Altensam gerichtet gewesen war, gegen alles, das mit Altensam zusammenhängt auch heute noch mit Altensam zusammenhängt, es hat immer zwei Altensam gegeben, so Roithamer, das eine, das ich liebte, [...] das andere, zweite, das ich immer gehaßt habe [...]. (Ko, 196)

1.1 Die Studie und der Geistesmensch – Schreibprojekte in Bernhards Prosa — 63

Die Irritation, die durch den ständigen Wechsel der Modi zustande kommt, spiegelt das im Text beschriebene Problem: Für Roithamer existieren „zwei Altensam", für den Leser hingegen „zwei Roithamer". Zum einen der plötzlich als ‚Ich' des Textes auftauchende, andererseits derjenige, welcher immer wieder hinter den – seine Schriftstücke wiedergebenden – Erzähler zurücktritt. Der erste eindeutige Hinweis auf die *Schriftlichkeit* der Text-Bausteine findet sich drei Seiten später: Auf eine Passage, in der immer noch unklar bleibt, ob es sich um die Wiedergabe mündlicher oder schriftlicher Äußerungen Roithamers handelt, heißt es plötzlich und für den Leser zunächst absolut zusammenhangslos:

> Auf einem dieser Spaziergänge plötzlich aufgewacht gegen Altensam und gegen alles, das mit Altensam zusammenhängt, und alles hängt mit Altensam zusammen, so Roithamer, das alles hängt mit Altensam zusammen, ist unterstrichen.[107] (Ko, 199)

Dieser elliptische Satz lässt die Frage des Subjekts weiterhin absichtlich in der Schwebe und lenkt zunächst die Aufmerksamkeit des Lesers auf Roithamers Studie, deren Titel, wir erinnern uns, *„Über Altensam und alles, das mit Altensam zusammenhängt unter besonderer Berücksichtigung des Kegels"* ist. Das Subjekt des Satzes, das zugleich Urheber dieser Studie ist, wird gewissermaßen durch den Erzähler nachgeliefert („so Roithamer"), dann folgt ein unerwarteter und deshalb im ersten Lesedurchgang kaum zu verstehender Nebensatz: „das alles hängt mit Altensam zusammen, ist unterstrichen". Das diesen Satz einleitende „das" wird beim ersten Lesen – auch durch das den Teilsatz beschließende, grammatisch letztlich überflüssige Komma vor „ist unterstrichen" – als Demonstrativpronomen verstanden („all dieses hängt mit Altensam zusammen"). Jedoch irritiert das „unterstrichen" den Lesefluss und initiiert eine Relektüre. Erst dabei wird klar, dass es sich bei dem „das" um einen bestimmten Artikel handelt, der auf den Halbsatz „alles hängt mit Altensam zusammen" in Roithamers Manuskript referiert und den Leser darüber informiert, dass dieser im Manuskript unterstrichen worden ist. Der Erzähler gibt diese Hervorhebung nicht etwa durch eine eigene Hervorhebung wieder (im Drucktext würde das Unterstrichene üblicherweise kursiv gesetzt), er be*schreibt* im wahrsten Sinn die materiellen Besonderheiten von Roithamers Text und setzt die simultan wahrnehmbare Schriftauszeichnung in sukzessiv zu Lesendes um. Auch hier ist demnach der Anordnungscharakter

---

[107] In der Werkausgabe findet sich selbiger Satz auf S. 175, „und alles hängt mit Altensam zusammen" ist hier kursiv gesetzt, in allen übrigen Ausgaben, einschließlich der Erstausgabe, fehlt die Kursive. Anhand dieses Beispiels wird bereits mehr als deutlich, wie entscheidend sich die Kursivierung auf die Rezeption auswirkt, weshalb man kaum – gemäß des Herausgeberkommentars – von einem nicht weiter auszuweisenden „Bagatellfall" sprechen kann.

und die spezifische Materialität der Roithamer'schen Schriftstücke in einen Fließtext übersetzt. Das sukzessive Lesen wird jedoch durch diese im doppelten Sinne zu verstehende Über-Flüssigkeit gestört: Der Zusatz des Ich-Erzählers wirkt leicht pedantisch, zudem erscheint er durch den abrupten Wechsel der Perspektive zu diesem als Herausgeberkommentar zu verstehenden Einschub, fehl am Platz und irritiert damit die Verarbeitung des Gelesenen. Die Irritation kommt aber ebenso dadurch zustande, dass alle konventionellen und simultan wahrnehmbaren Signale dafür, dass der Ich-Erzähler sich auf einen Textbaustein aus dem Manuskript bezieht, getilgt bzw. in der Sukzession aufgehoben sind. Wäre das „alles hängt mit Altensam zusammen" tatsächlich ‚unterstrichen', kursiviert oder in Anführungszeichen gesetzt, wäre die Irritation weniger groß. So aber kommt der Textbaustein nur zwischen dem doppeldeutigen „das" und dem irritierenden „unterstrichen" zu stehen und wird erst durch die Irritation des Lesens als Textbaustein erneut *sichtbar* gemacht.

Diese Irritation ist von Bernhard absolut kalkuliert, denn es ginge, wie die Variationen desselben Phänomens auf der folgenden Seite zeigen, auch deutlich weniger disruptiv:

> Es ist Haß gewesen. Nichts als Haß, so Roithamer. Das Wort Haß ist unterstrichen. Aber die Leute, mit denen Kontakt zu nehmen und zu halten, mir verweigert und verboten gewesen war, liebte ich, so Roithamer. Das Wort liebte ist unterstrichen. (Ko, 200)[108]

Zwar liefert dieser Zusatz gewissermaßen eine Erklärung für den vorhergehenden und die nachfolgenden ‚unterstrichenen' Textbausteine – die Kombination taucht im gesamten Roman 95 Mal auf – und garantiert damit eine bessere Lesbarkeit. Jedoch betonen die vorweg geschickte Klassifikation als „Wort", die Isolation des besagten Wortes aus dem vorherigen Satz und die re-verbalisierte Hervorhebung ebenso den Materialcharakter des einzelnen Textbausteins.

Fünf Seiten später taucht die aus mehreren Textbausteinen zusammengesetzte Phrase erneut auf, diesmal jedoch in einer noch irritierenderen typographischen Variante „[...] aber wir dürfen uns durch nichts, *nichts* unterstrichen, von unserem Ziel abhalten lassen [...]." (Ko, 205) Auf den ersten Blick mag es so wirken, als würde hier die originale Auszeichnung Roithamers durch Kursivsetzung direkt veranschaulicht, allerdings müsste dann (zumindest) das erste „nichts" kursiv erscheinen. Stattdessen wird die Kursive in den Text des Ich-

---

108 In der Werkausgabe ist das Wort „Haß" in den ersten beiden Sätzen kursiv gesetzt, im dritten hingegen nicht. Das erste „liebte" ist ebenfalls kursiv gesetzt. Bernhard, Korrektur (WA), S. 176. Auch hier lässt sich eine deutliche Tendenz zur Vereinheitlichung der Kursivierung erkennen, die für den Bernhard'schen Text höchst unüblich wäre.

1.1 Die Studie und der Geistesmensch – Schreibprojekte in Bernhards Prosa — 65

Erzählers transportiert, in dem das Roithamer'sche „nichts" dort plötzlich kursiv erscheint. Schon zwei Seiten später taucht die nächste Variation der Phrase auf: „[...] die Idee ist endgültig verworfen, das wäre ja wahnsinnig!, das wäre ja wahnsinnig, ist durchgestrichen, dann wieder unterpunktiert." (Ko, 207 f.) Bernhard nutzt bewährte Mittel (überflüssiges Komma, Verzicht auf eine reale Kursivierung) und geht neue Wege (das Wort ist durchgestrichen statt unterstrichen und – eine neue graphische Hervorhebung – unterpunktiert),[109] um die Leseerwartung zu irritieren. Auch auf den folgenden Seiten wechselt das Muster immer wieder, der Leser kann den ständig variierenden Baustein im wahrsten Sinne des Wortes nicht *begreifen*, nicht mit den Augen als bekanntes Bild abtasten, weil dieser nicht konsequent und gleichförmig hervorgehoben ist.

> Den Brüdern einen kleineren Besitz kaufen ist durchgestrichen. Die Schwester mit allem Notwendigen versorgen auf Lebenszeit. Vertragsbasis ist unterstrichen. (Ko, 208)

Die hier ‚durchgestrichenen' Listeneinträge sind nicht kursiv gesetzt, sie werden jedoch auch nicht nach dem üblichen Schema zitiert, indem sie zunächst nur genannt, um dann im Nachsatz als ‚durchgestrichen' gekennzeichnet zu werden. Stattdessen werden sie gleich als „ist durchgestrichen" bzw. – im Falle der „Vertragsbasis" – „ist unterstrichen" charakterisiert. In einem anderen Beispiel erschwert der verschachtelte, stakkatoartig wirkende Satzbau, in dem das unterstrichene, aber nicht kursiv gesetzte „exzentrischen [Bruder]" nur ein Baustein von vielen ist, das Erfassen der Bedeutung und betont die einzelnen Satz*teile*:

> Die Schwester als Versorgung der Schwester von ihrem Bruder, verrückten exzentrischen Bruder, höre ich, so Roithamer, exzentrischen unterstrichen, in den Kegel gesteckt, verrücktes, wahnsinniges, exzentrisches, blasphemisches, irrsinniges Bauwerk. (Ko, 210)[110]

---

[109] Diese Variante der Wiedergabe einer graphischen Hervorhebung innerhalb Roithamers Manuskript visualisiert bezeichnenderweise mehrere *Korrektur*durchgänge – Hervorhebung durch Unterstreichung, Tilgung der Hervorhebung durch Durchstreichen, Zurücknahme der Tilgung der Hervorhebung durch Unterpunktierung –, und deutet somit erneut auf die hohe Relevanz der Schriftgestalt hin. Diese Variante kommt nicht nur einmal vor, vgl. etwa auch Ko, 219 f: „Wer etwas anderes sagt, begeht das *Gewaltverbrechen der Heuchelei*, Gewaltverbrechen der Heuchelei unterstrichen, das Wort Menschenunrat [das im vorherigen Satz nicht kursiv auftaucht, C.M.] zuerst immer unterstrichen, dann wieder ausgestrichen, dann wieder unterpunktiert." und Ko, 235: „Sie [die Eltern, C.M.] haben noch viele Jahre gelebt, während ich alle diese Jahre schon in Cambridge gelebt habe, durch und durch aus Eigeninitiative, Eigeninitiative zuerst unterstrichen, dann durchgestrichen, dann unterpunktiert, bis sie gestorben sind [...]."
[110] In der Werkausgabe ist das erste „exzentrischen" erneut kursiv gesetzt. Bernhard, Korrektur (WA), S. 185.

Auch im folgenden Beispiel sorgt der verschachtelte Satzbau für Irritation, hier wird jedoch zudem ein Wort als solches klassifiziert und dadurch hervorgehoben, die kursive Hervorhebung fehlt indes erneut:

> Es handelt sich um das Geistesprodukt eines Verrückten, Geistesgewalttäters, in eine sinnlose Idee verrannten Kopfnarren, so mein älterer Bruder, so Roithamer, das Wort Kopfnarren unterstrichen. (Ko, 211)[111]

Im nächsten „unterstrichen"-Satz wird die Unterstreichung im Manuskript eins zu eins in die Kursivierung des Drucks übersetzt, so dass zum ersten Mal zwei kursive Wörter auftauchen, welche die Unterstreichung im Manuskript direkt abbilden:

> *Nichts* aus den Schriften von Neutra, *alles* von Mies van der Rohe, nichts und alles unterstrichen. (Ko, 211)[112]

Der letzte Satz sprengt dieses Schema allerdings erneut auf, die Kursivierung fehlt und damit auch die erkennbare Referenz auf das Manuskript Roithamers, was für eine erhebliche Irritation des Lesevorgangs sorgt:

> Und viele leben dann von unserer Idee, die wir gehabt haben, wir unterstrichen, unsere Idee wird schamlos aufgegriffen und ausgenützt, das beobachten wir immer wieder [...]. (Ko, 212)[113]

Wie man an diesen Beispielen sehen kann, folgen die Varianten am Anfang des ‚Sichtens und Ordnens' in hoher Frequenz aufeinander. Ihre ähnliche, jedoch niemals regelhafte Verwendung torpediert eine zuverlässige Interpretation ihrer Bedeutung und generiert vielmehr ein *Bedeuten* der Schriftgestalt.

Das Grundschema ‚[*Textbaustein*], [Textbaustein] unterstrichen', das auf diese anfängliche Passage folgt und sich mit dem dicht darauffolgenden „[...] die Idee gehört mir, *lebenslänglich* mir, lebenslänglich unterstrichen" (Ko, 212f.) etabliert, ist jedoch nicht minder irritierend. Zwar fungieren die Kursivierungen in dieser weitaus häufigeren Variante gewissermaßen als Signal für die Wiedergabe der Unterstreichungen in Roithamers Manuskript und das auf dieses Signal fol-

---

[111] Das Wort „Kopfnarren" ist auch hier in der Werkausgabe beim ersten Auftauchen kursiv gesetzt. Bernhard, Korrektur (WA), S. 186.
[112] Da Bernhard hier analog dem von den Herausgebern als korrekt angenommenen Schema auszeichnet, muss die Werkausgabe in diesem Fall keine Änderungen vornehmen. Vgl. Bernhard, Korrektur (WA), S. 186.
[113] Auch hier ist das erste „wir" in der Werkausgabe kursiv gesetzt. Bernhard, Korrektur (WA), S. 186.

gende „[...] unterstrichen". Jedoch ist auch diese Variante in etwa der Hälfte der Fälle leicht verändert, sodass das Schema unzuverlässig wird:

> Wenn sie [die Schwester, C.M.] erst den Kegel sieht, *muß sie glücklich sein*, so Roithamer, muß sie glücklich sein, unterstrichen. Eine vollkommene Konstruktion muß einen Menschen, für den sie konstruiert ist, glücklich machen, wieder ist *muß sie glücklich machen* unterstrichen." (Ko. 223)

Der Zusatz lässt prinzipiell offen, ob in Roithamers Manuskript der Satz „Eine vollkommene Konstruktion *muß* einen Menschen, für den *sie* konstruiert ist, *glücklich machen.*" lautet oder ob der Erzähler – oder Thomas Bernhard? – Roithamers Satz schlicht falsch zitiert. In jedem Fall sorgt die Variation der kursiv gesetzten Phrase „*muß sie glücklich sein/muß sie glücklich machen*" für eine Betonung der Schriftgestalt in Thomas Bernhards Roman *Korrektur*, die von der Hervorhebung in Roithamers Manuskript abweicht. Auch das „wieder" trägt zu dieser Hervorhebung bei, indem es die semantischen Unterschiede zwischen den durch Kursivierung hervorgehobenen Satzteilen (‚muss die Schwester glücklich sein'/‚muss die Konstruktion glücklich machen') kurzerhand nivelliert und auf die annähernde Entsprechung der Schriftgestalt reduziert („*muß sie glücklich sein/muß sie glücklich machen*"). Diese angebliche Entsprechung steht in deutlicher Spannung zur semantischen Ambivalenz und verursacht ein gestörtes Verständnis der Passage, das mit einem Kippen der Rezeption zur Anschauung der ähnlichen und durch Kursivierung zusätzlich hervorgehobenen Textbausteine einhergeht.[114]

Wie anhand dieses Beispiels erneut sichtbar wird, werden die Kursivierungen zum Teil zwischen dem Manuskript und dem vorliegenden Drucktext vertauscht. Im ‚Grundschema' bildet die Kursivierung die Unterstreichungen des Manuskripts direkt ab, während der Textbaustein im darauffolgenden Zusatz *nicht* kursiv gesetzt wird. Auf den Seiten 225 bis 228 treten die Kursivierungen dagegen, ob als intendierte Irritation des in direkter Umgebung in Reinform auftretenden Schemas[115] oder versehentlich, plötzlich und neuerlich im erläuternden Zusatz des Erzählers auf:

---

[114] Die Werkausgabe vereinheitlicht auch hier, indem sie den Satz folgendermaßen wiedergibt: „Wenn sie erst den Kegel sieht, *muß sie glücklich sein*, so Roithamer, muß sie glücklich sein, unterstrichen. Eine vollkommene Konstruktion muß einen Menschen, für den sie konstruiert ist, *glücklich machen*, wieder ist muß sie glücklich machen unterstrichen." Bernhard, Korrektur (WA), S. 196. Hier bleibt die Irritation aufgrund der immerhin zuverlässig *erscheinenden* Kursivierung weitestgehend aus, auch wenn diese nicht den Vorgaben von Roithamers Manuskript folgt.
[115] Vgl. etwa Bernhard, Korrektur (WA), S. 225: „Der Kegel, *mein Beweis*, mein Beweis unterstrichen." sowie S. 230: „Durch die Erziehung zu ihren Zwecken haben meine Eltern in mir erreicht,

> Aber es läßt sich nicht verhindern, daß eines Tages [...] die Leute kommen und den Kegel in (geistigen) Besitz nehmen oder glauben, ihn in (geistigen) Besitz genommen zu haben und meine Idee ausbeuten. *Ideenausbeuter* unterstrichen. (Ko, 225)

An dieser Stelle ist zusätzlich unklar, ob das Wort „Ideenausbeuter" tatsächlich im Manuskript auftaucht oder ob es sich erneut um eine unzuverlässige Wiedergabe des Erzählers handelt.[116] Es lassen sich noch weitere Beispiele für ein solches Vertauschen der Auszeichnung finden, so etwa dieses:

> Denn dann hätte ich den Kegel nicht fertigstellen können, wie der Höller sagt, so Roithamer, *fertigstellen* unterstrichen. [...] und so ist überhaupt kein muffiger Geruch in der höllerschen Dachkammer, in meiner Denkkammer an der Aurachengstelle, so Roithamer, *Denkkammer an der Aurachengstelle* unterstrichen. (Ko, 228)[117]

Diese Varianten innerhalb des etablierten Schemas sorgen dafür, dass das Signal (erstes Wort kursiv, Folge des Zusatzes „[...] unterstrichen"), das bisher die Leseerwartung erfolgreich gesteuert und für einen reibungslosen Lesefluss gesorgt hat, erneut unzuverlässig wird. Die Positionsänderung der Kursivierung, die man an dieser Stelle nicht erwarten würde, irritiert den Lesefluss erneut und lenkt die Aufmerksamkeit auf die schriftliche Gestalt der „Denkkammer an der Aurachengstelle". Das Ad-hoc-Kompositum „Aurachengstelle" verursacht zusätzliche Lese- und Verständnisschwierigkeiten.

Die Unzuverlässigkeit der Kursivierungen bietet auch andernorts Anlass zu Irritation, nämlich dann, wenn im Drucktext der *Korrektur* Kursivierungen auftauchen, die *nicht* mit dem „unterstrichen"-Zusatz versehen werden und damit nicht als Unterstreichungen in Roithamers Zetteln ausgewiesen werden. Sind diese Kursivierungen ebenfalls als Unterstreichungen von Roithamers Hand zu lesen? Oder handelt es sich um Hervorhebungen des Erzählers – oder gar um solche des Autors Thomas Bernhard? Und welchen Text hat der Leser oder die Leserin des Romans schlussendlich vor Augen? Diese Ungereimtheiten führen vor allem dann zu einer Beeinträchtigung des semantisierenden Lesens, wenn die autonomen Kursivierungen in direkter Umgebung der schematischen auftauchen:

---

daß ich gegen ihre Zwecke gewesen bin, meine Brüder für ihre Zwecke, ich gegen ihre Zwecke, *Zweckerziehung,* Zweckerziehung unterstrichen."

[116] Konsequenterweise bleibt es in der Werkausgabe ohne Kursivierung. Bernhard, Korrektur (WA), S. 198.

[117] In der Werkausgabe sind diese Beispiele signifikanterweise auch nach dem Schema Erstnennung kursiv, Zweitnennung nicht-kursiv wiedergegeben. Vgl. Bernhard, Korrektur (WA), S. 200/201.

1.1 Die Studie und der Geistesmensch – Schreibprojekte in Bernhards Prosa — 69

> [...] denn mir war meine Schwester, für die ich den Kegel bauen wollte, zuerst *wollte*, dann aber mit größter Entschiedenheit und Entschlossenheit bauen *mußte*, mußte unterstrichen, hundertprozentig vertraut. (Ko, 287)

> Er, mein Vetter, hat sich hinuntergestürzt, warum in *diese* Felsspalte, weiß ich nicht, *ich nicht*, so Roithamer, ich nicht unterstrichen. (Ko, 315)

> [...] diese beiden Verrücktheiten, die eine aus der andern, und beide mit der größten Rücksichtslosigkeit, *haben mich umgebracht,* haben mich umgebracht unterstrichen. Wie ich meiner Schwester gesagt habe, *der Kegel ist dein Kegel, er gehört dir, ich habe ihn für dich gebaut, und zwar genau in die Mitte des Kobernaußerwaldes gebaut,* so Roithamer, habe ich festgestellt, daß die Wirkung des Kegels auf meine Schwester die vernichtende Wirkung gewesen ist. (Ko, 357)

Auch wenn das letzte Beispiel dies nahelegen könnte, handelt es sich bei den nicht-schematischen Kursivierungen nicht etwa durchgängig um die Markierung direkter Rede. Kursiv gesetzt werden ebenso emphatisierte Wörter (wie etwa bei der Betonung von Gegensätzen), Eigennamen, der Titel der Studie (auch diese Kursivierung ist jedoch nicht durchgängig) und einzelne Wörter, Satzteile oder ganze Sätze, die keinerlei semantische Notwendigkeit für eine Hervorhebung erkennen lassen.

Es sind indes nicht allein die unkonventionell verwendeten und für den Leser unkalkulierbaren Kursivierungen, die für eine Irritation des Leseflusses sorgen. Auch die für Bernhards Texte typisch verschachtelten Satzkonstruktionen blockieren das Verstehen und lenken die Aufmerksamkeit auf die Schriftgestalt:

> Das Unglück kommt *über Nacht*, so mein Vater immer, so Roithamer, über Nacht unterstrichen. (Ko, 232)

Der Leserin, die aufgrund der Kursivierung schon mit einem wahrscheinlichen „unterstrichen"-Zusatz rechnen wird, werden zwei weitere Textbausteine in Form von Inquit-Formeln – eine aus dem Manuskript Roithamers, eine aus dem Bericht des Ich-Erzählers – buchstäblich in den Weg gestellt. Die Wiederholung „so [...], so[...]" lässt den Lesefluss stagnieren, bevor das erwartete „über Nacht unterstrichen" schließlich auftaucht.[118] Hinzu kommt, dass das „so Roithamer", welches

---

[118] Vgl. dazu auch den bereits zitierten Satz „Es handelt sich um das Geistesprodukt eines Verrückten, Geistesgewalttäters, in eine sinnlose Idee verrannten Kopfnarren, so mein älterer Bruder, so Roithamer, das Wort Kopfnarren unterstrichen." (Ko, 211)

zu diesem Zeitpunkt auf 39 Seiten bereits 80 Mal aufgetaucht ist, ohnehin nur noch als fixer Textbaustein wahrgenommen werden *kann*.

Dieser prominente „so Roithamer"-Baustein, der, wie gezeigt, die Funktion erfüllt, die verschachtelte Perspektive mit minimalsten Mitteln zu markieren, wird auf den knapp 170 Seiten des zweiten Teils des Romans ganze 455 Mal verwendet. Der Durchschnitt von ca. zweieinhalb Mal „so Roithamer" pro Seite bildet dabei jedoch nicht die tatsächliche Struktur des Textes ab. Interessanterweise taucht der Baustein nämlich gerade nicht flächendeckend auf, im Gegenteil: Es gibt ‚glatte' Passagen innerhalb des Textes, die – teilweise übergangslos – von Passagen abgelöst werden, in denen der Baustein durch seine extreme Akkumulation richtiggehend zur Schau gestellt wird. Exemplarisch sei hier eine Textstelle mit einem Spitzenwert von 15 Nennungen auf eineinhalb Seiten zitiert:

> Die Frage ist nicht nur gewesen, wie baue ich einen Kegel, sondern ist auch gewesen, wie verheimliche ich den Kegel, den Bau des Kegels, so Roithamer. Die Kräfte waren zur Hälfte auf den Bau des Kegels, zur Hälfte auf die Verheimlichung des Kegels konzentriert gewesen, so Roithamer. Nimmt ein Mensch sich eine solche Ungeheuerlichkeit vor, muß er immer alles beherrschen und alles verheimlichen, so Roithamer. Zuerst auf Grund der Lektüre, dann auf Grund der nicht mehr in Betracht gezogenen Lektüre, so Roithamer. Meine eigenen Gedanken hatten folgerichtig zur Verwirklichung und zur Vollendung des Kegels geführt, wie meine Schwester tödlich erschrocken gewesen ist, ist der Kegel vollendet gewesen, so Roithamer, ich hätte sie *zu keinem anderen, als zu dem tödlichen Zeitpunkt* in den Kobernaußerwald hineinführen können, sie hatte sich gefürchtet vor diesem Augenblick, wie sie sich am tiefsten gefürchtet hat, habe ich sie hineingeführt und getötet, gleichzeitig den Kegel vollendet gehabt (7. April), so Roithamer. Denn allerhöchstes Glück ist nur im Tod, so Roithamer. Umweg über die Wissenschaften zu höchstem Glück, Tod, so Roithamer. Die Fachleute, die Beurteiler, die Zerstörer, Vernichter, so Roithamer. Wir gehen immer nahe am Abgrund und fürchten uns vor dem Übergewicht, so Roithamer. Nimmt ein Körper nach kurzfristiger Störung des Gleichgewichts sofort seine ursprüngliche Gewichtslage wieder ein, so ist der Gleichgewichtszustand stabil, so Roithamer. Weist ein Körper dagegen in jeder beliebigen neuen Lage, neuen Lage unterstrichen, ohne in die ursprüngliche zurückzukehren, wieder Gleichgewicht auf, so ist sein Gleichgewichtszustand indifferent. Kehrt ein Körper nach kurzfristiger Störung des Gleichgewichts nicht in seine ursprüngliche Gleichgewichtslage zurück, sondern strebt einer anderen zu, so ist sein Gleichgewichtszustand labil, so Roithamer. Der Körperschwerpunkt des Kegels liegt auf der Achse, so Roithamer, durch den Schwerpunkt der Grundfläche und die Spitze des Körpers hindurch in ¼ der Höhe zur stabilen Stützung eines Körpers ist es notwendig, daß er mindestens drei Auflagepunkte hat, die nicht in einer Gerade liegen, so Roithamer. Wenn wir aufwachen, so schämen wir uns aufzuwachen in das immer angstmachende Existenzminimum, so Roithamer (9. April). (Ko, 346 f.)

Der immer wiederkehrende Textbaustein produziert nicht nur die für Bernhards Texte so charakteristische Rhythmisierung, er offenbart in aller erster Linie deren

Bauprinzip, welches erst für den unverkennbaren ‚Bernhard-Sound' sorgt.[119] Die ersten vier Sätze der Passage sind vergleichsweise leicht lesbar. Sie stehen in einem offensichtlichen semantischen Zusammenhang, dem eine ungestört fließende Schrift am angemessensten wäre. Beendet werden sie jedoch stets mit einem – für den Sinn absolut überflüssigen – „so Roithamer". Erst der fünfte Satz unterscheidet sich in seiner Länge (im Drucktext nimmt er einen für Bernhard durchaus üblichen Raum von zehn Zeilen ein), seiner Komplexität und auch durch die relativ enigmatisch wirkende Kursivierung. Auch das in Klammern gesetzte Datum irritiert den Leser: Zwar hat die Datierung acht Seiten zuvor eingesetzt, jedoch taucht sie stets unvermittelt am Ende eines Satzes auf und bringt dadurch rückwirkend eine Gliederung des Textes hervor, die eine Ordnung der an verschiedenen Tagen angefertigten Schriftstücke suggeriert. Dieses Ordnungsprinzip wird im Roman jedoch nicht typographisch eingelöst, wie etwa durch Datums-Überschriften oder gliedernde Absätze. Die spezifische Materialität des Manuskripts (man stelle sich die Daten etwa am Rand von Roithamers Sätzen und Notizen oder aber als nachträgliche rückseitige Beschriftung vor) wird hier im wahrsten Sinne *liquidiert* – in einen Fließtext übersetzt –, wirkt aber durch die Störung des flüssigen Lesens mittelbar weiter. Die Irritation wird durch den kausal angeschlossenen Satz „Denn allerhöchstes Glück ist nur im Tod [...]" noch weiter gesteigert. Einerseits stellt dieses „Denn" einen direkten Bezug zwischen den aufeinanderfolgenden Sätzen her, das Datum markiert jedoch andererseits einen Hiatus von zwei Tagen, der zudem durch die semantisch tatsächlich schwache kausale Verbindung vergrößert wird. Was sich anschließt, ist eine Reihung, die im Manuskript durchaus als vertikal organisierte Liste vorstellbar wäre: „Die Fachleute, die Beurteiler, die Zerstörer, Vernichter, so Roithamer". Es folgen Sätze, die aus einem Lehrbuch zur Statik entnommen sein könnten und die sich

---

119 Ich würde deshalb auch Herbert Grieshop widersprechen, der konstatiert, Bernhards Texte sprächen „nicht so sehr das Auge als vielmehr das Ohr an. Die spezifische Rhetorik Bernhards ist charakterisiert durch ihre Annäherung an mündliche Sprachformen und verleitet genau wie die klaustrophobische Form der Texte dazu, sich reflexionslos und unmittelbar dem ‚Bernhard-Sound' zu überlassen." Herbert Grieshop, Rhetorik des Augenblicks. Studien zu Thomas Bernhard, Heiner Müller, Peter Handke und Botho Strauss, Würzburg 1998, S. 234. Grieshop stellt selbst fest, dass mündliche Rede sich ja gerade nicht durch hypotaktischen Satzbau mit langen Sätzen auszeichne und „[a]uch der Bernhardsche Nominalstil mit seiner Vorliebe für abstrakte Allgemeinbegriffe und Substantivierungen [...] eher Assoziationen an ‚besonders schriftliche Texte' im Stil bürokratischer Verlautbarungen denn an die spontanen Äußerungen mündlicher Rede" wecke (S. 73). Dieser Erkenntnis ist uneingeschränkt zuzustimmen, weshalb die oben zitierte Schlussfolgerung kaum haltbar ist. Zwar besitzen die Bernhard'schen Texte unzweifelhaft rhetorische Qualitäten und einen markanten Stil, diese sind jedoch das Ergebnis eines spezifischen Umgangs mit dem Schriftmaterial, das in erster Linie *visuelle* Effekte erzielt.

sowohl stilistisch als auch thematisch von den autobiographischen Ausführungen Roithamers abheben. Als listen- und zitatähnliche Einschübe offenbaren sie ebenso ihren Bausteincharakter. Am stärksten wird der Lesefluss jedoch durch Roithamers vorletzten Satz torpediert:

> Der Körperschwerpunkt des Kegels liegt auf der Achse, so Roithamer, durch den Schwerpunkt der Grundfläche und die Spitze des Körpers hindurch in ¼ der Höhe zur stabilen Stützung eines Körpers ist es notwendig, daß er mindestens drei Auflagepunkte hat, die nicht in einer Gerade liegen, so Roithamer. (Ko, 347)

Das „so Roithamer", welches in der gesamten Sequenz stets am Ende eines Satzes steht (einmal beendet es eine Aufzählung, ein andermal steht es zwischen zwei Hauptsätzen), suggeriert auch hier das Ende des Satzes „Der Körperschwerpunkt des Kegels liegt auf der Achse". Tatsächlich unterbricht es jedoch den Satz, der hernach „durch den Schwerpunkt der Grundfläche und die Spitze des Körpers hindurch in ¼ der Höhe" fortgesetzt wird. Auch das graphisch auffällige Bruchzeichen, das wie aus einer mathematischen Formel entliehen erscheint, hemmt den Lesefluss. Zu guter Letzt sorgt ein fehlendes Komma zwischen „¼ der Höhe" und „zur stabilen Stützung eines Körpers" dafür, dass der Lesefluss vollkommen kollabiert und eine Relektüre provoziert wird. Die Folge: Der letzte Teil des Satzes wird sehr viel mehr als Baustein wahrgenommen, als es durch die Abtrennung durch ein konventionalisiertes Komma jemals der Fall sein könnte. Dass es sich hierbei um ein Versehen Bernhards handelt, ist unwahrscheinlich. Der Autor ist bekannt für seine gezielte, eigenwillige Kommasetzung und seine pedantische Überprüfung des Drucks: In allen folgenden Ausgaben und auch in der Werkausgabe ist dieser entscheidende ‚Fehler' übernommen.[120] Auch auf dieser absoluten Mikroebene erzeugen Bernhards Schreibverfahren also eine Spannung zwischen dem Verlauf und der Synopse des Textes, die in diesem Fall einzig durch den Wegfall eines Kommas erreicht wird. Die Isolation des Textbausteins, der durch die Hemmung des Leseflusses als solcher sichtbar wird, wird dadurch noch augenfälliger, dass er von Bernhard selbst zum Motto des Romans gemacht wird. Zwischen Haupttitel und Textbeginn wird er als tatsächlich eigenständiger Hauptsatz zitiert: „Zur stabilen Stützung eines Körpers ist es notwendig, daß er mindestens drei Auflagepunkte hat, die nicht in einer Gerade liegen, so Roithamer". (Ko, [5]) Der im Text durch die Irritation des Lesens hervortretende Textbaustein wird noch einmal semantisch und gestaltlich verdichtet, wodurch er, zieht man Roithamers Äußerungen über die Schwierigkeiten beim Bau des Kegels mit

---

120 Vgl. Bernhard, Korrektur (WA), S. 304.

in Betracht, zum „Auflagepunkt" des „verheimlichten", aber sich selbst offenbarenden Bauprinzips des Romans wird.

An der zitierten Passage lässt sich deutlich erkennen, wie sich einfach lesbare Passagen mit solchen abwechseln, die dadurch verschiedene Verfahren Störungen des Lesens verursachen. Diese Wechsel erfolgen im Roman in unterschiedlicher Frequenz. Konzentriert man sich weiterhin auf die am häufigsten auftauchenden Textbausteine „so Roithamer" und „[...], [...] unterstrichen", so gibt es neben Passagen, in denen beide Bausteine auftauchen, auch solche, in denen man sie vergebens sucht. Eine längere, nahezu störungsfreie Passage findet sich etwa auf den Seiten 260 bis 266. Auf der unteren Hälfte der Seite 259 wird der Textbaustein „so Roithamer" noch um eine Komponente erweitert: Auf elf Zeilen tauchen die Bausteine „so mein Vater immer, so Roithamer", „so mein Vater selbst, so Roithamer", „so mein Vater, so Roithamer" auf und dominieren damit die Struktur der beiden Sätze vollkommen. Auf diese sperrige Passage folgen sechseinhalb Seiten, in denen nur zwei „unterstrichen"-Bausteine auftauchen, in der sich anschließenden Passage ballen sich die prominenten Bausteine erneut: ein „unterstrichen" und zwei „so Roithamer" auf sieben Zeilen sowie ein abschließendes „so Roithamer" in der Mitte der Seite 267. Dass es sich um ein abschließendes „so Roithamer" handelt, erkennt der Leser wiederum erst im Nachhinein, und zwar einerseits durch den sich vollziehenden thematischen Bruch, andererseits durch ein Satzzeichen, welches das Vorhergehende als separaten Textbaustein konstituiert:

> Der Vater ist bis zum vierzigsten Jahr sicher ein leidlich glücklicher Mensch gewesen, vom vierzigsten Jahr an aber sicher das Gegenteil, so Roithamer. Versuch einer Beschreibung von Altensam und über alles, das mit Altensam zusammenhängt, unter besonderer Berücksichtigung des Kegels: in den Abendstunden, Dienstag und Freitag schon an den sogenannten freien Nachmittagen, mich ganz konzentrieren zu können auf die Schrift über Altensam [...]." (Ko, 267)

Der „Versuch einer Beschreibung von Altensam und über alles, das mit Altensam zusammenhängt" ist dem Leser – kursiv gesetzt – bereits auf der ersten Textseite als Titel von Roithamers Studie begegnet. Hier weist allein der auf den erneuten „Versuch"-Titel folgende Doppelpunkt ihn als Überschrift eines neuen Schriftstückes aus und grenzt somit das vorhergehende Schriftstück gegen das nächste ab. Dieses Verfahren wird auf Seite 275 noch einmal wiederholt, allerdings verzichtet Bernhard an dieser Stelle auf den einfassenden Textbaustein „so Roithamer", allein der parallel gebaute Satz und der Doppelpunkt deuten auf die Ränder der beiden im Fließtext verfugten Papiere hin:

> Am Ende, wenn wir unser Ziel erreicht haben, gleich was für ein Ziel, auch wenn dieses Ziel ein sogenanntes Bauwerk ist, sind wir darüber Erschrockene. Versuch einer Beschreibung des Höller, der Höllerschen und der höllerschen Dachkammer: [...]. (Ko, 275)

Dreizehn Seiten später führt Bernhard den Baustein „so Roithamer" wieder ein, einen perspektivischen Bruch markiert allerdings erst die Nennung des Namens „Roithamer" ohne das so vertraut gewordenen „so":

> Habe ich das Wesen meiner Schwester mit dem Verstande einerseits, mit dem ganzen Gefühlsbewußtsein andererseits vollkommen in mich aufgenommen, so kann ich mit dem Bau des Kegels anfangen, *so Roithamer*. Ich selbst frage mich, warum mich der Höller in der doch, wie ich jetzt sehe, vollkommen *Roithamer* gehörenden höllerschen Dachkammer einquartierte [...]. (Ko, 287 f. [Hvh. C.M.])

Der Name „Roithamer" markiert hier den erneuten Wechsel in die Perspektive des Ich-Erzählers, der bis auf die besagten, als Kommentar zum Manuskript zu verstehenden, Textbausteine über eine längere Strecke komplett unsichtbar geworden war, nun aber erneut Roithamers Äußerungen indirekt in der dritten Person Konjunktiv wiedergibt.[121] Die solchermaßen eingefügte Sequenz, die im Drucktext annähernd zwei Seiten einnimmt, unterscheidet sich hinsichtlich der Verwendung der Textbausteine gänzlich von den durch den Ich-Erzähler zitierten und montierten Schriftstücken Roithamers. In der gesamten Passage taucht nur ein einziges „so Roithamer" auf, und zwar signifikanterweise am Ende der Passage. Hier haben sich die Perspektiven des Ich-Erzählers und Roithamers durch Häufung und Ineinanderschachtelung der Textbausteine bereits wechselseitig

---

121 Einen kürzeren Erzählereinschub, der als solcher auch typographisch durch runde Klammern gekennzeichnet ist, gibt es beispielsweise auf S. 223: „(Tatsächlich hat Roithamer in seinem Testament, also auf dem Zettel, den er bei sich gehabt hat, wie der Höller ihn gefunden hat, diese Verfügung, daß der Kegel jetzt, nach dem Tode der Schwester und nach seinem eigenen Tod, von keinem Menschen mehr betreten werden darf und vollkommen der Natur zu überlassen ist, festgelegt. Inwieweit die Erben Roithamers sich an diese Verfügung halten, kann nicht gesagt werden.)" Auf S. 288/289 folgt dann die nahezu exakt zwei Seiten lange Sequenz aus der Perspektive des Ich-Erzählers, auf S. 291 findet sich ein Zusatz, der durchaus als Erzählerkommentar verstanden werden könnte, jedoch vollkommen im Fließtext verborgen und dadurch nicht eindeutig Roithamer oder dem Ich-Erzähler zuzuordnen ist: „Dieser Versuch als Beschreibung oder diese Beschreibung als Versuch und mit der ganzen Unvollkommenheit, Unsicherheit, die alle meine Versuche oder Beschreibungen oder Beschreibungsversuche kennzeichnet, bruchstückhaften Hinweise auf Abweichungen in Altensam undsofort, wie ich sie immer gemacht habe, um mir über Altensam klar zu werden, dieser Versuch nur, weil ich von dem sogenannten Muttertag gehört habe, *das ist ein Stichwort Muttertag, Anlaß für diese Notiz.*" [Hvh. C.M.]

1.1 Die Studie und der Geistesmensch – Schreibprojekte in Bernhards Prosa — 75

durchdrungen, um daraufhin erneut durch die den Gesamttext dominierende Perspektive abgelöst zu werden:

> [...] im Laufe der Baugeschichte sei öfter versucht worden, einen Wohnkegel zu bauen, einen reinen Kegel als Wohnobjekt, hatte ich [hier noch der Ich-Erzähler, C.M.] zu Höller gesagt, aber das sei nie gelungen, *nicht in Frankreich, nicht in Rußland*, wie Roithamer schreibt, nicht in Frankreich nicht in Rußland unterstrichen. Er, Roithamer, habe in die höllersche Dachkammer gehen müssen, um zu der Möglichkeit zu kommen, den Kegel zu bauen, er habe die höllersche Dachkammer zu seinem *Konstruktionszimmer für den Kegelbau*, Konstruktionszimmer für den Kegelbau unterstrichen, gemacht, denn das eine Großartige könne immer nur aus einem anderen Großartigen, also in seinem Falle der Kegel aus dem höllerschen Hause, entstehen. Es hätte *im Grunde*, im Grunde unterstrichen, niemals Verständigungsschwierigkeiten zwischen ihm und dem Höller gegeben. Versuch einer Beschreibung der Mutter, der Eferdingerin, so Roithamer, in Beziehung zu meiner Schwester: erstens, Wesensmerkmale. (Ko, 289)

Zunächst berichtet im letzten Drittel der Ich-Erzähler-Sequenz noch dieser selbst über die Einzigartigkeit von Roithamers Bauprojekt, dann wird mit dem kursiv gesetzten „*nicht in Frankreich, nicht in Rußland*" ein altbekanntes Signal und – um im Bild des Bauens zu bleiben – ein Fundament für die verschachtelte Perspektive gesetzt. Durch das im Text unikale „wie Roithamer schreibt" wird diese einerseits konsolidiert, wirkt aber andererseits als modifizierte Form des „so Roithamer" noch instabil. Die schlussendliche Akkumulation des „unterstrichen"-Bausteins, der in solch hoher Konzentration sehr selten auftaucht, markiert den weiteren Ausbau der altbekannten Perspektive, indem diese durch ihren häufigen Einsatz und die Kursivierung tatsächlich an Raum bzw. Räumlichkeit gewinnt. Das abschließende „so Roithamer", die Wiederholung des Überschriften-Schemas „Versuch [...]", das mit einem Doppelpunkt abschließt, sowie das Stichwort „*meiner* Schwester [Hvh. C.M.]" zementieren schließlich erneut die im Text vorherrschende Perspektive.

Wie man an dieser Passage erneut sehr deutlich sehen kann, offenbart sich die Bauweise des Textes über eine Betonung der Schriftgestalt, die zu einer Irritation des sukzessiven Lesevorgangs führt. Die eingefügte Ich-Erzähler-Sequenz kann dabei als größerer Textbaustein verstanden werden, der sich über die kleineren Bausteine – in diesem Fall das Fehlen des Bausteins „so Roithamer" – definiert. Taucht dieser Baustein wieder auf – und hier ist die Kombination mit dem „unterstrichen"-Baustein als zusätzlichem Signal bezeichnend –, ist dies das Zeichen für den erneuten Wechsel der Perspektive und den Beginn eines neuen Textbausteins. Die kleineren Textbausteine fungieren somit oftmals als ‚Fugenmasse' zwischen den größeren Textbausteinen: Einerseits betonen sie den Bruch, andererseits füllen sie ihn aus und suggerieren einen fortlaufenden Text. Dieser Effekt wird allerdings erst auf Ebene des tatsächlich vorliegenden, gedruckten Romans erzielt. Eine „Bearbeitung" des Nachlasses, die der Ich-Erzähler von Anfang an ausschließt, führt der Text selbst durch, indem er die pseudo-mündliche Anlage der Beschreibungen des Ich-Erzählers in eine genuine Schriftlichkeit überführt.[122] Dem Autor dieses Textes – Thomas Bernhard – kommt es offenbar auch hier weniger auf „die richtige Kopflage" als auf die Materialität und Konstruktivität der Schrift an:

> Denn tatsächlich habe ich, so Roithamer, die ganzen Jahre, die ich mit der Arbeit am Kegel beschäftigt gewesen bin, nur Bruchstücke meiner wissenschaftlichen Schreibarbeit zustande bringen können, und nur solche Bruchstücke allein genügen nicht, solche Bruchstücke müssen dann, aber erst dann, wenn der Kopf dazu in der Lage ist, *in dieser richtigen Kopflage verstehst du*, hat Roithamer zu mir gesagt, zu einem Ganzen gemacht werden. (Ko, 175)

Genau wie der Ich-Erzähler versteht Bernhard die einzelnen „Bruchstücke" des Roithamer'schen Nachlasses als *Material*, er behandelt jedoch auch die Äußerungen des Ich-Erzählers als ebensolches und baut aus diesen gesammelten Textbausteinen – weniger mit dem Kopf als auf dem Papier – einen Roman, der seine eigene Bauweise durch die Betonung der Schriftgestalt zur Schau stellt.

Diese Betonung der Schriftgestalt wird nicht nur durch die bereits beschriebenen Verfahren des verschachtelten Satzbaus, der Wiederholung und Variation von Textbausteinen und durch typographische Auszeichnungen erzielt, sondern auch durch die Positionierung der Textbausteine auf der Seitenfläche, die ein synoptisches Sehen der Textkonstellation generiert. Wie der Textbaustein „so Roithamer"

---

[122] Diese Vortäuschung von Mündlichkeit ist überall in Bernhards Texten anzutreffen. Vgl. dazu prominent Herbert Grieshop, Fingierte Mündlichkeit. Thomas Bernhards *Korrektur* [Kap.]. In: Grieshop, Rhetorik des Augenblicks, vgl. insb. das Unterkapitel „Die Lust am Reden" (S. 70–78). Grieshop kommt zu sehr plausiblen Ergebnissen bezüglich der „artifizielle[n] Mündlichkeit von Bernhards Prosa" (S. 74), vernachlässigt dann jedoch die Differenz zwischen ‚echten' Oralitätsmerkmalen und den Spezifika des Bernhard'schen Textes (Hypotaxe, lange Sätze, Nominalstil etc.), um der Prosa eine mündliche *und* musikalische Qualität zuzusprechen. Dass er dabei immer wieder auf die typographische Erscheinung der Texte hinweist (prominent etwa auf S. 39 und 72f.) und schlussendlich einen „mündlichen Redeaugenblick" (S. 78) konstatiert, der aus einer zwischen Verstehen und Hören oszillierenden Lektüre hervorgehe (vgl. S. 72), zeigt einmal mehr, wie einflussreich das Diktum einer (lautsprachlich verstandenen) Musikalität in der Forschung ist. Statt die eigenen Befunde ernst zu nehmen und die „Augenblickspoesie" (S. 78) in Rückbindung an die schriftbildlichen Phänomene der Texte als Poesie des Augen-Blicks zu verstehen, bleibt die Analyse einer phonozentrischen Perspektive verhaftet. Vgl. ähnlich auch Robert Vellusig, Thomas Bernhards Gesprächskunst. In: Thomas Bernhard. Beiträge zur Fiktion der Postmoderne, hg. von Wendelin Schmidt-Dengler, Adrian Stevens und Fred Wagner, Frankfurt a.M/New York 1997, S. 25–46, insb. S. 28f.

1.1 Die Studie und der Geistesmensch – Schreibprojekte in Bernhards Prosa — 77

wiederholt die Verbindungsstelle zweier „Bruchstücke" anzeigt, so konstituieren sich einzelne Sequenzen auch durch das stetige Auftauchen eines Bausteins, der oftmals relativ plötzlich durch einen andern abgelöst wird. Als solche kleine Bausteine, die größere Textbausteine definieren, können folgende in Bernhards *Korrektur* besonders häufig verwendete Wörter und Wortkombinationen gelten: „höllersche Dachkammer" (z. B. Ko, 228/229),[123] „Kegel", „Kobernaußerwald", „Cambridge" (Ko, 268–270),[124] „Meditationsraum" (Ko, 221 f.), „Schwester" (Ko, 214).[125] Aber auch solche für Bernhard generell charakteristischen Wörter, die

---

123 Nachdem die dominierenden Textbausteine auf S. 226 und S. 227 „Altensam" und „Cambridge" eine Opposition zwischen der Heimatstadt Roithamers und seinem jetzigen Aufenthaltsort als „Denkschauplätze" aufspannen, wechselt das Thema zur „höllerschen Dachkammer". Dieser Baustein taucht auf zwei Seiten 24 Mal auf und wird im letzten Satz dieser Sequenz mit dem „Cambridge"-Baustein kombiniert: „War ich in Cambridge am Ende meines Denkens über den Kegel gewesen, hier, in der höllerschen Dachkammer, hatte ich einen neuen Anfang. Ich fürchtete nicht mehr, die Idee, den Kegel bauen, verwirklichen und vollenden zu können, aufgeben zu müssen. So verdanke ich tatsächlich alles zur Vollendung des Kegels der höllerschen Dachkammer, so Roithamer. Plötzlich die Möglichkeit, weiterzuleben, weiterzuarbeiten, unterstrichen. [...]" (Ko, 229 f.) Auch hier wird deutlich, wie „plötzlich" die Sequenz aufhört (der Satz, der durch dieses „plötzlich" eingeleitet wird, führt augenblicklich weg von der „höllerschen Dachkammer", sie taucht erst auf S. 267 wieder auf, und zwar erneut in Opposition zu „Cambridge", mit dem Unterschied, dass Roithamer sich nun „hier, in meinem Zimmer in Cambridge" (Ko, 267) befindet. Die Bausteine „so Roithamer" und „unterstrichen" markieren auch hier diesen plötzlichen Bruch.
124 Nach einem einleitenden Satz („Unter Berücksichtigung der Tatsache, daß ich einerseits an England, an Cambridge gebunden, andererseits schließlich gleichzeitig mit meiner ganzen Energie meinem Vorhaben, im Kobernaußerwald den Kegel zu bauen, und also dem Schauplatz als Bauplatz des Kegels verpflichtet gewesen bin [...]." Ko, 268), werden die darin enthaltenen Bausteine verschiedentlich kombiniert (zunächst „Cambridge" und „Kegel", dann „Cambridge" und „Kobernaußerwald", der letzte Satz kombiniert erneut „Cambridge" und „Kegel"). Auch hier wird der „Bauplatz" zum „Schauplatz", da die Textbausteine in den sinnentleert wirkenden Sätzen als solche hervortreten: „Den Kegel zu bauen ohne die Tatsache, daß ich in Cambridge unterrichte und studiere und studiere und studiere, wenn ich unterrichte, indem ich unterrichte, studiere, umgekehrt, daß ich in Cambridge habe meine Leistungen durchaus intensivieren hätte können, ohne die Tatsache des Kegelbaus, ist unvorstellbar." (Ko, 270) An den Wiederholungen und Variationen von „studieren" und „unterrichten" lässt sich beobachten, wie die Konstellation und Akkumulation der Textbausteine zum Ende einer Sequenz immer deutlicher sichtbar wird.
125 Oftmals tauchen diese in Kombination mit dem „Kegel" auf (S. 214–217). Hier werden die Bausteine zusätzlich betont, indem sie in Klammern gesetzt werden: „Das konsequente Studium des einen Objekts (meiner Schwester), die konsequente Bauweise des andern Objekts (des Kegels)." Ein in der Mitte dieser Passage stehender Satz kann poetologisch gelesen werden: „[...], aber die unausgesetzte Beobachtung der Schwester und die unausgesetzte Beobachtung der Konstruktion des Kegels haben zu dem Ergebnis geführt, das jetzt in der Mitte des Kobernau-

ganze Konzepte in einem Baustein zu konzentrieren scheinen, wie etwa „Leben" und „Natur", sind in diesem Kontext zu nennen.[126] Um die Etablierung größerer Textbausteine durch die Wiederholung immer wiederkehrender kleiner Textbausteine zu illustrieren, werde ich im Folgenden nochmals eine längere Passage aus *Korrektur* zitieren, auch wenn (bzw. gerade weil) der Informationsgehalt dieser Textstelle in keinem Verhältnis zu der Anhäufung des schriftlichen Materials steht:

> Wir hatten Geige spielen und Klavier spielen und Flöte blasen lernen müssen, einerseits weil unsere Mutter das so haben wollte, andererseits, weil wir in der einen oder anderen musikalischen Disziplin Talent gehabt haben, aber diesen Musikunterricht haben alle Geschwister gleich gehaßt, die Musik interessierte mich erst, faszinierte mich erst, als ich sie nicht mehr ausüben *mußte,* durch Freiwilligkeit war ich dann zeitweise, ja jahrelang völlig in der Musik aufgegangen gewesen, hatte geglaubt, ein höheres, gar hohes Musikstudium angehen zu müssen, hatte auch ein solches Studium angegangen, aber dann wieder aufgegeben, weil mich das offizielle Studium mehr von der Musik abgebracht hätte, ich war durch das offizielle Musikstudium von der Musik abgekommen, anstatt in die Musik hineinzukommen durch ein offizielles Musikstudium, die Wirkung war die gleiche gewesen, wie der mir aufgezwungene Musikunterricht zuhause in Altensam. Ungehorsam war in Altensam immer mit tödlichen Geistesverletzungen bestraft worden. Das sonnen-

---

ßerwaldes steht." (Ko, 215 f.) Die „Konstruktion des Kegels" respektive des Roman-Bauwerks wird dadurch offenbart, dass die „Schwester" beobachtet wird, d. h. *als* Textbaustein in Erscheinung tritt und vom Leser als solcher wahrgenommen wird.

126 Diese Bausteine tauchen wiederum in Kombination mit „Lektüre" auf: „Und ist es das Leben nicht und ist es die Natur nicht, ist es die Lektüre, ist es das Leben und die Natur der Lektüre, ganz weite Strecken immer wieder nur Lektürenatur, [...]." (Ko, 213 f.) Vgl. auch die Zusammen-Stellung von „Herkunft" und „Geschichte" (Ko, 272). Hier wird der Baustein „Herkunft" (anfänglich zwei Mal) in eine „Herkunftsgeschichte" (ebenfalls zwei Mal) verwandelt, um dann erneut in seine Bestandteile, in „Herkunft" und „Geschichte" auseinanderzutreten, die wiederum nachfolgend mit den neu eingeführten Bausteinen „Marter" und „Gegenwart" kombiniert werden: „Wir haben Aussicht, unsere Idee zu verwirklichen, weil wir durch die Marter unserer Herkunft und durch die Marter unserer Gegenwart, denn die Gegenwart empfinden wir nicht nur, ist auch nur Marter, wie die Geschichte uns nur Marter ist, weil wir durch diese Geschichts- und Herkunftsmarter in hohem und im höchsten Maße, wenn die Martern die großen und größten sind, befähigt sind. Je größer die Idee und also je höher das Ziel als Idee, desto größere Geschichts- und Herkunftsmartern sind erforderlich." Das Bausteinprinzip setzt sich unendlich fort: Auch die Steigerungsformen von „hoch" und groß" werden grammatisch durchexerziert und bleiben dabei immer als Varianten ihres ersten Auftauchens erkennbar. Vgl. die gelungene Abbildung dieser Baustrukturen in Anne Betten, Die Bedeutung der Ad-hoc-Komposita im Werk von Thomas Bernhard, anhand ausgewählter Beispiele aus ‚Holzfällen. Eine Erregung' und ‚Der Untergeher'. In: Neue Forschungen zur Wortbildung und Historiographie der Linguistik, hg. von Brigitte Asbach-Schnitker und Johannes Roggenhofer, Tübingen 1987, S. 69–90.

1.1 Die Studie und der Geistesmensch – Schreibprojekte in Bernhards Prosa — 79

seitige Erkerzimmer hatte ich immer gefürchtet, aber diese Qualspezialität war nur mir vorbehalten gewesen, niemals war einer meiner Brüder in dem Erkerzimmer eingesperrt gewesen. Diese waren mit Ohrfeigen abgefertigt worden, mich hatten sie aber ins Erkerzimmer eingesperrt, die Höchststrafe, oder vernichtende, gefühls- und geistesvernichtende Bemerkungen über mich gemacht, ebensolche Höchststrafe natürlich. Andauernd mußten wir tun, was wir nicht tun wollten. Aber immer hatten wir zu hören bekommen, daß es unsere Eltern mit uns *gut meinten*. An jedem Tag sehr oft, wie gut sie es mit uns meinten, allein mit der ununterbrochenen Wiederholung dieses Spruches, der einer ihrer Leitsprüche gewesen war, immer wieder, wie gut wir es mit euch (oder mit dir oder dir) meinen, dadurch bin ich mehr und mehr eingeschüchtert und erniedrigt gewesen, sie konnten uns gut mißhandeln, die Eltern, weil wir nicht aufgeklärt gewesen waren. Ein so schönes, ein so kunstvolles, ein so kultiviertes Haus, sagten unsere Besucher immer und sie fragten sich, was es daran zu zweifeln gab. Eine solche kostbare Umgebung, alle Möbelstücke, Kunststücke, alle Räumlichkeiten, die sie zu sehen bekommen haben, herrlichsten, alle Ausblicke von Altensam in die Landschaft die schönsten, die weitesten. Wie, fragte ich mich oft selbst, ist es möglich, sich zugrunde gehen zu sehen in einer solchen, so meine Mutter andauernd, luxuriösen Atmosphäre? Absterben, wo für den Außenstehenden kein Grund zu sehen war. Aber naturgemäß war ich gänzlich ausgeschlossen gewesen von den Begriffen Freude, Schönheit, Lebensfreude selbst, Naturschönheit undsofort, so Roithamer. Meine Augen waren auch in dieser Richtung, genauso wie für die andere, offen gewesen. Ein Mensch wie ich, dessen höchstes Glück Denken, und vor allem Denken in der freien (philosophischen) Natur ist, war allein in dieser Tatsache, ist allein in einer solchen Bemerkung gerettet, so Roithamer. Es ist auch möglich und sehr wahrscheinlich, in der sogenannten Erkenntnis des Schmerzes glücklich zu sein, so Roithamer. Wie zum Beispiel Aufschreiben von höchstem Unglück höchstes Glück sein kann, so Roithamer. Die Wahrnehmungsmöglichkeit, Artikulationsmöglichkeit der Wahrnehmung höchstes Glück sein kann undsofort, so Roithamer. Wenn wir uns der Tatsache bewußt sein können, daß die Feststellung an sich, gleich was wir feststellen, höchstes Glück sein kann. Wie letztenendes die Tatsache, überhaupt zu sein, gleich wie, so Roithamer. Aber wir dürfen nicht ununterbrochen solche Gedanken denken, nicht alles, was wir denken und was andere denken und von dem wir hören, immer wieder durchdenken, denn dann tritt der Zeitpunkt ein, in welchem wir von diesem eigenen fortwährenden bohrenden Denken abgetötet werden, ganz einfach am Ende tot sind. Zuerst widerwillig Geige gespielt, so Roithamer, Klavier, widerwillig, weil aufgezwungen, später der (freiwillige) Versuch zu einem höheren und hohen Musikstudium, Musikgeschichte undsofort, so Roithamer, alles gescheitert, weil einerseits aufgezwungen, andererseits freiwillig aber offiziell, schließlich Beschäftigung mit der Musik, Hineingehen in die Musik aus eigener Willenskraft und ohne offizielle Hilfestellung (Hochschule etcetera), Webern, Schönberg, Berg, Dallapiccola undsofort. (Ko, 243–245)

Den ersten Teil dieser Passage dominiert deutlich das Wort „Musik" in seinen verschiedenen Kombinationen („Musikunterricht", „Musikstudium", wobei das „Studium" auch als separater Baustein auftaucht). Aber auch die Verbformen, die mit diesen vorherrschenden Bausteinen kombiniert werden, können als Varianten gelten: „in der Musik aufgegangen", „Musikstudium angehen", „Studium angegangen", „wieder aufgegeben", „von der Musik abgebracht", „von der Musik abgekommen" werden mit ihrem „auf-" und „ab-" als variierende optische Muster wahrgenommen, die einen speziellen Rhythmus produzieren. Die an dieser Variation ebenfalls teilhabenden Formulierungen „in die Musik hineinzukommen" und der „aufgezwungene Musikunterricht" markieren jedoch durch die vorher nicht auftauchenden Textbausteine „hinein-" und „-gezwungen" einen Bruch und kündigen eine Neuerung an.

Der folgende Satz „Ungehorsam war in Altensam immer mit tödlichen Geistesverletzungen bestraft worden" schließt zwar gedanklich an den im ersten Teil behandelten Komplex des „aufgezwungenen Musikunterrichts" an, jedoch besteht zwischen den beiden Teilen durchaus ein gedanklicher Sprung, der sich in Rückschau auf die der Passage vorangehenden Textbausteine erklärt: Hier bezeichnet Roithamer sich selbst wiederholt als „Störenfried". Der letzte Satz dieser Passage auf Seite 242 f. lautet „[...] schließlich hatte ich es mir zur Hauptaufgabe gemacht gehabt, ihren Frieden in Altensam zu stören, insofern war die Bezeichnung Störenfried auf mich wie auf keinen anderen zutreffend". Der „Ungehorsam" (von dem bezüglich des Musikunterrichts erst einmal keine Rede war) verweist also auf vorhergehende Sequenzen. Den Rand des Textbausteins markiert jedoch erst das Wort „Erkerzimmer". Dieses Wort rekurriert auf einen vorhergehenden Abschnitt, in dem das „Erkerzimmer" so plötzlich auftaucht, wie es dann auch wieder verschwindet:

> Wir haben uns, die Geburt bewirkt nur das Gegenteil, mit Hilfe unseres Verstandes schon sehr früh und ohne Nachgeben und mit immer größerer Willenskraft in dieser Aufgabe [Verb fehlt, C.M.],[127] uns von den Eltern zu trennen, damit wir einmal sagen können, in einer eigenen Welt existiert zu haben, nicht nur in der Welt unserer Eltern. Ich erinnere mich, daß mich meine Mutter im Sommer immer in das der Sonne vollkommen ausgesetzte, sogenannte südöstliche Erkerzimmer eingesperrt hatte, wenn sie ihren Willen mir gegenüber, gleich in welchem Falle, nicht durchsetzen hatte können [...]. (Ko, 239)

Der „Erkerzimmer"-Satz erstreckt sich über weitere 24 Zeilen, in denen noch sechs weitere Male das „Erkerzimmer" auftaucht, zunächst in zwei aufeinanderfolgenden Zeilen, dann im Abstand von zwei Zeilen, dann im Abstand von drei Zeilen, zuletzt noch einmal nach fünf Zeilen. Das „Erkerzimmer" wird schon dadurch als materieller Baustein attribuiert, dass es ein „sogenanntes" ist. Dieses formel-

---

127 Die Herausgeber der Werkausgabe schlagen als Ergänzung „zu bewähren versucht" vor, da in den vorhergehenden Sätzen jedoch mehrfach das Wort „Versuch" und „Überanstrengung" erscheint, scheint mir „versucht" oder „überanstrengt" passender. Vgl. den Kommentar in Bernhard, Korrektur (WA), S. 375.

hafte Adjektiv, dessen massive Verwendung für Bernhards Stil hoch charakteristisch ist, weist deutlich auf den Bruch zwischen Zeichenform und -inhalt hin und stellt die materielle Seite des Zeichens sowie seine prinzipielle Substituierbarkeit aus.[128] Der solchermaßen herausmodellierte und gestaltlich hervortretende „Erkerzimmer"-Baustein konstituiert über seinen *optischen* Wiedererkennungswert als immer wiederkehrendes und auf einen Blick erfassbares Element – das dritte und vierte „Erkerzimmer" kommen im Drucktext zudem direkt übereinander zu stehen, was den lesenden Blick zusätzlich ablenkt – eine relativ scharf abgegrenzte Episode, die mit dem Satzende ebenfalls beendet wird: Das „Erkerzimmer" verschwindet, bis es als Thema erneut in die „Musik"-Episode einbricht. Hier wird es in zwei Sätzen drei Mal wiederholt und verschwindet dann für den Leser überraschend schnell wieder.

Der Satz „Andauernd mußten wir tun, was wir nicht tun wollten." beendet den „Erkerzimmer"-Einschub und der Text kommt vom „Ungehorsam" zurück zu den aufgezwungenen, aber gehorsam ausgeführten Tätigkeiten der Kinder. In dieser Passage tritt zur Wiederholung und Variation ein weiteres für Bernhard typisches Verfahren hinzu: Die Textbausteine umkreisen auch semantisch den Komplex der Anhäufung, Wiederholung und Variation und bilden so die Poetik des Textes ab. Zunächst wird eine inhaltsleere Phrase kursiv gesetzt und ihre ständige Wiederholung durch die Eltern beschrieben: „Aber immer hatten wir zu hören bekommen, daß es unsere Eltern mit uns *gut meinten*." Diese Phrase wird dann auch im Text zwei Mal wiederholt:

---

128 Dies zeigt sich auch deutlich, wenn Bernhard sogar dieses charakteristische „sogenannt" als Textbaustein behandelt, der wiederholt und variiert werden kann bzw. durch die Kombination mit absolut alltäglichen Wörtern oder durch eine im Wortsinn undurchsichtige Kursivierung verfremdet erscheint. „[...] denn zweifellos handelt es sich bei Scherrer, sagt Oehler, um einen typischen Vertreter der Wissenschaft, die Karrer immer nur als *sogenannte* Wissenschaft bezeichnet hat [...]. Wie Karrer ja überhaupt, sagt Oehler, alles nur als ein Sogenanntes bezeichnet hat, nichts, das er nicht als ein nur Sogenanntes bezeichnet hätte, worin seine Kompetenz eine unglaubliche Härte erreicht hat. [...] Daß die Dinge und die Dinge an sich nur sogenannte sind, wenn ich genau bin, nur sogenannte sogenannte, so Karrer, sagt Oehler, versteht sich darauf von selbst." Thomas Bernhard, Gehen, Frankfurt a.M. 1971, S. 74f. Vgl. dazu Elisabeth Strowick, Unzuverlässiges Erzählen der Existenz. Thomas Bernhards Spaziergänge mit Kierkegaard. In: Denken, Schreiben (in) der Krise. Existentialismus und Literatur, hg. von Cornelia Blasberg und Franz-Josef Deiters, St. Ingbert 2004, S. 453–481, insb. S. 472f. Strowick attestiert Karrers Äußerungen eine grenzenlose Substituierung der Signifikanten, die sie allerdings als sprachskeptisches Symptom liest. Vgl. zur Austauschbarkeit der Begriffe auch Kappes, Schreibgebärden, insb. S. 102.

> An jedem Tag sehr oft, wie gut sie es mit uns meinten, allein mit der ununterbrochenen Wiederholung dieses Spruches, der einer ihrer Leitsprüche gewesen war, immer wieder, wie gut wir es mit euch (oder mit dir oder dir) meinen. (Ko, 244)

Was die Episode indes definiert, sind die besagten Bausteine, welche den Komplex einer Herstellung von Kontinuität durch Wiederholung umkreisen: „immer", „(sehr) oft", „ununterbrochene Wiederholung", „immer wieder", „mehr und mehr", „andauernd", „ununterbrochen", „fortwährend", „etcetera" und das gleich vier mal wiederholte „undsofort". (Ko, 244 f.) Durch die scheinbar endlose Reihung gleichartiger Textbausteine, die sich – in charakteristischer Bernhard'scher Übertreibung – auch noch selbst thematisiert, wird hier – strukturalistisch gesprochen – das Prinzip der Äquivalenz von der vertikalen, paradigmatischen „Achse der Selektion" auf die horizontale, syntagmatische „Achse der Kombination" verschoben. Die „ununterbrochene[] Wiederholung" äquivalenter Textbausteine stellt das sequenzielle Prinzip der Schrift zur Schau und treibt somit das, was Roman Jakobson prominent als „unabdingbare Eigenschaft des Dichtwerks" bezeichnet hat, auf die ironische Spitze:

> [W]orin besteht die unabdingbare Eigenschaft eines Dichtwerks? Um diese Frage zu beantworten, müssen wir uns die beiden grundlegenden Operationen vergegenwärtigen, die jedem verbalen Verhalten zugrundeliegen, nämlich Selektion und Kombination. Wenn ‚Kind' das Thema einer sprachlichen Botschaft bildet, wählt der Sprecher aus den gegebenen, mehr oder weniger ähnlichen Hauptwörtern Kind, Baby, Knirps, Bengel etc., die alle in einer bestimmten Hinsicht gleichwertig sind, eines aus und wählt dann, um das Thema auszuführen, ein semantisch passendes Verb wie schläft, döst, schlummert, etc. Die beiden ausgewählten Wörter werden zu einer Aussage kombiniert. Die Selektion vollzieht sich auf der Grundlage der Äquivalenz, der Ähnlichkeit und Unähnlichkeit, der Synonymie und Antinomie, während der Aufbau der Sequenz auf Kontiguität basiert. *Die poetische Funktion projiziert das Prinzip der Äquivalenz von der Achse der Selektion auf die Achse der Kombination.* Die Äquivalenz wird zum konstitutiven Verfahren der Sequenz erhoben.[129]

Die Projektion des Ähnlichkeitsprinzips funktioniert in Bernhards poetischer Praxis allerdings grundlegend anders als in Jakobsons Theorie: Bei Bernhard wird nicht aus einer Reihe möglicher Wörter das passendste Wort ausgewählt

---

129 Roman Jakobson, Linguistik und Poetik. In: Jakobson, Poetik. Ausgewählte Aufsätze 1921–1971, hg. von Elmar Holenstein und Tarcisius Schelbert, Frankfurt a.M. 1979, S. 94. Jakobson spricht hier dezidiert von Lyrik, für die sich die im Strukturalismus durchaus übliche These eines zweidimensionalen Gebildes, das auf einen Blick erfasst werden kann und dessen Verlaufsdimension zugunsten des aisthetischen Flächenarrangements zu vernachlässigen ist, weit einfacher vertreten lässt. Vgl. dazu Polaschegg, Der Anfang des Ganzen, S. 260 ff.

1.1 Die Studie und der Geistesmensch – Schreibprojekte in Bernhards Prosa — 83

und auf syntagmatischer Ebene mit einem „mehr oder weniger ähnlichen" kombiniert, stattdessen wird die Sequenz aus den vielen möglichen Wörtern *eines* Paradigmas zusammengesetzt. Auch hier wird „die Äquivalenz [...] zum konstitutiven Verfahren der Sequenz erhoben", allerdings nicht über die – im Sinne einer Verknüpfung verstandene – *Kombination* von Wörtern, „die alle in einer bestimmten Hinsicht gleichwertig sind", sondern über deren *Konstellation*, die als Zusammen-Stellung die Austauschbarkeit der Textbausteine akzentuiert. Zwar entsteht durch die wiederholten und variierten Textbausteine der Eindruck ihrer ‚Verflechtung' – wodurch der ununterbrochen wiederholte „Leitspruch" der Eltern zum sicht- und begreifbaren Muster, zu einem Paradigma im wörtlichen Sinne wird[130] – jedoch wird der Text dadurch keineswegs zum zweidimensionalen Gebilde, zum reinen Flächenarrangement, wie das strukturalistische Textmodell des ‚Gewebes', welches sich an Jakobsons Koordinatensystem anschließt, es nahelegt.[131] Die sequenzielle Organisation eines jeden Textes, die Jakobson im zitierten Passus selbst ins Spiel bringt, sorgt im Gegenteil dafür, dass seine Verlaufsdimension weiter besteht, so auch im Falle des Bernhard'schen Textes, in dem die Bausteine zwar als Entitäten betont, jedoch nichtsdestotrotz in eine *Abfolge* gebracht werden, die sukzessiv gelesen wird. Die Spannung entsteht hier gerade dadurch, dass die Einheiten der ‚paradigmatischen Reihe' *im Leseprozess* als solche wahrgenommen werden, wodurch das sukzessive Lesen immer wieder in ein synoptisches Sehen kippt, das die vorhergehenden (und folgenden) Varianten des Textbausteins wahrnimmt.

Nicht nur die oben zitierten Wörter werden einer solchen ‚paradigmatischen Reihung' unterzogen, sondern auch andere in der Passage auftauchende Textbausteine. Auf einen das Prinzip der Reihung noch einmal überdeutlich zur Schau stellenden Satz in der ungefähren Mitte der Passage („Aber naturgemäß war ich gänzlich ausgeschlossen gewesen von den Begriffen Freude, Schönheit, Lebensfreude, Naturschönheit undsofort, so Roithamer") folgt die Einführung

---

130 παράδειγμα (parádeigma) = παρά (parà) ‚neben' sowie δείκνυμι deiknymi ‚zeigen'/‚begreiflich machen'.
131 Vgl. auch dazu noch einmal Polaschegg, Der Anfang des Ganzen, S. 262: „Im Aspekt der Simultaneität finden somit das etymologisch untersetzte Verständnis des Textes als zweidimensionaler Textur und das Strukturmodell des Strukturalismus zusammen. Und weil beide – Gewebe und Struktur – keinen Anfang und kein Ende besitzen, sondern nur Ränder oder Grenzen, ist eine theoretische Fassung der Verlaufsdimension innerhalb dieser Parameter und Begrifflichkeiten unmöglich, sodass die Verläuflichkeit des Textes nachgerade zwangsläufig aus dem Reflexionshorizont dieser Ansätze herausgefallen ist." Vgl. ausführlich zu dieser im strukturalistischen Denken weit verbreiteten Blindheit für die Verläuflichkeit des Mediums Text Polaschegg, Der Anfang des Ganzen, S. 260 ff.

eines neuen Textbausteins: Das „höchste Glück" wird wiederholt und variiert, bis die Episode kurz darauf abrupt unterbrochen wird. Der in der Umgebung dieses „höchsten Glücks" wieder verstärkt auftauchende Baustein „so Roithamer" bildet die einzige Verbindung zwischen den disparaten Textstücken. Der Satz „Zuerst widerwillig Geige gespielt, so Roithamer, Klavier, widerwillig, weil aufgezwungen [...]" schließt nicht an das direkt Vorhergehende, sondern eindeutig an den *Beginn* der Passage an und markiert somit einen Bruch im Text, der sich irritierend auf den Leseprozess auswirkt. In dieser Irritation wirken die bekannten Textbausteine wie Anker, an denen der Blick sich festhalten kann. Das „Klavier" und die „Geige" verweisen so schon auf den „Musik"-Baustein, der unweigerlich folgen muss. Seine vierfache Wiederholung (wieder in Kombination mit dem „Studium") sorgt für Wiedererkennung. Es lässt sich jedoch auch beobachten, wie sich in dieser Passage alle bisher verwendeten Textbausteine durchdringen: das zu Beginn ebenfalls auftretende „offiziell", das aus dem Rahmen fallende „aufgezwungen", das durch die gesamte Passage aufrechterhaltene und variierte Thema ‚hohes, höheres, höchstes' (das absurderweise in der „Hochschule" kulminiert), das „undsofort" der vorhergehenden Episode und das altbekannte „so Roithamer". Unterlegt man die Textbausteine farbig, wird das Muster, das sich ansonsten nur irritierend auf den Lesevorgang auswirkt, unübersehbar:

> Wir hatten Geige spielen und Klavier spielen und Flöte blasen lernen müssen, einerseits weil unsere Mutter das so haben wollte, andererseits, weil wir in der einen oder anderen musikalischen Disziplin Talent gehabt haben, aber diesen Musikunterricht haben alle Geschwister gleich gehaßt, die Musik interessierte mich erst, faszinierte mich erst, als ich sie nicht mehr ausüben *mußte,* durch Freiwilligkeit war ich dann zeitweise, ja jahrelang völlig in der Musik aufgegangen gewesen, hatte geglaubt, ein höheres, gar hohes Musikstudium angehen zu müssen, hatte auch ein solches Studium angegangen, aber dann wieder aufgegeben, weil mich das offizielle Studium mehr von der Musik abgebracht hätte, ich war durch das offizielle Musikstudium von der Musik abgekommen, anstatt in die Musik hineinzukommen durch ein offizielles Musikstudium, die Wirkung war die gleiche gewesen, wie der mir aufgezwungene Musikunterricht zuhause in Altensam. Ungehorsam war in Altensam immer mit tödlichen Geistesverletzungen bestraft worden. Das sonnenseitige Erkerzimmer hatte ich immer gefürchtet, aber diese Qualspezialität war nur mir vorbehalten gewesen, niemals war einer meiner Brüder in dem Erkerzimmer eingesperrt gewesen. Diese waren mit Ohrfeigen abgefertigt worden, mich hatten sie aber ins Erkerzimmer eingesperrt, die Höchststrafe, oder vernichtende, gefühls- und geistesvernichtende Bemerkungen über mich gemacht, ebensolche Höchststrafe natürlich. Andauernd mußten wir tun, was wir nicht tun wollten. Aber immer hatten wir zu hören bekommen, daß es unsere Eltern mit uns *gut meinten*. An jedem Tag sehr oft, wie gut sie es mit uns meinten, allein mit der ununterbrochenen Wiederholung dieses Spruches, der einer ihrer Leitsprüche gewesen war, immer wieder, wie gut wir es mit euch (oder mit dir oder dir) meinen, dadurch bin ich mehr und mehr eingeschüchtert und erniedrigt gewesen, sie konnten uns gut mißhandeln, die Eltern weil wir nicht aufgeklärt gewesen waren. Ein so schönes, ein so kunstvolles, ein so kultiviertes Haus, sagten

1.1 Die Studie und der Geistesmensch – Schreibprojekte in Bernhards Prosa — 85

unsere Besucher immer und sie fragten sich, was es daran zu zweifeln gab. Eine solche kostbare Umgebung, alle Möbelstücke, Kunststücke, alle Räumlichkeiten, die sie zu sehen bekommen haben, herrlichsten, alle Ausblicke von Altensam in die Landschaft die schönsten, die weitesten. Wie, fragte ich mich oft selbst, ist es möglich, sich zugrunde gehen zu sehen in einer solchen, so meine Mutter andauernd, luxuriösen Atmosphäre? Absterben, wo für den Außenstehenden kein Grund zu sehen war. Aber naturgemäß war ich gänzlich ausgeschlossen gewesen von den Begriffen Freude, Schönheit, Lebensfreude selbst, Naturschönheit undsofort, so Roithamer. Meine Augen waren auch in dieser Richtung, genauso wie für die andere, offen gewesen. Ein Mensch wie ich, dessen höchstes Glück Denken, und vor allem Denken in der freien (philosophischen) Natur ist, war allein in dieser Tatsache, ist allein in einer solchen Bemerkung gerettet, so Roithamer. Es ist auch möglich und sehr wahrscheinlich, in der sogenannten Erkenntnis des Schmerzes glücklich zu sein, so Roithamer. Wie zum Beispiel Aufschreiben von höchstem Unglück höchstes Glück sein kann, so Roithamer. Die Wahrnehmungsmöglichkeit, Artikulationsmöglichkeit der Wahrnehmung höchstes Glück sein kann undsofort, so Roithamer. Wenn wir uns der Tatsache bewußt sein können, daß die Feststellung an sich, gleich was wir feststellen, höchstes Glück sein kann. Wie letztenendes die Tatsache, überhaupt zu sein, gleich wie, so Roithamer. Aber wir dürfen nicht ununterbrochen solche Gedanken denken, nicht alles, was wir denken und was andere denken und von dem wir hören, immer wieder durchdenken, denn dann tritt der Zeitpunkt ein, in welchem wir von diesem eigenen fortwährenden bohrenden Denken abgetötet werden, ganz einfach am Ende tot sind. Zuerst widerwillig Geige gespielt, so Roithamer, Klavier, widerwillig, weil aufgezwungen, später der (freiwillige) Versuch zu einem höheren und hohen Musikstudium, Musikgeschichte undsofort, so Roithamer, alles gescheitert, weil einerseits aufgezwungen, andererseits freiwillig aber offiziell, schließlich Beschäftigung mit der Musik, Hineingehen in die Musik aus eigener Willenskraft und ohne offizielle Hilfestellung (Hochschule etcetera), Webern, Schönberg, Berg, Dallapiccola undsofort. [...].[132]

---

[132] Diese Markierung der wortwörtlich und variiert auftauchenden Textbausteine ist keineswegs vollständig. Im unteren Drittel findet sich ein eingeschobenes „Glück"- und „Denken"-Thema sowie Bausteine, die im gesamten Roman auftreten („Geist", „Altensam" „naturgemäß", „sogenannt", „Mutter", „Brüder", „Eltern" usw.). Auch kleine Wortspielereien wie „Schönberg, Berg" verdanken sich separierenden bzw. konstellierenden Operationen am schriftlichen Material. Diese direkte Zusammen-Stellung mehrerer gleichwertiger Textbausteine zeigt sich auch an Bernhards Vorliebe für Ad-hoc-Komposita: „Zweihundertoderdreihundertkilometerumkreis" (Ko, 226), „Wohlgeruchsgeschmack", „Beschmierungswahn", „Duftunrat", „Kulturbedürfnis" (die letzteren finden sich allesamt auf der S. 255 und lassen durch ihre Absurdität auch die übrigen in dieser Passage in großer Menge auftauchenden Komposita eigentümlich erscheinen: „Kurpfuscher", „Heilpraktiker", „Kunstverstand" und „Kulturbedürfnis"). Vgl. dazu Betten, Die Bedeutung der Ad-hoc-Komposita. Auch Anne Betten bezeichnet die einzelnen Komponenten der Komposita als „Bausteine" (ebd., S. 85) und untersucht akribisch die Bedingungen und Abfolge ihrer Kombination. Die Untersuchung kommt zu dem Schluss, dass auch die Komposita „nicht akzidentielle Stilmerkmale [sind], sondern konstitutive Textbauelemente. [...] Sie machen die Ergebnisse der Reflexion des Autors begrifflich fassbar [...]" (S. 88). Betten sieht das Potenzial für dieses Kompositionsprinzip ebenfalls nicht in der sprachlichen Bedeutung der

1.2 Die Schreib-Szene als invertierte Selbstreflexion: Bernhards konträre Arbeitsweise

Wie man aus den vorhergehenden Beispielen schließen kann, entspricht Bernhards Umgang mit Schrift durchaus der anvisierten Editionspraxis des Ich-Erzählers in *Korrektur*. Die „Hunderte und Tausende" von Roithamer'schen Zetteln, die wieder aus der Schublade heraus befördert werden, um sie zu einem „Ganzen" zu machen, „in welchem alles die gleiche Bedeutung hat und aus welchem man nicht das geringste herausnehmen darf" (Ko, 178 f.), deckt sich mit der Konstituierung des Bernhard'schen Textes, der offenbar aus ebensolchen Bruchstücken zusammengesetzt wird, die buchstäblich *liquidiert*, d. h. in die Sukzession der Schrift verflüssigt werden. Trotzdem sind die einzelnen Versatzstücke über die beschriebene Betonung der Schriftgestalt sichtbar, wodurch auf Seiten der Rezeption ein beständiger Wechsel zwischen sukzessiver Lektüre und synoptischer Wahrnehmung entsteht. Geht man davon aus, dass dieser Effekt sich über die *Struktur* der Schrift – als Abfolge diskreter Elemente, die so manipuliert werden können, dass wechselseitig die Abfolge oder deren Elemente betont werden – generiert, ist der Grund für die Irritation des Lesevorgangs in der *Arbeitsweise* des Schreibers zu suchen. Bernhards Umgang mit Schrift als Material, welches genau wie das „Sichten und Ordnen" des Erzählers ein Zusammensetzen eines „Ganzen" aus gleichwertigen – das bedeutet im Endeffekt: *austauschbaren* – Textbausteinen erlaubt, sorgt dafür, dass diese Bausteine als ebensolche wahrgenommen werden.

Martin Huber hat hinsichtlich Thomas Bernhards Arbeitsweise entsprechende Beobachtungen gemacht, ohne dabei jedoch deren Effekte auf die Rezeption näher zu beleuchten.[133] Laut Huber gestaltet sich Bernhards Arbeitsweise in aller Regel konträr zu der seiner Protagonisten. Texte wie *Das Kalkwerk*, in denen es um Arbeitsweise und Nachlass gehe, ließen sich, so Huber

> auch auf Bernhards eigenes Schreiben hin lesen, gleichsam als Gegenmodell, das durch seine Darstellung zugleich gebannt wird. Denn gerade in der Beschreibung des Konradschen Scheiterns am Schreiben seiner Studie konstituiert sich der Bernhardsche Roman, der uns als ‚fertiger Roman' *Das Kalkwerk* vorliegt. Er liegt uns vor, weil sein Autor [...] zu einem ent-

---

Elemente, sondern in ihren „formalen Variations- und Kombinationsmöglichkeiten" (S. 87) begründet.

133 Vgl. Martin Huber, ‚schrieb und schrieb und schrieb ...'. Erste Anmerkungen zu Nachlaß und Arbeitsweise Thomas Bernhards. In: Thomas Bernhard und seine Lebensmenschen. Der Nachlaß, hg. von Martin Huber, Manfred Mittermayer und Peter Karlhuber, Frankfurt a.M. 2002, S. 69–79.

scheidenden Zeitpunkt in die entgegengesetzte Richtung gegangen ist, nämlich statt ewiger Konzeption die wie auch immer mangelhafte Praxis des Schreibens gewählt hat.[134]

Wollte man hier also tatsächlich von einer ‚Schreib-Szene' sprechen, kann es sich allenfalls um eine *invertierte* Selbstreflexion Bernhards bzw. um ein drastisches Gegenbild zum werkgenealogisch orientierten Schreiben handeln. Thomas Bernhards Schreibarbeit stellt sich jedoch gerade nicht, wie von Huber angenommen, als „mangelhafte Praxis des Schreibens" dar, der Nachlass offenbart vielmehr einen routinierten, eher meisterhaft zu nennenden Umgang mit Schriftmaterial und Schreibwerkzeug. Huber argumentiert deutlich vorsichtiger, als es seine eigenen Nachlassbefunde erfordern: Zwar ist es vollkommen richtig, dass sich Thomas Bernhard nicht „paßgenau" in das – von Hurlebusch ohnehin heuristisch gebildete – Schema Kopfarbeiter vs. Papierarbeiter einordnen lasse, jedoch halte ich es – auch aufgrund Hubers eigener Analyse – für stark untertrieben, von „konstruktive[n] Elemente[n] der Bernhardschen Schreibweise"[135] zu sprechen. Vielmehr muss von einer konstruktiven Grundanlage seines Schreibens gesprochen werden, die sich, wie Huber überaus plausibel darstellt, auf makrostruktureller Ebene vor allem in Hinblick auf seinen Umgang mit der Texteinheit Seite, oder besser: der Konstruktion derselben zeigt. Dies illustriert er anhand des finalen Typoskripts zu Bernhards Erstlingsroman *Frost*:

> Daß der eigentliche Arbeitsprozeß tatsächlich erst an der Schreibmaschine, auf dem Papier stattgefunden hat, dafür gibt es in den *Frost*-Typoskripten nur scheinbar oberflächliche Anhaltspunkte. Auffallend oft nimmt eine der Episoden des Romans im Typoskript genau eine, bis an die Ränder voll beschriebene Seite ein; damit sich das auch ausgeht, verringert Bernhard immer wieder in den letzten Zeilen den Zeilenabstand von eineinhalbzeilig auf einzeilig und schreibt bis an den äußersten unteren Rand. Dies legt den Schluß nahe, daß Bernhard sich tatsächlich von Seite zu Seite fortgeschrieben hat. Daß für ihn die dabei entstehende rhythmische Gliederung ein bedeutsamer Aspekt war, darf nicht zuletzt aufgrund von Selbstaussagen, etwa in *Drei Tage*, vermutet werden, wo er sein Schreiben als ‚musikalische[n] Vorgang' [...] beschrieben hat. Und tatsächlich ist es erstaunlich, mit welcher Präzision er die einzelnen Episoden in den ihnen zugedachten Raum einschreibt. Der Gesamttext setzt sich aus einer Vielzahl solcher ‚Seitenepisoden' (manche nehmen auch genau zwei oder genau drei Typoskriptseiten ein) zusammen. Er konstituiert sich also aus einer Aneinanderfügung von Textstücken, womit er ein weiteres Merkmal vorwiegend konstruktiven Schreibens erfüllt.[136]

---

134 Huber, Erste Anmerkungen zu Nachlaß und Arbeitsweise Bernhards, S. 70.
135 Huber, Erste Anmerkungen zu Nachlaß und Arbeitsweise Bernhards, S. 77.
136 Huber, Erste Anmerkungen zu Nachlaß und Arbeitsweise Bernhards, S. 78. Martin Huber bezieht sich hier auf einen Passus aus Hurlebusch, Den Autor besser verstehen, S. 46: „Zum Wesen des psychogenetischen, vorwiegend konstruktiven Schreibens gehört es auch, daß seine

Huber versteht die Rhythmisierung des Textes demnach als ein Verfahren, das die Schrift als visuell erfassbares (nicht zuallererst phonetisch umzusetzendes) Material behandelt und dieses Material einer Verräumlichung unterzieht. Eine solche Herstellung von Seitenepisoden lässt sich mit Blick auf eine Typoskriptseite von *Frost* tatsächlich leicht nachvollziehen (s. Abb. 4). Aber nicht nur anhand des endgültigen *Frost*-Typoskripts lässt sich diese Vorgehensweise Bernhards rekonstruieren. Auch in anderen Texten und gerade in frühen textgenetischen Stadien, in denen eine Austauschbarkeit der Seiten noch wichtiger zu sein scheint, kann man die Herstellung von Seitenepisoden deutlich erkennen.[137]

In den Typoskripten der in den 80er Jahren entstandenen Prosatexte (*Beton, Holzfällen, Alte Meister, Auslöschung* etc.) findet sich diese Begrenzung von Episoden durch die Dimensionen der Textseite zwar nicht mehr so häufig, Bernhard entwickelt jedoch ein anderes Verfahren zur Episodenbildung: Im *Auslöschung*-Typoskript etwa lässt sich beobachten, wie Bernhard durch die Wiederholung des immer gleichen Textbausteins Episoden herstellt, die mehr oder weniger genau eine Seite im Typoskript einnehmen. Im Typoskript W 9/2 des Nachlasses, dem letzten Typoskript zu Bernhards 1986 erschienenem Roman, lässt sich dieses Verfahren beobachten: Über genau eine Seite (oder gelegentlich ein paar Zeilen mehr) wird der gleiche Baustein immer wiederholt. Dieses Schreibverfahren zur Erstellung einzelner Texteinheiten – die sich im Nachgang beliebig austauschen, umgruppieren, an anderer Stelle einfügen, aufsplitten oder gänzlich tilgen lassen – deckt sich also mit dem bei der Analyse von *Korrektur* gewonnenen Leseeindruck, dass größere Texteinheiten sich über die Wiederholung eines bestimmten Textbausteins definieren. Martin Huber zieht aus seinen Beobachtungen den Schluss, dass

> prinzipielle Austauschbarkeit einzelner Elemente [...] für den Autor – verglichen gerade mit seinen Protagonisten, die immer schon den endgültigen Text anvisieren – den entscheidenden Vorteil [hat], daß sie den jeweils realisierten Text „im Modus des Probehandelns" beläßt und damit den wiederkehrenden Horror vacui vor dem weißen Papier überspielt, die ‚Schwierigkeit [...] anzufangen' überwindet.[138]

Eng verknüpft mit diesem Befund ist die Annahme, das so vom Druck einer Werkentstehung befreite Schreiben könne für den Autor eine psychogenetische

---

reproduktiven, Vorgedachtes organisch wiedergebenden Anteile mehr oder weniger zur Kürze tendieren. Größere Texte sind das Ergebnis einer Zusammensetzung aus Textstücken."
137 Vgl. dazu ausführlich das Unterkapitel 2.2.8 „Größere Textbausteine" in der vorliegenden Untersuchung.
138 Huber, Erste Anmerkungen zu Nachlaß und Arbeitsweise Bernhards, S. 78.

1.2 Die Schreib-Szene als invertierte Selbstreflexion — 89

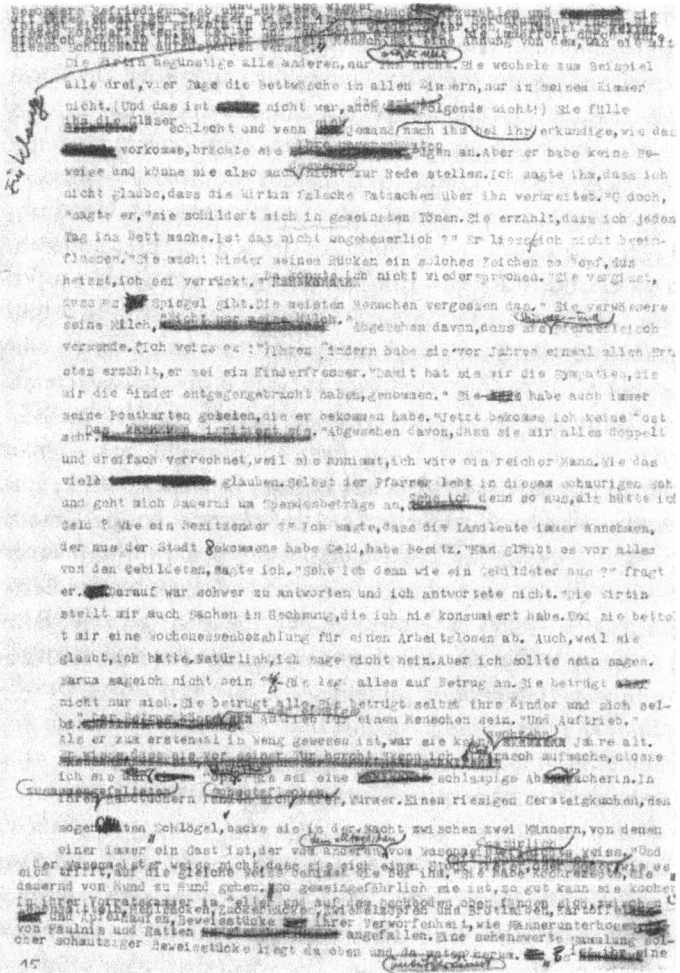

Abb. 4: Thomas Bernhard, *Frost*, Typoskript.

Funktion erlangen, „insofern der Autor durch dieses schreibende Probehandeln auf symbolische Weise z. B. biographische Konflikte zu lösen imstande ist". Im Gegensatz zum (verhinderten) Schreibprozess von Bernhards Geistesmenschen würde das Schreiben hier zu einem „Vollzugsmittel der ästhetisch-geistigen Selbststeigerung" und zum „‚Hebzeug' von Gedanken, Erinnerungspartikeln, Vorstellungsbildern, aber auch des Halb- und Unbewußten"[139] avancieren.

---

[139] Huber, Erste Anmerkungen zu Nachlaß und Arbeitsweise Bernhards, S 78.

Ich möchte mich, auch wenn diese Interpretation sicher ihr Berechtigung hat, in meiner Untersuchung auf die konstruktiven und nicht die – auch bei Hurlebusch mit diesem Schreibertypus kurzgeschlossenen – psychogenetischen Komponenten des Schreibprozesses konzentrieren. Dabei wird sich zeigen, dass es bei Bernhards Schreib- und Konstruktionsverfahren nicht so sehr um ein Heben bewusster oder unbewusster Gedankeninhalte geht, sondern in erster Linie um das Ingangsetzen eines Mechanismus zur Textproduktion. Diese Betrachtungsweise hat einen Vorteil: Sieht man von der Psyche des Schreibers ab und geht davon aus, dass dessen Schreibverfahren die Struktur von Schrift dergestalt manipulieren, dass diese Manipulation auf Seiten der Lektüre zu spezifischen Mutationen führt (wie etwa das Aufleuchten der Schriftgestalt durch Wiederholung oder unkonventionelle Kursivsetzung, um nur zwei Beispiele zu nennen), dann muss man sich mit Hurlebuschs folgendem Verdikt nicht zufrieden geben:

> Die Diskrepanz zwischen der Perspektive der Produktion, deren schriftgestützter Operativitätsspielraum ernst genommen wird, und der der Rezeption ist nicht zu überbrücken, die zweidimensionale Lektüre textgenetischer Manuskripte nicht ohne Entstellung in lineare Buchtextlektüre zu transformieren.[140]

Nimmt man nämlich den „schriftgestützten Operativitätsspielraum" in der Form ernst, dass man Schrift, wie oben skizziert, als sequenzielle Abfolge von Elementen begreift, muss man vielmehr davon ausgehen, dass der spezifische Umgang mit Schrift sich über eine vermittelte Reziprozität in der linearen Buchtextlektüre sehr wohl äußert. Die anhand der Analyse von *Korrektur* beschriebenen Irritationen des Lesevorgangs müssten somit – und diese Vermutung wird durch Hubers Detailanalyse der Bernhard'schen Typoskripte gestützt – in den *Schreib*verfahren angelegt sein, die diesen Text hervorbringen. Um dieses Modell zu erläutern, wird es zunächst nötig sein, die sequenzielle Grundstruktur von Schrift und die Auswirkung ihrer Manipulation näher zu betrachten.

1.3 Schrift als Sequenz

Die Analyse von Bernhards *Korrektur* hat gezeigt, dass eine sukzessive Text-Rezeption, die gemäß der Leseerwartung, welche wiederum durch die gattungs- und verlagsspezifische Buch- und Seitengestaltung gesteuert wird, quasi auto-

---

[140] Hurlebusch, Den Autor besser verstehen, S. 33.

matisch ablaufen sollte,[141] immer wieder in ein Sehen der zweidimensionalen Komposition der Fläche überführt wird und *vice versa*. Dieser Effekt wird durch die Betonung der Schriftgestalt erreicht, welche die einzelnen Textbausteine aus der Sequenz visuell hervortreten lässt. Sowohl die synoptische Wahrnehmung als auch die Wahrnehmung einzelner Elemente ist etwas, was Schrift als phonetisch gedachte Realisierung von Sprache schlechterdings nicht evozieren könnte, wohl aber eine zweidimensionale, operationale und sich gestaltlich manifestierende Schriftstruktur. Da es mir um die Bauprinzipien dieser Struktur geht und darum, welche Effekte diese auf die Rezeption haben, werde ich im Folgenden, um einen möglichst großen gedanklichen Abstand zur phonetisch gedachten Schrift einzuhalten, auf ein dezidiert lautsprachenneutrales Konzept der Bau- und Funktionsweise von Notationen rekurrieren. So kann die sequenzielle Grundstruktur einer *jeden* Notation offengelegt und die Verfahren, die einen ständigen Wahrnehmungswechsel bei der Ausführung der Notation hervorrufen können, untersucht werden.

Hierzu werde ich mich auf Werner Kogges Aufsatz *Schrift und das Rätsel des Lebendigen* berufen, der die Entstehung des Begriffssystems in der frühen Molekularbiologie beschreibt. Ohne Kogges Ausführungen *en détail* nachzuzeichnen, möchte ich doch seine Argumentation zum Gebrauch skripturaler Termini in der Molekularbiologie skizzieren, da sie die strukturellen Gemeinsamkeiten aller Codes zum Vorschein bringt. Die Verwendung dieser Termini liegt in der sequenziellen Anordnung begründet, die sowohl Schrift als auch genetischer Information eignet:

> Das Konzept einer linearen Anordnung, einer kombinatorischen Sequenz einer begrenzten Anzahl von Elementen ist das grundlegende Konzept, auf dem auch Begriffe wie Code und Information basieren. Das Phänomen einer Sequenz, die in dauerhafter Beständigkeit manifestiert ist, als Kombinatorik distinkter Elemente konstituiert ist und in einem referenziellen Verhältnis zu einer zweiten Ordnung steht, legte die Verwendung skripturaler Denkfiguren, Darstellungsformen und Begriffe nahe.[142]

Die Sequenz zeichnet sich demnach – sowohl im Falle des genetischen Codes als auch in allen übrigen Notationssystemen – dadurch aus, dass sie aus distinkten Elementen eine geregelte Abfolge dieser Elemente zusammensetzt:

---

141 Auf die Rezeptionsanweisung der konsekutiven Lektüre, die der Text durch seine makrotypographische Anordnung gibt, komme ich im dritten Kapitel dieser Untersuchung ausführlich zurück.
142 Kogge, Schrift und das Rätsel des Lebendigen, S. 352.

> Die Anordnung der Elemente erfolgt [...] durch eine Kombinatorik, die in Verwendung eines begrenzten Satzes von Elementen eine prinzipiell unbegrenzte Menge von Gestalten hervorzubringen vermag. Jeder einzelne Ton kann beliebig oft aufgeführt werden, was die Kombination immer neuer Tonfolgen erlaubt. Dieses Verhältnis von ‚Zeichensatz' und ‚kompositionalem Ausdruck' charakterisiert alle notationalen Zeichensysteme [...]..[143]

Aus *einzelnen* Bausteinen werden dergestalt *aneinandergereihte* Bausteine, die ihre eigene Rezeption determinieren. Kogge nennt dies eine „dauerhaft manifestierte, lineare Abfolge distinkter Elemente, deren exakte Anordnung konstitutiv ist [...]".[144] In dieser Ordnung ist so auch die Gleichzeitigkeit von Simultanität und Sukzession angelegt: Entweder werden die einzelnen Elemente als solche wahrgenommen oder ihre Distinktion wird in der Abfolge liquidiert, wie es bei den Textbausteinen in Thomas Bernhards Prosa der Fall ist. Die Anordnung der einzelnen Elemente sei dabei, Kogge zufolge, konstitutiv in dem Sinne, dass eine Veränderung der genotypischen Abfolge, die in der Molekularbiologie in chemischen und physikalischen Manipulationen (etwa dem Abreißen oder Ersetzen von Atomen) bestünde, auf der phänotypischen Ebene Mutationen hervorrufen müsse.[145]

Welchen Mehrwert hat dieses Konzept aber nun für die Analyse von Bernhards Texten? Ich möchte zeigen, dass es sich bei dem kategorischen Wechsel des Wahrnehmungsmodus (sukzessiv vs. synoptisch), der sich in diesen Texten beobachten lässt, genau um eine solche Mutation handelt, die auf eine Manipulation der Notationsstruktur zurückgeht. Bernhards Texte, so meine These, machen sich das operative Potenzial von Schrift[146] zunutze, indem sie die „Abfolge von Elementen im Sinne eines pragmatisch relevanten Nacheinanders"[147] wechselseitig zugunsten der besagten *Elemente* und ihrer *Abfolge* betonen und somit einen beständigen Wechsel zwischen sukzessiver und synoptischer Wahrnehmung generieren. Dies geschieht – um für den Moment in Kogges molekularbiologischer Terminologie zu bleiben – eben durch Manipulation. Manipuliere ich auf der genotypischen Strukturebene der skripturalen Notation distinkte Elemente, kann es auch auf der phänotypischen Ebene des Organismus – oder in unserem

---

143 Kogge, Schrift und das Rätsel des Lebendigen, S. 340.
144 Kogge, Schrift und das Rätsel des Lebendigen, S. 349.
145 Vgl. Kogge, Schrift und das Rätsel des Lebendigen, S. 349.
146 Zum Konzept der Operativität von Schrift vgl. Sybille Krämer, Eva Cancik-Kirschbaum und Rainer Totzke, Einleitung. In: Schriftbildlichkeit. Wahrnehmbarkeit, Materialität und Operativität von Notationen, hg. von Sybille Krämer, Eva Cancik-Kirschbaum und Rainer Totzke, S. 13–35, insb. S. 20.
147 Kogge, Schrift und das Rätsel des Lebendigen, S. 352.

Zusammenhang vielleicht besser: auf Seiten der Ausführung, die in unserem Kontext die Wahrnehmung des Textes ist – zu Mutationen kommen.[148]

Werner Kogge nennt als Manipulationsverfahren explizit die Entfernung distinkter Elemente und deren Austausch.[149] Ich möchte in Bezug auf Bernhards Texte den Blick noch auf ein weiteres Verfahren lenken, nämlich auf den Prozess der dauerhaften Vervielfachung einzelner Bausteine, als das Bernhards so typisches Wiederholungsprinzip durchaus verstanden werden kann. In der Genetik entsteht diese Vervielfachung durch den Prozess der Duplikation einzelner Gene oder Gengruppen mit deren anschließender individueller Entwicklung. In Bernhards Texten werden ebenso einzelne Elemente vervielfacht, dabei handelt es sich zumeist um Wörter, die beständig wiederholt werden und sich in dieser Wiederholung weiterentwickeln. Entweder verbinden sie sich zu komplexeren Einheiten (Ad-hoc-Komposita, nahezu parallel gebauten Sätzen oder Satzteilen) oder sie mutieren, indem sie sich wie die aus der Duplikation entstandenen Gene weiterentwickeln, wobei das Verfahren der Variation, welches das ursprüngliche Element noch erkennen lässt, eine entscheidende Rolle spielt.

Im Film-Interview *Drei Tage* mit und vom Regisseur Ferry Radax aus dem Jahr 1970 beschreibt Thomas Bernhard seine eigenen poetischen Verfahren. Radax, der eigentlich Bernhards zweiten Roman *Verstörung* hatte verfilmen wollen, bekommt vom Autor die Genehmigung, ein Filmporträt über seine Person zu drehen. Kurz vor Drehbeginn überlegt Bernhard es sich allerdings anders und teilt dem Regisseur, der neun anspruchsvolle und komplexe Szenen für neun Drehtage erdacht hat, mit, dass er mit diesen „scheußlichen Menschen" – gemeint ist ein Großteil des Filmteams – nicht zusammenarbeiten könne. Überhaupt sei ihm das Ganze zu kompliziert, er verstünde nicht, wieso man ihn nicht einfach – etwa auf einer Bank sitzend – interviewen könne. Radax lässt sich, um die Produktion zu retten, auf die Fragesituation auf der Bank ein, verweigert Bernhard jedoch das klassische Frage-und-Antwort-Spiel.[150] Vielmehr soll der Autor anhand von alphabetisch geordneten Stichwörtern, die der Regisseur für die Ausarbeitung seiner ursprünglich erdachten Szenenfolge aus den bisher erschienenen Bernhard-Texten exzerpiert hat, über sein eigenes Schreiben

---

148 Vgl. zu den Relationen von Erbsubstanz und Organismus Kogge, Schrift und das Rätsel des Lebendigen, S. 354.
149 Vgl. Kogge, Schrift und das Rätsel des Lebendigen, S. 349.
150 Vgl. Ferry Radax über seinen Film ‚Drei Tage'. Aufzeichnung vom 21. Juli 2006 in Schloss Hollenburg [DVD-Extra]. In: Ferry Radax und Thomas Bernhard, Der Italiener. Nach einer Erzählung von Thomas Bernhard, DVD mit Begleitheft, 127 Minuten, Berlin 2010.

reflektieren. Diese Wörter sind eben jene, die aufgrund der beschriebenen Verfahren während des Leseprozesses in den Texten gestaltlich hervortreten. Radax' Methode ist also ebenfalls ein Effekt von Bernhards Arbeitsweise, seine mündlichen Reflexionen im Interview sind immer schon an seinen eigenen Schreibverfahren orientiert, da ihr Stimulus ein Wortkatalog ist, der sich aus Bernhards eigenen Texten speist. Das Schlagwort für die folgende Reflexion Bernhards ist ganz offenkundig ‚F – wie Finsternis':

> Warum Finsternis? Warum die immer gleiche totale Finsternis in meinen Büchern? Das ist kurz erklärt: In meinen Büchern ist alles *künstlich*, das heißt, alle Figuren, Ereignisse, Vorkommnisse, spielen sich auf einer Bühne ab, und der *Bühnen*raum ist total finster. Auftretende Figuren auf einem *Bühnen*raum, in einem *Bühnen*viereck, sind durch ihre Konturen deutlicher zu erkennen, als wenn sie *in der natürlichen Beleuchtung* erscheinen wie in der üblichen uns bekannten Prosa. In der Finsternis wird alles deutlich. Und so ist es nicht nur mit den Erscheinungen, dem Bildhaften – es ist auch mit der Sprache *so*. Man muß sich die Seiten in den Büchern *vollkommen finster* vorstellen: Das Wort leuchtet auf, dadurch bekommt es seine *Deutlichkeit* oder *Überdeutlichkeit*. Es ist ein Kunst*mittel*, das ich von Anfang an verwendet habe. Und wenn man meine Arbeiten aufmacht, ist es so: Man soll sich vorstellen, man ist *im Theater,* man macht mit der ersten Seite *einen Vorhang* auf, der Titel erscheint, totale Finsternis – langsam kommen aus dem Hintergrund, aus der Finsternis heraus Wörter, die langsam zu *Vorgängen äußerer und innerer Natur*, gerade wegen ihrer Künstlichkeit besonders deutlich zu einer werden.[151]

Bernhard zufolge ist die erste Bedingung für das Hervortreten seiner Figuren und Wörter, die er ausdrücklich miteinander gleichsetzt, eine absolute Dunkelheit des Bühnenraums und die künstliche Beleuchtung der Körper- oder Schrift-Gestalt.[152] Was Bernhard hier „Kontur" nennt, bedeutet nichts anderes als die Abgrenzung der Gestalt gegen die Fläche und somit auch eine Verräumlichung, die eine flächige Buchseite überhaupt erst in einen Bühnen*raum* verwandeln kann. In Bernhards Beschreibung ist jedoch ebenso auf eine sukzessive Dimension verwiesen:[153] Der sich hebende Vorhang gibt den Einsatz für einen

---

151 Thomas Bernhard, Drei Tage. In: Bernhard, Der Italiener, Salzburg 1971, S. 150 f.
152 Bernhard spricht zwar von „Sprache", seine visuelle Metaphorik (ein Vorhang öffnet sich, Wörter leuchten auf etc.) zielt jedoch nicht so sehr auf deren phonetische Dimension ab, sondern auf die Sichtbarkeit der *Schriftgestalt*.
153 Auch Miriam Haller weist darauf hin, dass die Wörter in Bernhards Beschreibung „als verräumlicht, als gegenständlich bzw. figürlich vorgestellt" würden, dabei jedoch nicht statisch wirkten: „Sie werden zu ‚Vorgängen', sind also in Bewegung begriffen und auf diese Weise nicht in einer eindeutig zuzuordnenden Signifikat-Signifikant-Beziehung festgelegt. Als poetologische Zielsetzung kann demnach die Fokussierung von Begriffen ‚an sich' genannt werden, die in der Vorstellung kulminiert, daß Wörter auf der Bühne zu eigenständigen Figuren werden, denen

„Vorgang", er gibt das Signal für das Entrollen des Spiels, im übertragenen Sinne für den Textanfang, an dem die Synopse des Flächenarrangements der Buchseite in den Aspekt des Textverlaufs kippt. Auch in der „üblichen uns bekannten Prosa" würde die sinnliche Wahrnehmbarkeit der Wörter nicht komplett unterbunden,[154] allerdings müsste die Leserin, um mit dem Lesen überhaupt beginnen zu können, die zweidimensionale Komposition im Wortsinn außer Acht lassen. In der von Bernhard beschriebenen Anordnung kann jedoch durch den verschärften Kontrast zwischen Figur und Bühnenraum – oder im übertragenen Sinn zwischen Wortgestalt und Seitenarrangement – nicht konsequent von dieser (Wort-)Gestalt abgesehen werden, sodass es beim Lesen der Texte zu einem beständigen Kippen zwischen sukzessiver und synoptischer Wahrnehmung kommt.

Werner Kogge zufolge ist das Potenzial zu dieser kippenden Wahrnehmung in der sequenziellen Organisation von allen Notationen angelegt:

> Mit dem Konzept der Sequenz tritt [...] das Phänomen einer Abfolge von Elementen im Sinne eines pragmatisch relevanten Nacheinanders auf den Plan. Damit läßt sich eine zentrale Einsicht der jüngeren Schriftforschung präzisieren. Diese stellte nämlich heraus, dass sich Schrift über die Linearität der Buchstabenfolgen hinaus die Zweidimensionalität des Schriftbildes zunutze macht. [...] [W]ir [können] eines der Potenziale, die Schrift epistemologisch so relevant macht, gerade in dieser Möglichkeit sehen, Simultaneität und Sukzession miteinander zu verbinden. Dass im Schreiben und Lesen stets ein Teil des Geschriebenen/Gelesenen präsent ist und als präsente Konfiguration Übergänge zu den nachfolgend aktualisierten Elementen ‚regelt', dieses skripturale Phänomen zu erfassen, ermöglicht der Terminus der Sequenzialität.[155]

---

wir – jedem ‚Inhalt' vorrangig – unsere Aufmerksamkeit schenken müssen." Miriam Haller, Das Fest der Zeichen. Schreibweisen des Festes im modernen Drama, Köln 2002, S. 272.
154 Insofern kann auch keine Rede von einer Transparenz oder einem ‚Verschwinden' der Schrift im Leseprozess sein, die auch in der Schrift(bildlichkeits)forschung immer wieder behauptet werden. Vgl. dazu exemplarisch den einflussreichen Artikel von Aleida Assmann, Die Sprache der Dinge. Der lange Blick und die wilde Semiose. In: Materialität der Kommunikation, hg. von Hans Ulrich Gumbrecht und K. Ludwig Pfeiffer, Frankfurt a.M. ²1995, S. 237–251, hier S. 238: „Es gibt ein einfaches semiotisches Gesetz, das ist die inverse Relation von Anwesenheit und Abwesenheit. Damit ist gemeint, daß ein Zeichen, um semantisch erscheinen zu können, materiell verschwinden muß." Kritisch zu dieser angeblichen Transparenz des Zeichens, die in einer allzu wörtlich verstandenen Unsichtbarkeit des Mediums wurzelt, Fehrmann/Linz, Resistenz und Transparenz der Zeichen sowie Polaschegg, Der Anfang des Ganzen, S. 96 f.
155 Kogge, Schrift und das Rätsel des Lebendigen, S. 352. Vgl. zu der hier angesprochenen Zweidimensionalität der Schrift etwa Sybille Krämer, ‚Schriftbildlichkeit' oder: Über eine (fast) vergessene Dimension der Schrift. In: Bild–Schrift–Zahl, hg. von Sybille Krämer und Horst Bredekamp, München 2003, S. 157–176, insb. S. 159 f.

Dieses Potenzial ist freilich eher in schriftlichen Rechnungen, in Diagrammen, in räumlich aufeinander bezogenen Notizen und Entwürfen zu erwarten als in einem Fließtext, in dem es sich hinderlich auf den Lesevorgang auswirkt. Dass die Wörter in Bernhards Texten als Einheiten erkennbar bleiben, obwohl sie sich, wie Bernhard selbst formuliert, „abspielen", liegt in der Überzeichnung ihrer Kontur begründet. Diese Überzeichnung stellt sich jedoch erst mit der Zeit bzw. *im* Prozess des sukzessiven Lesens ein: Die Wörter kommen „langsam aus dem Hintergrund, aus der Finsternis heraus" – sie treten nicht nur auf, sondern im sukzessiv ablaufenden Prozess des Lesens immer stärker hervor.

Verantwortlich für dieses Aufleuchten der Schriftgestalt der Wörter sind diverse Verfahren, vor allem jedoch die für Bernhards Schreibweise typische Wiederholung. Diese macht sich das sequenzielle Prinzip der Schrift zunutze, indem sie distinkte Elemente auf spezifische Weise vervielfacht. Man könnte in Anlehnung an molekularbiologische Vorgänge von einer Duplikation sprechen, die ein Element kopiert und an eine andere Stelle der Notation einsetzt. Die Notation wird dadurch *automatisch* länger und komplexer, wodurch wiederum ihre sukzessive Dimension konsolidiert wird. Die langen Sätze, die sich aus vielen solcher Textbausteine zusammensetzen und die zudem nur in den seltensten Fällen durch Absätze unterbrochen werden, bewirken den oft attestierten gesteigerten Sog der Texte, der jedoch durch die Betonung der Einheiten immer wieder gestört wird. Auf Ebene der Notations-Ausführung (der lesenden Rezeption) bewirkt die Manipulation der Struktur[156] – und von einer solchen ist bei der exorbitanten Wiederholung gleicher Textbausteine im Kontext eines Prosatextes durchaus zu sprechen – eine Mutation, die sich im beständigen Kippen der Wahrnehmungsmodi äußert. Hat das Auge die ständig wiederkehrenden Einheiten einmal erkannt, kann es in den peripheren Bereichen des Sehens diese Einheiten und ihre Anordnung synoptisch wahrnehmen, ohne das sukzessive Lesen komplett zu unterbinden. Häufige Regressionen und Progressionen des Blicks, das zu lange Fixieren einzelner Wörter, die sich durch ihr unvorhersehbar häufiges Auftauchen irritierend auswirken können, sind als Zeichen einer Fehlverarbeitung des Codes auf Seiten des Rezipienten zu werten. Sie zeigen jedoch auch sehr deutlich, dass

---

[156] Ich verstehe die Manipulation bei Bernhard als eine *Handhabung* der schriftlichen Textbausteine, die sich in verschiedenen Schreibverfahren zeigt. Diese Verfahren decken sich tatsächlich vielfach mit möglichen Manipulation der DNA-Struktur: „Das Molecular Cloning, die Manipulation von DNA, erlaubt es, spezifische DNA-Fragmente zu schneiden und zusammenzufügen, zu verändern, zu vermehren und zu isolieren." Vgl. Guido Hermey, Molekularbiologische Techniken [Kap.]. In: Der Experimentator: Neurowissenschaften, Heidelberg 2010, hier S. 11. All diese Verfahren spielen auch in Bernhards Arbeitsweise eine entscheidende Rolle, wie ich im dritten Kapitel meiner Untersuchung zeigen werde.

das Verhältnis von Notation und Realisation kein von Determinismus geprägtes ist: „Texte, Notenblätter, Baupläne und Rezepte verstehen wir nicht als akteuriale Wesen, dies sich autonom zur Aus-/Aufführung bringen, sondern als Strukturen, die der kompetenten Interpretation bedürfen."[157] Die aus der Mutation der Notation entstandene ‚Fehlwahrnehmung' des Prosatextes – das Sehen der Gestalt und Anordnung der Schrift– ist deshalb gerade Hinweis auf einen spezifischen Umgang mit Schrift bei der Textproduktion, der sich vermittelt in der Rezeption zeigt.

Laut Klaus Hurlebusch sind „[t]extgenetisches Schreiben und das durch den belletristischen Buchdruck habituell gewordene Textlesen [...] keine analogen Handlungen. Der visuelle Akt des Schreibens vollzieht sich räumlich-zweidimensional, der unsichtbare des Lesens in linearer Eindimensionalität".[158] Aus meiner Untersuchung der Rezeptionsprozesse in Bernhards Roman *Korrektur* ist dahingegen deutlich geworden, dass das Lesen hier weder „unsichtbar" bleibt, noch sich in „linearer Eindimensionalität" vollzieht. Im Folgenden soll untersucht werden, welche Operationen der Textproduktion dazu führen, dass die Wahrnehmung in Bernhards Texten einem beständigen Wechsel zwischen Lektüre und Gestaltsehen unterliegt und wie sich dort, wo – insoweit stimme ich Hurlebusch zu – keine einfache Analogie herrschen kann, eine vermittelte Reziprozität zwischen Schreib- und Leseakt herstellt.

---

157 Kogge, Schrift und das Rätsel des Lebendigen, S. 355.
158 Hurlebusch, Den Autor besser verstehen, S. 23.

2 Thomas Bernhards Arbeitsweise

2.1 „Wie ein Maschinengewehrfeuer" – Thomas Bernhards Schreibgerät

Thomas Bernhards langjähriger Vertrauter und Immobilienmakler Karl Ignatz Hennetmair beschreibt eine Szene, die sich bei einem seiner zahlreichen Besuche in Bernhards Vierkanthof in Obernathal ereignet, folgendermaßen:

> Bei meinem Eintreffen in Nathal um 7 Uhr 30 waren Tor und Türen geöffnet. Schon im Hof hörte ich Thomas auf der Schreibmaschine tippen, daß es sich aus der Ferne wie ein Maschinengewehrfeuer anhörte. Thomas kann nur auf Modellen der 20er oder Anfang der 30er Jahre schreiben, weil er so hindrischt auf die Typen, daß von späteren Modellen in wenigen Tagen die Typen wegfliegen, einfach abbrechen. Meistens schreibt er auf der Maschine seines Großvaters Freumbichler. Er hat sich aber ein zweites solches Modell dazugekauft, denn er hat auch die alte, starke Maschine schon öfter zusammengedroschen, und während der Reparatur ging seine moderne Reisemaschine regelmäßig kaputt.[1]

Die klischeehaft wirkende Metapher des „Maschinengewehrfeuers", als das sich Bernhards aggressives Tippen akustisch manifestiert, verrät dabei mehr über Bernhards Arbeitsweise, als man denken könnte. Versteht man dieses Geräusch als den real hörbaren Effekt eines charakteristischen Prozesses, so lassen sich womöglich *tatsächliche* Parallelen zwischen dem Vorgang des Abfeuerns eines MGs und Bernhards Schreibweise entdecken. Schon etymologisch gibt es zwischen dem maschinellen Schreib- und Schießvorgang durchaus bemerkenswerte Analogien: Das Gewehr ist ein Werkzeug, das mit Patronen gefüllt ist (wobei das französische *patron* für „Muster, Modell, Form" steht),[2] die es sukzessiv als Projektile „vor sich wirft" (lat. *proicere*), und das somit ein identisches, sich während des gesamten Vorgangs permanent replizierendes Geräusch erzeugt. Dieses akustische Muster könnte sich auch visuell manifestieren: Würde man das Maschinengewehr auf eine Fläche richten, könnte es bei entsprechender gleichförmig sukzessiver Bewegung, wie sie der Papierträgerwagen der Schreibmaschine forciert, ein Muster hinterlassen, das aus einzelnen Einschusslöchern besteht, die stets den gleichen Abstand zueinander aufweisen. Dieser Vergleich ist dann besonders treffend, wenn Bernhards Tastenanschlag so viel Kraft besitzt, dass

---

[1] Karl Ignaz Hennetmair, Ein Jahr mit Thomas Bernhard. Das versiegelte Tagebuch 1972, München 2003, S. 325.
[2] Patrone [Art.]. In: Etymologisches Wörterbuch der deutschen Sprache, S. 686.

beispielsweise der Buchstabe „o" im *Kalkwerk*-Typoskript reihenweise Löcher im Papier verursacht.³

Neben der grundsätzlich sequenziellen Organisation beider Prozesse macht ein zweiter Aspekt den Vergleich zwischen Bernhards Schreiben und der Betätigung eines Maschinengewehrs plausibel: der automatische Ablauf des Vorgangs. Das Maschinengewehr als Waffe, bei der das Feuer nach Betätigung des Abzuges automatisch erfolgt, korrespondiert mit dem Gebrauch der Schreibmaschine, die laut Heidegger „ein ‚Zwischending' zwischen einem Werkzeug und einer Maschine, ein Mechanismus"⁴ ist. Ein solcher Mechanismus, der ein in sich selbsttätig funktionierendes System bildet, bei dem einzelne Elemente in bestimmter Weise zusammenwirken, lässt sich, wie ich im Folgenden zeigen möchte, auch in Thomas Bernhards Arbeitsweise wiedererkennen. Dabei folgt nicht nur die Anordnung der einzelnen Teile der Schreibmaschine einem mechanischen Prinzip, einem „Komplex von Bauelementen, die so konstruiert sind, dass jede Bewegung eines Elements eine Bewegung anderer Elemente bewirkt".⁵ Auch der *Schreib*prozess selbst, den sie in Gang setzt und maßgeblich bestimmt, entspricht einer mechanischen Funktionsweise: Bernhards Schreiben (sowohl der Vorgang als auch das Resultat desselben) verdankt sich der Kopplung von (schriftlichen) Bauelementen, die durch verschiedene Schreibverfahren quasi automatisch generiert und kombiniert werden. Die Bedingungen und Effekte dieser Schreib- und Kompositionsverfahren, die fortwährend Textbausteine aus Bernhards ‚Baukasten' kombinieren, sind Gegenstand der folgenden Untersuchung.

---

3 Vgl. das endgültige Typoskript zum *Kalkwerk* aus Bernhards Nachlass, das sich zur Zeit meiner Recherchen im Thomas Bernhard Archiv unter der Sigle W 3/4 befand [im Folgenden werden alle Typoskripte mit ‚Nachlass Thomas Bernhard, Thomas Bernhard Archiv' (abgekürzt: NLTB, TBA) nachgewiesen und unter Angabe der archivinternen Sigle zitiert]. Dazu Friedrich Kittler, Grammophon. Film. Typewriter, Berlin 1986, S. 282 f.: „Die Schreibmaschine wurde zum Diskursmaschinengewehr. Was nicht umsonst Anschlag heißt, läuft in automatisierten und diskreten Schritten wie die Munitionszufuhr beim Revolver und MG [...]." Kittler treibt den Vergleich zwischen Schnellfeuerwaffe und Schreibmaschine plausibel weiter, indem er beiden eine prinzipielle Baugleichheit unterstellt, eine „Normierung der Einzelteile", die sich auch in der Tatsache der Herstellung von Schreibmaschinen durch Waffenfirmen widerspiegle.
4 Martin Heidegger, Parmenides. In: Heidegger, Gesamtausgabe, Bd. 54, II. Abteilung: Vorlesungen 1923–1944, hg. von Manfred S. Frings, Frankfurt a.M. 1982, S. 127.
5 Mechanismus (allgemein) [Art.], online unter www.brockhaus.de, letzter Zugriff: April 2018.

2.1.1 Manuskript vs. Typoskript

Wer sich mit Thomas Bernhards Arbeitszeugnissen auseinandersetzen will, sieht sich einem vergleichsweise umfangreichen Nachlass gegenüber: Im Thomas Bernhard Archiv in Gmunden in Oberösterreich waren bis Anfang 2015 zu beinahe allen veröffentlichten Werken Vorstufen, Entwürfe, Text-Konvolute und von Bernhard korrigierte Druckfahnen vorhanden und für forschende Wissenschaftler*innen einzusehen.[6] Auch einige – teilweise sehr umfangreiche – unveröffentlichte Roman-Fragmente befinden sich im Bernhard'schen Nachlass.[7] Eins haben diese Schriftstücke jedoch gemein: Sie sind zum allergrößten Teil auf der Maschine getippt – eine Tatsache, die in der Forschung bisher erstaunlicherweise kaum Beachtung gefunden hat.[8] Handgeschriebenes findet sich allenfalls unter den

---

[6] Die Entwicklungen, die hernach mit den Plänen des Erben und des Suhrkamp Verlags, den Nachlass gemeinsam mit der Österreichischen Akademie der Wissenschaften digitalisieren zu lassen, eingetreten sind, fasst der *taz*-Artikel *Wer schützt den Dichter vor den Erben? Streit um Thomas Bernhards Nachlass* vom 27.10.2015 zusammen, online unter: www.taz.de/!5244655, letzter Zugriff: April 2018.

[7] So erschienen beispielsweise aus diesem bisher unveröffentlichten Material am 20. Mai 2013 im Suhrkamp Verlag die *Argumente eines Winterspaziergängers*, bei denen es sich um eine Vorstufe zu Thomas Bernhards Erstlingsroman *Frost* handelt. Die Herausgeber, Bernhards langjähriger Lektor Raimund Fellinger und der ehemalige Leiter des Thomas Bernhard Archivs Martin Huber, wollen den Drucktext von *Leichtlebig*, auch wenn er sich im Buch *vor* dem Typoskript-Faksimile findet, nicht etwa als „diplomatische Umschrift, sondern [...] als Lektürehilfe" verstanden wissen. Es geht hier also (neben der Publikation eines bis dato unbekannten Bernhard-Textes) explizit darum, Effekte von Bernhards Arbeitsweise, auf die ich in diesem Kapitel zu sprechen kommen werde, nachvollziehbar zu machen. Vgl. Thomas Bernhard, Argumente eines Winterspaziergängers. Und ein Fragment zu „Frost": Leichtlebig. Mit dem Faksimile des Leichtlebig-Typoskripts, hg. von Raimund Fellinger und Martin Huber, Frankfurt a.M. 2013 (Zit. S. 145). Das mit 300 Seiten umfangreichste unveröffentlichte Bernhard-Typoskript trägt den Titel *Schwarzach St. Veit*.

[8] Die Kommentare zu Bernhards Schreibmaschinennutzung erschöpfen sich meist in dem Hinweis, Bernhard habe die *L.C. Smith*-Schreibmaschine seines Großvater Johannes Freumbichler geerbt und auf dieser geschrieben. Diese Schenkung kann jedoch keinesfalls als alles erklärender Grund für Bernhards Wahl des Schreibgeräts gelten. Im Gegenteil: Auch nach Freumbichlers Tod (1949) pflegt Bernhard Entwürfe und Ideen *handschriftlich* in Notizbüchern festzuhalten. So wurde im Jahr 2001 ein bis dato nur Peter Fabjan, dem Halbbruder, Erben und Nachlassverwalter Thomas Bernhards bekanntes Manus[!]kript von einem Grazer Antiquar erworben, das nicht nur wegen seines unerwarteten Auftauchens als kleine Sensation galt, sondern auch deshalb, weil es komplett handschriftlich verfasst ist. Bei dem Stück, das Bernhard 1957 während seiner Zeit im Salzburger *Mozarteum* verfasst hat, handelt es sich um eine Neubearbeitung von Thomas Wolfes Drama *Herrenhaus*. Das Manuskript besteht aus 68 mit Bleistift geschriebenen Seiten mit umfangreichen Anmerkungen und (Bühnenbild-)Skizzen. Erst ab Beginn der 1960er Jahre nutzt Bernhard zum Schreiben (nahezu) ausschließlich die Maschine.

Entwurfsnotizen, die – auch das ist aussagekräftig für Bernhards Arbeitsweise – ohnehin nicht sonderlich zahlreich vorhanden sind. Abgesehen von diesen – wie die unachtsam ausgeführte Schrift verrät – wohl oftmals spontan festgehaltenen Notizen, beschränkt sich Bernhards handschriftliche Arbeit auf Anmerkungen und Korrekturen, die vermutlich in einem zweiten Arbeitsschritt durchgeführt werden und im wahrsten Sinne des Wortes marginal bleiben. Was die Vollständigkeit der nachgelassenen Dokumente angeht, so ist davon auszugehen, dass Bernhard zwar zu keiner Zeit seine Manuskripte und Typoskripte in eine systematische Ordnung überführt, jedoch auch keine planmäßige Vernichtung von Texten betrieben hat.[9] Offenkundig zeichnet der Nachlass somit ein hinlänglich realistisches Bild seines *Schreibens* – gemeint sowohl als Resultat des Schreibvorgangs wie auch als Prozess selbst. Bernhard kann mithin als wahrhafter ‚Schreibmaschinist' bzw. ‚Typist' bezeichnet werden und befindet sich mit der Wahl seines Schreibgeräts in illustrer Gesellschaft: Ingeborg Bachmann, Max Frisch und allen voran Arno Schmidt schreiben ihre Texte etwa zur selben Zeit fast ausschließlich auf der Schreibmaschine. Ebenso Peter Handke, der erst nach einer langen Phase des Schreibmaschinenschreibens Ende der 1980er Jahre dazu übergeht, seine Manuskripte konsequent mit dem Bleistift zu erstellen.[10]

Nicht nur die Schreibprozessforschung geht davon aus, dass der instrumentelle und der körperliche Aspekt des Schreibens einen großen Effekt auf das Wie und Was des Schreibens haben; jeder, der schon einmal einen Text auf der Schreibmaschine ‚gehämmert' hat, weiß wohl, dass der ablaufende Schreibprozess vollkommen anderen Regeln gehorcht und andere Effekte zeitigt als das Schreiben mit der Hand. Die Feststellung, dass Bernhards Nachlass fast ausschließlich aus Typoskripten besteht, ist deshalb keineswegs trivial. Im Gegenteil: Stephan Kammer, der für eine stärkere und differenzierte Einbeziehung von maschinengeschriebenen Texten in die Editionspraxis plädiert, weist zu Recht darauf hin, dass auch im Falle der Schreibmaschine „die Materialität des Schreibgeräts nicht ohne weiteres zu trennen ist von dem, was damit zu Papier gebracht wird".[11] Die Einförmigkeit der Schreibmaschinentype und die gleichmäßige Ausdehnung und Spatialisierung der Schrift auf der Fläche produzieren einen gänzlich anderen visuellen Eindruck als ein handgeschriebener Text: Der Autor liest

---

9 Vgl. Huber, Erste Anmerkungen zu Nachlaß und Arbeitsweise Bernhards, S. 71 f.
10 Vgl. Klaus Kastberger, Handke*online*, online unter: https://handkeonline.onb.ac.at/node/949, letzter Zugriff: April 2018.
11 Stephan Kammer, Tippen und Typen. Einige Anmerkungen zum Maschinenschreiben und seiner editorischen Behandlung. In: Text und Autor. Beiträge aus dem Venedig-Symposium 1998 des Graduiertenkollegs „Textkritik" München, hg. von Christiane Henkes, Harald Saller und Thomas Richter, Tübingen 2000, S. 191–206, hier S. 191.

das von ihm Geschriebene hier nicht durch den (scheinbar) unmittelbaren Eindruck der eigenen Hand, sondern durch eine normierte, Distanz zum Geschriebenen erzeugende Type, die – verzichtet man auf kriminologische Verfahren zur Ermittlung des Schreibers – kaum individuelle Züge trägt. Die daraus entstehende Annahme, dem Typoskript mangle es insgesamt an Individualität, geht jedoch auf die übertriebene Individualisierung und Auratisierung von Handschrift zurück.[12]

Bei allen Vorzügen, die der Schreibmaschine oder ihrem direkten Nachfolger, dem Computer, für die Schreibenden zugestanden werden – maschinelles Schreiben geht schneller und leserlicher von der Hand –, hält sich hartnäckig der Allgemeinplatz, dass diese Schreibgeräte ebenfalls für den Verlust der Einmaligkeit des Manuskripts verantwortlich zu machen ist. Es scheint, als würde sich die ‚Individualität' des Schreibenden im Falle eines handschriftlichen Autographen auf dem Produkt seines Schreibens direkt abzeichnen, indem die schreibende Hand eine *unmittelbare* Spur hinterlässt. Der handschriftlichen Archivale wird so die Aura der Individualpräsenz verliehen, während das maschinenschriftliche Typoskript als uniform, normativ und unpersönlich und darüber hinaus als unergiebig für die Rekonstruktion des Schreibprozesses gilt.[13] Zwar mag der Unterschied zwischen den Typoskripten verschiedener Autor_innen auf den ersten Blick weniger eindrücklich als der zwischen handschriftlichen Manuskripten sein. Tatsäch-

---

[12] Handschrift sehen wir oftmals als etwas mit der Aura des absolut Einzigartigen Behaftetes und nehmen eine unmittelbare Koinzidenz von Schreiber, Schreibgerät und Geschriebenem an, was eine tatsächliche Verkörperung des Schreibenden in der Schrift suggeriert. Vgl. dazu Sonja Neef, Abdruck und Spur. Handschrift im Zeitalter ihrer technischen Reproduzierbarkeit, Berlin 2008, S. 31: „Handschrift [behauptet] wie keine andere Schrift physische Authentizität und Einzigartigkeit und gewinnt daraus heute mehr denn je kulturelle Brisanz. Dieses Beharren auch auf einer historischen Materialität hüllt Handschriftliches gelegentlich in die Aura des Nostalgischen, wodurch sie allerdings Gefahr läuft, zu einer fetischistischen Ideologisierung zu verführen, wobei Vergangenheit zu einem unbehindert greifbaren Objekt stilisiert wird."
[13] Vgl. dazu etwa das Konzept (und den Titel) der Tagung *Diesseits des Virtuellen. Handschriften im 20. und 21. Jahrhundert*, die vom 5.–7. Oktober 2012 an der Universität Tübingen stattfand. Im Tagungsprogramm heißt es: „Indem sie [die Handschrift, C.M.] sich der Einförmigkeit maschinenschriftlicher Buchstaben widersetzt, macht sie über die bloße Aussage des Geschriebenen hinaus die Materialität des Mediums und den Akt des Schreibens wieder sichtbar. Während etwa Computerschrift den Schreibakt unsichtbar hält, ist es das Versprechen der Handschrift, nicht bloß das Resultat darzubieten, sondern den Schreibakt mitzurepräsentieren. In diesem Sinne ‚de–virtualisiert' die Handschrift das Medium und mithin die Bedeutungsgebung. [...] Gemeinsam ist diesen Verwendungskontexten der Handschrift die Vorstellung einer wechselseitigen Durchdringung der Körperlichkeit des Schreibenden und der Materialität des Geschriebenen." Online unter www.hsozkult.geschichte.hu-berlin.de/termine/id=18727, letzter Zugriff: April 2018. Vgl. auch den Tagungsband Urs Büttner, Mario Gotterbarm, Frederik Schneeweiss u. a. (Hg.), Diesseits des Virtuellen. Handschrift im 20. und 21. Jahrhundert, Paderborn 2015.

lich erzählt das Typoskript jedoch sehr viel über sein Zustandekommen und die Arbeitsweise seines Schreibers, da es verschiedene Spannungszustände offensichtlich werden lässt: einerseits das Spannungsverhältnis zwischen Normierung der Type, Diskretheit der Lettern und Dissoziation von Schreiber und Geschriebenem, andererseits den speziellen Umgang eines jeden Typisten mit den Regeln, den Limitierungen und Möglichkeiten, die das Schreibgerät vorgibt. Die regelmäßige Anordnung der Maschinenschrift auf der Fläche und die Normierung der Typen und Abstände ermöglichen und forcieren komplett andere Verfahren als das Schreiben mit der Hand. Klaus Hurlebusch sieht in der Beschreibung von „Format, Papier und Manuskriptblätter[n] sowie [der] graphischen Spatialisierungen der Manuskriptseiten" eine Möglichkeit zu „vergegenwärtigen, *was dem Autor selbst im Verlauf des Schreibprozesses vor Augen war* und was ihn dabei beeinflußte oder beeinflussen konnte",[14] weshalb nun genau diese Parameter in Bezug auf das *Typo*skript untersucht werden sollen.

Auch wenn eine durch die *critique génétique* beeinflusste textgenetische Literatur- und Editionswissenschaft[15] den Manuskripten und Entwürfen, welche dem finalen, gedruckten Buchtext vorausgehen,[16] als materiellen Artefakten durch-

---

14 Hurlebusch, Den Autor besser verstehen, S. 29.
15 Im Unterschied zur germanistischen Editorik des frühen 20. Jahrhunderts, die ihre Hauptaufgabe in der Herstellung eines ‚authentischen' Haupttextes in Form einer historisch-kritischen Ausgabe sieht, anhand dessen Varianten abgebildet werden können, sieht die textgenetische Edition das Werk nicht als etwas Organisches oder Teleologisches an. Im 20. Jahrhundert geraten – angestoßen durch das Problem von Fassungen erster und letzter Hand – Entwürfe, Notizen und Textänderungen als eigenwertige Texte in den Blick, die nicht mehr allein vor dem Hintergrund der Werkgenese betrachtet werden. Vgl. dazu umfassend den von Hans Zeller und Gunter Martens herausgegebenen Band *Textgenetische Edition*, insbesondere den Beitrag von Gunter Martens, Dichterisches Schreiben als editorische Herausforderung. Möglichkeiten und Grenzen der genetischen Textdarstellung in historisch-kritischen Ausgaben. In: *Textgenetische Edition*, hg. von Hans Zeller und Gunter Martens, Tübingen 1998, S. 103–116; zu den Unterschieden zwischen deutscher und französischer genetischer Edition im selben Band Almuth Grésillons Aufsatz *Bemerkungen zur französischen édition génétique* (S. 52–64).
16 Auch ich verwende den Begriff der ‚Vorstufe' in diesem chronologischen Sinn. Gegen die hermeneutisch geprägte Vorstellung eines linearen und vor allem *intentionalen* Zusammenhangs von einzelnen Text-‚Vorstufen' und dem finalen Werk richtet sich Hurlebusch dezidiert: „Wenn der literarische Produktionsprozeß als intentional gelenktes, ‚unter der Potenz eines bestimmten Zieles' stehendes Schaffen, gewissermaßen als eine dem mündlichen Sprechen analoge Handlung, gedeutet wird, kann das Schreiben im wesentlichen nur als Reproduktion oder Übertragung von Vorgedachtem in Geschriebenes aufgefaßt werden. Die Möglichkeit einer schöpferischen Rückwirkung des Schreibens auf das Denken des Autors ist hier eigentlich nicht vorgesehen, jedenfalls nicht als wesentlicher Faktor des Schaffensprozesses." Hurlebusch, Den Autor besser verstehen, S. 21.

aus einen Eigenwert zugesteht, scheint dies in Hurlebuschs Ansatz ausschließlich eine Art von Manuskript zu betreffen, und zwar die wortwörtlich zu verstehende *Hand*schrift: „Das Beispiel der critique génétique lehrt jedoch, daß der mehr oder weniger am Buchtextleser orientierte Weg zu den *handschriftlichen* Zeugnissen der Arbeit des Autors [...] nicht der einzige sein muß."[17] Hier entsteht eine deutliche Spannung zwischen dem ‚primären' handschriftlichen *brouillon* und dem ‚sekundären' linearen Drucktext, die durch den explizit nicht-hermeneutischen Zugang sicht- und fruchtbar gemacht werden soll:

> Textgenetisches Schreiben und das durch den belletristischen Buchdruck habituell gewordene Textlesen sind ja keine analogen Handlungen. Der visuelle Akt des Schreibens vollzieht sich räumlich-zweidimensional, der unsichtbare des Lesens in linearer Eindimensionalität. Die spatiale Lektüre eines korrigierten *handschriftlichen* Textes ist nicht mit der linearen Buchlektüre zu harmonisieren.[18]

In Hurlebuschs Ausführungen ist stets und ausschließlich vom „handschriftlichen Text" und vom „Manuskript" die Rede, das Typoskript als maschinengeschriebene Variante taucht an keiner Stelle auf. Schon dieses begriffliche Desinteresse offenbart den blinden Fleck der *critique génétique* und der in ihrem Umkreis entstandenen Theorien, den Catherine Viollet in ihrem Plädoyer für eine Semiotik des Typoskripts aufzeigt: „Einer der Gründe, weshalb die *généticiens* sich wenig für Typoskripte interessiert haben, besteht ohne Zweifel darin, daß die Schreibmaschine meistens mit den letzten Phasen der Reinschrift assoziiert wird."[19]

2.1.2 Eine Semiotik des Typoskripts

Thomas Bernhards Verwendung der Schreibmaschine lässt sich jedoch keineswegs auf den abschließenden Arbeitsschritt der Reinschrift reduzieren, wie sich bei der Betrachtung zweier, aus unterschiedlichen Arbeitsphasen stammenden Textzeugnisse zu seinem erstem Roman *Frost* zeigt (s. Abb. 1 und Abb. 2). Schon auf den ersten Blick ist anhand der Gegenüberstellung eines frühen Typoskripts und der Reinschrift deutlich zu erkennen, dass Bernhards Arbeit im ersten Stadium

---

17 Hurlebusch, Den Autor besser verstehen, S. 15, Hvh. C.M.
18 Hurlebusch, Den Autor besser verstehen, S. 23, Hvh. C.M.
19 Catherine Viollet, Mechanisches Schreiben, Tippräume. Einige Vorbedingungen für eine Semiologie des Typoskripts. In: „Schreibkugel ist ein Ding gleich mir: von Eisen". Schreibszenen im Zeitalter der Typoskripte, hg. von Davide Giuriato und Sandro Zanetti, Paderborn/München 2005, S. 21–47, hier S. 39.

[illegible]
wirklich nicht aus [illegible] Totenaugen[illegible]rücken und aus Kinderherausziehen in
die Welt, [illegible] nicht nur das [illegible] ganze Beine und
Arme über [illegible] die Schulter in den grossen [illegible]kübel [illegible] werfen,
das ist sie nicht, auch besteht sie nicht aus dem ständig hinter dem Primarius und dem Assistenten und dem Assistenten des Assistenten Dahertrotteln,
aus dem Schwanzdasein der Visite, nein daraus besteht ja eigentlich nicht
die Famulatur [illegible] sie nicht nur aus Brustabwaschen
und [illegible] aus Magenauspumpen und Herztöne abreissen, [illegible]
[illegible] Tatsachen, nicht aus dem, dass ich
sage, "der Eiter wird sich ganz einfach in Ihrem Blut auflösen und dann sind
sie gesund" und aus hunderterlei anderen Lügen, nicht nur daraus besteht eine Famulatur, dass ich sage, das [illegible] ist eine Ansammlung von Tuberkeln, wie
ich [illegible] noch [illegible] gesehen habe, und das ist ein ganz schönes Krebsgeschwür,
das dem Assistenten zum rechten Zeitpunkt, nämlich zu seiner wichtigen Arb[eit]
[illegible]

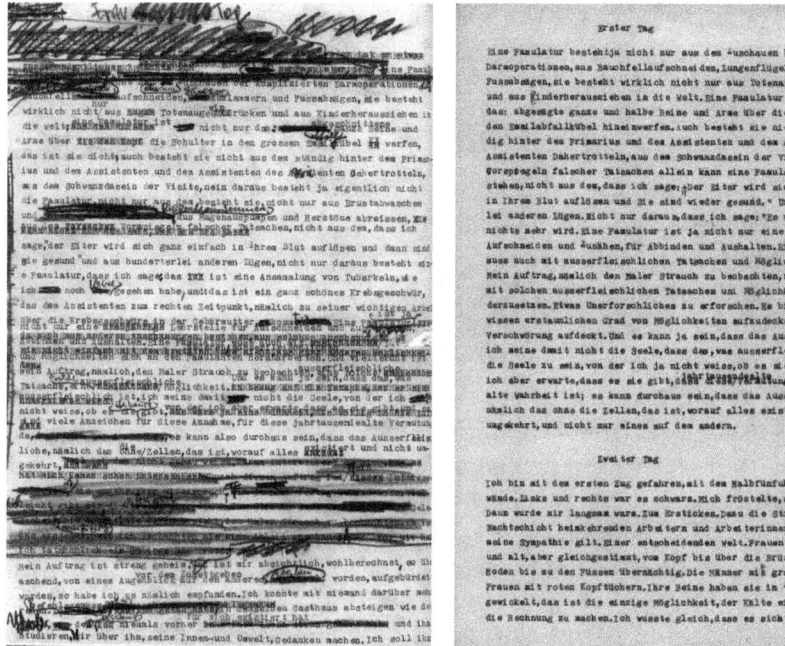

Abb. 1: Thomas Bernhard, *Frost*, Typoskript, frühe Fassung.

Erster Tag

Eine Famulatur besteht ja nicht nur aus dem Zuschauen bei komplizierten Darmoperationen, aus Bauchfellaufschneiden, Lungenflügelzuklammern und Fussabsägen, sie besteht wirklich nicht nur aus Totenaugeneindrücken und aus Kinderherausziehen in die Welt. Eine Famulatur ist nicht nur das: abgesägte ganze und halbe Beine und Arme über die Schulter in den Emailabfallkübel hineinwerfen. Auch besteht sie nicht aus dem ständig hinter dem Primarius und den Assistenten und den Assistenten des Assistenten Dahertrotteln, aus dem Schwanzdasein der Visite. Aus dem Vorspiegeln falscher Tatsachen allein kann eine Famulatur nicht bestehen, nicht aus dem, dass ich sage: "Der Eiter wird sich ganz einfach in Ihrem Blut auflösen und Sie sind wieder gesund." Und aus hunderterlei anderen Lügen. Nicht nur daraus, dass ich sage: "Es wird schon!" – wo nichts mehr wird. Eine Famulatur ist ja nicht nur eine Lehrstelle für Aufschneiden und Zunähen, für Abbinden und Aushalten. Eine Famulatur muss auch mit ausserfleischlichen Tatsachen und Möglichkeiten rechnen. Mein Auftrag, nämlich den Maler Strauch zu beobachten, zwingt mich, mich mit solchen ausserfleischlichen Tatsachen und Möglichkeiten auseinanderzusetzen. Etwas Unerforschliches zu erforschen. Es bis zu einem gewissen erstaunlichen Grad von Möglichkeiten aufzudecken. Wie man eine Verschwörung aufdeckt. Und es kann ja sein, dass das Ausserfleischliche, ich meine damit nicht die Seele, dass das, was ausserfleischlich ist, ohne die Seele zu sein, von der ich ja nicht weiss, ob es sie gibt, von der ich aber erwarte, dass es sie gibt, dass diese/Vermutung jahrtausendealte Wahrheit ist; es kann durchaus sein, dass das Ausserfleischliche, nämlich das ohne die Zellen, das ist, worauf alles existiert und nicht umgekehrt, und nicht nur eines auf dem andern.

Zweiter Tag

Ich bin mit dem ersten Zug gefahren, mit dem Halbfünfuhrzug. Durch Felswände. Links und rechts war es schwarz. Mich fröstelte, als ich einstieg. Dann wurde mir langsam warm. Zum Ersticken. Dazu die Stimmen von aus der Nachtschicht heimkehrenden Arbeitern und Arbeiterinnen, denen sofort meine Sympathie gilt. Einer entscheidenden Welt. Frauen und Männer, jung und alt, aber gleichgestimmt, vom Kopf bis über die Brüste und über die Hoden bis zu den Füssen übermächtig. Die Männer mit grauen Kappen, die Frauen mit roten Kopftüchern. Ihre Beine haben sie in Lodenfetzen eingewickelt, das ist die einzige Möglichkeit, der Kälte einen Strich durch die Rechnung zu machen. Ich wusste gleich, dass es sich um eine Schnee-

Abb. 2: Thomas Bernhard, *Frost*, Typoskript, Reinschrift.

der Textgenese nicht vornehmlich auf eine „*finite, zielgerichtete Reproduktion* eines gedanklichen Gehalts, die Übersetzung von Vorgedachtem in Geschriebenes [...], d.h. [...] die *stabile Linearität des Textes*"[20] zielt, wie es beim Typus des „vorherrschend reproduktiven, ideengestützten, werkgenetischen"[21] Schreibers der Fall wäre. Vielmehr lassen die vielen sofort oder in einem zweiten Arbeitsschritt ausgeführten maschinellen Korrekturen (Tilgungen, Überschreibungen), die Akkumulation von Schriftmaterial in der Mitte der Seite (entstanden durch das maschinelle Beschreiben der Zeilenzwischenräume) und auch die nachträglichen händisch ausgeführten Streichungen einen überaus konstruktiven Schreibprozess vermuten, der nur wenig mit einer abschließenden Reinschrift gemein hat. Die zweite Abbildung zeigt eben diese später entstandene Reinschrift, die in Bernhards Fall typischerweise eine erst im allerletzten Arbeitsschritt entstandene Abschrift des maschinell stark bearbeiteten Typoskripts darstellt. Dieses

20 Hurlebusch, Den Autor besser verstehen, S. 37.
21 Hurlebusch, Den Autor besser verstehen, S. 37.

letzte Typoskript, das auch der Verlag erhält, tilgt fast alle Spuren von Bernhards konstruktiver Arbeitsweise, sodass ein Betrachter, der nur dieses Typoskript zu Gesicht bekommt, Bernhard in der Tat für einen werkgenetisch orientierten Schreiber halten könnte.

In Hurlebuschs Kategorien gedacht ist Bernhard jedoch den „vorherrschend konstruktiven, sich selbst befruchtenden"[22] Schreibenden zuzurechnen, tatsächlich ist er aber auch innerhalb dieser Kategorie ein Sonderfall, den Hurlebusch nicht vorsieht. Er ist ein konstruktiver *maschineller* Papierarbeiter, nicht nur Text produzierende „Schreibkraft",[23] ja noch spezieller: *Typist*. Für seinen Arbeitsprozess ist die Schreibmaschine, wie man anhand der Abbildungen nachvollziehen kann, nicht etwa nur nachgeordnetes Werkzeug zur Erstellung von Ab- oder Reinschriften, welche laut Hurlebusch die ‚zweidimensionale' Handschrift in einem sekundären Arbeitsschritt in den ‚linearen Drucktext' überführen sollen. Im Gegenteil nutzt Bernhard die Schreibmaschine in allen Phasen der Arbeit: für seine auffallend zweidimensional (nämlich in Listenform) organisierten Entwürfe; für seine zahlreichen sofort oder in einem zweiten Arbeitsschritt ausgeführten Korrekturen, die sich ebenfalls nicht an einer etwaigen ‚Linearität' der Schrift, sondern am gesamten Flächenarrangement der beschriebenen Seite orientieren; und schließlich für eine Reihe visuell orientierter Schreibverfahren (visuelle Hervorhebung durch Unterstreichungen, exakte Untereinanderschreibung einzelner Wörter, Wiederholung der stets gleichen ‚Wortbilder' etc.), die explizit mit der Gestalt(ung) und Anordnung der Schrift auf der Fläche der Seite arbeiten. Bernhard nutzt dafür ein Schreibgerät, das nur auf den ersten Blick gänzlich auf die Sukzession der Schrift ausgerichtet ist – unaufhörlich bewegt sich der Papierträgerwagen nach jedem Anschlag nach links und forciert so die Von-links-nach-rechts-Abfolge der Buchstaben. Die entstehende Schrift funktioniert jedoch, wie jede andere Notation, zu gleichen Teilen nach zweidimensionalen Prinzipien.

Während Hurlebusch diese Zweidimensionalität im Druck- und demnach auch im maschinengeschriebenen Text gerade ausschließt und hier nur das am Werk sieht, was er als das lineare Prinzip der Schrift bezeichnet, attestiert Vilém

---

[22] Hurlebusch, Den Autor besser verstehen, S. 37. Auf die in Bezug auf Bernhards Schreibprozesse problematische und unzutreffende Kategorie des „Psychogenetischen", das Hurlebusch diesem Schreibertyp ebenfalls zuordnet, habe ich bereits im ersten Kapitel dieser Arbeit hingewiesen.

[23] Vgl. Hurlebusch, Den Autor besser verstehen, S. 19: „Es geht ihr [der *critique génétique*, C.M.] letzten Endes wieder um Strukturen, nämlich um *Prozeßstrukturen* (Verlaufsordnungen) des Schaffens, und um den Autor sozusagen als literarische Produktivkraft (um nicht zu sagen: Schreibkraft)."

Flusser, ebenfalls exzessiver Nutzer der Schreibmaschine,[24] *gerade* der maschinengenerierten Schrift ein sich in ihrer Zweidimensionalität manifestierendes, gegen die Linearität der Schrift gerichtetes befreiendes Potenzial, das wiederum aus einer Veränderung der Schreibgeste resultiere:

> Ein verbreiteter Irrtum ist der Glaube, daß die Maschine die Freiheit der Geste „einschränkt". Man ist freier, wenn man tippt, als wenn man mit dem Füller schreibt: nicht nur weil man schneller und mit geringerer Anstrengung schreibt; sondern weil die Maschine besser als der Füller das Überschreiten der Regeln der Geste gestattet, und zwar genau deshalb, weil sie die Regeln auffällig macht. Die konkrete Poesie, dieses Bestreben, die Schrift zweidimensional zu machen, ist eigentlich nur mit der Maschine möglich. Die Freiheit liegt nicht in der (auch mit einer Füllfeder möglichen) Mißachtung der Regeln, sondern in deren (mit einer Maschine möglichen) Veränderung.[25]

Das „Überschreiten der Regeln der Geste" *macht* die Schrift jedoch nicht zweidimensional, wie Flussers Ausführungen nahelegen. Stattdessen wird allein die sequenzielle Grundstruktur der Schrift *sichtbar* gemacht, indem Gestalt und Struktur durch die Uniformität der Maschinenschrift und die exakt reproduzierten Schrift-Bilder betont werden,[26] und nicht etwa indem die Regeln der Schriftproduktion überschritten oder verändert würden. Die Regeln der Schriftproduktion gehorchen nämlich exakt diesem sequenziellen Grundprinzip: Einzelne Bausteine werden aneinandergereiht und können als solche wahrgenommen werden oder aber zugunsten des Verlaufs, der solchermaßen generiert wird, in den Hintergrund der Wahrnehmung treten. Denn die Schreibmaschinentype bleibt – ebenso wie die Hand- oder Druckschrift – als materielle Struktur präsent, auch wenn im Prozess des Lesens von diesen zweidimensionalen Qualitäten abgesehen werden muss. Im Falle der mit der Schreibmaschine produzierten Schrift können indes die einzelnen, *gleich aussehenden* Elemente der Schrift etwa durch Verfahren der graphischen Hervorhebung, der Reproduktion oder Variation einfacher visuell betont und so immer wieder synoptisch erfasst werden. Zugleich ist die durch Aneinanderreihung von Bausteinen entstehende Schrift, darin unterscheidet sich die Druckschrift nicht von der Handschrift, sukzessiv organisiert, was ihre Gelesenwerden erst ermöglicht und forciert. Das Relais zwischen diesen

---

24 Vgl. Rainer Guldin, Philosophieren zwischen den Sprachen. Vilém Flussers Werk, München 2005, S. 287.
25 Vilém Flusser, Die Geste des Schreibens, S. 263.
26 Allein in dieser *exakten* Reproduktion der Schrift-Bilder unterscheiden sich Hand- und Maschinenschrift. Vgl. dazu Guido Nottbusch, Rüdiger Weingarten und Udo Will, Schreiben mit der Hand und Schreiben mit dem Computer. In: Osnabrücker Beiträge zur Sprachtheorie, Bd. 56, 1998, S 11–27, insb. S. 11.

beiden Aspekten der Schrift bildet das Konzept der Sequenz, das ich in Kapitel 1.3. dargelegt habe.

Dem anhand der Lektüre von Bernhards Prosatexten nachzuverfolgenden Kippen der Wahrnehmung zwischen dem Aspekt der Synopse und dem des Verlaufs korrespondiert eine Produktionsweise, die mit Bausteinen arbeitet, welche als solche durch die Maschinenschrift deutlicher sichtbar sind, gemacht werden können und bleiben. Bernhards Poetik unterscheidet sich jedoch grundlegend von anderen literarischen Erzeugnissen, die mit den Prinzipien der Vereinzelung und Verbildlichung von Schrift-Elementen arbeiten, wie es etwa in der konkreten Poesie geschieht. Statt Elemente zu isolieren und sie losgelöst von syntaktischen Zusammenhängen visuell zu betonen und auf der Seitenfläche zu arrangieren, verwendet Bernhard, wie bereits in der Analyse von *Korrektur* gezeigt, Textbausteine zur Konstruktion eines Fließtextes. Durch dieses inverse Prinzip – Bernhard generiert durch *Konstellierung* einzelner Elemente einen sukzessiven Text, statt durch Isolation und Neukombination der Elemente die Sukzession zu unterbinden – wird eine eminente Spannung zwischen sukzessivem und zweidimensionalem Prinzip der Schrift erzeugt. Diese Spannung entsteht in Bernhards Texten gerade dadurch, dass die Leserinnen und Leser auf einen sukzessiven Leseprozess eingestellt sind und die Betonung der einzelnen Elemente des sequenziell organisierten Textes nicht erwarten. Ich möchte zeigen, dass Bernhards gesamte Arbeitsweise durch das Konstellieren solcher – auch im Drucktext noch wahrnehmbaren – Textbausteine (vom einzelnen (Satz-)Zeichen über Wörter bis hin zu ganzen Textpassagen) geprägt ist.

2.2 „Das sind die Sätze, Wörter, die man aufbaut" – Schreiben mit Textbausteinen

Thomas Bernhard stellt seine eigene Schreibszene auch im *Drei Tage* Interview als von der Außenwelt abgeschottete dar: „Man geht zurück aufs Land, man zieht sich auf einen Hof zurück, man macht die Tore zu, wie ich – und das ist oft tagelang – bleibt abgeschlossen [...]." Soweit entspricht die solipsistisch anmutende Szenerie exakt denjenigen seiner Geistesmenschen. Allerdings zeichnet der Fortgang dieses Interview-Passus ein vollkommen anderes Bild: „[...] und die einzige Lust und das immer größere Vergnügen andererseits ist dann die Arbeit."[27] Keine Spur von Frustration und ausbleibender Schreibinspiration. Im Gegenteil: An die Stelle der als Konzept vorhandenen, jedoch nie in Gang gebrachten Schrift der

---

27 Thomas Bernhard, Drei Tage, S. 147.

2.2 „Das sind die Sätze, Wörter, die man aufbaut" – Schreiben mit Textbausteinen —— 109

Geistesmenschen setzt sich in Bernhards eigenem Schreibprozess lustvolle und spielerische Konstruktivität:

> Das sind Sätze, Wörter, die man aufbaut. Im Grunde ist es wie ein Spielzeug, man setzt es übereinander, es ist ein musikalischer Vorgang. Ist eine bestimmte Stufe erreicht nach vier, fünf Stockwerken – man baut das auf – durchschaut man das Ganze und haut alles wie ein Kind wieder zusammen.[28]

Diese in der Forschung viel zitierte Äußerung Bernhards ist vor allem hinsichtlich ihrer sprachphilosophischen und linguistischen Implikationen untersucht worden. Die vom Autor geschilderte Schreibpraxis wird verstanden als Aufbau und Kombinatorik von *sprachlichen* Bausteinen, die Konstruktivität des Vorgangs bilde einmal mehr dessen sprachskeptische Position ab.[29] Auch die weniger zahlreichen, explizit linguistischen Untersuchungen konzentrieren sich im Anschluss an Bernhards Selbstaussage auf Wortbildung und Syntax der Texte und damit vor allem auf deren sprachliche Sinnhaftigkeit bzw. -erzeugung.[30]

Zweifelsohne bringen die genannten Untersuchungen interessante Ergebnisse hervor, ihre einhellige Zielrichtung zeugt jedoch auch davon, dass in der Forschung großer Konsens darüber herrscht, dass „die Struktur und Verwendung der *Sprache* das Sediment der bernhardschen Prosa bildet [...]. Ebenso herrscht Einvernehmen darüber, dass Bernhard an die Tradition der modernen Sprachskepsis anschließt."[31] Dieser Schulterschluss der Forschung gelingt allerdings nur, indem das ‚Baumaterial', von dem Bernhard spricht, von vornherein als genuin sprachliches verstanden wird.[32] Diese Grundannahme verstellt jedoch

---

28 Thomas Bernhard, Drei Tage, S. 147.
29 Vgl. etwa Philipp Schönthaler, Negative Poetik. Die Figur des Erzählers bei Thomas Bernhard, W.G. Sebald und Imre Kertész, Bielefeld 2011, S. 163–171.
30 Vgl. prominent Betten, Die Bedeutung der Ad-hoc-Komposita, S. 69–90. Betten bemerkt überaus treffend, dass Bernhards Wörter gar nicht erst den Versuch unternähmen, Realität abzubilden: „Das oft genannte Sprachspiel ist daher kein Spiel mit möglichen *Bedeutungen*, sondern eines der *formalen* Variations- und Kombinationsmöglichkeiten und semantischen Kontrast- und Verblüffungseffekte." (Ebd., S. 87) Zwar weist dies bereits in die Stoßrichtung meiner eigenen Argumentation, dass Bernhards ‚Aufbau' von Wörtern und Sätzen zuallererst einem formalen und weniger einem semantischen Prinzip folgt, jedoch bleiben auch Bettens Ausführungen stets auf die schrift*sprachliche* Dimension konzentriert.
31 Schönthaler, Negative Poetik, S. 163, Hvh. C.M.
32 Vgl. dazu exemplarisch Schönthalers Annahme, dass der Bernhard'sche – wie im übrigen auch jeder andere – Satz „nicht nur die grammatikalische, syntaktische und semantische Einheit" sei, sondern dass er „zugleich auf die Sprache als ganze, d. h. den Diskurs" referiere (Schönthaler, Negative Poetik, S. 164).

nicht nur den Blick für andere Deutungen, sie zeugt auch von einer voreingenommen Lektüre der Passage. Liest man Bernhards Äußerungen *wortgetreu*, eröffnet sich eine andere Perspektive auf das Material seines Schreibens: Bernhard spricht im Interview von „Wörtern" – nicht von „Worten". Während der Plural ‚Worte' im alltäglichen Sprachgebrauch meist für gesprochene Worte gebraucht wird (z. B. ‚Mir fehlen die Worte', ‚große Worte machen', ‚Ehrenworte'), ist der Plural ‚Wörter' enger an die materielle Gestalt des Wortes gebunden (z. B. ‚Der Satz besteht aus einer bestimmten Anzahl Wörter', ‚Passwörter', ‚all diese Wörter haben fünf Buchstaben'). Laut *Duden* wird „Der Plural ‚Wörter' [...] meist für Einzelwort oder vereinzelte Wörter ohne Rücksicht auf den Zusammenhang gebraucht". Überspitzt formuliert bedeutet das: *Wörter* stehen außerhalb eines Sinnzusammenhangs, es findet eine Abstraktion von der Bedeutung des Wortes zugunsten seiner materiellen Gestalt statt. Der Plural *Worte* hingegen meint das genaue Gegenteil: Er „wird meist für Äußerung, Ausspruch, Beteuerung, Erklärung, Begriff, Zusammenhängendes oder bedeutsame einzelne Wörter gebraucht."[33] Worte definieren sich durch ihre Bedeutsamkeit in einem sprachlichen Gesamtzusammenhang, ihre gestaltliche Seite ist zunächst vollkommen irrelevant. Nimmt man Bernhards „Wörter" also als das ernst, was sie sind – Schriftelemente nämlich, die zunächst weder in einem Sinnzusammenhang stehen noch durch die Reduktion auf ihre Bedeutung definiert sind –, liegt die Vermutung nahe, dass Bernhard hier in erster Linie über das aisthetische, schriftliche Material seiner Schreibverfahren spricht. Getippte Sätze, die sich aus Wörtern zusammensetzen, Wörter, die wiederum aus Buchstaben zusammengesetzt sind.

Allerdings bleiben diese Schriftelemente, um in Bernhards Metaphorik zu bleiben, nicht zweidimensional, sie werden vielmehr zu „Stockwerken" aufgebaut und produzieren somit eine dritte Dimension. Diese kann ebenfalls nur dann erreicht werden, wenn die Schriftelemente grundsätzlich als *handhabbares* Material verstanden werden, das auf der zweidimensionalen Seitenfläche den Eindruck von Räumlichkeit erzeugen kann: Indem die einzelnen Bausteinen als solche gestaltlich betont werden und dies den Lesefluss in eine synoptische Wahrnehmung kippen lässt, scheinen sich die „Sätze, Wörter, die man aufbaut" in der Zusammenschau einzeln oder als wahrnehmbares Muster von der Fläche abzuheben und ‚über' dem zweidimensionalen Text zu liegen. Die so entstehenden „Stockwerke" werden daraufhin wieder – in einem an Bernhards energisches Maschinenschreiben gemahnenden Akt – zerhauen und das gleiche Spiel wird mit

---

[33] Vgl. Wort [Duden-Eintrag], online unter www.duden.de/rechtschreibung/Wort, letzter Zugriff: April 2018.

neuem Material fortgesetzt. Die „vereinzelte[n] Wörter"³⁴ und Sätze werden aus ihrem sprachlichen Zusammenhang herausgelöst, sie fungieren nicht nur als Elemente innerhalb der Sukzession, sondern treten als solche immer wieder auf dem synoptischen Flächenarrangement der Seite hervor. Der ‚Stoff' der Erzählung oder des Romans, der bei aller Komplexität des Begriffs eindeutig dem Inhalt zuzuordnen ist, steht der ‚Form' des Textes (hier wörtlich gemeint als *forma*, Gestalt) gegenüber und erscheint in Bernhards Umgang mit diesem Material zunächst als sekundär:

> Was mich zum Schreiben treibt, ist ganz einfach die Lust am Spiel. [...] Dazu kommt das andere Vergnügen, die zweckdienlichste Methode herauszufinden, mit den Wörtern und Sätzen zu Rande zu kommen. Den Stoff im eigentlichen Sinn halte ich für ganz und gar sekundär [...]. ³⁵

2.2.1 Rhythmus/Musikalität des Schreibens

Bernhards „Lust am Spiel" ist in der Forschung vielfach mit einem weiteren, vom Autor selbst gelieferten und prominent gewordenen Stichwort des „musikalischen Vorgangs" verknüpft worden.³⁶ Bernhards Beschreibung seines eigenen Schreibprozesses zeichnet, wie bereits angedeutet, eine stark materiell-konstruktive Metaphorik aus (Stockwerke, die aus Wörtern und Sätzen aufgebaut und übereinander gesetzt werden), die in den meisten Interpretationen übersehen wird, um die Selbstaussage als Gewähr für die These einer sprach-musikalischen oder -kritischen Poetik der Texte ausweisen zu können. Dabei wird die Analogie zwischen Musik und Sprache jedoch in den meisten Fällen über das sukzessive Prinzip dieser Medien, die Abfolge von Tönen oder Lauten, hergestellt. Bernhards

---

34 Wort [Duden-Eintrag].
35 Jean-Louis Rambures, Ich behaupte nicht, mit der Welt gehe es schlechter. Aus einem Gespräch mit dem Schriftsteller Thomas Bernhard. In: Frankfurter Allgemeine Zeitung (24. Februar 1983), S. 23.
36 Vgl. etwa Lisbeth Bloemsaat-Voerknecht, Thomas Bernhard und die Musik. Themenkomplex mit drei Fallstudien und einem musikalischen Register, Würzburg 2006; Axel Diller, „Ein literarischer Komponist?" Musikalische Strukturen in der späten Prosa Thomas Bernhards, Heidelberg 2011; Clemens Götze, Musikschreiben oder das musikalische Versatzstück und die Kunst des Scheiterns. Beobachtungen zu einem Motivkomplex bei Thomas Bernhard. In: Variations, Bd. 20, 2012, S. 123–136; Pia Janke, Thomas Bernhard als Librettist. In: Thomas Bernhard. Traditionen und Trabanten, hg. von Joachim Hoell und Kai Luehrs-Kaiser, Würzburg 1999, S. 217–227; Gudrun Kuhn, Musik und memoria. Zu Hör-Arten von Bernhards Prosa. In: Huber/Schmidt-Dengler (Hg.), Wissenschaft als Finsternis?, S. 145–162.

dreidimensionales Schriftverständnis – und wie ich zeigen möchte: der daraus resultierende konstruktive Umgang mit dem Schriftmaterial – wird dabei komplett außer Acht gelassen. Zwar ist der Schreibvorgang, wie Bernhard ihn selbst charakterisiert, durchaus auch ein sukzessiver – Wörter und Sätze werden *nach und nach* zu Stockwerken aufgebaut –, die daraus resultierende Komposition ist jedoch einzig mit materiell verstandenen Elementen möglich, die sich *nicht nur* sukzessiv organisieren, sondern ‚verbauen' lassen in einem Gefüge, in dem sie als solche weiterhin erkennbar bleiben.

Will man an der in der Forschung prominenten These der Musikalität der Bernhard'schen Texte festhalten und zugleich den verräumlichenden Aspekt des Bernhard'schen Schreibprozesses nicht übergehen, bietet Johannes Windrichs 2007 erschienene Untersuchung mit dem Titel *TechnoTheater*[37] einen anderen, vielversprechenden Ansatzpunkt: Windrichs Untersuchung sieht in Techno-Musik ein Paradigma für Rainald Goetz' dramaturgische Konzeption und zieht interessante Vergleiche auch zu Bernhards Theaterstücken. Seine Grundannahme, dass es sich bei Techno nicht um lineare, sondern um räumlich organisierte Musik handelt, lässt sich auch für Bernhards Prosa fruchtbar machen, indem sie es ermöglicht, die „Musikalität" des Schreibvorgangs (auf den sich Bernhards Äußerung explizit bezieht) ebenfalls *räumlich* zu verstehen.

Windrich konstatiert für Goetz' und Bernhards Dramen eine „technoide Darstellung",[38] die sich vor allem in der Rezeption der Texte und in der Aufführungssituation nachweisen lasse. Die Produktionsseite wird dabei fast komplett außer Acht gelassen, und so zitiert Windrich zwar ebenfalls Bernhards Aussage von der Musikalität seines Schreibprozesses, versucht aber – erstaunlicherweise – nicht, diesen Schreibprozess an seine Grundannahme einer „technoiden Darstellung" rückzubinden.[39] Diese Anknüpfung und somit Fundierung der speziellen Rezeption der Dramen in einer analog funktionierenden Produktion der Texte kann jedoch – zumindest in Bernhards Fall – verhältnismäßig leicht geleistet werden. Mit Rückgriff auf Niklas Luhmanns Latenzbegriff beschreibt Windrich anhand der von ihm ausgewählten Texte einen Übergang von einer Beobachtungsebene zu einer anderen, nämlich eine „Unterscheidung von Sinnlichkeit und Denken",

---

[37] Johannes Windrich, TechnoTheater. Dramaturgie und Philosophie bei Rainald Goetz und Thomas Bernhard, München 2007.
[38] Windrich, TechnoTheater, S. 266 u. ö.
[39] Er zitiert die Selbstaussage Bernhards lediglich als Bild für die Struktur der Bernhard'schen Texte, Argumentationen aufzubauen, zu übertreiben und schlussendlich in sich zusammenfallen zu lassen. Windrich bezeichnet diese charakteristische Struktur als „Sequenz von Steigerung und Umkehrung". Windrich, TechnoTheater., S. 24, Anm. 45.

2.2 „Das sind die Sätze, Wörter, die man aufbaut" – Schreiben mit Textbausteinen — 113

die einen gemeinsamen „Indifferenzpunkt" hätten, an dem „sich die beiden Pole berühren und ineinander übergehen".[40]

> Techno-Musik läßt sich [...] gleichsam als Kommunikation mit einer besonderen Rolle der Latenz begreifen, als ein Wechselspiel, in dem ständig der ‚blinde Fleck' des einen Pols aufgespürt und mit einem neuerlichen Vorschuß von zur Beobachtung freigegebener Körperlichkeit beantwortet wird. Der Latenzbegriff ist deshalb so wichtig, weil er den Punkt des Umschlagens markiert.[41]

Im Club bedeutet das, so Windrich, dass der Dialog zwischen DJ und Tänzern, den Windrich emphatisch als „Kommunikation" beschreibt, nie fixiert werde, sondern stets dynamisch bleibe. Ebenso – und dies ist für meine Überlegungen ungleich wichtiger – wird der „Indifferenzpunkt" zwischen linearen und räumlichen Komponenten durch verschiedene Verfahren produziert wie auch die oszillierende Wahrnehmung dieser beiden Pole.[42] Windrich beschreibt diesen Effekt folgendermaßen:

> Wenn man einen Track von Basic Channel [einem Berliner Label für minimalistischen Techno, C.M.] nach den Kategorien Rhythmik, Harmonik und Melodik studiert, fällt das Ergebnis äußerst unbefriedigend aus. Man erfaßt eine bestimmte Schicht, die Oberflächen-Bewegung, die ständig repetiert wird, doch das Wesentliche bleibt unbeobachtet.[43]

Das ‚Wesentliche' sind die kompositorischen Elemente wie Hall und Delay, die den linearen Strukturen die entscheidenden räumlichen hinzufügen. Erst durch diese Verfahren kann das ‚technoide Gerüst' gebaut werden:

> Ein knapper, in der Stereo-Mitte angesiedelter Klangkomplex wird konsequent wiederholt; ihn umspielen zwei andere Sphären, die seine Gestalt an den Rändern weiten, teilweise verwischen und auch wieder schärfen. Unter kunstvoller Anwendung von Hall und Delay verlagert sich das Klangspektrum in immer neuer, unvorhersehbarer Weise nach außen; es werden sozusagen immer wieder Räume eröffnet, in die der Akkord hineinwandern kann, auch wenn er tonal gesehen derselbe bleibt. Im Hinblick auf die linearen, d. h. vom Intellekt des Hörers aktiv mitvollziehbaren Elemente passiert praktisch gar nichts, in der räumlichen Dimension hingegen unendlich viel. Der Körper wird mit ständigen Perspektivwechseln konfrontiert.[44]

---

40 Windrich, TechnoTheater, S. 264.
41 Windrich, TechnoTheater, S. 264.
42 Vgl. Windrich, TechnoTheater, S. 264.
43 Windrich, TechnoTheater, S. 144 f.
44 Windrich, TechnoTheater, S. 147.

Ohne Windrich hier zu weit in die Tiefe seiner versierten Ausführungen zum Techno folgen zu wollen: Die *Verfahrens*analogie zwischen Bernhards Arbeitsprozess, wie er ihn selbst beschreibt, und dem Arrangement von Technomusik wird in diesem Zitat sehr deutlich. Im Techno wird – vereinfacht ausgedrückt – durch die Operationen der Wiederholung und Variation (mit denen auch die Effekte Hall und Delay erzeugt werden) Räumlichkeit suggeriert.

Auch hier wird mittels verschiedener Verfahren die Veränderung der linearen Grundstruktur der Musik erreicht. So entsteht ein „ständiger Perspektivwechsel" zwischen sukzessiver und räumlicher Dimension, der dem Aspektwechsel, den ich anhand der Analyse von *Korrektur* beschrieben habe, vergleichbar ist. Diese Effekte erklären sich auch hier in Hinblick auf Bernhards Arbeitsweise: Indem der Schreiber nicht nur, wie er selbst sagt, Wörter und Sätze in eine Abfolge bringt, sondern sie nach und nach *aufbaut*, mehr noch: die *immer gleichen* Sätze und Wörter aufbaut, arbeitet er ebenso mit Kopie und Wiederholung und erzielt dabei einen verräumlichenden Effekt. Um es noch einmal in Analogie zum Techno zu sagen:

> Durch den gezielten Einsatz von Hall, Delay [...] lenkt die Musik das Gehör immer wieder von allen linearen Parametern ab, die einem reflektierenden Nachvollzug und somit der individuellen Distanznahme Halt bieten könnten. Das evoziert ein dezentriertes, räumliches Hören, das Äquivalent zur kommunikativen Offenheit des Djs.[45]

Das wiederholte, kopierte Schriftmaterial widersetzt sich, genau wie die veränderten Klänge der Technomusik, einer sukzessiven Rezeption und wird – hier der entscheidende Unterschied zu Windrichs Ausführungen – *visuell* wahrgenommen. So sehr ich Windrich hinsichtlich dieser strukturellen Verfasstheit der Texte zustimme, so vehement muss ich ihm widersprechen, was die „kommunikative Offenheit" des Djs bzw. Autors angeht. Die Untersuchung der Bernhard'schen Arbeitsweise, die Windrich dank seiner Konzentration auf die Rezeption ausklammern kann, zeigt deutlich, dass es sich auf Seiten der Produktion um ein manipulatives Verfahren handelt, das auch hier das Oszillieren zwischen Sukzession und Synopse herbeiführt, was wiederum Räumlichkeit suggeriert. Die Kontrolle über diese Manipulation des Lesevorgangs und die Steuerung der Rezeption behält jedoch stets der Autor.[46]

---

[45] Windrich, TechnoTheater, S. 12.
[46] Herbert Grieshop spricht treffend von einer „klaustrophobischen Textorganisation", die dem Leser die Kontrolle und den Überblick beim Lesen entzöge: „Der Leser setzt sich einer hochgradig artifiziell konstruierten Schrift aus, die überwältigend, einheitsstiftend, kontrollierend und vereinnahmend ist." Grieshop, Rhetorik des Augenblicks, S. 83. An Windrichs Argumentation lässt

Die ‚technoide Darstellungsweise' sieht Windrich wie gesagt besonders in Goetz' und Bernhards Theaterstücken realisiert. Natürlich ist das Theater ein geeignetes Spielfeld für seine Untersuchung, da einerseits die von ihm beschriebene Kommunikationssituation zwischen Produzierendem und Rezipierendem im Theater deutlicher repräsentiert ist und sich andererseits, wie man meinen könnte, auch die „bildlich-sensuelle Parallelebene"[47] auf der Bühne und vor dem Zuschauer leichter entfaltet. Geht man von Bernhards Theatermetaphorik im *Drei Tage* Interview aus, die seine *Prosa*texte als verfinsterten Bühnenraum inszeniert, aus dem langsam Wörter hervortreten,[48] könnte man erwarten, dass räumlich-visuelle Effekte in seinen *Dramen*texten und deren Aufführungen umso mehr eine herausragende Rolle spielen würden. Die Betonung der Schriftgestalt folgt jedoch in den Dramentexten anderen Regeln und auch die Aufführungssituation ist tatsächlich eher von einem *akustischen* Aspektwechsel zwischen dem Hören von Klängen und Geräuschen und dem hörenden Verstehen geprägt, wie ich im Folgenden kurz skizzieren möchte.

Bernhard verzichtet in der Figurenrede der Stücke komplett auf jegliche Satzzeichen, wohingegen er diese in den Prosatexten so eigenwillig setzt, dass sie zum echten Charakteristikum werden. Ausschließlich in den Regieanweisungen, die sich nur durch Kursivsetzung von der Figurenrede unterscheiden, sind Satzzeichen vorhanden. Die Figurenrede ist zudem in Versen gesetzt, die nicht etwa jeden neuen Gedanken repräsentieren, wie Michael Billenkamp vermutet,[49]

---

sich beobachten, wie die „Nicht-Linearität" des Mediums in der Literaturwissenschaft oftmals mit Offenheit gleichgesetzt wird. Vgl. dazu Polaschegg, Der Anfang des Ganzen, S. 257: „Als neutraler Terminus der Textanalyse ist [der Begriff der ‚Linearität'] innerhalb der Disziplin letztlich überhaupt nicht in Gebrauch, dafür taucht er umso häufiger in Verneinungsformeln auf, mit denen die besondere ‚Offenheit', ‚Freiheit' oder ‚Modernität' literarischer Texte auf den Begriff gebracht werden: Vom ‚Ausbrechen aus der Linearität' ist dann die Rede, von ‚nicht-linearen Strukturen' oder gar von einer ‚Sprengung der Linearität'– Zuschreibungen, die sich durchweg als ästhetisches und/oder politisches Gütesiegel verstehen."
47 Für Windrich ist die ‚technoide' Darstellungsweise eines Kunstwerks dann realisiert, „wenn es alle linearen, vom Bewußtsein erfaßbaren Aspekte im gleichberechtigten Austausch mit einer bildlich-sensuellen Parallelebene hält; die sich dadurch entfaltende offene Struktur kann weder auf die Einzelperspektive des Subjekts noch auf die Evokation differenter Wahrnehmungen und Spracherfahrungen reduziert werden, denn all diejenigen Momente, die für die individuelle Distanznahme relevant sein könnten, lösen sich im nächsten Atemzug wieder in eine grenzüberschreitende Energie auf." Windrich, TechnoTheater, S. 292. Hier zeigt sich nochmals und sehr deutlich die fast schon euphorisch zu nennende Belegung der „Nicht-Linearität" mit den Prädikaten ‚grenzloser Gemeinschaft' (als Gegenmodell zur „individuellen[n] Distanznahme") und „grenzüberschreitende[r] Energie".
48 Vgl. hier noch einmal Thomas Bernhard, Drei Tage, S. 150 f.
49 Vgl. Michael Billenkamp, Narrativik und poetologische Praxis, S. 335.

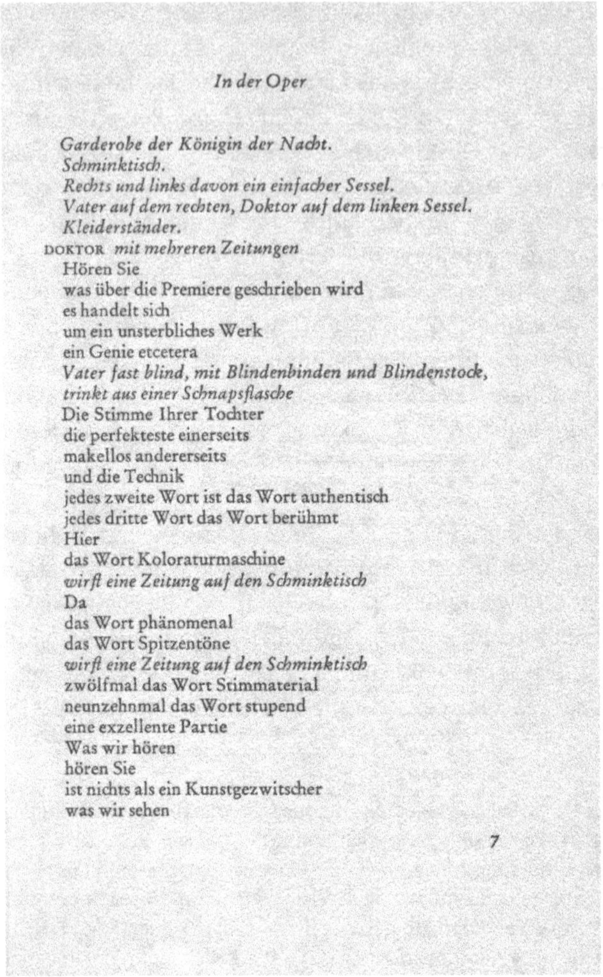

> *In der Oper*
>
> *Garderobe der Königin der Nacht.*
> *Schminktisch.*
> *Rechts und links davon ein einfacher Sessel.*
> *Vater auf dem rechten, Doktor auf dem linken Sessel.*
> *Kleiderständer.*
> DOKTOR *mit mehreren Zeitungen*
>   Hören Sie
>   was über die Premiere geschrieben wird
>   es handelt sich
>   um ein unsterbliches Werk
>   ein Genie etcetera
> *Vater fast blind, mit Blindenbinden und Blindenstock,*
> *trinkt aus einer Schnapsflasche*
>   Die Stimme Ihrer Tochter
>   die perfekteste einerseits
>   makellos andererseits
>   und die Technik
>   jedes zweite Wort ist das Wort authentisch
>   jedes dritte Wort das Wort berühmt
>   Hier
>   das Wort Koloraturmaschine
> *wirft eine Zeitung auf den Schminktisch*
>   Da
>   das Wort phänomenal
>   das Wort Spitzentöne
> *wirft eine Zeitung auf den Schminktisch*
>   zwölfmal das Wort Stimmaterial
>   neunzehnmal das Wort stupend
>   eine exzellente Partie
>   Was wir hören
>   hören Sie
>   ist nichts als ein Kunstgezwitscher
>   was wir sehen
>
>   7

Abb. 3: Thomas Bernhard, *Der Ignorant und der Wahnsinnige* (Erstausgabe 1972).

sondern vielmehr mittelbar das Bauprinzip der *Prosa* abbilden. Dies lässt sich etwa an der ersten Seite des 1972 veröffentlichten Stücks *Der Ignorant und der Wahnsinnige*[50] illustrieren (s. Abb. 3).

Aus den ‚Versen', in denen der Doktor Zeitungs-Rezensionen zur Premiere zitiert, könnte man ohne weiteres die Textbausteine gewinnen, aus denen ein

---

[50] Thomas Bernhard, Der Ignorant und der Wahnsinnige, Frankfurt a.M. 1972 (EA).

äquivalenter Bernhard'scher Prosatext zusammengebaut werden könnte. Problemlos ließe sich eine Episode vorstellen, die um „Die Stimme Ihrer Tochter", „die perfekteste einerseits", „makellos andererseits" kreisen würde, in der „jedes zweite Wort [...] das Wort authentisch" und „jedes dritte Wort das Wort berühmt" wäre und in der „zwölfmal das Wort Stimmmaterial" und „neunzehnmal das Wort stupend" auftauchen würde. Der durch die Schreib- und Kompositionsverfahren erzielte verräumlichende Eindruck wird in den deiktischen Wörtern „Hier" und „Da" konzentriert, die zudem als einzige vollkommen isoliert stehen und dem „Wort Koloraturmaschine", dem „Wort phänomenal" und dem „Wort Spitzentone" verschiedene Positionen sowohl im Zeitungsblatt als auch auf der Buchseite des Dramentext zuweisen. Bernhard bildet hier durch die stichwortartige Wiedergabe des Doktors also nicht nur die Struktur und Anordnung der Schrift im Zeitungsartikel ab, er lässt die in der Prosa übliche Konstellation einzelner Textbausteine über die typographische Form *auftreten* und schreibt damit gleichsam die Gebrauchsanweisung für seine in den frühen 70er Jahren den Höhepunkt ihrer formalen Komplexität erreichenden Prosatexte. Die Sukzession-Generatoren der Prosa – der absatzlose Fließtext sowie der durch die langen, verschachtelten Sätze und die gestaffelte Perspektive überkomplexe Satzbau, die eine *lesende* Sinnsuche anstiften[51] – fehlen hier gänzlich, was dazu führt, dass die Textbausteine nicht liquidiert, sondern als solche sichtbar werden. Das Spannungsverhältnis zwischen sukzessiver Lektüre und synoptischer Betrachtung ist hier gewissermaßen invertiert: Die Leserin des Dramentextes muss während des Lesens die Verbindung zwischen den einzelnen Textbausteinen herstellen. Es bereitet nicht selten Schwierigkeiten, die einzelnen Elemente in eine sinnvolle Abfolge zu bringen bzw. zu erkennen, dass es diese gerade nicht gibt. Auch hier treten die Wort-Figuren wie in Bernhards eigener Beschreibung seiner ‚Bühnenraum-Prosa' überdeutlich hervor, sie wirken jedoch in dieser Materialität absolut statisch. Diese Statik eignet auch den in Bernhards Stücken tatsächlich auftretenden Figuren. In den handlungsarmen Dramen sind *visuelle* Effekte deutlich untergeordnet, ein Wechsel der Wahrnehmungsmodi findet hier im Bereich des

---

51 Christian Klug bemerkt treffend, dass es gerade diese Merkmale sind, die für die Simulation einer Sinnhaftigkeit und – dies meine Einschätzung – für einen Fortgang der sinnsuchenden Lektüre sorgen: „Kaum bemerkbar für den Rezipienten, verknüpft Bernhard elementare Prädikationen in einem komplexen syntaktischen Gebilde zu einer abstrusen Gesamtaussage. Wenn in Interpretationen immer wieder der rationale Charakter des Gefüges (im Gegensatz zur Irrationalität von Wortwahl und Gehalt) hervorgehoben wird, so darf das nicht so verstanden werden, als entspräche die Konstruktion tatsächlich immer einem explizierbaren Sinn. Vielmehr fungiert die verschachtelte Syntax für sich als ein sinnliches Zeichen (Signal) für Rationalität, Überblick, Differenziertheit [...]." Klug, Thomas Bernhards Theaterstücke, S. 141.

Akustischen statt, das in Bernhards Theaterstücken überaus prominente Motiv der Blindheit[52] weist einmal mehr auf eine Abblendung des Gesichtssinns zu Gunsten des Hörsinns hin. Der Zuschauer des Stücks *Der Ignorant und der Wahnsinnige* etwa wird selbst in diesen Zustand der Blindheit versetzt, wenn ganz zum Schluss laut Regieanweisung „die [...] Bühne vollkommen finster"[53] ist, er aber noch die Worte der Schauspieler und der Schauspielerin hört:

> Königin *plötzlich laut schreiend*
>   Winter
>   Winter
>   *Winter kommt herein, man sieht ihn aber nicht*
> Königin *nach einer Pause*
>   Haben Sie die Telegramme abgeschickt
>   die Telegramme nach Stockholm
>   nach Kopenhagen
> Winter Natürlich gnädige Frau
> Doktor Das ist gut
>   daß sie die Telegramme abgeschickt haben
>   das beruhigt mich
>   Ich bin beruhigt
>   ich bin ganz beruhigt
> Königin *nach einer Pause*
>   Erschöpfung
>   nichts als Erschöpfung
>   *Gläser und Flaschen werden auf dem Tisch umgeworfen*
>
> *Ende*

Die „Koloraturmaschine", die sich zu Beginn des Theaterstücks auf die Darbietung der Königin der Nacht bezieht, wird hier vom Text selbst in Gang gesetzt: Über die üblichen Prinzipien der Wiederholung und Variation wird eine semantische Entleerung erzeugt, die wiederum zu einer Betonung der lautlichen Qualität des Gesprochenen führt. Wenn die Königin der Nacht – auch hier wieder „plötzlich" – auf der absolut dunklen Bühne zwei Mal laut das Wort „Winter" schreit, worauf Winter zwar kommt, man ihn aber nicht sieht, ist der Zuschauer ganz auf die Materialität von Stimmen und Geräuschen fixiert. Die Sätze „das beruhigt mich / Ich bin beruhigt / ich bin ganz beruhigt" und die abschließende, nicht kontextualisierte Äußerung „Erschöpfung / nichts als Erschöpfung" lenken die Aufmerksamkeit erneut vom redundanten Inhalt des Gesagten auf dessen Klang.

---

52 Vgl. dazu Windrich, TechnoTheater, S. 296–304, insb. S. 297.
53 Bernhard, Der Ignorant und der Wahnsinnige, S. 98.

Das Stück endet mit den Geräuschen umfallender Gläser und Flaschen, die durch den abgedunkelten Bühnenraum ebenso *über*deutlich wahrnehmbar sind, wie Bernhards Wörter auf der ‚finsteren Buchseite',[54] wodurch sie zu den eigentlichen Hauptfiguren der Szene werden.[55]

Entgegen dieser *akustischen* Materialisierung, die durch die selben Schreibverfahren zustande kommt, interessieren mich hier die *visuell* wahrnehmbaren Effekte, die diese Verfahren beim Lesen der Prosa generieren. Bernhards eigenwillige metaphorische Gleichsetzung von Bühne und Buch in *Drei Tage* zeigt bereits an, dass in der Prosa etwas vollkommen Unübliches geschieht: Indem die Schrift nicht der bloßen Sinnvermittlung untergeordnet ist, entwickelt sie über die Betonung der Gestalt eine eigenständige Bedeutungsebene. Die Bausteine, die dabei, anders als in den Dramentexten, in der Sukzession aufgehoben sind, leuchten so immer wieder auf der Buchseite auf und sorgen für ein Oszillieren zwischen

---

[54] „Man muß sich die Seiten in den Büchern *vollkommen finster* vorstellen: Das Wort leuchtet auf, dadurch bekommt es seine *Deutlichkeit* oder *Überdeutlichkeit*." Thomas Bernhard, Drei Tage, S. 150.

[55] Im 1987 erscheinenden Stück *Immanuel Kant* lässt Bernhard ständig und akustisch enervierend – sowie durch die vielen „pf" ebenso schriftgestaltlich auffällig – „*Dampfpfeifen pfeifen*" (Thomas Bernhard, Immanuel Kant, Frankfurt a.M. 1978 (EA), S. 9 u. ö.) und Kants Papagei Friedrich unaufhörlich dieselben Worte ausrufen. Die Penetranz dieser wortwörtlichen Wiederholungen stellt eine bestechende Persiflage des eigenen Verfahrens dar, Friedrichs mehrmalige Ausrufe: „Imperativ Imperativ Imperativ" (Thomas Bernhard, Immanuel Kant, S. 12 u. 16) ist die wohl gelungenste Übertreibung von Bernhards philosophischem Namedropping. Wie an diesem Beispiel deutlich wird, scheut Bernhard sich keineswegs vor Kalauern, um lautliche Effekte zu erzielen. Um dafür nur zwei weitere Beispiele zu geben: Bei der Landung Immanuel Kants in Amerika, wo er nicht nur einen Ehrendoktortitel der *Columbia University* bekommen, sondern sich einer Augenoperation zur Behebung seines Grauen Stars [!] unterziehen soll, tritt ein Arzt auf ihn zu und spricht ihn an: „Professor Kant[?]", „Kant *hochaufgerichtet um sich schauend, stolz und deutlich* / Sie haben mich erkannt". (Thomas Bernhard, Immanuel Kant, S. 133 [o.S.]) Im Stück *Die Berühmten* (1976) stürzt der Dirigent „kopfüber" (mit diesem von verschiedenen Figuren mehrfach wiederholten Wort beginnt das Stück) in den Orchestergraben, passend dazu ändert Bernhard den Titel der Oper, bei der das Unglück geschieht, im Arbeitsprozess von „Tristan" zu „Fallstaff" [sic]. Diese Schreibung behält er auch in der Reinschrift bei, im Drucktext ist der Titel zu „Falstaff" geändert. (Vgl. den Kommentar in Thomas Bernhard, Dramen II. In: Bernhard, Werke, Bd. 16, hg. von Manfred Mittermayer und Jean-Marie Winkler, Frankfurt a.M. 2005, S. 261 und zur Änderung im Typoskript S. 396) Vgl. dazu auch Kappes, Schreibgebärden, S. 105, Anm. 5. Mit Rückgriff auf Umberto Ecos *Das offene Kunstwerk* macht Kappes plausibel, dass Bernhards Kalauer aufgrund ihrer fundamentalen Ambiguität einer „modernen Rhetorik der Bedeutungs- und Sinnverweigerung zuzurechnen" sind, was in meinen Augen ein weiterer Beweis für die Relevanz ihrer akustischen Qualitäten ist.

den Rezeptionsmodi des Lesens und Sehens der Schrift.[56] Im Folgenden wird zu klären sein, *wie* dieses Oszillieren generiert wird. Bernhard selbst gibt darauf folgende Antwort:

> Wie ich meine Bücher schreibe? Es ist eine Frage des Rhythmus und hat viel mit Musik zu tun. Ja, was ich schreibe, kann man nur verstehen, wenn man sich klarmacht, daß zuallererst die musikalische Komponente zählt und daß erst an zweiter Stelle das kommt, was ich erzähle. Wenn das erste einmal da ist, kann ich anfangen, Dinge und Ereignisse zu beschreiben. Das Problem liegt im Wie.[57]

Das ‚Wie' des Bernhard'schen Arbeitens soll im Folgenden anhand der Entwürfe und Typoskripte des Nachlasses rekonstruiert werden. Die verschiedenen Schriftstücke legen dabei allesamt Zeugnis von einem überaus konstruktiven Umgang mit dem Schriftmaterial ab, der sich durch das Konstellieren und Komponieren einzelner Schrift-Bausteine auszeichnet und stark an visuellen und zweidimensionalen Prinzipien orientiert ist.

2.2.2 Allgemeine Bemerkungen zu Thomas Bernhards Typoskripten

Typoskripte mögen auf den ersten Blick weniger individuell erscheinen als handschriftliche Manuskripte. Auf den zweiten Blick verraten sie jedoch ebenso viel über die vom Schreiber oder von der Schreiberin durchgeführten Operationen:[58] Störungen, Norm-Abweichungen oder Vorlieben des Autors/der Autorin werden im Typoskript möglicherweise sogar eher beobachtbar, da sie sich vor der Oberfläche des normierten Codes deutlicher abheben.

Alfred Kring, der den wohl ersten – kriminologisch orientierten – Versuch einer Graphologie der Maschinenschrift unternommen hat, beschreibt die individuellen Besonderheiten des Typoskripts wie folgt:

---

[56] Bernhards Verfahren lassen die erwartbare Rezeption in beiden Fällen mutieren. Lapidar gesprochen wird seine Prosa *gesehen*, die Theaterstücke werden *gehört*. Der Wahrnehmungswechsel, der sich in den Stücken zwischen dem Verstehen der teilweise hochkomplexen, stakkatoartigen Figurenrede und einem nicht-signifizierenden Hören vollzieht, ist ebenso außergewöhnlich und bedarf einer ausführlichen Untersuchung, die im Rahmen dieser Studie jedoch nicht geleistet werden kann.

[57] Rambures, Ich behaupte nicht, mit der Welt gehe es schlechter, S. 23.

[58] Stephan Kammer spricht von einer „rekonstruierbare[n] Handhabung von Operationen", die dank der Untersuchung des Typoskripts verfügbar gemacht werden könnten. Vgl. Kammer, Tippen und Typen, S. 197.

2.2 „Das sind die Sätze, Wörter, die man aufbaut" – Schreiben mit Textbausteinen — 121

Der [auf der Maschine, C.M.] Schreibende ist unausweichlich genötigt, mehr oder weniger bewusst seine Wahl zu treffen hinsichtlich der zahllosen Möglichkeiten und Kombinationen, die der Spielraum der Schreibmechanik ihm offenlässt: Textanordnung und Raumauswertung [...] – Verteilung der Abstände in Zeilen, Absätzen, Vermerken – Zeilenlänge – Breite, Verhältnis und Verlauf der Ränder [...] – Mass der Leertastenverwendung – Bedienung der Umschaltung, des Tabulators, der Rücktaste – Papieranlage und Einspannen – Art der Hervorhebungen (z. B. Unterstreichungen, Sperrschrift, Parenthese, Grossbuchstaben, Schlagzeilen, Zierlinien) – ein- oder doppelseitige Beschriftung, Typenreinhaltung, und anderes mehr.[59]

Neben der Entscheidung über die Hervorhebungen und die Papierverwendung ist es vor allem die Bestimmung räumlicher Parameter, welche Rückschlüsse auf den Schreibenden erlaubt. Landläufig gedacht müsste der charakteristische Duktus des Schreibenden im Typoskript zwangsläufig verloren gehen, da nur der Handschrift ein „Informationsüberschuss" hinsichtlich ihrer Entstehungsbedingungen zugeschrieben würde.[60] Tatsächlich manifestieren sich die Charakteristika des individuellen Schreibvorgangs im Typoskript nicht mehr „im Wechselspiel von konventionalisierten Buchstaben und ihrer individuellen Gestaltung",[61] sie lassen sich jedoch der von Autor zu Autorin abweichenden Anordnung der entindividualisierten Typen ablesen. Aus diesem Grund ist Stephan Kammers Plädoyer, „die stummen Ränder der Schrift und die Störungen im Text zum Sprechen"[62] zu bringen, durchaus sehr wörtlich zu verstehen. Die „Ränder" sind dabei nicht nur als scheinbar nebensächliche Marginalien zu begreifen, sondern auch ganz wörtlich als Ränder bzw. Stege, die die Schrift begrenzen und einfassen. Denn schon die Bestimmung der Dimensionen dieser Ränder, welche die Textverteilung auf der Seite festschreiben, kann interessante Aufschlüsse über die Arbeitsweise des jeweiligen ‚Schrift-Stellers' geben.

---

59 Alfred Kring, Die Graphologie der Schreibmaschine auf wissenschaftlicher Grundlage. Handbuch für graphologische und kriminologische Untersuchungen, Zürich 1936, S. 26 f., zit. nach Kammer, Tippen und Typen, S. 196 f.
60 Wie es etwa der Tagungsband *Diesseits des Virtuellen* tut: „Das Wissen eines Manuskripts ist [...] in seinem Informationsüberschuss gegenüber dem Druck zu suchen [hier sind alle maschinell produzierten Texte gemeint, so auch Typoskript und computergeschriebener Text, C.M.]." Auf der nächsten Seite heißt es noch deutlicher: „Handschrift knüpft bestimmte Textzeugen an einen bestimmten Verfasser oder eine bestimmte Verfasserin, da sich die spezifische Subjektivität im schriftlichen Ausdruck niederschlägt." Büttner/Gotterbarm/Schneeweiss u. a. (Hg.), Diesseits des Virtuellen, S. 18 f. Dass diese Annahme auch für den maschinengeschriebenen Text gilt, soll meine Untersuchung zeigen.
61 Büttner/Gotterbarm/Schneeweiss u. a. (Hg.), Diesseits des Virtuellen, S. 18.
62 Kammer, Tippen und Typen, S. 197.

Sucht man nach einem Gegenbeispiel zu Bernhards Seiteneinrichtung, wird man auf der Plattform *Handkeonline* fündig, die sich als „virtuelles Archiv" für Zeugnisse aus Peter Handkes Vorlass versteht, welche

> Einblicke in die spezifische Arbeitsweise des Autors [gewährt], die sich in den vorhandenen Notizbüchern und Werkfassungen (Typoskripten, Bleistiftmanuskripten und Druckfahnen) sowie in den Recherchematerialien des Autors (annotierte Bücher, Fotos, Wanderkarten mit eingezeichneten Routen) dokumentiert.[63]

Christoph Kepplinger-Prinz stellt in seinen allgemeinen Bemerkungen zu Handkes Typoskripten fest, dieser habe die ersten Typoskriptfassungen für gewöhnlich einzeilig und mit sehr geringem Seitenrand getippt, um so den Raum für weitreichende Sofortkorrekturen absichtlich zu beschränken. Erst in einer zweiten Arbeitsphase habe er die einzeiligen Textfassungen nochmals überarbeitet und zu eineinhalb- oder zweizeiligen Fassungen abgetippt.[64] Die intentionale, festgelegten Regeln (in diesem Fall: keine Korrekturen!) gehorchende Textanordnung hat also direkte Auswirkung auf die sich anschließende Arbeitsweise. Obwohl auch Bernhard sehr geringe Seitenrändern installiert, scheint diese Festlegung bei ihm anderen Regeln zu gehorchen. Vergleicht man etwa Bernhards Typoskript zur Erzählung *Die Billigesser* (1980) (s. Abb. 4) mit Handkes erster Typoskriptfassung zu *Ein Ritt über den Bodensee*,[65] so wird mehr als offensichtlich, dass es Bernhard gerade *nicht* um die Vermeidung von Korrekturen gehen kann:

Versucht man von den unzähligen Korrekturen Bernhards zunächst abzusehen, wird deutlich, wie sich das abgebildete Typoskript schon in der Verteilung der Schrift von Handkes Typoskript unterscheidet: Während Handke zwar tatsächlich versucht, den rechten Seitenrand gering zu halten und vor allem die Zeilenabstände so dicht zu wählen, dass sich für Korrekturen kein Platz mehr findet, reduziert Bernhard *alle* Ränder auf ein Minimum und maximiert so die zur Verfügung stehende beschreibbare Fläche. Bernhard führt dabei im Gegensatz zu Handke eine Silbentrennung durch und schreibt so dicht an den rechten Seitenrand heran, dass nahezu der Eindruck eines – in Schreibmaschinentexten kaum zu realisierenden – Blocksatzes entsteht. Handkes Typoskript produziert dagegen den für Schreibmaschinentexte typischen Eindruck eines Flattersat-

---

[63] Vgl. den Begrüßungstext („Home") auf der Plattform Handke*online*, online unter www.handkeonline.onb.ac.at/node/1389, letzter Zugriff: April 2018.
[64] Vgl. Christoph Kepplinger-Prinz, Handke*online*, online unter www.handkeonline.onb.ac.at/node/509, letzter Zugriff: April 2018.
[65] Eine Abbildung des Typoskripts findet sich auf Handke*online*, online unter http://handke online.onb.ac.at/node/459, letzter Zugriff: April 2018.

2.2 „Das sind die Sätze, Wörter, die man aufbaut" – Schreiben mit Textbausteinen — 123

Abb. 4: Thomas Bernhard, *Die Billigesser*, Typoskript.

zes.⁶⁶ Die blockhafte Anordnung des Textes scheint für Bernhard von so großer Wichtigkeit zu sein, dass er in etlichen Typoskripten sogar über die rechte Seitengrenze hinaus tippt, wenn der Platz für ein Wort nicht mehr ausreicht. Desweite-

---

66 In anderen Typoskripten, wie etwa demjenigen zur ersten Textfassung der Erzählung *Die Vorzeitformen* (online auf Handke*online* unter www.handkeonline.onb.ac.at/node/1405, letzter Zugriff: April 2018), führt Handke dagegen eine Silbentrennung durch, die jedoch am Eindruck des Flattersatzes nichts ändert. Es geht mir an dieser Stelle weniger darum, Handkes Arbeitsweise auf bestimmte Regeln und Muster zu untersuchen, sondern seine Typoskripte als konkrete Kontrastfolie für Bernhards Arbeitsweise nutzbar zu machen.

ren verzichtet er auf Trennstriche am Zeilenende, um einen zu großen Leerraum am rechten Seitenrand und den daraus resultierenden ‚Flattersatz' zu verhindern.

Es wäre naheliegend anzunehmen, dass Bernhard die Länge der Zeile auf ein Maximum ausdehnt, um den maschinellen Schreibfluss möglichst wenig zu behindern, wie Catherine Viollet es für Ingeborg Bachmanns Typoskripte beschrieben hat:

> Bachmanns Typoskripte lassen nämlich eine bestimmte Prosodie des Maschineschreibens erkennen, einen eigenen Schreibrhythmus vernehmen: Es ist, als wäre der graphische Raum des DIN A4-Blattes zu eng, als störten dessen Grenzen das Fließen der Schreibgeste; so werden die Seitengrenzen öfters überschritten, sei es in der Breite oder in der Länge – wobei ein paar Wörter immer wieder ins Leere laufen.[67]

Ich möchte jedoch argumentieren, dass bei Bernhards komplettem Ausfüllen der Seite nicht das sukzessive Prinzip der Schrift im Vordergrund steht (obwohl es natürlich wie bei jedem Schreibprozess am Werk ist), sondern die Seitenorganisation nur in Zusammenhang mit seiner sequenziellen Poetik zu verstehen ist: Bernhard *negiert* den „graphische[n] Raum des DIN A4-Blattes" durch seine Überschreibungen nicht etwa, wie es in Bachmanns Fall durch die absolute Konzentration auf den Schreibfluss der Fall ist, er versucht im Gegenteil eine Schreibfläche zu etablieren. Indem er die Grenzen der Seite absolut *respektiert,* kann er sie bestmöglich mit Schrift – oder besser: Textbausteinen – ausfüllen, sodass die Seite selbst zu einer nächstgrößeren Texteinheit innerhalb eines ganzen Konvoluts wird. Dies lässt sich sehr gut an Bernhards konsequenter Praxis ablesen, die Zeilenabstände im unteren Drittel der Seiten zu verringern, sodass eine Seitenepisode (die sich nicht selten über die Wiederholung immer gleicher Textbausteine definiert) komplettiert und der Textbaustein Seite mithin austauschbar wird.[68]

---

[67] Catherine Viollet, Textgenetische Mutationen einer Erzählung: Ingeborg Bachmanns ‚Ein Schritt nach Gomorrha'. In: Schreiben. Prozesse, Prozeduren und Produkte, hg. von Jürgen Baurmann und Rüdiger Weingarten, Opladen 1995, S. 129–146, hier S. 133. Interessant ist, dass Viollet diesen doch eigentlich räumlich-visuellen Merkmalen des Textes ‚prosodische' Eigenschaften zuspricht. Wie auch in Windrichs Fall wird ‚Rhythmus' hier offenbar als räumliches Phänomen gedacht, die Begrifflichkeit für einen solchen räumlich und nicht vornehmlich klanglich definierten Rhythmus scheint indes zu fehlen, weshalb auf klanglich konnotierte Formulierungen wie „Prosodie" und „vernehmen" zurückgegriffen wird.
[68] Ich habe auf diese Zusammenhänge bereits im ersten Kapitel dieser Untersuchung hingewiesen und komme auf diesen Punkt ausführlich im Unterkapitel 2.2.8 „Größere Textbausteine" zurück.

Die Austauschbarkeit der Seiten lässt sich auch der Paginierung ablesen: Beim Durchblättern verschiedener Typoskripte aus dem Bernhard-Nachlass wird schnell deutlich, dass die Seitenzählung in den seltensten Fällen eine stringent fortlaufende Ordnung widerspiegelt. Die Seiten sind jedoch nicht etwa durcheinandergeraten, sondern von Bernhard in eine Ordnung gebracht, die sich allerdings erst während des Schreibprozesses etabliert. Auch hier waltet statt des sukzessiven Prinzips das sequenzielle: Das Flächenarrangement und die darin ‚eingepassten' Textbausteine definieren die Einheit Seite, welche an beliebiger Stelle in eine Abfolge von Seiten integriert werden kann.

Wie wichtig die Anordnung der Textbausteine auf der Seite ist, lässt sich auch der Art und Weise ablesen, wie Bernhard die zahlreichen Korrekturen ausführt. Diese finden im eineinhalbzeilig getippten Text (ausschließlich) im Zeilenzwischenraum Platz, d. h. Varianten oder Zusätze werden direkt an den betreffenden Stellen im Zeilenfluss notiert, an die sie eingesetzt werden sollen. Oftmals stehen sie direkt über den zuvor getilgten Wörtern, die sie ersetzen sollen. Die Textbausteine werden nachträglich richtiggehend in den Text eingebaut oder miteinander ausgetauscht. Auch hier scheint es Bernhard wichtig zu sein, die Korrekturen als neue Textbausteine an Ort und Stelle in den Text einzugliedern, auch wenn dieses Verfahren deutlich zu Lasten der Lesbarkeit des Typoskripts geht. Peter Handke hingegen wählt den Zeilenabstand so, dass Korrekturen fast gänzlich ausgeschlossen sind. Werden sie doch vorgenommen, besitzen sie den Charakter marginaler Änderungen, nicht gleichwertiger Varianten. Größere Änderungen notiert Handke – wie allgemein üblich – am dafür eingerichteten, ausreichend breiten Seitenrand.

Neben der räumlichen Organisation der Schrift, die einen modularen Aufbau des Textes ermöglicht und befördert, fällt an Bernhards Typoskript vor allem auf, dass nahezu alle Korrekturen mit der Maschine ausgeführt sind. Obwohl die Korrekturen sehr viel zahlreicher sind als etwa in Handkes Typoskript, greift Bernhard in den seltensten Fällen zum Stift, um damit schneller korrigieren zu können. Stattdessen bewegt er unermüdlich den Papierträgerwagen und die Schreibwalze, um die Änderungen an die exakten Stellen im Zeilenzwischenraum zu tippen. So werden die Korrekturen nicht nur durch ihre Positionierung, sondern auch durch ihre typographisch identische Gestalt zu gleichwertigen Varianten der im ersten Arbeitsgang verwendeten Textbausteine. Auch die Tilgungen nimmt Bernhard meistenteils mit der Maschine vor – üblicherweise tilgt er wie im vorliegenden Fall mit „XXX", andernorts mit der Buchstabenfolge „MNMN", bisweilen benutzt er (zusätzlich) einen schwarzem Filzstift, um auszustreichen.

Schon anhand dieser wenigen aus dem Vergleich von Handkes und Bernhards Typoskript gewonnenen Beobachtungen lassen sich entscheidende Schlüsse ziehen: Der erste und wichtigste widerspricht dem bekannten Dogma des „Handschrift-Fetischisten" Heidegger,[69] in der Maschinenschrift sähen alle Menschen gleich aus.[70] Gerade die Organisation der Seite und die Verteilung der Schrift in dem dafür eingerichteten Raum ist höchst individuell und Ausdruck und Grundlage der ebenso individuellen Schreibverfahren des Autors oder der Autorin. Durch den Vergleich mehrerer Typoskripte unterschiedlicher Provenienz lassen sich so bereits auf den ersten Blick deutliche Unterschiede erkennen, die im zweiten Schritt Rückschlüsse auf die Arbeitsweise des Schrift-Stellers erlauben.

Bernhards Seitenorganisation lohnt also auch noch einer eingehenderen Betrachtung: Die Einrichtung der DIN A4 Seite scheint hier einerseits die optimalen Bedingungen für eine Arbeit mit Textbausteinen zu schaffen und andererseits schon durch diese Textbausteine bestimmt zu sein. An den simultan existierenden Varianten (Wörter, Sätze) und den Mechanismen zu ‚Erschreibung' eines größeren Textbausteins (Seite) lässt sich Bernhards Poetik bereits *in nuce* ablesen. An der Organisation des Textes auf der Seite, die sich der Textverteilung im Blocksatz maximal annähert, lässt sich jedoch auch etwas anderes erkennen: Bernhard schreibt stets und von Beginn an einen *Druck*text. Die Wahl des Schreibgeräts macht es möglich, den verlagsseitig gedruckten Text bereits während des Arbeitsprozess zu ‚simulieren' und somit Rezeptionseffekte, welche durch Verfahren des visuellen Schreibens generiert werden (Wiederholung, Reduplikation, Variation, die ich in diesem Kapitel noch einmal hinsichtlich der Schreib- und Kompositionsprozesse beschreiben möchte), selbst zu erfahren und womöglich zu kalkulieren. Die universelle Nutzung der Schreibmaschine scheint für Bernhard, wie schon die vielfach aufwendigeren, maschinell ausgeführten Korrekturen zeigen, von größter Wichtigkeit zu sein. Die uniforme Type der Maschine sorgt dafür, dass die Buchstaben und Wörter in ihrer Gestalt identisch werden, was für Bernhards Schreib- und Kompositionsverfahren von entscheidender Bedeutung ist. Diese Verfahren orientieren sich allesamt an der Schriftgestalt und wären mit Handschrift, die zwar ähnliche, niemals jedoch identische Zeichen produziert, weder durchführbar, noch würden sie dieselben Effekte zeitigen. Dies lässt sich anhand des einzigen [!] umfangreicheren handgeschriebenen Texts aus Bernhards Nachlass, dem Anfangsentwurf für den 1971 veröffentlichten kurzen Prosatext *Gehen* verdeutlichen (s. Abb. 5). Auch in diesem handschriftlichen Entwurf

---

[69] Ludger Lütkehaus, „Ein Ding gleich mir ...". Wie der Philosoph Friedrich Nietzsche sich die Schreibmaschine zunutze machte. In: Die Zeit, Nr. 44, 23. Oktober 2003, online unter www.zeit.de/2003/44/ST-Nietzsche, letzter Zugriff: April 2018.
[70] „Das maschinelle Schreiben nimmt der Hand im Bereich des geschriebenen Wortes den Rang und degradiert das Wort zu einem Verkehrsmittel. Außerdem bietet die Maschinenschrift den Vorteil, daß sie die Handschrift und damit den Charakter verbirgt. In der Maschinenschrift sehen alle Menschen gleich aus." Heidegger, Parmenides, S. 119.

2.2 „Das sind die Sätze, Wörter, die man aufbaut" – Schreiben mit Textbausteinen — 127

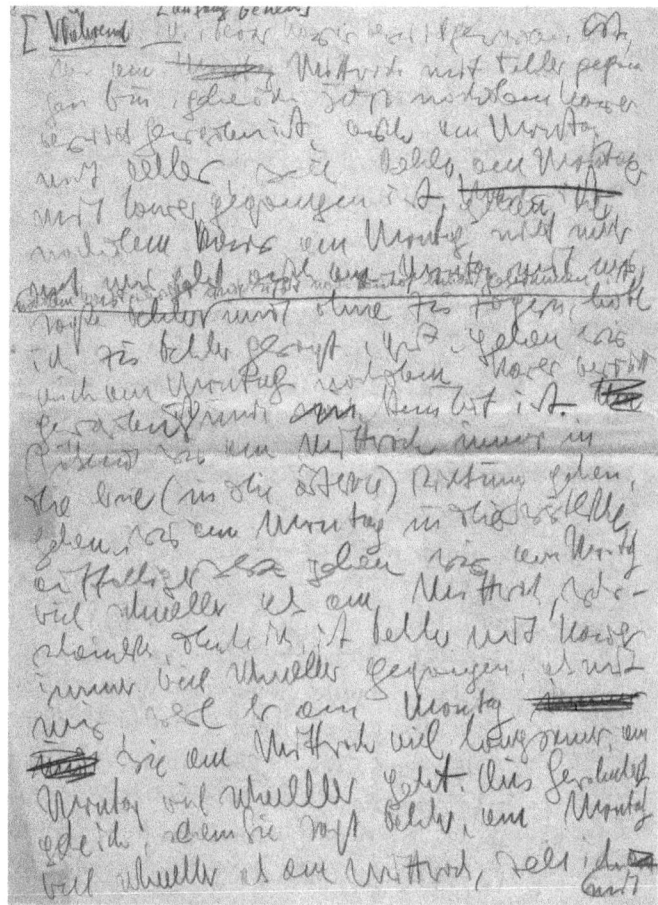

Abb. 5: Thomas Bernhard, handschriftlicher Entwurf zu *Gehen*.

versucht Bernhard die für sein Schreiben charakteristischen Verfahren anzuwenden: Ausnutzung des gesamten Raums der Seite, Ersetzung von Textbausteinen, die hier auch in Form von Überschreibungen praktiziert wird (so beim ersten Wort „Während", das ein kaum mehr lesbares Wort ersetzt),[71] Einfügungen in die Zwischenzeile. Der Text wird durch diese Operationen nicht nur extrem schwer lesbar

---

[71] Vgl. zur Ersetzung der mutmaßlichen Konjunktion „Obgleich" durch „Während", die trotz des scheinbar zu vernachlässigenden Unterschieds erstaunliche Konsequenzen auf die Rezeption des Textanfangs von *Gehen* hat, meine Ausführungen in Kapitel 4.5 „Wiederholung und Variation als Verfahren zur Betonung der Sequenzialität".

(was auch an Bernhards eigenwilliger Handschrift liegt): Die *sichtbaren* Effekte, welche die Konstellierung der Textbausteine im Typoskript wie im Drucktext hat, kommen im handschriftlichen Text schlechterdings nicht zum Tragen, da die Bausteine nicht als identische ‚Wortbilder' wiedererkannt werden können.

Für Bernhard ist also die Schreibmaschine *das* Arbeitsgerät der Wahl. Sein Freund Karl Ignaz Hennetmair behauptet, wie eingangs zitiert, Bernhard könne seine Texte ausschließlich auf sehr schweren Schreibmaschinen ‚zusammenhämmern', und auch Bernhard selbst suggeriert in *Der Atem*, dem 1978 erscheinenden dritten Teil seiner Autobiographie, die alte Maschine des Großvaters sei sein bevorzugtes Schreibgerät. Im Nachlass des Großvaters habe sich,

> auch seine Schreibmaschine befunden, die er sich in den frühen zwanziger Jahren im Wiener Dorotheum ersteigert und auf welcher er alle seine Arbeiten *ins Reine*, wie er immer gesagt hat, geschrieben hatte und auf welcher ich selbst heute noch meine Arbeiten schreibe, eine wahrscheinlich schon über sechzig Jahre alte amerikanische L.C. Smith.[72]

Dieser Beschreibung korrespondiert ein bereits 1966 aufgenommenes Foto von Thomas Bernhards Schreibszene (s. Abb. 6). Die Inszenierung des Autors als ‚Heimatdichter' (kurze Hose, kariertes Hemd, rustikaler Holztisch, Idyll an der Wand), der einerseits auf Tradition setzt (historische, noch dazu ererbte Schreibmaschine), andererseits an der klassischen Moderne orientiert ist (auf dem Tisch liegen erkennbar *Das Schloss* von Franz Kafka und *Die Wellen* von Virginia Wolf), entspricht dem Bild, das in den frühen 1960er Jahren von Thomas Bernhard vermittelt wurde.[73] Auch hier handelt es sich jedoch um eine medienwirksame *Inszenierung* des Autors, nicht um die Ablichtung seiner alltäglichen Schreibszene. Die Typoskripte des Nachlasses sprechen nämlich aufgrund eines einfachen Umstands dagegen, dass Bernhard tatsächlich vorwiegend die L.C. Smith benutzt hätte: Die amerikanische Schreibmaschine besitzt keine Umlaute, dieselben finden sich jedoch in einer deutlichen Mehrzahl der Typoskripte.[74] Bernhard

---

72 Thomas Bernhard, Der Atem. In: Bernhard, Werke, Bd. 10: Die Autobiographie, hg. von Martin Huber und Manfred Mittermayer, Frankfurt a.M. 2004, S. 281.
73 Auf diesen anspruchsvollen Spagat der Autoren-Inszenierung zwischen Heimatdichter und modernem Autor komme ich im dritten Kapitel der Untersuchung zurück. Vgl. insb. das Unterkapitel 3.2 „Die Marke Thomas Bernhard im Suhrkamp Verlag".
74 Manfred Mittermayer erwähnt im Zuge seiner Untersuchung der frühen Texte Bernhards, dass dieser Ende der 40er Jahre ein „Schauspiel in zwei Akten" geschrieben habe, das den Titel „Peter Kühn" bzw. aufgrund der fehlenden Umlaute „Peter Kuehn" trage, es sei deshalb anzunehmen, dass er dieses auf der Schreibmaschine seines Großvaters, der *L.C. Smith*, geschrieben habe. Vgl. Manfred Mittermayer, „Aufzuwachen und ein Haus zu haben". Thomas Bernhards „Heimatkomplex" in frühen und frühesten Texten. In: Ferne Heimat, nahe Fremde: bei Dichtern

2.2 „Das sind die Sätze, Wörter, die man aufbaut" – Schreiben mit Textbausteinen   129

Abb. 6: Bernhard an seinem Schreibtisch in Obernathal (1966).

schreibt vielmehr auf verschiedenen modernen und präferiert vor allem leichte Reiseschreibmaschinen. Im Oberösterreichischen Literaturmuseum befindet sich

---

und Nachdenkern, hg. von Eduard Beutner und Karlheinz Rossbacher, Würzburg 2008, S. 186–202, hier S. 190 u. S. 202, Anm. 12. Eine weitere Ausnahme zu den mit Umlauten versehenen Typoskripten findet sich z. B. im Typoskript zu Bernhards zuletzt erschienenem Roman *Auslöschung*. Auf den Blättern 279 f. ist die oft wiederholte „gähnende Leere" zunächst tatsächlich die „gahnende Leere", Bernhard trägt die fehlenden Diakritika handschriftlich nach. So auch auf Blatt 285 des Typoskripts, wo das – übertrieben oft auftauchende – Wort „Übertreibung" durch die nachträglich angebrachten Ü-Striche zusätzlich graphisch hervortritt („Wir steigern uns oft in eine Übertreibung derartig hinein [...]"; „[...] das Geheimnis des großen Kunstwerks ist die Übertreibung [...].") Vgl. NLTB, TBA, W 9/2, Blatt 279f. Diese Besonderheit kommt deshalb zustande, weil die Seiten auf einer Olivetti-Maschine getippt wurden, die Bernhard auf einer Italienreise gekauft hatte und die „zur großen Überraschung des Autors" mit einer italienischen Tastatur ohne Umlaute ausgerüstet war. Vgl. dazu den Kommentar in Bernhard, Auslöschung (WA) S. 526.

Abb. 7: Thomas Bernhards Arbeitsplatz im Vierkanthof in Obernathal.

etwa seine *Hermes Baby*,[75] in seinem Haus in Obernathal kann Bernhards Arbeitsplatz mit der *Olivetti Lettera 35* besichtigt werden (s. Abb. 7). Hier arbeitet der Autor im kleinsten Raum des Hauses an der Reiseschreibmaschine, hinter ihm die wie reine Dekoration wirkenden Bücherregale, die hauptsächlich mit den eigenen Büchern bestückt sind, aber auch andere – vornehmlich aus dem Suhrkamp Verlag stammende – Bücher enthalten, bei denen es sich aller Wahrscheinlichkeit nach um Geschenke des Verlegers handelt. Bernhards Vorliebe für die *Bibliothek Suhrkamp* ist auf den ersten Blick zu erkennen, und auch der hohe Stellenwert, welchen er der Buchgestaltung einräumt, wird in den nach Reihen und Formaten geordneten Büchern sofort augenscheinlich. In diesem kulissenhaften Setting ist

---

[75] Vgl. das Protokoll der Pressekonferenz zur Wiedereröffnung des Museums vom 2. Oktober 2013, online unter www.land-oberoesterreich.gv.at/Mediendateien/LK/PK_LH_Dr._Puehringer_2.10.2013_Internet.pdf, letzter Zugriff: April 2018.

die Schreibmaschine auf dem Tisch der eigentlich zentrale Gebrauchsgegenstand. Auch in seinem Haus in Ottnang hat sich Bernhard, wie sein Halbbruder Peter Fabjan in einem Interview mit der *Lettre International* bestätigt, zwar mit alten Schreibmaschinen umgeben, jedoch auf einer modernen Reiseschreibmaschine gearbeitet und hier sein letztes Stück *Heldenplatz* geschrieben:

> Ich glaube, er hat's selber gesagt, oder hat's mir jemand berichtet: hier, an demselben Platz, obwohl nicht auf dieser Schreibmaschine. Er hatte gerne so alte Schreibmaschinen, und wenn er sie irgendwo gesehen hat, hat er sie gleich erworben, denn sie erinnerten ihn an die alte Schreibmaschine, die ihm der Großvater vermacht hatte. Es war also nicht die hier, eine Continental, sondern seine Reiseschreibmaschine. In Wirklichkeit hatte er es auf seiner Reiseschreibmaschine geschrieben.[76]

Bernhards Wahl des Schreibgeräts ist so nicht etwa nostalgisch oder gar fetischistisch – im Sinne eines magischen Übergangs der schriftstellerischen Fähigkeiten vom Großvater auf den Enkelsohn – motiviert, sondern den konstruktiven Prinzipien seiner Arbeitsweise geschuldet. Diese orientieren sich allerdings sehr wohl an der *Schreibpraxis* des Großvaters. Bernhard scheint sich dessen konstellierende – und in Johannes Freumbichlers Fall heißt das tatsächlich mit Schere und Kleber *collagierende* – Arbeitsweise gewissermaßen ‚abgeschaut' zu haben.[77] Bei der Betrachtung von Freumbichlers Notizbuch zum 1942 erschienenen Roman *Auszug und Heimkehr des Jodok Fink* (s. Abb. 8) wird auf den ersten Blick deutlich, dass auch dieser Text eher *gebaut* als geschrieben ist. Bernhard radikalisiert die vom Großvater übernommene Arbeitsweise, indem er von Anfang an auf die Schreibmaschine zurückgreift und sie nicht etwa nur für die Reinschrift verwendet. Die Arbeit an und mit der Maschine beginnt so bereits im Entwurfsstadium.

2.2.3 Bernhards Entwurfspraxis: Satzmodelle und Textbausteine

Bernhards gesamte Arbeitsweise ist durch das Konstellieren einzelner Bausteine gekennzeichnet, was sich bereits überdeutlich in seiner Entwurfpraxis zeigt. Im Gegensatz zu anderen AutorInnen, denen der Entwurf hauptsächlich dazu dient, den ‚Stoff' des zu schreibenden Textes festzuhalten oder auszufeilen, arbeitet Bernhard schon hier konstruktiv mit dem Schriftmaterial und der Zweidimensionalität des Papiers: In Listenform werden einzelne oder zu Phrasen und kurzen

---

[76] Marek Kedzierski, Aurach, in: Lettre International, Bd. 84, Heft 1: Schräge Geschichten, 2009, S. 10.
[77] Vgl. dazu Bernhard Judex, Der Schriftsteller Johannes Freumbichler 1881–1949. Leben und Werk von Thomas Bernhards Großvater, Wien 2006, S. 125 ff.

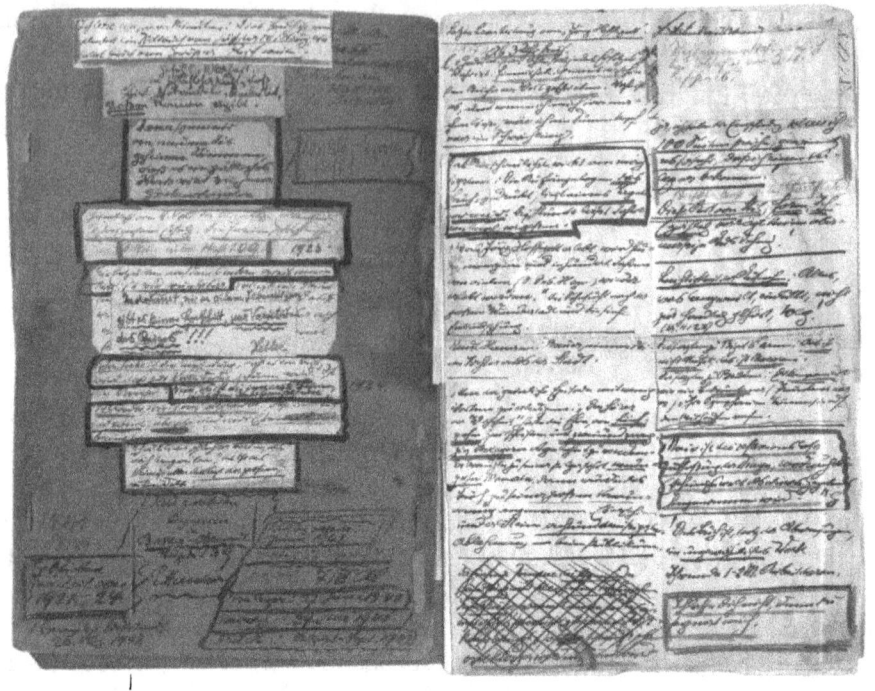

Abb. 8: Johannes Freumbichler, Notizbuch zu *Auszug und Heimkehr des Jodok Fink*.

Sätzen zusammengestellte Wörter notiert, die daraufhin in den Zeugnissen der verschiedenen Arbeitsphasen wie auch im abgeschlossenen Typoskript immer wieder als fixe Einheiten auftauchen. Zwar sind diese charakteristischen Entwurfslisten in großer Zahl vorhanden, jedoch fertigt Bernhard auch Entwürfe an, die im Sinne eines inhaltlichen Skizzierens konventioneller sind. Einer dieser seltenen und rudimentären Plot-Entwürfe findet sich beispielsweise im *Holzfällen*-Konvolut.[78] Es handelt sich um ein maschinell eng beschriebenes DIN A6 Blatt mit folgender Aufschrift:

> Joana, Fritz, Gerhard etc. Sebastiansplatz 3. Bez.
> Geburtstagsfeier, dann Tonhof mit allen Konsequenzen
> Ende Irrenhaus Gerhard, Flucht meinerseits etcetera.
> Ende d. Studiums und nichts mehr damit zu tun haben
> wollen.
>   aus?

---

[78] NLTB, TBA, W 7/1a.

2.2 „Das sind die Sätze, Wörter, die man aufbaut" – Schreiben mit Textbausteinen 133

Unterhalb des sechszeiligen Entwurfs findet sich ein handschriftlicher Vermerk „Aus der Schachtel 1981/82". Dass Bernhard bestehende Texte und Fragmente in andere Schreibprojekte integriert, haben die Herausgeber der Werkausgabe anhand des Nachlasses anschaulich gezeigt.[79] Bernhard selbst beschreibt sein Vorgehen, Textbausteine „aus der Schachtel" zu recyclen, folgendermaßen:

> Ich schreibe ja wochenlang nichts. Monate, Jahre. Auf einmal ist wieder irgendwas da. Da schau' ich dann in die Schublade hinein, in mein Schatzkästlein. Ich tu' ja sonst nichts, da mach' ich so ein kleines Panzerschränklein auf, und da ist wieder ein Manuskript drin. Irgendwie wächst sich wieder was zusammen.[80]

Das organisch anmutende ‚Zusammenwachsen', von dem Bernhard hier spricht, steht nur in scheinbarem Widerspruch zu der Konstellierung, die er ja immerhin eigenhändig ausführt. Vielmehr spricht diese Äußerung dafür, dass Bernhard der mechanische Prozess des Schreibmaschineschreibens so selbstverständlich und automatisch ablaufend erscheint, dass er sich einem solchen organischen Prozess annähert.[81] In der Schublade liegen jedoch nicht nur Manuskripte, sondern –

---

[79] Besonders augenfällig wird diese Praxis, wenn Bernhard ganze Typoskriptteile aus bestehenden Texten überarbeitet und so in ‚neue' Texte transformiert (wie etwa im Fall der Ausgliederung eines Textteils aus dem Typoskript *Schwarzach St. Veit*, das nach neuerlicher Überarbeitung 1989 als *In der Höhe* erscheint) oder wenn durch einfache serielle Änderungen ganze Typoskripte ‚umgewidmet' werden (etwa im Fall eines ursprünglich zum *Kalkwerk* gehörenden Texts, der durch das Ersetzen des Wortes „Kalkwerk" durch „Internat" in *Korrektur* eingegliedert werden sollte). Vgl. dazu den Kommentar in Bernhard, Korrektur (WA), S. 346 ff.
[80] Thomas Bernhard und Kurt Hofmann, Bis einem Hören und Sehen vergeht. In: Hofmann, Aus Gesprächen mit Thomas Bernhard, Wien 1988, S. 21–34, hier S. 21.
[81] Die Synthese von Organischem und Technik erinnert hier zumindest formal stark an Ernst Jüngers Überlegungen zum Desiderat einer ‚organischen Konstruktion' und zur „Verschmelzung des Unterschiedes zwischen organischer und mechanischer Welt" (S. 181), wie sie der Autor v. a. in seinem Großessay *Der Arbeiter* (1931) in immer neuen Anläufen zu konturieren versucht: „Auch hier wiederum [Jünger bezieht sich auf die Mobilmachung, C.M.] enthüllt sich die Einheit von organischer und mechanischer Welt; die Technik wird Organ und tritt als selbständige Macht zurück in demselben Maße, in dem sie an Perfektion und damit an Selbstverständlichkeit gewinnt. [...] Hier berühren wir das Gebiet der konstruktiven Tätigkeit, auf dem der Einfluß einer gleichviel wie gearteten Beständigkeit der Mittel bei weitem deutlicher wird. Wir streifen bereits den Begriff der organischen Konstruktion, die sich in bezug auf den Typus äußert als enge und widerspruchslose Verschmelzung des Menschen mit den Werkzeugen, die ihm zur Verfügung stehen. In bezug auf diese Werkzeuge selbst ist von organischer Konstruktion dann zu sprechen, wenn die Technik jenen höchsten Grad von Selbstverständlichkeit erreicht, wie er tierischen oder pflanzlichen Gliedmaßen innewohnt." Ernst Jünger, Der Arbeiter. In: Jünger, Sämtliche Werke, Bd. 8: Essays II, Stuttgart 1981, S. 159–208, hier S. 190 f.

wie die offenbar schon 1981/82 angefertigte Skizze im Konvolut zu *Holzfällen* (geschrieben und erschienen 1984) zeigt – auch Entwurfszettel. Diese Sammlung von Entwurfszetteln, die zum ‚Fundament' eines sofort oder später zu schreibenden Textes werden sollen, deckt sich erneut mit dem Bauprozess, den Roithamer in *Korrektur* beschreibt:

> [...] diese ersten Skizzen und Notizen waren die wichtigsten, sie stellten sich immer wieder während des Planens und Bauens als die *aller*wichtigsten heraus, auf dem Fundament und auf der Ursprünglichkeit dieser Skizzen und Notizen baute ich dann während der langen sechsjährigen, nur auf dieses Ziel hin investierten Jahre den Kegel, so Roithamer.[82]

Bernhards Textbausteine sind genau wie Roithamers Skizzen und Notizen nicht nach einer erkennbaren Systematik geordnet. Für den Ich-Erzähler der *Korrektur* wächst sich diese mangelnde Systematik zum Problem aus, nachdem er, wir erinnern uns, den Rucksack mit Roithamers Papieren, die er eigentlich „sichten und ordnen" wollte, umgekippt hat. Der Erzähler fürchtet, „da die Papiere Roithamers, wie ich weiß, fast nie gekennzeichnet sind, keine Seitenziffern undsofort [...], die Papiere niemals mehr in Ordnung zu bringen".[83] Was für den Erzähler wie für den Leser des zweiten Teils der *Korrektur* schwierig erscheint – eine kohärente Ordnung in einen offenbar anderen Gesetzen gehorchenden „Papierhaufen"[84] zu bringen –, ist für den konstruierenden Schreiber eine absolute Notwendigkeit, da er nur so die Blätter prinzipiell austauschbar macht. So sind Bernhards Entwurfszettel tatsächlich weder paginiert noch etwa mittels eigens angelegter Zettelkästen o. ä. systematisiert.[85] Sie werden allenfalls zur späteren Verwendung in Bernhards „Schublade" aufbewahrt, die nicht zufällig an Roithamers Schreib-

---

82 Bernhard, Korrektur (EA), S. 54.
83 Bernhard, Korrektur (EA), S. 183.
84 Der Papierhaufen gehorcht offenbar – genau wie der Kegel – den Gesetzen der Statik und der „Materialgerechtigkeit" (Bernhard, Korrektur (EA), S. 348): „[...] ich trat einen Schritt zurück und dann noch einen Schritt und dann noch einen Schritt und beobachtete vom Fenster aus [...] den Papierhaufen, der sich jetzt, wie ich ihn vom Fenster aus beobachtete, noch bewegte, nach und nach rutschten noch einige Blätter des Nachlasses Roithamers von oben nach unten, wo Hohlräume in dem Papierhaufen waren, gaben diese Hohlräume nach, sah ich, und wieder gingen Blätter zu Boden." Bernhard, Korrektur (EA), S. 182.
85 Einen Eindruck davon, wie unterschiedlich solche AutorInnen-Zettelkästen sein können, vermittelte die Ausstellung *Zettelkästen. Maschinen der Phantasie* im Marbacher Literaturmuseum der Moderne vom 4. März bis 15. September 2013. Vgl. dazu den durchaus als eigenständige Publikation funktionierenden Katalog zur Ausstellung Heike Gfrereis und Ellen Strittmatter (Hg.), Zettelkästen. Maschinen der Phantasie, Marbach a.N. 2013.

tischschublade erinnert, in welche der *Korrektur*-Erzähler schlussendlich alle Papiere hineinstopft.

Auch die Heterogenität der Schreibuntergründe, auf denen Bernhard seine Entwürfe notiert, spricht gegen ein kohärentes System. Die Blätter und Zettel unterscheiden sich stark in Format und Papierqualität und sprechen für eine eher zufällige Auswahl von Papieren, die gerade zur Hand sind. Bernhards bekanntester, diese Wahllosigkeit auf die skurrile Spitze treibender, Entwurf dürfte die Notiz zu seinem 1986 erschienenen Roman *Auslöschung* auf einer Waschmaschinenbedienungsanleitung sein (s. Abb. 9).

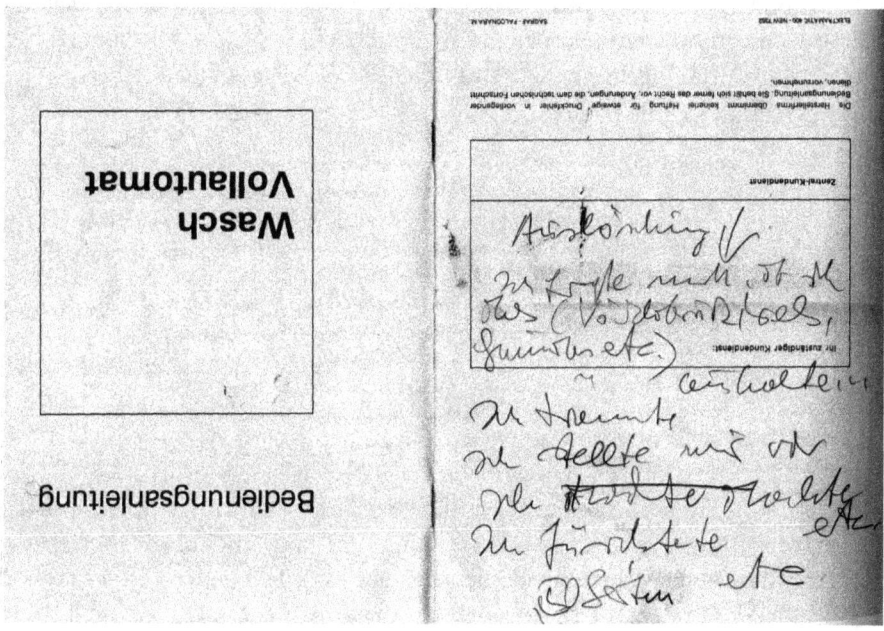

Abb. 9: Thomas Bernhard, handschriftlicher Entwurf zu *Auslöschung*.

Obwohl dieser Schreibuntergrund tatsächlich der wohl außergewöhnlichste im gesamten Nachlass ist, ist der Entwurf selbst in vielerlei Hinsicht paradigmatisch für die Mehrheit der von Bernhard erstellten Entwürfe. Diese ähneln sich vor allem bezüglich ihrer Form und Struktur: Meist bestehen sie, wie bereits beschrieben, aus Wörtern oder kurzen Sätzen, die in Form einer Liste buchstäblich zusammen-gestellt sind. Statt erwartbarer Notizen zu Plot, Personen, Handlungen etc. enthalten sie zumeist für die Leserin unzusammenhängende Wörter, oftmals auch im späteren Text verwendete oder wieder verworfene Namen, am häufigsten bestehen sie jedoch aus „Satzmodellen",[86] die offenbar das Grundgerüst der zu schreibenden Texte bilden sollen. Die willkürliche Auswahl des Schreibuntergrundes belegt einerseits erneut, dass Bernhard keine systematische Entwurfsarbeit leistet. Andererseits zeigt der Umstand, dass er die Sätze *sofort* auf eine gerade zuhandene Anleitung notiert, statt durch die Suche nach einem unbeschriebenen Blatt einen Verlust von „Stichwörtern" zu riskieren, dass diese für seine anschließende Schreibarbeit hohe Relevanz besitzen.

Trotz aller Kuriosität ist der Entwurf zur *Auslöschung* in einem weiteren Sinne paradigmatisch für Bernhards Arbeitsweise: Wie in vielen anderen Entwürfen existiert auch hier schon in einem frühen Arbeitsstadium der Titel für den zu schreibenden Text.[87] Unter diesem Titel und dem Pfeil, der die weitere Leserichtung vorgibt, gruppieren sich auf dem beschreibbaren Bereich der Bedienungsanleitung ein vollständiger und mehrere elliptische Sätze untereinander:

> Ich fragte mich, ob ich
> das (Vöcklabruck, Wels,
> Gmunden etc.)
>   aushalte [unlesbar]
> Ich träumte
> Ich stellte mir vor
> Ich ~~dachte~~ dachte
>   etc.
> Ich fürchtete
>   etc.
> 50 Seiten

Bernhard notiert hier, wie in unzähligen seiner Listen-Entwürfe, *handschriftlich* einige Wörter, Namen und kurze Sätze. Schon allein durch die Wahl des Schreibgeräts sind diese ersten Entwürfe deutlich von den darauffolgenden Schreibstadien unterschieden, in denen fast ausnahmslos nurmehr die Maschine zum Einsatz kommt. Von der horizontalen Organisation der Sätze, weicht allein der erste Satz

---

[86] Ich übernehme diesen treffenden Begriff aus dem Kommentar in Bernhard, Auslöschung (WA), S. 533 u. ö.

[87] Vgl. den Kommentar in Thomas Bernhard, Erzählungen III. Ja. Die Billigesser. Wittgensteins Neffe. In: Bernhard, Werke, Bd. 13, hg. von Hans Höller und Manfred Mittermayer, Frankfurt a.M. 2008, S. 320. Die Herausgeber bemerken, es sei typisch für Bernhard, bereits in einem sehr frühen Arbeitsstadium Titel, Motto, Anfang und Schluss zu entwerfen. Allerdings handelt es sich bei Bernhards Titeln allenfalls um vorläufige, die problemlos ersetzt oder für andere Textkonvolute nutzbar gemacht werden können. Gerade im Fall von *Auslöschung* wechselt der Titel mehrfach. Vgl. dazu den Kommentar in Bernhard, Auslöschung (WA), S. 511–533.

ab, der zudem im vorgegebenen Rahmen des „Kundendienst"-Felds zu stehen kommt. Innerhalb dieses Satzes treten besonders die einzelnen, durch Komma voneinander getrennten und durch eine Klammer gruppierten Wörter hervor („Vöcklabruck, Wels, Gmunden, etc."). Diese auf den ersten Blick unscheinbaren Städtenamen sind Ausdruck von Bernhards bereits angesprochener Praxis, über ‚Stichwörter' und so mit Minimalaufwand den schon allzu offensichtlichen autobiographischen Bezug herzustellen, mit dem die Bernhard'schen Texte so häufig spielen: All diese Städte befinden sich im direkten Umfeld von Bernhards Vierkanthof in Obernathal. Das sich an die Städtenamen anschließende „etc." sagt ebenfalls mehr über Bernhards Schreibpraxis aus, als man auf den ersten Blick vermuten könnte. Die im Entwurf noch zwei Mal auftauchende Abkürzung bleibt zunächst – wohl auch durch ihre etwas unmotiviert wirkende Position am Rand und zwischen den Zeilen – schwer deutbar, sie ist jedoch für Bernhards Weiterarbeit ebenso konstitutiv wie die notierten Wörter und Sätze, die in der Folge zu textkonstitutiven Bausteinen werden. Das in Bernhards Entwürfen ausgesprochen häufig auftauchende „etc." bzw. das zusammengeschriebene „etcetera" wirken zunächst irritierend, da nicht klar wird, welche Reihe hier fortgesetzt wird bzw. welche Systematik hinter der Auflistung stecken könnte. Sieht man sich jedoch die Verwendung der Textbausteine im weiteren Schreibprozess an, so wird deutlich, dass das „etc." in Bernhards ‚Baukastensysten' sowohl als implizite Vor-Schrift einer Struktur fungiert, die aus den – wiederholten und variierten – Textbausteinen zusammengesetzt wird, als auch die Regeln zur Verwendung der notierten Sätze beinhaltet. Erst durch die mögliche Fortsetzung einer Reihe aus notierten Sätzen, die durch das „etc." angezeigt wird, werden die Sätze zu *Satzmodellen*. In späteren textgenetischen Stadien produziert das „etc." so eine Vielzahl von Sätzen, die sich an diesen Modellen orientieren. In diesem knappen Entwurf sind demnach nicht nur einzelne Textbausteine festgelegt, die den Text strukturieren werden, auch ihre *Handhabung* (hier ihre Vervielfältigung nach einem nur dem Autor bekannten Prinzip) ist bereits vorgezeichnet.

Unterhalb der Sätze und eingerückt – und damit außerhalb des Bezugsrahmens der Satzmodelle – findet sich Bernhards Vermerk „50 Seiten". Diese Notiz scheint auf den ersten Blick marginal und kryptisch, bildet jedoch ebenso ein wichtiges Prinzip von Bernhards Schreibpraxis ab. Durch die Entwürfe wird nämlich nicht nur ein Repertoire aus Textbausteinen angelegt und die zugehörigen Schreiboperationen geregelt, es wird auch festgelegt, über welchen Textumfang diese Bausteine wiederholt und variiert werden sollen, um so Textsequenzen zu definieren.[88] In den Entwürfen sind darüber hinaus oftmals Vermerke zum

---

88 Vgl. dazu meine Ausführungen auf S. 76 ff. dieser Untersuchung.

geplanten Gesamtumfang der Texte zu finden. So zum Beispiel im mutmaßlich allerersten Entwurf zum Roman *Das Kalkwerk:* Bernhard notiert hier – seiner Gleichgültigkeit gegen die Eignung von Schreibuntergründen treu bleibend – auf der Rückseite des Vertragsexemplars zur 1969 erschienenen Erzählung *Watten* „200 Seiten genau", womit die Festlegung des Textumfangs in diesem Fall sogar der initiale Arbeitsschritt ist.[89]

Der Entwurf zu Bernhards zuletzt erschienenem Text *Auslöschung* zeigt in konzentrierter – und für den ungeschulten Betrachter zunächst hermetischer – Form, wie ein Bernhard'scher Entwurf üblicherweise aussieht und funktioniert. Die schnelle und reduzierte Ausführung dieses späten Entwurfs und auch die diversen, auf das ‚Baukastensystem' des Autors verweisenden „etc." demonstrieren anschaulich, wie Bernhards Kompositions- und Schreibprozesse sich mit der Zeit automatisieren. Um den Ausgangspunkt der im doppelten Sinn mechanischen Schreibarbeit Bernhards zu verstehen, bietet es sich deshalb an, weitere Entwürfe zu untersuchen.

Entwürfe zum *Kalkwerk*

Thomas Bernhard beginnt bereits Ende 1967 mit der Arbeit an seinem Roman *Das Kalkwerk,* der drei Jahre später erscheinen soll.[90] Den Beginn eines jeden neuen Schreibprojekts stellt er im Interview so dar:

> Eines Tages setz' ich mich hin und schreib halt eine Prosa und dann wieder was anderes. [...] Ich hab' ja kein Konzept, so wie der Heimito von Doderer. Der hat seine Bücher entworfen, der hat seine Bücher gebaut wie ein Architekt, am Reißbrett [...]. Man will was Gutes machen, hat eine Lust an dem, was man macht, wie ein Pianist. Der fangt auch zum Spielen an, dann probiert er einmal drei Töne, dann kann er zwanzig, und dann kann er einmal alle, und die perfektioniert er halt, so lang' er lebt. [...] Und ich mach das so wie andere mit Tönen, halt mit Wörtern. Fertig. Was anderes interessiert mich eigentlich überhaupt nicht. Das ist der Reiz jeder Kunst. Die Kunst ist ja nur das, daß man immer besser auf dem Instrument, das man sich ausgesucht hat, spielt.[91]

Bernhard betont in dieser Äußerung erneut, dass das Grundinventar, aus dem er „eine Prosa" schreibt, „Wörter" sind. Einen Plan vom *Fortgang* der Prosa scheint es zunächst nicht zu geben, stattdessen liegt die Betonung auf dem Mechanismus des ‚Ausprobierens' und ‚Spielens' mit dem Material. Die Metaphorik des Klavier-

---

89 NLTB, TBA, W 3/1a, Blatt 1v.
90 Vgl. zur Entstehungsgeschichte den Kommentar in Bernhard, Das Kalkwerk (WA), S. 235 f.
91 Bernhard/Hofmann, Bis einem Hören und Sehen vergeht, S. 23.

2.2 „Das sind die Sätze, Wörter, die man aufbaut" – Schreiben mit Textbausteinen — 139

spielens ist dabei nicht zufällig, denkt man an Bernhards favorisiertes Schreibgerät. Wie Catherine Viollet zurecht bemerkt, gewinnt

> [durch] die Anlage der Tastatur der Prozeß des Schreibens Ähnlichkeit mit dem Klavierspielen; wie beim Klavierspielen, aber im Gegensatz zum Handschreiben, werden (normalerweise) beide Hände eingesetzt. Die Zeichenschrift (Buchstaben des Alphabets, Interpunktionszeichen) entspricht annähernd der Tonschrift, und die unterbrochene Anordnung (Diskontinuität) der Zeichen ersetzt die Linearität der Schrift: „der Buchstabe wird nicht mehr gebildet, sondern ein Stückchen Code wird ausgestoßen" (R. Barthes).[92]

Auch Bernhards Konzeption orientiert sich demnach nicht am Prinzip der Sukzession, sondern setzt auf die Handhabbarkeit einzelner Wörter, die sich in ihrer Konstellation und Aneinanderreihung erst zu einem Fließtext fügen. Die Entwürfe zum *Kalkwerk* veranschaulichen diese Arbeitsweise besonders deutlich. Für diesen Text fertigt Bernhard ungewöhnlich viele Notizen und Entwürfe an, die teilweise auch in der ‚Schublade' verbleiben, um später in anderen Texten Verwendung zu finden. Besonders deutlich erkennbar ist diese Wiederverwertung im Fall des in den Entwürfen häufig auftauchenden, im Drucktext jedoch nicht mehr vorkommenden Namens ‚Olga', der ursprünglich für Konrads Frau vorgesehen war. Stattdessen wird dieser Name in Bernhards ein Jahr nach dem *Kalkwerk* erscheinender Erzählung *Midland in Stilfs* wieder auftauchen, hier heißt die gelähmte Schwester des im Mittelpunkt stehenden Brüderpaars Olga.[93] Dieser Fall zeigt, dass Bernhard tatsächlich mit „Wörtern" (und zu dieser Kategorie gehören für ihn eindeutig auch Namen) experimentiert, sie auf seinem Instrument, der Schreibmaschine, anschlägt und mittels der Entwürfe und Notizen probiert, ob sie sich zum Spielen eignen. Die Wörteransammlungen, aus denen die Entwürfe zumeist bestehen, verdeutlichen dieses Verfahren sehr anschaulich.

Besonders häufig treten in den Entwürfen zum *Kalkwerk* – wie im veröffentlichten Roman – Wörter aus dem Bereich der Ohrenheilkunde auf. In der Werkausgabe heißt es daher zur Überlieferungslage, Bernhard habe sich „für seinen Roman medizinisches Fachwissen angeeignet".[94] Noch eher ist jedoch davon auszugehen, dass Bernhard sich für das Schreiben des Romans nicht so sehr Fach-

---

[92] Viollet, Textgenetische Mutationen einer Erzählung, S. 132. Viollet weist hier zudem darauf hin, dass bei diesem Vorgang „auch Töne [entstehen], die den Rhythmus der Handbewegungen begleiten". Auch dies könnte eine wichtige Facette des ‚musikalischen Vorgangs' sein, von dem Bernhard hinsichtlich seines Schreibens wiederholt spricht.
[93] Auch in dieser körperlichen Beeinträchtigung gibt es eine deutliche Übereinstimmung zwischen Olga und der ursprünglich ebenfalls als ‚Olga' konzipierten, dann aber namenlos bleibenden Ehefrau Konrads im *Kalkwerk*. Vgl. den Kommentar in Bernhard, Das Kalkwerk (WA), S. 246.
[94] Bernhard, Das Kalkwerk (WA), S. 247.

wissen aneignet als vielmehr und vielleicht sogar ausschließlich Fach*termini*, die ihm als Wortmaterial geeignet erscheinen.[95] Zwei Jahre später wird Bernhard diese Vorgehensweise bei der Arbeit an seinem Theaterstück *Der Ignorant und der Wahnsinnige* noch radikalisieren, indem er seine Textbausteine – medizinische Fachbegriffe („Brunettimeißel", „Doppelrachiotom", „Durazange") sowie einzelne Sätze, aber auch längere Textpassagen – aus einem vermutlich antiquarisch erworbenen Pathologie-Skript extrahiert.[96] Die in den Entwürfen zum *Kalkwerk* notierten Termini „Otalgie", „Otitis" und „Otosklerose" stammen aus der Ohrenheilkunde,[97] die gleichen Anfangsbuchstaben sowie die alphabetische Ordnung der Wörter könnte dafür sprechen, dass Bernhard sie aus einem alphabetisch organisierten Verzeichnis kopiert hat. Der Terminus, der jedoch sowohl in den Entwürfen als auch in den Typoskripten und später im veröffentlichten Text am häufigsten vorkommt, ist die „urbantschitsche Methode", eine Wortschöpfung Bernhards, die auf die Hörübungen des Wiener Professors und Mitbegründers der modernen Ohrenheilkunde Viktor Urbantschitsch (1847–1921) verweist.[98] Auch auf Blatt 18 des umfangreichen Typoskripts W 3/1, das sowohl handschriftliche als auch mit der Maschine getippte Entwürfe beinhaltet, wird eine Variante – oder die Urform – des Textbausteins, die „Methode Ubantschitsch" gleich zweimal zu Papier gebracht: Am Kopf der Seite befindet sich – quasi als Überschrift – Bernhards maschinenschriftlicher Hinweis „Immer beachten:". In der Zeile darunter – angezeigt durch den Doppelpunkt – dasjenige, was immer beachtet werden soll: „Begriffe, Fachwörter, Entwicklung: z. B." Bernhard hat diesem „Immer beachten" in einem zweiten Schritt – vermutlich zur Präzisie-

---

95 In einer Typoskriptmappe mit hand- und maschinenschriftlichen Entwürfen zum *Kalkwerk* finden sich diese ausgewählten Begriffe aus der Ohrenheilkunde in einer für Bernhard typischen handschriftlichen Entwurfsliste, bei der einzelne Wörter untereinander geschrieben und durch horizontale Striche voneinander abgetrennt werden. Vgl. NLTB, TBA, W 3/1, Blatt 9.
96 Vgl. zu diesem Nachlassbefund Lisbeth Bloemsaat-Voerknecht, Brunettimeißel, Doppelrachiotom, Durazange. Zur Verwendung des im Nachlaß aufgefundenen Skripts *Pathologie – Obduktion* in *Der Ignorant und Wahnsinnige*. In: Thomas Bernhard Jahrbuch 2003, hg. von Martin Huber, Manfred Mittermayer und Wendelin Schmidt-Dengler, Wien/Köln/Weimar 2003, S. 141–168, hier S. 141.
97 Vgl. den Kommentar in Bernhard, Das Kalkwerk (WA), S. 247.
98 Zu Urbantschitschs Methoden zählt die ‚Hörgymnastik', wie sie auch Konrad im *Kalkwerk* mit seiner Frau durchführt, vgl. dazu eines seiner prominentesten Werke Viktor Urbantschitsch, Über methodische Hörübungen und deren Bedeutung für Schwerhörige. Vortrag, gehalten in der k. k. Gesellschaft der Aerzte in Wien am 17. Februar 1899, Wien 1899. Vgl. dazu Harald Neumeyer, „Experimentalsätze" und „Lebensversicherungen". Thomas Bernhards *Kalkwerk* und die Methode des Viktor Urbantschitsch. In: Politik und Medien bei Thomas Bernhard, hg. von Franziska Schössler und Ingeborg Villinger, Würzburg 2002, S. 4–29.

rung des anvisierten poetischen Verfahrens – ein „immer wiederkehrend:" beigesellt. Den ersten Doppelpunkt überschreibt er, um den nachträglichen Zusatz als gleichwertig auszuweisen per Hand mit einen Schrägstrich. Was in derselben Zeile folgt, ist eine, ebenfalls per Hand hinzugefügte, Notiz, die dem initialen maschinellen Schreibprozess nachgelagert und als Resultat des während des Schreibens stattfindenden Konzeptionsprozesses zu lesen ist. Bernhard schreibt hinter den Merksatz „Immer beachten[/][:] immer wiederkehrend:" handschriftlich „Methode Urbantschitsch" und versieht diesen schriftlichen Baustein mit zwei Ausrufezeichen und einer Unterstreichung, was seine eminente Wichtigkeit betont: „Immer beachten[/][:] immer wiederkehrend: Methode Urbantschitsch!!"

Auf dem Entwurfsblatt befindet sich unterhalb dieses Merksatzes ein anscheinend als experimentelle Anwendung produzierter Text, der die im Entwurf angesprochenen „Begriffe, Fachwörter" aneinanderreiht und ein Muster für das zu erprobende Textverfahren bildet (auch hier deutet das kleine Wörtchen „z. B." hinter „Begriffe, Fachwörter, Entwicklung" darauf hin, dass das Schreibverfahren mit Wörtern verschiedener ‚Kategorien' durchgeführt werden kann):[99]

> An die Hundert Leitzordner, stehen in meinem Zimmer in den Regalen
> alle mit dem Material für die Studie angefüllt bis zum bersten, diese
> Leitzordner haben alle den Inhalt jedes einzelnen betreffende Aufschriften wie XXX[100] Schalleitung, Vorhof, Paukenhöhle, Paukenfell,
> Schnecke und so fort, Erschlaffer oder Steigbügelmuskel, Spiralplatte,
> scala vestibuli, scala tympani, oder Hörsteinchen (Otholithen), oder
> es steht einfach Schwalbe darauf oder Urbantschitsch, Reissnersche
> Haut und so fort. Was ich in zwanzig Jahren in Hinblick auf das Gehör gesammelt habe, ist in den Ordnern. Und auf den Detailordnern bei
> spielsweise[101] stehen die Begriffe: m horizontaler Halbzirkelförmiger
> Kanal, l äusserer halbzirkelförmiger Kanal, f kurzer Fortsatz des Ambos, e Ambos, b Hammerkopf[102], d Hammerhandgriff, h Steigbügel, o rundes
> Fenster, K Vohof des Lybirinths und so fort. Oder Utrikulus, Membra
> na tectoria, Lamina reticularis.

---

99 NLTB, TBA, W 3/1, Blatt 18. Ich übernehme in dieser diplomatischen Umschrift die Originalrechtschreibung des Typoskripts (inkl. Tippfehler) und versuche auch das Flächenarrangement auf der Seite durch entsprechende Umbrüche abzubilden.
100 An dieser Stelle findet sich im Typoskript eine Tilgung, das getilgte Wort ist unlesbar.
101 Hier wie auch beim Wort „Membrana" (Z. 13/14) übernehme ich Bernhards Schreibweise mit fehlenden Bindestrichen am Ende einer Zeile.
102 Im Originaltyposkript ist die auf „e Ambos" folgende Formulierung „Kopf des" durch die für Bernhard charakteristische Buchstabenfolge „MNMN" getilgt, der „Hammerkopf" wird in den darüber liegenden Zeilenzwischenraum getippt.

Obwohl die diplomatische Umschrift die Komplexität des Typoskripts nicht abbilden kann, lässt sich auch im Drucktext erkennen, dass Bernhard mit einzelnen, aneinandergereihten Textbausteinen arbeitet, die als solche deutlich wahrnehmbar bleiben. Die im Fließtext angefangene Reihung verschiedener Fachtermini korrespondiert im unteren Teil des Entwurfsblatts mit einer erneut in Listenform organisierten Aneinanderreihung von Textbausteinen, die für Bernhards Entwürfe sehr viel typischer erscheint als der oben zitierte Text.[103] Gerade der Fließtext ist jedoch interessant, da er als direkte Umsetzung dessen gelesen werden kann, was in der Überschrift gefordert wird: „Immer beachten [/][:] immer wiederkehrend: Begriffe, Fachwörter, Entwicklung: z. B." Der Text spricht von „Leitzordner[n]"', die dem Ich-Erzähler – zu diesem Zeitpunkt ist die Perspektive des *Kalkwerks* noch nicht mehrfach gestaffelt – als Ordnungssystem für seine Studie dienen. In diesen Ordnern sind just diejenigen Fachbegriffe versammelt, welche auch konstitutiv für Bernhards Text sind. Das „Material für die Studie" des Erzählers deckt sich mit dem Wortfundus, den Bernhard hier durch die mutmaßliche Abschrift und Aneinanderreihung medizinischer Fachtermini generiert. Diese Texterzeugung durch Verkettung kann weitestgehend auf schriftsprachliches ‚Füllmaterial' verzichten, die *Wörter* werden nach kurzen einleitenden *Worten* schlichtweg gereiht und sind nur durch Kommata bzw. durch Zeilenzwischenräume voneinander abgegrenzt. Die so entstehende schwache syntagmatische Verbindung der einzelnen Elemente betont auch hier die paradigmatische Reihe, die Anordnung der deutlich als solche erkennbaren Elemente bleibt während des Lesens stets präsent. Oder anders gesagt, schon im Entwurfsstadium lässt sich das Kippen der sukzessiven Lektüre in eine Zusammenschau der einzelnen Elemente und ihrer Anordnung beobachten. Die ersten beiden Sätze setzen die Sukzession in Gang: „An die Hundert Leitzordner, stehen in meinem Zimmer in den Regalen, alle mit dem Material für die Studie angefüllt bis zum bersten, diese Leitzordner haben alle den Inhalt jedes einzelnen betreffende Aufschriften wie [...]." Die Wahrnehmung kippt jedoch durch die darauffolgende Reihung einzelner Wörter, die als belie-

---

[103] Auch hier werden Namen mit in den Wörterfundus aufgenommen (Zeilenwechsel im Original bilde ich mit Schrägstrich und Leerzeichen ab, im Original bestehende Schrägstriche ohne Leerzeichen): „Geld / Olga / Francis Bacon / Baurat/Der Baurat erzählt, was ihm der Oberbaurat Packer erzählt hat / Olgas Träume (Ereignisse) / Höller Rubl/Vetter Höllers Rubls / Sie will nach Toblach zurück, redet immer von Toblach, plötzlich, / ohne sichtbaren Zusammenhang immer von Toblach („Oder nach Amlach!" sagt sie). / Ich Kropotkin, sie Ofterdingen / Langsamer stetiger Verfall." Unterhalb dieser Liste findet sich eine kryptisch bleibende weitere Liste mit Wochentagen (Montag, Dienstag, Freitag) und daneben der doppelt unterstrichene und mit einem Ausrufezeichen versehene und mit einer großen eckigen Klammer vom Rest abgegrenzte Vermerk: „nur Urbantschische Methode!]"

bige Elemente eines vermutlich unbekannten Fachvokabulars wahrgenommen werden. Die Aneinanderreihung dieser disparaten Elemente betont die sequenzielle Grundstruktur der Schrift und die Wahrnehmung kippt immer wieder in ein Sehen der einzelnen Elemente sowie ihrer Konstellation. Dadurch, dass der kurze Text absolut parallel gebaut ist, geht der gleiche Wahrnehmungswechsel im zweiten Teil des Textes ein weiteres Mal vonstatten: Der ungestörten sukzessiven Rezeption der ersten beiden Sätze („Was ich in zwanzig Jahren in Hinblick auf das Gehör gesammelt habe, ist in den Ordnern. Und auf den Detailordnern beispielsweise stehen die Begriffe: [...].") folgt eine Sequenz von Fachtermini, die die Wahrnehmung erneut von Sukzession zu Synopse und *vice versa* kippen lassen. Auch durch den Umstand, dass die vorhandenen Sätze deutlich einleitenden Charakter haben, werden die einzelnen Wörter als das eigentlich Relevante des Satzes gelesen. Die Rezeption des Satzes gleicht der Wahrnehmung der Regalwände des Ich-Erzählers: Der Blick würde in einer Richtung die Leitzordner abwandern, um immer wieder deren „Aufschriften" – für den laienhaften Betrachter handelt es sich um unzusammenhängende Fachtermini – zu lesen bzw. zu sehen. Im Text werden diese Fachtermini ebenfalls ohne erkennbaren Zusammenhang zitiert; das drei Mal wiederholte „und so fort" markiert die potenzielle Unendlichkeit der Aufzählung. Ohnehin sind die aneinandergereihten Wörter nur Multiplikatoren für weitere Wörter, da sie – wie der Ich-Erzähler sagt – „den Inhalt jedes einzelnen [Leitzordners] betreffende Aufschriften", einfacher gesagt: Etiketten darstellen, die unzählige weitere Wörter unter einer Kategorie subsumieren. Das im Text häufig auftauchende „oder" demonstriert zusätzlich die Kontingenz der Wörter-Auswahl.

Die „Leitzordner" eignen sich als Sinnbild sowohl für Bernhards Entwurfsarbeit (Sammlung von Textbausteinen, die wiederum weitere Textbausteine generieren) als auch für seine nachfolgenden Schreibverfahren.[104] Ein Aktenordner

---

104 In dieser Hinsicht ist Ferry Radax' Konzeption des *Drei Tage* Interviews geradezu genial. Der Regisseur händigt dem Autor ebenfalls einen Aktenordner mit seinen eigenen Stichwörtern aus, anhand derer Bernhard seine eigene Poetologie und Arbeitsweise reflektieren soll: „Dann ging's darum, worüber er redet. [...] Da hab ich g'sagt, ich hab' zur Ausarbeitung meiner Ideen von sämtlichen bis dahin erschienenen Büchern, die sie geschrieben und veröffentlicht haben, [...] sozusagen die Stichworte herausgeschrieben, ,Düsternis' oder ,Finsternis' ... ABCDEFG bis Z so weiter ... irgendwelche Worte, die interessant waren als Angelpunkt. Und ich würde Folgendes sagen: Jetzt haben sie den schwarzen Peter und ich frag' gar nicht, weil ich hasse auch Fragen wie ,Herr Bernhard, wann haben Sie denn ...?' Und ,Warum schreiben sie?' ,Wann haben sie begonnen?' und so. [...] Sie sitzen auf der Bank, sie kriegen den Aktenordner, sie schauen hinein und was ihnen halt g'rad bei D oder F oder H oder was weiß ich ... schlagen's auf, schau'n herum ... und da sehen sie alles: in welchem Roman, welcher Novelle, Skizze, dieses Wort so

dient dem Sortieren loser Blätter, die nach bestimmten Gesichtspunkten (z. B. thematisch oder alphabetisch) geordnet werden. Bernhards Texte verfahren mit dem Material, mit den schriftlichen Bausteinen, aus denen seine Texte konstruiert sind, ebenso: Sie werden nach bestimmten Gesichtspunkten gesammelt und konstelliert, bleiben dabei aber prinzipiell lose, austauschbar. Dass die Anordnung der Textbausteine auch nach *visuellen* Kriterien vorgenommen wird, wird sich im Laufe der Untersuchung zeigen.

Die Mappe W 3/1, in der sich auch der „Leitzordner"-Entwurf befindet, beinhaltet auch einen sehr viel typischeren Entwurf, der in Listenform das Gerüst des Romans *Das Kalkwerk* skizzieren soll (s. Abb. 10). Auch hier sucht man vergeblich nach einer Konzeption im Sinne eines Plotentwurfs mit Angaben zu Personen, Handlung, Setting etc. Stattdessen besteht das Entwurfsblatt neben dem – auch nach Lektüre des Romans – enigmatisch bleibenden, in der Entwurfsphase jedoch offenbar wichtigen Stichwort der „Leibschüssel!!", dem österreichischen Wort für Nachttopf, ebenfalls aus einer (zudem nummerierten) Liste mit drei Phrasen, die „immer wiederkehrend" im „geschlossene[n] Text" auftauchen sollen: Die drei Ausrufezeichen hinter dem „wiederkehrend" zeigen deutlich, wie essenziell das Verfahren der Wiederholung für Bernhards Schreiben ist. Bernhard fügt dem schon eindeutigen konzeptionellen Hinweis, die Phrasen sollten „immer wiederkehrend" auftauchen, nachträglich eine ‚Überschrift' hinzu,[105] welche die Strukturierung des Textes noch eindeutiger regeln soll: „alles so aufgebaut". In diesem Fall sind es nicht mehr, wie im vorhergehenden Beispiel, einzelne „Fachwörter, Begriffe", die „immer wiederkehrend" auftauchen sollen, sondern zu Phrasen kombinierte Wörter, die ihrerseits den gesamten Text strukturieren sollen.

Dass Bernhard die in den Entwürfen fixierten Elemente als autonome Textbausteine ansieht und verwendet, lässt sich ebenfalls an der für ihn üblichen Verfahrensweise erkennen, Wörter, Phrasen und Sätze, die durch die Auflistung bereits voneinander getrennt sind, zusätzlich durch horizontal verlaufende Linien voneinander abzugrenzen, wie man beispielsweise an einem Entwurf zum ersten Teil seiner Autobiographie *Die Ursache* (1975) sehen kann (s. Abb. 11). In diesem Entwurf sind wichtige Stichworte, Namen und auch der Titel der Erzäh-

---

oft aufgetaucht ist, dass es ein typisch Bernhard'sches Vokabular ist, an dem man die Begriffe festmachen kann, um die es dann geht. Bei ‚Düsternis' um die Düsternis und das erklär'ns dann einfach." Vgl. Ferry Radax über seinen Film ‚Drei Tage' [DVD-Extra]. In: Radax/Bernhard, Der Italiener. [Transkription C.M.]

105 Man beachte die Überschreibung am oberen Rand des Papiers und den verringerten Abstand zur ersten Zeile der Liste, die für eine nachträgliche Einfügung des Hinweises sprechen.

2.2 „Das sind die Sätze, Wörter, die man aufbaut" – Schreiben mit Textbausteinen

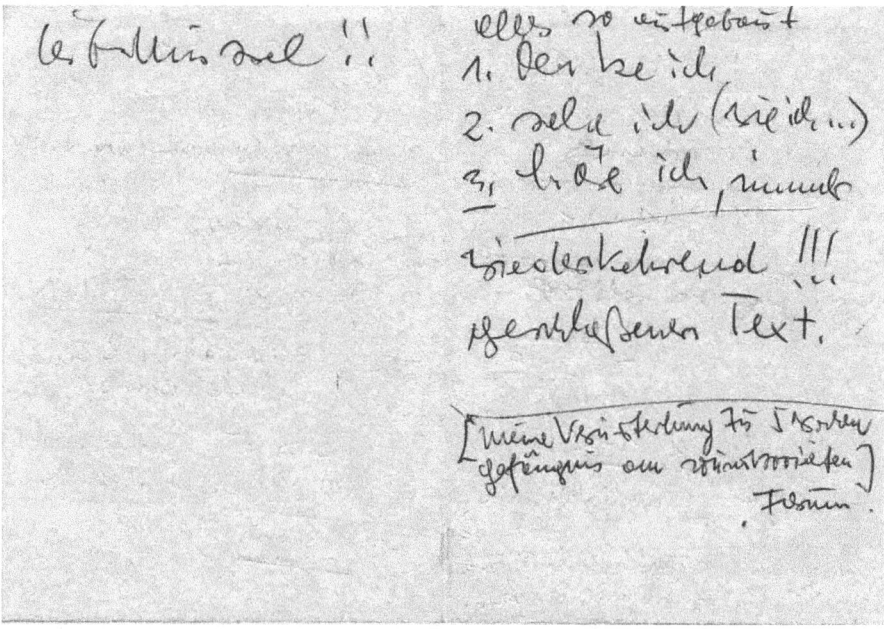

Abb. 10: Thomas Bernhard, handschriftlicher Entwurf zu *Das Kalkwerk*.

lung festgehalten (einmal als Überschrift, einmal deutlich hervorgehoben am Ende der Liste). Ihren Textbaustein-Charakter erhalten sie schon dadurch, dass sie durch die typischen horizontalen Linien voneinander abgegrenzt sind und teilweise sogar komplett eingerahmt werden (s. etwa die „Grenzgänge" im rechten unteren Drittel der Seite). Anderenorts, beispielsweise in den Entwurfsblättern des *Ja*-Konvoluts, finden sich ebenfalls Stichwort-Listen mit solchen Trennlinien. Durch sie werden z. B. im Text immer wiederkehrende Phrasen („Dummheit des Volkes") und für Bernhard typische Oppositionen („Schumann sie / Schopenhauer ich") voneinander abgegrenzt, die mit wechselndem schriftlichem ‚Füllmaterial' bestückt werden können und so im späteren Text verschiedene Sinnzusammenhänge eröffnen.[106]

---

[106] Vgl. den Kommentar in Bernhard, Ja. Die Billigesser. Wittgensteins Neffe (WA), S. 321. Zunächst steht die vermeintliche Opposition in *Ja* für den Einklang der beiden Hauptfiguren, den Erzähler und die Perserin, die sich auf gemeinsamen Spaziergängen über die Größe Schumanns und Schopenhauers einig werden. Erst später werden sie sich uneins, und aus der vorherigen Kombination „Schopenhauer und Schumann" wird eine tatsächliche Opposition.

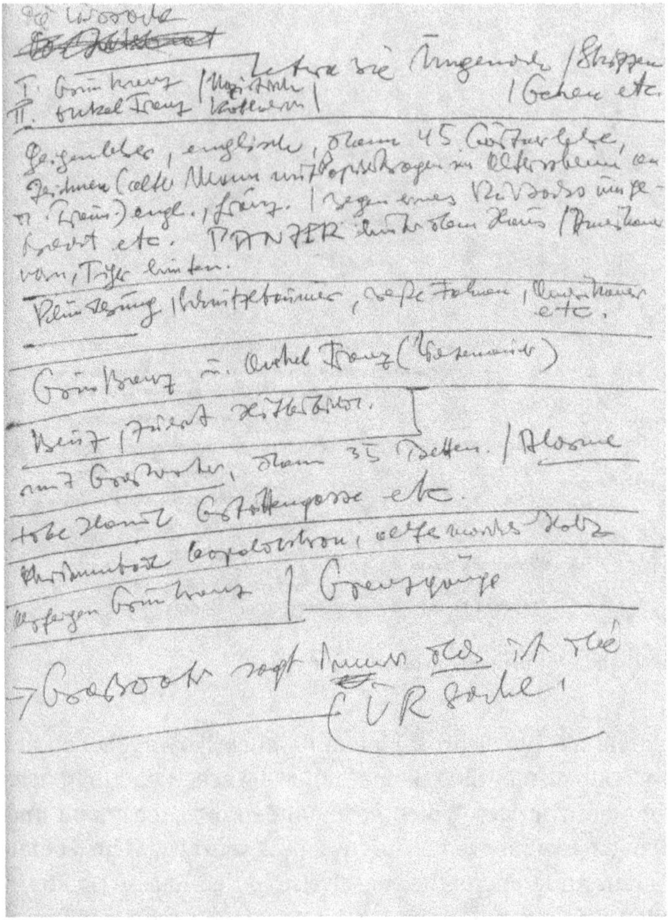

Abb. 11: Thomas Bernhard, handschriftlicher Entwurf zu *Die Ursache*.

Einen ähnlichen Effekt wie die Segmentierung durch Linien hat die ebenfalls oft verwendete Nummerierung der einzelnen Elemente. Im *Kalkwerk*-Konvolut gibt es weitere Entwürfe mit durchnummerierten Satzmodellen. Auf Blatt 2 des Konvoluts ist in der oberen linken Ecke handschriftlich vermerkt: „hören, sehen, denken } 1/2/3",[107] Blatt 4 enthält eine ganz ähnliche handgeschriebene Liste mit Formulierungen:

---

107 NLTB, TBA, Mappe W 3/1, Blatt 2.

2.2 „Das sind die Sätze, Wörter, die man aufbaut" – Schreiben mit Textbausteinen —— 147

1 höre ich
2 sehe ich
3 denke ich
4 sage ich
5 sterbe ich[108]

Hier bleibt zunächst unklar, ob sich die im doppelten Sinne angeordnete Methode der Satzmodelle auf die Makrostruktur des gesamten Romans oder auf mikrostrukturelle Einheiten (Seitenepisoden, aus mehreren Seiten bestehende Episoden o. ä.) innerhalb des Textes bezieht. Zunächst wird das Modell offenbar in einem ersten Typoskript (W 3/3) zum *Kalkwerk* durchgespielt: Die Bausteine lassen sich tatsächlich in der vorgegebenen Weise, nämlich in größeren wie in kleineren Sequenzen „immer wiederkehrend", ausfindig machen. Entsprechend der ‚Leitzordner-Methode', die unter einem ‚Etikett' viele weitere Elemente derselben Kategorie versammelt, werden sie zudem *variiert*. In der besagten frühen Typoskriptfassung heißt es beispielsweise:

> [...] erkläre ich, ist es das Hören, dann ist es das Sehen, dann ist es das Denken. Hören, Sehen, Denken, sage ich. [...] Es ist immer das gleiche, sage ich, zuerst höre ich, dann sehe ich, dan [sic] denke ich. In allen Möglichkeiten ist es immer das gleiche. Zuerst muss ich hören, dann kann ich sehen, dann kann ich denken. [...][109]

Bemerkenswert ist in diesem Zusammenhang, dass die Bausteine, die im Entwurfsstadium festgelegt worden sind, offenbar tatsächlich auch als Textgeneratoren funktionieren, indem sie ihre eigenen Kombinations- und Vervielfältigungsmöglichkeiten stets implementieren. Noch bemerkenswerter ist es, dass sie tatsächlich nicht nur einen Fundus an Textbausteinen, sondern das *Fundament* des Romans bilden: In diesem frühen Typoskript divergieren noch etliche, für den ‚Stoff' entscheidende Elemente wie Erzählperspektive, Figureninventar und Handlungsstränge vom späteren Roman. Was hingegen fundamental und deshalb in allen Textstadien unveränderlich ist, sind die Textbausteine und Satzmodelle, die innerhalb der und durch die Entwürfe festgeschrieben werden.

---

[108] NLTB, TBA, Mappe W 3/1, Blatt 4.
[109] NLTB, TBA, Mappe W 3/3, Blatt 81.

2.2.4 Korrekturen

Bernhards ‚Baukastensystem', dessen Verfahren und Operationen schon in den Entwürfen offenkundig werden, produziert eine grundsätzliche Permutabilität der Textbausteine. Diese können nicht nur beständig wiederholt und variiert, sondern auch ausgetauscht oder nachträglich hinzugefügt werden. Während sich die für Bernhard typischen Verfahren der Wiederholung und Variation *sowohl* dem Typoskript *als auch* dem Drucktext unmittelbar ablesen lassen, kann der Betrachter der Typoskripte zwar auch den Austausch und die Hinzufügung der Elemente direkt beobachten, die Leserin des Drucktextes erfährt diese Verfahren jedoch nur mittelbar: Ein Effekt der während des Schreibprozesses durchgeführten Operationen ist der Eindruck einer Gleichwertigkeit und demzufolge Austauschbarkeit nahezu aller Textbausteine, die in der Forschung verschiedentlich konstatiert worden ist. So beschreibt beispielsweise Gregor Hens in Bezug auf Bernhards viel bemängelte „stilistische Einheitlichkeit", die auch den stilbildenden „Lieblingswörter[n] wie ‚naturgemäß'; [den] Komposita und Neologismen" geschuldet sei, die prinzipielle Austauschbarkeit einzelner, „besonders von der Rhetorik der Amplifikation und Übertreibung geprägte[r] Textstellen".[110] Explizit nennt Hens die Schimpftiraden gegen Heidegger in *Alte Meister*, die ebenso gut auch in *Auslöschung* ihren Platz fänden. Tatsächlich gewinnt der Eindruck einer Ersetzbarkeit der verwendeten Textbausteine besonders in jenen Passagen an Evidenz, in denen Bernhard sein philosophisches oder literarisches Namedropping betreibt. Dass auch dieser Eindruck aus der Arbeitsweise Bernhards resultiert, wird wiederum mit Blick auf die Typoskripte deutlich: Bernhards Kropotkin-Lektüre während der Arbeit am *Kalkwerk* führt dazu, dass die Hauptfigur nun statt „Lermontov" „Kropotkin" liest, eine einfache Überschreibung des Namens im

---

[110] Gregor Hens, Thomas Bernhards Trilogie der Künste. Der Untergeher, Holzfällen, Alte Meister, Rochester, NY 1999, S. 84. Vgl. dazu Bernhards wie üblich hoch ironische Aussage über die Austauschbarkeit von Begriffen im Interview mit Krista Fleischmann: „BERNHARD [...] Obwohl man natürlich *alles* mit *allem* vergleichen kann. Wirklich. Da war die *Bachmann* so konsterniert, weil ich ihr einmal – sie ist am Bett g'sessen, ich daneben – und da hab' ich g'sagt, daß man *alles* mit *allem* vergleichen kann, und alles *ist* auch gleichzeitig alles. [...] Also ich könnte mir vorstellen, eine Kaffeeschale auf dem Papstthron in St. Peter, und dem Papst am Kaffeehaustisch, nicht?[...] Das könnte man ohne weiteres austauschen, wenn man will. Wenn man die nötige Ernst-Lokomotive hat. / FLEISCHMANN Kann man also alle Begriffe austauschen? / BERNHARD Das kann man sowieso. [...]" Thomas Bernhard und Krista Fleischmann, Eine Begegnung. Gespräche mit Krista Fleischmann, Frankfurt a.M. 2006, S. 81 f.

Typoskript macht es spielend möglich.[111] Raimund Fellinger bringt es in seinem Text *Die imaginäre Bibliothek des Thomas Bernhard* lakonisch auf den Punkt: „Merke [Regel 2]: Die im Text von Bernhard zitierten Autoren sind bei ihrer Niederschrift zu jeder Zeit und in jedem seiner Bücher austauschbar [...]."[112] Nicht nur Autoren und Philosophen können so jederzeit ausgetauscht oder ersetzt werden, sondern auch beliebige andere Textbausteine. Nicht selten geschieht dies durch serielle Korrekturen, welche die Verfahren der Vertauschung und Hinzufügung von Textbausteinen besonders augenfällig machen. Hier werden komplette Seiten mit den immer gleichen handschriftlichen Einschüben übersät, bis diese, so wirkt es, eine eigene Schicht bilden, welche den übrigen maschinenschriftlichen Text in den Hintergrund treten lässt. Der aus diesem Vorgehen resultierende unübersehbare Kontrast zwischen Hand- und Maschinenschrift ist dabei einzigartig, da Bernhard *einmalige* Sofortkorrekturen üblicherweise ebenfalls mit der Maschine in die Zeilenzwischenräume tippt. Aufgrund der Vielzahl der seriellen Korrekturen und der Notwendigkeit des Überarbeitens und -springens mehrerer Zeilen ist der Autor gezwungen, auf die effizientere handschriftliche Ausführung zurückzugreifen.

Serielle Bearbeitung und Einfügen von Textbausteinen
Thomas Bernhard unterzieht seine Texte während des gesamten Arbeitsprozesses zahlreichen Korrekturen. Die letzte Ausstellung der Reihe *Suhrkamp-Insel* im Deutschen Literaturmuseum Marbach, welche zahlreiche korrigierte Typoskripte und Druckfahnen aus dem Suhrkamp-Archiv zeigte, trug deshalb den sprechenden Titel *Nicht enden können. Thomas Bernhards Korrekturen.* Die Presseankündigung der am 14. Februar 2014 eröffneten Ausstellung suggeriert einmal mehr einen direkten Zusammenhang zwischen Bernhards eigenem Schreiben und der von ihm dargestellten Arbeitsweise Roithamers in *Korrektur*:

> „Fortwährend korrigieren wir und korrigieren uns selbst mit der größten Rücksichtslosigkeit", heißt es in Bernhards 1975 veröffentlichten Roman *Korrektur*, in dem der Protagonist seine Studien so lange streicht, bis von ihnen nichts mehr übrig bleibt und er Selbstmord begeht [...]. Korrekturen finden sich bei Bernhard schon in frühesten Textstadien. Im 1952 entstandenen unveröffentlichten Notizheft *Die Pfingstrose* etwa bleibt kaum ein Vers ohne Überarbeitung. Dass das Korrigieren, das Überschreiben und Löschen des Geschriebenen

---

111 Vgl. dazu den Kommentar in Bernhard, Das Kalkwerk (WA), S. 238 und die Abbildung des Typoskripts W 3/3 mit der Änderung auf S. 241.
112 Raimund Fellinger, Die imaginäre Bibliothek des Thomas Bernhard. In: Text+Kritik, Heft 43: Thomas Bernhard, Neufassung, ⁴2016, S. 145–152, hier S. 148.

ein wesentliches Prinzip eines künstlerischen Schaffensprozesses ist, macht sich in Bernhards Werk bis zuletzt zum Thema.[113]

Wie so oft zielt die Betrachtung der Bernhard'schen Arbeitsweise vor allem auf die durch Operationen der Streichung, Tilgung und Korrektur evozierte Zunichtemachung des Textes. Natürlich sind diese Operationen als Motive auch in Bernhards Texten omnipräsent, was sich nicht zuletzt an den sprechenden Titeln der Romane *Auslöschung* und *Korrektur* zeigt. Allerdings muss der verbreitete Topos vom selbsternannten „Geschichtenzerstörer" Thomas Bernhard, der auch im Ankündigungstext der Ausstellung zitiert wird, differenzierter und vor allem unter Berücksichtigung seiner tatsächlichen Arbeitsweise betrachtet werden.

> Ich bin ein *Geschichtenzerstörer, ich bin der typische Geschichtenzerstörer.* In meiner Arbeit, wenn sich irgendwo Anzeichen einer Geschichte bilden, oder wenn ich nur in der Ferne irgendwo hinter einem Prosahügel die Andeutung einer Geschichte auftauchen sehe, schieße ich sie ab.[114]

Diesem prominenten Ausspruch Bernhards schließt sich ein deutlich seltener zitierter, im Kontext meiner Untersuchung jedoch weitaus aufschlussreicherer Passus unmittelbar an: „Es ist auch mit Sätzen so, ich hätte fast die Lust, ganze Sätze, die sich *möglicherweise* bilden könnten, schon im vorhinein abzutöten. Andererseits ..."[115] Diese Äußerung bekundet einmal mehr das Spannungsverhältnis zwischen den Textbausteinen, die sich *„möglicherweise"* zu Sätzen fügen auf der einen Seite, und – „andererseits" – der Sukzession, die durch Bernhards Praxis, diese Textbausteine spielend aneinanderzureihen, quasi automatisch entsteht. Die ‚Zerstörung', die ‚Korrektur' und die ‚Auslöschung' zielen also nicht etwa auf eine tatsächliche *Destruktion* des Geschriebenen, sie meinen eher eine *Konstruktion* des Textes aus einzelnen Elementen, die man als seine ‚vorweggenommene Dekonstruktion' bezeichnen könnte.[116] Nicht umsonst lautet

---

113 Vgl. den Ankündigungstext, online unter www.dla-marbach.de/presse/presse-details/news/pm-072014/?tx_news_pi1%5bcontroller%5d=News&tx_%20news_pi1%5baction%5d=detail&cHash=71dd58ba696a7424be29f2d7b1fdf654, letzter Zugriff: April 2018.
114 Bernhard, Drei Tage, S. 152.
115 Bernhard, Drei Tage, S. 152.
116 Ich möchte deshalb auch Alina Voicas Schlussfolgerung, die eine gängige Forschungsmeinung prägnant zusammenfasst und auf den Arbeitsprozess Bernhards zuspitzt, widersprechen. Zwar ist es richtig, dass „[d]er literarische Schriftkörper, der um seine eigene Destruktion bemüht ist, [...] ein paradoxer Körper schlechthin" ist. Jedoch verhält es sich mit der Produktion dieses ‚Schriftkörpers' konträr zu Voicas Beschreibung: „Dessen Körperlichkeit ergibt sich nicht aus einer progressiven Anhäufung von Schriftmaterie kraft einer fördernden Produktionsenergie,

der Untertitel von Bernhards *Auslöschung* „Ein Zerfall".[117] Dieses Bauprinzip ist intentional und auch realiter so ‚zersetzend' – wie sich bei der Analyse der Rezeptionsvorgänge in *Korrektur* gezeigt hat –, dass ein herkömmlicher Literaturbegriff (‚Geschichten, die hinter Prosahügeln auftauchen') von Bernhard zu Recht in Frage gestellt wird.

Setzt man sich intensiver mit Bernhards Typoskripten auseinander, kann keine Rede mehr davon sein, dass die Korrekturen Spuren eines nicht enden wollenden destruktiven Verfahrens sind. Vielmehr generieren sie in den meisten Fällen einen *Zuwachs* an Textmaterial oder lassen Bernhards konstruktiven Umgang mit Textbausteinen erkennen: Streichungen tilgen nicht ausschließlich Geschriebenes, sie dienen auch der Systematisierung, indem sie anzeigen, welche Textbausteine an anderer Stelle wiederverwertet wurden, wie etwa in einem frühen Typoskript zur 1971 erschienenen Erzählung *Gehen* (s. Abb. 12). Die gestrichene Textpassage lässt sich durch den Zusatz „aus, dann neu" und den horizontal begrenzenden Bleistiftstrich deutlich als klar definierte Episode erkennen, die sich für eine Wiederverwendung in einem anderen Text qualifiziert, während der nachfolgende Text neu geschrieben werden muss. Bernhards diagonale Streichung signalisiert hier wie andernorts die erfolgte Weiterverwertung des Textbausteins in einer späteren Arbeitsphase.

Diese systematischen Streichungen sind indes weitaus nicht so häufig anzutreffen wie solche, die als schwarze Filzstiftbalken überdeutliche Lücken im Text produzieren, in die wiederum neue Textbausteine eingepasst werden können. Ein Zitat aus dem von Bernhard selbst verfassten *Korrektur*-Ankündigungstext,

---

sondern aus einer andauernden Regression der Schriftmaterie in sich selbst kraft einer implosiven Produktionsenergie. Genau eine solche Energie treibt auch Bernhards Schreiben voran, welches sich grundsätzlich aus seiner Selbstnegation schöpft, jedoch seine Selbstdestruktion nie vollbringt." Voica, Selbstmordverschiebung, S. 239.

117 Dies hat auch Silke Schlichtmann in ihrer Untersuchung zu Thomas Bernhards *Auslöschung* erkannt, ohne daraus jedoch weitere Schlüsse für Bernhards eigene Arbeitsweise zu ziehen (ihre Äußerungen beziehen sich auf den Bericht, den die Hauptfigur Franz-Josef Murau zu schreiben beabsichtigt, um damit seine Familie ‚auszulöschen'): „Auslöschung durch Schrift hat als notwendige Vorbedingung Erschaffung durch Schrift [...]. Und hierin liegt die Schwierigkeit, eine Poetologie der Auslöschung für die Rezipientenseite nachzuvollziehen. Die Schrift, das Medium, das hier destruktiv wirken soll, ist per se konstruktiv (und dieser konstruktive Aspekt ist es zugleich, der den Leseakt überhaupt erst ermöglicht). Was allerdings sicherlich durch das Schreiben beim Rezipienten erzielt werden kann und dabei die Konstruktivität der Schrift teilweise unterläuft, ist eine Verwirrung, ein Unsicherheitsgefühl, ein Scheitern beim Versuch, den Text in Kohärenz zu lesen." Silke Schlichtmann, Das Erzählprinzip ‚Auslöschung'. Zum Umgang mit Geschichte in Thomas Bernhards Roman ‚Auslöschung. Ein Zerfall', Frankfurt a.M. 1996, S. 37.

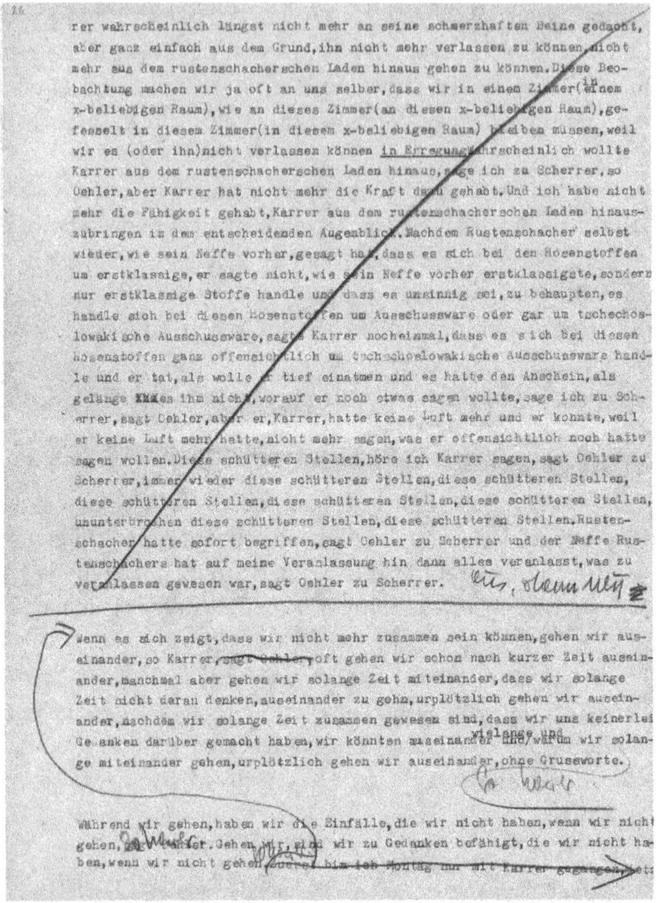

rer wahrscheinlich längst nicht mehr an seine schmerzhaften Beine gedacht,
aber ganz einfach aus dem Grund, ihn nicht mehr verlassen zu können, nicht
mehr aus dem rustenschacherschen Laden hinaus gehen zu können. Diese Beobachtung machen wir ja oft an uns selber, dass wir in einem Zimmer(in einem
x-beliebigen Raum), wie an dieses Zimmer(an diesen x-beliebigen Raum), ge-
fesselt in diesem Zimmer(in diesem x-beliebigen Raum) bleiben müssen, weil
wir es (oder ihn)nicht verlassen können in Erregung. Wahrscheinlich wollte
Karrer aus dem rustenschacherschen Laden hinaus, sage ich zu Scherrer, so
Oehler, aber Karrer hat nicht mehr die Kraft dazu gehabt. Und ich habe nicht
mehr die Fähigkeit gehabt, Karrer aus dem rustenschacherschen Laden hinaus-
zubringen im dem entscheidenden Augenblick. Nachdem Rustenschacher selbst
wieder, wie sein Neffe vorher, gesagt hat, dass es sich bei den Hosenstoffen
um erstklassige, er sagte nicht, wie sein Neffe vorher erstklassigste, sondern
nur erstklassige Stoffe handle und dass es unsinnig sei, zu behaupten, es
handle sich bei diesen Hosenstoffen um Ausschussware oder gar um tschechoslowakische Ausschussware, sagte Karrer nocheinmal, dass es sich bei diesen
Hosenstoffen ganz offensichtlich um tschechoslowakische Ausschussware handle und er tat, als wolle er tief einatmen und es hatte den Anschein, als
gelänge XXes ihm nicht, worauf er noch etwas sagen wollte, sage ich zu Scherrer, sagt Oehler, aber er, Karrer, hatte keine Luft mehr und er konnte, weil
er keine Luft mehr hatte, nicht mehr sagen, was er offensichtlich noch hatte
sagen wollen. Diese schütteren Stellen, höre ich Karrer sagen, sagt Oehler zu
Scherrer, immer wieder diese schütteren Stellen, diese schütteren Stellen,
diese schütteren Stellen, diese schütteren Stellen, diese schütteren Stellen,
ununterbrochen diese schütteren Stellen, diese schütteren Stellen. Rustenschacher hatte sofort begriffen, sagt Oehler zu Scherrer und der Neffe Rustenschachers hat auf meine Veranlassung hin dann alles veranlasst, was zu
veranlassen gewesen war, sagt Oehler zu Scherrer.

Wenn es sich zeigt, dass wir nicht mehr zusammen sein können, gehen wir auseinander, so Karrer, ~~sagt Oehler,~~ oft gehen wir schon nach kurzer Zeit auseinander, manchmal aber gehen wir solange Zeit miteinander, dass wir solange
Zeit nicht daran denken, auseinander zu gehn, urplötzlich gehen wir auseinander, nachdem wir solange Zeit zusammen gewesen sind, dass wir uns keinerlei
Gedanken darüber gemacht haben, wir könnten auseinander und/warum wir solange miteinander gehen, urplötzlich gehen wir auseinander, ohne Grussworte.

Während wir gehen, haben wir die Einfälle, die wir nicht haben, wenn wir nicht
gehen, sagt Karrer. Gehen wir, sind wir zu Gedanken befähigt, die wir nicht haben, wenn wir nicht gehen. ~~Zuerst bin ich Montag nur mit Karrer gegangen,~~ jetz

Abb. 12: Thomas Bernhard, *Gehen*, Typoskript, frühe Fassung.

die Roithamers Arbeitsweise beschreiben soll, ist so doch geeignet, Bernhards eigenes Vorgehen zu veranschaulichen: „Die Fahnen und das ganz Buch zu korrigieren bedeutete die Fahnen und das ganze Manuskript zu vernichten. Mit der Vernichtung seines Dokuments aber entsteht ein neues."[118] Bernhards Korrekturen sind keine „Durchstreichung von allem", wie die Wiener Tageszeitung *Der Standard* schreibt, sie verbildlichen auch nicht das „Anhämmern der Schreibmaschine gegen erste Eindrücke, erste Einfälle", und schon gar nicht „[rufen] die

118 NLTB, TBA, W 4/3. Vgl. zu diesem Satz den Kommentar in Bernhard, Korrektur (WA), S. 336 ff.

2.2 „Das sind die Sätze, Wörter, die man aufbaut" – Schreiben mit Textbausteinen — 153

großen schwarzen Balken und die zornig wie mit Pianistenpranken hingedonnerten Querlinien allesamt ‚Nein'".[119] Die in den Typoskripten anzutreffenden Korrekturen sind vielmehr sichtbare Effekte koordiniert durchgeführter Operationen, die sich die sequenzielle Grundstruktur von Schrift zunutze machen, um die *Konstruktion* des Textes voranzutreiben.

Mithilfe einer seriellen Bearbeitung, die Bernhard in allen Arbeitsstadien – vom Entwurf bis zum späten Typoskript – durchführt, können beispielsweise nachträglich Textbausteine in den bestehenden Text eingefügt werden. Der Textbaustein „sage ich", der im gezeigten Listenentwurf zum *Kalkwerk* festgelegt, bei der schreibenden Ausführung jedoch offenbar vernachlässigt wurde, wird in einem späteren Typoskript – ebenso wie eine Reihe von Auslassungspunkten – seriell nachgetragen (s. Abb. 13). Trotz der umfangreichen Korrekturen, die man auch auf diesem Blatt unschwer erkennen kann, und trotz aller anfänglichen Schreibhemmung und finalen Abgabeverzögerung, die sich aus dem Briefwechsel zwischen Thomas Bernhard und Siegfried Unseld eindeutig rekonstruieren lassen, ist es nicht richtig, dass der Autor in einem „nicht enden können[den]" Korrekturvorgang begriffen war. Gegen einen solchen endlosen Prozess spricht schon die Festlegung eines genauen Seitenumfangs zu Beginn der Schreibprojekte, an die Bernhard sich mitunter sklavisch hält. Diese Praxis evoziert eher den Eindruck, als habe der Schreiber schon vor Beginn des Arbeitsprozesses dessen Ende im Blick.[120]

Zudem kann kaum davon gesprochen werden, dass die letztgültigen Typoskripte „an manchen Stellen eher Entwürfe scheinen als Endfassungen", wie es in der Presseankündigung zur Austellungseröffnung heißt,[121] da Bernhard sich alle Mühe gibt, seine umfangreichen Korrekturen unsichtbar zu machen, indem er für den Verlag Reinschriften erstellt, die seinem Verleger Siegfried Unseld oft genug als „satzreif" erscheinen.[122] Nur in den seltensten Fällen gibt Bernhard

---

119 Richard Reichensperger, Der große Durchstreicher. In: Der Standard, 9. Februar 2001.
120 Wie sehr dieses *Anvisieren* der Dimensionen eines zu schreibenden Textes tatsächlich visuell-räumlichen Prinzipien gehorcht, lässt sich an der Konstruktion der Seitenepisoden erkennen, auf die ich im ersten Kapitel der Arbeit bereits hingewiesen habe und auf die ich erneut im Unterkapitel 2.2.8 „Größere Textbausteine" zurückkomme.
121 Online unter www.dla-marbach.de/presse/presse-details/news/pm-072014/?tx_news_pi1%5bcontroller%5d=News&tx_%20news_pi1%5baction%5d=detail&cHash=71dd58ba696a74 24be29f2d7b1fdf654, letzter Zugriff: April 2018.
122 Vgl. etwa Unseld, Brief 116 (11. Mai 1970). In: Bernhard/Unseld, Briefwechsel, S. 177. Raimund Fellinger sieht den Titel der Marbacher Ausstellung – vielleicht auch aufgrund der gelungenen ‚Täuschung' durch die dem Verlag übersandten Reinschriften – ebenfalls als falsch gewählt an. Vgl. Fellingers Äußerung beim Eröffnungsgespräch: „Er wollte das Buch gedruckt

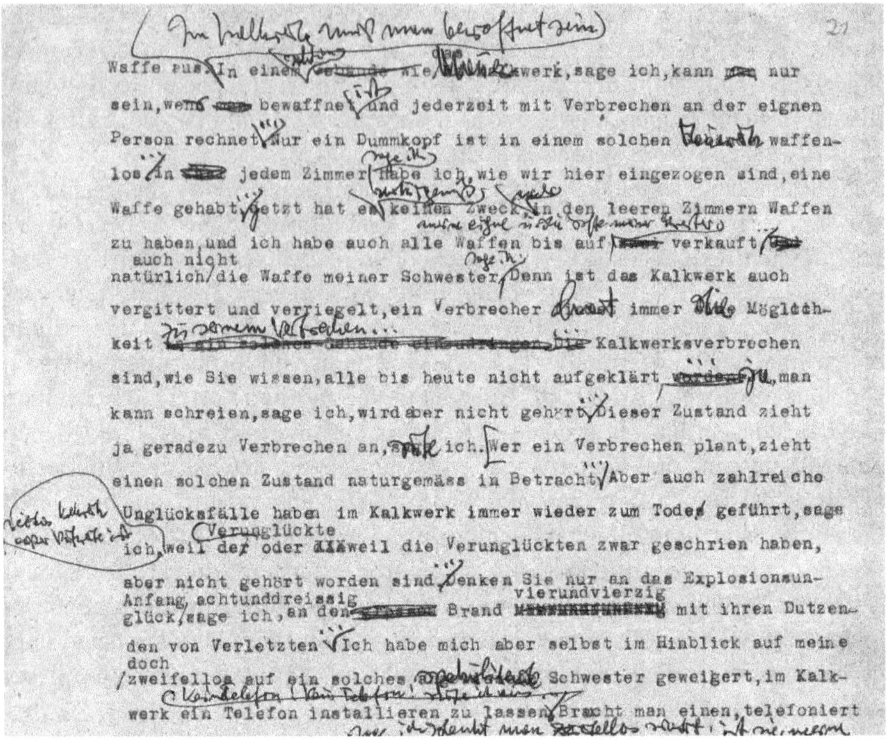

Abb. 13: Thomas Bernhard, *Das Kalkwerk,* Typoskript, frühe Fassung.

beim Verlag ein Typoskript ab, das noch umfangreiche Korrekturen enthält, eine große Ausnahme stellt in diesem Zusammenhang das endgültige Typoskript der 1982 erschienenen Erzählung *Beton* dar. In der Werkausgabe heißt es zur Typoskriptlage:

> Sowohl die rasche Abfolge beim Erscheinen neuer Bücher in diesem Zeitraum als auch der Nachlaßbefund (nur ein korrigiertes Typoskript, keine Vorstufen [...]) und nicht zuletzt die Verlagskorrespondenz legen die Vermutung nahe, daß Beton ‚in einem Zug‘, jedenfalls in relativ kurzer Zeit geschrieben wurde [...]. [123]

---

sehen, um damit abschließen und sich neuen Projekten zuwenden zu können. Mit ihrem Titel ‚Nicht enden können – Thomas Bernhards Korrekturen‘ übertreibt die Marbacher Ausstellung also gewaltig." Rolf Spinnler, Thomas-Bernhard-Ausstellung in Marbach. Ringen um die Vollendung. In: Stuttgarter Zeitung, 18. Februar 2014.

123 Kommentar in Bernhard, Beton (WA), S. 138. In den Jahren 1981/82 erscheint die fünfbändige Autobiographie im Residenz Verlag, das von Bernhard so betitelte „Gedicht" *Ave Vergil* (1981), die

Man kann diese Annahme leicht umkehren, indem man behauptet, dass Bernhard zwar das Typoskript in kurzer Zeit verfertigt, die für ihn üblichen Arbeitsschritte – die vorherige Konzeption und die umfangreiche abschließende Glättung und Unsichtbarmachung der Korrekturen in der Reinschrift – aufgrund des zeitlichen Drucks jedoch auf ein Minimum reduziert sind. Dies würde einerseits dafür sprechen, dass Bernhards ‚Perfektionierung der Töne' zu diesem Zeitpunkt so weit fortgeschritten, das Repertoire an Text-Bausteinen so umfangreich und elaboriert ist, dass auf Entwurfs-Arbeiten verzichtet werden kann. Andererseits hätte der Zeitdruck, der aus der hohen Frequenz der Neuerscheinungen resultiert, zur Folge, dass im letzten Typoskript auch Korrekturschichten noch deutlich zu sehen sind, die normalerweise in Bernhards Reinschrift zum Verschwinden gebracht werden.

Abb. 14: Thomas Bernhard, *Beton*, Typoskript, letzte Fassung.

Abb. 15: Verlagsabschrift einer Seite aus Thomas Bernhards *Beton*-Typoskript.

Theaterstücke *Über allen Gipfeln ist Ruh* (1981) und *Am Ziel* (1981) sowie die beiden Erzählungen *Beton* (1982) und *Wittgensteins Neffe* (1982).

Der Sonderfall *Beton* lässt dem Verlag keine andere Wahl, als das „Chaos im Manuskript"[124] zu lichten, indem die besonders stark korrigierten Seiten noch einmal abgetippt werden.[125] Vergleicht man zwei solcher Seiten – eine Seite aus Bernhards Typoskript (s. Abb. 14) und eine Abschrift des Verlags (s. Abb. 15) – wird der durch Bernhards Korrekturen generierte Textzuwachs auf einen Blick sichtbar: Um den gesamten Bernhard'schen Text auf einem DIN A4 Blatt unterbringen zu können, sind in der Abschrift sowohl der Zeilenabstand als auch die Schriftgröße kleiner gewählt als in Bernhards Typoskript. Ebenso wie Thomas Bernhard muss Unselds Sekretärin Burgel Zeeh den Zeilenabstand am Ende der Seite ein weiteres Mal verringern, damit der gesamte Text auf der Seite Platz findet.

Streichungen als produktive Leerstellen
Auch im *Beton*-Typoskript fallen die für Bernhard so typischen dicken schwarzen Streichungen sofort ins Auge, die auch hier nicht allein Text *auslöschen*, sondern Platz für zusätzlichen Text, nämlich für nachträglich einzusetzende Textbausteine schaffen (s. Abb. 16). Darüber hinaus finden sich auf dem Blatt die ebenso typischen seriellen Ergänzungen, die in den Zeilenzwischenraum getippt und zur exakten Platzierung mit geschweiften Klammern versehen werden. Die Ergänzungen produzieren die immer wiederkehrende Phrase ‚sagte ich mir auf dem

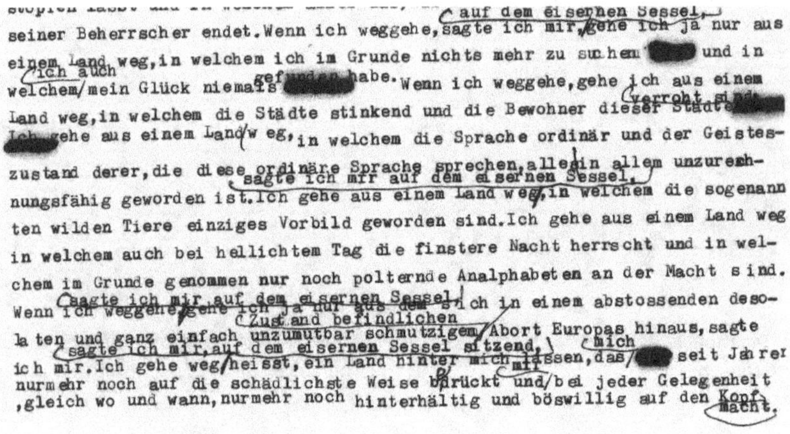

Abb. 16: Thomas Bernhard, *Beton*, Typoskript, letzte Fassung, Ausschnitt.

---

124 Kommentar in Bernhard, Beton (WA), S. 152.
125 Vgl. den Kommentar in Bernhard, Beton (WA), S. 143.

2.2 „Das sind die Sätze, Wörter, die man aufbaut" – Schreiben mit Textbausteinen — 157

eisernen Sessel (sitzend)', indem sie den Textbaustein ‚sagte ich mir' erweitern oder die gesamte Phrase einsetzen. Der in der Erstausgabe von *Beton* minimal veränderte Passus lautet folgendermaßen:

> Wenn ich weggehe, sagte ich mir auf dem eisernen Sessel, gehe ich ja nur aus einem Land weg, in welchem die Städte stinkend und die Bewohner der Städte verroht sind. Ich gehe aus einem Land weg, in welchem die Sprache ordinär und der Geisteszustand derer, die diese ordinäre Sprache sprechen, alles in allem unzurechnungsfähig geworden sind. Ich gehe aus einem Land weg, sagte ich mir auf dem eisernen Sessel, in welchem die sogenannten wilden Tiere einziges Vorbild geworden sind. Ich gehe aus einem Land weg, in welchem auch bei helllichtem Tag die finstere Nacht herrscht und in welchem im Grunde genommen nur polternde Analphabeten an der Macht sind. Wenn ich weggehe, sagte ich mir auf dem eisernen Sessel, gehe ich ja nur aus dem sich in einem abstoßenden desolaten und ganz einfach unzumutbar schmutzigen Zustand befindlichen Abort Europas hinaus, sagte ich mir. Ich gehe weg, sagte ich mir, auf dem eisernen Sessel sitzend, heißt ein Land hinter mich lassen, das mich seit Jahren nurmehr noch auf die schädlichste Weise bedrückt und mir bei jeder Gelegenheit, gleich wo und wann, nurmehr noch hinterhältig und böswillig auf den Kopf macht.[126]

Die nachträgliche Einfügung und angleichende Modellierung von Textbausteinen, die zu einer regelmäßigen Wiederholung der Phrase ‚sagte ich mir auf dem eisernen Sessel' führt, trägt erheblich zu einer Rhythmisierung des Textes und zur Produktion des unvergleichlichen ‚Bernhard-Sounds' bei. Dieser unverwechselbarer Stil ist, wie sich am vorliegenden Beispiel zeigen lässt, als *Effekt* von Bernhards spezifischem Umgang mit Schrift anzusehen.

Wie die Herausgeber der *Beton*-Ausgabe mit Blick auf das hier abgebildete Typoskript richtig konstatieren, „[streicht] Bernhard […] kaum weg, im Gegenteil erweitert er den Text um kleinere und größere Zusätze",[127] was für seine Arbeitsweise überaus üblich ist. Diese zahlreichen Zusätze, die aufgrund des beschriebenen Zeitdrucks, unter dem das Typoskript entsteht, auch häufiger als sonst mit der Hand ausgeführt sind, heben sich deutlich von der ersten, maschinengeschriebenen Textschicht[128] ab und lenken so einmal mehr die Aufmerksamkeit auf die Tatsache, dass Bernhards *gesamter* Text aus solchen Bausteinen zusammengesetzt ist. Die Bausteine, aus denen der zitierte Passus konstruiert ist, sind

---

[126] Thomas Bernhard, Beton, Frankfurt a.M. 1982 (EA), S. 88 f.
[127] Kommentar in Bernhard, Beton (WA), S. 153.
[128] Ich benutze den Begriff gemäß Thorsten Ries' hervorragender textgenetischer Edition ausgewählter Gottfried-Benn-Gedichte in eng gefasster Weise als „material eindeutig durch Schreibwerkzeug und Schreibstoff identifizierbare Textschicht". Thorsten Ries, Verwandlung als anthropologisches Motiv in der Lyrik Gottfried Benns: Textgenetische Edition ausgewählter Gedichte aus den Jahren 1935 bis 1953, Berlin/Boston 2014, S. 40, Anm. 30.

dabei leicht zu bestimmen: „Wenn ich weggehe", „Ich gehe aus einem Land weg, in welchem", „sagte ich mir auf dem eisernen Sessel" werden – leicht variiert – über mehrere Seiten beständig wiederholt, wodurch ihre semantische Bedeutung uneindeutig wird und in den Hintergrund der Wahrnehmung tritt, während ihre Schriftgestalt betont wird. Ebenso werden andere Wörter und Formulierungen aus Bernhards Textbaustein-Fundus dadurch als Einheiten betont, dass sie in allen Bernhard'schen Texten *en masse* verwendet werden, wobei sie nicht selten in Opposition auftauchen: „Stadt – Land", „Geisteszustand", „sogenannt", „auf den Kopf machen" etc. Die Wiederholung dieser – der Bernhard-Leserin bereits als ‚Lieblingswörter' bekannten – Textbausteine produziert einen oft nachgeahmten Stil mit hohem Wiedererkennungswert. Darüber hinaus ermöglicht das ‚Baukastensystem' Bernhard jedoch auch ganz elementar, mit minimalem Aufwand ganz entscheidende Veränderungen an den Texten zu vollziehen, die nicht selten deren Gesamtkonstruktion betreffen. Die signifikanteste und in den Typoskripten am häufigsten nachvollziehbare Modifikation dieser Art ist die Änderung der Erzählperspektive durch serielle Ersetzungen oder nachträgliche Einfügung von Elementen.

Schreiben in der vierten Dimension – Der Umbau des *Korrektur*-Typoskripts
In den Entwürfen zum 1977 geschriebenen und 1978 erschienenen Roman *Ja* (s. Abb. 17) ersetzt Bernhard auf einer einzelnen maschinengeschriebenen Seite das Wort ‚ich' seriell durch ein handgeschriebenes ‚er' und verändert solchermaßen durch den Austausch eines einzigen Textbausteins – hoch effizient – die Perspektive des gesamten Texts.[129] Die handschriftliche Notiz „ich!" am linken oberen Rand der Seite lässt bereits vermuten, dass die hier durchgespielte ‚Fingerübung' später doch zugunsten der Ich-Perspektive entschieden werden wird, der veröffentlichte Roman bestätigt dies. Eine solche Transformation der Perspektive ist jedoch nicht nur als Experiment im Entwurfsstadium möglich. Die sequenzielle Poetik der Bernhard'schen Texte ermöglicht eine Änderung der Erzählperspektive auch in einem viel späteren Stadium der Textgenese. Bestes Beispiel dafür ist die umfangreiche Umarbeitung des *Korrektur*-Typoskripts.

Thomas Bernhard beginnt mutmaßlich bereits im Februar 1972 mit der Konzeption seines neuen Romans,[130] im April 1972 kündigt er seinem Verleger Sieg-

---

[129] Der Kommentar der Werkausgabe weist darauf hin, dass an diese Änderung der Erzählperspektive auch die mögliche autobiographische Lesart des Romans gebunden ist. Vgl. Bernhard, Ja. Die Billigesser. Wittgensteins Neffe (WA), S. 321.
[130] Vgl. den Kommentar in Bernhard, Korrektur (WA), S. 324.

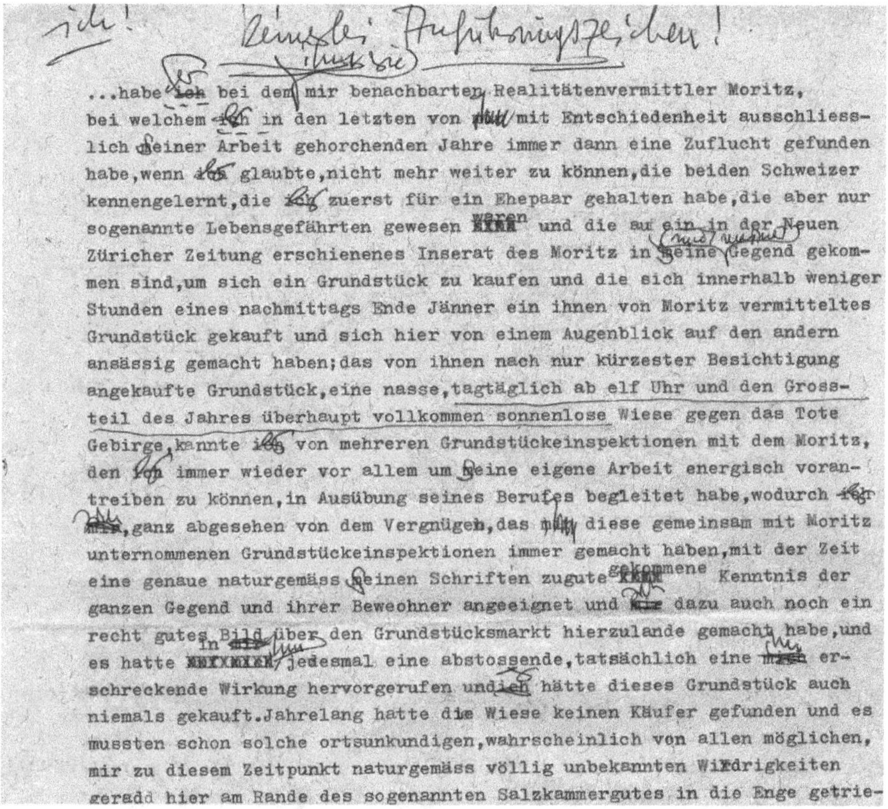

2.2 „Das sind die Sätze, Wörter, die man aufbaut" – Schreiben mit Textbausteinen — 159

Abb. 17: Thomas Bernhard, *Ja*, Typoskriptfragment, Ausschnitt.

fried Unseld Folgendes an: „Meine Mitteilungen beschränken sich auf die folgenden Punkte: / 1. Ablieferung des Romans (Titel: ‚Korrektur') / Ende November/ Anfang Dezember / Erscheinungstermin Frühjahr 73. / und / 2. ein neues Schauspiel zum Jahresende."[131] Die Abgabe des Romans wird mehrere Male verschoben, unter anderem, weil Bernhard parallel auch noch am ersten Band seiner Autobiographie arbeitet, der – zu Unselds Entsetzen – zeitgleich mit *Korrektur* im Herbst 1975 im Residenz Verlag erscheint.[132] Auch den vorletzten mit Unseld vereinbarten Abgabetermin für den Roman am 15. März 1974 hält Bernhard nicht ein. Stattdessen schreibt er seinem Verleger am 25. März einen Brief, in dem er

---

[131] Bernhard, Brief 189 (24. April 1972). In: Bernhard/Unseld, Briefwechsel, S. 268.
[132] Zur Entstehungsgeschichte vgl. den Kommentar in Bernhard, Korrektur (WA), S. 321–343.

sich, selbstbewusst wie immer, mehr Arbeitszeit für die Korrektur der *Korrektur* ausbittet:

> [...] Nun zu dem Punkt, der Ihnen wahrscheinlich der wichtigste ist: wie ich schon [...] gesagt habe, arbeite ich seit Monaten *an der vierten* Dimension der „Korrektur". Und wie ich sehe, bin ich damit nicht vor Ende April fertig. Das ist vollkommen klar. Es kann also nicht die Rede davon sein, dass Sie jetzt das Manuskript bekommen. [...] In aller Ruhe: Die „Korrektur" wird seit Monaten einer nochmaligen Korrektur unterzogen. [...] Es ist die inzwischen gemachte Erfahrung, die mich gezwungen hat, den schon einmal, wie ich glaubte, perfekten Körper des Manuskripts, ein zweites mal zu zerlegen. Ich bin glücklich, dazu die Zeit zu haben und ich bitte Sie, sich vorzustellen, dass auch Sie an diesem Glück Anteil haben. Es ist ein Glück um acht Ecken, über hundert Berge, in der entferntesten Ferne. Sie verstehen. [...] Nocheins: die „Korrektur" ist eine mathematische Aufgabe und wird dann erst, wenn sie perfekt gelöst ist, zur Schönen Literatur.[133]

Die Beschreibung der eigenen Arbeitsweise als „mathematische Aufgabe" und die Schaffung einer „vierten Dimension" deckt sich mit Bernhards eingangs schon untersuchter Beschreibung des ‚Stockwerke-Bauens'. Außerdem weist der „perfekte[] Körper des Manuskripts" auf die symmetrische Konstruktion des Textes voraus, welche im ersten Kapitel dieser Arbeit eingehend besprochen wurde. Im Schreibprozess zu *Korrektur* erreicht Bernhards konstruktive Arbeitsweise jedoch offenbar eine weitere, für Bernhard bislang ebenfalls unbekannte Dimension. Die routinierte Textproduktion in der ‚dritten Dimension' durch Modellierung und Konstellation einzelner Textbausteine lässt sich anhand der Arbeitszeugnisse zu *Korrektur* problemlos rekonstruieren. Im Nachlass finden sich beispielsweise einige Blätter, die zeitlich in die Konzeptionsphase des 1970 erschienen *Kalkwerks* fallen und wohl auch hier von Bernhard zur Weiterverwendung aufbewahrt worden sind. Das Recycling dieses größeren Textbausteins soll anhand der seriellen Ersetzung eines kleineren Bausteins gelingen: Bernhard streicht serienmäßig das – in diesem Fall höchst signifikante Wort – „Kalkwerk" und überschreibt es mit dem neuen Wort „Internat". Mit dieser Variante ist Bernhard jedoch augenscheinlich unzufrieden, das „Internat" wird wiederum durch ein darüber getipptes „Hotel Passauer Wolf" substituiert, die im Text auftauchende „Handelsakademie" wird in diesem zweiten Korrekturschritt zum „katholischen Privatgymnasium". Schlussendlich kommt das Blatt in *Korrektur* doch nicht zum Einsatz, da das Ergebnis der Eingliederungsversuche Bernhard wohl selbst nicht

---

[133] Bernhard, Brief 287 (25. März 1974). In: Bernhard/Unseld, Briefwechsel, S. 422f. Hvh. im Original. In diesem Brief kündigt Bernhard die Abgabe für den 30. Mai desselben Jahres an, tatsächlich wird das Typoskript dem Verlag jedoch erst ca. ein Jahr später, am 15. Mai 1975, übergeben.

2.2 „Das sind die Sätze, Wörter, die man aufbaut" – Schreiben mit Textbausteinen — 161

plausibel genug erscheint.[134] Dennoch machen sie mehr als deutlich, dass die nachträgliche Veränderbarkeit größerer Textbausteine durch Austausch, Substitution, Wiederholung und Variation kleinerer Textbausteine möglich wird.

Diese am sequenziellen Prinzip der Schrift orientierten Schreib- und Kompositionsverfahren erlauben es Bernhard schließlich auch, mit seiner Arbeit in eine weitere ‚Dimension' vorzustoßen. Es ist anzunehmen, dass Bernhard, als er Unseld die Erschaffung der ‚vierten Dimension' seiner *Korrektur* ankündigt, gerade mit der Arbeit an einem neuen Typoskript begonnen hat, das etwa ein Jahr später fertiggestellt sein und als Satzvorlage dienen wird. Dieser neu begonnene Text orientiert sich stark an seiner Vorgängerversion, deren deutlichste Abweichung zu dem späteren Typoskript und dem gedruckten Roman die Erzählperspektive ist: In der ersten Fassung von *Korrektur* dominiert zunächst ein Ich-Erzähler namens Roithamer, erst auf den letzten Seiten des etwa 80 Seiten umfassenden Typoskripts wird die Ich-Perspektive an einen namenlosen Erzähler abgetreten, der den Figuren Höller und Roithamer gegenübersteht.[135] Die Arbeit an der „vierten Dimension" beginnt nun im neu begonnenen Typoskript,[136] indem Bernhard das vorherige Typoskript erweitert und *ausbaut* und so den uns bekannten Roman mit der charakteristischen verschachtelten Perspektive konstruiert. Diese Änderung wird auch hier durch serielle Ergänzungen eines schon bestehenden Textes erzeugt, allerdings kommen diese nicht – wie im Fall von *Ja* – im selben Typoskript zum Einsatz, Bernhard vollzieht sie vielmehr *im Schreibvorgang*. Das vorhandene Typoskript dient als Vorlage und wird sowohl als Fundus als auch als Fundament genutzt, um den bestehenden Text mit einem weiteren ‚Stockwerk', nämlich einer hinzutretenden Erzählerfigur zu *überschreiben,* die sich fast ausschließlich durch den seriell eingefügten Textbaustein „so Roithamer" definiert.

Das dem Roman vorangestellte, oft zitierte und interpretierte Motto „Zur stabilen Stützung eines Körpers ist es notwendig, daß er mindestens drei Auflagepunkte hat, die nicht in einer Geraden liegen, so Roithamer."[137] lässt so gegebenenfalls nicht nur Rückschlüsse auf die Statik von Roithamers Kegelbau zu, sondern auch auf die Konstruktion des Bernhard'schen Textes. In der frühen Fassung von *Korrektur* existieren lediglich zwei „Auflagepunkte": Roithamer, der mal als Erzähler, mal als Objekt der Erzählung in Erscheinung tritt, und sein

---

134 Vgl. NLTB, TBA, W 4/1b; dazu den Kommentar in Bernhard, Korrektur (WA), S. 346 f.
135 Bernhard, Korrektur (WA), S. 348.
136 Vgl. NLTB, TBA, W 4/2.
137 Das Zitat ist wie bereits erwähnt ebenfalls als Baustein dem Roman selbst entnommen, die längere Passage findet sich in Bernhard, Korrektur (EA), S. 347.

Kegel-Projekt.[138] Im Klappentext der *Korrektur*-Erstausgabe heißt es, das Motto des Romans wieder aufgreifend:

> Der Roman *Korrektur* hat ebenfalls drei „Auflagepunkte". Der erste ist Roithamer, Österreicher, 42 Jahre alt, er lehrte Naturwissenschaft in Cambridge [...]. Roithamer, dies ist der zweite „Auflagepunkt" des Romans, hinterließ im Nachlaß Zettel und vor allem sein Hauptwerk, das Manuskript „Über Altensam und alles, das damit zusammenhängt unter besonderer Berücksichtigung des Kegels". Das ungenannte Ich des Romans, ein Freund Roithamers und Schriftsteller – dies ist der dritte „Auflagepunkt" – will diese Notizen sichten, ordnen, durchdenken und gleichzeitig diesen Vorgang beschreiben.[139]

Diese Struktur gibt nicht nur den narrativen Aufbau des Romans wieder, sie bildet auch Bernhards Arbeitsprozess ab. Der „dritte Auflagepunkt, der Ich-Erzähler, kommt erst in der zweiten Fassung der *Korrektur* hinzu, er gewinnt – auch im Sinne von Bernhards Bild der sich gegen den abgedunkelten Bühnenraum abhebenden Figuren – *Kontur*, indem er mit den anderen beiden „Auflagepunkten" während des Schreibprozesses nicht „in einer Geraden" liegt, sondern in einem späteren Arbeitsschritt *über* den schon bestehenden Text gesetzt wird. Die Inquit-Formeln, die ohnehin fixer Bestandteil von Bernhards ‚Baukasten' sind und oftmals noch miteinander kombiniert werden (so etwa das in *Der Untergeher* massenhaft auftretende „sagte er, dachte ich"),[140] erleichtern den perspektivischen Um- und Überbau erheblich. Die im zweiten *Korrektur*-Typoskript serienmäßig eingefügte Formel „so Roithamer" bereichert den Roman nicht nur um eine neue Hauptfigur, einen dritten „Auflagepunkt". Sie verwandelt ebenso die im ersten Typoskript noch einfache, wenn auch zwischen erster und dritter Person unentschiedene Perspektive in die für Bernhards Texte so typische mehrfach gestaffelte Perspektive. Auch bei diesem Bernhard'schen Stilmerkmal *par excellence* handelt sich also um einen Effekt seines Umgangs mit Schrift: Die Inquit-Formeln funktionieren ebenfalls als Textbausteine, sie generieren jedoch nicht ausschließlich einen Textzuwachs, sondern haben Einfluss auf die narrative Grundstruktur des Romans.

---

138 Vgl. den Kommentar in Bernhard, Korrektur (WA), S. 343 f.
139 Vgl. Bernhard, Korrektur (EA), Klappentext links, rechts.
140 Der den Text dominierende Baustein „dachte ich" wird dabei erweitert um ein „sagte er", womit die Perspektive (der Ich-Erzähler rekapituliert Wertheimers bzw. Glenn Goulds Aussagen) dem Leser im wahrsten Sinne vor Augen geführt wird. Oftmals wird der Textbaustein auch hier als solcher betont, wie im folgenden Beispiel durch eine negative Auszeichnung: „Eines Tages aufwachen *und Steinway und Glenn in einem sein,* sagte er, dachte ich, *Glenn Steinway, Steinway Glenn nur für Bach.*" Thomas Bernhard, Der Untergeher, Frankfurt a.M. 1983 (EA), S. 119.

Wie man an diesem Beispiel erneut sehr deutlich sieht, dient Bernhards Überarbeitung der Typoskripte nicht etwa einer alles vernichtenden Korrektur oder Auslöschung des Geschriebenen, sondern dem Um-schreiben und der Vergrößerung der Textmenge durch Ergänzung und Reduplikation von Textbausteinen (im Fall von *Korrektur* prominent der Baustein „so Roithamer"). Bernhards Arbeitsprozess ist darin als konträr zu Roithamers Arbeitsweise anzusehen. Zur Erinnerung: Die *Reduktion* von Roithamers Schrift erfolgt in vier Stadien. Er schreibt (1.) ein 800 Seiten starkes Manuskript, das (2.) auf 300 Seiten, dann (3.) auf 80 Seiten „verkürzt und verdichtet" wird, eine nochmalige Korrektur soll (4.) zu einer kompletten Vernichtung des Manuskripts, also zum Nullpunkt der Reduktion führen. Der Punkt, an dem sich Roithamers Korrektur- und Bernhards Schreibprozess treffen, ist das 80 Seiten starke Typoskript, welches nochmals entscheidend überarbeitet werden soll. Bei Bernhard erfolgt diese Korrektur allerdings mit dem gegenteiligen Effekt, dass der Text auf mehr als das doppelte ausgebaut wird: Das endgültige Typoskript besitzt – wie schon das Typoskript des *Kalkwerks* – (fast) „200 Seiten genau".[141] Bernhards 80 Seiten umfassendes erstes Typoskript wird durch seine Überarbeitung zwar – für den Leser des Romans – vernichtet, überschrieben und unlesbar gemacht, zugleich wird es jedoch durch einen komplett neuen Text substituiert, indem das auf dem ersten basierende zweite Typoskript an seine Stelle tritt.

2.2.5 Satzzeichen

An den bisher aus dem Nachlass gezeigten Beispielen zur Ersetzung von Textbausteinen lässt sich auch Thomas Bernhards strategischer Umgang mit Satzzeichen, die ebenfalls häufig seriell nachgetragen werden, illustrieren. Im Typoskript zum *Kalkwerk* etwa (vgl. Abb. 13) wird nicht nur der Baustein „sage ich" nachträglich eingefügt, Bernhard verfährt genauso mit den drei Auslassungspunkten. Die Auswahl und Setzung der – in Bernhards Texten eigenwillig und exzessiv verwendeten – Satzzeichen[142] unterliegt den gleichen Prinzipien, die auch für

---

141 Das Typoskript W 4/2 umfasst inklusive Deckblatt und Motto exakt 194 Seiten. Vgl. NLTB, TBA, W 4/2.
142 Wie relevant das Repertoire und die Verwendungsweise der Interpunktion für die Rezeption und Interpretation literarischer Texte ist, haben inzwischen eine Reihe von Forschungsbeiträgen gezeigt. Vgl. Alexander Nebrig und Carlos Spoerhase (Hg.), Die Poesie der Zeichensetzung. Studien zur Stilistik der Interpunktion, Bern/Berlin u. a. 2012; Mareike Giertler und Rea Köppel (Hg.), Von Lettern und Lücken. Zur Ordnung der Schrift im Bleisatz, München 2012; Christine Abbt und Tim Kammasch (Hg.), Punkt, Punkt, Komma, Strich? Geste, Gestalt und Bedeutung philosophischer Zeichensetzung, Bielefeld 2009.

die übrigen Textbausteine gelten: Bernhard legt in einem frühen Stadium des Arbeitsprozesses ein Repertoire an Zeichen fest, die danach – in oftmals unüblicher Kombination und extremer Wiederholung – den gesamten Text durchziehen. Die Auswahl und Verwendung der Satzzeichen ist dabei nicht konventionell, sondern idiosynkratisch geregelt. Bernhard stellt auch für diese minimalen Textbausteine Verfahrensregeln auf, an die er sich ausnahmslos hält, wie schon die handschriftlich notierte Devise „Keinerlei Ausrufungszeichen!" auf dem bereits besprochenen Entwurfs-Blatt zu *Ja* zeigt (vgl. Abb. 17).

Ein prägnantes Beispiel für die gezielt exzessive Verwendung eines im allgemeinen eher sparsam eingesetzten Satzzeichens sind die Auslassungspunkte in Bernhards 1964 erschienener Erzählung *Amras*. Die Sätze, welche durch die für diese Erzählung (und ebenfalls für die Erzählung *Ungenach*) typischen Ellipsen unterbrochen sind, sind in der Forschung gemeinhin als „Sätzezerbröckelungen"[143] und „Satzfragmente"[144] beschrieben worden. Die These von einer angeblich destruktiven Anlage des Textes, die sich in den drei Punkten schriftbildlich manifestiere, liest sich dabei exemplarisch so:

> Die permanente Irritation ist ja gerade das formgewordene Strukturmerkmal dieser Romane, denen man ihren programmatischen Zerfall und ihre perpetuierte Zersetzung alles rational Herleitbaren bereits am Schriftbild ansehen kann. Erscheint dieses doch durch auffällig viele, stakkatohafte Auslassungspunkte als in sich zerrissen. Die Texte zerfasern aber auch inhaltlich: Sie bestehen aus unzusammenhängenden Briefpassagen, kruden Aphorismen und wirren, tagebuchartigen Notizen, die gerne mitten im Satz abbrechen und so manchmal eher noch als vertrackte Sprachmelodien beschreibbar sind denn als semantisch definitiv ergründbare Sinnzusammenhänge: „Und die Philosophien, nicht die Philosophen wohlgemerkt, philosophieren, das heißt verundeutlichen, verfinstern, verübeln, vernichten", heißt es etwa in „Ungenach" – womit die Sprachskepsis als poetologisches Fundament des Texts doch recht deutlich betont wird.[145]

---

143 Betten, Bernhard unter dem linguistischen Seziermesser, S. 181–194, hier S. 189.
144 Unter dem Schlagwort des ‚Fragments' beziehen einige Forschungsbeiträge Bernhards ‚zerstückelte' Sprache auf frühromantische Poetiken (insb. auf Novalis). Vgl. etwa Billenkamp, Narrativik und poetologische Praxis, S. 99–126, hier S. 123: „Ein markantes sprachliches Merkmal der Libretti und Lyrik aus dieser Zeit am Tonhof [etwa 1957–1960, C.M.] ist die Aneinanderreihung einzelner Wörter und Laute, vor allem aber die Verwendung von Satzsurrogaten. Auch in *Amras*, in dem sich der Text zusehends auflöst, das Fragment also nochmals fragmentiert wird, verwendet Bernhard dieses Stilmittel. Konsequenterweise tragen die ‚Sätze Walters' aus der Druckfassung in einer früheren Version noch die Bezeichnung ‚Logarithmen Walters'. Optisches Kennzeichen von Texten wie *Amras*, *Ungenach*, aber auch von dem ebenfalls in den späten 1950er Jahren entstandenen *In der Höhe* sind die mit drei Punkten markierten Auslassungen."
145 Jan Süselbeck, Das Missverständnis. Zu Andreas Maiers Rezeption der Prosa Thomas Bernhards. In: Thomas Bernhard Jahrbuch 2005/2006, hg. von Martin Huber, Bernhard Judex,

Jan Süselbeck betont hier wie viele weitere Forschungsbeiträge einen direkten Zusammenhang zwischen der Struktur des Textes und dem Umstand, dass keine eindeutigen Sinnzusammenhänge definiert würden, sondern der Text sich allenfalls „als vertrackte Sprachmelodie" beschreiben lasse. Hier wird noch einmal sehr deutlich, welche Schlussfolgerungen aus der gängigen Grundannahme entstehen, dass Bernhards Schreiben mit sprachlichem – und nicht, wie diese Arbeit zeigen will, genuin schriftlichem – Material operiere. Während die Auslassungspunkte auf sprachlicher Ebene nämlich tatsächlich Unterbrechungen des Redeflusses markieren, wodurch akustisch just jener „stakkatohafte" Eindruck produziert würde, von dem Süselbeck spricht, produzieren die Auslassungspunkte als *Schrift*elemente vor allem eines: Zuwachs an Text. Betrachtet man Bernhards Konstruktionsmaterial auch und vielleicht gerade in Bezug auf die Satzzeichen als schriftliches, fungieren die Auslassungspunkte – dieser Kalauer sei hier erlaubt – *Dichtstoff*, schriftliches Fugenmaterial zwischen anderen Textbausteinen, das als solches sichtbar bleibt und somit neben der Fragmentierung des Textes auf die Konstruktivität des Schreibprozesses verweist. Aus dieser Perspektive betrachtet fragmentieren die Auslassungspunkte den Satz nicht, im Gegenteil sind sie an seinem Aufbau beteiligt, da sie wie jedes andere Zeichen ein Mehr an Text produzieren. Als ‚materialisierte Leerstellen' zwischen den einzelnen Textbausteinen gilt für die Auslassungszeichen ebenfalls das, was Susanne Wehde für das Blindmaterial des Drucktextes konstatiert: „[...] auch die ‚Null-Stellen' des typographischen [werden] notwendigerweise zu positiven, materialisierten Elementen des Zeichenmittel-Repertoires."[146]

Auf einem Blatt des frühen Typoskripts zu Bernhards 1964 veröffentlichter Erzählung *Amras* produzieren die seriell eingefügten Punkte so auch den Eindruck einer zweiten Textschicht, die sich über die erste legt (s. Abb. 18). Bernhard ersetzt hier die bereits vorhandenen Satzzeichen (Punkte, Kommata, Fragezeichen) reihenweise durch Auslassungspunkte und generiert so besagten Zuwachs an Text. Die graphische Qualität der Auslassungspunkte, welche laut Bettine Menke ohnehin stets als „graphische Interventionen in die Folge der Buchstaben"[147] zu *sehen* sind, wird hier durch den Kontrast zwischen handschriftlicher Ausführung (die auch die geschweiften Einfügungszeichen betrifft) und maschinengeschriebenem Text noch betont. Die Hinzufügung der Textbausteine hat so einen verräumli-

---

Manfred Mittermayer und Wendelin Schmidt-Dengler, Wien/Köln/Weimar 2006, S. 191–201, hier S. 194.
146 Wehde, Typographische Kultur, S. 105.
147 Bettine Menke, Auslassungszeichen, Operatoren der Spatialisierung – was ‚Gedankenstriche' tun. In: Giertler/Köppel (Hg.), Von Lettern und Lücken, S. 73–95, hier S. 74.

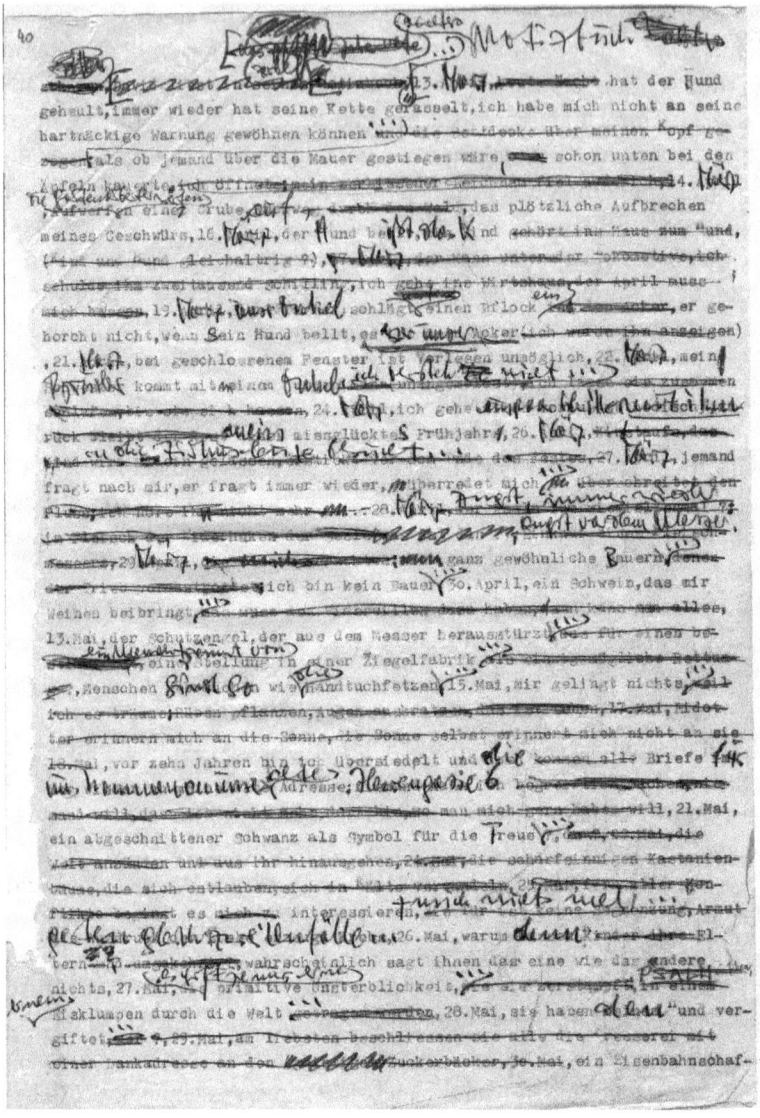

Abb. 18: Thomas Bernhard, *Amras*, Typoskript, frühe Fassung.

chenden Effekt, die zweite Textschicht wirkt wie ein ‚darüber gesetztes Stockwerk', um ein weiteres Mal Bernhards Metaphorik zu bemühen.

Interessanterweise werden oftmals gerade die neu eingesetzten Textbausteine zum Fundament der weiteren Textproduktion. Das abgebildete Blatt stammt aus der ersten Typoskriptfassung von *Amras*, die von der endgültigen Fassung erheblich abweicht.[148] Die umfangreichen Streichungen und Ersetzungen im Typoskript, die aus mehreren Korrekturvorgängen stammen, wie sich den unterschiedlichen Farben der verschiedenen Schreibwerkzeuge ablesen lässt, deuten darauf hin, dass Bernhard auch hier noch verschiedene Varianten durchspielt. Was in diesem experimentellen Stadium jedoch festgelegt wird, ist der Textbaustein „..." und sein Gebrauch: Im zweiten und endgültigen Typoskript wird dieser nahezu den gesamten Text strukturieren. Die drei Auslassungpunkte liegen zwar – anders als die drei *Auflage*punkte in *Korrektur* – sehr wohl auf einer Geraden, sie können aber auch hier als fundamentaler Textbaustein für die weitere Konstruktion des Textes angesehen werden.

Sieht man sich beliebige Sätze aus dem Drucktext von *Amras* (s. Abb. 19) einmal genauer an, wird schnell deutlich, dass es sich bei den Auslassungspunkten tatsächlich um genuin schriftliches und nicht semantisch motiviertes Füllmaterial handelt. Bernhard ersetzt kurzerhand einen Gutteil der zu erwartenden Satzzeichen durch Auslassungspunkte, wie sich schon anhand der Korrekturen des Typoskripts erkennen lässt. Die Sätze werden jedoch in den meisten Fällen nicht abgebrochen oder bleiben unvollständig, sie werden nur durch die graphischen Elemente voneinander abgesondert. Hat der Leser erst einmal verstanden, dass es sich hier nicht um das Signal für ein plötzliches Verstummen oder Abbrechen der Rede handelt, werden die Auslassungspunkte nur noch als graphisches Material wahrgenommen. Die Punkte werden so zur momenthaften Störung der Lektüre, die sich schon beim Blick auf den Satzspiegel überdeutlich ankündigt.

Wie Susanne Wehde bemerkt, „können Satzzeichen als visuelle Ausdruckseinheiten [...] autonome Zeichenfunktion übernehmen".[149] Dies gelte in besonderem Maße für Klammern, Bindestriche, Auslassungszeichen, Gedankenstriche, Anführungszeichen etc., die zu den „typographisch geregelten Satzzeichen" gehörten und deren normative Regelung sehr viel weniger streng sei als die von Punkten oder Kommata.[150] Indem Bernhard nun gerade letztere, streng normativ geregelte Satzzeichen – ohne Rücksicht auf semantische Zusammenhänge – ersetzt, fügt er dem eigenen Text eine kalkulierte semantische Ambiguität hinzu. Zu Beginn von *Amras* könnten die Auslassungspunkte durchaus noch als Unterbrechung eines Berichts des Erzählers gelesen und verstanden werden. Im Verlauf

---

148 Vgl. den Kommentar in Bernhard, Werke, Bd. 11: Erzählungen I. In der Höhe. Amras. Der Italiener. Der Kulterer, hg. von Martin Huber und Wendelin Schmidt-Dengler, Frankfurt a.M. 2004, S. 348 f.
149 Wehde, Typographische Kultur, S. 101.
150 Vgl. Wehde, Typographische Kultur, S. 100.

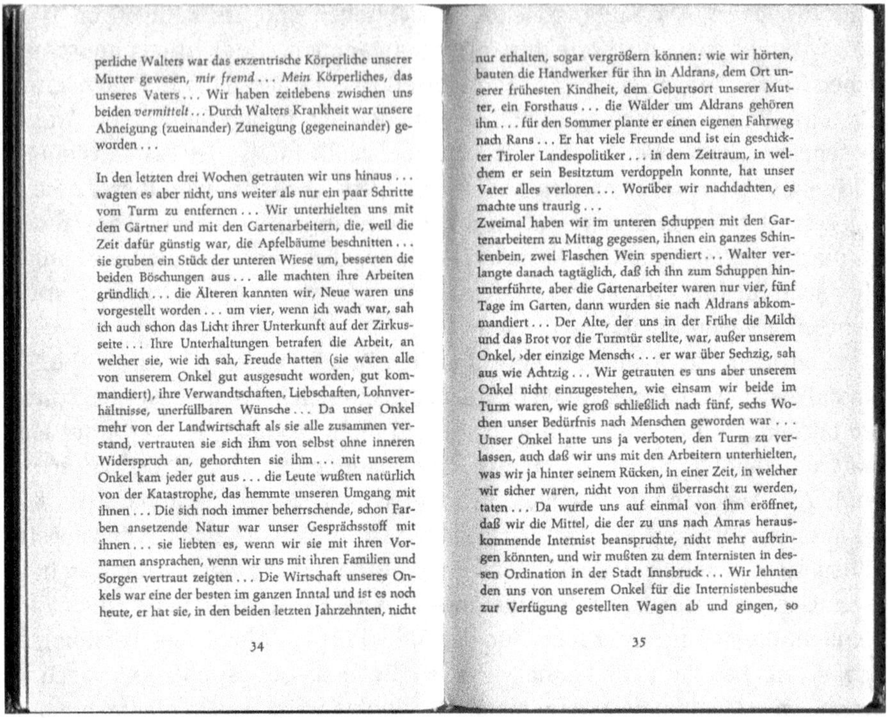

perliche Walters war das exzentrische Körperliche unserer Mutter gewesen, *mir fremd* . . . *Mein* Körperliches, das unseres Vaters . . . Wir haben zeitlebens zwischen uns beiden *vermittelt* . . . Durch Walters Krankheit war unsere Abneigung (zueinander) Zuneigung (gegeneinander) geworden . . .

In den letzten drei Wochen getrauten wir uns hinaus . . . wagten es aber nicht, uns weiter als nur ein paar Schritte vom Turm zu entfernen . . . Wir unterhielten uns mit dem Gärtner und mit den Gartenarbeitern, die, weil die Zeit dafür günstig war, die Apfelbäume beschnitten . . . sie gruben ein Stück der unteren Wiese um, besserten die beiden Böschungen aus . . . alle machten ihre Arbeiten gründlich . . . die Älteren kannten wir, Neue waren uns vorgestellt worden . . . um vier, wenn ich wach war, sah ich auch schon das Licht ihrer Unterkunft auf der Zirkusseite . . . Ihre Unterhaltungen betrafen die Arbeit, an welcher sie, wie ich sah, Freude hatten (sie waren alle von unserem Onkel gut ausgesucht worden, gut kommandiert), ihre Verwandtschaften, Liebschaften, Lohnverhältnisse, unerfüllbaren Wünsche . . . Da unser Onkel mehr von der Landwirtschaft als sie alle zusammen verstand, vertrauten sie sich ihm von selbst ohne inneren Widerspruch an, gehorchten sie ihm . . . mit unserem Onkel kam jeder gut aus . . . die Leute wußten natürlich von der Katastrophe, das hemmte unseren Umgang mit ihnen . . . Die sich noch immer beherrschende, schon Farben ansetzende Natur war unser Gesprächsstoff mit ihnen . . . sie liebten es, wenn wir sie mit ihren Vornamen ansprachen, wenn wir uns mit ihren Familien und Sorgen vertraut zeigten . . . Die Wirtschaft unseres Onkels war eine der besten im ganzen Inntal und ist es noch heute, er hat sie, in den beiden letzten Jahrzehnten, nicht

34

nur erhalten, sogar vergrößern können: wie wir hörten, bauten die Handwerker für ihn in Aldrans, dem Ort unserer frühesten Kindheit, dem Geburtsort unserer Mutter, ein Forsthaus . . . die Wälder um Aldrans gehören ihm . . . für den Sommer plante er einen eigenen Fahrweg nach Rans . . . Er hat viele Freunde und ist ein geschickter Tiroler Landespolitiker . . . in dem Zeitraum, in welchem er sein Besitztum verdoppeln konnte, hat unser Vater alles verloren . . . Worüber wir nachdachten, es machte uns traurig . . .
Zweimal haben wir im unteren Schuppen mit den Gartenarbeitern zu Mittag gegessen, ihnen ein ganzes Schinkenbein, zwei Flaschen Wein spendiert . . . Walter verlangte danach tagtäglich, daß ich ihn zum Schuppen hinunterführte, aber die Gartenarbeiter waren nur vier, fünf Tage im Garten, dann wurden sie nach Aldrans abkommandiert . . . Der Alte, der uns in der Frühe die Milch und das Brot vor die Turmtür stellte, war, außer unserem Onkel, ›der einzige Mensch‹ . . . er war über Sechzig, sah aus wie Achtzig . . . Wir getrauten es uns aber unserem Onkel nicht einzugestehen, wie einsam wir beide im Turm waren, wie groß schließlich nach fünf, sechs Wochen unser Bedürfnis nach Menschen geworden war . . . Unser Onkel hatte uns ja verboten, den Turm zu verlassen, auch daß wir uns mit den Arbeitern unterhielten, was wir ja hinter seinem Rücken, in einer Zeit, in welcher wir sicher waren, nicht von ihm überrascht zu werden, taten . . . Da wurde uns auf einmal von ihm eröffnet, daß wir die Mittel, die der zu uns nach Amras herauskommende Internist beanspruchte, nicht mehr aufbringen könnten, und wir mußten zu dem Internisten in dessen Ordination in der Stadt Innsbruck . . . Wir lehnten den uns von unserem Onkel für die Internistenbesuche zur Verfügung gestellten Wagen ab und gingen, so

35

Abb. 19: Thomas Bernhard, *Amras* (Erstausgabe 1964, Insel Verlag).

des Textes werden sie allerdings vom Leser aufgrund ihres massenhaften Auftauchens und ihrer fehlenden semantischen Motiviertheit tatsächlich nur noch als graphische Textbausteine wahrgenommen, die den Text rhythmisch gliedern. Dabei ‚schimmert' Bernhards Ersetzungsverfahren in der Rezeption durch: Die Leserin liest den Text, *als ob* er durch Kommata und Punkte gegliedert wäre, und nimmt die Ersetzung der erwartbaren, normativ geregelten Satzzeichen durch die Auslassungspunkte deutlich wahr.

Wie wenig zufällig die Wahl der Satzzeichen bei Bernhard ausfällt und wie sehr sie zum fixen Repertoire von Textbausteinen gehören, lässt sich auch anhand weiterer Befunde aus dem Nachlass rekonstruieren. Besonders deutlich zeigt sich Bernhards spezielle Verwendung von Satzzeichen am ‚Umbau' eines 1959 geschriebenen und ein Jahr später erfolglos beim Fischer Verlag eingereichten Typoskripts mit dem Titel *Schwarzach St. Veit*, das bis heute unveröffentlicht geblieben ist. Aus diesem etwa 300 Seiten umfassenden Typoskript extrahiert Bernhard ca. 80 Seiten, überarbeitet diese und publiziert sie 1989 unter dem Titel *In der Höhe* im Residenz Verlag. Den Ausschnitt aus dem bestehenden Typoskript

2.2 „Das sind die Sätze, Wörter, die man aufbaut" – Schreiben mit Textbausteinen — 169

wählt Bernhard dabei offenbar nach visuellen Prinzipien aus: Die Seiten sind schon auf den ersten Blick typographisch auffällig, im Kontrast zum restlichen Text erregen in dieser Passage die für Bernhard unüblich häufigen Absätze und die in großer Zahl verwendeten Satzzeichen (vor allem Ausrufezeichen und Fragezeichen) die Aufmerksamkeit des Durchblätternden. Die Überarbeitung des Textausschnitts, der später den gesamten Text von *In der Höhe* ausmachen wird, konzentriert sich hauptsächlich auf die Extremisierung dieser ohnehin schon auffälligen Satzzeichen. Mit diesen verfährt Bernhard genauso wie mit seinen übrigen Bausteinen: Sie werden exzessiv wiederholt und erzielen durch ihr massenhaftes Auftreten eine verräumlichende Wirkung, indem sie gestaltlich aus dem Text hervortreten. Der ‚Übertreibungskünstler'[151] Bernhard trägt auch hier – im wörtlichsten Sinne – dick auf: Mit schwarzem Filzstift fügt er unzählige Satzzeichen in den bestehenden Text ein. Aufgrund der Vielzahl der Einfügungen und wegen der Enge der bereits lückenlos ausgefüllten Zeilen geschieht dies nicht mit der Maschine, sondern handschriftlich, wodurch die Korrekturen sich noch deutlicher vom ursprünglichen Text abheben. Nachgetragen werden Doppelpunkte und Kommata, am Häufigsten ergänzt Bernhard jedoch den Textbaustein ‚!' bzw. ‚?' (s. Abb. 20).

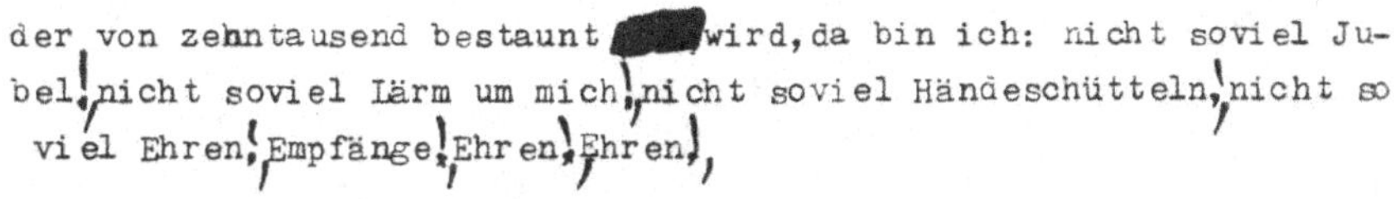

```
der von zehntausend bestaunt ▮ wird, da bin ich: nicht soviel Ju-
bel, nicht soviel Lärm um mich, nicht soviel Händeschütteln, nicht so
viel Ehren, Empfänge, Ehren, Ehren,
```

Abb. 20: Thomas Bernhard, *In der Höhe*, Typoskript, Ausschnitt.

Gerade die ungewöhnliche Zusammenstellung dieser Satzzeichen – im Normalfall markieren Ausrufungs- und Fragezeichen das Ende eines Satzes, weshalb ihnen kein weiteres Satzzeichen folgt – offenbart das Prinzip der frei kombinier-

---

[151] Dieser von Murau in *Auslöschung* zur Selbstbeschreibung benutzte Begriff ist in der Forschung vielfach auf den Autor Thomas Bernhard projiziert worden. Vgl. exempl. Wendelin Schmidt-Dengler, Der Übertreibungskünstler. Studien zu Thomas Bernhard, Wien ³1997. In *Auslöschung* heißt es: „Meine Übertreibungskunst habe ich so weit geschult, daß ich mich ohne weiteres den größten *Übertreibungskünstler*, der mir bekannt ist, nennen kann. Ich kenne keinen andern. Kein Mensch hat seine Übertreibungskunst jemals so auf die Spitze getrieben, habe ich zu Gambetti gesagt und darauf, daß ich, wenn man mich kurzerhand einmal fragen wollte, was ich eigentlich und insgeheim sei, doch darauf nur antworten könne, der größte Übertreibungskünstler, der mir bekannt ist." Thomas Bernhard, Auslöschung, Frankfurt a.M. 1986 (EA), S. 611 bzw. Bernhard, Auslöschung (WA), S. 477 f.

und variierbaren Textbausteine. Darüber hinaus jedoch führt die mannigfache Wiederholung des ungewöhnlichen Satzzeichen-Arrangements zu einer Irritation des sukzessiven Lesens. Der Blick bleibt an den vertikal ausgerichteten graphischen Zeichen förmlich hängen, die wie Barrieren für den Lesefluss wirken und ihn immer wieder zum Stocken bringen.

Sowohl die Auswahl des Textausschnitts aus dem *Schwarzach St. Veit*-Typoskript als auch der unkonventionelle und von der semantischen Funktion abstrahierende Gebrauch von Satzzeichen zeigen deutlich, dass es Bernhard in seinem letzten zu Lebzeiten erschienenen Text *In der Höhe* auch und vielleicht vor allem um die *Erscheinungsform* von Schrift und die Sichtbarmachung ihrer Konstruktionsprinzipien geht. Diese Annahme stützt der mit dem Residenz Verlag geschlossene Vertrag über die Publikation, in dem explizit auf die spezifische Schrift-Gestalt(ung) abgehoben wird: „Th. B. gibt dem Residenzverlag Salzburg [...] das Recht, sein Buch (Werk) mit dem Titel / In der Höhe Rettungsversuch, Unsinn / *in einer einmaligen, vom Autor gewünschten Form* und in unbeschränkter Auflage herauszubringen."[152] Mit dieser „einmaligen, vom Autor gewünschten Form" ist indes nicht nur die unorthodoxe Verwendung von Satzzeichen gemeint, sondern auch die für Bernhards Texte so typische Häufung von Kursiva.[153] Im Text treten diese beiden typographischen Besonderheiten auch oftmals in Kombination auf (s. Abb. 21).

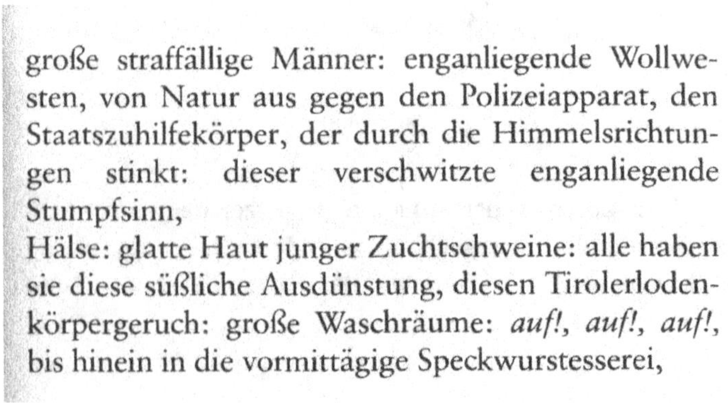

> große straffällige Männer: enganliegende Wollwesten, von Natur aus gegen den Polizeiapparat, den Staatszuhilfekörper, der durch die Himmelsrichtungen stinkt: dieser verschwitzte enganliegende Stumpfsinn,
> Hälse: glatte Haut junger Zuchtschweine: alle haben sie diese süßliche Ausdünstung, diesen Tirolerlodenkörpergeruch: große Waschräume: *auf!, auf!, auf!,* bis hinein in die vormittägige Speckwurstesserei,

Abb. 21: Thomas Bernhard, *In der Höhe* (Erstausgabe 1989, Residenz Verlag).

---

[152] NLTB, TBA, W 24/3. [Hvh. C.M.]
[153] Auf weitere typographische Besonderheiten des Textes werde ich im letzten Unterkapitel von Kapitel 3 zurückkommen („Ein typographischer Rettungsversuch – Bernhards *In der Höhe*").

Die Kursivierungen, die Bernhard im Typoskript durch Unterstreichungen anzeigt, werden ebenso wenig wie die Satzzeichen konventionell – etwa als typographische Mündlichkeitsmerkmale – gebraucht. Vielmehr gehorchen auch sie einer sequenziellen Poetik, die Schriftelemente als Textbausteine gestaltlich betont und dadurch eine wechselseitige Wahrnehmung dieser schriftlichen Einheiten und der Sukzession, in welche diese eingespeist sind, generiert.

2.2.6 Auszeichnungen in Typoskript und Druck

In Thomas Bernhards Texten werden überdurchschnittlich viele Wörter und Sätze kursiv gesetzt. Auch im *Drei Tage* Interview fallen die zahlreichen Kursivierungen sogleich ins Auge (s. Abb. 22). Obwohl es sich um den Abdruck eines ‚mündlichen Textes‘ handelt – anders kann man Bernhards druckreifen Monolog nicht nennen –, deckt sich seine typographische Gestaltung auffallend mit Bernhards Prosatexten. Auch hier finden sich die für Bernhard typischen Satzzeichen (Aus-

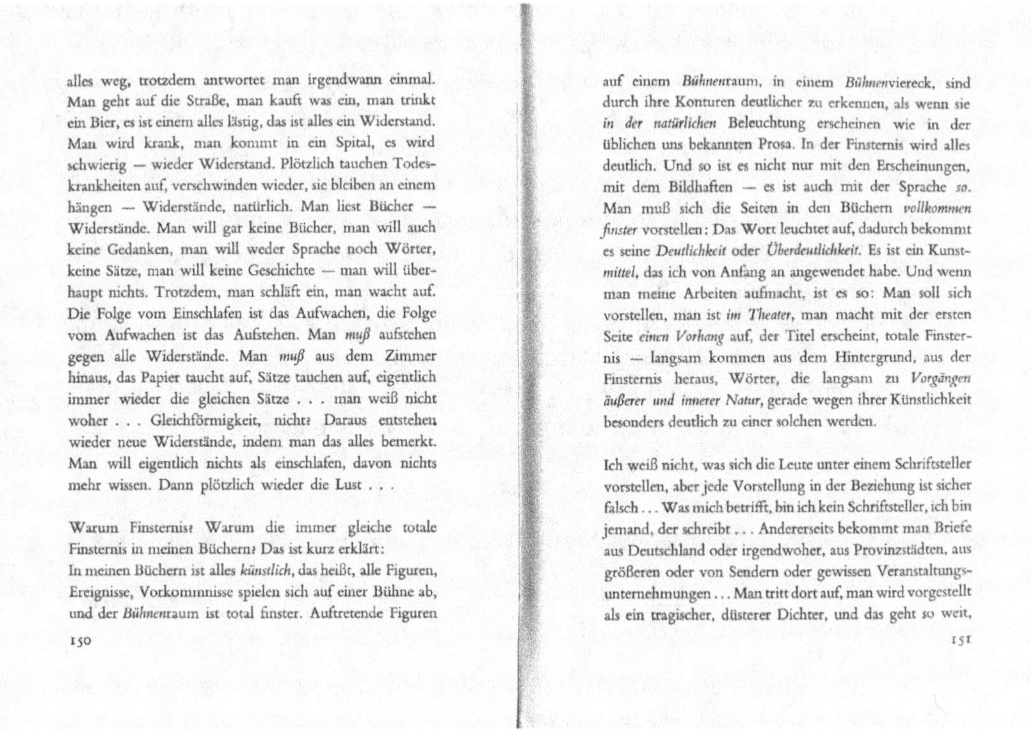

alles weg, trotzdem antwortet man irgendwann einmal. Man geht auf die Straße, man kauft was ein, man trinkt ein Bier, es ist einem alles lästig, das ist alles ein Widerstand. Man wird krank, man kommt in ein Spital, es wird schwierig — wieder Widerstand. Plötzlich tauchen Todeskrankheiten auf, verschwinden wieder, sie bleiben an einem hängen — Widerstände, natürlich. Man liest Bücher — Widerstände. Man will gar keine Bücher, man will auch keine Gedanken, man will weder Sprache noch Wörter, keine Sätze, man will keine Geschichte — man will überhaupt nichts. Trotzdem, man schläft ein, man wacht auf. Die Folge vom Einschlafen ist das Aufwachen, die Folge vom Aufwachen ist das Aufstehen. Man *muß* aufstehen gegen alle Widerstände. Man *muß* aus dem Zimmer hinaus, das Papier taucht auf, Sätze tauchen auf, eigentlich immer wieder die gleichen Sätze . . . man weiß nicht woher . . . Gleichförmigkeit, nicht? Daraus entstehen wieder neue Widerstände, indem man das alles bemerkt. Man will eigentlich nichts als einschlafen, davon nichts mehr wissen. Dann plötzlich wieder die Lust . . .

Warum Finsternis? Warum die immer gleiche totale Finsternis in meinen Büchern? Das ist kurz erklärt:
In meinen Büchern ist alles *künstlich*, das heißt, alle Figuren, Ereignisse, Vorkommnisse spielen sich auf einer Bühne ab, und der *Bühnen*raum ist total finster. Auftretende Figuren

150

auf einem *Bühnen*raum, in einem *Bühnen*viereck, sind durch ihre Konturen deutlicher zu erkennen, als wenn sie *in der natürlichen* Beleuchtung erscheinen wie in der üblichen uns bekannten Prosa. In der Finsternis wird alles deutlich. Und so ist es nicht nur mit den Erscheinungen, mit dem Bildhaften — es ist auch mit der Sprache *so*. Man muß sich die Seiten in den Büchern *vollkommen finster* vorstellen: Das Wort leuchtet auf, dadurch bekommt es seine *Deutlichkeit* oder *Überdeutlichkeit*. Es ist ein Kunst*mittel*, das ich von Anfang an angewendet habe. Und wenn man meine Arbeiten aufmacht, ist es so: Man soll sich vorstellen, man ist *im Theater*, man macht mit der ersten Seite *einen Vorhang* auf, der Titel erscheint, totale Finsternis — langsam kommen aus dem Hintergrund, aus der Finsternis heraus, Wörter, die langsam zu *Vorgängen äußerer und innerer Natur*, gerade wegen ihrer Künstlichkeit besonders deutlich zu einer solchen werden.

Ich weiß nicht, was sich die Leute unter einem Schriftsteller vorstellen, aber jede Vorstellung in der Beziehung ist sicher falsch . . . Was mich betrifft, bin ich kein Schriftsteller, ich bin jemand, der schreibt . . . Andererseits bekommt man Briefe aus Deutschland oder irgendwoher, aus Provinzstädten, aus größeren oder von Sendern oder gewissen Veranstaltungsunternehmungen . . . Man tritt dort auf, man wird vorgestellt als ein tragischer, düsterer Dichter, und das geht so weit,

151

Abb. 22: Thomas Bernhard, *Drei Tage* (Erstausgabe 1971, Residenz Verlag).

lassungspunkte, Gedankenstriche) und Kursivierungen. Im Passus zum Stichwort „Finsternis" lassen sich in 13 von 22 Zeilen ein oder mehrere kursiv gesetzte Wörter zählen. Vergleicht man den hier abgedruckten Text mit dem im Film gesprochenen,[154] wird deutlich, dass es sich bei der Kursivschreibung der einzelnen Wörter nicht etwa um die Übersetzung einer besonderen mündlichen Betonung in schriftliche Auszeichnung handelt.[155] Im Gegenteil: Bernhard betont die Wörter im Interview eigentümlich monoton, fast als intoniere er einen ihm unbekannten schriftlichen Text. Die Inkongruenz sowohl zwischen Kursivierung und Emphase als auch zwischen Gedankenstrichen und Sprechpausen legt den Eindruck einer absoluten Entkopplung von Mündlichkeit und Schriftlichkeit nahe.

Sieht man sich die beiden im Nachlass vorhandenen Druckfahnen zum Filmtext *Der Italiener* an, die auch die Transkription des *Drei Tage*-Interviews enthalten, fällt auf, dass sich in der ersten unvollständigen und unkorrigierten Druckfahne lediglich zwei Auszeichnungen (2. Tag: „[...] er macht *ein* Kind, er macht *ein* Buch [...]") finden lassen. Erst in der zweiten, endgültigen Druckfahne decken sich die Kursivsetzungen mit dem späteren Druck.[156] Zwischen diesen beiden Druckfahnen muss Bernhard in einer an den Residenz Verlag geschickten und dort verbliebenen Druckfahne die Unterstreichungen, die im Druck kursiv gesetzt sind, eigenhändig nachgetragen haben. Dieses Vorgehen zeigt zweierlei: 1. Bernhard behandelt den ursprünglich gesprochenen Text, ist er einmal gedruckt, wie jeden anderen seiner Texte als genuin *schriftlichen*; 2. an der mangelnden Übereinstimmung von mündlicher Betonung und schriftlicher Kursivsetzung wird deutlich, dass Bernhard die Auszeichnung der Wörter nicht gemäß phonetischer Prinzipien, sondern nach *visuellen* Kriterien vornimmt. Wie schon die Satzzeichen enthebt er so auch die Auszeichnungen ihrer konventionell geregelten Funktion.[157] Was hier in Szene gesetzt wird, ist – gemäß dem, was Bernhard in seinen Ausführungen zur ‚Finsternis' beschreibt – ein wahrnehmbares ‚überdeutliches Aufleuchten' des Wortes in seiner Umgebung.

Dieser Lektüreeffekt deckt sich mit jenem, der bei der Durchsicht von Bernhards Typoskripten zustande kommt: In den maschinengeschriebenen Texten

---

154 Vgl. Interview „Drei Tage" [DVD-Extra]. In: Radax/Bernhard, Der Italiener, Minute 18:33–20:49.
155 Vgl. zur Funktion der kursiven Auszeichnung als „typographisches Mündlichkeitsmerkmal" Wehde, Typographische Kultur, S. 133 f.
156 Vgl. NLTB, TBA, W 18/10.
157 Auch Thomas Meyer bemerkt in seiner Untersuchung zu Bernhards *Auslöschung* eine idiosynkratische Verwendung der Kursive und deren Relevanz für die Interpretation des Textes. Vgl. Thomas Meyer, Die phantastische Gabe des Gegen-Gedächtnisses. Ethik und Ästhetik in Thomas Bernhards „Auslöschung", Bielefeld 2014, S. 153.

2.2 „Das sind die Sätze, Wörter, die man aufbaut" – Schreiben mit Textbausteinen — 173

fallen die von Bernhard durch Unterstreichung hervorgehobenen Wörter und Passagen sogar noch mehr ins Auge als nach ihrer Übersetzung in die Kursive des Drucks. Dies liegt einerseits daran, dass es sich bei den Unterstreichungen um aktive Auszeichnungen handelt, die der Schrift als schriftunabhängige graphische Elemente von außen hinzugefügt werden und deshalb sehr viel deutlicher hervortreten als integrierte, kursive Auszeichnungen.[158] Andererseits resultiert der Effekt auch aus der schieren Menge an Unterstreichungen in den Typoskripten, die zudem teilweise mit unübersehbarem dickem schwarzem Stift vorgenommen sind. Obwohl hinter den Auszeichnungen für die Leser_innen kein System erkennbar ist, sind diese nicht im geringsten marginal, wie man dem Briefwechsel zwischen Unseld und Bernhard entnehmen kann. Unseld kritisiert die umfangreichen Kursiva anfänglich zurückhaltend und später vehement und bittet den Autor, die unterstrichenen Stellen im Typoskript normal setzen zu dürfen. Bernhard hält jedoch stets an den von ihm vorgenommenen Unterstreichungen fest.[159]

Bernhard spielt auf seiner Schreibmaschine nicht nur mit den Wörtern wie ein Pianist mit Tönen, er experimentiert vor allem in den ersten Jahren seines Schreibens auch mit der *Betonung* einzelner Wörter. Die Kursivierung avanciert so zum wichtigsten Verfahren für die direkte Manipulation der Textbaustein-Gestalt. Im Typoskript – wie im späteren Druck – von Bernhards Erstlingsroman *Frost* finden sich noch kaum Unterstreichungen. In seinem zweiten Roman *Verstörung* scheint sich Bernhards Umgang mit der typographischen Form – vielleicht auch durch sein vorhergehendes typographisches Experiment der radikalen Verwendung von Auslassungspunkten in *Amras* – und auch der Einsatz von Schriftauszeichnungen vollkommen zu ändern: Im zweiten Teil der *Verstörung*, der mit „Der Fürst" überschrieben ist und den nicht enden wollenden Monolog des Fürsten Saurau abbildet, verzichtet Bernhard erstmals auf Absätze zur Gliederung des Textes.[160] Beim Blick auf die geschlossene Textfläche fallen die zahlreichen Kursivierungen unmittelbar ins Auge. So auch in einem Passus, der durch den Vergleich des Drucktextes mit dem Typoskript Aufschluss über die Systematik der Unterstreichungen geben kann. Im Drucktext heißt es:

---

158 Vgl. Willberg/Forssman, Lesetypographie, S. 125.
159 Vgl. Unseld, Brief 116 (11. Mai 1970). In: Bernhard/Unseld, Briefwechsel, S. 177 und Unseld, Brief 161 (15. Juni 1971). In: Bernhard/Unseld, Briefwechsel, S. 228 f.
160 Während im ersten Teil der *Verstörung* noch zahlreiche Absätze zu finden sind, geht der Text im zweiten Teil des Romans nach drei anfänglichen Absätzen mit dem Beginn des Monologs („Der Saurau sagte [...]") in einen nahezu absatzlosen Satzspiegel über.

„Meinem Vater zum Beispiel“, sagte der Fürst, „durfte ich niemals mit dem Wort *schräg* kommen, nicht die Wörter *Fleischwurst*, *Auschwitz*, *SS*, *Krimsekt*, *Realpolitiker* gebrauchen. Jeder Mensch hat Wörter, die man ihm nicht *vor*sagen darf. Meine Schwestern, meine Töchter, mein Sohn, alle leiden sie darunter, daß sie auf bestimmte Wörter immer rettungslos qualvoll reagieren. Ich habe mir gedacht, Zehetmayer gegenüber dürfe ich wohl nicht das Wort *Maulwurf* erwähnen. Ich sagte aber doch auf einmal, wohl um ihn auszuprobieren, das Wort Maulwurf, ich sagte: *das ist eine fürchterliche Maulwurfsgegend, die Puschachgegend*, und da bemerkte ich einen qualvollen Zustand, in den augenblicklich seine ganze Person gestürzt war. Ich hatte tatsächlich von allem Anfang das Gefühl, daß ich Zehetmayer nicht mit dem Wort *Maulwurf* konfrontieren darf.“[161]

Im Typoskript setzt Bernhard die, wie der Fürst sie nennt, „*Empfindlichkeitswörter*“[162] zunächst in doppelte Anführungszeichen, tilgt diese jedoch zugunsten der Unterstreichung, für die er sich abschließend entscheidet (s. Abb. 23).[163]

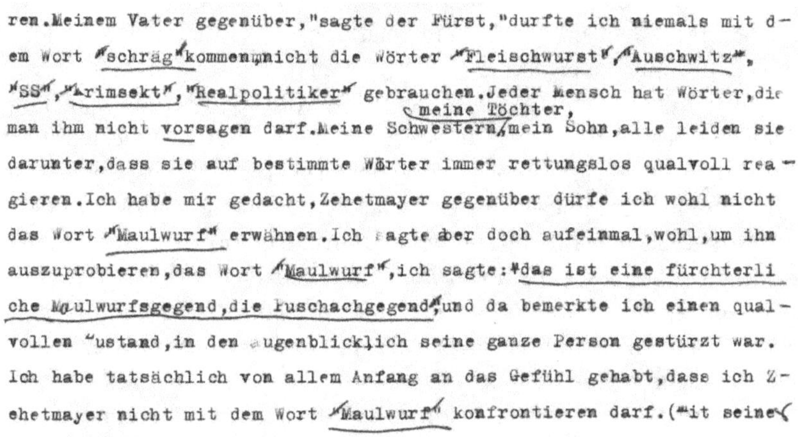
ren.Meinem Vater gegenüber,"sagte der Fürst,"durfte ich niemals mit d-
em Wort "schräg"kommen,nicht die Wörter "Fleischwurst","Auschwitz",
"SS","Krimsekt","Realpolitiker" gebrauchen.Jeder Mensch hat Wörter,die
meine Töchter,
man ihm nicht vorsagen darf.Meine Schwestern,mein Sohn,alle leiden sie
darunter,dass sie auf bestimmte Wörter immer rettungslos qualvoll rea-
gieren.Ich habe mir gedacht,Zehetmayer gegenüber dürfe ich wohl nicht
das Wort "Maulwurf" erwähnen.Ich sagte aber doch aufeinmal,wohl,um ihn
auszuprobieren,das Wort "Maulwurf",ich sagte:"das ist eine fürchterli
che Maulwurfsgegend,die Puschachgegend",und da bemerkte ich einen qualvollen Zustand,in den augenblicklich seine ganze Person gestürzt war.
Ich habe tatsächlich von allem Anfang an das Gefühl gehabt,dass ich Z-
ehetmayer nicht mit dem Wort "Maulwurf" konfrontieren darf.(Mit seine(

Abb. 23: Thomas Bernhard, *Verstörung*, Typoskript, Ausschnitt.

Auch außerhalb der zitierten Passage wendet Bernhard dieses experimentelle Verfahren im Typoskript häufiger an, was dafür spricht, dass er die Auszeichnungen genau wie die Satzzeichen mit großem Bedacht wählt. Sein Experiment scheint jedoch auch den Grundstein für einen zukünftig radikal veränderten Umgang mit der Auszeichnung der Figurenrede zu legen: Während die direkte

161 Bernhard, Verstörung (WA), S. 92. [Die Werkausgabe folgt dem Text der Erstausgabe von 1967, C.M.]

162 Bernhard, Verstörung (WA), S. 102. [Hvh. im Original]

163 NLTB, TBA, W 2/2, Blatt 89.

Rede in *Frost* und *Verstörung* noch konventionell durch doppelte Anführungszeichen markiert wird, sucht man diese schon im darauffolgenden Roman *Das Kalkwerk* vergeblich. Dieses Satzzeichen wird so ein für allemal aus Bernhards Repertoire gestrichen, was eminente Auswirkungen auf die Rezeption der Texte hat. So weist Eduard Haueis in seiner Untersuchung zu Thomas Bernhards Interpunktionstechnik darauf hin, dass der Wegfall der Anführungszeichen einen gleitenden Wechsel von direkter zu indirekter Rede möglich mache, die in Bernhards Texten oftmals in direkter Nachbarschaft stünden.[164] Durch das Fehlen der Anführungszeichen würde, so Haueis, auch eine bessere Lesbarkeit des Textes ermöglicht: „Bei gleichbleibender syntaktischer Struktur würde das Kennzeichen der direkten Rede durch die konventionell geregelte Interpunktion den Text nahezu unleserlich machen."[165] Dies trifft jedoch nur teilweise zu: Zwar würde das Lesen durch die massenhafte Verwendung von Anführungszeichen tatsächlich verlangsamt, *de facto* wird es aber durch deren Fehlen ebenso ins Stocken gebracht, da der Wechsel von direkter zu indirekter Rede keinesfalls immer gleitend vonstatten geht, sondern mit erheblichen Verständnisschwierigkeiten verbunden ist, da die Leserin oftmals nicht entscheiden kann, auf welcher Ebene Äußerungen getätigt werden. Die bis *dato* in Anführungszeichen gesetzte direkte Rede wird nämlich in den darauffolgenden Bernhard'schen Texten auch nicht systematisch kursiv gesetzt. Mal unterstreicht Bernhard in den Typoskripten Passagen direkter und indirekter Rede, mal bleiben sie ohne Unterstreichung. Hinzu kommt eine ohne erkennbares System durchgeführte Unterstreichung von Eigennamen, ‚Sogenanntem', Wörtern, deren besondere Akzentuierung im Kontext tatsächlich Sinn ergeben würde etc. Dadurch entsteht ein höchst unzuverlässiges Auszeichnungssystem, das sich in einer eminenten Irritation des Lesevorgangs äußert.

Bernhard fügt seine Unterstreichungen in einem zweiten Arbeitsschritt mit schwarzem oder blauem Kugelschreiber oder seltener mit schwarzem Filzstift hinzu, was wiederum bedeutet, dass seiner Textüberarbeitung eine Revision des eigenen Textes vorausgehen muss. „Dass ein Schreiber den Text erst gelesen haben muß, um ihn überarbeiten zu können, ist trivial",[166] schreibt Otto Ludwig, weniger trivial sei es hingegen, dass der Schreiber, um den eigenen Text überar-

---

164 Vgl. Eduard Haueis, Schriftlich erzeugte Mündlichkeit: Thomas Bernhards Interpunktionen. In: Osnabrücker Beiträge zur Sprachtheorie, Bd. 61, 2000, S. 19–42, hier S. 23.
165 Haueis, Schriftlich erzeugte Mündlichkeit, S. 24.
166 Otto Ludwig, Lesen, um zu schreiben: ein schreibtheoretischer Aufriss. In: Giuriato/Stingelin/Zanetti (Hg.), Schreiben heißt: sich selber lesen, S. 304.

beiten zu können, zunächst auf Distanz zu ihm gehen müsse.[167] Diese Distanz stellt Bernhard, so meine an den Nachlass-Befunden geschulte These, über eine kursorische Lektüre seiner eigenen Texte her, die sich – und dies ist das Besondere – nicht auf den Sinn der Schrift kapriziert, sondern ihre Struktur und Gestalt erfassen will. So erscheint auch die viel interpretierte und als poetologisch aufgeladen geltende Leseanweisung Regers in *Alte Meister* in neuem Licht:

> Ich habe niemals in meinem Leben ein einziges Buch *aus*gelesen, meine Art zu lesen ist die eines hochgradig talentierten Umblätterers, also eines Mannes, der lieber umblättert, als liest, der also Dutzende, unter Umständen Hunderte von Seiten umblättert, bevor er eine einzige liest [...]. Es ist besser, zwölf Zeilen eines Buches mit höchster Intensität zu lesen und also zur Gänze zu durchdringen, [...] als wir lesen das ganze Buch *wie der normale Leser*, der am Ende das von ihm gelesene Buch genauso wenig kennt, wie ein Flugreisender die Landschaft, die er überfliegt. Er nimmt ja nicht einmal die Konturen wahr. [...] Wer alles liest, hat nichts begriffen.[168]

Wie schon im zitierten Passus aus dem *Drei Tage* Interview sind es auch hier die „Konturen", also die Abgrenzung der Gestalt gegen die Fläche, auf die es bei der Rezeption ankommt. Durch ihre Wahrnehmung gelingt ein distanziertes und zugleich im wahrsten Sinne *begreifendes* Lesen, das die Buchseite als Flächenarrangement wahrnimmt, auf dem sich Wörter als Textbausteine gestaltlich materialisieren. Mit Cornelia Rau kann solch eine Textrevision als oberflächenstrukturelle Text-Änderung eingestuft werden, „wobei vielfach der Eindruck entsteht, als handele es sich um automatisierte Prozesse":

> In kurzen Revisionssequenzen, das sind solche von bis zu 5,0 Sekunden Länge, werden in der Regel Veränderungen vorgenommen, die entweder als oberflächenstrukturelle Modifikationen oder als nachträgliche Markierungen von Textsegmenten einzuordnen sind. Ersteres bedeutet, daß Formulierungen gestrichen, hinzugefügt oder ersetzt werden, ohne daß dabei das Konzept des Satzes verändert wird; letzteres heißt, daß den markierten Textsegmenten eine Sonderstellung im Text zugewiesen und angezeigt wird. Diese Art der Schreibhandlungen dokumentieren den Versuch, Textäußerungen untereinander zu hierarchisieren. Anmerkungen der Autoren werden z. B. umklammert und auf diese Weise als untergeordnete Äußerungen kenntlich gemacht [...]; andere Textäußerungen werden durch Unterstreichungen extra hervorgehoben.[169]

---

167 Ludwig, Lesen, um zu schreiben, S. 304.
168 Thomas Bernhard, Alte Meister. Komödie. In: Bernhard, Werke, Bd. 8, hg. von Martin Huber und Wendelin Schmidt-Dengler, Frankfurt a.M. 2008, S. 26 f.
169 Cornelia Rau, Revisionen beim Schreiben. Zur Bedeutung von Veränderungen in Textproduktionsprozessen, Tübingen 1994, S. 152.

2.2 „Das sind die Sätze, Wörter, die man aufbaut" – Schreiben mit Textbausteinen — 177

Streichung, Hinzufügung und Ersetzung von Textbausteinen[170] waren in den vorangehenden Typoskript-Beispielen zu beobachten; die Unterstreichung arbeitet nach dem selben Prinzip: Ohne das „Konzept des Satzes" (als Aneinanderreihung einzelner Textbausteine) zu verändern, wird eine nachträgliche Markierung von „Textsegmenten" vorgenommen und ihnen so eine wörtlich zu verstehende ‚Sonder-Stellung' innerhalb der Schrift-Sequenz zugewiesen. In Bernhards Fall können die Hierarchisierung und die Hervorhebung, von denen Cornelia Rau spricht, ebenso wörtlich verstanden werden: Der Unterstrich als schriftunabhängiges, graphisches Element lässt die unterstrichenen Wörter aus dem übrigen Text hervortreten und erzeugt so den Eindruck von Räumlichkeit. Da Bernhard die Unterstreichungen nicht direkt mit der Schreibmaschine, sondern nachträglich mit Kugelschreiber oder Filzstift hinzufügt, wird der Eindruck einer über der ersten liegenden zweiten Textschicht noch verstärkt. Häufig kommt es durch die Menge an Unterstreichungen dazu, dass diese nicht-schriftlichen Elemente das gesamte Schrift-Bild dominieren, wie ein Blatt aus dem *Holzfällen*-Typoskript zeigt (s. Abb. 24).

An diesem Blatt wird neben der Verräumlichung durch die graphischen Unterstreichungen ebenso deutlich, dass die Auszeichnungen keinem konsistenten System folgen. Einmal wird die direkte Rede kursiv gesetzt („Alles Modejournalismus, sagte der Burgschauspieler", Z. 13), ein andermal werden Eigennamen („[...] in der Freien Volksbühne", Z. 10) unterstrichen oder ganze Passagen mit Unterstrich versehen, die eventuell ein Anheben der Stimme oder ein Anschwellen der Lautstärke signalisieren könnten („Aber selbst diese missglückte Wildente ist noch um vieles besser als alle anderen Wildenten, die ich je gesehen habe, und ich habe alle Wildenten, die in den letzen Jahrzehnten aufgeführt worden sind, gesehen.", Z. 6–8) Das lesende Auge kann sich einzig darauf verlassen, dass das ohnehin in großer Häufung auftretende Wort „Wildente" (dies zählt am ehesten zur Gruppe der ‚Sogenannten', steht es doch verkürzt für Henrik Ibsens Schauspiel *Die Wildente*) konstant unterstrichen wird. Dass selbst diese zuverlässige Unterstreichung durch einen ‚Stolperstein' sabotiert wird, ist typisch für Bernhards Text, der stets auf eine Irritation des Leseprozesses zielt: Am Ende des oberen Seitendrittels findet sich statt der so vertraut gewordenen, unterstrichenen „Wildente" plötzlich das unterstrichene Wort

---

170 Ich verzichte in Bernhards Fall explizit auf Raus Vokabel der „Formulierungen", da diese einen auf sprachlich-semantische Effekte ausgerichteten Schreibvorgang suggeriert, während ich gerade die nicht-semantischen, visuellen Bedingungen und Auswirkungen des Schreibprozesses untersuchen möchte.

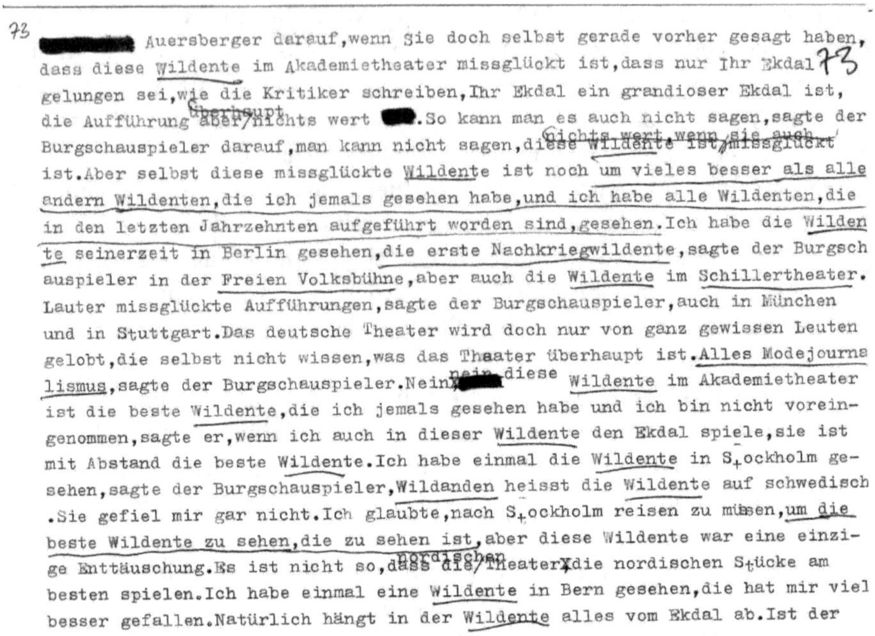

```
73      ▬▬▬▬ Auersberger darauf,wenn Sie doch selbst gerade vorher gesagt haben,
        dass diese Wildente im Akademietheater missglückt ist,dass nur Ihr Ekdal
        gelungen sei,wie die Kritiker schreiben,Ihr Ekdal ein grandioser Ekdal ist,
        die Aufführung aber/nichts wert ▬.So kann man es auch nicht sagen,sagte der
        Burgschauspieler darauf,man kann nicht sagen,diese Wildente ist missglückt
        ist.Aber selbst diese missglückte Wildente ist noch um vieles besser als alle
        andern Wildenten,die ich jemals gesehen habe,und ich habe alle Wildenten,die
        in den letzten Jahrzehnten aufgeführt worden sind,gesehen.Ich habe die Wilden
        te seinerzeit in Berlin gesehen,die erste Nachkriegwildente,sagte der Burgsch
        auspieler in der Freien Volksbühne,aber auch die Wildente im Schillertheater.
        Lauter missglückte Aufführungen,sagte der Burgschauspieler,auch in München
        und in Stuttgart.Das deutsche Theater wird doch nur von ganz gewissen Leuten
        gelobt,die selbst nicht wissen,was das Theater überhaupt ist.Alles Modejourna
        lismus,sagte der Burgschauspieler.Nein,diese Wildente im Akademietheater
        ist die beste Wildente,die ich jemals gesehen habe und ich bin nicht vorein-
        genommen,sagte er,wenn ich auch in dieser Wildente den Ekdal spiele,sie ist
        mit Abstand die beste Wildente.Ich habe einmal die Wildente in S+ockholm ge-
        sehen,sagte der Burgschauspieler,Wildanden heisst die Wildente auf schwedisch
        .Sie gefiel mir gar nicht.Ich glaubte,nach S+ockholm reisen zu müssen,um die
        beste Wildente zu sehen,die zu sehen ist,aber diese Wildente war eine einzi-
        ge Enttäuschung.Es ist nicht so,dass die Theater die nordischen Stücke am
        besten spielen.Ich habe einmal eine Wildente in Bern gesehen,die hat mir viel
        besser gefallen.Natürlich hängt in der Wildente alles vom Ekdal ab.Ist der
```

Abb. 24: Thomas Bernhard, *Holzfällen*, Typoskript, Ausschnitt.

„Wildanden", das das gerade etablierte System wieder zum Kollabieren bringt (s. Abb. 25).

Um diese optische Blockade zu errichten, welche durch ihre minimal abweichende Gestalt den Blick irritiert, nimmt Bernhard sogar eine Falschschreibung des besagten Wortes in Kauf. Der norwegische Originaltitel des Stücks lautet *Vildanden*, genauso schreibt sich auch die schwedische Wildente, welche der Burgschauspieler in Stockholm gesehen haben will. Bernhards „Wildanden" aber könnte, liest man den Text weiter und berücksichtigt Bernhards Vorliebe für Kalauer, die „*beste* Wildente sein, die zu *sehen* ist" [Hvh. C.M.]. Allerdings ist auch diese ‚Wildente' eine „einzige Enttäuschung" und zwar im buchstäblichen Sinne einer Ent-Täuschung, die dem Leser deutlich macht, dass das zunächst konstant wirkende System der Kursivierungen, das ein ungestörtes, sukzessives Lesen befördern könnte, nur eine Täuschung Bernhards ist.

Sieht man einmal von den Vorgängen während des *Lese*prozesses ab und konzentriert sich stattdessen auf eine Zusammenschau des Typoskriptblattes, lassen sich die Muster erkennen, die durch die kombinierten Verfahren von Wiederholung und Unterstreichung entstehen und die in der Forschung mit dem

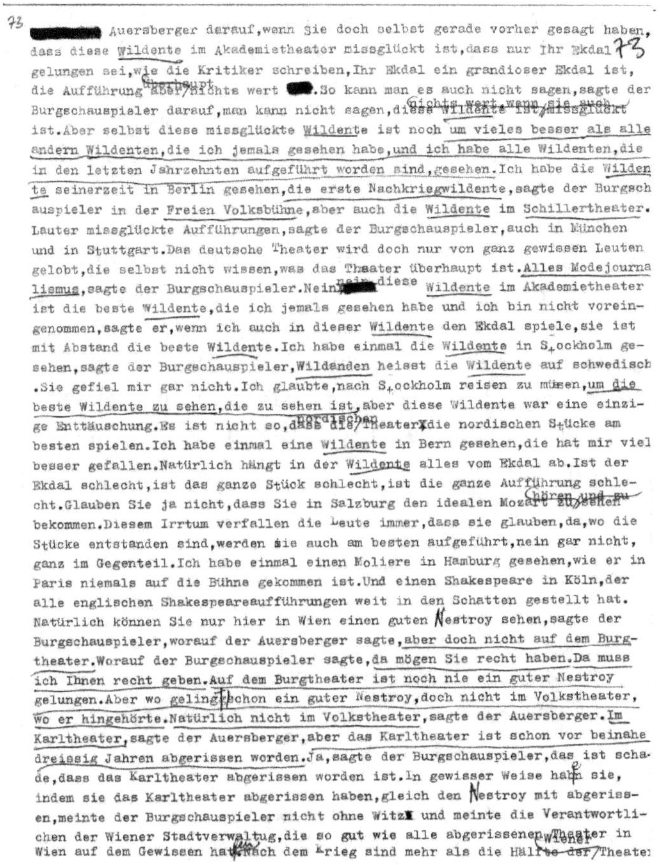

2.2 „Das sind die Sätze, Wörter, die man aufbaut" – Schreiben mit Textbausteinen — 179

Abb. 25: Thomas Bernhard, *Holzfällen*, Typoskript.

Schlagwort der Rhythmisierung des Textes beschrieben werden.[171] Denkt man diese Rhythmisierung jedoch nicht nur lautsprachlich und somit sich prozessual entfaltend, sondern in gleichem Maße als gestaltliche Manifestation dieses Prozesses, wird der Rhythmus auch hier zu einem sukzessiv wie synoptisch erfassbaren Phänomen. Durch die Unterstreichungen entstehen auf der Seitenfläche Ballungen bzw. Verdichtungen, die den materiellen Charakter der Schrift betonen. Auf

---

[171] Vgl. stellvertretend Willi Huntemann, Artistik und Rollenspiel. Das System Thomas Bernhard, Würzburg 1990, S. 179–184.

besagtem Blatt sind diese Ballungen im oberen und unteren Bereich der Seite zu erkennen, wo ganze Sätze und Satzteile unterstrichen werden, während im mittleren Teil nur verstreute Unterstreichungen des immer gleichen Worts „Wildente" zu finden sind. Eine solche Entstehung von Mustern ist keineswegs rein zufällig. Die Unterstreichung hebt in den meisten Fällen nur die durch die Konstellation von Textbausteinen generierte sequenzielle Struktur des Textes zusätzlich hervor. Dabei ist es typischerweise so, dass sich die Betonung einzelner Textbausteine mit längeren kursiv hervorgehobenen Passagen ablöst, wodurch ein beständiger Wechsel der Wahrnehmung von vereinzelten Elementen und in eine Abfolge gebrachten Elementen, welche die Wahrnehmung wieder ins Sukzessive überführen, entsteht. Oftmals betonen die Unterstreichungen jedoch auch Strukturen, welche im Zuge solcher Schreib- und Kompositionsverfahren erzeugt werden, die von vornherein an der visuell wahrnehmbaren Schriftgestalt orientiert sind, wie sich im Folgenden zeigen wird.

2.2.7 Visuelles Schreiben

Im endgültigen Typoskript zu *Holzfällen* findet sich ein Passus, der durch die über mehrere Zeilen diagonal angeordnete Wiederholung der gleichen Phrase auffällt, welche zudem durch Bernhards eigenhändige Unterstreichung hervorgehoben ist:

> , sangen sie zu früh (oder zu spät), nahmen sie ihre Kopfbedeckungen vom Kopf, nahmen sie sie zu früh (oder zu spät) vom Kopf, hatten sie etwas zum Pfarrer gesagt, hatten sie es zu früh (oder zu spät) gesagt. Während die Kilber Bevölkerung, die wie gesagt wird, sehr zahlreich zu [...]¹⁷²

Dreimal wird der Textbaustein ‚[Verb mit 6 Buchstaben: sangen/nahmen/hatten] sie [sie/es] zu früh (oder zu spät)' wiederholt. Er alterniert mit zwei Sätzen, die aus der gleichen Anzahl von Wörtern bestehen („nahmen sie ihre Kopfbedeckungen vom Kopf", „hatten sie etwas zum Pfarrer gesagt") und annähernd gleich lang sind. Diese pedantische Angleichung von Textbausteinen führt zu einer Strukturierung des Textes, die ihre eigene parallele Konstruktion auch visuell offenbart,

---

172 NLTB, TBA, W 7/1, Blatt 38. In Anbetracht der fehlenden Kopie des Originals gebe ich die Stelle im Typoskript als diplomatische Umschrift wieder, das Komma und die Leerstelle zu Beginn der ersten Zeile entsprechen der Schreibung des Typoskripts und werden übernommen, um die Ausdehnung der Zeile möglichst vorbildgetreu darzustellen.

2.2 „Das sind die Sätze, Wörter, die man aufbaut" – Schreiben mit Textbausteinen —— 181

> Entschuldigung,die ich von niemand andern als von mir selbst erwarten
> konnte,auch nicht forderte.Wir treffen auf einen Menschen im richtigen
> Zeipunkt und nehmen alles für uns Wichtige von diesem Menschen auf,dachte
> ich und verlassen diesen Menschen wieder zum richtigen Zeitpunkt,dachte
> ich.Ich bin genau im richtigen Zeitpunkt mit der Jeannie zusammengetroff
> en und habe sie zu demselben richtigen Zeitpunkt wieder verlassen,dachte
> ich.▓▓▓▓Wie ich immer alle zu dem genau richtigen Zeitpunkt wieder ver
> lassen habe,dachte ich jetzt.Wir folgen dem Geisteszustand eines Menschen
> wie der Jeannie,ihrem Gefühls-und Geisteszustand und nehmen eine zeit-
> lang nur diesen Geistes-und Gefühlszustand in uns auf und wenn wir glau-

Abb. 26: Thomas Bernhard, *Holzfällen*, Typoskript, Ausschnitt.

nämlich durch einer Art invertierten Gießbach. Die Unterstreichung lenkt den Blick auf das diagonale Muster der immer wieder auftauchenden Textbausteine, wodurch die Wahrnehmung in einen synoptischen Modus kippt.

Nicht immer sind die durch Wiederholung und Variation entstehenden Muster zusätzlich graphisch hervorgehoben, wie ein weiteres Beispiel aus dem Typoskript zu *Holzfällen* zeigt (s. Abb. 26). Auch wenn der Textbaustein „richtigen Zeitpunkt" in diesem Fall nicht zusätzlich unterstrichen wird, erkennt der über die Seite schweifende Blick ein durch seine Wiederholung produziertes Muster, das in der Mitte der Passage einsetzt und diagonal über drei Zeilen von links nach rechts läuft. Ein weiteres diagonales Muster wird durch die Wiederholung des Bausteines ‚Geisteszustand/Gefühls- und Geisteszustand' in den letzten drei Zeilen produziert.

Die nachträglichen Unterstreichungen funktionieren, wie man an der Produktion dieser Muster noch einmal deutlich sieht, nach visuellen und nicht nach pseudomündlichen oder semantischen Prinzipien. Bernhard hebt bereits vorhandene Muster, die sich den Schreibverfahren der Wiederholung und Variation von Textbausteinen verdanken, durch die Auszeichnung zusätzlich hervor. Die Entstehung von Mustern ist somit weder kontingent noch ausschließlich nachträglich erkennbar. Vielmehr ist davon auszugehen, dass Bernhard sich während des Schreibens visuell an vorher Geschriebenem orientiert: Durch Replikation oder Variation der schon zum Einsatz gekommenen Textbausteine wird ein visuell ausgerichtetes Fortschreiben des Textes ermöglicht. Dieses ‚visuelle Schreiben' arbeitet sich von Zeile zu Zeile vor, indem es die existierenden Textbausteine im wahrsten Sinne im Auge behält, um sie dann zu ‚klonen', wodurch die Wörter und Wortgruppen auffällige Konstellationen eingehen und damit die sequenzielle Grundstruktur der Schrift abbilden. Im *Korrektur*-Typoskript (s. Abb. 27) lassen sich solche Wortkonstellationen häufiger finden.

Lässt man auch hier den Blick über das Typoskript gleiten, fallen die drei Zeilen, in denen es zu einer vertikalen Häufung des Textbausteins „Geringschät-

> r Weise irritieren lassen,dass wir das Vorhaben abbrechen müssen.Wo wir hin
> schauen,sehen wir lauter abgebrochene Vorhaben,denn nichts anderes sind au
> ch die sogenannten verwirklichten und vollendeten Bauwerke,welche wir überall
> auf der Welt haben,als abgebrochene Vorhaben,so Roithamer.Ich aber habe,zum
> Unterschied von allen diesen Hunderttausenden und Millionen von Abgebro-
> chenen Vorhaben,die überall auf der Erdoberfläche herumstehen,mein Vorhaben
> vollendet,ich habe es in der grössten Irritationsintensität verwirklichen
> und vollenden können,denn alles ist nur auf Irritation angelegt,so Roit-
> hamer.Jede Idee hat ihre grösste Irritation,so Roithamer.Des Planers und
> Erbauers Kopf,so Roithamer,muss in der grössten Irritation sein Ziel errei-
> chen und vollenden,so Roithamer.Zuerst hatte ich von den sogenannten Geolo-
> gen,die heranziehen die grösste Irritation und Geringschätz-
> ung,dann von den sogenannten Architekten die grösste,die äusserste Irrita-
> tion und Geringschätzung,dann auch von den Handwerkern die grösste Irrita-
> tion und Geringschätzung,aber diese grösstmögliche Irritation und höchst-
> mögliche Geringschätzung war notwendig gewesen,so Roithamer,um den Kegel
> verwirklichen und vollenden zu können,ohne diese Irritation und Gering-
> schätzung hätte ich mein Ziel niemals erreichen können,dann wäre ich ganz
> einfach zu schwach gewesen dazu.Dass mir alle Voraussetzungen für die Ver-
> wirklichung,geschweige denn Vollendung meines Vorhabens fehlten,war mir
> von allen Seiten gesagt worden,aber jetzt darf ich sagen,dass ich genau
> alle diese Voraussetzungen gehabt habe,denn der Kegel vollendet.Wenn
> auch die Wirkung der Vollendung des Kegels eine andere ist,als die erwar-
> tete,so Roithamer,aber die Wirkung der Vollendung ist immer eine andere und
> immer entgegengesetzte und sehr oft tödliche,so Roithamer.Dass ich wohl Ta-
> lent,aber nicht die Ausdauer hätte,war mir gesagt worden,aber ich hatte
> die Ausdauer und ich hatte das Glück,während des ganzen Kegelbaues in dem
> ununterbrochenen Zustand der Unnachgiebigkeit gegen alles zu sein,alles
> unterstrichen.

Abb. 27: Thomas Bernhard, *Korrektur*, Typoskript, Ausschnitt.

zung" kommt, sofort ins Auge. Dies geschieht durch die exakte Übereinanderschreibung des Wortes, welche nicht nur in der Synopse irritierende Wirkung entfaltet, sondern auch im Leseprozess, da der Blick durch den vertikalen Gießbach durch die Zeilen fällt. Dass es sich bei der Komposition von „[Irritation und] Geringschätzung" um einen Zufall handelt, ist höchst unwahrscheinlich. Viel wahrscheinlicher ist, dass es sich hier um den Effekt einer spezifischen Revisions-Praxis handelt, die Cornelia Rau als „reaktualisierendes Nachlesen" beschreibt.[173] Was diese Art der Textproduktion auszeichnet, ist, so Rau:

---

[173] Vgl. Rau, Revisionen beim Schreiben, S. 112–114.

2.2 „Das sind die Sätze, Wörter, die man aufbaut" – Schreiben mit Textbausteinen — 183

die Unvollständigkeit [...], die *oft* dabei zu beobachten ist. Schreiber lesen den Text unter Auslassung verschiedener, für den inhaltlichen Zusammenhang offensichtlich unwichtiger Textsegmente durch. Dieses Vorgehen deutet darauf hin, daß die Aufmerksamkeit der Schreiber vor allem auf die Formulierung nächster Textäußerungen ausgerichtet ist. [...] das Geschriebene [wird] hier nur überflogen. Schreiber reaktualisieren offenbar auf diese Weise Merkmale und Strukturen des bereits produzierten Textes, um eine angemessene Textfortsetzung abzusichern.[174]

Die „angemessene Textfortsetzung" orientiert sich in Bernhards Fall allerdings nicht an phonetisch oder semantisch definierten „Merkmalen und Strukturen", sondern an den Textbausteinen, die den Fortgang des Texts durch ihre Gestalt im wahrsten Sinne vor-schreiben. So entsteht ein eindeutig visuell orientiertes Schreiben, das sehend die Struktur des Textes und die Gestalt der Wörter reproduziert.

Otto Ludwig sieht ein Motiv für ein reaktualisierendes Schreiben darin, das bereits Geschriebene auf seine prosodischen Qualitäten zu prüfen:

Dem Auge kommt das Ohr des Schreibers zur Hilfe, indem es Wiederholungen aufdeckt, überfrachtete Satzglieder, insbesondere verschachtelte Nominalgruppen, erkennen läßt und die in jedem Satz angelegten prosodischen Qualitäten prüft, damit, sollte er einmal eine Stimme erhalten, er auch gut klingt. Auf der Satzebene kommt dem Lesen aber noch eine weitere Aufgabe zu. Lesen ist auch an der Formulierung beteiligt. [...] Gemeint ist, das die Formulierung Leseaktivitäten erforderlich machen kann. Formulierungsbedingtes Lesen: Jedes aufgeschriebene Segment des Satzes, sei es auch nur ein einziges Wort, ist sowohl Anlaß als auch Grundlage, um am Satz weiterzuschreiben.[175]

In Bernhards Fall ist der Prüfstein für die Fortschreibung des Textes nicht das Ohr – weshalb „Wiederholungen", „überfrachtete Satzglieder" und „verschachtelte Nominalgruppen" auch kein Problem darstellen, sondern vielmehr kalkulierte Effekte des visuell orientierten Schreibens sind. Die „prosodischen Qualitäten" des Textes werden bei diesem Schreibprozess nicht geprüft, da sein *Aussehen* zunächst das wichtigste Kriterium zu sein scheint. Hier zeigt sich erneut, dass die unbestrittenen prosodischen Qualitäten des typischen Bernhard'schen Stils tatsächlich ein nachgeordneter Effekt sind, der über die Konstruktion der gestaltlich erfassbaren Schrift-Elemente erreicht wird. Jeder dieser modellierten Textbausteine kann nach bestimmten Regeln mit anderen kombiniert werden. Eine Möglichkeit der Kombination besteht für Bernhard in der gestaltlichen Replikation der Bausteine, die nicht selten zur Folge hat, dass diese in aufeinanderfolgenden

---

174 Rau, Revisionen beim Schreiben, S. 112.
175 Ludwig, Lesen, um zu Schreiben, S. 308.

Zeilen direkt untereinander ihren Platz finden. Auch hier ist jeder Textbaustein „sowohl Anlaß als auch Grundlage, um am Satz weiterzuschreiben". Einerseits produzieren die Replikationen eine Irritation des Schreibprozesses, der durch die dafür konstitutiven Re- und Progressionen verlangsamt wird, wie es auch im Rezeptionsvorgang des Lesers der Fall ist. Andererseits stellt gerade diese Irritation den entscheidenden Stimulus für das Fortschreiben des Textes dar.

Just diese beiden Momente werden in dem Passus, in dem die Replikation des Textbausteins ‚Irritation und Geringschätzung' ein Muster produziert (s. Abb. 27), auch poetologisch gespiegelt. Im abgebildeten Blatt aus dem *Korrektur*-Typoskript heißt es: „[...] denn alles ist auf Irritation angelegt. Des Planers und Erbauers Kopf, so Roithamer, muss in der grössten Irritation sein Ziel erreichen [...]." Auf der vorhergehenden Seite des Typoskripts steht der Satz: „Wir dürfen uns aber nicht so irritieren lassen, daß wir unser Vorhaben abbrechen müssen, so Roithamer, immer nur so weit irritieren lassen in unserem Vorhaben, daß es für das Vorhaben nützlich ist [...]."[176] Die Anlage von Roithamers (Bau-)Vorhaben, dem Kegel im Kobernaußerwald, deckt sich hier erneut mit Bernhards Schreibprozess. Die Irritation und Geringschätzung, die Roithamer anspricht, kommt von außen: Bauexperten glauben nicht an die Vollendung seines Kegels, diese ablehnende Haltung führt jedoch gerade dazu, dass Roithamer den Kegel mit all seinen baulichen Besonderheiten und nach seinen eigenen Regeln verwirklicht. Diese Regeln zielen nicht auf die Konstruktion eines zweckmäßigen, sinnvollen Bauwerks, sondern auf die Erzeugung einer „mit einem Blick zu erfassende[n] Figur",[177] die den Gesetzen der „Statik und Festigkeitslehre"[178] folgt. Bernhards Schreibprozess wird ebenfalls auf produktive Weise irritiert: Der Autor versetzt sich in die Rolle eines distanzierten Außenstehenden und kann so seinen eigenen Text revidieren, und zwar im buchstäblichen Sinne eines *zurückschauenden* Korrigierens. Dies geschieht jedoch nicht nach den herkömmlichen Regeln des Prosa-Schreibens – wie etwa der Vermeidung von Wiederholungen, Nominalstil etc. –, die eine gute Les- und Verstehbarkeit des Textes garantieren würde. Bernhards Verfahren zielen ebenso wie Roithamers auf eine andere Wahrnehmung: Die einzelnen Textbausteine sollen auf einen Blick erfasst werden. Der Bau- wie der Schreibvorgang scheinen vorwiegend eine Frage des Materials und seiner Konstruktion zu

---

176 Bernhard, Korrektur (EA), S. 350.
177 Kohlenbach, Das Ende der Vollkommenheit, S. 104. Kohlenbach weist hier einen Zusammenhang zwischen dem Kegelbau und der französischen Revolutionsarchitektur nach, die ebenfalls an geometrischen Grundformen orientiert sei. Vgl. Kohlenbach, Das Ende der Vollkommenheit, S. 102 ff.
178 Bernhard, Korrektur (EA), S. 348 u. ö.

2.2 „Das sind die Sätze, Wörter, die man aufbaut" – Schreiben mit Textbausteinen — 185

sein. Zu diesem Prozess gehört auch die Festlegung wichtiger Parameter wie die Anordnung des Textes auf der Seite, aber auch die Bestimmung der Dimensionen, die der Text haben soll. Zur Konstruktion der *Korrektur* legt Bernhard, wie schon beim *Kalkwerk*, einen genauen äußeren Rahmen fest: Das Typoskript besitzt 194 Seiten, womit Bernhard erneut seine Vorgabe „200 Seiten genau!", die – dies sei an dieser Stelle nur nebenbei bemerkt – für nahezu alle seiner längeren Erzählungen gilt, hinreichend erfüllt.

Wie man an einem weiteren Beispiel aus diesem *Korrektur*-Typoskript sehen kann, auf dessen gedrucktes Äquivalent bereits im ersten Kapitel dieser Untersuchung rekurriert wurde, nutzt Bernhard das Verfahren des visuellen Schreibens nicht nur zur Replikation, sondern auch zur Variation von Textbausteinen (s. Abb. 28).

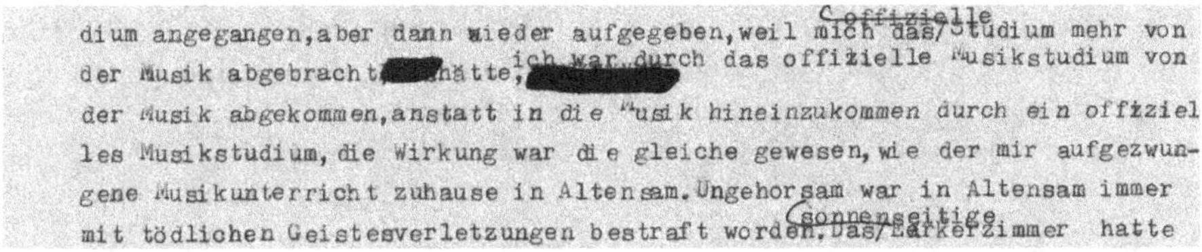

```
dium angegangen,aber dann wieder aufgegeben,weil mich das Studium mehr von
der Musik abgebracht hatte; ich war durch das offizielle Musikstudium von
der Musik abgekommen,anstatt in die Musik hineinzukommen durch ein offiziel
les Musikstudium, die Wirkung war die gleiche gewesen, wie der mir aufgezwun
gene Musikunterricht zuhause in Altensam.Ungehorsam war in Altensam immer
mit tödlichen Geistesverletzungen bestraft worden. Das Eckzimmer hatte
```

Abb. 28: Thomas Bernhard, *Korrektur*, Typoskript, Ausschnitt.

Hier taucht der Textbaustein ‚Musik' in vier aufeinanderfolgenden Zeilen direkt untereinander auf, und zwar in verschiedenen Kompositionen („Musikstudium", „Musikunterricht"), die auch vorher schon im Text aufgetaucht sind. Das ‚visuelle Schreiben' setzt wohl in der zweiten Zeile des abgebildeten Ausschnitts ein. Diese Zeile endet – Zufall oder nicht – wie die vorhergehende Zeile mit dem Wort „von", der Anschluss „der Musik" zu Beginn der dritten Zeile führt die Kongruenz fort, sogar das „ab" von „abgebracht/abgekommen" ist noch deckungsgleich. Durch die gleiche Buchstabenanzahl von „abgebracht" und „abgekommen" kann die Kongruenz prinzipiell noch weitergeführt werden, ein kaum zu entdeckender Kunstgriff erlaubt, dass sie auch wirklich hergestellt wird: Um den dritten ‚Musik'-Textbaustein direkt unter die vorherigen platzieren zu können, schreibt Bernhard das „offiziel" so nah an den Rand, dass es sogar ohne Trennstrich auskommen muss und seine Endung „les" passgenau unter dem gleich langen Artikel „der" steht.[179] Der Textbaustein hebt sich dennoch trotz oder gerade wegen seiner exakten Platzierung deutlich von seinen Vorgängern ab, indem er mit dem Bau-

---

[179] Auch der Tippfehler, der Bernhard zunächst unterläuft („offz" statt „offi") spricht für seine Konzentration auf das visuelle Abpassen der räumlichen Dimensionen der Textbausteine.

stein ‚Studium' zusammengestellt wird. Das nachfolgende Kompositum „Musikunterricht" setzt die Variation fort.

Bernhards Verfahren des visuellen Schreibens entspricht einer laut Klaus Hurlebusch für den konstruktiven Schreibprozess relevanten Praxis: Die „prozessuale Rückbezüglichkeit des Schreibens auf sich selbst" sei dafür verantwortlich, dass der Blick des Schreibers auf das von ihm selbst Geschriebene „entscheidende genetische Bedeutung sowohl für das Weiterschreiben als auch für das textverändernde Umschreiben"[180] erlange. Die „Macht und Dynamik des Auges",[181] die für Hurlebusch demnach ein entscheidender Faktor des konstruktiven Schreibens ist, lässt sich an Bernhards Typoskripten deutlich nachvollziehen. Wie ich bereits angedeutet habe, ist jedoch nicht allein das visuell beeinflusste Fortschreiben des Textes von Zeile zu Zeile charakteristisch für Bernhards Arbeitsweise. Auch die Herstellung größerer Textbausteine, bei der Bernhard die Dimensionen der Seitenfläche wortwörtlich im Blick hat, ist ausschlaggebend für die Konstruktion seiner Texte.

2.2.8 Größere Textbausteine

Im ersten Kapitel wurde bereits umfassend die Relevanz der Herstellung von Seitenepisoden in Bernhards Schreibprozess diskutiert. Bernhards gängige Praxis, die untersten Zeilenabstände seiner Typoskripte so zu verringern, dass eine abgeschlossene, austauschbare Seitenepisode entsteht, lässt sich auch anhand des Blatts aus dem *Beton*-Typoskript beobachten, das bereits zur Veranschaulichung der seriellen Einfügung von Textbausteinen herangezogen wurde (s. Abb. 14, S. 155).[182] Auch hier verringert Bernhard im unteren Siebtel der Seite die Zeilenabstände und fügt das letzte Wort des letzten Satzes „macht" sogar rechtsbündig ein, was zusätzlich verdeutlicht, dass es ihm vornehmlich darum geht, mit dem Satzende auch die Seitenepisode zu komplettieren. In diesem speziellen Fall wird dieses Verfahren umso wichtiger, als es sich bei der gesamten Seite um eine nachträglich in die Seitenfolge eingefügte Episode handelt, wie der handschriftliche Vermerk „31a" in der rechten oberen Ecke der Seite markieren soll. Diese nachträgliche Einfügung einer kompletten Episode wird durch die prinzipielle Austauschbarkeit der Seiten ermöglicht.

---

180 Hurlebusch, Den Autor besser verstehen, S. 46.
181 Hurlebusch, Den Autor besser verstehen, S. 43.
182 NLTB, TBA W 5/1a, Bl. 18.

2.2 „Das sind die Sätze, Wörter, die man aufbaut" – Schreiben mit Textbausteinen — 187

Wie wichtig die Herstellung solcher Seitenepisoden für Bernhard ist, zeigt beispielsweise ein Blatt aus dem ersten, stark überarbeiteten *Korrektur*-Typoskript, das Bernhards Schreiben in der ‚vierten Dimension' vorausgeht.[183] Hier verringert Bernhard nicht nur den Zeilenabstand im unteren Achtel der Seite, er komplettiert den Satz, der trotz allem nicht mehr auf die Seite passen will, über dem bereits existierenden Text am Kopf der Seite, ein Bleistiftpfeil verdeutlicht die Versetzung zusätzlich. Es kommt jedoch oftmals auch zum gegenteiligen Fall, wenn Sätze einfach abgebrochen und auf der folgenden Seite nicht weitergeführt werden, statt alles daran zu setzen, den Satz und damit die Seitenepisode zu vervollständigen. Dies geschieht etwa dann, wenn Bernhard *sieht*, dass ein Satz, den er gerade erst begonnen hat oder der ihm zu lang geraten ist, nicht mehr komplett auf die Seite passen wird.[184] Dieser Abbruch geschieht unvermeidlich auch dann, wenn Bernhard Seiten-Textbausteine tatsächlich vertauscht und so mehrseitige Episoden durch Einschübe unterbrochen werden. Bernhard streicht dann einzelne Sätze im unteren oder oberen Bereich der Seite, wodurch die ‚Nahtstellen' der Zusammensetzung einzelner Teile sichtbar werden.

Seitenvorgaben

Bernhard orientiert sich nicht nur in der Herstellung der Seitenepisoden an den Dimensionen der DIN A4 Seite,[185] er *denkt* offenbar auch bei der Konzeption seiner Texte in diesen durch visuelle Prinzipien entstehenden Textbausteinen. Dies wird besonders im frühen Typoskript zum *Kalkwerk* deutlich:[186] Wie bereits verschiedentlich angemerkt, hat Bernhard auf dem *allerersten* Entwurfsblatt, das im Nachlass erhalten ist, den Rahmen für seinen Roman festgelegt: „200 Seiten genau".[187] Nicht nur der frühe Zeitpunkt, zu dem Bernhard diese Vorgabe fixiert,

---

183 Vgl. NLTB, TBA, W 4/1c, Blatt 91.
184 So z. B. in einem frühen Typoskript zum *Kalkwerk*, NLTB, TBA, W 3/3, Blatt 81.
185 Bernhard nutzt (außer für Entwürfe) ausschließlich Papier dieses Formats, obwohl – nähme man tatsächlich an, dass Bernhard seine Texte, ebenso wie die Geistesmenschen in seiner Prosa, in einem Guss herstellen wollte – die Verwendung von Endlospapier angebrachter wäre. Zwar ist die Papierauswahl beim Maschine-Schreiben limitiert, da das Gerät die möglichen Größenordnungen vorgibt, allerdings gibt es auch prominente Fälle, in denen versucht wird, die durch das Einspannen eines neuen Blattes entstehende Unterbrechung des Schreibprozesses durch passende Papierauswahl zu umgehen. So etwa Jack Kerouac, der auf einer Rolle zusammengeklebter Butterbrotpapiere seinen Roman *On the Road* geschrieben haben soll, oder Arno Schmidt, der für *Zettel's Traum* Schreibpapier im Din-A3-Format verwendete. Vgl. dazu Viollet, Mechanisches Schreiben, S. 33.
186 Vgl. NLTB, TBA, W 3/3.
187 NLTB, TBA, W 3/1a, Blatt 1v.

reflektiert deren Tragweite, sondern auch Bernhards weiteres Vorgehen, um diesen selbstgesteckten Rahmen einzuhalten. Es handelt sich hier keineswegs um die vage Vorstellung eines zu erschreibenden Textumfangs, sondern vielmehr um ein Abstecken der Dimensionen des ‚Text-Bauwerks' und eine implizite Bauanleitung. So zählt Bernhard während des Schreibprozesses offenbar ständig mit und nach, wie viele Seiten er bereits geschrieben hat bzw. wie viele er noch zu schreiben hat. Auf den Seitenrändern des besagten Typoskripts (W 3/3) finden sich fortlaufend handschriftliche Vermerke des Autors wie „38 fertige" (Blatt 26), „40 fertige" (Blatt 27), „46 volle" (Blatt 31), „66 volle!" (Blatt 42), „68 voll" (Blatt 43), „83 volle" (Blatt 55), „18 volle" (Blatt 79), „21 volle" (Blatt 82), „126 volle"/ „127 volle" (beides auf Blatt 84), „15–20 noch!" (Blatt 101). An den Diskrepanzen zwischen Paginierung und dokumentiertem Fortschritt der Seitenproduktion lässt sich deutlich erkennen, dass Bernhard wie immer in ‚vollen' Seitenepisoden denkt, die allerdings auch auf zwei halben Seiten Platz finden können und nicht in linearer Reihenfolge geordnet sein müssen (dies zeigt etwa der Sprung von 83 ‚vollen' Seiten auf Blatt 55 des Typoskripts zu 18 ‚vollen' 34 Seiten später).[188] Bernhard hält durch diese strenge Zählung den von ihm selbst vorgegebenen Seitenumfang erstaunlich genau ein, was einmal mehr dafür spricht, dass sein Schreiben nicht als ein ‚nicht-enden-wollender' Prozess anzusehen ist, sondern im Gegenteil ein vorab dimensioniertes Schrift-Gefüge konstruiert. So frappierend es ist, so wenig kann es unter diesen Umständen wirklich überraschen, dass Bernhard bei *sämtlichen* seiner Prosatexte mehr oder weniger exakte Punktlandungen bei 200 Seiten *(Frost, Verstörung, Das Kalkwerk, Korrektur)*, 100 Seiten *(Der Untergeher, Holzfällen, Alte Meister)* oder 60 Seiten *(Amras, Ungenach, Watten, Der Italiener, Gehen, Ja, Beton, Die Billigesser, Wittgensteins Neffe)* vollbringt.[189] Allein

---

[188] Hinzu kommen im selben Typoskript NLTB, TBA, W 3/1a zahlreiche Episoden-Überschriften, die Bernhard am Rand vermerkt, wie etwa „Essen" (Blatt 92), „Tod des Sägewerkers" (Blatt 94), „der Fäustling" (Blatt 103), „Kleider" (Blatt 113), um nur einige zu nennen. Oftmals beinhalten diese Überschriften auch diejenigen Stichwörter, welche durch ihre Wiederholung die Seitenepisoden definieren. So etwa die im Drucktext zweieinhalb Seiten einnehmende Fäustlings-Episode, deren Ende ein für Bernhard charakteristisches Ad-hoc-Kompositium markiert: „dieses fürchterliche IndenFäustlingschlüpfen". Vgl. Bernhard, Das Kalkwerk (WA), S. 155.
[189] Die tatsächlichen Seitenzahlen weichen nur unerheblich von diesen runden Zahlen ab. Annähernd 200 Seiten haben folgende Typoskripte: *Frost* (NLTB, TBA, W 1/4): 204 Blätter (davon 3 Seiten für Umschlag, Motto, die Überschrift „Meine Niederschrift über Strauch in Weng"); *Verstörung* (W 2/2): 202 Blätter (gemäß Bernhards mit dem Motto einsetzender Paginierung exakt 200 Blätter); *Das Kalkwerk* (W 3/4): 202 Blätter (zieht man die beiden Seiten für Deckblatt und Motto ab, sind es, wie von Bernhard festgelegt, exakt 200 Seiten Text); *Korrektur* (W 4/2): 194 Blätter. Etwa 100 Seiten haben folgende Typoskripte: *Der Untergeher* (W 6/1): 91 Blätter; *Holzfällen* (W 7/1): 119 Blätter (ohne die vier nachträglich hinzugefügten Blätter sind es 115 Blätter); *Alte*

Bernhards zuletzt erschienener Roman *Auslöschung*, der für ihn selbst schon aufgrund seines Umfangs einen deutlich anderen Stellenwert hatte, fällt mit seinen – immerhin ebenso runden – 300 Seiten deutlich aus dem Rahmen.[190]

Systematische Streichungen
Die Zählung der ‚vollen' Seiten ist für Bernhard im *Kalkwerk*-Typoskript von besonderer Relevanz, da die rigorose Seitenvorgabe am Ende nur so *exakt* eingehalten werden kann. Erstaunlicherweise behält der Schreiber trotz starker Überarbeitungen des Typoskripts und trotz der mannigfachen Verschiebung einzelner Textbausteine stets den Überblick über die fertiggestellten Seitenepisoden. Die zahlreichen systematischen Streichungen, mit denen Bernhard die Verschiebung der Textbausteine bewerkstelligt, helfen ihm dabei, sorgen – beim Leser – jedoch auch für eine erhebliche Unübersichtlichkeit des Typoskripts. Wie die Streichung einzelner oder mehrere Wörter mit schwarzem Filzstift, zeigen auch solche diagonalen Streichungen größerer Textpassagen in den allermeisten Fällen keinen bloßen Wegfall des Gestrichenen an. Die geschaffene Leerstelle ermöglicht stattdessen eine Einsetzung neuer Textbausteine oder die Streichung signalisiert die Verschiebung und Wiederverwendung des gestrichenen Texts an anderem Ort, der jedoch zumeist nicht explizit genannt wird. Eine solche Translokation betrifft in einem frühen Typoskript zu *Gehen* (W 19/2) die wohl prominenteste und im gedruckten Roman fast unverändert übernommene Passage der Erzählung, in der Karrer im „rustenschacherschen Hosenladen" den Verstand verliert (s. Abb. 29).

Bernhards Streichung und sein hinter dem Satzende stehender Kommentar „aus, dann neu" (sowie eine zu vermutende Nummerierung unter der darauffol-

---

Meister (W 8/1): 114 Blätter. An die 60 Seiten haben diese Typoskripte: *Amras* (W 15/3): 59 Blätter; *Ungenach* (W 16/1): 57 Blätter; *Watten* (W 17/2): 60 Blätter; *Der Italiener* (W 18/7): 62 Blätter; *Gehen* (W 19/4): 57 Blätter; *Ja* (W 21/3): 59 Blätter; *Die Billigesser* (W 22/3): 71 Blätter (das von Bernhard paginierte Kerntyposkript umfasst 56 Blätter); *Wittgensteins Neffe* (W 23/3): 61 Blätter; auch das mit seinen 77 Blättern (+ Deckblatt) etwas deutlicher aus dem Rahmen fallende Typoskript von *Beton* (W 5/1) würde ich diesem Typus zurechnen. Um dieses Typoskript immerhin im Druck auf die offenbar magischen 200 Seiten aufzublähen, wird die Schriftgröße angepasst. Unseld fasst in seinem Reisebericht Bernhards „Publikationsplan" zusammen: „Herbst 1982 im Hauptprogramm die Erzählung ‚Beton'. Ausstattung wie ‚Korrektur', Leinen, graphische Lösung des Umschlages. Größere Typographie, damit aus 78 Seiten 200 werden." Unseld, Brief 441 (vor dem 28. Januar 1982). In: Bernhard/Unseld, Briefwechsel, S. 650.
190 Bernhard sah in *Auslöschung* sein „Opus magnum [...], eine große Prosaarbeit, an der er Jahre schreiben will", wie Unseld in einem Reisebericht aus dem Jahr 1971 vermerkt. Vgl. den Kommentar in Bernhard, Korrektur (WA), S. 512. Das endgültige Typoskript (NLTB, TBA, W 9/2) besitzt mit Deckblatt und Motto 301 Seiten.

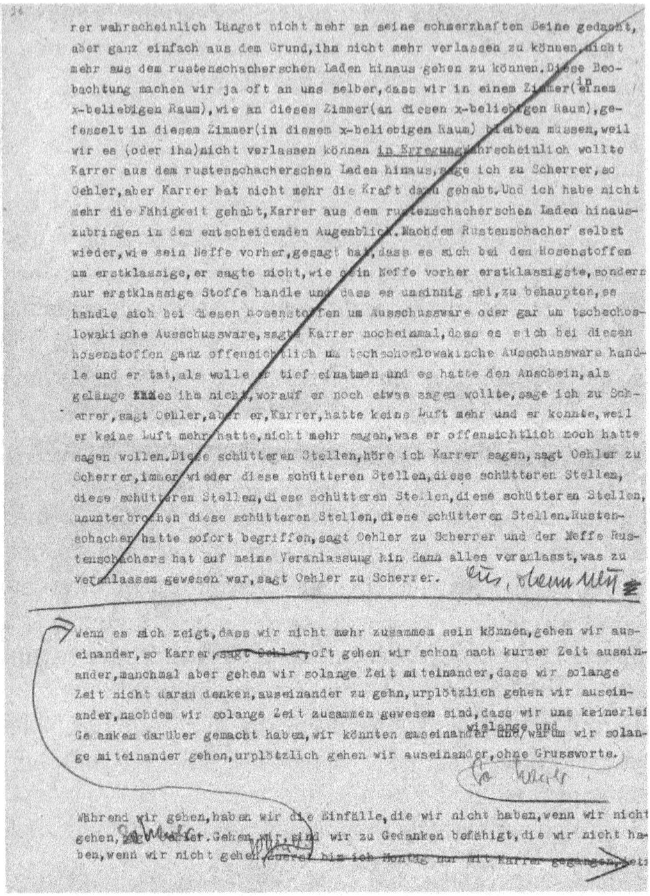

rer wahrscheinlich längst nicht mehr an seine schmerzhaften Beine gedacht,
aber ganz einfach aus dem Grund,ihm nicht mehr verlassen zu können,nicht
mehr aus dem rustenschacherschen Laden hinaus gehen zu können.Diese Beobachtung machen wir ja oft an uns selber,dass wir in einem Zimmer(in einem
x-beliebigen Raum),wie an dieses Zimmer(an diesen x-beliebigen Raum),ge-
fesselt in diesem Zimmer(in diesem x-beliebigen Raum) bleiben müssen,weil
wir es (oder ihm)nicht verlassen können in Erregung.Wahrscheinlich wollte
Karrer aus dem rustenschacherschen Laden hinaus,sage ich zu Scherrer,so
Oehler,aber Karrer hat nicht mehr die Kraft dazu gehabt.Und ich habe nicht
mehr die Fähigkeit gehabt,Karrer aus dem rustenschacherschen Laden hinaus-
zubringen in dem entscheidenden Augenblick.Nachdem Rustenschacher selbst
wieder,wie sein Neffe vorher,gesagt hat,dass es sich bei den Hosenstoffen
um erstklassige,er sagte nicht,wie sein Neffe vorher erstklassigste,sondern
nur erstklassige Stoffe handle und dass es unsinnig sei,zu behaupten,es
handle sich bei diesen Hosenstoffen um Ausschussware oder gar um tschechoslowakische Ausschussware,sagte Karrer nocheinmal,dass es sich bei diesen
Hosenstoffen ganz offensichtlich um tschechoslowakische Ausschussware handle und er tat,als wolle er tief einatmen und es hatte den Anschein,als
gelänge ~~xxx~~es ihm nicht,worauf er noch etwas sagen wollte,sage ich zu Scherrer,sagt Oehler,aber er,Karrer,hatte keine Luft mehr und er konnte,weil
er keine Luft mehr hatte,nicht mehr sagen,was er offensichtlich noch hatte
sagen wollen.Diese schütteren Stellen,höre ich Karrer sagen,sagt Oehler zu
Scherrer,immer wieder diese schütteren Stellen,diese schütteren Stellen,
diese schütteren Stellen,diese schütteren Stellen,diese schütteren Stellen,
ununterbrochen diese schütteren Stellen,diese schütteren Stellen.Rusten-
schacher hatte sofort begriffen,sagt Oehler zu Scherrer und der Neffe Rustenschachers hat auf meine Veranlassung hin dann alles veranlasst,was zu
veranlassen gewesen war,sagt Oehler zu Scherrer.

Wenn es sich zeigt,dass wir nicht mehr zusammen sein können,gehen wir auseinander,so Karrer,~~sagt Oehler,~~oft gehen wir schon nach kurzer Zeit auseinander,manchmal aber gehen wir solange Zeit miteinander,dass wir solange
Zeit nicht daran denken,auseinander zu gehn,urplötzlich gehen wir auseinander,nachdem wir solange Zeit zusammen gewesen sind,dass wir uns keinerlei
Gedanken darüber gemacht haben,wir könnten auseinander wielange und/warum wir solange miteinander gehen,urplötzlich gehen wir auseinander,ohne Grussworte.

Während wir gehen,haben wir die Einfälle,die wir nicht haben,wenn wir nicht
gehen,~~sagt Oehler~~.Gehen wir,sind wir zu Gedanken befähigt,die wir nicht haben,wenn wir nicht gehen,~~zuerst bin ich Montag nur mit Karrer gegangen,~~jetz

Abb. 29: Thomas Bernhard, *Gehen*, frühes Typoskript.

genden Tilgung) machen wie bereits beschrieben deutlich, dass er die gestrichene Passage als Episode behandelt, die durch „sagt Oehler zu Scherrer“ komplettiert ist und als Baustein in das letztgültige Typoskript verschoben werden kann. Die fast wortwörtliche Übernahme des gesamten Bausteins[191] ist auch deshalb

191 Es gibt nur sehr wenige Divergenzen zwischen dem Baustein dieses frühen Typoskripts und dem des Drucktextes: Eine signifikante Änderung betrifft die Streichung der Phrase „höre ich Karrer sagen, sagt Oehler zu Scherrer“ nach der ersten Nennung „dieser schütteren Stellen“ im Drucktext (Bernhard, Gehen (EA), S. 73). Im Druck sind alle ‚schütteren Stellen‘ zudem kursiv gesetzt, was ihre gestaltliche Betonung noch befördert. Eine weitere Veränderung vom Typoskript zum

2.2 „Das sind die Sätze, Wörter, die man aufbaut" – Schreiben mit Textbausteinen — 191

bemerkenswert, weil das Typoskript, aus dem er extrahiert wird, ein insgesamt überaus heterogenes Konvolut darstellt, das mit dem endgültigen Typoskript noch wenig gemein hat:[192] Die ersten 32 Seiten des 88 Seiten umfassenden Typoskripts können eindeutig als Vorarbeiten zu *Gehen* gelten, in denen die Hauptfigur Karrer jedoch lediglich in Ansätzen existiert und die für den Text so charakteristische komplex verschachtelte Perspektive (der Ich-Erzähler referiert die Äußerungen Oehlers, der wiederum – gegenüber dem Ich-Erzähler und Karrers Psychologen Scherrer – Karrers Äußerungen wiedergibt) ebenfalls noch nicht vorhanden ist.[193] Genau in jenem Baustein, den Bernhard aus der disparaten Textsammlung extrahiert, ist allerdings schon beides enthalten: die Hauptfigur Karrer und die mehrfach gestaffelte Rede (Karrer – Oehler – Scherrer). Wenn mit dem zeitlich darauffolgenden Typoskript (W 19/3) tatsächlich ein „Neubeginn in der Schreibarbeit"[194] stattfindet, wie Stefan Winterstein plausibel macht, dann ist es nicht unwahrscheinlich, dass besagte Episode den Grundstein für diesen Schreibprozess bildet. Die Episode im „rustenschacherschen Hosengeschäft" spielt in den Entwürfen zu diesem neuen Typoskript eine bedeutende Rolle und wird in mehreren Varianten durchgespielt. Sie avanciert damit zum Dreh- und Angelpunkt der gesamten Erzählung, was sich zudem – ebenso wie in *Korrektur* – an ihrer Positionierung im Mittelpunkt des Textes zeigt. Auch hier wird dieser Mittelpunkt durch eine exzessive Betonung der Schriftgestalt markiert: Die elfmalig wiederholten „schütteren Stellen", die schon im frühen Typoskript den sukzessiven Lesevorgang in eine synoptischen Wahrnehmungsmodus kippen lassen, werden im nachfolgenden Typoskript durch Unterstreichung und im Druck durch Kursivierung noch deutlicher gestaltlich hervorgehoben.[195]

Drucktext betrifft die vermehrte Setzung von Kommata, beispielsweise in dem Satz: „Nachdem Rustenschacher selbst wieder, wie sein Neffe vorher, gesagt hat, daß es sich bei den Hosenstoffen um erstklassige, er sagte nicht, wie sein Neffe vorher, erstklassigste, sondern nur erstklassige Stoffe, handle, und daß es unsinnig sei, zu behaupten, es handle sich bei diesen Hosenstoffen um Ausschußware [...]." (Bernhard, Gehen (EA), S. 73). Durch die zusätzlichen Satzzeichen (bei „[...] wie sein Neffe vorher, erstklassigste [...]" und „[...] erstklassige Stoffe, handle, [...]") werden die semantischen Bezüge noch stärker verunklärt und die Wörter voneinander entkoppelt, weshalb die in Kommata gerahmten Textbausteine „erstklassigste" und „handle" eigentümlich isoliert wirken.
192 Vgl. den Kommentar in Bernhard, Gehen (WA), S. 268.
193 Vgl. den Kommentar in Bernhard, Gehen (WA), S. 269.
194 Stefan Winterstein, Reduktionen, Leerstellen, Widersprüche. Eine Relektüre der Erzählung *Gehen* von Thomas Bernhard. In: Thomas Bernhard Jahrbuch 2004, hg. von Martin Huber, Manfred Mittermayer, Wendelin Schmidt-Dengler u. a., Wien/Köln/Weimar 2005, S. 31–54. hier S. 261.
195 Vgl. meine ausführliche Analyse von Bernhards *Gehen* im vierten Kapitel dieser Untersuchung sowie die Ausführungen zum sich gestaltlich materialisierenden Mittelpunkt von *Korrek-*

Eingeklebte Textbausteine

Bernhards systematische Streichungen dienen nicht nur dazu, größere Passagen zu verschieben, sie schaffen auch Platz für alternative Textbausteine. Besonders anschaulich wird diese Vorgehensweise dann, wenn die Korrekturen und Hinzufügungen in einer Textpassage so umfangreich werden, dass Bernhard den betreffenden Abschnitt streicht, kurzerhand neu tippt, diesen Textbaustein zuschneidet und über den bis zur Unkenntlichkeit korrigierten Text klebt. Dieser ‚ins Reine' geschriebene Textbaustein wird im weiteren Schreibprozess häufig ebenfalls verschiedenen weiteren Korrekturen unterzogen. Alle Schritte dieses Verfahrens lassen sich anhand eines Typoskripts aus dem *Holzfällen*-Konvolut rekonstruieren, das seinerseits die überarbeitete Kopie eines früheren Typoskripts zum Roman darstellt: Bernhard hatte dem Suhrkamp Verlag die Abgabe dieses Typoskripts bereits für März 1984 in Aussicht gestellt, allerdings mit dem Zusatz, es noch einmal überarbeiten zu wollen. Diese Überarbeitung findet auf der Fotokopie des frühen Typoskripts statt (s. Abb. 30).[196]

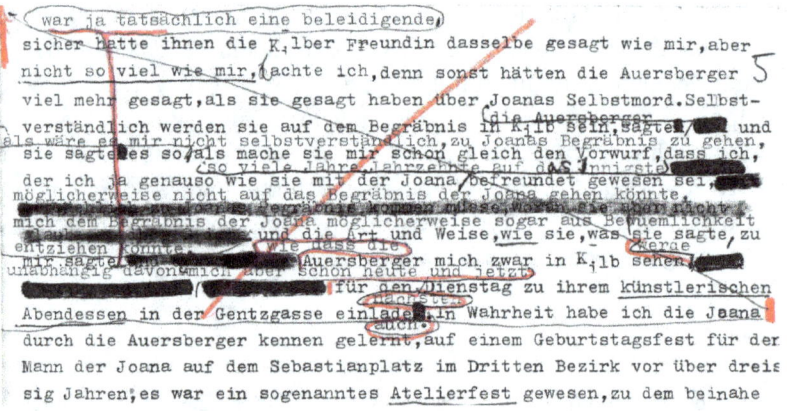

Abb. 30: Thomas Bernhard, *Holzfällen*, überarbeitete Kopie eines Typoskripts, Ausschnitt.

Bernhard versucht mit dem Rotstift, der nur höchst selten zum Einsatz kommt, Ordnung in die vielen Einfügungen zu bringen, die er nachträglich mit der Maschine in eine Kopie des Typoskripts getippt hat (im Originaltyposkript sieht man deutlich die voneinander abweichende Farbsättigung der verschiedenen Textschich-

---

tur in Kapitel 1.1.3 „Genau auf die Kippkante" – Der Kegelbau und das Kippen der Wahrnehmung in Bernhards *Korrektur*.
196 NLTB, TBA, W 7/1, Blatt 5a. Vgl. den Kommentar in Bernhard, Holzfällen (WA), S. 243f.

2.2 „Das sind die Sätze, Wörter, die man aufbaut" – Schreiben mit Textbausteinen — 193

ten). Dieses Unterfangen ist jedoch aussichtslos, wie man an der schlussendlichen diagonalen Streichung der gesamten Passage sehen kann. Daraufhin tippt Bernhard die Passage neu und klebt den so entstandenen Textbaustein, der wegen der Menge an unterzubringendem Text kleinere Seitenränder hat und deshalb links über den bestehenden Text hinausragt, über die gestrichene Passage, sodass die darunter liegende Variante prinzipiell lesbar bleibt (s. Abb. 31).[197]

Allerdings beschränkt er sich bei dieser Übernahme nicht auf ein bloßes Abtippen des vorhandenen Textes, sondern konstruiert während des Abtippens weiter und nutzt so ein zweites Mal die Folie der Kopie, um weitere Textbausteine zu produzieren und positionieren. Der überklebte Text mit allen Einfügungen und Streichungen würde ohne diese weitere Überarbeitung folgendermaßen lauten:[198]

> [...] sicher hatte ihnen die Kilber Freundin dasselbe gesagt wie mir, aber nicht so viel wie mir, dachte ich, denn sonst hätten die Auersberger viel mehr gesagt, als sie gesagt haben über Joanas Selbstmord. Selbstverständlich werden sie auf dem Begräbnis in Kilb sein, sagte [die Auersberger] und sie sagte es so, [als wäre es mir nicht selbstverständlich, zu Joanas Beerdigung zu gehen,] als mache sie mir schon gleich den Vorwurf, dass ich, der ich ja genauso wie sie mit der Joana [so viele Jahre, Jahrzehnte auf das Innigste] befreundet gewesen sei, [möglicherweise nicht auf das Begräbnis der Joana gehen könnte,[199] mich dem Begräbnis der Joana möglicherweise sogar aus Bequemlichkeit entziehen könnte./,][200] und die Art und Weise, wie sie sagte, was sie sagte, zu mir sagte, [wie dass die] Auersberger mich zwar in Kilb sehen [werde,] [unabhängig davon mich aber schon heute und jetzt] für den [nächsten] Dienstag zu einem künstlerischen Abendessen in der Gentzgasse einlade[,] [auch.]

Dem Text, den Bernhard über diese Passage klebt, werden jedoch weitere entscheidende Bausteine hinzugefügt, von denen einige aufgrund ihrer andauern-

---

[197] NLTB, TBA, W 7/3, Blatt 5b. Vgl. Auch dazu den Kommentar in Bernhard, Holzfällen (WA), S. 245.
[198] Aus Gründen der Lesbarkeit und weil Bernhard so viel neuen Text in die Textzwischenräume tippt, dass sich die Zeilen teilweise verdoppeln, verzichte ich hier auf die zeilengetreue Abbildung der Textverteilung. Nachträgliche Einfügungen werden in Klammern gesetzt. Die Tilgungen bilde ich – ebenfalls aus Lesbarkeitsgründen und weil es mir hier um die *Erweiterung* des Textes geht – nicht ab.
[199] Dieser neu eingefügte Text ersetzt eineinhalb komplett getilgte Zeilen, deren Text zum Teil unter dem Filzstift durchschimmert: „XXXlich zu Joanas Begräbnis kommen müsse, woran sie aber nicht glaube, XX ihre Stimme."
[200] Es ist nicht eindeutig entscheidbar, ob es sich hier um einen Punkt oder ein Komma handelt. Aufgrund der Satzstruktur wäre eher ein Punkt zu erwarten, der Anschluss durch den bereits bestehenden Text „und die Art und Weise [...]" macht den mutmaßlichen Punkt (oder das Komma) im darauffolgenden Korrekturdurchgang gänzlich überflüssig.

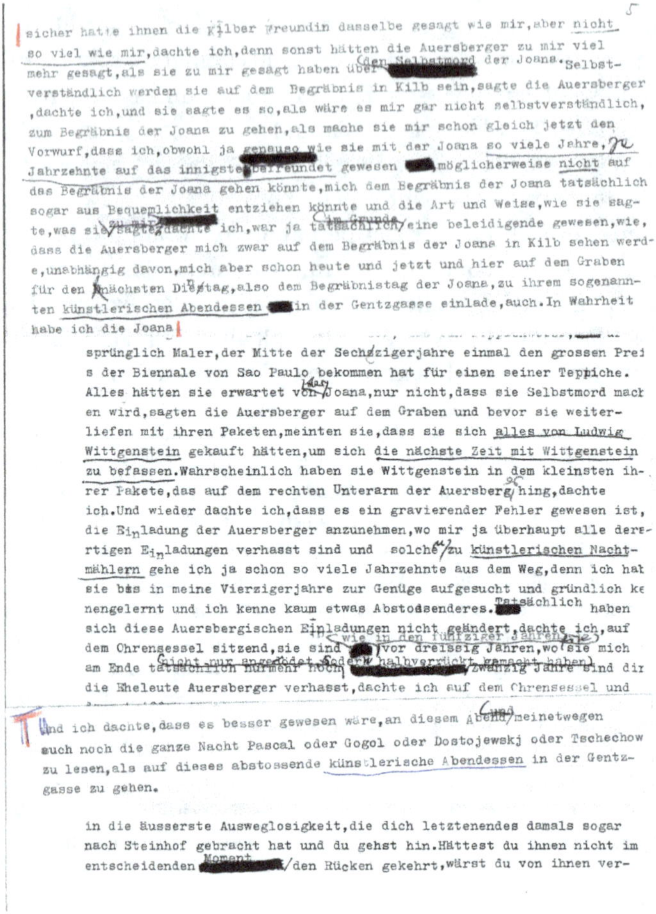

Abb. 31: Thomas Bernhard, *Holzfällen*, überarbeitete Kopie eines Typoskripts.

den Wiederholung als absolut paradigmatisch für den gesamten Roman gelten können.[201]

> [...] sicher hatte ihnen die Kilber Freundin dasselbe gesagt wie mir, aber nicht so viel wie mir, dachte ich, denn sonst hätten die Auersberger [zu mir] viel mehr gesagt, als sie gesagt haben über ~~Joanas Selbstmord~~ [den Selbstmord der Joana]. Selbstverständlich werden sie

---

201 Ich bilde solche Wörter, die aus der überklebten Variante nicht übernommen werden, durchgestrichen ab; die zusätzlich eingebauten Wörter, Satzteile und Satzzeichen setze ich in eckige Klammern, die hinzukommenden und wegfallenden Unterstreichungen markiere ich mit [+Unterstreichung] bzw. [−Unterstreichung].

auf dem Begräbnis in Kilb sein, sagte die Auersberger [, dachte ich,] und sie sagte es so, als wäre es mir [gar] nicht selbstverständlich, zu ~~Joanas Beerdigung~~ [m Begräbnis der Joana] zu gehen, als mache sie mir schon gleich [jetzt] den Vorwurf, dass ich, ~~der ich~~ [obwohl] ja genauso wie sie mit der Joana <u>so viele Jahre, [ja] Jahrzehnte auf das Innigste befreundet</u> [+Unterstreichung] gewesen ~~sei~~, möglicherweise <u>nicht</u> [+Unterstreichung] auf das Begräbnis der Joana gehen könnte, mich dem Begräbnis der Joana ~~möglicherweise~~ [tatsächlich] sogar aus Bequemlichkeit entziehen könnte~~,~~[,]und die Art und Weise, wie [−Unterstreichung] sie sagte, was sie [zu mir] sagte, ~~zu mir sagte,~~ [dachte ich], war ja tatsächlich [im Grunde] eine beleidigende gewesen], wie[,] dass die Auersberger mich zwar [auf dem Begräbnis der Joana] in Kilb sehen werde, unabhängig davon[,] mich aber schon heute und jetzt [und hier auf dem Graben] für den nächsten Dienstag[, also den Begräbnistag der Joana,] zu ~~einem~~ [ihrem sogenannten] <u>künstlerischen Abendessen</u> in der Gentzgasse einlade, auch.

Die einzigen faktischen Tilgungen, die Bernhard hier realisiert, sind sehr wahrscheinlich Flüchtigkeitsfehlern geschuldet, die während des Abtippens oder beim späteren Bearbeiten aufgetreten sind.[202] Andere Streichungen und Modifikationen dienen allein dazu, den Text zu vermehren und/oder Textbausteine deutlicher herauszumodellieren. Die Vermehrung ist deutlich sichtbar durch die Menge an in eckigen Klammern stehenden Zusätzen, die Pointierung der Textbausteine läuft wie gehabt über die Prinzipien der Wiederholung und Variation ab. So werden die Formulierungen „Joanas Selbstmord" und „Joanas Beerdigung" zum „Selbstmord der Joana" und zum „Begräbnis der Joana". Die beiden letzteren Bausteine wiederum durchziehen das gesamte Typoskript und den Drucktext in großer Zahl und gehören so zu den charakteristischsten Textbausteinen des Romans *Holzfällen*.[203]

---

[202] Im Teilsatz der zweiten Variante „[...] obwohl ja genauso wie sie mit der Joana <u>so viele Jahre, ja Jahrzehnte auf das Innigste befreundet</u> gewesen,[...]" streicht Bernhard das darauffolgende „sei", das er offensichtlich zunächst mit abgetippt hatte, mit schwarzem Filzstift, sodass anzunehmen ist, dass er das „ich", das sich an das einleitende „obwohl" anschließen müsste, schlicht abzutippen vergisst; die zweite nicht übernommene Besonderheit aus der ersten Variante ist die Unterstreichung des Wortes „wie" im Teilsatz „die Art und Weise, wie sie sagte, was sie zu mir sagte, [...]".

[203] Diesem Befund entspricht noch ein weitere: „die Joana" taucht im Text niemals ohne Artikel auf, was einerseits zwar österreichischen Sprachgewohnheiten entspricht, andererseits jedoch auch die Variation des Textbausteins „der/die/das [...] der Joana" mitbeeinflusst. Die am häufigsten auftauchenden Bausteine dieser Art sind (neben dem „Selbstmord der Joana" und dem „Begräbnis der Joana") „der Tod der Joana", „die Leiche der Joana", „der Lebensgefährte der Joana". Es gibt im Gesamttext lediglich drei Ausnahmen von diesem Muster: die beiden mit Genitiv-Endung statt mit Artikel gebildeten Textbausteine „Joanas Mann" (Bernhard, Holzfällen (WA), S. 14; auf der abgebildeten Typoskriptseite unter der Einklebung mit der Nummer 5) und ein unikales „Joanas Begräbnistag" (Bernhard, Holzfällen (WA), S. 43), hinzu kommen noch die

Da diese Textpassage in Typoskript und Druck am Anfang steht,[204] liegt die Vermutung nah, dass Bernhard hier Textbausteine im wahrsten Sinne des Wortes uniformiert, indem er die noch abweichenden Formulierungen angleicht. Die zweimalige Einfügung des „dachte ich" ist als Kurzform des Textbausteins „dachte ich auf dem Ohrensessel [sitzend]"[205] zu lesen, welcher große Passagen des Textes strukturiert und die Erzählsituation, die gleich zu Beginn des Roman reflektiert wird, *in nuce* darstellt:

> Während alle auf den Schauspieler warteten, der ihnen versprochen hatte, nach der Premiere der *Wildente* gegen halbzwölf zu ihrem Abendessen in der Gentzgasse zu kommen, beobachtete ich die Eheleute Auersberger genau von jenem Ohrensessel, in welchem ich in den frühen Fünfzigerjahren beinahe täglich gesessen war und dachte, daß es ein gravierender Fehler gewesen war, die Einladung der Auersberg anzunehmen.[206]

Das „Abendessen in der Gentzgasse", hier im ersten Satz ebenfalls eingeführt, wird bereits im zweiten Satz des Textes zum „*künstlerischen Abendessen*"[207] erweitert, das ebenfalls im gesamten Text permanent und zwar ausschließlich in kursiv gesetzter Form wiederholt wird. Das „sogenannt", das Bernhard dem „*künstlerischen Abendessen*" in diesem Korrekturdurchgung hinzufügt, stammt aus dem festen Textbaustein-Repertoire des Autors, zu denen auch Inquit-Formeln sowie die Wörter und Phrasen wie „naturgemäß", „wie gesagt wird", „einerseits ... andererseits" und viele mehr gehören.[208]

---

vereinzelt auftauchenden Ad-hoc-Komposita „Joanabegräbnis" (Bernhard, Holzfällen (WA), S. 27, S. 64, S. 115 u. ö.) und „Joanagrab" (Bernhard, Holzfällen (WA), S. 72).
204 Vgl. Bernhard, Holzfällen (WA), S. 18.
205 Bernhard, Holzfällen (WA), S. 8 u. ö.
206 Bernhard, Holzfällen (WA), S. 7.
207 Bernhard, Holzfällen (WA), S. 7.
208 Wie stilbildend diese Bausteine für Bernhards eigene Texte sind, lässt sich beispielsweise auch daran erkennen, dass Bernhard in das Pathologie-Skript, welches er als Fundus für sein Stück *Der Ignorant und der Wahnsinnige* nutzt, reihenweise „sogenannt"- und „naturgemäß"-Bausteine einsetzt, um so mit Minimalaufwand aus einem medizinischen Fachtext ein ‚echtes' Bernhard-Stück zu bauen. Vgl. dazu Bloemsaat-Voerknecht, Brunettimeißel, Doppelrachiotom, Durazange, S. 151. Es sind genau diese Bausteine, die Bernhards Stil unverkennbar, aber gerade nicht unnachahmlich machen. Die vielen, unterschiedlich gut gelungenen Parodien zeugen von diesem Umstand. Jens Dittmar hat im Jahr 1990 einige dieser Satiren und Parodien, die er – aufgrund der gelungenen Provokation, von der Bernhard selbst sich *getroffen* fühlte, – „Tomaten" nennt, im Band *Der Bernhardiner. Ein wilder Hund* versammelt. Wie gelungen diese Parodien sind, lässt sich oftmals schon daran erkennen, ob sie die typographische Gestaltung der Texte berücksichtigen, d. h. ob sie den absatzlosen Block der Prosa und die gestaltliche Betonung der Textbausteine durch Kursiva imitieren. Ein in diesem Sinne besonders gelungenes Beispiel ist Joe Bergers Text *Die Zunge. Eine Ursache.* Berger beachtet die Regeln des hypotaktischen Satzbaus, die

2.2 „Das sind die Sätze, Wörter, die man aufbaut" – Schreiben mit Textbausteinen

Eine weitere Änderung, die Bernhard im erneuten Korrekturdurchgang vornimmt, ist die Tilgung eines entscheidenden Satzzeichens: Durch den Wegfall des Punktes zwischen dem zweiten und dritten Satz und den direkten Anschluss von „und die Art und Weise, wie sie sagte, was sie zu mir sagte [...]" werden die beiden ohnehin schon langen Sätze zu einem für Bernhard typischen endlosen ‚Satzungetüm' montiert:

> Selbstverständlich werden sie auf dem Begräbnis in Kilb sein, sagte die Auersberger, dachte ich, und sie sagte es so, als wäre es mir gar nicht selbstverständlich, zum Begräbnis der Joana zu gehen, als mache sie mir schon gleich jetzt den Vorwurf, dass ich, obwohl ja genauso wie sie mit der Joana so viele Jahre, ja Jahrzehnte auf das Innigste befreundet gewesen, möglicherweise nicht auf das Begräbnis der Joana gehen könnten, mich dem Begräbnis der Joana tatsächlich sogar aus Bequemlichkeit entziehen könnte und die Art und Weise, wie sie sagte, was sie zu mir sagte, dachte ich, war ja tatsächlich im Grunde eine beleidigende gewesen, wie, dass die Auersberger mich zwar auf dem Begräbnis der Joana in Kilb sehen werde, unabhängig davon, mich aber schon heute und jetzt und hier auf dem Graben für den nächsten Dienstag, also den Begräbnistag der Joana, zu ihrem sogenannten künstlerischen Abendessen in der Gentzgasse einlade, auch.[209]

Die eingefügten Kommata rhythmisieren den Text auch visuell und unterteilen die Schrift in ganz unterschiedlich große Textbausteine (so wird beispielsweise, grammatisch unnötig, ein „wie" von Kommata umrahmt: „was sie zu mir sagte, [...] war ja tatsächlich im Grunde eine beleidigende gewesen, wie, dass die Auersberger mich [...] sehen werde"). Diese – durch die Kommasetzung verdeutlichte – Agglutination von Textbausteinen kurbelt jedoch auch die Sukzession an. Der lange Satz erzeugt beim Lesen eine Spannung zwischen der Wahrnehmung der vielen aneinandergefügten Textbausteine und deren Abfolge, er endet

---

anfänglich kurzen, dann immer länger und verschachtelter werdenden Sätze sowie die Regeln der Wiederholung, Variation und kursiven Hervohebung von Textbausteinen: Aus der „Menschenvernichtungsmaschine" wird eine „lächerliche und erbärmliche Menschenvernichtungsmaschine", die dann in Kombination mit der „existenzverstörenden und existenzzerstörenden Lebenskrankheit" zu einer „existenzverstörenden und existenzzerstörenden Menschenvernichtungsmaschine" wird. Vgl. Joe Berger, Die Zunge. Eine Ursache. In: Der Bernhardiner, ein wilder Hund. Tomaten, Satiren und Parodien über Thomas Bernhard, hg. von Jens Dittmar, Wien 1990, S. 43–48, hier S. 43. Dass es im sechs Seiten langen Text ausschließlich darum geht, wie der Ich-Erzähler sich in einem Wiener Kaffeehaus an einem „*Kleinen Braunen*", der durchgängig kursiv erscheint, die Zunge verbrennt, treibt die semantische Entleerung, die, wie in Bernhards eigenen Texten, mit einer gestaltlichen Betonung der einzelnen Textbausteine einhergeht, auf die abwitzige Spitze.
209 NLTB, TBA, W 7/3, Blatt 5b. Ich transkribiere den Satz des nachträglichen eingeklebten Textes mit allen Einfügungen und Unterstreichungen (ohne erstere als solche kenntlich zu machen).

mit einem – sowohl durch das Komma als auch semantisch – isoliert stehenden „auch", das diese Spannung bis zum Ende des Satzes aufrechterhält.

Die Variation von einmal modellierten und in den Text eingefügten Textbausteinen lässt sich auch noch an anderer Stelle des überarbeiteten Typoskripts sehr anschaulich rekonstruieren (s. Abb. 32). Bernhard klebt hier im unteren Teil der Seite einen weiteren, neu getippten Satz auf:[210]

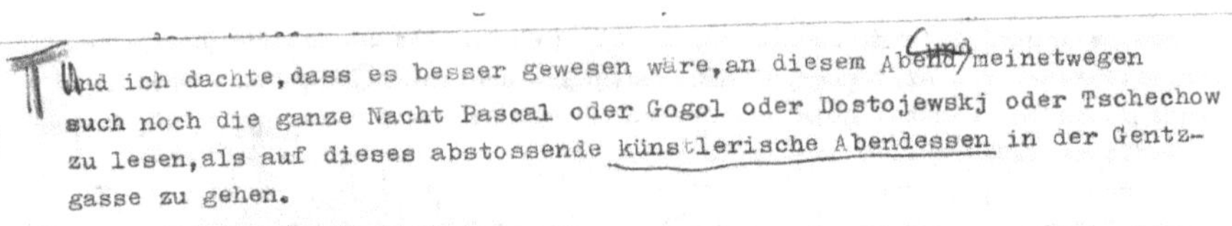

> Und ich dachte,dass es besser gewesen wäre,an diesem Abend/meinetwegen auch noch die ganze Nacht Pascal oder Gogol oder Dostojewskj oder Tschechow zu lesen,als auf dieses abstossende künstlerische Abendessen in der Gentzgasse zu gehen.

Abb. 32: Thomas Bernhard, *Holzfällen*, überarbeitete Kopie eines Typoskripts, Ausschnitt.

Dieser Satz (bei dem das „künstlerische Abendessen" ebenfalls nachträglich unterstrichen wird, um die uniforme Erscheinung der Textbausteine zu garantieren) findet nicht nur einmal, sondern in Variation gleich mehrfach Verwendung.[211] Auf dem folgenden Blatt klebt Bernhard ebenfalls einen neu getippten Satz ein, der deutlich als Variante dieses ersten Satzes zu erkennen ist:

> Und ich dachte wieder, dass es besser gewesen wäre, meinen Pascal oder meinen Gogol oder meinen Montaigne zu lesen oder den Satie oder den Schönberg selbst auf dem alten, verstimmten Klavier zu spielen.[212]

Auf Blatt 28 desselben Typoskripts findet sich eine weitere Variante:

> Und ich dachte wieder, dass es viel besser gewesen wäre, meinen Gogol und meinen pascal [sic]und meinen Montaigne zu lesen oder den Schönberg oder den Satie zu spielen, aber auch nur, ganz einfach durch die Wiener Strassen zu laufen.

Die mit Schere und Kleber ausgeführte – und an Johannes Freumbichlers Arbeitsweise erinnernde[213] – Collagierung von Textbausteinen veranschaulicht das Prinzip der Austauschbarkeit das für Bernhards Schreibverfahren konstitutiv ist, hier wird es im wörtlichen Sinne *manifest*. Die in diesem speziellen Fall eine faktische dritte Dimension und nicht nur einen verräumlichenden Eindruck erzeu-

---

210 NLTB, TBA, W 7/3, Blatt 5b.
211 Vgl. den Kommentar in Bernhard, Holzfällen (WA), S. 245.
212 NLTB, TBA, W 7/3, Blatt 6.
213 Vgl. meine Ausführungen dazu auf S. 131 f. sowie Abb. 8 in diesem Kapitel.

genden Textbausteine können – genau wie alle übrigen auf der Schreibmaschine erstellten Bausteine jedweder Größenordnung – abermals überarbeitet oder wiederverwendet werden, um den Text fortzuschreiben.

Typographisch auffällige Bausteine aus anderen Texten
Bernhards Schreib- und Kompositionsverfahren machen grundsätzlich keinen Unterschied zwischen eigenem und fremdem Textmaterial. Bestes Beispiel für die Weiterverarbeitung eines von Bernhard selbst produzierten Textbausteins ist die bereits beschriebene Umwidmung einer 80 Seiten langen Passage aus dem unveröffentlichten Typoskript *Schwarzach St. Veit*, das Bernhard drei Jahrzehnte später überarbeitet und unter dem Titel *In der Höhe* veröffentlicht. Wie schon erwähnt, wählt Bernhard diese Textpassage offenbar nach *visuellen* Prinzipien aus: Die durch ihre typographische Besonderheiten (häufig auftretende Absätze und gehäufte Satzzeichen) auffallende Sequenz, wird auch hier – wenn auch nicht mit Schere und Kleber wie im vorhergehenden Beispiel – aus dem Typoskript ausgeschnitten und anderweitig weiterverarbeitet.

Nach solch visuellen Gesichtspunkten scheint Bernhard ebenfalls Exzerpte aus anderen Texten auszuwählen, wie man an einem prägnanten Beispiel aus dem Nachlass-Konvolut zu *Wittgensteins Neffe* sehen kann. Hier findet sich Arbeitsmaterial, das nicht von Bernhard selbst stammt: Es handelt sich um eine von ihm bearbeitete Kopie des Titelblatts und einiger weiterer Blätter der Rowohlt-Monographie zu Voltaire.[214] Neben einem rudimentären Entwurf zu *Wittgensteins Neffe* finden sich auf den kopierten Blättern einige aufschlussreiche Hervorhebungen und Notizen. Bernhard markiert mehrere Passagen, die sich als Motto verwenden lassen, oder noch genauer – und österreichisch prägnant – formuliert, er kästelt sie ein, was ihren Baustein-Charakter einmal mehr unterstreicht. Neben einer dieser umrahmten Textstellen findet sich der handschriftliche Hinweis „Beton Motto!!!". Der kursivierte Text, der hier gemeint ist, lautet: *„Ich bin blind, wenn es schneit, und fange erst wieder an zu sehen, wenn die Erde ihr grünes Kleid anlegt."*[215] Zwar muss die Erzählung *Beton* später ohne Motto auskommen, und auch der Erzählung *Wittgensteins Neffe* wird ein anderes Motto vorangestellt („Zweihundert Freunde werden bei meinem Begräbnis sein und du mußt an meinem Grab eine Rede halten"). Dennoch ist die emphatische Privilegierung dieses Satzes durch seine Einrahmung und die Zuweisung zum Text, die mit immerhin drei Aus-

---

214 Vgl. NLTB, TBA, W 23/1. Vgl. dazu Georg Holmsten, Voltaire in Selbstzeugnissen und Bilddokumenten, Reinbek bei Hamburg [1971, 1979; ob es sich um eine Kopie aus der ersten oder der zweiten Auflage handelt, ist unentscheidbar, C.M.].
215 Holmsten, Voltaire in Selbstzeugnissen und Bilddokumenten, S. 134.

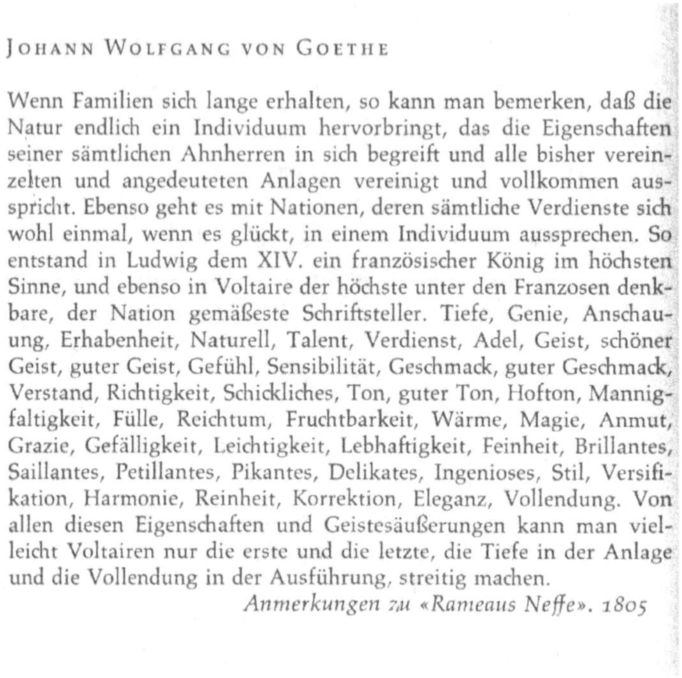

> Johann Wolfgang von Goethe
>
> Wenn Familien sich lange erhalten, so kann man bemerken, daß die Natur endlich ein Individuum hervorbringt, das die Eigenschaften seiner sämtlichen Ahnherren in sich begreift und alle bisher vereinzelten und angedeuteten Anlagen vereinigt und vollkommen ausspricht. Ebenso geht es mit Nationen, deren sämtliche Verdienste sich wohl einmal, wenn es glückt, in einem Individuum aussprechen. So entstand in Ludwig dem XIV. ein französischer König im höchsten Sinne, und ebenso in Voltaire der höchste unter den Franzosen denkbare, der Nation gemäßeste Schriftsteller. Tiefe, Genie, Anschauung, Erhabenheit, Naturell, Talent, Verdienst, Adel, Geist, schöner Geist, guter Geist, Gefühl, Sensibilität, Geschmack, guter Geschmack, Verstand, Richtigkeit, Schickliches, Ton, guter Ton, Hofton, Mannigfaltigkeit, Fülle, Reichtum, Fruchtbarkeit, Wärme, Magie, Anmut, Grazie, Gefälligkeit, Leichtigkeit, Lebhaftigkeit, Feinheit, Brillantes, Saillantes, Petillantes, Pikantes, Delikates, Ingenioses, Stil, Versifikation, Harmonie, Reinheit, Korrektion, Eleganz, Vollendung. Von allen diesen Eigenschaften und Geistesäußerungen kann man vielleicht Voltairen nur die erste und die letzte, die Tiefe in der Anlage und die Vollendung in der Ausführung, streitig machen.
> *Anmerkungen zu «Rameaus Neffe». 1805*

Abb. 33: Georg Holmsten, *Voltaire in Selbstzeugnissen und Bilddokumenten*, Rowohlt Monographie.

rufezeichen versehen ist, für Bernhards Arbeitsweise aufschlussreich. Es scheint so, als würde dieser Leitsatz – genau wie andere – nicht etwa aufgrund inhaltlicher oder gar philosophischer Prinzipien ausgewählt, sondern vor allem deshalb, weil sie beim Überfliegen des Textes unmittelbar ins Auge fallen: Der im Original kursiv gesetzte Satz sticht dem „philosophischen Aasgeier"[216] Thomas Bernhard sofort ins Auge und wird aufgrund visueller Prinzipien als Motto ‚herausgepickt'. Eine solche visuell orientierte Auswahl von Textbausteinen lässt sich auch den übrigen Markierungen auf der Kopie ablesen. Diese konzentrieren sich auf einen Abschnitt mit Goethes Anmerkungen zu Diderots *Rameaus Neffe* (s. Abb. 33), welcher schon deshalb als vollkommen autonomer Textbaustein in Erscheinung

---

[216] „Es gibt ja tausende und hunderttausende Philosophen. Und da muß man sich selber die Größten langsam herauspicken. Aber da hilft einem niemand dabei. Aber, wenn man, wie ich, ziemlich früh so 'ne Art philosophischer Aasgeier ist, dann weiß man, welche man herauspickt." Bernhard/Fleischmann, Eine Begegnung, S 29.

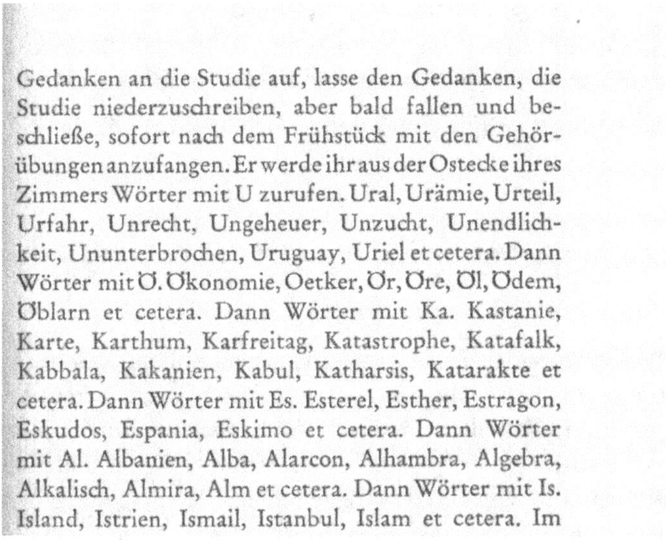

> Gedanken an die Studie auf, lasse den Gedanken, die Studie niederzuschreiben, aber bald fallen und beschließe, sofort nach dem Frühstück mit den Gehörübungen anzufangen. Er werde ihr aus der Ostecke ihres Zimmers Wörter mit U zurufen. Ural, Urämie, Urteil, Urfahr, Unrecht, Ungeheuer, Unzucht, Unendlichkeit, Ununterbrochen, Uruguay, Uriel et cetera. Dann Wörter mit Ö. Ökonomie, Oetker, Ör, Öre, Öl, Ödem, Öblarn et cetera. Dann Wörter mit Ka. Kastanie, Karte, Karthum, Karfreitag, Katastrophe, Katafalk, Kabbala, Kakanien, Kabul, Katharsis, Katarakte et cetera. Dann Wörter mit Es. Esterel, Esther, Estragon, Eskudos, Espania, Eskimo et cetera. Dann Wörter mit Al. Albanien, Alba, Alarcon, Alhambra, Algebra, Alkalisch, Almira, Alm et cetera. Dann Wörter mit Is. Island, Istrien, Ismail, Istanbul, Islam et cetera. Im

Abb. 34: Thomas Bernhard, *Das Kalkwerk* (Erstausgabe 1970).

tritt, weil er sich im Anhang der Rowohlt-Monographie unter der Überschrift „Zeugnisse" noch hinter den Anmerkungen und der Zeittafel befindet.

Bernhard umrahmt auch hier jedes einzelne dieser 46 aneinandergereihten Wörter zur Beschreibung der löblichen Eigenschaften Voltaires mit schwarzen Kästchen. Nicht nur die Zitations- und Verweisstruktur des Textes – Georg Holmsten zitiert Goethe, der wiederum Anmerkungen zu seiner eigenen Übersetzung von Diderots philosophischem Dialog macht, in dem wiederum Voltaire als fiktive Figur auftaucht – dürften Bernhard gefallen haben, sondern auch die exzessive Aneinanderreihung von Wörtern, deren Bausteincharakter er durch seine Umrahmung noch mehr betont. Im Gegensatz zur ersten Markierung, die ein potenzielles Motto aus dem vorhandenen Text extrahieren sollte, dient die Markierung der Goethe'schen Wörter eher einer Visualisierung des eigenen Schreibverfahrens, das die sequenziellen Struktur der Schrift in der Betonung ihrer einzelnen Bausteine offenbart. So findet sich beispielsweise im *Kalkwerk* eine ganz ähnliche Aneinanderreihung solcher Textbausteine, die durch die Wiederholung gleicher (und die Einstreuung *nicht* gleicher) Anfangsbuchstaben die Schriftgestalt noch zusätzlich betonen (s. Abb. 34).

Wie man an diesen ausgewählten Beispielen deutlich sieht, konzentriert sich Bernhards Auswahl von Textbausteinen aus anderen Texten auf Passagen, die bereits in irgendeiner Form typographisch auffällig sind: Entweder sind diese kursiv gesetzt oder erinnern in ihrer synoptisch wahrnehmbaren Struktur (Aufzählungen, die allein schon wegen der Menge an verwendeten Kommata auf den ersten Blick auszumachen sind) an die Bernhard'schen Texte. Über die *Gestaltung* der Texte wählt Bernhard so diejenigen Bausteine für die Wiederverwertung aus, die sich durch ihre schriftlichen Besonderheiten problemlos in den eigenen Text einpassen lassen.

2.3 Inszenierter Schreibfluss und Störungen des sukzessiven Prinzips

Thomas Bernhards Arbeitsweise ist bisher nicht umfassend anhand des Nachlasses rekonstruiert worden. Zwar gibt es erste, sehr lobenswerte Versuche, Bernhards Schreibverfahren anhand der Typoskripte darzustellen und daraus eine Poetologie der Texte abzuleiten,[217] jedoch halten sich weiterhin Annahmen über die Arbeitsweise des Autors, die sich maßgeblich aus einer erfolgreichen Inszenierung seitens des Verlags und des Autos selbst speisen. Zwei gegenläufige Thesen brachte die Eröffnung der Ausstellung *Nicht enden können. Thomas Bernhards Korrekturen* im Deutschen Literaturarchiv Marbach zum Vorschein: Während das Ausstellungskonzept auf der Annahme fußte, Bernhards Schreiben sei in einem unabschließbaren Korrekturprozess begriffen gewesen, widersprach Bernhards langjähriger Lektor Raimund Fellinger dieser These vehement. Er versicherte, die Anzahl der Korrekturen in Bernhards Typoskripten entsprächen der Norm, die Texte seien einzig auf ihr Gedrucktwerden ausgerichtet gewesen.[218] Auch Bernhards Verleger Siegfried Unseld hielt die im Verlag eintreffenden Typoskripte in den meisten Fällen für „satzreif".[219]

Obwohl diese Positionen zunächst diametral erscheinen, bilden sie *beide* wichtige Aspekte von Bernhards Schreibarbeit ab. Seine übliches Vorgehen sieht im Falle eines Prosatextes sehr schematisch dargestellt folgendermaßen aus: Zunächst wird in einem oder mehreren Entwürfen das Gerüst des Textes konstruiert. Dieses besteht meist aus dem Titel, dem Seitenumfang, wichtigen Textbausteinen und Satzmodellen, die den Text strukturieren sollen, und der

---

[217] Vgl. vor allem Huber, Erste Anmerkungen zu Nachlaß und Arbeitsweise Bernhards, aber auch Bloemsaat-Voerknecht, Brunettimeißel, Doppelrachiotom, Durazange; Anne-Sophie Gomez, Ave Vergil oder der entscheidende Übergang zu einer Ästhetik der Verfremdung. In: Huber/Mittermayer/Schmidt-Dengler (Hg.), Thomas Bernhard Jahrbuch 2003, S. 185–200; Winterstein, Reduktionen, Leerstellen, Widersprüche.
[218] Vgl. dazu Spinnler, Thomas-Bernhard-Ausstellung in Marbach.
[219] So etwa beim Eintreffen des *Kalkwerk*-Typoskripts. Vgl. Unseld, Brief 116 (11. Mai 1970). In: Bernhard/Unseld, Briefwechsel, S. 177.

impliziten oder expliziten Festlegung von Regeln für den Gebrauch von Satzzeichen und Hervorhebungen. Hinzu kommt die Definition des Textraumes auf der Seite. In den auf die Konzeption folgenden Typoskripten arbeitet Bernhard an der Konstellation von kleinen und größeren Textbausteinen – sein Repertoire reicht dabei vom speziellen Satzzeichen über Wörter und Sätze bis zum Exzerpt aus anderen Texten –, wobei die Prinzipien der Wiederholung und Variation eine entscheidende Rolle spielen. Die umfangreichen Umarbeitungen und Korrekturen – (serielle) Ersetzungen und Einfügungen, produktive und systematische Streichungen etc. – geben Aufschluss über diese Schreib- und Kompositionsverfahren. Sieht man nur die schiere Menge dieser Korrekturen und nicht das dahinterstehende Bauprinzip, welches ein von vornherein streng definiertes Textgebilde realisieren soll, kann durchaus der Eindruck entstehen, Bernhards Schreib- und Korrekturprozess sei prinzipiell unabschließbar gewesen.

Wie bereits angesprochen, versucht Bernhard einen absolut gegenteiligen Eindruck zu erwecken indem er die Spuren seines konstruktiven Arbeitens in einem letzten Arbeitsschritt verwischt, gewissermaßen die noch sichtbaren Fugen zwischen den Textbausteine verputzt, um so die Illusion eines ‚nahtlosen' Schreibprozesses zu erzeugen. Dass diese Inszenierung eines werkgenetisch orientierten Schreibprozesses glückt, zeigt die Perspektive des Verlags, Bernhards Texte seien immer schon auf ihre Vollendung ausgerichtet gewesen. Wichtig wird in diesem Zusammenhang auch die Organisation der Seitenfläche in Bernhards Typoskripten. Der installierte Satzspiegel produziert den Eindruck eines Blocksatzes, was für Schreibmaschinentexte höchst unüblich ist. „Satzreif" wirken die endgültigen Typoskripte deshalb nicht nur, weil sie ihre eigene, sich in den Korrekturen widerspiegelnde Konstruktivität verbergen, sondern auch, weil sie durch die Verteilung der Schrift auf der Seite eine größtmögliche typographische Annäherung an den fertigen Drucktext erzielen.

Aus den einzelnen Textbausteinen einen vereinheitlichten Text zu erstellen, gelingt Bernhard indes nicht immer, besonders nicht bei Texten, die in relativ kurzer Zeit entstanden sind, wie etwa seine Erzählung *Beton* (1982). Hier finden sich auch in dem Typoskript, das Bernhard seinem Verleger Siegfried Unseld am 14. Februar 1982 auf Mallorca übergibt (und das aller Wahrscheinlichkeit auch das einzige Typoskript zu *Beton* ist),[220] noch zahlreiche Korrekturen. Die daraus resultierende Unübersichtlichkeit der Textvorlage macht teilweise Verlagsab-

---

[220] Vgl. zur Entstehungsgeschichte den Kommentar in Bernhard, Beton (WA), S. 135–149, hier S. 137.

schriften nötig, welche erneut vom Autor abgesegnet werden müssen, bevor die Druckfahne erstellt werden kann.[221] Im Fall von *Beton* schließen die Herausgeber der Werkausgabe aus dem Befund, dass es nur ein korrigiertes Typoskript und keine sonst üblichen Vorstufen gibt, dass die Erzählung vermutlich „in einem Zug" – einschränkend fügen sie hinzu – „jedenfalls in relativ kurzer Zeit geschrieben wurde".[222] Bei einem Typoskript, das so umfangreiche Korrekturen erkennen lässt, wie dasjenige zu *Beton*, kann allerdings kaum von einem Schreiben „in einem Zug" die Rede sein, zumindest nicht im Sinne einer werkgenetisch orientierten Niederschrift, welche durch die Formulierung nahegelegt wird. Vollkommen richtig ist dagegen der Hinweis auf die Schnelligkeit, mit der Bernhard *Beton* schreibend konstruiert. Es ist genau dieses Tempo, welches dafür sorgt, dass die Korrekturschichten im Typoskript sichtbar bleiben, während sie andernorts zum Verschwinden gebracht werden.

An zwei Typoskripten aus unterschiedlichen Arbeitsstadien zu *Gehen* lässt sich Bernhards Verfahren der nachträglichen Glättung schon auf den ersten Blick nachvollziehen. Im frühen Typoskript zu *Gehen* (s. Abb. 35) erkennt man noch die für Bernhard typischen Schriftagglomerationen, welche durch die Einfügungen und Tilgungen von Textbausteinen entstehen. Im endgültigen Typoskript des Prosatextes (s. Abb. 36) sind die Spuren von Bernhards konstruktivem Arbeiten fast vollständig getilgt. Lediglich die mit der Hand ausgeführten Unter- und Durchstreichungen, sporadische Berichtigungen und Einfügungen lassen noch auf einen letzten nachträglichen Korrekturdurchgang schließen, ansonsten wirkt der Text wie aus einem Guss. Dieses letzte Typoskript könnte ohne Weiteres die Illusion herstellen, dem Autor gelänge mit seinem Schreiben das, was seinen Figuren stets verwehrt bleibt: die Studie bzw. den Prosatext in einem Zug aufs Papier zu bringen, „seinen Kopf urplötzlich von einem Augenblick auf den anderen auf das rücksichtsloseste um- und also die Studie auf das Papier zu kippen".[223] Bernhard arbeitet durch die Glättung seiner Manuskripte entscheidend an der Inszenierung seiner Person als ‚Geistesmensch' und an der Verknüpfung von Biographie und Werk mit. Überhaupt erschafft er durch die Unsichtbarmachung der tatsächlichen Bauweise seiner Texte zuallererst ein Werk im emphatischen Sinne. Der letzte

---

221 So auch im Fall von *Holzfällen*. Vgl. Raimund Fellingers Erinnerungen an den Produktionsvorgang in Bernhard, Holzfällen (WA), S. 248–250.
222 Kommentar in Bernhard, Beton (WA), S. 138.
223 Bernhard, Das Kalkwerk (WA), S. 231.

2.3 Inszenierter Schreibfluss und Störungen des sukzessiven Prinzips — 205

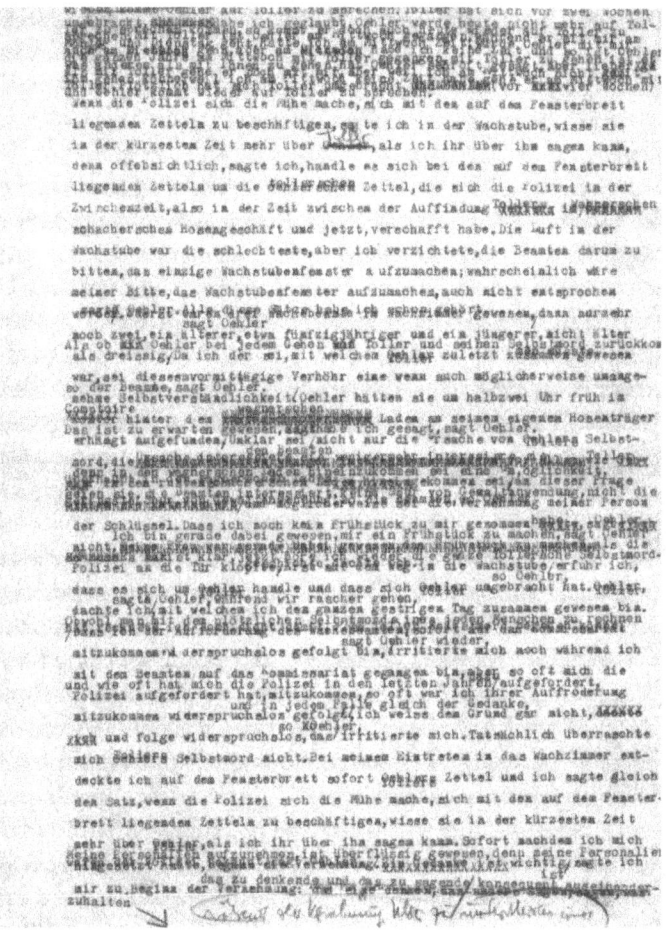

Abb. 35: Thomas Bernhard, *Gehen*, Typoskript, frühe Fassung.

Arbeitsschritt verschleiert den konstruktiven Arbeitsprozess und simuliert das Produkt eines werkgenetischen Schreibprozesses.[224]

---

224 Vgl. dazu Steffen Martus' überzeugende These, dass „die Schrift auf der einen Seite insofern die mediale Voraussetzung (oder zumindest: ein medialer Katalysator) des emphatischen Werkbegriffs ist, als sie Stabilität über Raum und Zeit hinweg suggeriert, und daß die Schrift zugleich den Werkbegriff destabilisiert – sie provoziert und dokumentiert beispielsweise Fassungen und wirft damit die Frage nach der Einheit des Verschiedenen auf [...]." Martus, Werkpolitik, S. 29. Bernhard evoziert hier den Eindruck eines autonomen Werks, indem er den Text von besagten

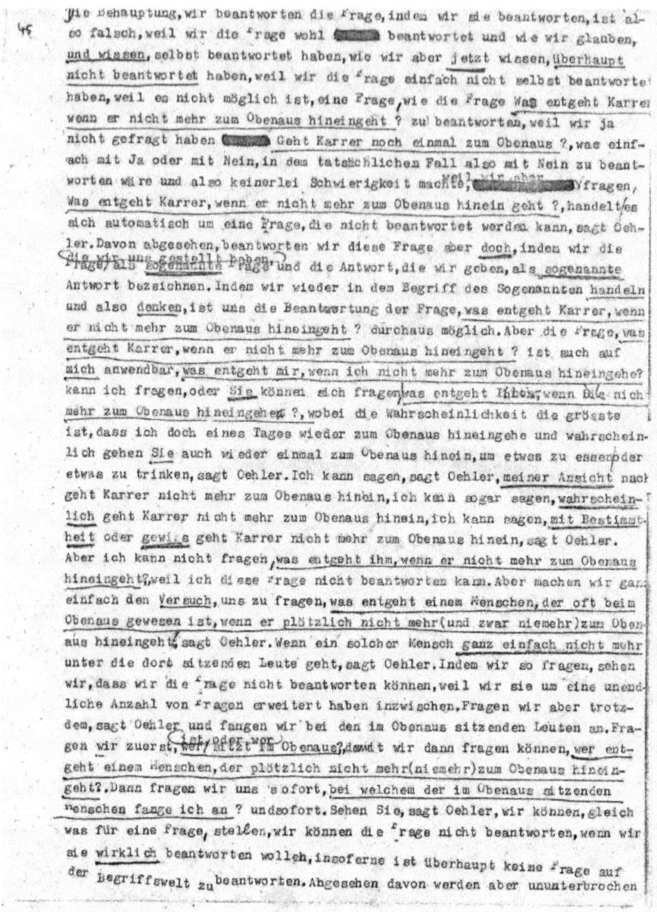

Abb. 36: Thomas Bernhard, *Gehen*, Typoskript, endgültige Fassung.

2.3.1 Werkgenetischer vs. automatisierter Schreibprozess

Bernhard versucht diesen Mythos vom in sich geschlossenen und in einem Zug niedergeschriebenen Werk jedoch nicht allein durch die Glättung seiner Typoskripte zu befördern. Auch schriftliche oder mündliche Aussagen über das

---

Spuren der Herstellung verschiedener Fassungen bereinigt. Vgl. zu den buchgestalterischen Maßnahmen, die der Suhrkamp Verlag zur Stabilisierung dieser durch den Autor initiierten ‚Werkpolitik' ergreift, das dritte Kapitel der vorliegenden Untersuchung.

eigene Schreiben tragen zu dieser Inszenierung bei, wie etwa eine handschriftliche Notiz Bernhards auf dem Umschlag des finalen Typoskripts von *Verstörung* (s. Abb. 37).[225] Der Zustand der „Einsperrung", in dem Bernhard den Roman *Verstörung* geschrieben haben will, deckt sich mit dem Zustand, in den Bernhards Geistesmenschen sich selbst versetzen, um ihre Studie zur Niederschrift zu bringen. Die ideale Schreibszene ist klar umrissen: klösterliches Abgeschottetsein, absolute Stille, keinerlei Ablenkung. Das Resultat dieser Vorkehrungen ist jedoch in den meisten Fällen nicht etwa die anvisierte Textproduktion, sondern im Gegenteil Schreibhemmung oder Vernichtung des bereits Geschriebenen.

Auch wenn die „Einsperrung" dasselbe Schreibensemble herbeizitiert, sprechen die Zeugnisse und -ergebnisse von Bernhards Arbeitsprozess eine vollkommen andere Sprache: Bernhard *produziert* in seiner Brüsseler Schreibzelle, die sich – hier ist das Bild schon bernhardtypisch ironisch gebrochen – nicht *innerhalb* des Klosters befindet, sondern lediglich „mit [...] Blick auf das Kloster" ausgestattet ist, nicht nur Text, er produziert ihn in einer atemberaubenden Geschwindigkeit: 202 Seiten Typoskript in 40 Tagen. Auch in der Werkausgabe werden Zweifel an der Machbarkeit dieses Parforceritts angemeldet:

> Mit Grund sind Zweifel daran geäußert worden, ob Bernhard tatsächlich in diesem vergleichsweise kurzen Zeitraum das Werk in der vorliegenden Form abschließen konnte. Geht man jedoch davon aus, daß W 2/1 [das erste Textkonvolut, das zu *Verstörung* gehört, C.M.] zu diesem Zeitpunkt bereits vorlag, ist es durchaus möglich, daß er die 202 Seiten des Typoskripts W 2/2 in diesen vierzig Tagen schrieb.[226]

Während Bernhard es so aussehen lassen will, als hätte die „Einsperrung" einen extrem schnellen Schreib*fluss* in Gang gesetzt, arbeitet er tatsächlich auch hier mit dem bewährten ‚Recycling' bestehender Texte und nach konstruktiven Prinzipien: Nicht ein ideengestütztes ‚Herunterschreiben' generiert in kurzer Zeit die große Masse an Text, sondern die geübte Konstellierung von Textbausteinen auf der Schreibmaschine. An seiner Selbstinszenierung als Schnellschreiber, die zugleich einen werkgenetisch orientierten Schreibprozess vermuten lässt, liegt Bernhard offenbar viel, denn auch fast zwanzig Jahre nach dem Schreiben des

---

[225] NLTB, TBA, W 2/2, Blatt 1: „Einsperrung vom / 23.IX. – 1.XI.66 / Bruxelles / Rue de la Croix 60/II. / (Alex u. Liesl Uexküll) / mit dem Blick auf das / Kloster."
[226] Kommentar in Bernhard, Verstörung (WA), S. 216.

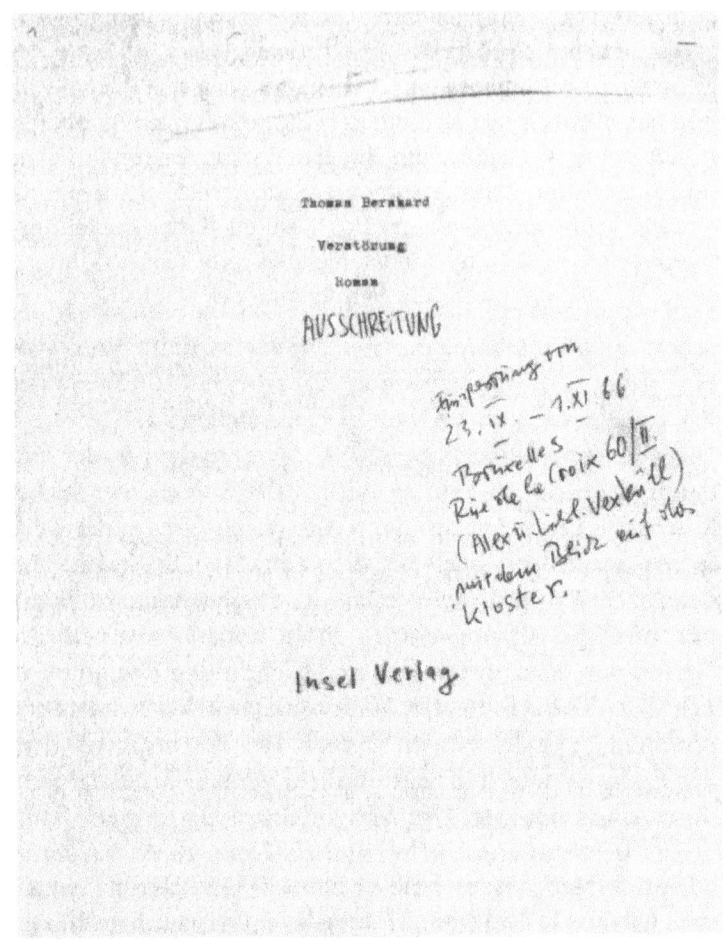

Abb. 37: Thomas Bernhard, *Verstörung*, Umschlag des Typoskripts.

Romans bemüht er in einem Interview mit Jean-Louis Rambures erneut das Bild der Brüsseler „Einsperrung". Auf die Frage, ob auch er wie seine Figuren an einer Schreibhemmung leide, antwortet Bernhard:

> Wenn ich einmal mein Arbeitstempo erreicht habe, kann mich nichts mehr ablenken, während ich in Brüssel am Manuskript des Romans Verstörung arbeitete, brach im großen Kaufhaus „Innovation" der Brand aus, ganz nahe vor meinem weit offenen Fenster. Ich sah, wie sich der Himmel verfinsterte und sich dann in eine Feuerkugel verwandelte. Ins Schreiben vertieft, wunderte ich mich, daß ich keine Feuersirenen hörte. Als sie endlich

ertönten, hatte das Feuer schon alles verschlungen. Vor diesem Stadium liegt aber eine Zeit, in der der geringste Zwischenfall, und sei's der Briefträger, die ganze Arbeit in Frage stellen kann.[227]

Wie der Vermerk zur Schreibszene auf dem Titelblatt von *Verstörung* erscheint auch diese Beschreibung des Schreib*prozesses* – allein aufgrund der abweichenden Brüsseler Topographie – wenig realistisch, sie zeigt vielmehr, wie Bernhard sich selbst in (eine Schreib-)Szene setzt.[228] Das dramatisch aufgeladene Bild eines bedrohlichen Außen, das den Schreiber in seiner Zelle nicht in seiner äußersten Konzentration stören kann, wird ironisch kontrastiert mit der profanen Störung durch den Briefträger, der die Arbeit in einem frühen Stadium leicht zunichte machen kann. So ergibt sich das Bild eines anfänglich instabilen Prozesses, der jedoch, einmal in Gang gebracht, absolut zuverlässig abläuft.

Der Automatismus, den er hier anspricht, bezieht sich jedoch nicht auf die schriftliche Reproduktion vorgedachter Inhalte, sondern auf die Konstellation von Textbausteinen, die durch den Prozess des ‚Übens' auf der Maschine an Routine und Schnelligkeit gewinnt:

> Gut trainierte Maschinenschreiber verfügen über erlernte Fähigkeiten, die ursprünglich über das Kurzzeitgedächtnis, nach häufigem Üben als verankerte Engramme [Erinnerungsbilder, die durch Reizeindrücke im zentralen Nervensystem hinterlassen werden, C.M.] in das Langzeitgedächtnis übertragen worden sind. Sie verfestigen sich mit jeder Benutzung und werden so zu einem immer weniger störbaren Gedächtnisinhalt. Dieses Phänomen wird als „Konsolidierung" bezeichnet [...]. Je ausgeprägter die Konsolidierung, desto kürzer ist die Zugriffszeit, so daß die Schreibgeschwindigkeit erhöht wird. Versierte Schreiber unterscheiden sich von ungeübten dadurch, daß sie in der Lage sind, aus einer größeren Anzahl von Einzelelementen Engramme zu bilden. Diese bestehen aus ganzen Silben, möglicherweise sogar aus kompletten Wörtern, während sie sich bei Gelegenheitsschreibern lediglich aus den Informationen von Einzelbuchstaben zusammensetzen.[229]

---

[227] Jean-Louis Rambures, Aus zwei Interviews mit Thomas Bernhard, aufgenommen von Jean-Louis Rambures. In: Antiautobiografie. Zu Thomas Bernhards ‚Auslöschung', hg. von Hans Höller und Irene Heidelberger-Leonard, Frankfurt a.M. 1995, S. 13–18, hier S. 15.
[228] Vgl. in diesem Sinne auch Manfred Mittermayer, „Mein geliebter Phantast". Bernhards „Philosoph Alexander" und sein reales Vorbild Alexander Üxküll-Gyllenband. In: Thomas Bernhard. Persiflage und Subversion, hg. von Mireille Tabah und Manfred Mittermayer, Würzburg 2013, S. 207–223, insb. S. 210.
[229] Peter E. Baier, Maschinenschreiben und forensische Urheberidentifizierung [Art.]. In: Schrift und Schriftlichkeit. Ein interdisziplinäres Handbuch internationaler Forschung. In: Schrift und Schriftlichkeit. Ein interdisziplinäres Handbuch internationaler Forschung, hg. von Hartmut Günther und Otto Ludwig, Berlin/New York 1994–1996, Bd. 2, S. 1056–1067, hier S. 1058.

So verwundert es auch nicht, dass Bernhard in der Beschreibung seines Schreibprozesses explizit auf das Arbeits*tempo* abhebt: Die Konsolidierung seiner visuell geprägten Schreibverfahren geht tatsächlich mit einer Erhöhung der Schreibgeschwindigkeit einher, welche jedoch keinesfalls einem werkgenetisch orientierten Schreib*fluss* gleichzusetzen ist.[230] Das Zusammensetzen einzelner Bausteine geht bei Bernhard deshalb in hohem Tempo vonstatten, weil die etlichen Wiederholungen der immer gleichen Wörter eine schnelle und dauerhafte Bildung von motorischen und visuellen Engrammen ermöglichen. Bernhards eigene Äußerungen zeugen ebenfalls davon, dass die Maschine, ist der Arbeitsprozess einmal in Gang gesetzt, wie von selbst, mechanisch abläuft. Dies lässt sich indes nicht nur an der Produktion des Einzeltexts, sondern auch in Hinblick auf das Gesamtwerk zeigen: Das Textbaustein-Repertoire, das Bernhard sich über die Jahre aufbaut, kommt immer ausgefeilter und routinierter zum Einsatz, sodass die späten Texte schneller geschrieben oder wie im Fall von *In der Höhe* in zweifachem Sinne neu überschrieben werden können: Bernhard kopiert hier einen großen Textbaustein aus dem Textkonvolut *Schwarzach St. Veit* und überarbeitet ihn mittels Streichungen, Korrekturen, Hinzufügungen so stark, dass er durch die Dichte der *Überschreibungen* zu einem neuen und eigenständigen Text wird. Die neue *Überschrift*, die er schlussendlich darüber setzt, manifestiert diesen Status zusätzlich. Es handelt sich so nicht nur um die Überarbeitung eines Textbausteins, sondern um ein auf seiner Grundlage konstruiertes Palimpsest, das mit einfachsten Mitteln einen ganz neuen Text produziert. Viele der späteren Roman werden, wie etwa der letzte von Bernhard geschriebene Roman *Alte Meister*, laut der Werkausgabe „in einem Zug" geschrieben,[231] treffender wäre es jedoch zu sagen: Die perfektio-

---

[230] Den gegenteiligen Eindruck will die Bewerbung des *Werke*-Bandes auf der Seite des Suhrkamp Verlags erzeugen, indem sie Bernhards ‚Einsperrungsphantasie' zitiert. Hier heißt es, ebenfalls ganz auf den Schreib*fluss* abzielend, der einen entsprechenden Lesefluss zur Folge haben soll: „[Die] Endfassung schrieb der Autor zwischen dem 23. September und dem 1. Oktober 1966 nieder: ‚Wenn ich einmal mein Arbeitstempo erreicht habe, kann mich nichts mehr ablenken. ... Vor diesem Stadium liegt aber eine Zeit, in der der geringste Zwischenfall, und sei's der Briefträger, die ganze Arbeit in Frage stellen kann.' Dieser Schreibproseß hat sein Pendant im Leseprozeß. Peter Handke zum Beispiel berichtet im Jahr 1967: ‚Ich war recht müde, aber das Buch ließ mir keine Ruhe. Die Krankenbesuche des Arztes, bei denen ihn sein Sohn begleitete, hatte ich schon hinter mir, nur der Besuch bei dem Fürsten von Saurau auf der Burg Hochgobernitz stand noch aus. ... Ich hatte etwas getrunken und weitergelesen. Der Fürst war ganz gegen die Wirklichkeit konstruiert. Er erfror von innen heraus. Ich las und las und las ...'", online unter www.suhrkamp.de/buecher/werke_in_baenden_41502.html, letzter Zugriff: April 2018.
[231] Wie die Herausgeber anhand der Einträge in Thomas Bernhards Terminkalender rekonstruieren konnten, beginnt dieser den neuen Roman am 7. Januar 1985 und übergibt ihn, wie sich

nierten Bernhard'schen Schreibverfahren sorgen wie eine gut geölte Maschine für ein hohes Tempo beim ‚Zusammenbau' der Texte.

2.3.2 Die Auswirkungen der typographischen Form auf die Wahrnehmung der Textbausteine

Bernhards frühe Texte besitzen im Gegensatz zu den späteren in der Regel deutlich mehr Vorstufen und werden über längere Zeitspannen geschrieben, so wie etwa Bernhards Erstling *Frost*, der in zehnmonatiger, intensiver Schreibarbeit entstand. Im Nachlass befinden sich zu diesem Text insgesamt drei Typoskriptfragmente und das endgültige, in Druck gehende Typoskript, an denen sich Bernhards Arbeitsweise des Baukastenprinzips sehr eindrücklich zeigt. Die Herausgeber der Werkausgabe bezeichnen eines der Konvolute treffend als „Steinbruch", aus dem Bernhard sich in der Folge des Schreibens bedient habe.[232] Während man an der ersten Seite des frühen Typoskripts (s. Abb. 38) Bernhards konstruktive Arbeitsweise erneut auf den ersten Blick erkennen kann, sind die Hinweise auf den Arbeitsprozess in der Reinschrift (s. Abb. 39) fast gänzlich zum Verschwinden gebracht.

Auch im gedruckten Text treten sie keineswegs so offensichtlich zutage: Dem ersten Anschein nach handelt es sich für die Leserin um einen ‚gewöhnlichen' Prosatext, der sein einziges Ziel darin findet, gelesen zu werden.[233] Vergleicht man das Schriftbild des Drucktextes von *Frost* (s. Abb. 40) mit demjenigen des ein Jahr später erscheinenden kürzeren Prosatext *Amras* (s. Abb. 41), fällt in letzterem die extreme Häufung der Auslassungspunkte ins Auge. Bernhard beginnt hier offensichtlich so mit seinen Textbausteinen zu experimentieren, dass sie *auch im Drucktext* als solche erkennbar bleiben. Die Auslassungspunkte werden als Bausteine in den Text eingesetzt und treten als graphische Elemente aus ihm hervor.

Wie man sieht, verändert sich der Satzspiegel schon hier zu einem tendenziell geschlossenen Textblock, auf dem die Textbausteine im wahrsten Sinne unübersehbar werden, was die Voraussetzung für eine ungestörte sukzessive Lektüre wäre. Von einem in Absätze untergliederten und mit Zwischenüberschrif-

---

wiederum Unselds *Chronik* entnehmen lässt, am 20. März 1985 dem Verleger. Vgl. zur Entstehungsgeschichte den Kommentar in Bernhard, Alte Meister (WA), S. 198–206, insb. S. 199–201.
232 Vgl. den Kommentar in Bernhard, Frost (WA), S. 351.
233 Die typographischen Bedingungen dafür, dass ein Prosatext als prototypisch für seine Gattung wahrgenommen wird, werden im dritten Kapitel eingehend untersucht. Vgl. insb. Kapitel 3.4 „Typographisches Dispositiv – Steuerung von Rezeptionserwartung und Lektüreprozessen" und Kapitel 3.5 „Wechselwirkung: Buchgestaltung und Markenbildung im Suhrkamp Verlag und Bernhards sequenzielle Poetik".

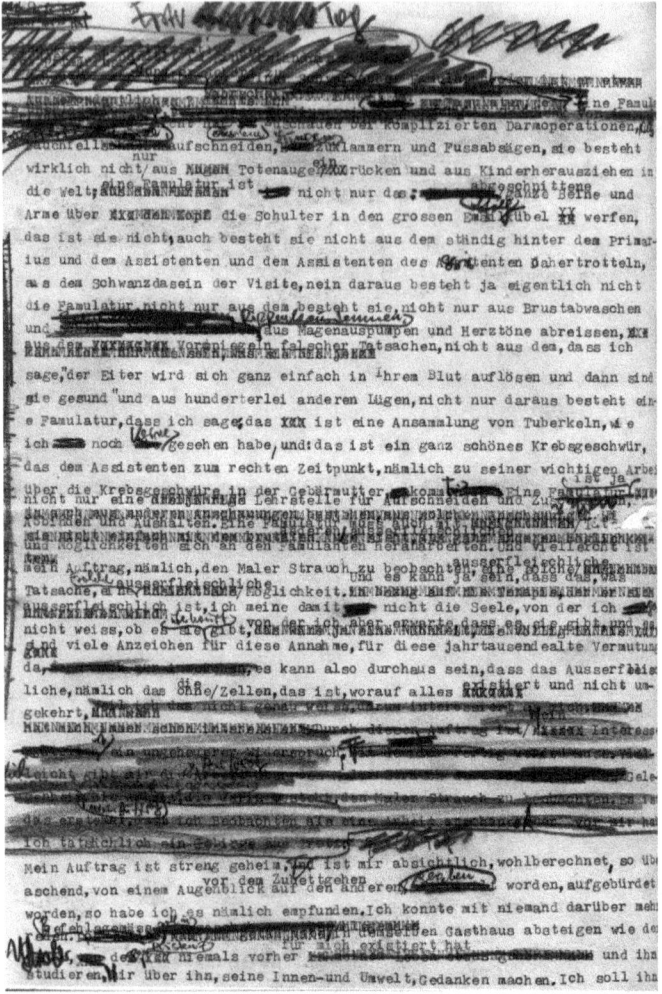

Abb. 38: Thomas Bernhard, *Frost*, frühe Fassung.

ten ausgestatteten Text *(Frost)* verändert sich die typographische Form zu einem absatzlosen Block, den nur die gestaltlich hervortretenden Auslassungspunkte unterbrechen. Diese Seitenorganisation geht direkt auf Bernhards Typoskripte zurück: Den absatzlosen Block, mit dem er beim Schreiben von *Amras* experimentiert hat, übernimmt Bernhard für den zweiten Teil von *Verstörung* (1967). Das so zum ersten Mal auf einen längeren Prosatext übertragene blockartige Seitenarrangement ohne jegliche Gliederung wird fortan für alle Texte beibehalten.

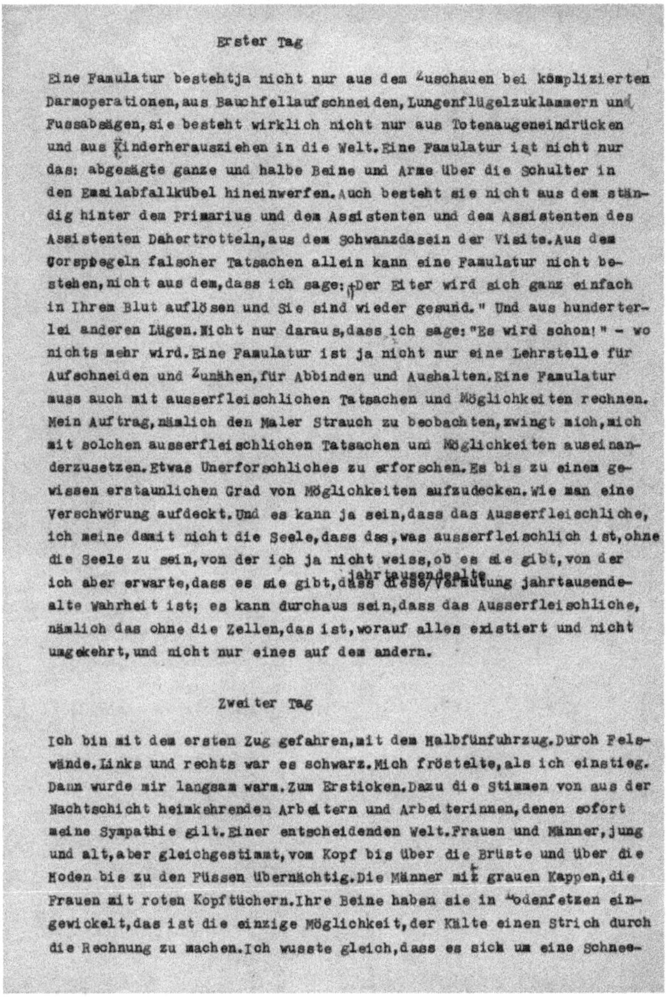

2.3 Inszenierter Schreibfluss und Störungen des sukzessiven Prinzips

> Erster Tag
>
> Eine Famulatur besteht ja nicht nur aus dem Zuschauen bei komplizierten Darmoperationen, aus Bauchfellaufschneiden, Lungenflügelzuklammern und Fussabsägen, sie besteht wirklich nicht nur aus Totenaugeneindrücken und aus Kinderherausziehen in die Welt. Eine Famulatur ist nicht nur das; abgesägte ganze und halbe Beine und Arme über die Schulter in den Emailabfallkübel hineinwerfen. Auch besteht sie nicht aus dem ständig hinter dem Primarius und dem Assistenten und dem Assistenten des Assistenten Dahertrotteln, aus dem Schwanzdasein der Visite. Aus dem Vorspiegeln falscher Tatsachen allein kann eine Famulatur nicht bestehen, nicht aus dem, dass ich sage: „Der Eiter wird sich ganz einfach in Ihrem Blut auflösen und Sie sind wieder gesund." Und aus hunderterlei anderen Lügen. Nicht nur daraus, dass ich sage: "Es wird schon!" – wo nichts mehr wird. Eine Famulatur ist ja nicht nur eine Lehrstelle für Aufschneiden und Zunähen, für Abbinden und Aushalten. Eine Famulatur muss auch mit ausserfleischlichen Tatsachen und Möglichkeiten rechnen. Mein Auftrag, nämlich den Maler Strauch zu beobachten, zwingt mich, mich mit solchen ausserfleischlichen Tatsachen und Möglichkeiten auseinanderzusetzen. Etwas Unerforschliches zu erforschen. Es bis zu einem gewissen erstaunlichen Grad von Möglichkeiten aufzudecken. Wie man eine Verschwörung aufdeckt. Und es kann ja sein, dass das Ausserfleischliche, ich meine damit nicht die Seele, dass das, was ausserfleischlich ist, ohne die Seele zu sein, von der ich ja nicht weiss, ob es sie gibt, von der ich aber erwarte, dass es sie gibt, dass diese Vermutung jahrtausendealte Wahrheit ist; es kann durchaus sein, dass das Ausserfleischliche, nämlich das ohne die Zellen, das ist, worauf alles existiert und nicht umgekehrt, und nicht nur eines auf dem andern.
>
> Zweiter Tag
>
> Ich bin mit dem ersten Zug gefahren, mit dem Halbfünfuhrzug. Durch Felswände. Links und rechts war es schwarz. Mich fröstelte, als ich einstieg. Dann wurde mir langsam warm. Zum Ersticken. Dazu die Stimmen von aus der Nachtschicht heimkehrenden Arbeitern und Arbeiterinnen, denen sofort meine Sympathie gilt. Einer entscheidenden Welt. Frauen und Männer, jung und alt, aber gleichgestimmt, vom Kopf bis über die Brüste und über die Hoden bis zu den Füssen übernächtig. Die Männer mit grauen Kappen, die Frauen mit roten Kopftüchern. Ihre Beine haben sie in Lodenfetzen eingewickelt, das ist die einzige Möglichkeit, der Kälte einen Strich durch die Rechnung zu machen. Ich wusste gleich, dass es sich um eine Schnee-

Abb. 39: Thomas Bernhard, *Frost*, Reinschrift.

Die Textbausteine sind auf diesem geschlossenen Schriftblock nicht nur durch graphische Mittel betont, wie es im Fall der Auslassungspunkte und auch der zahlreichen Kursivierungen in den Texten geschieht. Sie werden auch durch die immer elaborierter werdenden Verfahren der Wiederholung und Variation als solche akzentuiert, was den Lesevorgang irritiert und in den Rezeptionsmodus einer Zusammenschau des Textes überführt, in dem wiederum die graphisch hervorgehobenen Bausteine auf einen Blick sichtbar werden. Im *Kalkwerk* lassen sich die Effekte dieser mittelbaren Betonung von Textbausteinen durch vervielfälti-

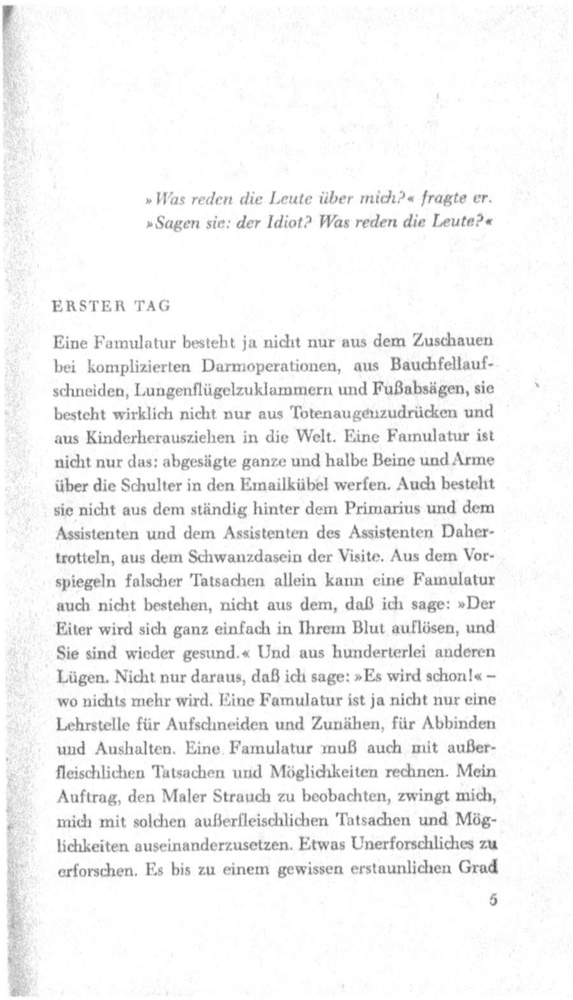

> »Was reden die Leute über mich?« fragte er.
> »Sagen sie: der Idiot? Was reden die Leute?«

ERSTER TAG

Eine Famulatur besteht ja nicht nur aus dem Zuschauen bei komplizierten Darmoperationen, aus Bauchfellaufschneiden, Lungenflügelzuklammern und Fußabsägen, sie besteht wirklich nicht nur aus Totenaugenzudrücken und aus Kinderherausziehen in die Welt. Eine Famulatur ist nicht nur das: abgesägte ganze und halbe Beine und Arme über die Schulter in den Emailkübel werfen. Auch besteht sie nicht aus dem ständig hinter dem Primarius und dem Assistenten und dem Assistenten des Assistenten Dahertrotteln, aus dem Schwanzdasein der Visite. Aus dem Vorspiegeln falscher Tatsachen allein kann eine Famulatur auch nicht bestehen, nicht aus dem, daß ich sage: »Der Eiter wird sich ganz einfach in Ihrem Blut auflösen, und Sie sind wieder gesund.« Und aus hunderterlei anderen Lügen. Nicht nur daraus, daß ich sage: »Es wird schon!« – wo nichts mehr wird. Eine Famulatur ist ja nicht nur eine Lehrstelle für Aufschneiden und Zunähen, für Abbinden und Aushalten. Eine Famulatur muß auch mit außerfleischlichen Tatsachen und Möglichkeiten rechnen. Mein Auftrag, den Maler Strauch zu beobachten, zwingt mich, mich mit solchen außerfleischlichen Tatsachen und Möglichkeiten auseinanderzusetzen. Etwas Unerforschliches zu erforschen. Es bis zu einem gewissen erstaunlichen Grad

5

Abb. 40: Thomas Bernhard, *Frost* (Erstausgabe 1963, Insel Verlag).

gende Schreibverfahren erstmals auf der Folie des nun komplett geschlossenen Textblocks beobachten (s. Abb. 42).

Die konstitutiven Verfahren der Wiederholung und Variation von Textbausteinen werden – genau wie das vor der Folie des scheiternden Geistesmenschen inszenierte Gelingen des Bernhard'schen Textes – in der abgebildeten Passage ostentativ zur Schau gestellt. Konrad beschreibt die grotesken und für die Realisierung der Studie unfruchtbar bleibenden „Gehörübungen", die er regelmäßig an seiner Frau durchführt; Bernhards Text eignet sich Konrads hart erarbeitetes

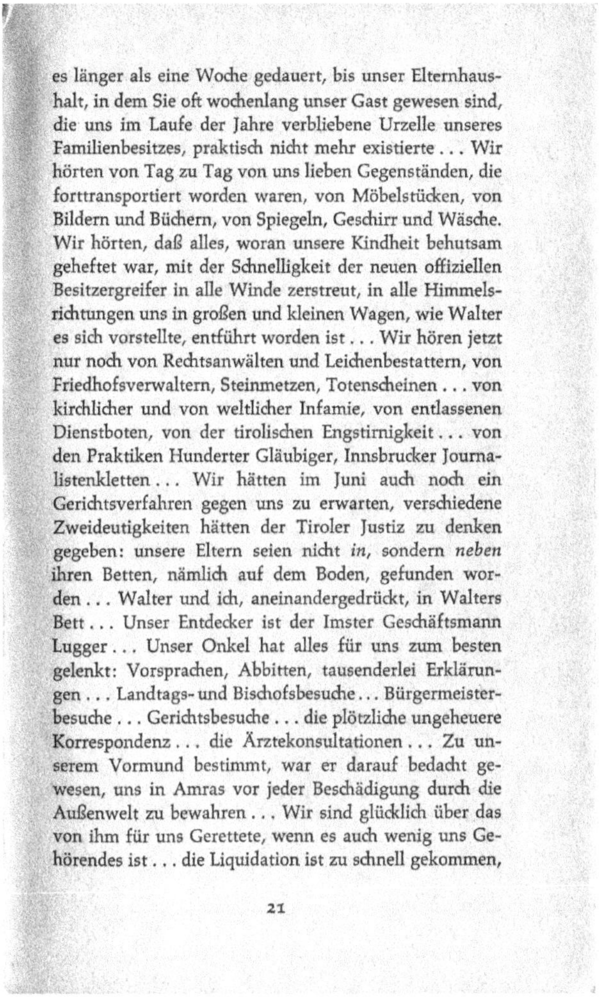

> es länger als eine Woche gedauert, bis unser Elternhaushalt, in dem Sie oft wochenlang unser Gast gewesen sind, die uns im Laufe der Jahre verbliebene Urzelle unseres Familienbesitzes, praktisch nicht mehr existierte... Wir hörten von Tag zu Tag von uns lieben Gegenständen, die forttransportiert worden waren, von Möbelstücken, von Bildern und Büchern, von Spiegeln, Geschirr und Wäsche. Wir hörten, daß alles, woran unsere Kindheit behutsam gehe ftet war, mit der Schnelligkeit der neuen offiziellen Besitzergreifer in alle Winde zerstreut, in alle Himmelsrichtungen uns in großen und kleinen Wagen, wie Walter es sich vorstellte, entführt worden ist... Wir hören jetzt nur noch von Rechtsanwälten und Leichenbestattern, von Friedhofsverwaltern, Steinmetzen, Totenscheinen... von kirchlicher und von weltlicher Infamie, von entlassenen Dienstboten, von der tirolischen Engstirnigkeit... von den Praktiken Hunderter Gläubiger, Innsbrucker Journalistenkletten... Wir hätten im Juni auch noch ein Gerichtsverfahren gegen uns zu erwarten, verschiedene Zweideutigkeiten hätten der Tiroler Justiz zu denken gegeben: unsere Eltern seien nicht *in*, sondern *neben* ihren Betten, nämlich auf dem Boden, gefunden worden... Walter und ich, aneinandergedrückt, in Walters Bett... Unser Entdecker ist der Imster Geschäftsmann Lugger... Unser Onkel hat alles für uns zum besten gelenkt: Vorsprachen, Abbitten, tausenderlei Erklärungen... Landtags- und Bischofsbesuche... Bürgermeisterbesuche... Gerichtsbesuche... die plötzliche ungeheuere Korrespondenz... die Ärztekonsultationen... Zu unserem Vormund bestimmt, war er darauf bedacht gewesen, uns in Amras vor jeder Beschädigung durch die Außenwelt zu bewahren... Wir sind glücklich über das von ihm für uns Gerettete, wenn es auch wenig uns Gehörendes ist... die Liquidation ist zu schnell gekommen,
>
> 21

Abb. 41: Thomas Bernhard, *Amras* (Erstausgabe 1964, Insel Verlag).

‚phonetisches' Material kurzerhand an und generiert über die einfache Zusammenstellung des verschriftlichten Lautmaterials einen Zuwachs an Text. Die verschiedenfarbige Markierung wiederholter und variierter Textbausteine zeigt an, dass ein Großteil des Textes aus solchen Bausteinen besteht. Eine solche Sichtbarmachung der Textbausteine ist zwar irreführend, weil sie suggeriert, dass die einzelnen Textbausteine auf den ersten Blick zu erkennen wären, während sie tatsächlich zuerst *im* Prozess des Lesens als ‚Stolpersteine' wahrgenommen

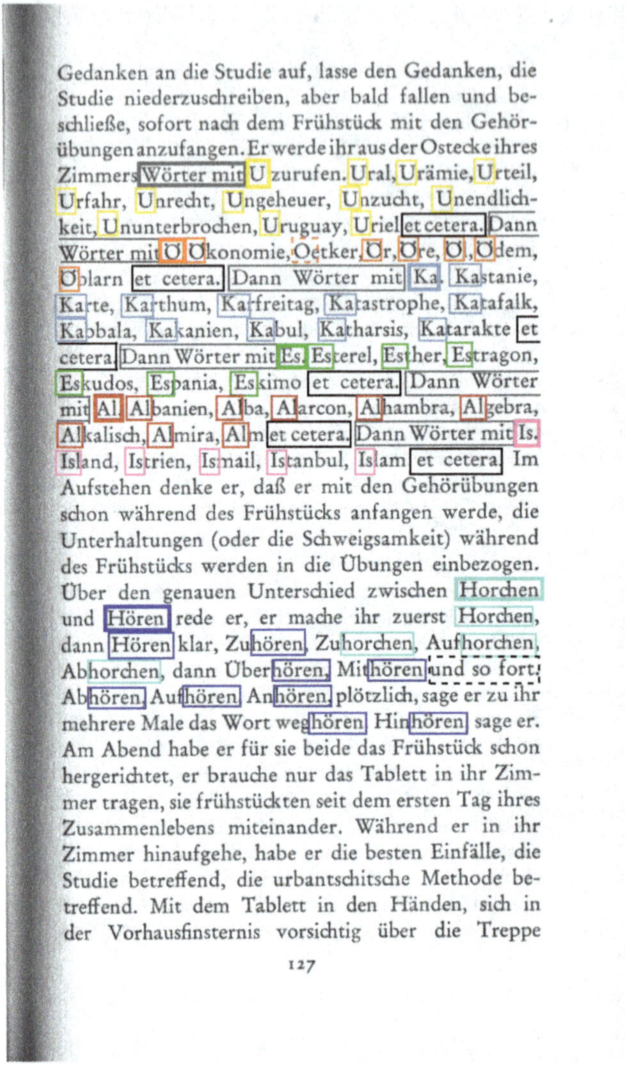

> Gedanken an die Studie auf, lasse den Gedanken, die Studie niederzuschreiben, aber bald fallen und beschließe, sofort nach dem Frühstück mit den Gehörübungen anzufangen. Er werde ihr aus der Ostecke ihres Zimmers Wörter mit U zurufen. Ural, Urämie, Urteil, Urfahr, Unrecht, Ungeheuer, Unzucht, Unendlichkeit, Ununterbrochen, Uruguay, Uriel et cetera. Dann Wörter mit Ö Ökonomie, Oetker, Ör, Öre, Ö, Ödem, Öplarn et cetera. Dann Wörter mit Ka, Kastanie, Karte, Karthum, Karfreitag, Katastrophe, Katafalk, Kabbala, Kakanien, Kabul, Katharsis, Katarakte et cetera. Dann Wörter mit Es, Esterel, Esther, Estragon, Eskudos, Espania, Eskimo et cetera. Dann Wörter mit Al, Albanien, Alba, Alarcon, Alhambra, Algebra, Alkalisch, Almira, Alm et cetera. Dann Wörter mit Is, Island, Istrien, Ismail, Istanbul, Islam et cetera. Im Aufstehen denke er, daß er mit den Gehörübungen schon während des Frühstücks anfangen werde, die Unterhaltungen (oder die Schweigsamkeit) während des Frühstücks werden in die Übungen einbezogen. Über den genauen Unterschied zwischen Horchen und Hören rede er, er mache ihr zuerst Horchen, dann Hören klar, Zuhören, Zuhorchen, Aufhorchen, Abhorchen, dann Überhören, Mithören und so fort, Abhören, Aufhören, Anhören, plötzlich, sage er zu ihr mehrere Male das Wort weghören Hinhören sage er. Am Abend habe er für sie beide das Frühstück schon hergerichtet, er brauche nur das Tablett in ihr Zimmer tragen, sie frühstückten seit dem ersten Tag ihres Zusammenlebens miteinander. Während er in ihr Zimmer hinaufgehe, habe er die besten Einfälle, die Studie betreffend, die urbantschitsche Methode betreffend. Mit dem Tablett in den Händen, sich in der Vorhausfinsternis vorsichtig über die Treppe
>
> 127

Abb. 42: Thomas Bernhard, *Das Kalkwerk* (Erstausgabe 1970, Suhrkamp Verlag).

werden.[234] Durch die Übertreibung der Verfahren Wiederholung und Variation in dieser Passage ist der Kippeffekt von Sukzession zu Synopse ohnehin so stark,

---

234 Aus Gründen der Übersichtlichkeit und weil der Reichtum an Variationen die Farbpalette sprengt, sind hier nicht alle Textbausteine (vor allem nicht die parallel gebauten Sätze und Satzteile) markiert, die „Studie", das „Frühstück", die „Gehörübungen" und die „urbantschitsche

2.3 Inszenierter Schreibfluss und Störungen des sukzessiven Prinzips — 217

dass die Struktur des Textes *de facto* und immer wieder in der Zusammenschau wahrgenommen wird. Bernhard legt hier nicht nur seine Schreibverfahren offen, indem er plakativ Variationen von Wörtern nach bestimmten Regeln („Dann Wörter mit ..." „etcetera") durchspielt, er maximiert auch die Spannung zwischen einem phonetischen und an visuellen Prinzipien orientierten Schriftgebrauch. So wird bei den „Wörter[n] mit Ö" das Wort (oder vielmehr und für Bernhards Poetik bezeichnend: der Markenname) „Oetker" aufgeführt, dessen Anfangs*laut* zwar phonetisch mit den Wörtern der Reihe identisch ist, dessen Anfangs*buchstaben* jedoch schriftgestaltlich differieren, was den lesenden Blick irritiert. Bei Konrads nächster Gehörübung wird dezidiert nach Wörtern mit „Ka" gesucht, obwohl zur schriftlichen Abbildung des Lauts ein ‚K' vollkommen ausreichend gewesen wäre. Auf die Spitze treibt Bernhard sein Spiel bei den „Wörter[n] mit Es": Hier bleibt durch das vorhergehende „Ka" zunächst in der Schwebe, ob die aufgereihten Wörter mit dem Anfangsbuchstaben (und -Laut) ‚S' beginnen werden oder ob es sich um eine Beschreibung der Anfangs*buchstaben* handelt, die tatsächlich nur den Laut „Es" wie „Estragon" produzieren. Auch der „genaue Unterschied zwischen Horchen und Hören", den Konrad seiner Frau erklären will, indem er die verschiedenen Variations- und Kombinationsmöglichkeiten dieser Verben erprobt, spielt sich auf der ‚Kippkante' zwischen Sinn und Gestalt ab: In die Reihe hat sich ein gleich aussehendes, aber nicht gleichbedeutendes „hören" eingeschlichen, denn zwischen „Aufhorchen" und „Aufhören" liegt ein entscheidender semantischer Unterschied, der sich auf Ebene der Schriftgestalt indes nur als Variation eines Textbausteins präsentiert.

Bernhard perfektioniert auf dieser gleichbleibenden Folie des blockartigen Satzspiegels die Verwendung seiner Wörter, wie der Pianist seine Töne perfektioniert: „Die Kunst ist ja nur das, daß man immer besser auf dem Instrument, das man sich ausgesucht hat, spielt."[235] Das Textbaustein-Repertoire wird erweitert und immer häufiger tauchen dieselben für Bernhard-Texte charakteristischen Formulierungen auf („sogenannt", „wie gesagt wird", „naturgemäß" etc.). Auch das Baugerüst der Texte wird zunehmend ähnlich, meist handelt es sich um Monologe, die in mehrfach gestaffelter Perspektive Endlossätze produzieren, welche wiederum durch ständige Inquit-Formeln unterbrochen sind. Mit dem

---

Methode" sind nur vier weitere prominente Bausteine, die in der und um die Passage herum auftauchen.
235 Bernhard/Hofmann, Bis einem Hören und Sehen vergeht, S. 23.

Ausbau des Textbaustein-Repertoires und der Perfektionierung ihrer Kompositionsverfahren wird auch der Stil der Prosa zunehmend bernhardesk.[236]

2.3.3 Der „Weinflaschenstöpselfabrikant" – Störungen des Schreib- und Lesevorgangs

Zu den unverkennbaren Stil-Merkmalen der Bernhard'schen Prosa gehört neben den Wortwiederholungen und -variationen auch die exorbitante Satzlänge, die sich wie die typographische Einrichtung des Textblock erst im Laufe der Zeit entwickelt. Während Bernhards frühe Texte (*Frost, Amras, Verstörung, Ungenach* und auch das *Kalkwerk*) noch nicht durchgängig aus überdurchschnittlich langen Sätzen aufgebaut sind, besteht Bernhards 1971 erschienener Text *Gehen*, der in der Forschung häufig und zu Recht als das „formal wohl avancierteste[] Prosastück Bernhards"[237] gilt, zu einem Großteil aus solchen Endlossätzen. Auch dieses Stilmerkmal lässt sich jedoch auf die zunehmende Virtuosität auf dem Instrument oder vielleicht noch eher auf den Willen, die eigene ‚Textbaukunst' auszustellen, zurückführen: Durch das unaufhörliche Zusammenfügen von Textbausteinen aus dem immer weiter anwachsenden Repertoire werden die Sätze gleichsam *automatisch* länger. Auch das starke sukzessive Prinzip, der vielbeschworene ‚Sog' der Bernhard'schen Texte, wäre demnach ebenfalls als ein Effekt des Konstellierens einzelner Textbausteine zu denken.[238] Aus dieser Doppelwertigkeit des

---

236 Lars Jacob bemerkt dazu treffend: „,Auslöschung' lebt zum einen von extremen Redundanzen, zum anderen von einem Automatismus des Dichtens, dessen Hervorbringungen von einem computergesteuerten Schreibprogramm perecscher Prägung entworfen sein könnten, das zuvor mit standardisierten Wendungen aus Bernhards ‚poetischem Inventar' aufgeladen worden zu sein scheint und diese zu Stereotypen operationalisiert." Jacob, Bildschrift – Schriftbild, S. 276. Ich komme auf den Eindruck der Selbstpersiflage, welcher sich in den Texten der 80er Jahre aufdrängt und durch die Typographie und Buchgestaltung unterstützt wird, im dritten Kapitel der Untersuchung zurück. Vgl. S. 308 ff.
237 Huntemann, Artistik und Rollenspiel, S. 67. Vgl. dazu auch Eyckeler, Reflexionspoesie, S. 80 sowie Betten, Kerkerstrukturen, S. 66.
238 Der auch als *spiralförmig* beschriebene Sog ist ein fester Topos in der Bernhard-Forschung und taucht, soweit ich sehe, zuerst auf in Christa Strebel-Zeller, Die Verpflichtung der Tiefe des eigenen Abgrunds in Thomas Bernhards Prosa, Zürich 1975, S. 99, dann erneut in Bernhard Sorg, Thomas Bernhard (1995), S. 141: „Die langen Perioden, formal immer untadelig, neigen zur ständigen Wiederholung, zum kreisförmigen Aufnehmen des schon Bekannten, das aber dadurch, daß es jetzt mit Neuem verknüpft wird, eine irritierende, verändernde Qualität bekommt und so den Kreis zur Spirale öffnet, einer Spirale freilich, die nach unten zeigt." Hans Höller greift das Bild ebenfalls auf: „An die Stelle inhaltlicher Entwicklung tritt das formale Wortspiel, die grund-

Bauprinzips (einzelne Elemente, die zu einer Kette aufgereiht werden) ergibt sich so auch die eminente Spannung zwischen dem sukzessiven und zweidimensionalen Prinzip der Schrift: Einerseits kreiert und befördert die Aneinanderreihung von Textbausteinen die Sukzession, andererseits bleiben diese Textbausteine in den – durch ihre Länge und Verschachtelung – schwer lesbaren Sätzen deutlich als solche zu erkennen. Die Prinzipien der Wiederholung, der Variation und der graphischen Hervorhebung tun ein übriges, um diese Textbausteine innerhalb der Sätze unüberseh- oder besser: unüberlesbar zu machen. Das sequenzielle Prinzip, das jeder Notation zugrunde liegt, wird durch Bernhards Behandlung der schriftlichen Einzelelemente als konstruktive Bausteine wechselseitig gesteigert. Textbausteine werden aneinandergereiht und forcieren so im Schreiben und Lesen eine festgelegte Abfolge dieser Elemente, die jedoch durch die Betonung der einzelnen Elemente wieder torpediert wird.

Diese Störungen der Sukzession sind im Schreib- und Lesevorgang nicht deckungsgleich, wie man etwa an Tippfehlern in den Typoskripten sehen kann. Ein in diesem Kontext erhellendes Beispiel ist der immer wiederkehrende „Weinflaschenstöpselfabrikant" in Bernhards *Auslöschung*. Der Schwager des Ich-Erzählers Franz-Josef Murau bleibt namenlos, wird jedoch von Murau, vertraut man auf Ulrich Weinzierls Zählung,[239] ganze 78 Mal als „Weinflaschenstöpselfa-

---

legenden kommunikativen und praktischen Dimensionen der Sprache werden ersetzt durch in sich ablaufende sprachliche Mechanismen, die insgesamt auf das Prinzip der parallelen Wiederholung oder starken Opposition zurückzuführen sind. Man könnte bis zum Überdruß die ketten-, spiral- oder kreisförmigen Figuren der Rhetorik in den Monologen [...] aufzählen." Hans Höller, Kritik einer literarischen Form, Stuttgart 1979, S. 39. In diesen Leseeindrücken zeigen sich erneut deutlich die verräumlichenden Effekte der Bernhard'schen Schreibverfahren, welche auf Ebene der Wahrnehmung aus den „kettenförmigen" Strukturen der Prosa-Sätze „spiralförmige" entstehen lassen. Die unscharfen Formulierungen und krude wirkenden Bilder – weder werden die fundamental unterschiedlichen Formen und Strukturen Kreis, Kette oder Spirale systematisch unterschieden, noch wird erklärt, wie sich etwa eine ‚nach unten zeigende Spirale' realiter auf Textstrukturen abbilden ließe – machen deutlich, wie wenig die Literaturwissenschaft über ein Begriffsrepertoire verfügt, das zur Beschreibung *sequenzieller* Textstrukturen geeignet ist. Diese erschöpfen sich weder im ‚linearen' Prinzip der Kette noch in dessen ‚Sprengung' durch Verräumlichung, sondern ermöglichen eine Simultanität von sukzessiver und synoptischer Wahrnehmung des geschriebenen Textes, die im Lesen von (literarischen) Texten stets am Werk ist.
239 Vgl. Ulrich Weinzierl, Bernhard als Erzieher: Thomas Bernhards Auslöschung. In: The German Quarterly, Bd. 63, Heft 3/4, 1990, S. 455–461, hier S. 458: „Falls ich richtig gezählt habe, taucht der ‚Weinflaschenstöpselfabrikant' 78mal in Auslöschung auf und verweist ‚die Meinigen' mit 68 Auftritten und das sonst so typische ‚naturgemäß' (mit 46) auf die Plätze." So pedantisch diese ‚Bausteinzählerei' auf den ersten Blick sein mag, so fruchtbar erweist sich das Verfahren: Weinzierl zählt die von ihm so genannte „Prägung nurmehrnoch" (ein sowohl in Anbetracht des Maschinenschreibens als auch des schriftgestaltlichen Hervortretens auf der Seitenfläche

brikant" betitelt. Dieses für Bernhards Texte typische Ad-Hoc-Kompositum (im gleichen Text tritt etwa wiederholt die „Titiseetante", in *Holzfällen* der durchgängig kursiv gesetzte „Wildentenhauptdarsteller" auf)[240] zeigt, wie die einzelnen Textbausteine auch auf Wortebene zusammengesetzt werden können und dabei einen ähnlichen Effekt auf das Lesen produzieren wie die langen, aus Textbausteinen zusammengesetzten Sätze. Die Wörter sind zunächst schwierig zu lesen, hat das Auge sich jedoch einmal an das ‚Wortungetüm' gewöhnt – was bei der hohen Frequenz, mit der es wiederholt wird, nicht lange dauern dürfte –, wird es wie jedes andere Wort auf einen Blick erfasst.[241] Die Störung der Sukzession, die im Leseprozess vergleichsweise schnell beseitigt wird, manifestiert sich auf Seiten des Schreibprozesses umso vehementer. Wie man an einem Blatt aus dem endgültigen Typoskript zur *Auslöschung* erkennen kann, hat Bernhard die größten Schwierigkeiten, den „Weinflaschenstöpselfabrikanten" korrekt auf dem Papier zusammenzusetzen (s. Abb. 43).[242]

In der ersten Zeile tippt Bernhard zunächst „Weinflschanestöpselfabrikanten" und berichtigt seine Tippfehler handschriftlich. In der vierten Zeile verkürzt er

---

und der Einprägsamkeit der wiederholten Textbausteine überaus treffend gewählter Begriff), welche in *Beton* (1982) und *Auslöschung* (1986) in gleicher Frequenz auftrete, und kann so nachweisen, dass die beiden Romane etwa zur gleichen Zeit geschrieben sein müssen (vgl. Weinzierl, Bernhard als Erzieher, S. 459), was die Herausgeber der Werkausgabe erst viel später und anhand der nachgelassenen Typoskripte bestätigen: Bernhards „opus summum" *Auslöschung* sei in einer langen Zeitspanne zwischen 1981 und 1986 geschrieben, heißt es hier, was auf die parallele Arbeit an anderen kürzeren Prosatexten – dazu zählt auch *Beton* –, die in diesen Jahren erscheinen, zurückzuführen sei (vgl. den Kommentar in Bernhard, Auslöschung (WA), S. 511–541, insb. S. 520 f.).
240 Bernhard, Auslöschung (WA), S. 295, 420 und 426; Bernhard, Holzfällen (WA), S. 106/107. Eva Marquardt bemerkt zur „Titseetante", dass diese einen ‚Fehler' im Hergang der Erzählung darstelle, da Murau seine Tante treffe, obwohl sie nach Auskunft seiner Schwestern schon ins Bett gegangen sei (vgl. Eva Marquardt, Gegenrichtung. Entwicklungstendenzen in der Erzählprosa Thomas Bernhards, Tübingen 1990, S. 64). Der betreffende Passus in *Auslöschung* lautet: „Plötzlich hatte ich das Gefühl, die Titiseetante sei in die Kapelle hereingekommen." Bernhard, Auslöschung (WA), S. 420. Die ‚Titiseetante' stört durch ihr (sowohl für die Leserin als auch für Murau) plötzliches und unerwartetes Auftauchen in mehrfacher Hinsicht den Ablauf: Murau irritiert die schwarze Vermummung, die die Tante nur als Kontur erkennen lässt, die Leser*innen werden durch die entsprechende Betonung der Schriftgestalt irritiert, die das Ad-hoc-Kompositum erzeugt. Vgl. Bernhard, Auslöschung (WA), S. 420.
241 Sabine Gross weist darauf hin, dass längere Wörter, anders als man erwarten könnte, kürzer fixiert werden als kurze. Wichtig für die Fixationsdauer seien vor allem Häufigkeit und Vertrautheit eines Wortes, durch das häufige Auftreten des „Weinflaschenstöpselfabrikanten" wird das zunächst schwierige Wort zu einem leicht erkennbaren Wortbild. Vgl. Gross, Lese-Zeichen, S. 9.
242 NLTB, TBA, W 9/2, Blatt 162.

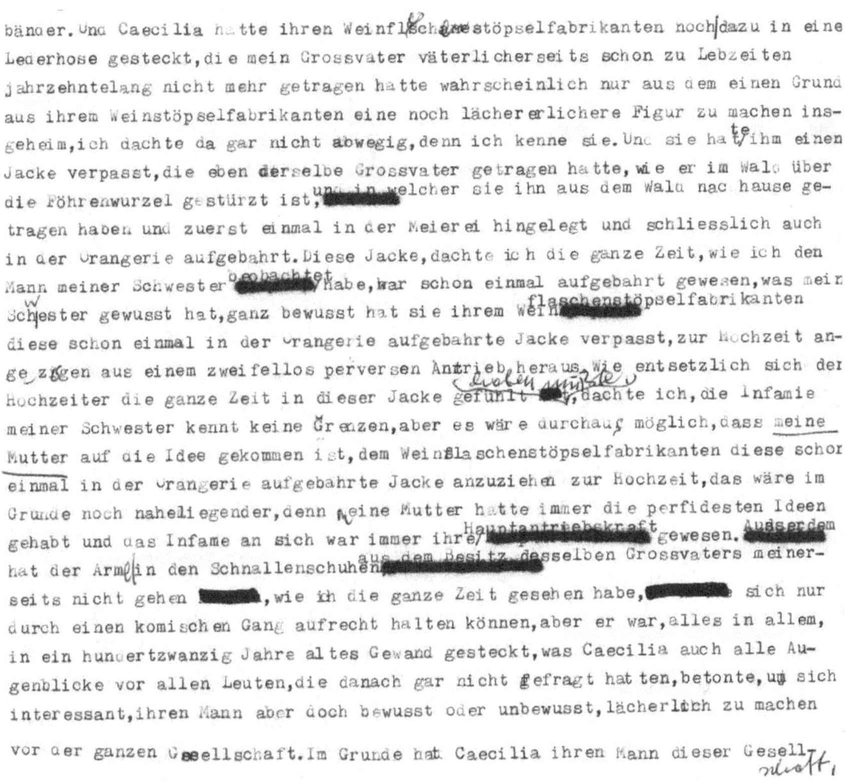

2.3 Inszenierter Schreibfluss und Störungen des sukzessiven Prinzips — 221

```
bänder. Und Caecilia hatte ihren Weinflaschenstöpselfabrikanten noch dazu in eine
Lederhose gesteckt, die mein Grossvater väterlicherseits schon zu Lebzeiten
jahrzehntelang nicht mehr getragen hatte wahrscheinlich nur aus dem einen Grund
aus ihrem Weinstöpselfabrikanten eine noch lächerlichere Figur zu machen ins-
geheim, ich dachte da gar nicht abwegig, denn ich kenne sie. Und sie hat ihm einen
Jacke verpasst, die eben derselbe Grossvater getragen hatte, wie er im Wald über
die Föhrenwurzel gestürzt ist, und in welcher sie ihn aus dem Wald nac hause ge-
tragen haben und zuerst einmal in der Meierei hingelegt und schliesslich auch
in der Orangerie aufgebahrt. Diese Jacke, dachte ich die ganze Zeit, wie ich den
Mann meiner Schwester beobachtet habe, war schon einmal aufgebahrt gewesen, was mein
Schwester gewusst hat, ganz bewusst hat sie ihrem Weinflaschenstöpselfabrikanten
diese schon einmal in der Orangerie aufgebahrte Jacke verpasst, zur Hochzeit an-
gezogen aus einem zweifellos perversen Antrieb heraus, wie entsetzlich sich der
Hochzeiter die ganze Zeit in dieser Jacke gefühlt haben müsse, dachte ich, die Infamie
meiner Schwester kennt keine Grenzen, aber es wäre durchaus möglich, dass meine
Mutter auf die Idee gekommen ist, dem Weinflaschenstöpselfabrikanten diese schon
einmal in der Orangerie aufgebahrte Jacke anzuziehen zur Hochzeit, das wäre im
Grunde noch naheliegender, denn meine Mutter hatte immer die perfidesten Ideen
gehabt und das Infame an sich war immer ihre Haupantriebskraft gewesen. Ausserdem
hat der Arm in den Schnallenschuhen aus dem Besitz desselben Grossvaters meiner-
seits nicht gehen können, wie ich die ganze Zeit gesehen habe, sich nur
durch einen komischen Gang aufrecht halten können, aber er war, alles in allem,
in ein hundertzwanzig Jahre altes Gewand gesteckt, was Caecilia auch alle Au-
genblicke vor allen Leuten, die danach gar nicht gefragt hatten, betonte, um sich
interessant, ihren Mann aber doch bewusst oder unbewusst, lächerlich zu machen
vor der ganzen Gesellschaft. Im Grunde hat Caecilia ihren Mann dieser Gesell-
                                                                         schaft
```

Abb. 43: Thomas Bernhard, *Auslöschung*, Typoskript, Ausschnitt.

wohl unbeabsichtigt auf „Weinstöpselfabrikanten",[243] wiederholt diesen Fauxpas erneut in der elften Zeile, unterbricht den Schreibprozess, tilgt mit schwarzem Filzstift und korrigiert in der Zwischenzeile zu „Weinflaschenstöpselfabrikanten". In Zeile 16 tippt er zunächst „Weins" und führt dann eine Sofortkorrektur durch. Für diese signifikanten Tippfehler bei der Zusammensetzung des Wortes gibt es noch zahlreiche Beispiele innerhalb des Typoskripts. Was daran deutlich wird, ist die nicht-direkte Übersetzbarkeit der Schreibverfahren in kalkulierbare Effekte während des Leseprozesses. Während Bernhard vehemente Störungen des Schreibflusses in Kauf nehmen muss, ist der „Weinflaschenstöpselfabrikant" im Drucktext – nach initialer Irritation – ohne Probleme lesbar bzw. auf einen Blick

---

243 In der Erstausgabe (und der dem Erstdruck folgenden Werkausgabe) ist dieser Textbaustein erneut zu „Weinflaschenstöpselfabrikanten" geändert. Thomas Bernhard, Auslöschung (EA), S. 342.

erkennbar. Dennoch wirkt sich der „Weinflaschenstöpselfabrikant" sehr wohl störend auf den Leseprozess aus, wenn auch auf anderer Ebene: Das zusammengesetzte Wort wird zwar als ‚Bild' ohne Probleme wahrgenommen, als solches stört es jedoch in seiner exorbitanten Wiederholung den Lesefluss erheblich. Durch die Besonderheit seiner *Gestaltung* – die schiere, grotesk anmutende Länge und offensichtliche Komposition des Wortes aus Einzelelementen – tritt das Wort als *Gestalt* immer wieder deutlich aus dem Text hervor. Es wird extrem schwierig, über den Textbaustein hinwegzulesen – genauso wie es offensichtlich schwierig ist, ihn ‚herunterzuschreiben'. In beiden Fällen, im Schreib- wie im Leseprozess, beansprucht der „Weinflaschenstöpselfabrikant" besonderes *Augenmerk* und sorgt für einen Wahrnehmungswechsel zwischen sukzessiver Lektüre und synoptischer Wahrnehmung der Schriftgestalt und Anordnung.

Wie Klaus Hurlebusch betont, sind „[t]extgenetisches Schreiben und das durch den belletristischen Buchdruck habituell gewordene Textlesen [...] keine analogen Handlungen. Der visuelle Akt des Schreibens vollzieht sich räumlich-zweidimensional, der unsichtbare des Lesens in linearer Eindimensionalität".[244] Für Bernhards *Schreibprozess* ist Hurlebuschs Befund mehr als zutreffend, wie die Untersuchung der Typoskripte hinlänglich gezeigt haben dürfte. Es bleibt jedoch zu hinterfragen, ob und wie diese sich visuellen und zweidimensionalen Prinzipien verdankende Genese der Schreibmaschinentexte den *Drucktext* so in-formieren kann, dass die Effekte dieses Schreibens auch im selbigen lesbar bleiben. Wie man am „Weinflaschenstöpselfabrikanten" sehen kann, gibt es im wahrsten Sinne unüber*seh*bare Effekte auf die Wahrnehmung, die auf einer vermittelten *Reziprozität* zwischen Schreib- und Leseprozess beruhen. Was im Typoskript zur Störung des Schreibflusses führt, sorgt im Leseprozess für ein beständiges Kippen zwischen sukzessiver und synoptischer Wahrnehmung. Was im Typoskript für die Vermehrung von Textbausteinen sorgt, hat ebenso ambivalente Effekte auf den Leseprozess: Einerseits wird das sukzessive Prinzip durch die vielen, in eine Abfolge gebrachten Bausteine gesteigert, andererseits scheinen die Bausteine als Elemente innerhalb ihrer Abfolge auf, was wiederum das geordnete Nacheinander des Textes, die „lineare Eindimensionalität", von der Hurlebusch spricht, zumindest momenthaft außer Kraft setzt.

In diesem Vermittlungsprozess, der über die grundsätzlich sequenzielle Struktur der Schrift zustande kommt, spielt eine Größe eine wichtige Rolle, auf die bisher nur marginal eingegangen wurde: die Typographie. Wenn Bernhards Schreiben ein zweidimensional-visuelles ist, so orientiert es sich maßgeblich an

---

[244] Hurlebusch, Den Autor besser verstehen, S. 23.

der Gestalt von Schrift. Wie ich eingangs beschrieben habe, ist jedoch auch die *Gestaltung* der Schrift für Bernhard von entscheidender Wichtigkeit, was sich schon in der Verteilung der Schrift auf der Seite und in der Wahl des Schreibgeräts manifestiert. Der Autor stellt mit den Mitteln, die die Schreibmaschine bietet, einen angenäherten Blocksatz und damit den Eindruck eines abgedruckten Textes her, noch bevor der Text beim Verlag eingegangen ist. Im Verlag gelten Bernhards Typoskripte zumeist als ‚satzreif‘, was nicht nur auf die hermetische Form der Texte und den virtuosen Stil des Autors zurückzuführen ist, die lediglich kleinere Korrekturen und Verbesserungswünsche des Verlegers erlauben.[245] Gemeint ist auch und vor allem die autorseitige Gestaltung der Texte, welche insbesondere dort, wo Bernhards abschließende Glättung erfolgreich verlaufen ist, keinerlei Probleme bei der Übertragung in einen Drucktext bereitet. Im Gegenteil: Bernhard gibt die Gestaltung der Druckseite durch seine Typoskripte bereits vor. Hinzu kommen die expliziten Wünsche und Vorstellung des Autors zur typographischen Umsetzung seiner Texte sowohl im Suhrkamp als auch im Residenz Verlag. So berichtete Raimund Fellinger bei der Eröffnung der Bernhard-Ausstellung in Marbach, dass Bernhard die Druckmaschine beim Roman *Holzfällen* noch einmal anhalten ließ, um die Schriftgröße seinen Wünschen entsprechend zu ändern.[246] Der Wortlaut des bereits zitierten, mit Residenz geschlossenen *In der Höhe*-Vertrags spricht ebenfalls Bände: „Th. B. gibt dem Residenzverlag Salzburg [...] das Recht, sein Buch (Werk) mit dem Titel / In der Höhe / Rettungsversuch, Unsinn / *in einer einmaligen, vom Autor gewünschten Form* und in unbeschränkter Auflage herauszubringen." [Hvh. C.M.] Vor allem ist es jedoch die Buchgestaltung des Suhrkamp Verlags, die entscheidend dazu beiträgt, die ‚Autorenmarke‘ Thomas Bernhard zu etablieren und somit die Rezeption seiner Texte mitzusteuern. Wie diese Steuerung im Einzelnen funktioniert und welche Effekte sie auf die mittelbare Reziprozität von Schreib- und Leseprozess hat, soll im Folgenden erörtert werden.

---

245 Oftmals handelt es sich nur um solche Korrekturen, die versuchen, unangenehme Konsequenzen abzuwenden, etwa nachdem Bernhard sich selbst und den Verlag mit *Holzfällen* in einen Prozess der Ehrenbeleidigung hinein manövriert hatte, da ein ehemals mit ihm befreundetes Ehepaar mit dem Namen Lampersberg sich verständlicherweise in den „Eheleuten Auersberger" gespiegelt sah. Nach dieser Episode ist Unseld besonders vorsichtig mit Formulierungen, die in seinen Augen zur Erregung öffentlichen Ärgernisses führen könnten. Vgl. zu diesem Skandal ausführlich den Kommentar in Bernhard, Holzfällen (WA), S. 203–242.
246 Rolf Spinnler schreibt in der *Stuttgarter Zeitung*, es habe sich um die nachträgliche Änderung des „Schrifttyps" gehandelt, Fellinger sprach jedoch dezidiert von der Schrift*größe*. Vgl. Spinnler, Thomas-Bernhard-Ausstellung in Marbach.

3 Typographie

3.1 Das typographische Programm des Suhrkamp Verlags

Bei Thomas Bernhard handelt es sich um einen Suhrkamp-Autor *par excellence*. Auch wenn einige wenige seiner Texte in anderen Verlagen, allen voran im österreichischen Residenz Verlag erschienen sind,[1] gehört Bernhard zu den Autoren, die seit den 60er Jahren fester und wichtiger Bestandteil des Suhrkamp-Programms sind. Wie entscheidend dieses exklusive Verhältnis für den Verlag ist, lässt sich unschwer daran erkennen, dass es gerade durch Bernhards Entscheidung, sein letztes Buch im Residenz Verlag erscheinen zu lassen, zum endgültigen Bruch mit Siegfried Unseld kommt.[2] Bernhards literarische Karriere beginnt jedoch nicht bei Suhrkamp, sondern im Insel Verlag, in dem 1963 sein Erstling *Frost* erscheint. Mit Wirkung zum 1. Januar 1963 fusioniert der Insel Verlag mit

---

[1] Es handelt sich um die folgenden Titel: Thomas Bernhard, An der Baumgrenze. Erzählungen, Salzburg 1969; Thomas Bernhard, Der Italiener, Salzburg 1971; Thomas Bernhard, Der Kulterer, Salzburg 1974; Thomas Bernhard, In der Höhe. Rettungsversuch, Unsinn, Salzburg/Wien 1989 sowie um die fünf Bände der autobiographischen Romane: Thomas Bernhard, Die Ursache. Eine Andeutung, Salzburg 1975; Thomas Bernhard, Der Keller. Eine Entziehung, Salzburg 1976; Thomas Bernhard, Der Atem. Eine Entscheidung, Salzburg/Wien 1978; Thomas Bernhard, Die Kälte. Eine Isolation, Salzburg/Wien 1981; Thomas Bernhard, Ein Kind, Salzburg/Wien 1982.
[2] Vgl. dazu Bernhard, Brief 522 (20. November 1988). In: Bernhard/Unseld, Briefwechsel, S. 802: „Ich habe Herrn Jung [vom Residenz Verlag, C.M.] ein Manuskript zur Veröffentlichung gegeben, das unmittelbar mit der Stadt Salzburg in Beziehung steht und im Hinblick darauf, dass ich ja im Suhrkampverlag nächsten Herbst ein Buch herauszugeben plane, das nächstes Frühjahr erscheinen soll. ‚In der Höhe, Rettungsversuch, Unsinn' ist sein Titel, der Vertrag ist so beschlossen, dass er dem Residenzverlag nur eine einzige Herausgabe gestattet, *sonst nichts* und der Weg für die Bibliothek Suhrkamp, in die hinein ich das Buch, zwei Jahre später, wünsche, offensteht." Unseld entgegnet darauf vier Tage später telegraphisch: „lieber herr bernhard, ich habe gestern ihren brief vom 20. november erhalten. für mich ist eine schmerzensgrenze nicht nur erreicht, sie ist überschritten. nach all dem, was in jahrzehnten und insbesondere in den letzten jahren an gemeinsamem war, desavouieren sie mich, die ihnen gewogenen und für sie wirkenden mitarbeiter, und sie desavouieren den verlag. ich kann nicht mehr. ihr siegfried unseld." Unseld, Brief 523 (24. November 1988). In: Bernhard/Unseld, Briefwechsel, S. 805. Bernhards Entgegnung setzt einen Schlusspunkt unter die schriftliche Korrespondenz zwischen Autor und Verleger: „Lieber Herr Unseld, wenn Sie, wie Ihr Telegramm lautet ‚nicht mehr können', dann streichen Sie mich aus Ihrem Verlag und aus Ihrem Gedächtnis. Ich war sicher einer der unkompliziertesten Autoren, sie sie jemals gehabt haben. Ihr Sie sehr respektierender Thomas Bernhard." (Bernhard, Brief 524, (25. November 1988). In: Bernhard/Unseld, Briefwechsel, S. 806) Im Januar 1989 erfolgt die Aussprache zwischen Bernhard und Unseld, zwei Wochen später erliegt Bernhard seiner Krankheit.

dem Suhrkamp Verlag;[3] Siegfried Unseld, der den Verlag nach Peter Suhrkamps Tod im Jahr 1959 übernommen hatte, wird Leiter beider Verlage. Der junge Autor Thomas Bernhard wird von seinem neuen Verleger systematisch gefördert und mit Unselds – Bernhard umwerbenden, dessen zukünftige Stellung im Verlagsprogramm aber auch realistisch einschätzenden – Worten, „in der modernen Abteilung, die auszubauen ist, der wichtigste Pfeiler"[4]. Dies ist auch der Grund, warum Unseld Bernhard schnellstmöglich aus dem Insel Verlag, der sich in Unselds Vorstellung „auf die Tradition unserer Literatur konzentrierte", in den Suhrkamp Verlag adoptiert, den „Verlag zeitgenössischer Literatur" schlechthin.[5] So wird Bernhards im September 1964 bei Insel erschienene Erzählung *Amras* im Dezember des folgenden Jahres in der *edition suhrkamp* neu aufgelegt, um Bernhard in die Reihe wichtiger zeitgenössischer Autoren aufzunehmen. Er wird besonders in den frühen 60er Jahren zum festen Bestandteil des Autorenkanons dieser im Mai 1963 gestarteten Reihe, welche genuiner Ausdruck der „modernen Abteilung" des Suhrkamp Verlags sein soll. Und auch sein Erscheinen innerhalb der beiden anderen großen Reihen des Verlags – der *Bibliothek Suhrkamp* und der ab 1970 erscheinenden *suhrkamp taschenbücher* – macht ihn zu einem der wichtigsten Autoren in Unselds Programm.

3.1.1 Die Reihen der 60er Jahre: *Bibliothek Suhrkamp* & *edition suhrkamp*

Ganz dem Zeitgeist der 60er Jahre entsprechend, beschließt Siegfried Unseld 1962, die Modernität des Suhrkamp-Programms dadurch unter Beweis zu stellen, dass er die erste Taschenbuchreihe des Verlags ins Leben ruft. Unseld zeichnet in seiner Festschrift für Willy Fleckhaus – *den* Typographen des Suhrkamp Verlags[6] – das programmatische Grundkonzept der neuen Reihe nach:

---

[3] Vgl. Wolfgang Jeske und Heinz Sarkowski, Der Insel-Verlag. 1899–1999. Die Geschichte des Verlags 1899–1964, Frankfurt a.M./Leipzig 1999, S. 469 ff. und S. 503. Vgl. auch Bernhard/Unseld, Briefwechsel, S. 12, Anm. 2.
[4] Unseld, Brief 6 (19. März 1965), in Bernhard/Unseld, Briefwechsel, S. 19.
[5] Siegfried Unseld, Der Marienbader Korb. Über die Buchgestaltung im Suhrkamp Verlag. Willy Fleckhaus zu Ehren, Hamburg 1976, S. 47.
[6] Fleckhaus gestaltet nicht nur die zum unverkennbaren Markenzeichen gewordenen Umschläge für die neue *Bibliothek Suhrkamp* und die *edition suhrkamp*, er entwickelt für die *suhrkamp taschenbücher* auch eine neue Schrift, die *Times Modern Black*, und ist ebenfalls verantwortlich für die Gestaltung wichtiger Erstausgaben. So erhält das, „was man bis zum heutigen Tag die ‚Suhrkamp-Kultur' nennt" durch den „‚Fleckhaus-Stil' ihre äußere Gestalt". Vgl. Hans-Michael Koetzle und Carsten M. Wolff, Fleckhaus. Deutschlands erster Art Director, München 1997, insb.

> Nach gründlichem Bedenken überraschte ich meine Mitarbeiter, Berater und Freunde mit der Idee einer *Reihe*, die zwischen der „Bibliothek Suhrkamp" und dem Taschenbuch stehen, ausschließlich zeitgenössische Literatur, möglichst Erstausgaben, in keinem Fall Lizenzen anderer deutscher Verlage enthalten sollte.[7]

Die gründlichen Bedenken Unselds rühren vor allem daher, dass er sich gezwungen sieht, in angemessener Weise auf die generelle Skepsis einiger seiner Autoren gegenüber dem Phänomen Taschenbuch zu reagieren. Besonders Hans Magnus Enzensberger, der zu dieser Zeit nicht nur zum etablierten Kanon zeitgenössischer Autoren des Suhrkamp Verlags gehört, sondern dem Verlag durch seine Lektorentätigkeit im Jahr 1960 besonders nahesteht, ist ein scharfer Kritiker des Taschenbuchs. In seinem 1958 geschriebenen und – wohl nicht zufällig just in dem Jahr, in dem Unseld sich zur Herausgabe einer Taschenbuchreihe entschließt – erneut überarbeiteten Essay *Bildung als Konsumgut* definiert er die Taschenbuchproduktion als Ausdruck einer durch Konsum geprägten Bildung:

> Den Luxus einer „Linie", einer wie auch immer gearteten Ansicht von der Welt und der Literatur, leisten sich die Programme der Taschenbuchverlage nicht mehr. Sie unterscheiden sich voneinander eher wie Automodelle zweier Marken in derselben Saison: durch Geschmacksnuancen, denen geistige Bedeutung zuzulegen man zögern darf. Der Eigensinn, mit dem ein Verleger wie Reclam das Gesicht seiner Reihe prägte, mutet im Vergleich dazu patriarchalisch an.[8]

Unseld benennt in seiner Abhandlung über die Buchgestaltung im Suhrkamp Verlag mit dem Titel *Der Marienbader Korb* just diesen Essay Enzensbergers als

---

S. 159–191, hier S. 185. Vgl. zu Fleckhaus' Werk als Grafikdesigner und Art Director den jüngst erschienenen, aufwändig gestalteten und reich bebilderten Ausstellungskatalog Willy Fleckhaus. Design, Revolte, Regenbogen, hg. von Hans-Michael Koetzle, Carsten Wolff, Michael Buhrs und Petra Hesse, Köln 2016. Mit der Buchgestaltung im Suhrkamp Verlag befasst sich das Kapitel von Carsten Wolff, Mit Intellekt und Emotion. Willy Fleckhaus als Buchgestalter und Lehrer, S. 142–184.
7 Unseld, Der Marienbader Korb, S. 28.
8 Hans Magnus-Enzensberger, Bildung als Konsumgut. Analyse der Taschenbuchproduktion. In: Enzensberger, Einzelheiten, Frankfurt a.M. 1962, S. 110–136, hier S. 119. Enzensberger macht diese Kritik auf der selben Seite seines Essays am Taschenbuch-Programm des Ullstein Verlags fest, das unter anderem folgende, absolut disparate Titel führe: „*Short Stories* des Amerikaners O'Henry; *Deine tägliche Physik*, *Ausgewählte Prosa* von Gottfried Benn; *Die Menschentypen*, eine obskure, angeblich ‚kosmische' Psychologie auf astrologischer Grundlage; *Im Westen nichts Neues*; Churchills Reden; *Es geschah im Bellona-Klub*, ein Kriminalroman von Dorothy Sayers; Albert Einstein, *Mein Weltbild*; *Mein Freund Flicka*, eine Pferdegeschichte; ein ‚hilfreich bejahendes' Ehebuch und Prosa von Marcel Proust." Diese humoristisch-süffisante Aufzählung Enzensbergers macht nicht nur die Wahllosigkeit der zeitgenössischen Taschenbuchprogramme deutlich, sie illustriert auch, wovon Unseld sich mit seiner neuen Taschenbuchreihe abzusetzen gedachte.

eigentliche Motivation für den Einstieg in die Taschenbuchproduktion, gegen die sich auch sein Vorgänger, Peter Suhrkamp, stets verwahrt hatte.[9] Taktisch klug legt der Verleger Enzensbergers Argumente für sein eigenes Unterfangen aus, indem er zwar die gesteigerte Nachfrage nach Taschenbüchern bedient, jedoch von vornherein betont, dass die Suhrkamp-Reihe sich genau den „Luxus einer Linie" leisten kann und soll, den die Taschenbücher anderer Verlage vermissen lassen. Im Ankündigungstext der *edition suhrkamp* heißt es dementsprechend: „Die ‚edition suhrkamp' leistet sich Luxus und Leidenschaft einer Linie."[10] Das Wort ‚Taschenbuch' wird in der gesamten Ankündigung tunlichst vermieden.[11] So entsteht eine Taschenbuchreihe, die mit allen Mitteln suggeriert, ihren Lesern etwas vollkommen anderes und neues zu bieten: Zwar sind wie bei anderen Taschenbüchern die Produktionskosten niedrig und die Bücher günstig – ein Band der *es* kostet 3,– DM und ist deshalb vor allem für Studierende, die einen großen Teil der neuen Zielgruppe ausmachen, erschwinglich[12] –, zugleich und ungleich wichtiger bietet die Reihe jedoch eine Identifikationsfläche für ein größeres Publikum, das sich in besonderer Weise von ‚Luxus und Linie' angesprochen fühlt. Dazu ist es unerlässlich, dass der geplanten Reihe zunächst ein radikales Programm („ausschließlich zeitgenössische Literatur") und darüber hinaus ein hohes Maß an suggerierter Exklusivität eignet („Erstausgaben, in keinem Fall Lizenzen anderer deutscher Verlage").[13] Dieses Programm soll dem Verlag das Prädikat der Modernität bei gleichzeitiger Exklusivität verleihen, welches direkt auf die Leser_innen der Reihe übertragen wird. Unselds *Vermarktungs*strategie ist deshalb so genial, weil sie Enzenbergers konsumkritische Theorie in ein Produkt umsetzt, das diese Konsumkritik ausstellt und zugleich auf die gesteigerte Nachfrage nach Taschenbüchern antwortet. Und nicht nur Enzensberger bürgt für die kritische Linie der Reihe, was sich auch in den „Enzensberger'schen Minuskeln"[14]

---

9 Vgl. zu Enzensbergers Kritik am Taschenbuch Unseld, Der Marienbader Korb, S. 26–29.
10 Der komplette Ankündigungstext ist abgedruckt in Raimund Fellinger und Wolfgang Schopf (Hg.), Kleine Geschichte der edition suhrkamp, Frankfurt a.M. 2003, S. 28–30, hier S. 29.
11 Vgl. Fellinger/Schopf, Kleine Geschichte der edition suhrkamp, S. 30.
12 Rainer Gerlach, Die Bedeutung des Suhrkamp Verlags für das Werk von Peter Weiss, St. Ingbert 2005, S. 314.
13 Unseld, Der Marienbader Korb, S. 28.
14 Den Begriff übernehme ich aus Philipp Felsch, Der lange Sommer der Theorie. Geschichte einer Revolte. 1960–1990, München 2015, S. 79. Felsch weist darauf hin, dass diese charakteristische Schriftgestaltung anfangs auch für die ab 1970 erscheinende einzige Reihe des Merve Verlags, die *Internationale Marxistische Diskussion* (ab Anfang 1978: *Internationaler Merve Diskurs*) verwendet wurde. Wie wichtig die Buchgestaltung als Signal für das Prädikat ‚kritische Theorie' ist, weiß auch Christof Windgätter, der den Zusammenhang zwischen Markenbildung und Ausstattung der *edition suhrkamp* auf eine knappe Formel bringt: „Regenbogen + Garamond

der Titelschrift deutlich offenbart, Namen wie Adorno, Benjamin, Bloch und andere geben einen klar erkennbaren Kurs vor und konturieren die Marke *edition suhrkamp*.

Die erfolgreiche Vermarktung einer genuin modernen und exklusiven Taschenbuchreihe erfordert neben dem passenden Programm selbstverständlich auch eine ebenso moderne, d. h. Klarheit und Nüchternheit ausstrahlende, typographische und buchgestalterische ‚Verpackung' der Inhalte. Dass Unseld diesem modernen äußeren Erscheinungsbilds seiner Bücher größte Wichtigkeit beimaß, lässt sich nicht zuletzt daran erkennen, dass eins seiner ersten und damit offensichtlich dringendsten Anliegen 1959, kurz nachdem er die Verlagsleitung übernommen hatte, darin bestand, den Umschlag der bereits seit 1950 bestehenden *Bibliothek Suhrkamp* neu zu gestalten und ihr ein zeitgemäßeres Image zu verleihen (s. Abb. 1 und Abb. 2). Wie bei der Gestaltung der *edition* hatte sich Unseld auch schon hier „ganz spontan und in Übereinstimmung mit allen Mitarbeitern"[15] für einen Entwurf von Willy Fleckhaus entschieden. Aus der diffus und spielerisch anmutenden *Graphie* des von Rudolph Kroth gestalteten Umschlags wird eine klar und nüchtern anmutende *Typographie*.[16] Nicht nur die Schrift, eine *Baskerville*-Type, die durchgängig in einer Größe verwendet wird, soll Klarheit, Nüchternheit und Rationalität suggerieren, sondern auch der streng geometrische Aufbau des Umschlags:[17] Das auffällige und für die Reihe so charakteristisch gewordene Band unterteilt die Umschlagfläche in einer an den Goldenen Schnitt, und damit das klassischste aller Formate, gemahnenden Art und Weise, wobei auf der oberen, größeren Fläche der Autorenname und der Titel zu stehen kommen, unten, besonders hervorgehoben, der Reihentitel. Unselds Bewertung dieser neuen Gesamtausstattung liest sich folgendermaßen:

= ‚Kritische Theorie'." Vgl. Christof Windgätter, Vom „Blattwerk der Signifikanz" oder: Auf dem Weg zu einer Epistemologie der Buchgestaltung. In: Wissen im Druck. Zur Epistemologie der modernen Buchgestaltung, hg. von Christof Windgätter, Wiesbaden 2010, S. 6–51, hier S. 26. Selbstverständlich durfte der kritische ‚Gründungstext' Enzensbergers in der *edition suhrkamp* nicht fehlen. 1964 werden die *Einzelheiten I* und *Einzelheiten II*, welche 1962 noch in Leinen gebunden bei Suhrkamp erschienen waren, als Bände 63 und 87 herausgegeben. Sie autorisieren damit erneut eine Taschenbuchreihe, die eigentlich gar keine sein will und sich deutlich von den Taschenbuchreihen anderer Verlage unterscheidet.

15 Siegfried Unseld, Kleine Geschichte der Bibliothek Suhrkamp. In: Klassiker der Moderne. Ein Lesebuch, hg. von Hans-Ulrich Müller-Schwefe Frankfurt a.M. 1989, S. 7–23, hier S. 13.
16 Zur vorherigen Umschlaggestaltung von Rudolph Kroth vgl. Wolff, Mit Intellekt und Emotion, S. 149 f.
17 Vgl. Gerlach, Die Bedeutung des Suhrkamp Verlags, S. 309.

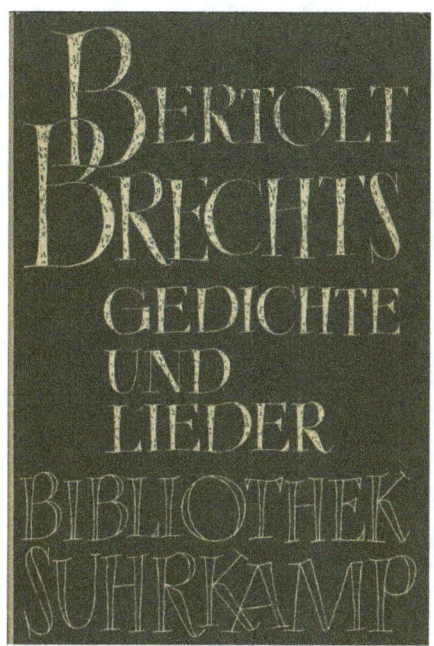 

Abb. 1: Bertolt Brecht, *Gedichte und Lieder* (Bibliothek Suhrkamp, 1958), Design: Rudolph Kroth.

Abb. 2: Bertolt Brecht, *Gedichte und Lieder* (Bibliothek Suhrkamp, 1960); Design: Willy Fleckhaus.

> Der Umschlag verblüffte durch Einfachheit, er hatte Vernunft, er war zweckmäßig, weil er für alle Bände dieser Bibliothek „einer Leser-Elite" geeignet war. Er war gefällig, er war attraktiv, seine Modernität war zeitlos: Das Neue an dieser Umschlaglösung war das frappierend Einfache; Farbe, Form und Schrift harmonierten. Das den Umschlag kennzeichnende Band teilte die Fläche des Umschlags in ein Quadrat und ein Rechteck, Formen, die auf allen Bänden gleichblieben.[...] So wurden „Bücher über der Linie" geschaffen, das Äußere war eine Äußerung des Innern.[18]

Der letzte Satz dieser Beschreibung kennzeichnet deutlich Siegfried Unselds Vorstellung von einer gelungenen und wirksamen Umschlaggestaltung: Die typo-/graphischen Mittel des Umschlags müssen dem Programm der Reihe und den Inhalten der verlegten Texte entsprechen, mehr noch, sie müssen zum *visuellen Signal* der Exklusivität und Modernität des Programms werden. Die in der Reihe zusammengefassten, überaus heterogenen Autor*innen werden so nicht nur ‚auf Linie' des Verlags, sondern auch über die Linie des Gewöhnlichen gebracht.

---

[18] Unseld, Kleine Geschichte der Bibliothek Suhrkamp, S. 13f.

Was die äußere Gestalt der Bände verheißt, soll das Verlagsprogramm erfüllen: Die *Bibliothek Suhrkamp* verstand sich schon bei ihrer ersten Auslieferung 1951 als Reihe für eben jene „Leser-Elite", die Peter Suhrkamp bei der Ankündigung der Reihe angesprochen hatte:

> Die ‚Bibliothek Suhrkamp' wendet sich an Leser, denen die Literatur gemeinhin geläufig ist, die also für besondere Stunden eigens eine Bibliothek mit persönlicher Note suchen. Die ‚Bibliothek Suhrkamp' will eine Liebhaberbibliothek für eine Leser-Elite sein.[19]

Für den neuen Verleger, Siegfried Unseld, ist die *Bibliothek* jedoch nicht nur eine exklusive Reihe, sie ist der Inbegriff des modernen Klassikers schlechthin:

> Bibliothek Suhrkamp [...] ihrer Möglichkeit nach eine Bibliothek der Klassiker der Moderne, also von Werken der Literatur des 20. Jahrhunderts, welche in einem neuen, vom Klassikerbegriff des bürgerlichen 19. Jahrhunderts durchaus divergierenden Sinn nicht bloß ‚erfolgreich', sondern für modernes Denken und Fühlen wesentlich, ebenso stimulierend wie verstörend geblieben sind.[20]

Diesem bestehenden inhaltlichen Programm wird mit Fleckhaus' Neuentwurf der nötige visuelle Nachdruck verliehen. Das moderne „Denken und Fühlen" soll durch die „frappierend einfachen", in Farbe, Form und Schrift harmonierenden und Modernität, Rationalität und nüchterne Eleganz ausstrahlenden Umschläge repräsentiert werden. Das charakteristischste Gestaltungsmerkmal der Reihe und der eigentliche Clou der Reihengestaltung ist jedoch, wie Unseld nochmals betont, das Band, welches Autorenname und Titel vom Reihentitel trennt:

> Das Band, das die Fläche teilt, läuft über den Rücken und auch über die Rückseite. Dies war ein unübersehbarer Vorteil. Die einzelnen Bänder der Reihe, die ja im Regal des Sortimenters wie auch in der privaten Bücherei nur mit dem Rücken sichtbar sind, werden durch den Bandausschnitt sofort als Bänder der ‚Bibliothek Suhrkamp' gekennzeichnet. Dieses Band bindet wirklich Bücher zu einer Bibliothek.[21]

Das Band bindet jedoch nicht nur auf einen Blick Bücher zu einer Bibliothek, sondern vor allem Autoren an den Verlag und *vice versa*. Der Suhrkamp Verlag weist sich so als derjenige aus, der den modernen Autorenkanon – hier im wörtlichen Sinne des Maßstabs bzw. der Richtschnur, die mit der Linie konnotiert werden können – zuallererst konstituiert und inne hat. Wer – wie Thomas Bern-

---

[19] Unseld, Kleine Geschichte der Bibliothek Suhrkamp, S. 9.
[20] Unseld, Kleine Geschichte der Bibliothek Suhrkamp, S. 16.
[21] Unseld, Der Marienbader Korb, S. 30.

hard – in der *Bibliothek Suhrkamp* erscheint, darf sich einerseits zu den „namhaften Autoren aus der Gegenwart" zählen, „deren Ruf schon über die Grenzen des Landes hinausgedrungen ist",[22] andererseits wird er durch den renommierten Verlag erst zu einem solchen *gemacht*. Die graphische Ausstattung spielt dabei eine entscheidende Rolle, da sie die Rezeption des Autors im wahrsten Sinne *prägt* – wie mit einem Stempel werden ihm die Merkmale ‚modern' und ‚Suhrkamp-Autor' aufgedrückt. Letzteres Prädikat ist zugleich ein Markenimage, das seinerseits weitere mit ihm verknüpfte Assoziationen hervorruft, wie etwa „*elitär, intellektuell, exklusiv, gebildet, gediegen, teuer, echt*".[23]

Genauso unverwechselbar wie das signifikante Band der *Bibliothek Suhrkamp* ist die grelle Gestaltung der *edition suhrkamp* in 48 Farben des Sonnenspektrums. Obwohl auch die *Bibliothek Suhrkamp* „[v]on Anfang an [...] eine Antwort des Verlages auf das Taschenbuch sein [wollte]",[24] entscheidet sich Unseld, wie eingangs bereits angesprochen, der drängenden Nachfrage nach Taschenbüchern Anfang der 60er Jahre ein zweites Mal zu begegnen und eine Reihe herauszugeben, die „zwischen der ‚Bibliothek Suhrkamp' und dem Taschenbuch stehen"[25] sollte. Dieser Zwischenstatus der *edition suhrkamp* definiert sich auf der einen Seite durch ebenso dezidierte programmatische Vorgaben, wie sie für die *Bibliothek Suhrkamp* kennzeichnend sind. Auf der anderen Seite will der Verlag ein neues Publikum ansprechen, und zwar ein solches, das kostengünstig Bücher erwerben möchte, dabei aber nicht auf die klare programmatische Linie und die gewohnt hochwertige Qualität der Bücher verzichten möchte. Auf keinen Fall durfte die anvisierte Taschenbuchreihe deshalb nach einer unter vielen aussehen. Um diesen Spagat zu meistern, beauftragt Unseld erneut Willy Fleckhaus mit der Gestaltung der Reihe. Der von ihm schließlich präsentierte Entwurf lebt – wie die Gestaltung der *Bibliothek Suhrkamp* – ebenfalls von dem Gedanken eines Bandes, das die einzelnen Bücher zu einer Reihe zusammenbindet. Der Tag der Ersterscheinung, der 2. Mai 1963, wird „*zu einem Revolutionstag des deutschen Taschenbuchs*",[26] die auffällige Ausstattung wird als radikal neu wahrgenommen und avanciert sofort zum neuen Markenzeichen des Suhrkamp Verlags. Siegfried Unseld beschreibt das Konzept der Gestaltung folgendermaßen:

> Das in der „Bibliothek Suhrkamp" vorwiegende Weiß wollte Fleckhaus abgelöst sehen von klaren und starken Farben. [...] Fleckhaus mischte die Farben, und in seinem Spiel entstand

---

22 Unseld, Kleine Geschichte der Bibliothek Suhrkamp, S. 11.
23 Gerlach, Die Bedeutung des Suhrkamp Verlags, S. 310.
24 Unseld, Kleine Geschichte der Bibliothek Suhrkamp, S. 17.
25 Unseld, Kleine Geschichte der Bibliothek Suhrkamp, S. 26.
26 Unseld, Der Marienbader Korb, S. 44.

leicht, organisch, heiter die Idee, die Bände der jährlich auf 48 Titel geplanten Reihe in 48 Farben des Sonnenspektrums zu drucken. Ein Lichtband sollte entstehen, dessen Farbvaleurs bei Blauviolett beginnen, übergehen zu Violett, Rot, Orange, Gelblichrot, Gelb, Grüngelb, Grün, Blau, um wieder bei Blauviolett zu enden. Es war ein faszinierender Gedanke. „Ich sehe ein endloses Band, das sich wieder schließt", sagte Willy Fleckhaus, „selbstverständlich wie die Natur, präzise und schön".[27]

Es ist vor allem diese auffällige Farbgestaltung, die dafür sorgt, dass die Reihe bei ihrem Erscheinen als „revolutionäres Novum"[28] gilt. Auch hier soll das Äußere mit dem Inneren korrespondieren: Die Reihe wendet sich mit ihrem Programm explizit an ein neues junges Lesepublikum, das nicht nur literarisch, sondern auch theoretisch und politisch interessiert ist – dies der wohl größte Unterschied zum Programm der *Bibliothek Suhrkamp*, das ausschließlich auf Literatur zugeschnitten ist. Die typographische Gestaltung muss ebenso auf alles Althergebrachte verzichten: „Auch hier das Äußere eine Äußerung des Innern. Kein Lack, keine Folie, nichts Glänzendes, kein zierendes Ornament [...]: vernünftig, zweckmäßig, einfach."[29]

Die *edition suhrkamp* Reihe gibt die strikte programmatische Trennung von literarischen und theoretischen Texten auf und repräsentiert diese Abschaffung der Diskurs-Grenzen auch in ihrer uniformen Gestaltung: nicht nur die Umschläge sind – bis auf die verschiedenen Farben – absolut gleich, auch die typographische Gestaltung der Seiten ist sehr viel standardisierter als in anderen Suhrkamp-Reihen.[30] Innerhalb der *edition suhrkamp* differiert die typographische Gestaltung der einzelnen Bände vor allem hinsichtlich der Schriftgrößen. Dies wohl deshalb, weil man, sofern es der Textumfang irgend zulässt, einen möglichst einheitlichen Seitenumfang zu produzieren versucht, um so durch gleich

---

27 Unseld, Der Marienbader Korb, S. 44.
28 Unseld, Der Marienbader Korb, S. 44.
29 Unseld, Der Marienbader Korb, S. 40.
30 Die Einzeltexte der ab 1970 erscheinenden *suhrkamp taschenbücher* etwa sind hinsichtlich der Satzgestaltung sehr viel unterschiedlicher, was auch daran liegt, dass diese in aller Regel auf eine bereits gedruckte Erstausgabe zurückgeht. Es ist auch dieser ganzheitlich uniformen Buchgestaltung zuzurechnen, dass sich mitunter nicht mehr unterscheiden lässt, „ob es sich bei einem Text, Band oder Buch [der *edition suhrkamp*] um einen literarischen, theoretischen oder wissenschaftlichen Beitrag handelt", wie Claudia Michalski richtig bemerkt. Claudia Michalski, Aufklärung und Kritik. Die *edition suhrkamp* und das geisteswissenschaftliche Taschenbuch. In: Bleiwüste und Bilderflut, hg. von Caspar Hirschi und Carlos Spoerhase, Wiesbaden 2015, S. 21–36, hier S. 29. Auf den Seiten 31–36 kommt Michalski noch einmal dezidiert auf den Zusammenhang zwischen Buchgestaltung und Programmatik der *es* sowie der zeitgleich erscheinenden Taschenbuchreihe *rowohlts deutsche enzyklopädie* zu sprechen.

dicke Bände ein noch uniformeres Aussehen der Reihe zu ermöglichen. Diese uniforme Reihen-Gestaltung ordnet den individuellen Autor mittels gestaltlicher, auf einen Blick erfassbarer Mittel zunächst dem Programm der Reihe unter *und* demonstriert seine Zugehörigkeit zum Verlag. Bernhard wird, indem er in den ersten Jahren seines Schaffens vermehrt in den beiden hier beschriebenen Reihen erscheint, einerseits zum mustergültigen Suhrkamp-Autor, andererseits wird er – je nach Verlags- und Werkstrategie – mit verschiedenen Attributen und Images versehen: dem des modernen Klassikers, der bereits über die Landesgrenzen hinaus bekannt ist *(Bibliothek Suhrkamp)*, oder dem des zeitgenössischen Autors, der für ein literarisches und politisch interessiertes Publikum geeignet ist *(edition suhrkamp)*. Über die Typographie wird so eine *Autorenmarke* produziert, die ihrerseits eng an die *Verlagsmarke* gebunden ist. Die verlagsseitigen Strategien zur Etablierung der Marke Thomas Bernhard, die wiederum zu einer Etablierung der Marke Suhrkamp beiträgt, sollen im Folgenden nachgezeichnet werden.[31]

3.1.2 Markenetablierung durch Typographie und Buchgestaltung

In seiner Festschrift für Willy Fleckhaus, die bezeichnenderweise den Titel *Der Marienbader Korb* trägt – in Anspielung auf eine Begebenheit zwischen Goethe und Eckermann, bei der Goethe einen unscheinbaren Faltkorb als den „vernünftigsten und zweckmäßigten" mit der „einfachste[n], gefälligste[n] Form" präsentiert –, beschreibt Unseld das Programm seines Hausgraphikers wie folgt: „Seine Ästhetik ist nie Selbstzweck, sie muß dienen. Sie dient einer Ordnung. Und dient der Lesbarkeit. Es muß Freude bereiten, Texte durch Typographie zu lesen!"[32] In Unselds gesamter programmatischer Beschreibung der Buchgestaltung des Suhrkamp Verlags liegt die Emphase – mit Rückgriff auf das Bild des Marienbader Korbs – auf eben jener Zweckmäßigkeit der Typographie, die sich durch

---

[31] Die wechselseitige Etablierung von Autoren- [bei diesem Maskulinum handelt es sich weniger um ein generisches als um eines, dass die Geschlechterverhältnisse im Verlag zu dieser Zeit realistisch abbildet, C.M.] und Verlagsmarke beschreibt Rainer Gerlach folgendermaßen: „Auch Autoren wie Max Frisch, Uwe Johnson, Martin Walser, Thomas Bernhard, Peter Handke, Hans Magnus Enzensberger und Peter Weiss wurden – mehr oder weniger erfolgreich – zu Markenartikeln aufgebaut, deren Strahlkraft und Verkaufserfolg sich einerseits aus dem Suhrkamp-Signet speiste, deren zunehmende öffentliche Reputation andererseits in die Marke Suhrkamp zurückfloss *und* diese wiederum verstärkte." Gerlach, Die Bedeutung des Suhrkamp Verlags, S. 312.
[32] Gerlach, Die Bedeutung des Suhrkamp Verlags, S. 83.

Einfachheit und Schnörkellosigkeit sowie durch eine gute Lesbarkeit auszeichnen soll. Als Gewährsmann für dieses Konzept einer ‚dienenden Typographie'[33] zitiert Unseld Paul Valérys Essay *Die beiden Dinge, die den Wert eines Buchs ausmachen:*

> Aber neben dem eigentlichen Lesen und abseits davon besteht und dauert fort der Gesamtanblick jedes geschriebenen Dinges. *Eine Buchseite ist ein Bild.* Sie gibt einen Gesamteindruck, sie stellt ein Viereck vor uns hin oder ein System von Vierecken und Streifen, von schwarzen und weißen Stellen, einen Fleck von mehr oder minder glücklicher Gestalt und Eindringlichkeit. Diese *zweite Art der Sicht,* die nicht mehr den Wörtern der Zeile und den Zeilen selber fortschreitend folgt, sondern die Seitenpaare unmittelbar und mit einem Blick erfaßt, erlaubt die Typographie der Architektur zu nähern, so wie das Lesen sogleich den Gedanken an melodische Musik und an alle Künste hätte hervorrufen können, die an einen Zeitablauf gebunden sind.[34]

Bei Valéry stehen die beiden Aspekte – das Lesen der Schrift und das Anschauens ihres Arrangements auf der Buchseite – gleichberechtigt nebeneinander, zwischen den Wahrnehmungsebenen ist – genau wie bei Wittgensteins Aspektwechsel – ein kontinuierlicher Wechsel möglich und offenbar sogar unvermeidlich, weshalb es die Hauptaufgabe der Typographie ist, den „Übergang vom Lesen zum Anschauen und de[n] gegenläufige[n] Übergang vom Anschauen zum Lesen bequem vonstatten gehen" zu lassen.[35] Bei Unseld hingegen scheinen die beiden Aspekte der Schrift nicht so harmonisch koexistieren zu dürfen. In seiner Vorstellung bedeutet eine gute Lesbarkeit des Textes die „Zerstörung" und „Verwandlung" von etwas Materiellem in rein Geistiges: „[D]ie Lesbakeit eines Textes [ist] jene Eigenschaft, die seine Aufnahme, seine Zerstörung durch den Geist, seine Verwandlung in geistige Vorgänge vorsieht und erleichtert."[36] Unselds Vorstellung von diesem jenseits der materiellen Dimension von Schrift liegenden Sinn, der durch die Lektüre möglichst reibungslos erschlossen werden soll, entspricht einer, wie Andrea Polaschegg im Hinblick auf das Phänomen des Textanfangs konstatiert hat, traditionsreichen „medientheoretische[n] Rede vom Transparent-

---

33 Vgl. zu diesem Konzept auch Albert Ernst, Wechselwirkung. Textinhalt und typografische Gestaltung, Würzburg 2005, S. 38.
34 Ich zitiere hier die von Unseld wiedergegebene Übersetzung Jan Tschicholds, welche jedoch nicht mit der später von mir zitierten Bibliothek Suhrkamp Ausgabe von Valérys *Pièces sur l'art* übereinstimmt (vgl. Anm. 35), Unseld, Der Marienbader Korb, S. 13 f.
35 Paul Valéry, Die beiden Dinge, die den Wert eines Buchs ausmachen. In: Valéry, Über Kunst. Essays, ins Deutsche übers. von Carlo Schmidt, Frankfurt a.M. 1959, S. 15–22, hier S. 19.
36 Unseld, Der Marienbader Korb, S. 13.

Werden der Medien im Rahmen semiotischer Prozesse".[37] Laut Polaschegg formuliert auch Wolfgang Iser diese allgegenwärtige Annahme und

> stellt darauf ab, dass das Phantasma bzw. das Signifikat die Materialität seines Trägers zum Verschwinden bringen muss, um *hinter* ihr hervor zu kommen und so – mit Edmund Husserl formuliert – zur emergenten „Vergegenwärtigung eines Nicht-Erscheinenden im Erscheinenden zu werden".[38]

Im Gegensatz zu dieser genuin *semiotischen* Vorstellung von Emergenz, die eine materielle Oberfläche durchbrechen muss, um einen ‚dahinter' oder ‚darunter' liegenden Sinn zu erfassen, handelt es sich bei dem Vorgang, den Valéry beschreibt, wie gesagt um einen Aspektwechsels im Wittgenstein'schen Sinne, der innerhalb der Wahrnehmung stattfindet: Von einer synoptischen Betrachtung der Schrift*gestalt* kippt diese, sobald der Lesevorgang einsetzt, in ein sukzessives Verfolgen des Schrift*verlaufs:*[39]

> Diese beiden Arten der Betrachtung sind voneinander unabhängig. Der Text, den man anschaut, der Text, den man liest, sind ganz und gar verschiedene Dinge, schließt doch die Aufmerksamkeit, die man dem einem widmet, Aufmerksamkeit, die man dem anderen zuteil werden lassen könnte, aus.[40]

---

37 Polaschegg, Der Anfang des Ganzen, S. 96.
38 Andrea Polaschegg nennt als wichtige Texte für eine solche Theorie der Emergenz Wolfgang Isers Aufsatz *Mimesis und Ermergenz* und Edmund Husserls *Phantasie und Bildbewußtsein*. Vgl. Polaschegg, Der Anfang des Ganzen, S. 96.
39 Auch Thomas Rahn weist darauf hin, dass dieses Umspringen zwischen Sehen und Lesen bei Valéry sich zunächst auf den Wechsel vom Sehen der Seitenfläche zur eindimensionalen Lektüre der Zeile beschränkt, obwohl es sich *de facto* durch eine hervorgehobene Schriftgestalt auch während des Leseprozesses ereignen kann: „Diese entscheidende Trennung geht davon aus, dass die Rezeption einer Buchseite nur umspringen kann zwischen einem ‚Totaleindruck' der Typographie und der fokussierten zeichentranszendierenden Lektüre der einzelnen Zeile; ausgeblendet bleiben dabei materiale ‚Widerstände', die dem Leser auf der detailtypographischen Ebene begegnen können. Die Möglichkeit einer stellenweisen spezifischen Interferenz zwischen Text und Textgestalt wird hier nicht mitgedacht." Thomas Rahn, Gestörte Texte. Detailtypographische Interpretamente und Edition. In: Text, Material, Medium. Zur Relevanz editorischer Dokumentationen für die literaturwissenschaftliche Interpretation, hg. von Wolfgang Lukas, Rüdiger Nutt-Kofoth und Madleen Podewski, Berlin/Boston 2014, S. 149–171, hier S. 151. Zwar sind solche ‚materialen Widerstände' bei Bernhard sehr häufig, wie die bisherigen Text-Analysen gezeigt haben, allerdings geht es in diesem Kapitel gerade darum, die makrotypographischen Vorentscheidungen des Suhrkamp Verlags zu beleuchten, die in engem Zusammenhang mit diesem Irritationspotenzial der Texte stehen.
40 Valéry, Die beiden Dinge, die den Wert eines Buchs ausmachen, S. 17.

Es verwundert kaum, dass Unseld dank seiner Orientierung auf den Sinn des Gelesenen, den Aspekt der Schriftgestalt und ihrer synoptischen Wahrnehmung in seiner Abhandlung stets als nebensächlich behandelt. Allerdings kann die Leserin sich des Eindrucks kaum erwehren, dass Unseld sich um diese Aussparung so konsequent bemüht, dass für ihn eminent Wichtiges auf dem Spiel steht. Natürlich ist Unseld sich als Verlags- und – so würde man wohl heute sagen – Marketingleiter des Suhrkamp Verlags der Signalwirkung der typographischen Gestaltung und ihrem Beeinflussungspotenzial für Kaufentscheidung und Rezeption durchaus bewusst. Jedoch entspricht es genau der Marketingstrategie des Suhrkamp Verlags, sich ganz auf den Inhalt der Texte zu kaprizieren und allem, was nicht ‚zweckmäßig' wäre, eine Absage zu erteilen. Da die Typographie jedoch für Unseld sehr wohl einen bedeutenden Zweck erfüllt, nämlich den der Markenbildung, unterlaufen seinem Text bei aller Emphase auf die gute Lesbarkeit Formulierungen, welche ganz auf die gestalthafte Qualität von Schrift abheben, wodurch offenbar wird, dass die Gestaltung der Bücher für den Verleger auch, wenn nicht gar *in erster Linie,* Signalfunktion, ja magisches Potenzial besitzt:

> Willy Fleckhaus muß immer wieder das Unmögliche unternehmen: das Beredtmachen des Stummen, das Kristallisieren des Sinnes eines Textes, er muß den flüchtigen, den bewegenden Charakter der Sprache eines Titels, also Vergängliches, festhalten, sublimieren, konzentrieren, verdichten. Er muß das Zufällige zum Typischen, zum Kennzeichnenden, zum Gültigen, zum Bild zusammenfassen. Und dieses Bild sollte nicht Abbild sein, sondern nach Möglichkeit immer Kennmarke, Kennzeichen, Signal. Magische Figur.[41]

Wenn Unseld vom „Kristallisieren des Sinnes eines Textes" spricht, vom „sublimieren, konzentrieren, verdichten", hat das nur noch wenig mit guter Lesbarkeit zu tun. Im Gegenteil ist hier eindeutig eine synoptische Wahrnehmung der Schriftgestalt angesprochen, welche ihre eigene Semiotik entfaltet. Mit typographischen Mitteln lässt sich ein der Lektüre *vorgängiges* Bild erzeugen, das charakteristische Eigenschaften von Autor (und Verlag) ‚kristallisieren' soll und damit eminente Auswirkungen auf Rezeption und Kaufentscheidung hat. In der Gestaltung eines Umschlags oder einer gesamten Reihe liegt so, das ist natürlich auch und gerade Unseld bewusst, die beste Möglichkeit, Autor *und* Verlag als ‚Kennmarken' zu etablieren und – dies vielleicht ungleich wichtiger – zu *bewerben.* Zum intellektuellen, gebildeten und elitären Image des Verlags gehört es jedoch ebenso, dass die typographische Gestaltung der Texte auf ihren *Inhalt* hindeutet und die von Unseld so hoch eingeschätzte gute Lesbarkeit *visualisiert*: Der ‚die-

---

41 Unseld, Der Marienbader Korb, S. 83.

nende' Charakter der Suhrkamp-Typographie ist ebenfalls auf einen Blick erkennbar, die Einrichtung des Satzspiegels und der Seitenränder, die Wahl der Schrifttype und -größe stellen allesamt das Bild einer ‚neutralen' Typographie her, der keine weitere Beachtung geschenkt werden muss.[42]

Die Typographie hat demnach nicht nur, wie Unseld glauben machen will, Auswirkungen auf die bessere Lesbarkeit des Textes, ihre ‚Zweckmäßigkeit' liegt gleichermaßen, wenn nicht sogar in erster Instanz darin, dem Konsumenten – hier im doppelten Sinne von Käuferin und Rezipient gemeint – relevante Informationen auf einen Blick zu übermitteln. Für Unseld gilt dabei, wie bereits in Zusammenhang mit der Reihengestaltung angesprochen, stets das Gesetz einer Harmonie zwischen dem ‚Außen' und ‚Innen' der Texte. Diese scheinbar natürliche Analogie zwischen Verlag, Autor und Gestaltung läuft jedoch stets über das Prinzip der Etablierung und Festigung von Markenimages – sowohl der Marke Suhrkamp als auch einer Autorenmarke, was sich im Sinne modernen Marketings als ‚Branding' beschreiben ließe.[43] Dass die Gestaltung von Buchseiten und -umschlägen in diesem Kontext immens wichtig ist, dürfte unmittelbar einleuchten. Nicht umsonst setzt Unseld auf Buchreihen mit hohem visuellen Wiedererkennungswert, welche die Aufgabe der wechselseitigen Festigung des Markenimages besonders effizient zu lösen versprechen.

---

42 Vgl. dazu ausführlich Kapitel 3.5.1 „Das Ideal einer ‚neutralen' Satzgestaltung im Suhrkamp Verlag".
43 Rainer Gerlach beschreibt die Modernisierungsstrategie Unselds nach dem Tod Peter Suhrkamps als einen – wenn nicht systematischen, so doch intuitiven – Markenaufbau im Sinne modernen Marketings: „[Unseld] machte aus dem Familiennamen *Suhrkamp*, der bereits ein anerkannter Verlagsname geworden war, die Marke *Suhrkamp*. [...] Über die Jahre wurde diese zu einem festen Begriff ausgebaut, sodass ihr Klang und ihr optisches Erscheinungsbild bei Lesern und Buchinteressierten einen hohen Grad an Identifikation oder Ablehnung, aber auf jeden Fall eine klare, berechenbare Botschaft auslöste [...]. So wurden besonders die ‚Regenbogen-Bücher' der *edition suhrkamp* zu dem Imageträger für eine ganze Generation Linksintellektueller und solcher, die sich dafür hielten." Gerlach, Die Bedeutung des Suhrkamp Verlags, S. 310; vgl. in Gerlachs Studie auch Kapitel 4.2. „Die Modernisierungsstrategien Siegfried Unselds", S. 306–319. Meine Untersuchung orientiert sich an Gerlachs These angewandter Markenstrategien im Suhrkamp Verlag, nimmt jedoch anhand des exemplarischen Falls Thomas Bernhard auch die äußere, typographische Gestaltung der Bücher und Reihen genauer in den Blick, die für das jeweils zu realisierende Markenimage ebenfalls von nicht zu unterschätzender Relevanz sind.

3.2 Die Marke Thomas Bernhard im Suhrkamp Verlag

Thomas Bernhard erscheint nach seinem Wechsel in den Suhrkamp Verlag vorerst in der *edition suhrkamp*, wo er als zeitgenössischer Autor etabliert werden soll. Zwar ist er, wie zu zeigen sein wird, mit dem Programm der *es* eigentlich wenig kompatibel, allerdings stimuliert „[...] das fröhliche Spektrum der *edition* durch die dort publizierenden interessanten Autoren auch zum Kauf eines bis dahin weniger bekannten Autors [...]",[44] wovon sowohl der bisher relativ unbekannte Bernhard als auch der Verlag profitieren. Die weitere Karriere der Marke Bernhard ist mustergültig: Einer Etablierungsphase in der *es* folgt der konsequent erscheinende Wechsel in die *Bibliothek Suhrkamp,* parallel erscheinen in Leinen gebundene, d. h. exklusive Erstausgaben, die wiederum in der *suhrkamp taschenbuch* Reihe neu aufgelegt werden. Unseld verfolgt dabei die Strategie, den Autorennamen mit „einfachen und klar kommunizierbaren Eigenschaften so auf[zu]laden [...], dass sich – im Idealfall – bei Nennung des Namens die gewünschten Assoziationen wie ein Pawlowscher Reflex einstellen".[45] Dass diese verlagsseitige Konditionierung die Rezeption der Texte entscheidend beeinflusst – und dies meint sowohl den tatsächlichen Leseprozess als auch ihre Interpretation und medienwirksame Kritik – soll im Folgenden gezeigt werden.[46]

3.2.1 Bernhard als zeitgenössischer Autor in der *edition suhrkamp*

Thomas Bernhard, der 1963 mit seinem Debütroman *Frost* und der ein Jahr später folgenden Erzählung *Amras* im Insel Verlag erschienen war, wird 1965, zwei Jahre nach der Verlagsfusion, von Suhrkamp ‚abgeworben'. Siegfried Unseld entschließt sich, den 34jährigen in der noch jungen *edition suhrkamp* herauszugeben, „in deren Zusammenhang sich Ihre Erzählung [gemeint ist *Amras*, C.M.] sicher besonders gut ausnimmt".[47] Auf *Amras* folgen in der *edition suhrkamp* unmittelbar vier weitere Bände: *Prosa* (1967), *Ungenach* (1968) und *Watten* (1969) und schließlich ein Band mit ausgewählter Sekundärliteratur *Über Thomas Bernhard* (1970). Bei den drei Prosa-Bänden handelt es sich gemäß dem Reihenprogramm um Erstausgaben. Bernhard wird vom Insel-Geheimtipp – für seinen Erstling bekam der

---

44 Koetzle/Wolff, Fleckhaus, S. 166.
45 Gerlach, Die Bedeutung des Suhrkamp Verlags, S. 323.
46 Gerlach, Die Bedeutung des Suhrkamp Verlags, S. 323.
47 Unseld, Brief 8 (21. Mai 1965). In: Bernhard/Unseld, Briefwechsel, S. 21.

Abb. 3: Thomas Bernhard, *Frost* (Erstausgabe 1963, Insel Verlag).

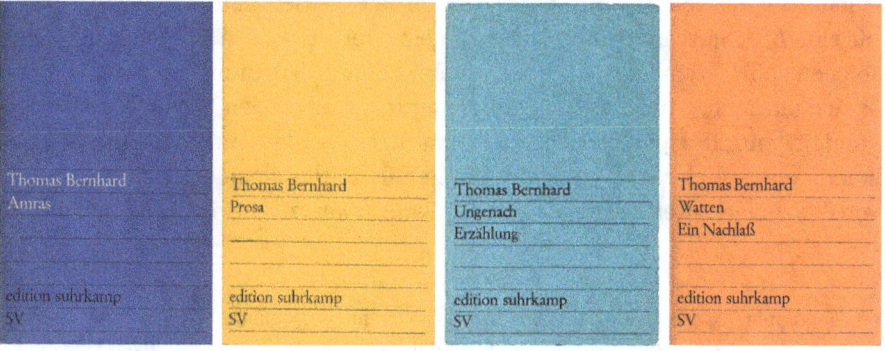

Abb. 4: Thomas Bernhard, *Amras* (1965), *Prosa* (1967), *Ungenach* (1968), *Watten* (1969) in der *es*.

junge Autor 1965 den Bremer Literaturpreis – zum kanonischen Autor des zeitgenössischen modernen Suhrkamp-Programms.

Der bisher in doppeltem Sinne als *apart* geltende junge Autor (die Banderole der *Frost*-Erstausgabe bescheinigt dem Newcomer Bernhard mit einem Zitat Carl Zuckmayers „[e]ine epische Kraft, an die man hohe Maßstäbe anlegen kann"), wird ins etablierte Kollektiv der *edition suhrkamp* aufgenommen. Dieser Imagewechsel lässt sich auch eindeutig der Gestaltung der Bücher ablesen: Der grau-weiße Schutzumschlag des in Leinen gebundenen Erstlings *Frost*, welcher mit seiner Titelschrift noch eindeutig in der Tradition der kalligraphischen Buchumschläge der 50er-Jahre steht,[48] wirkt gegenüber den quietschbunten broschierten Büchern der *edition* unmodern und im wahrsten Sinne blass (s. Abb. 3 und Abb. 4).

Bernhards wörtlich zu verstehende Einreihung in den Verlag oder genauer in eben jene Reihe, die das *Sinnbild* für Modernität sein soll, wird jedoch nicht allein durch die veränderte Buchgestaltung sichtbar, sie wird auch unterstützt durch die Art und Weise, wie der Autor beworben wird: Im Klappentext des im Insel Verlag erschienenen Romans *Frost* firmiert Bernhard noch als Nachkomme von „Bauern, Gastwirten, Roßhändlern und Fleischhauern in Salzburg und Oberösterreich".

> Aus dieser in ihren Grundzügen noch archaischen Welt baut er die Szenerien seiner leidenschaftlichen Prosa. Reisen führten ihn schon früh in nahezu alle europäischen Länder, unter denen ihm Jugoslawien mit seinen lauten Häfen und stillen Dörfern besonders lieb wurde. Vier Jahre arbeitete er als Gerichtssaalberichterstatter, später als Bibliothekar an einem Kulturinstitut in London. Er studierte in Wien und Salzburg Musik und absolvierte 1957 mit einer vergleichenden Arbeit über Bertolt Brecht und Antonin Artaud seine Dramaturgie und Regiestudien an der Akademie ‚Mozarteum'. Er lebt jetzt als freier Schriftsteller und schreibt an einem neuen Roman.[49]

Der Text könnte mit dem auffällig langen Kompositum des „Gerichtssaalberichterstatters" und den frei erfundenen Lebensdaten – Bernhard hat beispielsweise nie eine Abschlussarbeit am Mozarteum eingereicht, da es dort überhaupt keine solchen gab[50] – durchaus aus der Schreibmaschine des Autor stammen. Egal, ob es sich tatsächlich um eine Selbstinszenierung oder um den Versuch des Verlags handelt, mithilfe spezifischer biographischer Angaben eine Autorenmarke zu etablieren: Das hier vom Autor vermittelte Bild unterscheidet sich noch deutlich von demjenigen, welches der Suhrkamp Verlag zwei Jahre später zeichnen wird.[51]

---

48 „Verknappt lassen sich die 50er Jahre als das ‚Jahrzehnt der kalligraphischen Umschläge' bezeichnen. Die geschriebene Schrift, verbunden mit Illustrationen (oder illustrativen Elementen) ist Verlagen und Gestaltern die zeitgemäße Ausdrucksform [...]." Die vollkommene Lesemaschine: von deutscher Buchgestaltung im 20. Jahrhundert, ausgew. und mit Anm. versehen von Friedrich Friedel, Rainer Groothuis, Matthias Gubig u. a., Leipzig/Frankfurt a.M./Berlin 1997, S. 26.
49 Thomas Bernhard, Frost, Frankfurt a.M. 1963 (EA), Schutzumschlag, Rückseite.
50 Vgl. Hoell, Thomas Bernhard, S. 157 f. Manfred Mittermayer führt diese falsche Angabe auf die Phantasie von Bernhards Freund Wieland Schmied zurück. Vgl. Manfred Mittermayer, Thomas Bernhard, Frankfurt a.M. 2006, S. 35 f.
51 Wie sehr der Klappentext zum Stichwortgeber für folgende Ankündigungen und Rezensionen und damit entscheidend für Kaufentscheidung und Rezeption wird, exemplifiziert die Kurzan-

Der Klappentext der *edition suhrkamp* Ausgabe von *Amras* verzichtet komplett auf jegliche Heimatdichter-Anklänge:

> Thomas Bernhard, geboren am 9. Februar 1931, lebt heute als freier Schriftsteller in Ohlsdorf/Oberösterreich. Er war als Gerichtsreporter und Bibliothekar tätig und studierte danach in Wien und Salzburg Musik: nach einigen Gedichtbänden veröffentlichte er im Jahr 1963 den Roman *Frost*. Die Erzählung *Amras* ist 1964 erschienen.

Was bleibt, ist der präzise (Stichwort: ‚Gerichtsreporter'), gebildete (Stichwort: ‚Bibliothekar') und schöngeistige (Stichwort: ‚studierter Musiker') „freie Schriftsteller".[52] Die für Bernhard imaginierte Herkunft aus einer „archaischen Welt" muss dem Prädikat einer von ihm geschriebenen „neuen Prosa" weichen:

> Man spricht heutzutage so viel von einer neuen Prosa, welche die Zwangsherrschaft der vorgeprägten erzählerischen Formen abschütteln müsse. Hier ist sie. Keine Prosa, die in Sprachpantomimen und linguistischer Ornamentik Erleichterung sucht, sondern die noch einmal das Äußerste wagt, nämlich die Zeichensprache der Natur zu enträtseln.[53]

Der Versuch, Bernhard in der *edition suhrkamp* als genuin modernen Autor zu etablieren, fällt hier noch sehr vorsichtig und etwas ungelenk aus, denkt man an die eindeutig an romantische Topoi gemahnende Formulierung, Bernhards Prosa habe das Potenzial „die Zeichensprache der Natur zu enträtseln". Im zwei Jahre später erscheinenden *Prosa*-Band gelingt dieser Versuch sehr viel besser: Hier liest sich der Klappentext nicht nur wie eine Ankündigung zu Bernhards Erzählungen, sondern als tautologische Verknüpfung von Autor *und* Reihe und mithin

---

kündigung der Neuerscheinung von *Frost* in der *Spiegel*-Ausgabe vom 4. September 1963: „Der von Carl Zuckmayer empfohlene 32jährige österreichische ‚Mozarteum'-Absolvent Bernhard erweist sich mit seinem Erstlingsroman als außerordentliches Talent. In präziser Prosa – Bernhard arbeitete zeitweilig als Gerichtsreporter – wird die Geschichte einer Agonie erzählt: Ein todessüchtiger Maler hat sich in ein abgelegenes, inzestuöses Gebirgsdorf zurückgezogen, wo ihn sein Bruder durch einen Medizinstudenten beobachten läßt. Zwischen Gasthaus und Gletscher stellt sich der Maler, zum Forschungsobjekt degradiert, bereitwillig der Wißbegier des Studenten, der die Symptome menschlichen Verfalls in sein Tagebuch einträgt. Die Szenerie des – oberösterreichischen – Dorfes gerät dabei zu einem abgründigen Alptraumbild." [o. Vf.], Neu Erschienen. Thomas Bernhard: „Frost". In: Der Spiegel, 4. September 1963.
52 Gegen dieses Klassifizierung als ‚freier Schriftsteller', welche nicht seinem professionellen Selbstbild entspricht, wird sich Bernhard bald darauf – im Zuge der Korrekturdurchgänge für die Herausgabe von *Verstörung* in der *Bibliothek Suhrkamp* – dezidiert aussprechen. Vgl. Bernhard, Brief 50 (27. Juli 1978), In: Bernhard/Unseld, Briefwechsel, S. 87, Anm. 2.
53 Es handelt sich bei diesem Klappentext um einen Auszug aus der Rezension von Günter Blöcker, Thomas Bernhard: Amras, Frankfurter Allgemeine Zeitung, 14. November 1964.

als beiderseitige Legitimation innerhalb eines Buchmarkts, der zeitgemäße Literatur fordert und fördert:

> Bernhard nimmt eine dezidiert moderne Position ein. Geist der Wissenschaft und Geist der Poesie treten in spannungsreiche Wechselbeziehungen und schaffen eine neue, zeitgerechte Form der erzählenden Prosa.[54]

Diese Ankündigung konstatiert zweierlei: Der moderne Autor, der in seinem Text Wissenschaft und Poesie in ein fruchtbares Spannungsverhältnis bringt, ist erstens prädestiniert, in der *edition suhrkamp* zu erscheinen, die durch die Aufhebung der Trennung von Literatur und Theorie genau deren „spannungsreiche Wechselbeziehungen" befördern will. Zweitens wird durch die Ankündigung einmal mehr das Monopol der *edition suhrkamp* auf eine „zeitgerechte Form" von Literatur legitimiert. So entsteht eine wechselseitige Beförderung der Autor- und Verlagsmarke,[55] die bereits in der Gestaltung der Reihe angelegt ist und durch Paratexte – dazu gehören neben Klappentexten auch Verlagsprospekte und Programmankündigungen – verstärkt wird. Besonders wichtig wird dieser Mechanismus da, wo man einen relativ unbekannten Autor, und ein solcher ist Thomas Bernhard zu dieser Zeit, an den Käufer und die Käuferin bringen möchte:

> Was löst beim literarischen Buch den Entschluß zum Kauf aus? Gewiß nicht primär die Ausstattung, nicht primär der Schutzumschlag. Es ist der Rang des Autors, es ist der Diskussionsgrad, den sein Buch auslöst, die durch den Titel ausgelöste Erwartung des Lesers, in diesem Buch seine Sache, seine Zeit, seine Gesellschaft, sein Ich kritisiert, bestätigt oder als veränderbar dargestellt zu finden. Dann – immer wieder eingeschränkt auf das literarische Buch – ist es der Verlag, dessen Name als Kennwort, als Orientierung dient; und dies gilt dann besonders bei einem unbekannten oder noch nicht bekannten Autor, gar bei einem Erstling.[56]

Auch hier versucht Unseld erneut, die Aufmerksamkeit auf das Inhaltliche des Buches zu lenken und stellt dessen Ausstattung als nebensächlich für die Kaufentscheidung dar. Dabei sind es *gerade* die visuell wahrnehmbaren Signale wie Gestaltung, Farbe und Typographie des Schutzumschlages, die ein Bild von Autor und Verlag entstehen lassen, welches in Unselds eigenen Worten „Kennmarke, Kennzeichen, Signal" wird. Im Falle einer Reihen-Publikation kann die Ausstat-

---

54 Thomas Bernhard, Prosa, Frankfurt a.M. 1967 (EA), Klappentext.
55 Vgl. zu dieser wechselseitigen Stärkung der Marken durch die Reputation des Verlags und die Bekanntheit und Attraktivität des Autors ausführlich Gerlach, Die Bedeutung des Suhrkamp Verlags, S. 311f.
56 Unseld, Der Marienbader Korb, S. 69.

tung des Buchs jedoch naturgemäß nicht die Charakteristika des individuellen Autors repräsentieren, da sie für alle Autor_innen uniform sein muss. Eine mögliche alternative Marketingstrategie besteht dann, wie man dem Klappentext des *Prosa*-Bandes ablesen kann, darin, den Autor thematisch und stilistisch so rückhaltlos in die Reihe einzuordnen, dass eine – von Unseld als so wichtig dargestellte – Einheit zwischen dem ‚Innen' von Thematik und Stil und dem ‚Außen' der Typographie entsteht. Das durch solche Maßnahmen etablierte und gepflegte Markenimage ist indes, wie sich an Bernhards Fall nachzeichnen lässt, durchaus veränderbar.

3.2.2 Bernhard als moderner Klassiker – Der Wechsel in die *Bibliothek Suhrkamp*

Bernhards zweiter Roman *Verstörung* erscheint 1967 – ungeachtet der Publikationen in der *edition suhrkamp* – wie sein Erstling *Frost* im Insel Verlag. Der Roman wird kontrovers besprochen,[57] allerdings lässt die Prominenz der Rezensenten – darunter Marcel Reich-Ranicki und Peter Handke – kaum Zweifel daran, dass Bernhard durch die gezielte Vermarktung des Suhrkamp Verlags bereits in den Rang eines namhaften zeitgenössischen Autors aufgestiegen ist. Dieses Image wird zunächst durch die beiden 1968 und 1969 in der *edition suhrkamp* erscheinenden Bände *Ungenach* und *Watten* gestützt. Desweiteren sollen diese Publikationen Bernhards Bindung an den Suhrkamp Verlag festigen und diese Verbindung auch öffentlich demonstrieren.

An der Herausgabe von *Ungenach* entzündet sich jedoch ein Streit zwischen Bernhard und Unseld, in dem es, wie im Folgenden so oft, hauptsächlich um Finanzielles geht – Bernhard fordert für Ungenach die 3000 Mark, die er zuvor für *Amras* erhalten hat, Unseld will wie im Falle des *Prosa*-Bandes nur 2000 Mark Honorar zahlen.[58] Die Zusammenarbeit wird auf eine erste harte Probe gestellt. Bernhard setzt Unseld schlussendlich ein Ultimatum, indem er schreibt:

> Ich bitte Sie also, mir *innerhalb dieser Woche* die *drei*tausend für „Ungenach", das höher einzuschätzen ist als „Amras" [...], an meine hiesige Adresse zu überweisen. [...] Wenn Sie nicht gewillt oder imstande sind, meinen Vorschlag zu akzeptieren, so *bin ich nicht gewillt und d. h. nicht imstande*, „Ungenach" in der edition herauszugeben, denn ob „Ungenach"

---

57 Vgl. dazu den Kommentar in Bernhard, Verstörung (WA), S. 225–230.
58 Vgl. Bernhard/Unseld, Briefe 45–50 (9. Juli 1968–27. Juli 1968). In: Bernhard/Unseld, Briefwechsel, S. 74–87.

erscheint oder nicht, ändert an meinem, wie sie selbst in Ihrem Brief sagen, „grossen Namen" nichts.[59]

Unseld ist so viel daran gelegen, den inzwischen etablierten Namen Bernhard in seinem *edition*-Kanon zu behalten, dass er, um den Autor zu besänftigen, eine für dessen Karriere und Vermarktung folgenschwere Weichenstellung vornimmt – und ihn gewissermaßen vor der Zeit in die *Bibliothek Suhrkamp* befördert. Unseld weiß, dass diese Reihe Bernhards eigentliche Lieblingsreihe im Verlag ist, auch wenn Bernhard den ersten in der *edition suhrkamp* erschienenen Band *Amras* sehr gelobt hatte. Im Dezember 1965 schreibt er an seinen damals neuen Verleger:

> Lieber Herr Dr. Unseld,
> die neue Ausgabe von „Amras" in Ihrer edition zeigt mir das Buch mit einer noch grösseren Deutlichkeit, Klarheit und Schönheit und ich wünschte, alle meine Bücher erschienen auf diese Weise. Diese Ausgabe erweckt in mir nicht einmal die mir angeborene Lust, daran etwas auszusetzen, weil die am Ästhetischen viel zu gross ist. [...] Das Vergnügen an den Sternen besteht darin, dass sie, wenn auch alle mit einer verschieden grossen Leuchtkraft, Sterne sind, so sehe ich die Ausgaben Ihrer edition, wie ich die Sterne über mir sehe. Und wenn es noch einen Wunsch gibt, dann den, ein Buch von mir in der von mir von ihren Anfängen geliebten Bibliothek Suhrkamp zu haben.[60]

Diesen unmissverständlichen Wunsch Bernhards verwandelt Unseld im Streit über die Herausgabe von *Ungenach* in den Trumpf, mit dem sich die finanziellen Querelen endlich beilegen lassen, so dass der bereits im Satz befindliche Band wie geplant veröffentlichen werden kann. Der Verleger weiß sehr genau, wie er den – das ist bereits zu diesem frühen Zeitpunkt der Zusammenarbeit mehr als deutlich: anspruchsvollen – Autor ködern kann:

> Sie werden für „Ungenach" DM 3000,- erhalten [...]. Ich hoffe, daß dann für Sie diese Frage geklärt ist. In Zukunft treffen wir solche Vereinbarungen, bevor wir das Manuskript in Satz geben; dann kommen wir nicht mehr in solche Situationen. Ich wollte Ihnen noch eine freudige Mitteilung machen. Wir wollen die „Verstörung" in der BS bringen, und zwar im nächsten Programm, d.h. in einem der Monate von Mai-Oktober 1969. Ich weiß, daß ich damit einen Wunsch von Ihnen erfülle, und ich freue mich, daß Sie dann in der BS erscheinen.[61]

Bernhards Drohung, unter den gegebenen Umständen könne er dem Erscheinen von *Ungenach* in der *edition* nicht zustimmen, zitiert Unseld im Folgenden, um

---

59 Bernhard, Brief 47 (22. Juli 1968). In: Bernhard/Unseld, Briefwechsel, S. 82.
60 Bernhard, Brief 18 (14. Dezember 1965). In: Bernhard/Unseld, Briefwechsel, S. 31.
61 Unseld, Brief 49 (24. Juli 1968). In: Bernhard/Unseld, Briefwechsel, S. 84.

sein Angebot zum Tauschgeschäft – die Herausgabe von *Verstörung* in der *Bibliothek Suhrkamp* gegen Bernhards Einverständnis, *Ungenach* in der *edition suhrkamp* zu veröffentlichen – noch einmal dezidiert zu formulieren: „‚Wenn Sie nicht gewillt oder imstande sind, meinen Vorschlag zu akzeptieren, so bin ich nicht gewillt und d. h. nicht imstande', die ‚Verstörung' in der BS herauszugeben."[62] Bernhard nimmt Unselds Angebot ohne zu zögern an und ebnet damit seinen Weg in die *Bibliothek Suhrkamp*. So wandelt sich – dank der Konnotationen, die durch Gestaltung und Bewerbung mit dieser Reihe verbunden sind – sein Image vom Autor einer ‚neuen Prosa' zu dem eines modernen Klassikers.

Für die Konstituierung des neuen Markenimages ist es konsequent und unerlässlich, dass Bernhard sich 1970 komplett aus der *edition suhrkamp* verabschiedet.[63] Dieser Abschied geschieht jedoch mit einem letzten Band, der Bernhards Ruf als zeitgenössisch relevanter Autor ein letztes Mal zementiert und ihm beim Wechsel ins neue Markenimage nur förderlich sein kann: Im Juli 1970 gibt der Verlag anlässlich des 20jährigen Gründungsjubiläums in der *edition suhrkamp* eine Reihe von Sekundärliteraturbänden zu wichtigen Suhrkamp-Autoren heraus. Der Band *Über Thomas Bernhard*, ein wohlwollendes Potpourri aus Sekundärliteratur und Rezensionen, das zu fünfzig Prozent aus Leseeindrücken anderer Autoren und Besprechungen dem Verlag nahestehender Kritiker besteht, erscheint als erster in dieser Unterreihe.[64] Schon der Klappentext des Bandes lässt Bernhards gesamte literarische Karriere – einer Retrospektive gleich – Revue passieren und unterstützt damit den Eindruck, als fände mit diesem Band *etwas* (nämlich seine Karriere in der *edition*) seinen krönenden Abschluss:

---

[62] Unseld, Brief 49 (24. Juli 1968). In: Bernhard/Unseld, Briefwechsel, S. 85.
[63] Zwar erscheint 1980 seine Erzählung *Die Billigesser* in der Neuen Folge der *edition suhrkamp*, dies allerdings nur auf eindringlichen Wunsch Siegfried Unselds, dem Bernhard schlussendlich nachgibt. In einem Reisebericht hält Siegfried Unseld dazu fest: „Gespräch mit Thomas Bernhard. Übergabe des Manuskripts ‚Die Billigesser'. Er wolle das Manuskript nicht für die esNF [*edition suhrkamp Neue Folge*, C.M.] haben, weil er meinte, in einer Reihe ginge das unter. Ich widersprach dem." Unseld, Brief 388 (3. September 1979). In: Bernhard/Unseld, Briefwechsel, S. 574.
[64] Anlässlich des Jubiläums erscheinen acht weitere Bände dieser Unterreihe zu Günter Eich (es, Bd. 402); Hans Magnus Enzensberger (es, Bd. 403); Max Frisch (es, Bd. 404 [als fehlender Band erst 1971 erschienen, C.M.]); Uwe Johnson (es, Bd. 405); Hans Erich Nossack (es, Bd. 406); Martin Walser (es, Bd. 407); Peter Weiss (es, Bd. 408 [ebenfalls erst 1971 erschienen, C.M.]). Von diesen acht Bänden wird die Hälfte von Suhrkamp-Lektoren herausgegeben. Es handelt sich dabei also um komplett ‚hauseigene' Produktionen, die wie alle anderen Werbemaßnahmen des Verlags das Markenimage des jeweiligen Autors befördern und zugleich das moderne Image der Reihe stützen sollten. Das theoretische Fundament der *edition* hatte Suhrkamp mit den Bänden 249–252 präsentiert. 1968 erscheinen die Bände zu Theodor W. Adorno, Walter Benjamin, Ernst Bloch (hg. von Martin Walser) und Ludwig Wittgenstein.

> 1963 erschien Bernhards erster Roman Frost [...]; dann in fast regelmäßigen Abständen Texte, durch die sich Bernhard nachdrücklich als einer der großen Schriftsteller der Gegenwart auswies. Dennoch brauchte die literarische Kritik ebenso wie die Öffentlichkeit lange, um auf diesen ganz und gar eigenwilligen Autor aufmerksam zu werden. Nur wenige Kritiker meldeten sich, kontinuierlich die Veröffentlichungen begleitend, zu Wort.[65]

Auch wenn laut Klappentext „nur wenige Kritiker" Bernhards oft verkanntes Talent klar sahen, macht der Bekanntheitsgrad der im Band versammelten Kritiker dies spielend wieder wett: Die Namen Carl Zuckmayer, Marcel Reich-Ranicki, Peter Handke und Karl-Heinz Bohrer begründen einmal mehr Bernhards hohen Rang im umfangreichen Kanon der Gegenwartsschriftsteller des Suhrkamp Verlags. Der zweite Teil des Klappentextes ist – dieser Werkschau folgend – bemüht zu betonen, dass Bernhards Werk, obschon man ihn in Zukunft in der *edition* vergeblich suchen wird, keinesfalls abgeschlossen sei. Hier heißt es:

> Eine sich auf literatursoziologische, psychologische oder linguistische Methoden stützende Analyse setzte erst in der letzten Zeit ein [und ihr aktueller Stand, so suggeriert der Text, ist selbstverständlich in diesem *edition suhrkamp* Band abgebildet, C.M.]. Das Werk Bernhards ist nicht abgeschlossen; ebensowenig die Auseinandersetzung mit ihm. Die in diesem Band gesammelten Arbeiten zeigen ein Stadium der Rezeption dieses nicht abgeschlossenen Werks. Der Prozeß ist nicht zu Ende.[66]

Die Verve, mit der die Prospektivität des Bernhard'schen Werks bekräftigt wird, wirkt etwas kurios, ist aber unbedingt notwendig, um das vorzeitige Ausscheiden des Autors aus der *edition* zu erklären und sein zuverlässiges Weiterproduzieren von Texten („in fast regelmäßigen Abständen") zu annoncieren. Denn mit diesem Band wechselt Bernhard vollends in die *Bibliothek Suhrkamp* und soll dorthin möglichst viele *edition*-Leser mitnehmen – was angesichts der Tatsache, dass sich die Zielgruppen der *edition* und *Bibliothek Suhrkamp* konzeptionell stark unterschieden, eine Herausforderung für den Verlag gewesen sein dürfte.

Innerhalb der jungen, linksintellektuellen Zielgruppe der *edition suhrkamp* (aber auch darüber hinaus) avancierte die Reihe schnell zu dem Statussymbol, als das sie durch das Augenmerk auf eine radikal andersartige und moderne Ausstattung *auch* konzipiert war: Es ging nicht in erster Linie darum, alle Bände gelesen zu haben, sondern vor allem darum, das Regenbogenband möglichst ununterbrochen im Bücherregal präsentieren zu können. Willy Fleckhaus selbst war sich dieser buchstäblichen Strahlkraft seiner Reihengestaltung durchaus bewusst:

---

65 Anneliese Botond (Hg.), Über Thomas Bernhard, Frankfurt a.M. 1970, Klappentext.
66 Anneliese Botond (Hg.), Über Thomas Bernhard, Frankfurt a.M. 1970, Klappentext.

Ich weiß von Buchkäufern, die diese Bibliothek komplett besitzen möchten. Statt Frisch oder Beckett kauft man zwei Grüne, um die Lücke daheim zu stopfen. Mancher kauft auch ein Meter Buch oder zwei. Frisch, Beckett und der Verleger sehen dies gewiss nicht ungern.[67]

Das Zusammenspiel von optisch-ästhetischen und programmatisch-ideellen Werten war dabei essenziell für den großen Erfolg der *edition*. Im ebenfalls von Fleckhaus gestalteten Jugendmagazin *twen* ist dieser dekorative Charakter der Reihe eindrücklich gezeigt. In einem Artikel aus dem Jahr 1969 mit dem Titel *Zehn Jahre – Vier Wände*,[68] der den Einrichtungsstil der 50er Jahre mit dem der späten 60er Jahre vergleicht, finden zwei Spektren der *es* „als optisches, pop-artiges Element, als Einrichtungsgegenstand zwischen Glastisch, Chromlampe und *braun*-Schallplattenspieler, als ein Kult-Gegenstand der Dekade Verwendung."[69] Wie die anderen Kult-Gegenstände trägt auch der Markenartikel *edition suhrkamp* zur Bildung einer Wertegemeinschaft bei. Rainer Gerlach formuliert diesen Umstand mit Blick auf Unselds „intuitive Markenstrategie"[70] folgendermaßen: „Das Wesen der Markenprägung besteht immer darin, Markennamen mit einem klar umrissenen Werteprofil so aufzuladen, dass die Käufer durch den Erwerb dieser Marken-Produkte das Gefühl vermittelt bekommen, selbst ein Teil dieser Wertegemeinschaft zu sein."[71] Ein weiteres unverkennbares Suhrkamp-Produkt liegt im Vordergrund der *twen*-Abbildung. Neben Siegfried Lenz' *Deutschstunde* (Hoffmann und Campe) und der Essay- und Briefesammlung *Seele auf Eis* von Leroy Eldridge (Hanser), dem Mitbegründer der Black Panthers, ist der 1969 erschienene markante Handke-Sammelband *Prosa, Gedichte, Theaterstücke, Hörspiel, Aufsätze* mit dem filmstreifenartigen, vierfachen Autorenportrait auf dem Buchrücken zu erkennen, der im Bücherregal der Achtundsechziger-Generation ebenso wenig fehlen durfte.

Der Zeitgeist, der aus all diesen Utensilien spricht und den die *edition suhrkamp* repräsentieren sollte – modern, modisch, links, kritisch, politisch –, zeigt deutlich, wie schlecht Bernhard in dieser Reihe aufgehoben war. Zwar bemühte sich Unseld, den Autor über Klappentexte, Verlagsankündigungen, Programmhefte und andere Werbestrategien vollends in die *edition* einzureihen, jedoch blieb das Prädikat „zeitgenössischer, freier Schriftsteller" – auch in Anbetracht

---

[67] Willy Fleckhaus, Arbeiten aus meiner vielseitigen Tätigkeit. Vortrag von Willy Fleckhaus auf Einladung der Vereinigung der Schweizer Buchhändler, gehalten am 9. November 1973. In: Koetzle/Wolff, Fleckhaus, S. 275–279, hier S. 276.
[68] Rüdiger Dilloo, Zehn Jahre, Vier Wände [Art.]. In: twen, Nr. 9, 1969, S. 78.
[69] Koetzle/Wolff, Fleckhaus, S. 167.
[70] Ich übernehme diesen Begriff aus Gerlach, Die Bedeutung des Suhrkamp Verlags, S. 310.
[71] Gerlach, Die Bedeutung des Suhrkamp Verlags, S. 310.

von Bernhards öffentlichen Auftritten in Lodenjanker und Lederhosen – auffällig unstimmig. Dieser Spagat, den schon der Klappentext von *Amras* versucht hatte, konnte nicht gelingen: Zwischen dem pauschalen Schlagwort einer ‚neuen Prosa' und einer Prosa, die laut Günter Blöcker nicht „in Sprachpantomimen und linguistischer Ornamentik Erleichterung" suche, sondern die „Zeichensprache der Natur" enträtseln wolle, lässt sich schwerlich vermitteln. Liest man Blöckers Rezension weiter, so wird schnell deutlich, dass auch diese ursprünglich in eine ganz andere Richtung zielt: Bernhard sei kein zeitgenössischer und mithin experimenteller, politischer Autor, sondern vielmehr einer, der sich einerseits schlecht einer literarischen Strömung zuordnen lasse, andererseits aber starke Anklänge an romantische Topoi biete:

> Es ist nur angemessen, daß sich Thomas Bernhard für dieses wahrhaft todesmutige Unternehmen [nämlich die Zeichensprache der Natur zu enträtseln, C.M.] einer doppelten Ahnherrschaft versichert, der unausgesprochenen Georg Büchners und der ausgesprochenen des Novalis, des Dichters, der die Überzeugung vertrat, daß der Poet die Natur besser verstehe als selbst der gelehrteste wissenschaftliche Kopf.[72]

Mit der Absage an den ‚gelehrten, wissenschaftlichen Kopf' wäre auch die Zugehörigkeit zur *edition suhrkamp* auf eine harte Probe gestellt worden, ebenso mit einem Büchner- und Novalis-Vergleich, weshalb die Rezension für die *es* nur stark gekürzt als Klappentext dienen konnte. Für den Klappentext von Bernhards 1967 erscheinendem Roman *Verstörung* im Insel Verlag wird Blöckers Rezension noch weiter fragmentiert und auf die unmissverständlichen Sätze reduziert: „Man spricht heutzutage so viel von einer neuen Prosa, welche die Zwangsherrschaft der vorgeprägten erzählerischen Formen abschütteln müsse. Hier ist sie."

Bei Bernhards Wechsel in die *BS* mit eben diesem Roman wird der Klappentext des in der *edition suhrkamp* erschienenen *Prosa*-Bands ebenfalls reaktiviert, allerdings wird dem schon genutzten Ausschnitt aus Blöckers Rezension („Bernhard nimmt eine dezidiert moderne Position ein. Geist der Wissenschaft und Geist der Poesie treten in spannungsreiche Wechselbeziehungen und schaffen eine neue, zeitgerechte Form der erzählenden Prosa.") noch ein weiterer Abschnitt hinzugefügt, der dem jetzt als moderner Klassiker auftretenden Bernhard mehr Würde verleiht:

> Über all diese Verdienste hinaus [vgl. vorige Zitate, C.M.] aber ist als das Seltenste und Kostbarste an dem Roman sein tiefer Ernst zu rühmen. Hier wird mit dichterischen Mit-

---

72 Günter Blöcker, Thomas Bernhard: Amras.

teln das betrieben, was der Vater des Ich-Erzählers von der Medizin verlangt, nämlich ‚Ursachenforschung'.[73]

Der Wandel vom ‚freien Schriftsteller' zum ‚Dichter' ist für das Gelingen der neuen Markenstrategie nicht zu unterschätzen. Er zeigt Bernhards Entwicklung oder besser: den Imagewechsel vom relevanten zeitgenössischen Autor zum modernen Klassiker an, der durch den einfachen Umstand des Wechsels von der *edition* in die *Bibliothek Suhrkamp* vollzogen ist. Dieses neue Markenimage muss selbstverständlich durch eine veränderte Werbung gefestigt werden.

3.2.3 Etablierung des Markenimages durch individuelle Erstausgaben

Nach den finanziell motivierten Querelen des Jahres 1969 gilt es zunächst, Bernhards Vertrauen in den Verlag zu stärken und den Autor wieder enger an Suhrkamp zu binden, da die gelockerte Verbindung im selben Jahr bereits zwei Publikationen in anderen Verlagen zur Folge gehabt hatte: Der Erzählband *Ereignisse* erscheint im Verlag des Literarischen Colloquiums Berlin, *An der Baumgrenze* bei Residenz in Salzburg.[74] Diese ‚Seitensprünge' kann Unseld, der seine Autoren gemäß der Strategie *„Hier werden keine Bücher publiziert, sondern Autoren"*[75] exklusiv verlegen *muss*, keinesfalls tolerieren. Bernhard weiß sehr genau, wie wichtig seinem Verleger diese Exklusivität ist und signiert in der für ihn typischen Mischung aus Süffisanz und ernstgemeintem Versprechen ein Exemplar der Residenz-Ausgabe von *An der Baumgrenze* für Unseld mit dem Satz „ich gehe nicht mehr fremd!"[76] Unseld gibt Bernhard seinerseits das Versprechen, das folgende

---

73 Blöcker, Thomas Bernhard: Amras.
74 Bernhard äußert in einem Brief an Unseld, dass die „so locker gewordene Bindung" zum Suhrkamp Verlag ihn zu einem „Ausflug nach Salzburg" bewegt habe. Vgl. Bernhard, Brief 157 (22. Juni 1971). In: Bernhard/Unseld, Briefwechsel, S. 224. Im Band *An der Baumgrenze* sind die gleichnamige Erzählung und die beiden Filmtexte *Der Kulterer* und *Der Italiener. Ein Fragment* zusammengefasst, die zwischen 1963 und 1967/68 andernorts herausgegeben wurden. Vgl. Bernhard, Brief 59 (12. Januar 1969). In: Bernhard/Unseld, Briefwechsel, S. 97.
75 Dieses wichtigste Credo steht auch heute noch als Leitsatz über dem Programm des Verlags sowie über der Selbstdarstellung des Verlags im Web: „‚Auf die Frage, wie in kürzester Form der Suhrkamp Verlag zu charakterisieren sei, antworte ich in der Regel: Hier werden keine Bücher publiziert, sondern Autoren.' Siegfried Unseld" (online unter www.suhrkamp.de/suhrkamp_verlag_14.html, letzter Zugriff: April 2018).
76 Dass Bernhard dieses Versprechen nicht hält und 1975 den ersten Band seiner autobiographischen Romane erneut im Residenz Verlag veröffentlicht, schockiert Unseld zutiefst, er bittet sich aus, dass „Sie kein weiteres Manuskript dem Residenz Verlag geben werden." Unseld, Brief 326

Jahr solle ein „dezidiertes Jahr Thomas Bernhard werden",[77] das zweite Halbjahr 1970 stehe ohnehin im Zeichen des 20jährigen Suhrkamp-Jubiläums, „und hier läge uns besonders viel an ihrem Roman [*Das Kalkwerk*, C.M.] *und* an der Tatsache, daß Thomas Bernhard hier vertreten ist".[78] Dass das angekündigte Bernhard-Jahr just mit der Auszeichnung des Autors mit dem Büchner-Preis eingeläutet wird, mag Zufall sein oder mit Unselds intensiver Kontaktpflege zusammenhängen,[79] in jedem Fall ist dieses Ereignis extrem förderlich für das neue und zu etablierende Markenimage – und selbstverständlich auch für die Verkäufe des neuen Romans. Unseld sagt Bernhard beim Anblick des ersten gedruckten Exemplars von *Das Kalkwerk* den endgültigen Durchbruch voraus:

> Lieber Herr Bernhard, ich halte das Exemplar Ihres Buches „Das Kalkwerk" in Händen, ich bin ganz sicher, es ist ihr bestes Buch, sowie wenn mit einem Buch Ihr Durchbruch bei einem größeren Kreis gelingen kann, dann hier und jetzt. Wir sind jedenfalls auf eine intensive Werbung eingestellt; der Büchner-Preis wird das Seine dazu tun.[80]

Der Erstausgabe wird zu Werbezwecken eine gelbe Banderole beigegeben, auf deren Vorderseite zu lesen ist: „Thomas Bernhard, Büchner-Preis 1970", auf der Rückseite verrät ein Zitat aus einer Rezension im Bayrischen Rundfunk: „Thomas Bernhards Welt, ist man erst einmal mit ihr in Berührung gekommen, ist ganz und gar unausweichlich."

Bernhards neues Image des modernen Klassikers wird nicht allein dadurch *sicht*bar, dass er von nun an in der *Bibliothek Suhrkamp* erscheint. Da er der *edition* endgültig entwachsen ist und die *Bibliothek* im Regelfall keine Erstausgaben beinhaltet (Ausnahmen sind die Jubiläumsausgaben zu den 100er Bänden), müssen

---

(5. August 1975). In: Bernhard/Unseld, Briefwechsel, S. 482. Es folgen jedoch vier weitere Bände der Autobiographie im Residenz Verlag und 1989 der Prosaband *In der Höhe*.
77 Unseld, Brief 101 (19. Dezember 1969). In: Bernhard/Unseld, Briefwechsel, S. 153.
78 Unseld, Brief 109 (26. Februar 1970). In: Bernhard/Unseld, Briefwechsel, S. 167.
79 Rainer Gerlach zeigt in seiner Untersuchung, dass Unseld durch den Ausbau seiner Kontakte zu allen wichtigen Personenkreisen im Buchgeschäft und vor allem zu Auswahlgremien von Literaturpreisen entscheidende Vorteile für seine Autoren und deren Vermarktung erzielen konnte: „Ganz besonders wichtig waren Unseld engste Kontakte zu Juroren literarischer Preise. Damit war es ihm möglich, auf das Vorschlagswesen und die Auszeichnung bestimmter Autoren Einfluss zu nehmen. So gelang es dem Suhrkamp Verlag zwischen 1955 und 2000, also in 46 Jahren, 21 Mal den Büchner-Preis für Autoren des Hauses zu gewinnen. Im gleichen Zeitraum erhielten Suhrkamp-Autoren 14 Mal den Friedenspreis des deutschen Buchhandels und zwischen 1966 und 1996 acht Mal den Nobelpreis für Literatur zugesprochen. [...] Kein anderer Verlag hat eine solche Bilanz aufzuweisen." Gerlach, Die Bedeutung des Suhrkamp Verlags, S. 317.
80 Unseld, Brief 127 (3. September 1970). In: Bernhard/Unseld, Briefwechsel, S. 191.

Bernhards Texte wieder in Form von eigenständigen Erstausgaben herausgegeben werden. Auch weil das Erscheinen innerhalb der Reihe sich für einen etablierten Autor durchaus nachteilig ausnehmen kann:

> Schwache Titel werden zwar durch die Reihe gestützt, der starke Titel aber auch im selben Maß geschwächt. Selten stehen Titel einer Buchserie in den Bestsellerlisten, natürlich auch deshalb, weil erfolgversprechende Titel zuerst als individuelle Hardcover publiziert und vermarktet und erst danach als Taschenbuch herausgegeben werden.[81]

Um den bereits etablierten Autor Bernhard auch als solchen zu vermarkten, werden also individuelle Erstausgaben erneut relevant und mit ihnen erstmals Unselds und Fleckhaus' Vorstellung von einer Übereinstimmung zwischen der Stilistik bzw. dem Inhalt der Texte und der für ihn maßgeschneiderten typographischen Gestaltung:

> [Willy Fleckhaus] muss sich auf die Ästhetik der Texte und die Poetik der Autoren einstellen. Wenn [er] seine Schriften für Umschlag, Einband, Titeleien und Typographie organisiert, so muß er seine Art, die Welt zu sehen, mit der der Autoren in Einklang zu bringen suchen. Der Gegenwärtigkeit der Mittel der Autoren müssen die des Buches entsprechen.[82]

Dies bedeutet zunächst nichts anderes, als dass nun umfangreichere typographische Mittel zur Verfügung stehen (individuelle Umschlaggestaltung, Auswahl der Schriftart und Größe, Einrichtung des Satzspiegels etc.), um die Marke Thomas Bernhard – gemäß der typographischen Linie des Suhrkamp Verlags, die Willy Fleckhaus in diesen Jahren absolut prägt – weiter auszubauen.

Bernhards 1970 erscheinender Roman *Das Kalkwerk* wird die erste im Suhrkamp Verlag und außerhalb einer Reihe erscheinende gebundene Erstausgabe sein. Willy Fleckhaus entwirft einen Umschlag, der durch seine schwarz-weiß-gelbe Farbgestaltung einerseits dem Umschlag der Insel-Ausgabe von *Verstörung* ähnelt und somit Wiedererkennungswert besitzt, andererseits das nun radikal Individuelle des Autors Thomas Bernhard betont (s. Abb. 5). Der sofort ins Auge springende Titel des Romans ist hier nicht, wie bei den Suhrkamp-Reihen, in Druckschrift gesetzt, er präsentiert sich in einer dem Zeitgeist entsprechenden Graphik, die mit ihren angeschnittenen Buchstaben nicht umsonst an das ebenfalls von Willy Fleckhaus gestaltete *twen* Magazin erinnert (s. Abb. 6).[83] Präsen-

---

81 Koetzle/Wolff, Fleckhaus, S. 174.
82 Unseld, Der Marienbader Korb, S. 70.
83 Zu Fleckhaus' Markenzeichen gehören seine Affinität zu Versalien und die zu eng gesetzten Buchstaben. Vgl. Koetzle/Wolff, Fleckhaus, S. 59 sowie Hans Peter Willberg, Buchkunst im Wan-

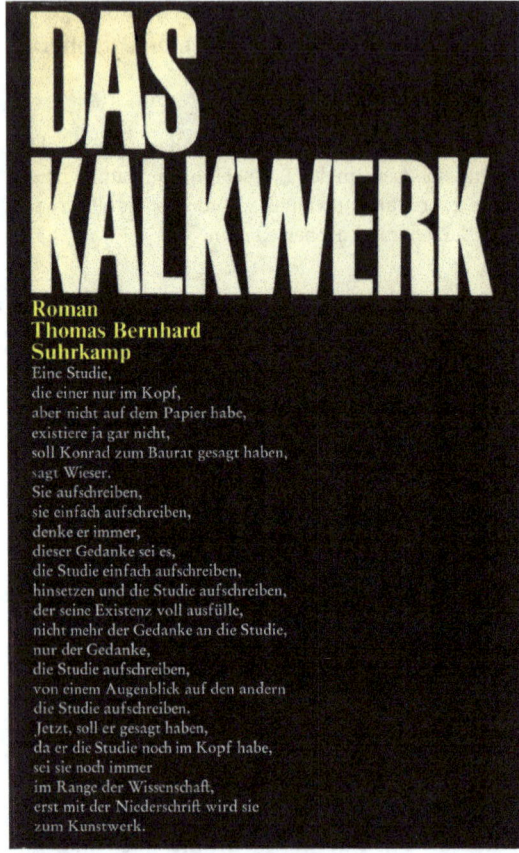

Abb. 5: Thomas Bernhard, *Das Kalkwerk* (Erstausgabe 1970, Suhrkamp Verlag), Design: Willy Fleckhaus.

Abb. 6: Artikel aus der Zeitschrift *twen* (1968), Ausschnitt, Design: Willy Fleckhaus.

tiert wird hier ein zwar gesetzter, aber nichtsdestotrotz moderner, ‚angesagter' Autor, den man gelesen haben muss.

Die unter dem Titel stehende Gattungsbezeichnung, der Autor- und Verlagsname werden in einer ebenso zeitgenössisch anmutenden *Times*-Schrift in durchgängiger Schriftgröße gesetzt, was die unauflösliche Trias „Roman/Thomas

---

del. Die Entwicklung der Buchgestaltung in der Bundesrepublik Deutschland, Frankfurt a.M. 1984, S. 43: „In der Hand von typographischen Meistern – etwa bei den Buchumschlägen von Willy Fleckhaus für den Suhrkamp-Verlag – kann aus derart zu eng gesetzten Worten ein Gesamt-Schrift-Bild entstehen, das insgesamt rhythmisch ist und dadurch wieder ‚stimmt' [...]."

Bernhard/Suhrkamp" betont präsentiert, die dafür gewählte gelbe Farbe auf dem ansonsten schwarzweiß gehaltenen Umschlag verstärkt diesen Effekt. Die auffälligste Besonderheit der Umschlaggestaltung ist jedoch der in einer *Garamond*-Type gedruckte und dadurch zu den beiden anderen Schriften in starkem Kontrast stehende Auszug aus dem *Kalkwerk*, der das Thema des Romans in doppeltem Sinn plakativ vorstellt und damit eine Erwartungshaltung bei den potenziellen Konsument_innen erzeugt.[84]

Bei dem abgedruckten Text handelt es sich indes nicht, wie man vermuten könnte, um den Anfang des Romans, sondern um das ihm Wesentliche oder, in Unselds Worten, um die visuell wahrnehmbare „Kristallisation" des Textes, seines Inhalts und tieferen Sinns. Ulla Fleckhaus zufolge konnte ihr Mann „,den Geruch' eines Buches sehr gut aufnehmen und erfaßte häufig die Essenz des Inhalts durch ‚Querlesen'".[85] So verwundert es auch nicht, dass Fleckhaus – gerade aufgrund dieser kursorischen Lektüre, bei der Bernhards Textbausteine besonders ins Auge springen – hier nicht nur ein inhaltliches Extrakt des Romans präsentiert, sondern wie nebenbei auch Bernhards sequenzielle Poetik *offenlegt*. Die Bausteine, die im Roman in die Sukzession eingespeist sind, werden auf dem Umschlag voneinander isoliert dargestellt. Allerdings hat diese luzide Darstellung auch weitere, für das Image des Autors noch wichtigere Konnotationen: Die Umschlaggestaltung erzeugt das Bild eines Romans, der sich irgendwo zwischen den ersten und letzten Wörtern des Textauszugs – der „Studie" und dem „Kunstwerk" – *materialisiert*. Um den Eindruck zu erwecken, es handle sich bei dem Auszug nicht nur um die prägnante Beschreibung von Konrads Schreibprojekt, das im Mittelpunkt des Roman steht, sondern um das *Wesen* des Bernhard'schen Textes, müssen die zitierten Sätze von Fleckhaus so collagiert werden, dass die Eckpunkte von Bernhards Schreibens im Wortsinn anschaulich werden. Wenn dies gelingt, ist nicht nur Konrads Projekt, sondern auch Bernhards Roman „[e]ine Studie, [...] erst mit der Niederschrift wird sie zum Kunstwerk". Im gedruckten Roman tauchen die zitierten Sätze nicht nur in umgekehrter Reihenfolge auf,[86] an den zweiten Satz des Umschlages („Sie aufschreiben, sie einfach

---

[84] Dieses Gestaltungsmittel war für Fleckhaus durchaus üblich: „Ein anderes, gelegentlich eingesetztes Mittel, um die Aufmerksamkeit des Buchkäufers zu erregen, war die Wiedergabe einer Textpassage aus dem Buch auf dem Umschlag, die in verschiedenen Formen Anwendung fand. Als Muster dürfen die Umschläge für *Innen* von Hélène Cixous [EA 1971 bei Suhrkamp, C.M.] oder Magda Szabós Roman *1. Moses 22* [EA 1967 bei Insel, C.M.] gelten." Koetzle/Wolff, Fleckhaus, S. 168.
[85] Ulla Fleckhaus/Carsten M. Wolf, Ulla Fleckhaus im Gespräch mit Carsten M. Wolff am 6. August 1996, zit. nach Koetzle/Wolff, Fleckhaus, S. 173.
[86] Vgl. Thomas Bernhard, Das Kalkwerk. Roman, Frankfurt a.M. 1970 (EA), S. 82: „Jetzt, soll er gesagt haben, da er die Studie noch im Kopf habe, sei sie noch immer im Range der Wissenschaft,

aufschreiben, denke er immer, dieser Gedanke sei es, [...] der seine Existenz voll ausfülle, [...])" schließt sich hier der Zusatz an: „je mehr er aber von diesem Gedanken besessen sei, desto unmöglicher werde es ihm, die Studie aufzuschreiben." Dieses im Roman unaufhörlich thematisierte Scheitern Konrads wird auf dem Umschlag verschwiegen, und zwar, um Bernhard als denjenigen auszuweisen, dem die Verwirklichung des Kunstwerkes durch die Niederschrift des vorliegenden Romans gelingt.

Mit dieser Umschlaggestaltung wird nicht allein die enge Verknüpfung zwischen Geistesmensch und Autor geleistet, die für das Image des Autors so entscheidend ist, Bernhard wird einmal mehr als derjenige präsentiert, der „Geist der Wissenschaft und Geist der Poesie [...] in spannungsreiche Wechselbeziehungen" treten lässt. Dieses Attribut, welches der Marke Thomas Bernhard 1967 mit Erscheinen des *Prosa*-Bandes in der *es* imprimiert und durch das Prädikat ‚Dichter' im Klappentext der *BS*-Ausgabe der *Verstörung* untermauert worden ist, wird hier drei Jahre später von Fleckhaus noch einmal *typographisch* in Szene gesetzt: Der Roman wird zwar deutlich als solcher annonciert – man denke an die Hervorhebung von Gattung, Autor und Verlag direkt unter dem Titel –, jedoch kurzerhand in Verse umgebrochen, wodurch er die Konnotation eines ‚Prosa-Gedichts' bekommt. Die Zeilenbrechung, die in einem tatsächlichen Prosagedicht fehlen würde, wird hier zum wichtigen Signal, um Bernhards Text nicht nur den Sonderstatus zwischen ‚Poesie und Wissenschaft', sondern auch den zwischen Lyrik und Prosa zuzuweisen. Dabei signalisiert die typographische Gestaltung, Bernhards Roman habe ‚lyrische' Qualitäten,[87] was der Klappentext zusätzlich unterstreicht: „Im Vergleich zu früheren Romanen Bernhards, *Frost* und *Verstörung* [die hier klar als einem anderen Werkabschnitt zugehörig inszeniert werden, da sie noch im Insel Verlag erschienen sind, C.M.], ist die Erzählweise noch kon-

---

erst mit der Niederschrift wird sie zum Kunstwerk." sowie S. 84: „Eine Studie, die einer nur im Kopf und nicht auf dem Papier habe, existiere ja garnicht, soll Konrad zum Baurat gesagt haben, sagt Wieser. Sie aufschreiben, sie einfach aufschreiben, denke er immer, dieser Gedanke sei es, die Studie einfach aufschreiben, hinsetzen und die Studie aufschreiben, der seine Existenz voll ausfülle, nicht mehr der Gedanke an die Studie, nur der Gedanke, die Studie aufschreiben, von einem Augenblick auf den anderen aufschreiben [...]."

87 Vgl. dazu Prosagedicht [Art.]. In: Reallexikon der deutschen Literaturwissenschaft, Bd. 3, hg. von Jan-Dirk Müller, Berlin/New York 2003, S. 172–174: „Durch seine Kürze und Kompaktheit hebt sich das Prosagedicht von ‚lyrischer Prosa' ab. Von anderen Formen der Kurzprosa unterscheidet es sich einerseits durch die dichte Konzentration poetischer Elemente [...], andererseits durch die Unabhängigkeit von Konventionen des Erzählens wie einer strukturierten Handlung mit Anfang, Mitte und Ende, von einem Plot und von kausaler Kohärenz."

zentrierter. [...] Entsprechend ist die Sprache noch karger, noch eindringlicher geworden."

Laut *Metzler Literaturlexikon* zeichnet sich Lyrik neben ihrer charakteristischen äußeren Form (Rhythmus, Vers, Metrum, Reim und Strophe, um nur die wichtigsten Merkmale zu nennen) durch konstante Elemente hinsichtlich ihrer inneren Form aus:

> Konzentration, Abbreviatur komplexer Verhältnisse, Sinnverdichtung und Bedeutungsintensität, [...] die v. a. durch Wiederholungen ein Gewebe von (gedichtimmanenten) Verweisungen und Bezügen herstellt und deren Addition und Variation in einer (mehr oder minder akzentuierten) Summation zusammenfaßt (die Wiederholung kann inhaltl. oder formale Kennzeichen betreffen: Wörter, Wortgruppen, Verse [...], rhythm. oder syntakt. Strukturen, bes. auch Klangidentitäten).[88]

Was im Klappentext also unter dem Stichwort „Konzentration" verhandelt wird, deutet in die gleiche Richtung wie die ‚Kennmarke', die Fleckhaus dem potenziellen Käufer von Bernhards *Kalkwerk* präsentiert: Die komplexe sprachliche Form, die semantische Dichte, die Bernhards „Roman" – dieser explizite Untertitel mit Gattungsbezeichnung stammt von Bernhard selbst – zugesprochen werden, drängt die Assoziation ‚Lyrik' auf. So kann es sich trotz des eindeutigen Untertitels auch nicht um einen Roman im eigentlichen Sinne handeln, vielmehr produziert Bernhards Schreiben ein gattungstheoretisches Paradoxon, wie auch der Klappentext nahelegt:

> [D]er Erzähler zerstört den Bericht während des Berichtens, so daß gerade dadurch die ständig zurückgenommenen Einzelteile [Partikel aus Gesprächen Konrads mit Wieser und Fro, C.M.] und das zu Berichtende: die „Auflösung" Konrads dargestellt werden. Die Grammatik gleicht einer Spirale, der man nach innen folgt. Im Roman *Das Kalkwerk* wird eine Geschichte gelöscht wie Kalk gelöscht wird.[89]

Was bei diesem umgekehrten Vorgang – auch typographisch – als Rest verbleibt, ist das, was auf der Vorderseite des Klappentextes zu sehen ist: das ‚Konzentrat' des Romans, das sich durch Sinnverdichtung auszeichnet und in erster Linie durch formale Wiederholungen und Variationen textimmanente Verweisungen

---

88 Lyrik [Art.], in: Metzler Literaturlexikon: Begriffe und Definitionen, hg. von Günther und Irmgard Schweikle, Stuttgart ²1990, S. 286.
89 Bernhard, Das Kalkwerk (EA), Klappentext hinten. Das Stichwort der ‚spiralförmigen Grammatik' verspricht dem potenziellen Leser nicht nur ein besonders intensives Leseerlebnis, es beeinflusst auch die Bernhard-Forschung, wo es zum festen Topos der Text-Analyse avanciert. Vgl. dazu im Kapitel 2.3.3 „Der ‚Weinflaschenstöpselfabrikant' – Störungen des Schreib- und Lesevorgangs", Anm. 238.

und Bezüge herstellt. Der letzte Satz des Klappentextes mag zunächst nahelegen, dass hier eine Geschichte *zerstört* würde, ganz im Sinne von Bernhards Selbstbezeichnung als ‚Geschichtenzerstörer',[90] und dies mag durchaus auch der Intention des Klappentextautors entsprechen. Jedoch impliziert dieser Ausdruck noch eine andere Bedeutung, die tatsächlich sehr viel mit Bernhards Schreiben gemein hat: Beim Löschen von Kalk wird der feste Branntkalk mit Wasser vermischt und so einerseits aufgelöst, andererseits verflüssigt. Das ‚Konzentrat' der Geschichte – die Satzmodelle und Textbausteine, die sich schon in Bernhards Entwürfen finden lassen und Elemente seines ‚Baukastensytems'[91] sind – wird durch das Schreiben und Lesen liquidiert, in eine Sukzession gebracht. Die ‚Einzelteile des Berichts' werden durch die typographische Zer-Setzung als Textbausteine sichtbar, sie werden jedoch dadurch, dass es sich eben nicht um ein Gedicht, sondern einen schlicht in Verse umgebrochenen Prosatext handelt, in eine fortlaufende Sukzession eingespeist. Fleckhaus setzt hier Bernhards Schreibverfahren, ob gewollt oder nicht, eindrücklich ins Bild. Allerdings zielt die Darstellung in Unselds Sinne nicht nur darauf ab, eine Kongruenz von ‚Mitteln des Autors' und ‚Mitteln der Gestaltung' herzustellen, sondern vor allem darauf, ein komplexes Signal an die potenzielle Käuferschaft zu senden: Hier handelt es sich um einen sowohl wissenschaftlichen als auch poetischen Text, der hohe Lesekompetenz voraussetzt und sich somit an ein solch exklusives und gebildetes Publikum richtet, wie es die Suhrkamp-Leserschaft sein möchte. Diesem Signal entspricht auch die Gestaltung des Satzspiegels: Nicht nur „Thomas Bernhards Welt […] ist ganz und gar unausweichlich", wie der Klappentext warnt bzw. verspricht, der nahezu absatzlos gedruckte Text hat exakt die gleiche Wirkung auf die Leserin. Das ‚Konzentrat' des Umschlags ist auf den Seiten des Buches in eine – wie dieser ununterbrochene Fließtext nahelegt: nicht enden wollende – Sukzession überführt. Der häufigste Textbaustein auf dem Umschlag „(einfach) aufschreiben", der erneut an die zuverlässige Produktivität des Autors erinnern soll, die schon der

---

[90] Vgl. erneut den Passus aus dem *Drei Tage* Interview: „Geschichten hasse ich im Grund. Ich bin ein *Geschichtenzerstörer, ich bin der typische Geschichtenzerstörer.* In meiner Arbeit, wenn sich irgendwo Anzeichen einer Geschichte bilden, oder wenn ich nur in der Ferne irgendwo hinter einem Prosahügel die Andeutung einer Geschichte auftauchen sehe, schieße ich sie ab." Bernhard, Drei Tage, S. 152. Das Stichwort des ‚Geschichtenzerstörers' ist durch Bernhards eigenhändige Kursivierung hervorgehoben.
[91] Die HerausgeberInnen des *Kalkwerk*-Bandes der Werkausgabe beschreiben mit diesem Terminus Bernhards übliches Verfahren der Wiederverwendung von „einzelnen Textabschnitten […] nach geringfügigen Änderungen in verschiedenen thematisch ähnlichen Werken […]". Kommentar in Bernhard, Das Kalkwerk (WA), S. 250.

Band *Über Thomas Bernhard* beschworen hatte, wird hier im Bild eines endlosen Satzes zum Beweis für Bernhards ‚noch konzentriertere Erzählweise'.

Typographisch orientiert sich der Drucktext auch hier an dem endgültigen Typoskript, das Bernhard beim Verlag einreicht: Die charakteristische Absatzlosigkeit, die schmalen Seitenränder und der durch Worttrennung annähernd hergestellte Blocksatz lassen durchaus schon an einen Drucktext denken, was auch hier einer der Gründe ist weshalb Unseld den Text nach der ersten Durchsicht als satzreif befindet.[92] In einem Punkt ist der Verleger jedoch nicht gewillt, dem Typoskript Folge zu leisten: Die Unterstreichungen, die Bernhard kursiv gesetzt haben möchte, will er mit Bernhards Einverständnis tilgen:

> lieber herr bernhard, „kalkwerk" ist großartig. ich bin begeistert. glückwunsch für uns beide. stop. mir erscheint der text satzreif. Ich möchte ihn sogleich in die herstellung geben. stop. eine bitte: die unterstrichenen stellen sollen nicht kursiv gesetzt werden. das wäre zuviel. wären sie damit einverstanden, wenn wir alles normal setzen? noch einmal meinen glückwunsch und meine bewunderung.[93]

Bernhard antwortet am nächsten Tag per Telegramm: „alles normal setzen = bernhard",[94] revidiert jedoch seine Entscheidung und fügt die Unterstreichungen in den Druckfahnen teilweise wieder ein.[95] Im endgültigen Typoskript (W 3/4) sind die Unterstreichungen, die Unseld annullieren möchte, sogar – für Bernhard eher unüblich – mit schwarzem Filzstift vorgenommen. Zwar sind diese hier, im Vergleich mit anderen Typoskripten, nicht so massenhaft vorhanden, trotzdem wird Unseld sehr deutlich, dass die vielen Hervorhebungen den optimalen Lesefluss beeinträchtigen.[96] Da jedoch die Erzeugung einer optimalen Lesbarkeit durch

---

92 Vgl. Unterkapitel 2.3 dieser Arbeit „Inszenierter Schreibfluss und Störungen des sukzessiven Prinzips".
93 Unseld, Brief 116 (11. Mai 1970). In: Bernhard/Unseld, Briefwechsel, S. 177.
94 Bernhard: Brief 117 (12. Mai 1970). In: Bernhard/Unseld, Briefwechsel, S. 178.
95 Vgl. Bernhard/Unseld, Briefwechsel, S. 178 sowie den Kommentar in Bernhard, Das Kalkwerk (WA), S. 252 f.
96 Hier zeigt sich noch einmal, wie unterschiedlich die durch Bernhards Schreib- und Kompositionsverfahren generierten Rezeptionseffekte in Typoskript und Druck ausfallen. Während die Unterstreichungen als ‚aktive' Auszeichnung Unselds Lesen enorm irritieren, sollte das Lesen des Drucktextes durch die ‚integrierten' Auszeichnung der Kursive, welche als am wenigsten störende Modifikation des Schriftbildes gilt, nicht so massiv irritiert werden. Im Gegenteil: Albert Kapr und Walter Schiller empfehlen sogar die gelegentliche Verwendung von Kursiven, weil diese die Aufmerksamkeit erhöhen könnten und das Lesen so interessanter würde. Vgl. Albert Kapr und Walter Schiller, Gestalt und Funktion der Typografie, Leipzig 1977, S. 168. Doch genau in diesem ‚Gelegentlichen' liegt in Bernhards Fall das Problem. Unseld sieht den – im Typoskript noch auffälligeren – graphischen Auszeichnungen *auf einen Blick* an, wie sehr der Lesefluss auch im

typographische Mittel Unselds höchstes Prinzip darstellt – zumal bei einem stilistisch komplexen und hohe Lesekompetenz voraussetzenden Autor wie Bernhard – sind ihm die Kursivierungen im Typoskript ein wahrer Dorn im Auge.

3.3 Unselds Programm der Lesbarkeit und Bernhards typographische Vorgaben

Ein Jahr nach Erscheinen des *Kalkwerks* startet Suhrkamps neue Reihe: das *suhrkamp taschenbuch*, welche „das Programm des Suhrkamp Verlags in seiner ganzen Breite widerspiegeln" sollte.[97] Willy Fleckhaus' und Rolf Staudts Gestaltung der Reihe zielt erneut darauf ab, „neu und original"[98] zu sein und sie damit – ebenso wie die vorhergehenden Reihen – zu einem unverkennbaren Suhrkamp-Markenprodukt zu machen. Das Innovative des Designs waren die von den beiden Grafikern eigens für die Titelschrift entwickelte *Times Modern Black*, das Autorenfoto oder ein graphisches Element auf der unteren Hälfte des Umschlags sowie die auffällige Farbgebung des Einbands. Fleckhaus selbst beschreibt sein Design wie folgt:

> Die maximale Größe von Autor Titel und Verlag signalisiert den Inhalt. Die kleinen Illustrationen, manchmal verzichte man auch auf sie (Bloch und Wittgenstein braucht man nicht zu illustrieren), signalisieren die Gesinnung. Sie sind wie Buttons, die man sich ans Revers heften kann. Oder auch nicht. Kein Donner, kein Blitz: die besten Farben aus der edition suhrkamp, aber dazwischen auch braun, nicht aus dem Spektrum kommend. Jeder aber sieht nun: der Familienklau der edition ist streng organisiert und etwas doktrinär. Aber bei den st's ist man nicht mehr so linksgläubig (aber auch nicht rechtsgläubig). Zwei Bibliotheken, unterschiedliche Leser, der Klau und die Mischpoke. Aber Gott sei dank verwandt, verschwägert: Suhrkamp-Image.[99]

Bernhards neue Erzählung *Gehen* erscheint als fünfter Band der *suhrkamp taschenbuch* Reihe.[100] Damit befindet ihr Autor sich – wenn auch auf sein eigenes

---

Druck durch ihr häufiges Auftauchen irritiert werden muss. Erst die exorbitante Verwendung der eigentlich leserfreundlichen Kursivierung führt – gepaart mit ihrer idiosynkratischen Verwendung – zu einer vehementen Störung des Leseflusses. Vgl. zur Wirkung von ‚aktiven' und ‚integrierten' Auszeichnungen und Hervorhebungen durch schriftunabhängige, typographische Elemente Willberg/Forssman, Lesetypographie, S. 123–125.

97 Unseld, Der Marienbader Korb, S. 50.
98 Unseld, Der Marienbader Korb, S. 50.
99 Fleckhaus, Arbeiten aus meiner vielseitigen Tätigkeit, S. 277.
100 Im Kommentar des Briefwechsels heißt es dazu: „Beim Treffen am 11. Juni macht TH.B. S.U. offenbar zum Vorwurf, er sei mit keinem Buch unter den ersten vierzig Bänden der im Oktober 1971 startenden neuen Taschenbuchreihe des Verlags, der suhrkamp taschenbücher, vertreten."

3.3 Unselds Programm der Lesbarkeit und Bernhards typographische Vorgaben — 259

Abb. 7: Die „glorreichen Zehn"– Die ersten zehn Bände der Reihe *suhrkamp taschenbuch* (1970).

Drängen hin – unter den „glorreichen Zehn",[101] den ersten zehn Autoren, die in der neuen Reihe erscheinen, womit ihre besonders enge Verbundenheit mit dem Verlag demonstriert werden soll (s. Abb. 7). Dass Bernhard in der aus dem Spek-

---

Bernhard und Unseld vereinbaren, *Gehen* als fünften Band der Reihe herauszugeben und Jürgen Beckers *Eine Zeit ohne Wörter* auf Platz 20 zu verschieben. Vgl. Unseld, Brief 156 (18. Juni 1971). In: Bernhard/Unseld, Briefwechsel, S. 223. Am 7. Juli schreibt Bernhard erneut pikiert: „Ist es aus irgendeinem Grund unmöglich, oder auch nur peinlich, ‚Gehen' in der neuen Bücherreihe herauszubringen, wie ich konstatiere, haben sie ja schon eine fixe Einteilung vorgenommen und auch die Nummer 3, so hat es den Anschein, endgültig besetzt [laut Programmvorschau handelt es sich – für Bernhard besonders ärgerlich – um Peter Handkes *Chronik der laufenden Ereignisse*, C.M.], so veröffentlichen Sie ‚Gehen' im Herbst in einer Ihrer beiden anderen Reihen." Bernhard, Brief 159 (7. Juli 1971). In: Bernhard/Unseld, Briefwechsel, S. 226.

101 Vgl. Suhrkamp-Verlagsgeschichte [1950–1987], Frankfurt a.M. 1987, S. 46. Die ersten 1970 erscheinenden zehn Bände sind die abgebildeten: Samuel Becketts *Warten auf Godot. En attendant Godot. Waiting for Godot* (st, Bd. 1); Max Frischs *Wilhelm Tell für die Schule* (st, Bd. 2); Peter Handkes *Chronik der laufenden Ereignisse* (st, Bd. 3, EA); Hans Magnus Enzensbergers *Gedichte 1955–1970* (st, Bd. 4); Thomas Bernhards *Gehen* (st, Bd. 5, EA); Martin Walsers *Gesammelte Stücke* (st, Bd. 6); Hermann Hesses *Lektüre für Minuten* (st, Bd. 7); Olof Lagercrantz' *China-Report* (st, Bd. 8); Jürgen Habermas' *Theorie und Praxis* (st, Bd. 9); Alexander Mitscherlichs *Thesen zur Stadt der Zukunft* (st, Bd. 10). Lagercrantz' Reisebericht sticht aus der Reihe der ‚Suhrkamp-Klassiker' heraus, passt jedoch auf andere Weise exakt in die Reihe, indem das Buch den politischen

trum fallenden Farbe braun erscheint und als einziger Autor im Profil abgebildet ist, hebt ihn innerhalb dieser Reihe von ‚Suhrkamp-Köpfen'[102] ein weiteres Mal hervor.

Statt der in der Reihe erscheinenden Erzählung *Gehen* hatten Bernhard und Unseld für das zweite Halbjahr 1971 ursprünglich einen Roman mit dem Titel *Atzbach* vorgesehen. Bernhard entschließt sich jedoch kurzfristig, dieses Projekt fallen zu lassen, wie man aus dem Briefwechsel mit Unseld und der Typoskriptlage des Nachlasses schließen kann, und schreibt in wenigen Wochen einen komplett neuen Text, dessen Titel *Gehen* lautet.[103] Während eines kurzen Treffens auf dem Frankfurter Flughafen am 11. Juni 1971 vereinbaren Unseld und Bernhard, den Text, an dem Bernhard zu diesem Zeitpunkt noch fieberhaft arbeitet, in der *suhrkamp taschenbuch* Reihe zu veröffentlichen.[104] Unseld sieht in dem neuen Titel sofort die Chance für den Ausbau von Bernhards Markenimage und fragt in seinem vom 18. Juni datierten Brief: „Und noch eine Bitte: gibt es von Ihnen ein Bild, auf dem Sie *gehen*? Das wäre besonders angenehm."[105] Auch wenn Bernhard kein solches Foto schickt, soll sich das neu geschaffene Image eines gehenden und denkenden Bernhards lange halten. Nach dem Relaunch des *st*-Designs im Jahr 2004 – die Taschenbücher erscheinen jetzt in distinguiertem Grau, statt in den von Fleckhaus ausgewählten Farben[106]–, das sehr viel bewusster auf Bebilderung setzt, als es das bisherige Design getan hatte, erscheint endlich auch *Gehen*

Nerv der Zeit trifft – Lagercrantz war der erste europäische Journalist, der im Herbst 1970 nach der Kulturrevolution eine Einladung in die Volksrepublik China erhielt – und dazu beiträgt, das Suhrkamp-Programm in seiner ‚gesamten Breite' zu repräsentieren.

102 Wie entscheidend die Abbildung von Autor_innen als visuelles Signal für das Verlagsprogramm ist, zeigt Sandra Oster. Das Kopffoto avanciere in den 60er und 70er Jahren – nicht nur im Suhrkamp Verlag – zur häufigsten Darstellung von Autor_innen sowohl auf dem Buchumschlag als auch in den Programmvorschauen literarischer Verlage. Vgl. Sandra Oster, Das Autorenfoto in Buch und Buchwerbung. Autorinszenierung und Kanonisierung mit Bildern, Berlin/Boston 2014, S. 192–199, insb. S. 193 f.

103 Vgl. zur Enstehungsgeschichte den Kommentar in Thomas Bernhard, Werke, Bd. 12: Erzählungen II. Ungenach, Watten, Gehen, hg. von Hans Höller und Manfred Mittermayer, Frankfurt a.M. 2006, S. 263–268.

104 Vgl. Unseld, Brief 156 (18. Juni 1971). In: Bernhard/Unseld, Briefwechsel, S. 223.

105 Unseld, Brief 156 (18. Juni 1971). In: Bernhard/Unseld, Briefwechsel, S. 223.

106 Die *FAZ* urteilt vernichtend: „Die grauen Cover haben den Charme einer ostdeutschen Industrielandschaft an einem unterbelichteten Januartag, die beigefarbenen Cover sehen aus, als habe man der Literatur einen orthopädischen Stützstrumpf übergezogen. Und falls mit distinguiert ‚unterscheidbar' gemeint war: Nein. Suhrkamp-Bücher sehen ab sofort aus wie alles. Wie Audi-Preislisten, wie schlechte Klassik-CDs, wie Porzellanvasenkataloge. Und als ob der Farbverlust nicht schon Unheil genug wäre, haben die Grafiker auch die legendäre ‚Times Modern Black' verändert, die Willy Fleckhaus und Rolf Staudt vor 33 Jahren erfunden hatten und die für

3.3 Unselds Programm der Lesbarkeit und Bernhards typographische Vorgaben — **261**

mit dem von Unseld gewünschten Foto, und auch die Taschenbuchausgabe des Briefwechsels zwischen Unseld und Bernhard zeigt die beiden beim Spaziergang. Am eindringlichsten veranschaulicht jedoch das auch in der Forschung omnipräsente Thema zum Zusammenhang von ‚Gehen – Denken' – letzteres im Sinne einer gelungenen Hermeneutik der Welt und eines erfolgreichen sprachlichen Erfassens der Dinge – die erfolgreiche Positionierung der neuen Image-Facette.[107]

Am 7. Juli 1971 sendet Bernhard das fertige *Gehen*-Typoskript an Unseld. Dieser zeigt sich begeistert: „Gehen ist von großer Art. Ein ganzer Bernhard. Freilich der radikalste, entschlossenste, konsequenteste."[108] Allerdings fürchtet der Verleger – und dies ist frappierend – aufgrund rein *typographischer* Eigenheiten des Typoskripts um Bernhards Markenimage als großer Stilist und Sprachvirtuose:

> Wie im Manuskript des „Kalkwerk" stört mich ganz empfindlich die Unterstreichung, die Sie wohl in Kursiv stehen haben wollen. Wir haben schon beim Manuskript des „Kalkwerk" darüber gesprochen, und Sie hatten Verständnis gehabt, daß wir das reduzieren. Die Sprache Ihres Textes, Ihre Stringenz, Ihr, wenn ich so sagen darf, Preis, also die Schubkraft der Sprache, ist so herrlich und stark, daß Sie das nicht nötig haben! Solche äußeren typographischen Dinge deuten ja eher auf eine Schwäche des Stils. Ich würde meinen, daß Sie das bei der Korrektur noch einmal genau überlegen sollten.[109]

Dass Unseld seine im Rahmen des *Kalkwerk*-Drucks bereits geäußerte Kritik hier mit Nachdruck wiederholt, nimmt bei einem Blick auf eine beliebige Seite

---

die Lesekultur ein Label geworden war wie der Mercedes-Stern." Niklas Maak, Suhrkamp ändert seine legendären Cover. In: Frankfurter Allgemeine Zeitung, 18. September 2004.
107 Vgl. exemplarisch Claudia Albes, Der Spaziergang als Erzählmodell. Studien zu Jean-Jacques Rousseau, Adalbert Stifter, Robert Walser und Thomas Bernhard, Tübingen/Basel 1999, S. 31 ff. und S. 293 ff.; Elisabetta Niccolini, Der Spaziergang des Schriftstellers. *Lenz* von Georg Büchner, *Der Spaziergang* von Robert Walser, *Gehen* von Thomas Bernhard, Stuttgart 2000, S. 175 ff.; Wendelin Schmidt-Dengler, Von der Schwierigkeit, Bernhard beim Gehen zu begleiten. In: Schmidt-Dengler, Der Übertreibungskünstler, S. 36–58; Ulrike Weymann, Intermediale Grenzgänge. *Das Gespräch der drei Gehenden* von Peter Weiss, *Gehen* von Thomas Bernhard und *Die Lehre der Sainte-Victoire* von Peter Handke, Heidelberg 2007, S. 105 ff; Auch das 2008 ins Leben gerufene Projekt *gehen denken. Thomas-Bernhard-Weg* – ein Rundgang um das Thomas-Bernhard-Haus in Obernathal – veranschaulicht die ‚Publikumswirksamkeit' dieses Themenkomplexes. Vgl. dazu kritisch Claude Haas, Gehen lernen. Intertextualität und Poetik des Spaziergangs in Thomas Bernhards ‚Frost'. In: Euphorion, Bd. 105, Heft 1, 2011, S. 79–103, hier S. 81: „Die Bernhard'schen Spaziergänge stehen allenfalls noch bedingt in der Tradition des bürgerlichen Spaziergangs, wie sie sich im 18. Jahrhundert herausgebildet hat [...]. Bernhard bringt kaum Figuren auf den Weg, die sich über einsame Spaziergänge als Subjekte konstituieren, indem sie die durchschrittenen Landschaften als ästhetisches Objekt erfahren und somit [...] zu sich selbst finden."
108 Unseld, Brief 161 (15. Juni 1971). In: Bernhard/Unseld, Briefwechsel, S. 228.
109 Unseld, Brief 161 (15. Juni 1971). In: Bernhard/Unseld, Briefwechsel, S. 229.

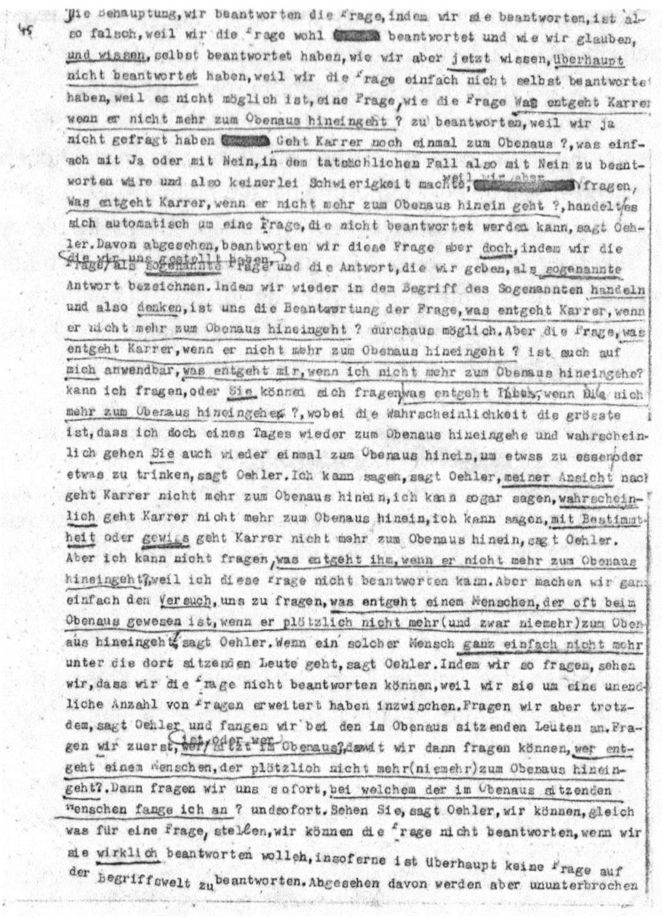

Abb. 8: Thomas Bernhard, *Gehen*, Typoskript.

des Typoskripts von *Gehen*, das Bernhard dem Verlag zusendet, kaum Wunder (s. Abb. 8).

Die unterstrichenen Wörter, Satzteile und Sätze dominieren den Satzspiegel absolut, und auch im Drucktext würde diese Masse an Kursivierungen ein ungestörtes Lesen erheblich erschweren. Unselds Appell an Bernhard, diese Unterstreichungen zu reduzieren, macht noch einmal mehr als deutlich, dass solche ‚äußeren typographischen Dinge' für ihn *äußerlich* bleiben sollen, d. h. ausschließlich auf die Umschlags- und Buchseitengestaltung zu beschränken sind, im *Innern* des Textes haben sie, ganz besonders in Bernhards Fall, nichts zu suchen. In Unselds Augen behindern Bernhards exzessive Unterstreichungen die

„Schubkraft der Sprache", sie blockieren, anders gesagt, die Sukzession. Durch ihr geballtes Auftreten, das im Extremfall sogar negative integrierte Auszeichnungen[110] produziert, wird der Lesefluss erheblich irritiert. Diese erschwerte Lesbarkeit stellt ein immenses Problem für das Bernhard'sche Markenimage dar, wie Unseld intuitiv richtig erkennt. Wenn er das Bild eines ‚philosophischen' Autors aufrecht erhalten will, dürfen die ‚äußeren typographischen Dinge' keinesfalls solch große Relevanz erhalten. Die Marke Bernhard steht für intellektuellen Gehalt und einen einmaligen sprachlichen Stil; die – denkt man an den verräumlichenden Effekt, welchen die Unterstreichungen auf die Typoskripte haben – im Doppelsinn *oberflächliche* Auszeichnungspraxis steht deutlich konträr zu diesem Markenimage. Darüber hinaus ist es wohl auch Unselds Anliegen, seine Leserinnen und Leser nicht allzu sehr abzuschrecken: Bernhards Texte erfordern aufgrund der teilweise extrem langen Sätze und fehlenden Absätze ohnehin eine hohe Lesekompetenz und -ausdauer, der Verleger befürchtet, so meine Vermutung, die störenden Auszeichnungen könnten die Nerven der Konsumenten – und Rezensentinnen – auf eine allzu harte Zerreißprobe stellen.

Die typographische Gestaltung des Drucktexts von *Gehen*, in dem die Kursivierungen schließlich stark reduziert sind, stellt das Anliegen des Verlags, Bernhard als ‚dichten' Autor zu präsentieren, deutlich vor Augen. Die typographische Einrichtung der Schrift und ihres Arrangements auf der Buchseite erzeugt schon vor Beginn der Lektüre folgenden Eindruck: Die *Times*-Schrift – in welcher die *suhrkamp taschenbücher* neben der verlagsüblichen und klassischer wirkenden *Garamond*-Schrift häufig gesetzt sind – suggeriert Modernität,[111] die geringen Seitenränder lassen erkennen, dass der Leser es hier mit der von ihm gewünschten ‚Economy'-Ausgabe zu tun hat, die viel Text zum kleinen Preis verspricht. Darüber hinaus erzeugen die schmalen Stege und fehlenden Absätze eine ‚dichte,

---

110 Wenn zwischen mehreren kursiven Wörtern oder Sätzen ein gerades Wort auftaucht, wirkt dieses deutlich betonter als ein kursives Wort im geraden Umfeld: „Diese Auszeichnungsart, die gelegentlich anzutreffen ist, wenn etwa in Bildunterschriften, die in einem bestimmten Medium generell kursiv gesetzt sind, ein Begriff hervorgehoben werden soll, wirkt aktiver als der umgekehrte Fall." Ernst, Wechselwirkung, S. 102.

111 Wie Walter Tracy ausführt, ist die *Times* 1931 von Stanley Morison und Victor Lardent ausschließlich als Zeitungsschrift (nämlich für die Neugestaltung der *New York Times*) entworfen worden. Sie wird darüber hinaus zur Multi-Purpose-Schrift, insbesondere für Gebrauchsdrucksachen. Vgl. Walter Tracy, Letters of Credit. A View of Type Design, Boston, MA 1986, S. 194f. Die *Times* unterscheidet sich in ihrer Wirkung von der klassisch und neutral wirkenden *Garamond*: Im Druckwesen gilt sie als Allround-Schrift, welche die Konnotation des Publizistischen – und demnach des Aktuellen – trägt. Ab den späten 60er Jahren wird sie verstärkt auch für literarische Texte eingesetzt.

konzentrierte' Anmutung, was wiederum mit der Autorenmarke korrespondiert, die durch Klappen- und andere Werbetexte erzeugt wird. Tatsächlich ist der Text trotz seiner ‚Dichte' so gestaltet, dass er verhältnismäßig gut lesbar ist: Der Schriftgrad von 9 Punkt ist noch angenehm lesbar, der Durchschuss recht großzügig, und die Zeilen sind mit ca. 60 Zeichen relativ kurz. Schon vor der Erfahrung dieser von Unseld propagierten ‚guten Lesbarkeit, welche die ‚Verwandlung' des Gelesenen ‚in geistige Vorgänge' erleichtert, findet jedoch auf einer anderen Wahrnehmungsebene – der synoptischen Wahrnehmung der Schrift und des Seitenarrangements – ein anderer semiotischer Prozess statt, dessen Grundlage allein die typographische Form des Textes ist. Die Gesamtheit aller typographischen Mittel, die bei der Gestaltung des Satzspiegel von *Gehen* verwendet werden, erzeugen das nahezu prototypische Bild eines erzählenden Textes, das als solches Signalcharakter erhält (s. Abb. 9).[112]

Der am Textanfang vollzogene Wahrnehmungssprung vom zweidimensional arrangierten Textblock (mit den Konnotationen ‚Prosa; konzentriert; dicht') zur sukzessiv zu lesenden Zeile (‚gute Lesbarkeit') liegt laut Susanne Wehde in der Eigengesetzlichkeit typographischer Texte begründet, die sich zwar mikrostrukturell am Prinzip der Zeile orientieren, makrostrukturell jedoch immer zweidimensional organisiert sind, sobald diese Zeilen – wie in literarischen Texten üblich – in einem Verbund gesetzt sind. Mit dieser simplen, aber folgenschweren Annahme steht ebenso eine Konzentration auf die rein sukzessive Dimension des sprachlichen Textes, die in Literatur-, Sprach und Medienwissenschaft gängigerweise als ‚Linearität' bezeichnet wird,[113] auf dem Spiel: Der Text ist schon allein durch seine typographische Gestaltung in gleichem Maße ein raumgreifendes Phänomen, dessen synoptische Wahrnehmung seinem sukzessiven Gelesen-

---

[112] Vgl. zum Erkennen der Textsorte auf einen Blick Ernst, Wechselwirkungen, S. 47 f. Hier sind die Ergebnisse eines Tests abgebildet, bei dem unterschiedlich typographisch gestaltete Blindtexte von Versuchspersonen verschiedenen Textsorten zugeordnet werden sollen, wobei die Charakteristika der Seitengestaltung, so Ernst, eindeutige Zuweisungen produzierten.
[113] Es wurde schon darauf hingewiesen, dass in der vorliegenden Untersuchung statt des Begriffs der Linearität der von Andrea Polaschegg geprägte Begriff der Verläuflichkeit (und entsprechend der des sukzessiven Lesens) verwendet wird, da dieser dem Richtungsvektor Rechnung trägt, der allen Texten – im Gegensatz zu anderen linear strukturierten Gegenständen – eigen ist. Polaschegg zeigt, dass der in Anlehnung an Saussures Diktum vom „linearen Charakter des Zeichens" orientierte Begriff der Linearität des Textes irreführend sei: „Wie Fäden und Taue besitzen Linien – im abstrakten wie im künstlerischen Sinn – nämlich ebenfalls keine Anfänge, sondern nur zwei Enden, so ausgeprägt ihr ‚Schwung', ihre ‚Dynamik' oder ‚Bewegung' auch sein mögen. In diesem Licht präsentiert sich die Entscheidung de Saussures, das Moment der gerichteten (!) Ausdehnung geäußerter Zeichen in die vermeintlich präzise Metapher zu fassen ‚c'est une ligne', also als rhetorischer Fehlgriff." Polaschegg, Der Anfang des Ganzen, S. 59.

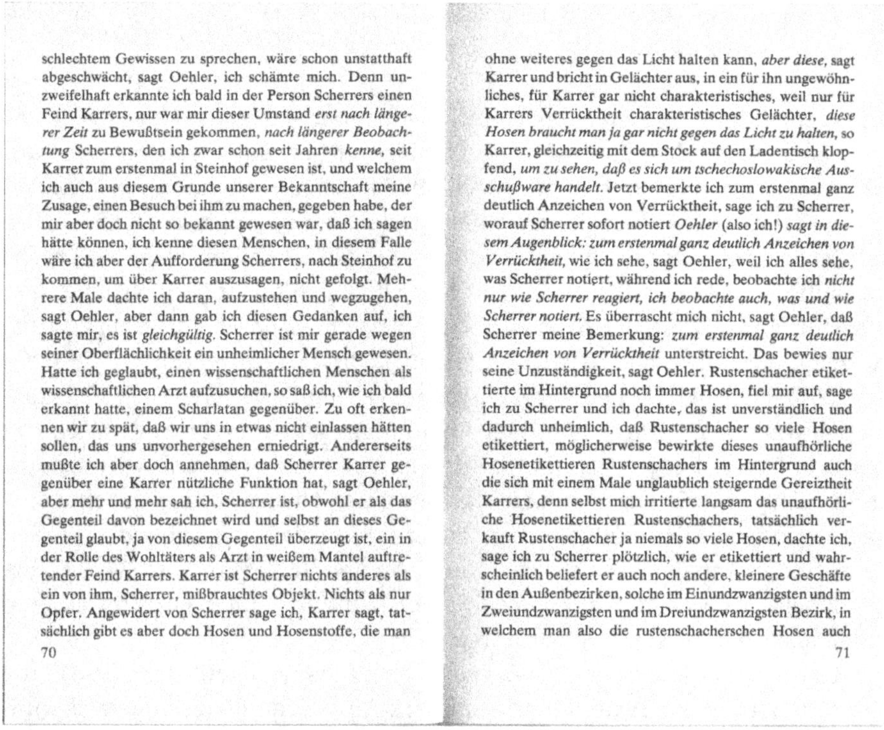

schlechtem Gewissen zu sprechen, wäre schon unstatthaft abgeschwächt, sagt Oehler, ich schämte mich. Denn unzweifelhaft erkannte ich bald in der Person Scherrers einen Feind Karrers, nur war mir dieser Umstand *erst nach längerer Zeit* zu Bewußtsein gekommen, *nach längerer Beobachtung* Scherrers, den ich zwar schon seit Jahren *kenne*, seit Karrer zum erstenmal in Steinhof gewesen ist, und welchem ich auch aus diesem Grunde unserer Bekanntschaft meine Zusage, einen Besuch bei ihm zu machen, gegeben habe, der mir aber doch nicht so bekannt gewesen war, daß ich sagen hätte können, ich kenne diesen Menschen, in diesem Falle wäre ich aber der Aufforderung Scherrers, nach Steinhof zu kommen, um über Karrer auszusagen, nicht gefolgt. Mehrere Male dachte ich daran, aufzustehen und wegzugehen, sagt Oehler, aber dann gab ich diesen Gedanken auf, ich sagte mir, es ist *gleichgültig*. Scherrer ist mir gerade wegen seiner Oberflächlichkeit ein unheimlicher Mensch gewesen. Hatte ich geglaubt, einen wissenschaftlichen Menschen als wissenschaftlichen Arzt aufzusuchen, so saß ich, wie ich bald erkannt hatte, einem Scharlatan gegenüber. Zu oft erkennen wir zu spät, daß wir uns in etwas nicht einlassen hätten sollen, das uns unvorhergesehen erniedrigt. Andererseits mußte ich aber doch annehmen, daß Scherrer Karrer gegenüber eine Karrer nützliche Funktion hat, sagt Oehler, aber mehr und mehr sah ich, Scherrer ist, obwohl er als das Gegenteil davon bezeichnet wird und selbst an dieses Gegenteil glaubt, ja von diesem Gegenteil überzeugt ist, ein in der Rolle des Wohltäters als Arzt in weißem Mantel auftretender Feind Karrers. Karrer ist Scherrer nichts anderes als ein von ihm, Scherrer, mißbrauchtes Objekt. Nichts als nur Opfer. Angewidert von Scherrer sage ich, Karrer sagt, tatsächlich gibt es aber doch Hosen und Hosenstoffe, die man

70

ohne weiteres gegen das Licht halten kann, *aber diese*, sagt Karrer und bricht in Gelächter aus, in ein für ihn ungewöhnliches, für Karrer gar nicht charakteristisches, weil nur für Karrers Verrücktheit charakteristisches Gelächter, *diese Hosen braucht man ja gar nicht gegen das Licht zu halten*, so Karrer, gleichzeitig mit dem Stock auf den Ladentisch klopfend, *um zu sehen, daß es sich um tschechoslowakische Ausschußware handelt*. Jetzt bemerkte ich zum erstenmal ganz deutlich Anzeichen von Verrücktheit, sage ich zu Scherrer, worauf Scherrer sofort notiert *Oehler* (also ich!) *sagt in diesem Augenblick: zum erstenmal ganz deutlich Anzeichen von Verrücktheit*, wie ich sehe, sagt Oehler, weil ich alles sehe, was Scherrer notiert, während ich rede, beobachte ich *nicht nur wie Scherrer reagiert, ich beobachte auch, was und wie Scherrer notiert*. Es überrascht mich nicht, sagt Oehler, daß Scherrer meine Bemerkung: *zum erstenmal ganz deutlich Anzeichen von Verrücktheit* unterstreicht. Das bewies nur seine Unzuständigkeit, sagt Oehler. Rustenschacher etikettierte im Hintergrund noch immer Hosen, fiel mir auf, sage ich zu Scherrer und ich dachte, das ist unverständlich und dadurch unheimlich, daß Rustenschacher so viele Hosen etikettiert, möglicherweise bewirkte dieses unaufhörliche Hosenetikettieren Rustenschachers im Hintergrund auch die sich mit einem Male unglaublich steigernde Gereiztheit Karrers, denn selbst mich irritierte langsam das unaufhörliche Hosenetikettieren Rustenschachers, tatsächlich verkauft Rustenschacher ja niemals so viele Hosen, dachte ich, sage ich zu Scherrer plötzlich, wie er etikettiert und wahrscheinlich beliefert er auch noch andere, kleinere Geschäfte in den Außenbezirken, solche im Einundzwanzigsten und im Zweiundzwanzigsten und im Dreiundzwanzigsten Bezirk, in welchem man also die rustenschacherschen Hosen auch

71

Abb. 9: Thomas Bernhard, *Gehen* (Erstausgabe 1970, suhrkamp taschenbuch).

werden stets vorgängig ist. Dies gilt nicht ausschließlich, jedoch im Besonderen für gedruckte Texte, da diese – etwa im Gegensatz zu einem handschriftlichen Fließtext (Manuskript, Brief etc.) – aus uniformen Typen zusammengesetzt sind, welche wiederum eine Regelmäßigkeit der gliedernden Elemente (Zeilen, Absätze, freie Flächen etc.) ermöglichen und erfordern. Gerade für den Text als Untersuchungsgegenstand der Literaturwissenschaft, dessen Zweidimensionalität jedoch zugunsten der ‚Linearität' in aller Regel ausgeblendet wird, gilt Wehdes These, da dieser zumeist eben jener typographisch eingerichtete, gedruckte (Buch-)Text ist:

> Schriftsprachliche Texte werden in unserer Kultur bevorzugt als linear beschrieben. Unzweifelhaft ist der zeilenweise Aufbau für die überwiegende Mehrheit aller Typographien charakteristisch. Die Zeile führt eindimensional gerichtete Linearität in die Textstruktur ein. Aber bereits eine Zeilenfolge markiert den Sprung in die Zweidimensionalität des Flächen-Raums. Mittels Einrückung oder Durchschuß geschaffene Absätze sind überwiegend Text-B l ö c k e. Ein Absatz ist nicht in erster Linie linear, sondern vornehmlich flächig definiert. Typographie hat zahlreiche weitere raumgreifende Strukturelemente und Kompositions-

verfahren entwickelt, die das Prinzip Linearität überformen oder konterkarieren, ohne daß dabei die grundsätzliche Gliederung in Zeilen aufgegeben würde.[114]

Die synoptische Dimension des Textes, die in Wehdes Ansatz privilegiert wird, um den semantischen Eigenwert typographischer Gestaltung aufzuzeigen, wird indes in der Sprach-, Schrift- und Medientheorie zugunsten eines herrschenden ‚Linearitätsdogmas'[115] absolut ausgeblendet. Von der synoptischen Komposition des Textes wird in den besagten Disziplinen deshalb buchstäblich *abgesehen,* das semantische Potenzial des Textes wird ausschließlich seiner Verlaufsdimension zugeschrieben. Diese Denktradition speist sich, wie Andrea Polaschegg luzide aufzeigt, aus einem mehrteiligen Kurzschluss: In dieser Tradition werde 1. die Unsichtbarkeit der Medien wörtlich genommen und von einem tatsächlichen Verschwinden der Schrift und ihrer Anordnung, statt von einem *Absehen* von der Schriftgestalt zugunsten des Eintritts in den sukzessiven Lesevorgang ausgegangen; 2. würde angenommen, dass arbiträre Zeichen ‚bedeutungstransparent' seien und ihre Gestalt so schon immer ‚geistig' definiert sei; und 3. würden diese beiden Annahmen an eine seit Humboldt und Hegel verbreitete Vorstellung gekoppelt, nach der die sukzessive Sprache aufgrund ihrer Flüchtigkeit zum „Stammsitz des ‚Geistes'" gemacht werde.[116]

Es ist exakt diese Vorstellung, welche durch die typographische Gestaltung der Bernhard'schen Texte durch den Suhrkamp Verlag *in Szene gesetzt* wird: Die Typographie ist in Unselds Vorstellung – wie Goethes Marienbader Korb – ‚zweckmäßig', d. h. einzig auf die „Zerstörung [des Textes] durch den Geist, seine Verwandlung in geistige Vorgänge"[117] ausgelegt. In der Folge wirkt die im Suhrkamp Verlag für Prosatexte verwendete Schriftgestaltung möglichst neutral, eben bedeutungstransparent. Dieser Eindruck einer neutralen Typographie ist jedoch abhängig von einer spezifischen Gestaltung der Schrift, auch wenn diese dem Leser gar nicht bewusst wird:

---

114 Wehde, Typographische Kultur, S. 111.
115 Vgl. Sybille Krämer, Punkt, Strich, Fläche. In: Schriftbildlichkeit. Wahrnehmbarkeit, Materialität und Operativität von Notationen, hg. von Sybille Krämer, Eva Cancik-Kirschbaum und Rainer Totzke, Berlin 2012, S. 81. Krämer sieht dieses Dogma in einem phonographischen Schriftverständnis begründet, das die sukzessive zeitliche Abfolge von Sprachlauten kurzerhand auf die räumlich organisierten Buchstabenfolgen überträgt und dabei die Zweidimensionalität der Fläche komplett außer Acht lässt.
116 Vgl. Polaschegg, Der Anfang des Ganzen, S. 93 f., Zitat S. 94.
117 Unseld, Der Marienbader Korb, S. 13.

Natürlich macht sich kein Leser über die Wirkung der Typographie des Buches, in dem er gerade liest, Gedanken; über die Mittel, wie diese Wirkung zustande kommt, schon gar nicht. Dennoch ist diese Wirkung vorhanden. Die Form der Schrift, die Typographie der Seiten spricht immer mit, sie hat immer Bezug zum Inhalt, positiv oder negativ. Neutrale Typographie gibt es nicht.[118]

Die Semantisierung von Typographie wird von Suhrkamp – wie von jedem anderen Verlag – gezielt eingesetzt, um einerseits das Verlagsprogramm (‚intellektuell, gebildet, exklusiv') *ins Bild* zu setzen, andererseits die Konnotationen der Marke Thomas Bernhard (‚konzentriert, geistreich, tiefsinnig') zu festigen. Wie entscheidend die (flächen-)typographische Gestaltung nicht nur für die Rezeptionserwartung, sondern auch für die daran anschließenden Lektüre- und Verstehensprozesse ist, zeigt Susanne Wehde mit ihrem Konzept des typographischen Dispositivs.

3.4 Typographisches Dispositiv – Steuerung von Rezeptionserwartung und Lektüreprozessen

Laut Susanne Wehde hat das Erscheinungsbild eines gedruckten Textes, welches sich dem Leser beim ersten Blick auf die Seite darbietet, eminente Auswirkungen auf die Rezeption und die Interpretation des betreffenden Textes. Wehde geht davon aus, dass die Leserin eines Textes die Zugehörigkeit desselben zu einer Textsorte nicht allein durch Merkmale des Inhalts und der Stilistik erkennt, sondern in seinem Urteil entscheidend durch die äußere Gestalt des Textes beeinflusst wird.[119] Die Typographie erhält so einen eigenen semantischen Wert, der sich fernab von jeder sprachlich-semiotischen Ebene des Textes entfaltet. Unter

---

118 Willberg, Buchkunst im Wandel, S. 81.
119 Susanne Wehde verwendet die „Textsorte" als alternativen Begriff zu dem der „Gattung", um auch nicht-literarische Texte in den Blick zu nehmen. Vgl. Wehde, Typographische Kultur, S. 119 f. Auch wenn es in der vorliegenden Untersuchung vor allem um literarische Texte geht, möchte ich trotzdem ihren in der Textlinguistik verankerten Begriff der ‚Textsorte' verwenden. Der Begriff der ‚Prosa', den ich zumeist für Bernhards Texte verwende, da eine Klassifizierung in literarische Gattungen wie Roman, Erzählung etc. hier bestenfalls aufgrund des Umfangs der Texte vorgenommen werden kann, definiert sich ebenfalls vor allem über die – wiederum strukturell-formale – Eigenschaft der Texte, ein Fließtext und *nicht in Versen gebunden* zu sein. Gerade das Spannungsverhältnis zwischen dieser typographisch definierten Klassifizierung und der inhaltlich, stilistisch und lesetechnisch nicht eingeholten Zugehörigkeit zu dieser ‚Gattung' soll thematisiert werden.

Abb. 10: Man Ray, *chant bruyant* (1924).

dem ‚typographischen Dispositiv', ein Begriff den sie wiederum von Roger Chartier übernimmt, versteht Wehde

> makrotypographische Kompositionsschemata, die als syntagmatische gestalthafte ‚Superzeichen' jeweils Textsorten konnotieren. Typographische Dispositive stellen eine hochgeneralisierte Form der konnotativen Semantisierung typographischer Syntax dar. Der Existenz von typographischen Dispositiven ist es zu verdanken, daß man auf den ersten Blick in der Lage ist, eine Seite aus einer Tageszeitung von einem Dramentext oder einem Lexikoneintrag zu unterscheiden.[120]

Wehde zufolge sind einige dispositive Textmuster so stark konventionalisiert, dass sie unabhängig von einer inhaltlich-sprachlichen ‚Füllung' funktionieren.[121] Eines der prominentesten Beispiele für die Herstellung eines solchen inhaltlich

---

[120] Wehde, Typographische Kultur, S. 119.
[121] Vgl. Wehde, Typographische Kultur, S. 119 f.

leeren typographischen Dispositivs, das auch Wehde anführt, ist Man Rays *chant bruyant*, das dieser 1924 in der von Francis Picabia herausgegebenen Dada-Zeitschrift *391* veröffentlicht hatte (s. Abb. 10). Schon *auf den ersten Blick* wird dem Betrachter klar, dass es sich bei der Anordnung der distinkten, unterschiedlich langen Elemente in Zeilen, der Anordnung dieser Zeilen untereinander, ihrer Bündelung in Absätzen, ihrem linksbündig ausgerichteten Flattersatz mit der Überschrift, die durch die Ausrichtung an der Mittelachse als solche zu erkennen ist, um ein *Gedicht* handelt. Insbesondere ist es jedoch die gattungskonstitutive weiße Rahmung des Textes, die den Leser sofort verstehen lässt, dass er es mit einem Exemplar der Gattung Lyrik zu tun hat.[122] Allein die typographischen Strukturmerkmale lassen auf diese Textsorte schließen, Wörter als Bedeutungsträger sind für diese spezielle Form der Semantisierung durch Typographie vollkommen obsolet.

Auch wenn das Beispiel des typographischen Dispositivs Lyrik – in zweifachem Sinne – besonders anschaulich ist, gelten Wehdes Annahmen auch für die Textsorte Prosa, die sich ursprünglich gerade nicht über sprachliche Merkmale und deren Funktion definiert, sondern über ihre äußere *Form*.[123] Allerdings definiert sich dieses typographische Dispositiv vornehmlich über die *Negation*

---

122 Vgl. zur „typographischen Normalfolie" von Lyrik (hier in Betrachtung von Stéphane Mallarmés *Un Coup de dés*) Polaschegg, Der Anfang des Ganzen, S. 123 ff. Vgl. auch Andrea Polaschegg, Literatur auf einen Blick. Zur Schriftbildlichkeit der Lyrik. In: Krämer/Cancik-Kirschbaum/Totzke (Hg.), Schriftbildlichkeit, S. 245–260, hier S. 251 f.: „Zunächst nötigt das *Lautgedicht* dem Betrachter die Erkenntnis auf, dass eine aisthetische Fokussierung auf das gedichtspezifische Arrangement der Schrift auf der Fläche des Papiers – also das Wahrnehmen der Schriftgestalt *als* (irgendein) Gedicht – in einem andern Wahrnehmungsmodus stattfindet als in dem der Lektüre. Ferner macht es erfahrbar, dass die Aktualisierung des einen Wahrnehmungsmodus den anderen für die Dauer dieser Aktualisierung ausschließt. Und drittens schließlich lässt es augenscheinlich werden, dass im konkreten Rezeptionsmodus das *Sehen* eines Textes seinem *Lesen* stets vorausgeht." Vgl. dazu auch Magnus Wieland, about:blank. Appropriationen des Leerraums seit Mallarmé. In: Wiederaufgelegt. Zur Appropriation von Texten und Büchern in Büchern, hg. v. Annette Gilbert, Bielefeld 2012, S. 193–216, insb. S. 201.
123 Vgl. „Prosa" [Art.]. In: Reallexikon der deutschen Literaturwissenschaft, S. 168–172, hier S. 169: „[Erst] [d]ie Trennung zwischen (1) einem Kommunikationsmedium, das Sachverhalte begrifflich erschließen und Wissen pragmatisch vermitteln will, und (2) einem, das sie ästhetisch anspruchsvoll darbietet, führt dazu, daß *Prosa* seit dem 19. Jh. neben der traditionellen Bedeutung der ‚ungebundenen Rede' [Formkriterium, C.M.] faktisch zur Bezeichnung (3) narrativer und (4) nicht-narrativer Textsorten [sprachlich-funktionales Kriterium, C.M.] wird." Da die Definition auf *formalen* Kriterien fußt, eignet sich der Begriff Prosa auch lediglich zum „vagen narrativen Gattungsbegriff, der spätestens mit der Moderne alles bezeichnet, was als kleiner dimensionierte[] ‚Erzählung' unterhalb der Großgattung Roman" gelten kann. Vgl. „Prosa" [Art.]. In: Reallexikon der deutschen Literaturwissenschaft, S. 171.

von strukturellen Merkmalen anderer Dispositive bzw. über seine typographische ‚Unauffälligkeit'. So sehen die abstrakten Formationsregeln für die typographische Gliederung von Prosatexten folgendermaßen aus: *keine* Verse und große Seitenränder (wie für das Dispositiv Lyrik kennzeichnend), *keine* Fußnoten (wie in wissenschaftlichen Texten), *keine* Spalten (wie etwa in Zeitungstexten), *keine* Bilder (wie etwa in Sachtexten), *keine* übermäßige Gliederung (wie etwa in Lexika). Diese Regeln beziehen sich „in erster Linie [auf] die typographische Textgliederung, d. h. die visuell-syntagmatische Strukturierung eines Textes. Sie besagen notwendigerweise noch nichts über die Schriftwahl, Druckfarbe, Papierqualität oder Proportionen des Satzspiegels."[124] So erklärt sich auch, dass die einzelnen Texte innerhalb einer Textsorte zwar einem typographischen Dispositiv angehören, niemals aber exakt gleich aussehen (müssen). Im Gegenteil:

> [T]ypographische Dispositive [erlauben] – innerhalb der Grenzen ihres Erkennungscodes – vielfältige gestalterische Freiheiten für die einzeltextbezogene Formvariation. [...] Die Gestalt kann in fast unbegrenzter Variation – auch unter Austausch bestimmter Komponenten – immer neu realisiert werden; solange die grundlegende Struktur zwischen den Elementen erhalten bleibt, solange bleibt auch die ‚Identität' des Dispositivs und damit seine Erkennbarkeit erhalten.[125]

Die ‚Identität' des Dispositivs Prosa ist eng an die Formationsregeln gebunden, die mit seiner Funktion, nämlich der Generierung eines konsekutiven Lesens, zusammenhängen. Um diese spezielle Rezeption zu erleichtern, die sich erheblich von anderen Rezeptionsmodi unterscheidet (etwa dem Querlesen einer Zeitung, dem selektiven und Verzweigungen folgenden Lesen eines Lexikons, dem hin- und herspringenden und priorisierenden Lesen eines wissenschaftlichen Textes),[126] müssen bestimmte typographische Gestaltungsregeln eingehalten werden, die dann in Summe zur Bildung eines – kulturell kodierten – typographischen Dispositivs führen. Dieses wiederum generiert seinerseits eine Lektüreanweisung:

> Die regelhafte, typographisch dispositive Gliederung eines Textes erzeugt eine wiedererkennbare Form, die maßgeblich Einfluß auf die Leseweise und auf den Lektüreprozeß des Textes hat. Dispositive Textmerkmale beeinflussen den rezeptiven Zugriff auf einen Text nachhaltig – sie ‚konditionieren' unsere Lektüre. So wirken beispielsweise die konventionellen Satzformen von Zeitung, Roman oder Lexikon als geordnete Menge von ‚Lesean-

---

124 Wehde, Typographische Kultur, S. 123.
125 Wehde, Typographische Kultur, S. 122.
126 Wehde, Typographische Kultur, S. 125.

leitungen'. Sie fordern jeweils andere, kulturell gelernte Lektüreweisen [...]. Das Wissen um den Zusammenhang von bestimmten Textformationen und Lektüreweisen kann sowohl vom Autor selbst als auch vom Typographen gezielt eingesetzt werden, um bestimmte Lektüreweisen zu ‚erzeugen'.[127]

Interessant wird es an der Stelle, wo beide – Typograph und Autor – das „Wissen um den Zusammenhang von bestimmten Textformationen und Lektüreweisen" gezielt einsetzen, um *unterschiedliche* Lektüreweisen zu erzeugen. Während der Verlag nämlich auf eine ‚bedeutungstransparente' Typographie setzt, erzeugen Bernhards Schreibverfahren ein ‚bedeutungsresistentes' Aufleuchten der Schriftgestalt, die zu einer erheblichen Irritation des Lesevorgangs und einem Wahrnehmungswechsel zwischen sukzessiver Lektüre und synoptischer Betrachtung führt. Dieser Irritationseffekt ist umso stärker, als das typographische Dispositiv die Erwartung beim Konsumenten erzeugt, dass es beim Lesen dieses Textes ausschließlich um die Konzentration auf einen tiefer, also gewissermaßen ‚hinter' der Schrift liegenden Sinn geht. Diese durch die typographische Gestaltung evozierte Annahme beinhaltet auch eine Rezeptionssteuerung: Solche Texte müssen genau und im besten Falle ungestört gelesen werden, ein bei anderen Textsorten gewolltes und typographisch annonciertes „Festsaugen des Auges an den Oberflächen der Wahrnehmungsobjekte",[128] die Wahrnehmung der synoptischen Komposition wird hier absolut ausgeschlossen. Umso frappierender ist es für die Leserin, wenn in diesem, dem äußeren Anschein nach zu urteilen auf ein genaues Lesen ausgerichteten Text plötzlich und kontinuierlich Textbausteine auftauchen, die sich der sukzessiven Lektüre widersetzen.

3.5 Wechselwirkung: Buchgestaltung und Markenbildung im Suhrkamp Verlag und Bernhards sequenzielle Poetik

Die Satzgestaltung der Bernhard'schen Romane und Erzählungen im Suhrkamp Verlag will stets den Anschein einer ‚neutralen', einzig auf gute Lesbarkeit ausgerichteten Typographie erwecken, um somit nicht nur die Autorenmarke zu

---

127 Wehde, Typographische Kultur, S. 125.
128 Mit dieser Formulierung beschreibt Georg Witte das „resistente Stehenbleiben" der flächigen Gesamtkomposition eines Schriftensembles vor dem Blick. Georg Witte, Textflächen und Flächentexte. Das Schriftsehen der literarischen Avantgarden. In: Cancik-Kirschbaum/Krämer/Totzke (Hg.), Schrift. Kulturtechnik zwischen Auge, Hand und Maschine, S. 375–396, hier S. 376.

festigen, sondern auch dem Markenimage des Verlags Rechnung zu tragen. Sie orientiert sich jedoch auch an den typographischen Vorgaben des Autors: Das in den Drucktexten auf die Spitze getriebene Seitenarrangement des vollkommen absatzlosen Textblocks ist schon in Bernhards Typoskripten letzter Hand angelegt. Der dadurch seitens des Autors inszenierte nicht enden wollende Schreibfluss korrespondiert Unselds Prädikat der ‚Schubkraft der Sprache', beides soll durch einen gut lesbaren Text repräsentiert werden. Und tatsächlich sind die typographischen Mittel so gewählt, dass der Text – von den beeinträchtigenden Merkmalen wie dem Verzicht auf Absätze und den langen Sätzen abgesehen – gut lesbar ist. Oder besser: sein sollte. Die Resistenz der Textbausteine, welche diese gute Lesbarkeit torpedieren, ist, genau wie in den ‚satzreifen' Typoskripten, auf den ersten Blick weder erkenn- noch erwartbar, weshalb sie den Lesefluss jedoch umso mehr irritiert. Auch die Kursivierungen, welche die Textbausteine zusätzlich hervorheben und in ihrer Masse auf einen Blick zu erkennen wären, möchte Unseld verhindern, da mit ihnen nicht nur die an die ‚Unsichtbarkeit' der Schrift gebundene mühelose Lesbarkeit des Textes auf dem Spiel steht, sondern zugleich das Markenimage des Autors und damit auch das des Verlags. Die übertrieben ‚neutrale' Satzgestaltung, die sich sklavisch an die typographischen Vorgaben zur guten Lesbarkeit hält, entspringt dem Versuch, das irritierende Potenzial von Bernhards Texten zu verschleiern. Wie schon Bernhards ‚Glättungsverfahren'[129] arbeitet diese Präsentation entscheidend am Image des ganz auf den sprachlichen Gehalt orientierten, philosophischen Autors mit, ungeachtet der Tatsache, dass das *Schriftmaterial* nicht nur die Lektüre, sondern auch feste Bedeutungszuweisungen immer wieder blockiert.

3.5.1 Das Ideal einer ‚neutralen' Satzgestaltung im Suhrkamp Verlag

Wenn über Willy Fleckhaus' Buchgestaltung im Suhrkamp Verlag geschrieben wird, liegt der Fokus dieser Besprechungen im Allgemeinen auf der innovativen, zukunftsweisenden und dem Verlag und den Autoren besonders angemessenen ‚Verpackung'[130] der Bücher und im Besonderen auf seinem gestalterischen Geniestreich, der regenbogenfarbenen *edition suhrkamp*. Fleckhaus selbst unterstützt

---

129 Vgl. Kapitel 2.3. „Inszenierter Schreibfluss und Störungen des sukzessiven Prinzips".
130 „Wenn es je so etwas wie eine Suhrkamp-Kultur gegeben hat: Willy Fleckhaus steht für deren optische Seite, ihre Verpackung, die stets mehr war als nur Styling." Hans-Michael Koetzle, Der Regenbogenmann. Willy Fleckhaus war nicht Suhrkamp. Aber was wäre Suhrkamp ohne Fleckhaus? In: Du. Die Zeitschrift der Kultur, Bd. 70, Heft 803, S. 40–43, hier S. 43.

diese im Wortsinn ‚oberflächliche' Sicht auf seine Buchgestaltung durch Aussagen wie diese:

> Gelobt sei der Schweizer Piatti [der Haustypograph des Deutschen Taschenbuch Verlags, C.M.], er brachte uns [...] das Modell einer vorbildlichen Taschenbuchreihe. Denn seine Bändchen sind durch und durch gut gestaltet, im Gegensatz zu meinen. Mich interessiert die Verpackung mehr. Z. B.: ich habe nie versucht, meine *BS* innen zu gestalten. Kein Zweifel, ich suche meistens nur den Mantel einer Bibliothek.[131]

Fleckhaus' Konzentration auf die äußere Buchgestaltung rührte nicht allein daher, dass er keine klassische Ausbildung als Buchtypograph und -setzer genossen hatte, sondern durch seine Tätigkeit als Zeitschriften-Redakteur auf Umwegen zum Buch-Design gekommen war.[132] Sie hatte auch damit zu tun, dass Siegfried Unseld – immer mit Blick auf die gute Lesbarkeit der Bücher – keine Neugestaltung des Satzes wünschte: „Im Buchinnern hatte die Typographie der Suhrkamp-Bücher von jeher in erster Linie der Lesbarkeit gedient, eine Typographie, die in der Tradition handwerklich-klassischer Buchherstellung stand."[133] Zwar hatte es Ende der 1950er Jahre Bestrebungen gegeben, neben dem modernisierten Äußeren der Suhrkamp-Bücher auch den Satz umzugestalten, „allerdings war man sich nach einigen Versuchen im Verlag einig, daß der traditionelle

---

131 Fleckhaus, Arbeiten aus meiner vielseitigen Tätigkeit, S. 277.
132 Hans Peter Willberg, einer der bedeutendsten Buchgestalter der deutschen Nachkriegszeit, fällt – bei allem Lob für Fleckhaus' Buchumschläge – über dessen Satzgestaltung ein eindeutig kritisches Urteil: „Im Grunde war Willy Fleckhaus mehr Magazin-Typograf als Buch-Typograf." Koetzle/Wolff, Fleckhaus, S. 182. Wie stilbildend und von welch hohem Erkenntniswert gerade Fleckhaus ‚Oberflächen', genauer gesagt: seine sich deutlich vom bisherigen Grau des Suhrkamp-Programms abhebende Farbgestaltung war, zeigt Christof Windgätter in seiner fulminanten Untersuchung *Wissenschaft als Marke*. Windgätter geht hier so weit, dafür zu plädieren, die Farbe „in das Ensemble jener Elemente [aufzunehmen], die nach Genette ‚Paratexte' heißen." Zwar würde der Farbe in Genettes Buch *Beiwerk des Buches* kein eigenes Kapitel gewidmet, allerdings ließen sich in verschiedenen Kapiteln Beispiele finden, in denen Farben als Erkennungszeichen dienten. „Wie in Deutschland den Regenbogen, so kennt man in Frankreich die ‚Weiße Reihe' von *Gallimard*, und in England das Orange der *Penguin*-Bände. Aus kolorierten Oberflächen werden Operatoren des Wissens. Ihre Aufgabe besteht nun nicht mehr nur darin, distributiven oder ästhetischen Ansprüchen zu genügen, sondern Erwartungen hervorzurufen, Perspektiven einzuleiten und Orientierungen zu geben. Sie sollen Zusammengehörigkeiten stiften und Abgrenzungen sichtbar machen, erste Hinweise zur thematischen, fachlichen oder ideologischen Ausrichtung eines Buches liefern, Verlagsprofile durchsetzen und obendrein das Renommee ihrer Autoren anzeigen." Christof Windgätter, Wissenschaft als Marke, Berlin 2016, S. 166.
133 Unseld, Der Marienbader Korb, S. 39.

Satz dem Auge des Lesers am angenehmsten sei, und blieb bei der bewährten Form."[134]

Von einer in den 50er Jahren noch disparaten Satzgestaltung – Hesses *Bilderbuch* wurde beispielsweise noch 1958 in der zu diesem Zeitpunkt bereits nahezu ‚ausgestorbenen' Fraktur gesetzt[135] – entwickelte sich der Suhrkamp-Schriftsatz bald zu einem wiedererkennbaren Schema, das sich vor allem durch die Verwendung der *Stempel Garamond* auszeichnete.[136] Diese Schrift ist besonders durch ihre unaufdringliche Funktionalität und ihren fehlenden typographischen Eigensinn charakterisiert. Dass auch diese Zuschreibungen durch Seh- und Lese-Konventionen geprägt sind, ist evident. Fleckhaus, der auch für den Umschlag der *edition* die *Garamond* nutze, setzte dabei ebenfalls auf die ihr zugeschriebene Neutralität:

> Auch heute [bei einem 1970 gehaltenen Vortrag, C.M.] hätte ich gegen [...] die Garamond nichts einzuwenden. Wahrscheinlich ist sie meine Lieblingsschrift. Sie ist schön, nicht steril, schreit nicht, flüstert nicht. Ist da! Und das genügt![137]

Und auch über die Schriftwahl hinaus orientiert sich die Satzgestaltung des Suhrkamp Verlags an den Prinzipien einer guten Lesbarkeit. Die Erstausgabe von Bernhards *Kalkwerk* ist ein anschauliches Beispiel für einen solchen nach allen Regeln der klassischen Buchtypographie gestalteten Satz: „Lese-Schriftgrade (ca. 8–11 Punkt), enger Satz ohne ‚Löcher', ca. 60–70 Zeichen pro Zeile, 30–40 Zeilen pro Seite. Ausgewogene Proportionen von Satzspiegel und Papierrand."[138] Die Seitenzahlen, die in Suhrkamp-Büchern oftmals zentriert gesetzt sind, verstärken den klassischen – fast schon klassizistisch zu nennenden – Eindruck.

Bernhard entspricht diesem Ideal einer ‚neutralen' Typographie so hundertprozentig, dass es stutzig machen sollte. Gerade ein Vergleich mit der typographischen Gestaltung der Bücher junger zeitgenössischer Suhrkamp-Autoren, zu

---

134 Koetzle/Wolff, Fleckhaus, S. 173.
135 Hermann Hesse, Bilderbuch, Frankfurt a.M. 1958 (EA).
136 „Sowohl in den Ausgaben der Taschenbuch-Reihen Theorie, Wissenschaft und *edition suhrkamp* als auch in den Büchern der Bibliothek setzt der Suhrkamp Verlag die Stempel Garamond ein." Schriften-Porträt „Garamond, Stempel" des Museums für Arbeit, Hamburg, online unter www.museum-der-arbeit.de/documents/museum_%20der_arbeit/866/original/Garamond-Stempel.pdf?1395665375, letzter Zugriff: April 2018.
137 Fleckhaus, Arbeiten aus meiner vielseitigen Tätigkeit, S. 276.
138 So formulieren Hans Peter Willberg und Friedrich Forssman in ihrem Standardwerk *Lesetypographie* die klassischen Regeln der Buchseitengestaltung, welche einem ‚linearen Lesen' angemessen sind. Willberg/Forssman, Lesetypographie, S. 17.

denen Bernhard seit Verlassen der *edition* dezidiert nicht mehr zählen soll, zeigt, dass die Satzgestaltung erheblich – und gegen alle Widerstände – zur Festigung von Bernhards Markenimage als moderner Klassiker beitragen soll. Auch oder besonders wenn die Typographie wie in Bernhards Fall als ‚neutral' erscheint, hat das typographische Dispositiv vom Leser nicht wahrgenommene Auswirkungen auf Rezeptionserwartung, Leseverhalten und Interpretation des Textes. Da jedoch „[d]ie Existenz konnotativer Ausdruckswirkungen von Schriften im alltäglichen Umgang mit vertrauten Textformen zumeist unbemerkt [bleiben] und dem typographischen Laien nur in Vergleichs- und Wahlsituationen bewußt [werden]",[139] ist es an dieser Stelle geboten, die ostentative ‚Neutralität' der Bernhard'schen Typographie durch Vergleiche mit der Wirkung anderer zeitgenössischer Ausgaben zu kontrastieren.

3.5.2 Typographische Sonderfälle im Suhrkamp Verlag (70er Jahre)

Gerade in den 70er Jahren, in denen Bernhard der Sprung vom Geheimtipp zum kanonischen Autor gelingt, gibt es im Programm des Suhrkamp Verlags zahlreiche Abweichungen vom oben beschriebenen typographischen Schema, die durchaus dem Zeitgeist entsprechen. Im Gegensatz zu der Satzgestaltung von Bernhards Texten ist bei diesen ‚typographischen Sonderfällen', zu denen beispielsweise Bücher Herbert Achternbuschs, Jürgen Beckers und Peter Handkes zählen, eine Irritation des Lesevorgangs erwartbar und gewissermaßen vorprogrammiert. Hier gehören Charakteristika wie die ‚Aufsprengung' der herkömmlichen Erzählform und die Fokussierung auf die Schriftgestalt zum Markenimage der Autoren und müssen dementsprechend ins Bild gesetzt werden.

Herbert Achternbuschs 1969 und 1970 erschienene Prosabände *Hülle* und *Das Kamel* stellen in der Reihe der typographischen Sonderfälle nochmals einen Extremfall dar. Sie setzen sich schon durch ihre äußere Gestaltung (auch hier setzt der Designer das poetische Programm der „Hülle" eins zu eins in die Buchgestaltung um) deutlich vom übrigen Suhrkamp-Programm ab (s. Abb. 11): Die broschierten Bände im auffälligen Hochformat stechen vor allem durch den leuchtend roten bzw. knallig blauen Glanzpapierumschlag ins Auge. Wiedererkennbares Suhrkamp-Signal ist hier allein die *Garamond*-Titelschrift, welche in deutlichem Kontrast zur grellen Farbgebung der Bände steht.

---

139 Wehde, Typographische Kultur, S. 149.

Abb. 11: Herbert Achternbusch, *Hülle* (Erstausgabe 1968), *Das Kamel* (Erstausgabe 1970).

Aber auch im Innern der Bücher gibt es eine, vom Autor vor-geschriebene, typographische Auffälligkeit (s. Abb. 12): Auf den ersten Blick handelt es sich zwar um einen harmonisch wirkenden Satzspiegel mit relativ kurzen Zeilen und mit einer gut lesbaren *Baskerville* Serifenschrift in der Lesegröße 12 Punkt. Ein ungestörter Lesefluss wird jedoch trotzdem erheblich erschwert, und zwar dadurch, dass die Wörter am Zeilenende ohne die Verwendung von Bindestrichen und ungeachtet jedweder Worttrennungsregeln ‚abgeschnitten' werden. Es handelt sich hier um ein rein typographisch realisiertes Enjambement: Die Schrift läuft über das Zeilenende hinaus in der nächsten Zeile weiter, der saubere Blocksatz forciert eine Trennung der dergestalt als typographisches *Material* inszenierten Schrift ohne Ansehen ihrer Bedeutung. Auch die Konstruktivität des Seitenarrangements wird betont, indem die im Normalfall des Lesens nicht wahrgenommene weiße Fläche des Außensteges den Text buchstäblich in seine Schranken weist. Das Fehlen von Seitenzahlen stellt einen zusätzlichen Bruch mit der typographischen Konvention dar und erschwert zusätzlich die Orientierung innerhalb des Gesamttextes.

Achternbusch, der auch heute noch auf der Suhrkamp-Website durch die Betonung seiner vielfältigen außerliterarischen Tätigkeiten und Fähigkeiten als

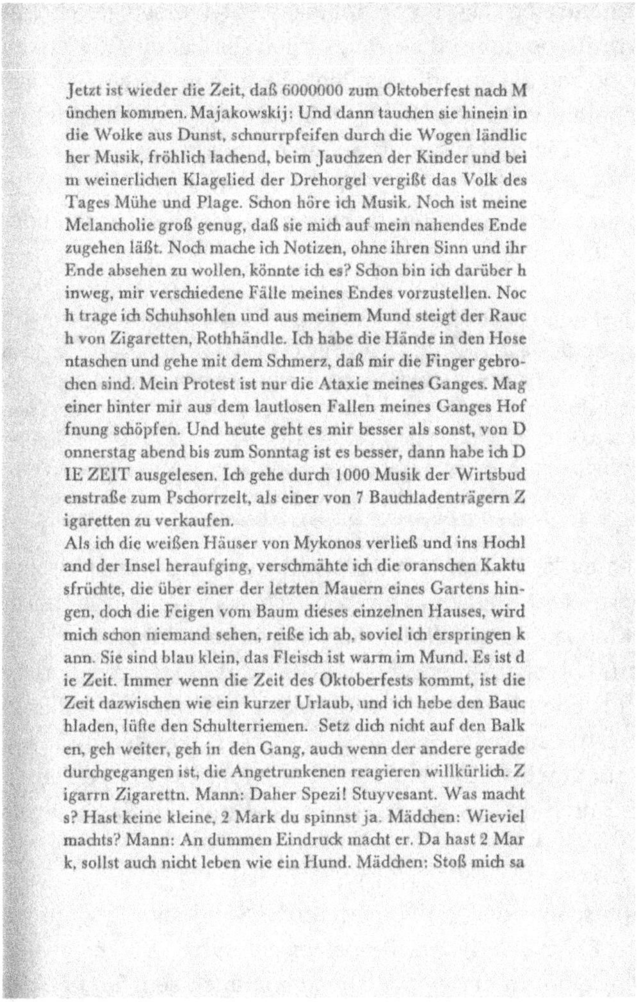

> Jetzt ist wieder die Zeit, daß 6000000 zum Oktoberfest nach M
> ünchen kommen. Majakowskij: Und dann tauchen sie hinein in
> die Wolke aus Dunst, schnurrpfeifen durch die Wogen ländlic
> her Musik, fröhlich lachend, beim Jauchzen der Kinder und bei
> m weinerlichen Klagelied der Drehorgel vergißt das Volk des
> Tages Mühe und Plage. Schon höre ich Musik. Noch ist meine
> Melancholie groß genug, daß sie mich auf mein nahendes Ende
> zugehen läßt. Noch mache ich Notizen, ohne ihren Sinn und ihr
> Ende absehen zu wollen, könnte ich es? Schon bin ich darüber h
> inweg, mir verschiedene Fälle meines Endes vorzustellen. Noc
> h trage ich Schuhsohlen und aus meinem Mund steigt der Rauc
> h von Zigaretten, Rothhändle. Ich habe die Hände in den Hose
> ntaschen und gehe mit dem Schmerz, daß mir die Finger gebro-
> chen sind. Mein Protest ist nur die Ataxie meines Ganges. Mag
> einer hinter mir aus dem lautlosen Fallen meines Ganges Hof
> fnung schöpfen. Und heute geht es mir besser als sonst, von D
> onnerstag abend bis zum Sonntag ist es besser, dann habe ich D
> IE ZEIT ausgelesen. Ich gehe durch 1000 Musik der Wirtsbud
> enstraße zum Pschorrzelt, als einer von 7 Bauchladenträgern Z
> igaretten zu verkaufen.
> Als ich die weißen Häuser von Mykonos verließ und ins Hochl
> and der Insel heraufging, verschmähte ich die oranschen Kaktu
> sfrüchte, die über einer der letzten Mauern eines Gartens hin-
> gen, doch die Feigen vom Baum dieses einzelnen Hauses, wird
> mich schon niemand sehen, reiße ich ab, soviel ich erspringen k
> ann. Sie sind blau klein, das Fleisch ist warm im Mund. Es ist d
> ie Zeit. Immer wenn die Zeit des Oktoberfests kommt, ist die
> Zeit dazwischen wie ein kurzer Urlaub, und ich hebe den Bauc
> hladen, lüfte den Schulterriemen. Setz dich nicht auf den Balk
> en, geh weiter, geh in den Gang, auch wenn der andere gerade
> durchgegangen ist, die Angetrunkenen reagieren willkürlich. Z
> igarrn Zigarettn. Mann: Daher Spezi! Stuyvesant. Was macht
> s? Hast keine kleine, 2 Mark du spinnst ja. Mädchen: Wieviel
> machts? Mann: An dummen Eindruck macht er. Da hast 2 Mar
> k, sollst auch nicht leben wie ein Hund. Mädchen: Stoß mich sa

Abb. 12: Herbert Achternbusch, *Hülle* (Erstausgabe 1969).

Außenseiter des Literaturbetriebs inszeniert wird,[140] sprengt mit seinen Prosabänden auch typographisch den Rahmen des Konventionellen: Der Satzspiegel ruft zwar einerseits auf den ersten Blick den für Suhrkamp-Publikationen typi-

---

140 „Achternbusch, der schon früh selber schauspielert, dreht Filme, schreibt Romane, publiziert und inszeniert Theaterstücke und malt." Online unter www.suhrkamp.de/autoren/herbert_achternbusch_15.html, letzter Zugriff: April 2018.

schen Eindruck einer ‚neutralen' Lesetypographie hervor (gut eingerichteter Blocksatz, Wahl der Schrifttype und -größe etc.), schon die Lektüre der ersten Zeile bedeutet jedoch aufgrund der experimentellen Silbentrennung eine Absage an konventionelle Typographie, wodurch das Prädikat des experimentellen Autors' zementiert wird.[141] Die nur aufgrund äußerer typographischer Regeln unterbrochene Schrift suggeriert eine sich unaufhaltsam fortsetzende ‚Rede', in der alles zum Greifen nah, auf der Text-Oberfläche *materiell* vorhanden ist, oder wie eine zeitgenössische Rezension schreibt:

> [E]in Gerempel ohne Steigerung, Höhepunkte, Symbolik. Lauter Tatsachen reihen sich aneinander, durcheinander, und auf dieser Basis aus Sprache steht keine Dekoration, kein Überbau. Hier versucht jemand das Schlichteste und letztlich Unmögliche: sich selbst, seine Erfahrungen unmittelbar zu Papier zu bringen, ohne den Umweg über den schönen Schwindel von erfundenen Geschichten oder mit dem strengeren Schwindel der Selbstreflexion, „einfach" das Inwendige nach außen zu kehren, zu Sprache zu machen, das Auswärtige nach Innen zu wenden, zu Sprache zu machen.[142]

Im Gegensatz zur Autorenmarke Thomas Bernhard wird hier kein philosophischer Autor inszeniert, sondern einer, dessen Schreiben sich, wie der von Achternbusch selbst verfasste Klappentext verrät, um Folgendes dreht: „Poesie an sich und intuitive[n] Auswurf, [...] letztinstanzliche[n] Selbstwert, dem ein gehöriger Rest an Unerklärbarkeit, Undeutbarkeit und ontologischer Dunkelheit anhängt usf."[143] Dass ‚bedeutungstransparente', einfache Lesbarkeit hier gerade keine Rolle spielt, wird nicht nur durch die Bewerbung der Autorenmarke zu verstehen gegeben, sondern auch durch die typographische Gestaltung des Satzspiegels unmittelbar einsichtig.

Einen weiteren typographischen Sonderfall innerhalb des Suhrkamp-Programms bilden Jürgen Beckers *Ränder* (1986) und *Umgebungen* (1970). Becker gehört zu den prominenten Vertretern in der *edition suhrkamp*, auch sein Text *Felder* erscheint 1964 als 61. Band der Reihe. Im Klappentext heißt es programmatisch:

---

141 Die Leserin ist tatsächlich schon *vor* Beginn der Lektüre auf diesen Effekt vorbereitet, da der von Achternbusch selbst verfasste Klappentext mit denselben ‚typographischen Enjambements' arbeitet. Vgl. Herbert Achternbusch, Hülle, Frankfurt a.M. 1969 (EA), Klappentext. Die Technik wird beim durch die Trennung erzwungenen Wechsel von der sukzessiven Lektüre zur synoptischen Wahrnehmung wiedererkannt, die einzige Schwierigkeit des Lesens liegt in der Folge in ihrer zuverlässig vollzogenen Unterbrechung, die eine erhöhte Aufmerksamkeit zum Finden und Verstehen der korrekten Anschlüsse erfordert.
142 Reinhard Baumgart, Da ging die Kunst drauf. In: Der Spiegel, 10. November 1969.
143 Achternbusch, Hülle, Klappentext.

„Die ‚Felder' ordnen sich den bestehenden Gattungsbegriffen nicht unter; dieser Text versucht vielmehr, die Gattungen selber einzuschmelzen."

Der 1968 zunächst als eigenständige Erstausgabe erscheinende Text *Ränder* (die *es*-Ausgabe folgt im Jahr 1970) setzt das Markenimage des experimentellen Autors auch typographisch ins Bild (s. Abb. 13). Das kartonierte Buch mit schwarzem, mattem Papiereinband wirkt durch die in serifenlosen Großbuchstaben gesetzte Schrift, die den Autorennamen und Titel zu einem geometrischen Block verschmilzt, welcher fast die gesamte Breite des Buches einnimmt, und durch die in zwei verschiedenen Magentatönen gehaltene kühl anmutende Schrift einerseits rational, andererseits unkonventionell. Ganz anders als etwa das Cover von Martin Walsers vier Jahres später erscheinendem Roman *Die Gallistl'sche Krankheit* (s. Abb. 14), das durch die *Garamond*-Titelschrift und den Kontrast der weißen Schrift auf dunkelblauem Fond klassisch-elegant wirkt.

Abb. 13: Jürgen Becker, *Ränder* (Erstausgabe 1968).

Abb. 14: Martin Walser, *Die Gallistl'sche Krankheit* (Erstausgabe 1972).

Bei Beckers *Rändern* verzichtet der Verlag zudem auf einen konventionellen Klappentext und gibt dem Buch eine Werbe-Banderole – welche durch das Prädikat „Preis der Gruppe 47" Becker als vielversprechenden Nachwuchsautor adelt – und ein loses Blatt bei, auf dem es heißt:

> Da sitzen sie herum, überall, auf den Treppen, auf den Mauern, auf den Autodächern, am Strand und im Wald, und wenn man ihnen eins drübergibt, rühren sie sich immer noch nicht.
>
> Schnell, alles vergessen, sofort.
>
> Ein Blick in eine Stadt, gleich weiter zur nächsten, dort auch nicht, also die dritte, wieder ist nichts, weiter, vielleicht doch noch, nur weiter.
>
> Alle Hindernisse aus dem Weg, wir können anfangen, anfangen, den ganzen Tag sagen wir anfangen.
>
> Nun stehen wir in einem Raum, in einer Halle kann man schon sagen, die Nordwand ein riesiges Fenster, richtig, der Blick auf Himmel und Bäume. Wir kennen uns wohl aus hier. Der rohe, goldene Tisch, Baumstümpfe, der Wandschirm, weitere Tische, ein Tier springt aus dem Wandschrank. Unter dem Fenster eine Wasserlache, wir durchqueren den Raum und befinden uns am Ufer eines Sees. Der See ist jedenfalls neu. Wir gehen weiter und stellen fest, daß Wald gewachsen ist. Wir rechnen mit Fischen und Vögeln, aber nichts zeigt sich. Was hat sich sonst noch verändert? Wir sind wohl lange fortgewesen. Nichts hat sich verändert, alles wie immer, nur dort sitzt jemand am Tisch und denkt an eine Rückkehr nach vielen Jahren.
>
> Zurück liegen einige verlassene Wohnungen, nie wieder betretene Bahnsteige in einem gelben Bahnhof, Stapel von unbeantworteten Briefen, ganze Scherbenberge, diese vergeblichen Versöhnungsversuche, diese vergeblichen Flugversuche, ein paar gute Städte, ja, herrliche Kneipen, Moorweiden, Dünen, von oben gesehene Küsten, ein ganzer Haufen Hoffnung, Kratzer an den Kotflügeln, Gerüche, Geräusche, die an all das erinnern.
>
> Einige Fragen:
> Bist Du glücklicher jetzt?
> Fliegt dort im Flugzeug der Vater?
> Wieso ist das alles so gekommen?
> Was stellen wir im September an, wenn das Geld alle ist?
> Was ist los mit John und den anderen?
> Warum gehen eure Ehen alle kaputt?
> Barthelme, warum kennt keiner Barthelme?
> Wen wollen Sie denn lieber haben: die Faschisten oder die Chinesen?
> Was machen ein Biochemiker, ein Stadtplaner, ein Forstmeister bei IBM?
> Ist unsere Route wirklich richtig?
> Warum, wenn wir so zweifeln, machen wir immer noch weiter?
> Wer wird als erster aufhören?
> Sind wir wenigstens klüger geworden?
> Möchtest Du, sagen wir, zehn Jahre jünger sein?
> Wer rennt denn heute alles auf dem Kiesweg wieder hin und her?
> Wer sagt einem schon, was mal ein bißchen weiterhilft?

Abb. 15: Jürgen Becker, *Ränder* (Erstausgabe 1968).

Die „Ränder" zeigen: Jürgen Becker schreibt keinen Roman, erzählt keine Geschichte, macht keine Gedichte mehr. Außerhalb dieser Schreibmuster und mithin in einem Bereich, der alle sprachlichen Verhaltensweisen zuläßt, hat Becker mit seinen „Rändern" dennoch ein formales Modell entworfen, das sich in den Verführungen zur Willkür, zum ungehemmten Weiterschreiben widersetzt.[144]

Das von Becker entworfene „formale[] Modell" verdankt sich nicht nur der Sonderstellung des Autors außerhalb konventioneller „Schreibmuster", es produziert ebenso ein typographisch divergierendes *Schrift*muster, das die Leser_innen – genau wie der Ankündigungstext – auf die beabsichtigte Hemmung des Leseflusses vorbereiten soll. Die Rezeptionsanweisung lautet klar: Dies hier ist „keine Geschichte" und soll auch nicht so gelesen werden. Die „strenge kompositorische

---

[144] Jürgen Becker, Ränder, Frankfurt a.M. 1968 (EA), einseitige Verlagsbeilage.

dunklungsrolleau und die Schritte der Kasernenposten draußen vor dem dunklen Tor die abgeblendeten Scheinwerfer tastend vorbei an den weißen Ringen der Chausseekastanien über Land zum Bauern in Sicherheit fort vom Augenblick der Stille nach den Vollalarm-Sirenen der tickende Drahtfunk und in der ruhigen Bläue das ruhige Brummen mit Kondensstreifen weit über Heimat in der Erntezeit die staubigen Ferien mit endlosen Sommern und Großeltern im Rheinland wieder Evakuierung was heißt das und was ist das ein Konzertlager sagt das Pflichtjahrmädchen und wo ist London was da viermal bummt im Volksempfänger platzt der Sportpalast und bald sind wir schreibt Günter Mauck ganz brauchbar Kanoniere bei Leuna und zum Schippen in den Westen bis zum Melderblick vom Dach auf grüne fremde Helme in den Gärten in der Frühe April das Ende zweite Phase Kinderzeit war Zeit die das Erinnern spaltet zurück bis September erfahren später was los war damit und mit Wörtern

Jungzugführer Bindersleben Werwolf Pariser Westerwald Sterngasse Heidemarie Heimabend Niggerjazz Raum Hannover Braunschweig Scheerbaum Totila Maginot Metaxas Tobis Muckefuck Wunschkonzert PST Entwarnungsfrisur Schädling Streifschuß Weihnachtsbäume Buna Sondermischung Teppiche Geländespiel Sauerei Siebenbürgen Achselstücke REWE Kleiderkarte Ferntrauung Schmierseife Altmaterial Heilkräuter Affenschaukel Arschgeige Leuchtplakette Soldatensender Feuerpatsche Hauswart Kohlenklau Nahkampfhöschen Überfallhose Husemann Ähre Ostmark Fockewulf

30

fliegend über versteinertes Meer und die unbeweglichen Länder verschwinden eins nach dem andern kommt wieder ein roter Wüstenbereich ein glitzerndes Dorf im Dunklen unsichtbar was die Biscaya ist was einst die Stadt Venedig war glänzt auf in plötzlicher Sonne das unbewohnte Afrika geht unter und vergessen sind die friesischen Inseln im Riesenreich der Wolken fern vom kalten Stern der Erde fliegend

entfernt von allem was in nächster Nähe mit Ansprüchen und Rede Antwort will was wortlos macht ist das Reden und Antworten auf die Erwartung daß nun was kommt ist das Lähmende im ansonsten selbstgeregelten Sprechverkehr kracht es ja schon mal das ist es aber nicht im Normalfall wäre ein Schweigen von unbestimmter Dauer die einzig mögliche Aktion als Antwort bleibt von Fall zu Fall gestottert bis es ganz aus ist und wir verstehn uns wieder am Ende noch dazugelernt mit verstellter Stimme die passenden Töne gefunden und niemand merkt es weiß ja jeder wie das geht und klappt mit der Verständigung auf Anhieb das Richtige meint man immerzu

im Einst noch zuhause als wäre nicht einst mit den neuen Dingen benannt beschrieben das unterscheidbare Heute und Gestern verwischt am Beispiel Städtebilder und Flug über Landschaft ins Inselleben hin und zurück Rhein-Main-Flughafen und Forum Romanum auf einer Route durch historisches Bewußtsein in jedem Reisebüro ein

31

Abb. 16: Jürgen Becker, *Ränder* (Erstausgabe 1968).

Gestalt"[145] des Buches ist auf dem losen Blatt ebenfalls erklärt, das, wie Wolfgang Hildesheimer in seiner Rezension zum Buch so passend schreibt, „ein wenig apologetisch anmutet. Als wolle der Verlag den Leser um Entschuldigung bitten, daß Becker so und nicht anders, also keinen Roman schreibe."[146] Auch hieraus spricht der stets geltende Anspruch des Verlags, dem Leser ein gut lesbares Buch zu präsentieren, und sei es noch so experimentell wie Beckers *Ränder:* „Das Buch besteht aus zwei Textgruppen, die in Ausdehnung und Methode einander spiegelbildlich entsprechen." Im ersten Teil geht es Becker laut der beigegebenen ‚Leseanleitung' um die „Notierung des Subjektiven", die sich typographisch in einem spontan und unausgewogen wirkenden Satzspiegel, der aus verschieden langen Absätzen im Block- und Flattersatz besteht, ausdrückt (s. Abb. 15).

---

145 Becker, Ränder, einseitige Verlagsbeilage.
146 Wolfgang Hildesheimer, Stimme der Ohnmacht. In: Der Spiegel, 24. Juni 1968.

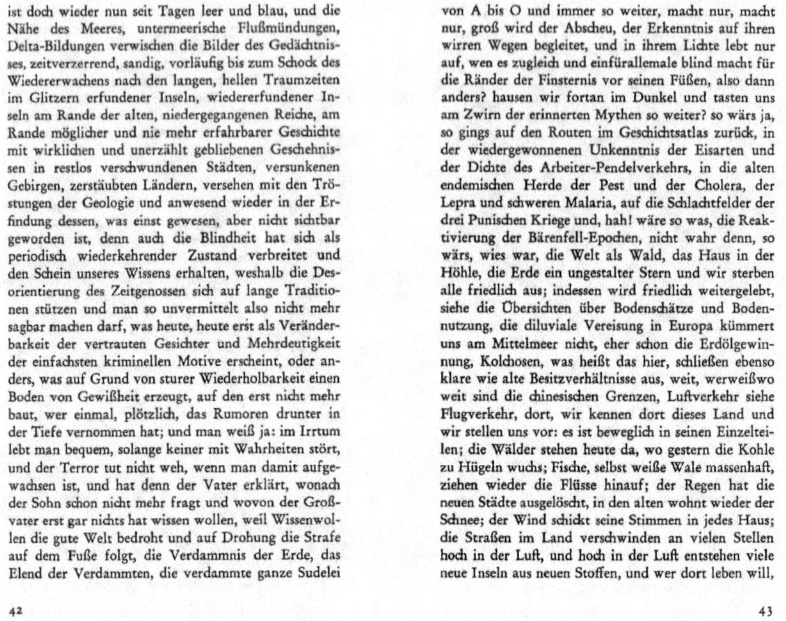

> ist doch wieder nun seit Tagen leer und blau, und die Nähe des Meeres, untermeerische Flußmündungen, Delta-Bildungen verwischen die Bilder des Gedächtnisses, zeitverzerrend, sandig, vorläufig bis zum Schock des Wiedererwachens nach den langen, hellen Traumzeiten im Glitzern erfundener Inseln, wiedererfundener Inseln am Rande der alten, niedergegangenen Reiche, am Rande möglicher und nie mehr erfahrbarer Geschichte mit wirklichen und unerzählt gebliebenen Geschehnissen in restlos verschwundenen Städten, versunkenen Gebirgen, zerstäubten Ländern, versehen mit den Tröstungen der Geologie und anwesend wieder in der Erfindung dessen, was einst gewesen, aber nicht sichtbar geworden ist, denn auch die Blindheit hat sich als periodisch wiederkehrender Zustand verbreitet und den Schein unseres Wissens erhalten, weshalb die Desorientierung des Zeitgenossen sich auf lange Traditionen stützen und man so unvermittelt also nicht mehr sagbar machen darf, was heute, heute erst als Veränderbarkeit der vertrauten Gesichter und Mehrdeutigkeit der einfachsten kriminellen Motive erscheint, oder anders, was auf Grund von sturer Wiederholbarkeit einen Boden von Gewißheit erzeugt, auf den erst nicht mehr baut, wer einmal, plötzlich, das Rumoren drunter in der Tiefe vernommen hat; und man weiß ja: im Irrtum lebt man bequem, solange keiner mit Wahrheiten stört, und der Terror tut nicht weh, wenn man damit aufgewachsen ist, und hat denn der Vater erklärt, wonach der Sohn schon nicht mehr fragt und wovon der Großvater erst gar nichts hat wissen wollen, weil Wissenwollen die gute Welt bedroht und auf Drohung die Strafe auf dem Fuße folgt, die Verdammnis der Erde, das Elend der Verdammten, die verdammte ganze Sudelei von A bis O und immer so weiter, macht nur, macht nur, groß wird der Abscheu, der Erkenntnis auf ihren wirren Wegen begleitet, und in ihrem Lichte lebt nur auf, wen es zugleich und einfürallemale blind macht für die Ränder der Finsternis vor seinen Füßen, also dann anders? hausen wir fortan im Dunkel und tasten uns am Zwirn der erinnerten Mythen so weiter? so wärs ja, so gings auf den Routen im Geschichtsatlas zurück, in der wiedergewonnenen Unkenntnis der Eisarten und der Dichte des Arbeiter-Pendelverkehrs, in die alten endemischen Herde der Pest und der Cholera, der Lepra und schweren Malaria, auf die Schlachtfelder der drei Punischen Kriege und, hah! wäre so was, die Reaktivierung der Bärenfell-Epochen, nicht wahr denn, so wärs, wies war, die Welt als Wald, das Haus in der Höhle, die Erde ein ungestalter Stern und wir sterben alle friedlich aus; indessen wird friedlich weitergelebt, siehe die Übersichten über Bodenschätze und Bodennutzung, die diluviale Vereisung in Europa kümmert uns am Mittelmeer nicht, eher schon die Erdölgewinnung, Kolchosen, was heißt das hier, schließen ebenso klare wie alte Besitzverhältnisse aus, weit, werweißwo weit sind die chinesischen Grenzen, Luftverkehr siehe Flugverkehr, dort, wir kennen dort dieses Land und wir stellen uns vor: es ist beweglich in seinen Einzelteilen; die Wälder stehen heute da, wo gestern die Kohle zu Hügeln wuchs; Fische, selbst weiße Wale massenhaft, ziehen wieder die Flüsse hinauf; der Regen hat die neuen Städte ausgelöscht, in den alten wohnt wieder der Schnee; der Wind schickt seine Stimmen in jedes Haus; die Straßen im Land verschwinden an vielen Stellen hoch in der Luft, und hoch in der Luft entstehen viele neue Inseln aus neuen Stoffen, und wer dort leben will,

42   43

Abb. 17: Jürgen Becker, *Ränder* (Erstausgabe 1968).

Im zweiten Teil sei Beckers Ziel eine „syntaktische Verschmelzung", die tatsächlich eher noch eine typographische ist: Die trotz (oder gerade wegen) des Fehlens von Satzzeichen und syntaktischen Relationen zu einem Text ‚verschmolzenen' disparaten Wörter, Sequenzen und Endlossätze werden als Text-Versatzstücke präsentiert, die scheinbar entkoppelt worden sind, jedoch genauso leicht wieder verkoppelt werden könnten (s. Abb. 16). Im dritten Teil gehe es Becker um die „Verknüpfung des Disparaten zu einem Satzzusammenhang", der in einem im Block gesetzten, festgefügten Endlossatz visualisiert wird (s. Abb. 17). Und schließlich betreibe er im vierten Teil die „Auflösung der grammatischen und typographischen Zusammenhänge", die durch die linksbündig angeordneten, jedoch nur durch Umbrüche und nicht durch Satzzeichen abgetrennten Sequenzen ins Bild gesetzt werden, welche sich auch in der Lektüre durch einen mehr oder weniger losen semantischen Zusammenhang auszeichnen (s. Abb. 18). All diese Verfahren produzierten, so der dem Buch beigefügte Verlagstext, einen „Leerbereich des Schreibens", der sich in der Betonung der nichtbedruckten Fläche des Seitenarrangements manifestiert (s. Abb. 19).

```
es sind viele Schönheiten in der Nähe hier      weil es ein Photo ist
unersetzliche Küsten flach und hell              entschleierte Erde
ausdehnbare Augenblicke                          so entstehen Sätze die sich entfernen
und das Meer das niemand gehört                  unsichtbar was die Biscaya ist
hier die Herrlichkeit an nichts zu denken        schräg hoch der Blick zum Fenster das nicht da ist
wo das ist                                       Fenster oder nicht
wo etwas wie unbeschädigt                        es regnet nie und man erfährt nichts
glänzend                                         schlafen ein Stück
wie im Flug und immer so weiter                  im großen Traumbestand
auch das wird vergessen                          wieder Bilder gemacht
zerstörbar                                       bald ist wieder Zerstörung
ein altes Ostia im hohen Gras                    mehr nach innen als nach außen
unbeweglich im Wind auch                         wer hört es dann
der Wind der die Geschichte nun fortsetzt        bald wird es gleichgültig sein
als passierte nichts mehr                        wie in der schlimmen Ruhe dieses Mittags
Nachrichten                                      zunehmend unbeweglich
einmal war von glücklicheren Zeiten die Rede gewesen  fortwährend finden Versteinerungen statt
nun die Reste verkohlter Schiffe                 man sieht den Anfang nie
nicht gemacht sein für diese Zeiten              es geht schneller wenn man sich wehrt
im Geräusch der neuen Zärtlichkeit               wer müde wird hat es leichter
im Küstengeräusch Kaliforniens                   nichts weitersagen
so wie Santa Barbara war                         denn noch
wie das Bild mit sanften Tieren                  mögliche Einverständnisse mit Einzelheiten
und immer neue Illusionen                        denkbare Auflösungen eines Zustands
nicht weggehen                                   nur geht es nicht mehr wenn
wo soll man denn wohnen                          dann ins Versteck das es nicht gibt
anderswo hält mans vielleicht wieder aus         so wird eine goldene Wüste gesucht
dort besser nicht und dort überhaupt nie         einige sind schon dort
dort gehts aber hin                              jedenfalls sieht man den Himmel dort
neue Schmerzen                                   und was ist mit der Erinnerung
der alte Wald                                    davon wird immer geredet
wenn er noch da ist                              und immer neue Landkarten
immer blickt das Gesicht von der Landkarte hoch  dort wäre wieder ein Randgebiet
```

Abb. 18: Jürgen Becker, *Ränder* (Erstausgabe 1968).

Beckers „Leerbereich" erinnert nicht umsonst an das Schrift-Bild von Mallarmés *Un coup de dés*:[147] Auch in Beckers *Rändern* gibt es vereinzelte Wörter und Wortgruppen, die durch ihre Konstellation und Interaktion mit der enormen Freifläche auf der Seite auf den ersten Blick einen semantischen Mehrwert erzeugen. Allerdings bildet hier nicht – wie bei Mallarmé – die typographische Normalfolie der Lyrik, sondern das typographische Dispositiv Prosa den Bezugsrahmen, in dem durch die oben beschriebenen Verfahren eine Spannung zwischen Verläuflichkeit und Synopse des Textes hergestellt wird. So gilt auch für Beckers *Ränder* – der Titel weist bereits darauf hin, wie konstitutiv die weißen Flächen der Seiten für die Textproduktion und -rezeption sind –, was Andrea Polaschegg für Un *coup*

---

147 Vgl. zu den Zusammenhängen zwischen Mallarmés *Coup* und der Konkreten Poesie der 50er und 60er Jahre Dieter Lamping, Das lyrische Gedicht. Definitionen zu Theorie und Geschichte der Gattung, Göttingen 1989, S. 235.

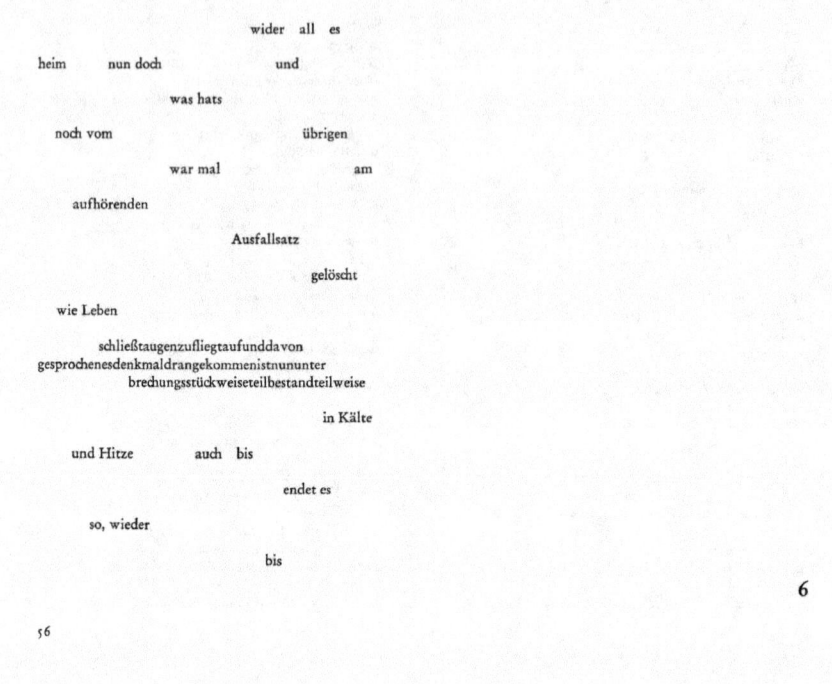

Abb. 19: Jürgen Becker, *Ränder* (Erstausgabe 1968).

de dés festgestellt hat – selbst wenn die weiße Rahmung für das Dispositiv Prosa nicht in gleichem Maße entscheidend ist wie für das Dispositiv Lyrik:

> Die gattungskonstitutive weiße Rahmung diffundiert hier in die Textfläche des Gedichts hinein, umschließt nun einzelne Wörter oder Sequenzen, unterbricht die horizontale Ausrichtung der Zeilen, verschiebt sie oder lässt sie abbrechen. Der betrachtende Blick trifft jetzt nicht mehr auf eine weiß eingerahmte, komprimierte Textfläche, bestehend aus mehr oder minder regelmäßigen Versen, zu mehr oder minder regelmäßigen Gruppen zusammengefasst, sondern auf eine Konstellation aus Wörtern und Sequenzen auf der Fläche [...]. Was *Un coup de dés* in und mit seiner ungewöhnlichen typographischen Seitengestaltung aufsprengt, ist also zunächst gar keine wie auch immer geartete ‚Linearität', sondern die gerahmt-komprimierte Gestalt des üblichen lyrischen Druckbilds.[148]

---

[148] Polaschegg, Der Anfang des Ganzen, S. 125.

Ausfallsatz

gelöscht

wie Leben

schließtaugenzufliegtaufunddavon
gesprochenesdenkmaldrangekommenistnununter
brechungsstückweiseteilbestandteilweise

in Kälte

Abb. 20: Jürgen Becker, *Ränder* (Erstausgabe 1968), Ausschnitt.

Auch Beckers ‚Konstellation' arbeitet nicht so sehr an der Torpedierung der Verläuflichkeit des Textes, sondern an der Aufsprengung eines typographischen Dispositivs und macht so dessen mediale Bedingungen und Effekte deutlich: Die vor den Augen des Lesers stehen bleibenden Wörter und Sequenzen wollen nicht ausschließlich eine synoptisch wahrnehmbare Komposition sein. Wie in *Mallarmés Coup* wird dieses Arrangement „unmissverständlich in den Dienst der Verlaufsdynamik gestellt."[149] Das bedeutet, dass der ‚verborgene rote Faden', den Mallarmé für seinen Text als konstitutiv ansieht,[150] auch bei Becker die entscheidende Bezugsgröße bildet. Die typographische Anordnung der Textbausteine in Beckers *Rändern* folgt diesem virtuellen Faden nicht nur weiter, wenn er abreißt und die Abstände größer werden. Besonders deutlich wird dies, wenn der ‚Faden' sich in der Mitte der Seite zu einem Knäuel, einer Textur verdichtet, indem einzelne Textbausteine zusammengekettet werden und so das sequenzielle Prinzip der Schrift abbilden (s. Abb. 20).

Auch hier entsteht ein Spannungsverhältnis zwischen den einzelnen Bausteinen des Textes, die in eine synoptisch wahrnehmbare Konstellation gebracht sind, und dem sukzessiven Prinzip, auf das durch die Substitution des ‚fließenden Textes' durch weiße Flächen und durch die plakative Verkettung der Textbausteine in der Mitte der Seite deutlich hingewiesen wird. Anders als in Bernhards Texten ist der Leser hier durch die experimentelle Typographie auf Irritationen des Lesevorgangs eingestellt. Auch die Verwendung der *Stempel Garamond* hat

---

[149] Polaschegg, Der Anfang des Ganzen, S. 128.
[150] Vgl. Polaschegg, Der Anfang des Ganzen, S. 128.

hier einen anderen Effekt: Die ‚Neutralität' der Type steht in starkem Kontrast zu der typographischen Eigenwilligkeit des Satzes und lenkt den Blick einmal mehr auf die synoptische Komposition. Dieser Text will, das ist auf den ersten Blick klar, nicht nur gelesen, sondern in gleichem Maße angeschaut werden.

Beckers zwei Jahre später erscheinendes – so heißt es jetzt im Klappentext – „Prosa-Buch" *Umgebungen* nimmt einige dieser typographischen Besonderheiten wieder auf, vor allem den Wechsel zwischen in Blocksatz organisierten, langen Absätzen, die sich mit kurzen, kursiv gesetzten Zeilen oder Absätzen (es ist nicht entscheidbar, ob es sich hier um Überschriften handelt) sowie mit Passagen im Flattersatz abwechseln. Hier ist es jedoch vor allem der Buchumschlag, welcher die Marke des ‚experimentellen Autors' Becker durch ein extraordinäres Design stützen soll (s. Abb. 21). Der Farbverlauf des Umschlags von gedecktem Weiß über Karminrot zu Zinnoberrot erinnert durchaus an die Farbgebung der *Ränder*, der Textauszug in schwarzer Schrift – auch hier eine *Garamond* – arbeitet mit derselben Technik der rein typographisch motivierten Zeilensprünge wie Achternbuschs *Hülle*.

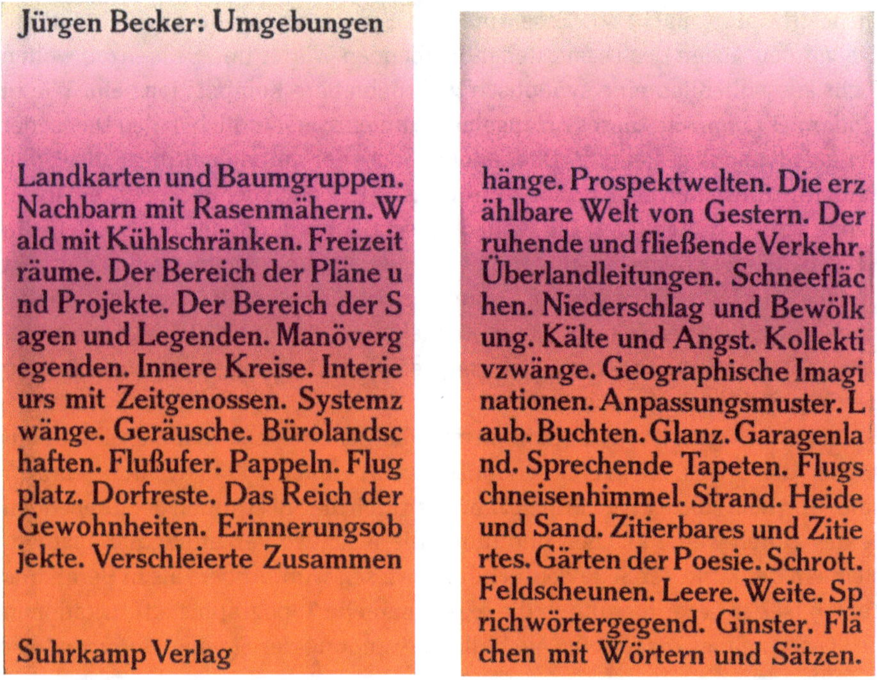

Abb. 21: Jürgen Becker, *Umgebungen* (Erstausgabe 1970), Bucheinband vorne und hinten.

Die assoziative Aneinanderreihung von „disparate[n] Einzelheiten"[151] der titelgebenden ‚Umgebung' besteht aus einzelnen Wörtern oder Wortgruppen (niemals jedoch vollständigen Sätzen), die durch Punkte voneinander getrennt werden, was sie noch stärker als schriftgestaltische Textbausteine erscheinen lässt. Der Umschlag will den Leser auch hier auf die erschwerte Lesbarkeit des Textes vorbereiten: Wörter wie „Mänoverg / egegenden", „Interie / urs" (s. Abb. 21, links) und „Flugs / chneisenhimmel" (s. Abb. 21, rechts) produzieren Regressionen des Blicks und mithin einen verlangsamten Lese- und Verstehensprozess. Auf Mechanismen wie diese muss sich die Leserin der *Umgebungen* – so die Botschaft des Umschlags – einstellen. Der letzte Textbaustein der Umschlagrückseite „Flä / chen mit Wörtern und Sätzen." (s. Abb. 21, rechts) beschreibt auch hier präzise das Spannungsverhältnis zwischen synoptischer Komposition und Verläuflichkeit des Textes, das Bernhards Texten eignet, allerdings mit dem entscheidenden Unterschied, dass in Beckers Fall die Typographie mit allen Mitteln auf diese Spannung vorbereitet, statt sie, wie bei Bernhard, durch ihre vermeintliche Neutralität zum Verschwinden bringen zu wollen, was die Sprengkraft der sequenziellen Poetik noch verschärft. Hier zeigt sich noch einmal deutlich, wie wichtig die Kongruenz von Markenimage und Satzgestaltung ist: Der als experimentell annoncierte Autor bekommt ebenso wie der als moderner Klassiker beworbene ein entsprechendes typographisches Gewand.[152]

Zu welcher Irritation eine Asymmetrie in diesem Verhältnis zwischen typographischer Form und Markenimage führen kann, zeigt Martin Walsers 1970 erschienener Text *Fiction*. Das schmale Buch in auffälligem Hochformat, der graue Broschureinband mit roter serifenloser Titelschrift, jedoch vor allem die ebenfalls serifenlose *Helvetica* Schrift, die sich dem Leser nach Aufschlagen des Buches präsentiert (s. Abb. 22), all dies kann in Zusammenhang mit der Autorenmarke Walser, die hier in Szene gesetzt werden soll, als missglücktes typographisches Experiment gelten.

Die typographische Gestaltung des Buches sendet eindeutig das Signal, es handle sich auch hier um einen wie auch immer unkonventionellen, ‚experi-

---

151 Jürgen Becker, Umgebungen, Frankfurt a.M. 1970 (EA), Klappentext vorne.
152 Franziska Mayer spricht in ihrem erhellenden Aufsatz zur Semantisierung der Satz- und Covergestaltung von einer „quasi ikonischen Abbildungsrelation" zwischen Ausstattung des Buches und Textinhalt: „So kann ein wertvolles Äußeres auf ein wertvolles Inneres verweisen, ein ‚sachliches' Buchcover auf einen sachlichen (Text-)Inhalt, die Darstellung einer Figur auf Merkmale einer Figur des Textes [...]." Franziska Mayer, Zur Konstitution von ‚Bedeutung' bei der Buchgestaltung. Aspekte einer Semiotik des Buchs. In: Text, Material, Medium. Zur Relevanz editorischer Dokumentationen für die literaturwissenschaftliche Interpretation, hg. von Wolfgang Lukas, Rüdiger Nutt-Kofoth und Madleen Podewski, Berlin/Boston 2014, S. 197–215, hier S. 200.

Abb. 22: Martin Walser, *Fiction* (Erstausgabe 1970), Cover und erste Seite.

mentellen' Text. Walsers Markenimage bei Suhrkamp könnte jedoch nicht weiter von diesem Prädikat entfernt sein. Zwar erscheinen dessen Texte regelmäßig in der *edition suhrkamp*, dies jedoch eher aufgrund seines politischen Images und nicht etwa, weil er den ‚Jungen Wilden' der zeitgenössischen deutschsprachigen Literatur zuzurechnen wäre; diese Rolle ist im Suhrkamp Verlag unter anderem Achternbusch, Becker und Handke zugedacht. Walsers Texte erscheinen, wenn sie nicht als Band der *es* herausgegeben werden, als leinengebundene Erstausgaben, die das Image des ‚großen Erzählers' unterstützen sollen. Im Klappentext des 1960 erschienenen Romans *Halbzeit* heißt es, Walser beschreibe „die Wirklichkeit der westdeutschen fünfziger Jahre" mit den Mitteln „ausholender Romantechnik", er sei damit „nicht mehr nur eine Hoffnung des jüngeren deutschen Schrifttums, sondern eine Gestalt", die ihrem Publikum mit zuverlässiger Regelmäßigkeit „Buch um Buch schenken" werde, da „sein Stoff [...] unausschöpfbar" sei.[153]

---

[153] Martin Walser, Halbzeit, Frankfurt a.M. 1960 (EA), Klappentext vorne und hinten.

Fiction weicht von diesem Markenimage durch seine Gestaltung enorm ab: Das *kleine* Buch, die serifenlose Schrift, die experimentelle Aufmachung – all das will nicht zum Bild des ‚großen Erzählers' passen. Die Irritation rührt jedoch wie gesagt vor allem von der Satzgestaltung her. Damals wie heute ist es – aufgrund der besseren Lesbarkeit von Serifenschriften – vollkommen unüblich, literarische Texte in serifenloser Schrift zu setzen, „serifenlosen Antiqua-Schnitten (Grotesk-Schriften) begegnet man hauptsächlich in Werbedrucksachen oder Sachbüchern. Grotesk-Schriften sind mit Inhaltseinheiten aus den semantischen Feldern *Modernität, Rationalität, Sachlichkeit, Funktionalität, Progressivität, Aktualität* korreliert."[154] Die unkonventionelle Wahl der Schriftart will nicht mit dem schon als renommierter Autor geltenden Walser zusammengehen, und so trägt die typographische Gestaltung entscheidend dazu bei, dass *Fiction* auch in der Presse als gescheitertes Experiment rezipiert wird. „Schluß mit dem Erzählen", so laute *der* literarische Trend für das Jahr 1970, wenn man dem *Spiegel* Glauben schenkt, und er wolle Walser nicht so recht stehen: Etwas „glücklos" habe sich der „schon ältere Martin Walser, 43" in dieser „Anti-Erzählkunst" versucht.[155] Noch retrospektiv sieht Marcel Reich-Ranicki in diesem „kümmerlich-törichten und inzwischen längst vergessenen Büchlein" gar Walsers „endgültigen Tiefpunkt".[156] Reich-Ranicki hebt hier, ob bewusst oder unbewusst, mit der Formulierung des ‚kümmerlichen Büchleins' direkt auf die *Ausstattung* des Buches ab. Sowohl das Format, das Bindeverfahren, das verwendete Material als auch die typographische Umschlag- und Satzgestaltung suggerieren, dass es sich hier schlechterdings nicht um große Erzählkunst handeln *kann*. Während die Gesamtheit der vom Verlag eingesetzten Mittel der Buchausstattung andere Autoren zum Inbegriff von „*Modernität, Rationalität, Sachlichkeit, Funktionalität, Progressivität, Aktualität*" gemacht und so zur Stärkung dieses Markenimages beigetragen hätte, wirkt die Ausstattung von *Fiction* in Zusammenhang mit der Marke Walser nur befremdlich und inadäquat und trägt letztendlich zu deren Schwächung bei. Auch der auf dem Umschlag prominent gesetzte Titel „Fiction" entspricht nicht dem von Suhrkamp aufgebauten Markenimage des ‚großen, realistischen, neuen westdeutschen Erzählers'.[157]

---

154 Wehde, Typographische Kultur, S. 187.
155 [o. Vf.], Bücher demnächst in Deutschland. Süße Anarchie. In: Der Spiegel, 29. Juni 1970.
156 Marcel Reich-Ranicki, Jenseits der Literatur. Martin Walsers Roman „Jenseits der Liebe". In: Frankfurter Allgemeine Zeitung, 27. März 1976.
157 Eine *Spiegel*-Rezension kommentiert das bemüht wirkende Bestreben des Suhrkamp Verlags, Walser immer wieder – auch über Klappentexte – mit diesem Image auszustatten, nach dem Erscheinen von *Das Einhorn* (1966) hämisch: „Martin Walser, 39, Wohnsitz Friedrichshafen am Bodensee, schrieb, bevor er als Dramatiker (‚Eiche und Angora', ‚Der schwarze Schwan') bekannt

Walsers drei Jahre später erscheinender Roman *Der Sturz* (1973) entspricht hingegen gerade durch seine Ausstattung wieder dem etablierten Markenimage: Das in Leinen gebundene Buch mit dem viel gelobten Umschlag, welcher durch die Kombination aus amalgamierter Titelschrift und der Detailabbildung aus Michelangelos *Jüngstem Gericht* eine gelungene Symbiose zwischen Moderne und Tradition ausstrahlen soll, ist zudem ein Musterbeispiel für Willy Fleckhaus' Stil der Umschlaggestaltung (s. Abb. 23, Mitte).[158] Auch die für den Satz verwendete Suhrkamp-,Hausschrift' *Stempel Garamond* entspricht Walsers Image des realistischen Erzählers, welches im Klappentext noch einmal prägnant ausformuliert ist:

> Martin Walsers erzählerische Phantasie braucht in ihrem Einklang aus leidenschaftlicher Anteilnahme und resignierender Wut nichts zu erfinden. Sein Roman beschreibt die bundesrepublikanischen Verhältnisse in einer realistischen Weise, die in der zeitgenössischen Prosa ihresgleichen sucht.[159]

Die Marke wird, wie im Suhrkamp Verlag durchaus üblich, auch über ein uniformes Umschlagdesign visualisiert (s. Abb. 23). Das gleichbleibende Schema der Umschlaggestaltung sieht in Walser Fall folgendermaßen aus: weißgrundiger Schutzumschlag, Illustration, schwarze Schrift für Autorname, Titel und Verlagsname und die – für das Markenimage in diesem Fall überaus bedeutsame und deshalb nie fehlende – Gattungsbezeichnung „Roman". An der Wandlung der Verlagsangabe innerhalb der ‚Walser-Reihe' lässt sich auch die Etablierung der Marke Suhrkamp ablesen: Aus dem „Roman bei Suhrkamp" oder „Roman im Suhrkamp Verlag" der 60er Jahre wird das souveräne Markenprädikat „Suhrkamp".

Auch wenn es zwischen den einzelnen Umschlägen deutliche Unterschiede gibt, zum Beispiel in der Wahl der Schriftart, der Anordnung auf der Fläche oder der Dominanz von Schrift respektive Illustration (im Fall von *Halbzeit* ersetzt die große Titelgraphik die Illustration komplett), ist die Reihe im Kontext des Verlagsprogramms sehr homogen und als solche leicht erkennbar. Dies gilt im Übrigen auch für die bereits genannten Bände Achternbuschs und Beckers, die,

---

wurde, die Romane ‚Ehen In Philippsburg' (1957) und ‚Halbzeit' (1960). Im vorigen Jahr veröffentlichte er Essays: ‚Erfahrungen und Leseerfahrungen'. Muß man, bevor man wieder einmal seiner Enttäuschung über ein nicht ganz gelungenes, in diesem Fall eher gar nicht gelungenes, Werk Martin Walsers Ausdruck gibt, immer noch einmal beteuern, wie brillant dieser Autor aber zu formulieren weiß, wie gescheit er ist, welche bestechende Eloquenz er (ihn) kommandiert? Walsers neuer Roman ‚Das Einhorn', eine Art zweite ‚Halbzeit', ist so eloquent, daß es kaum noch auszuhalten ist. Der Roman selbst hält es nicht aus." Rolf Becker, Wortwörtliche Streichlerei. In: Der Spiegel, 5. September 1966.
158 Vgl. Koetzle/Wolff, Fleckhaus, S. 168.
159 Martin Walser, Der Sturz, Frankfurt a.M. 1973 (EA), Klappentext hinten.

Abb. 23: Martin Walser, Erstaugaben im Suhrkamp Verlag: *Halbzeit* (1950), *Das Einhorn* (1966), *Der Sturz* (1973), *Jenseits der Liebe* (1976), *Seelenarbeit* (1979).

sei es in ihrer Gesamtausstattung (Achternbusch), sei es in der Farbgestaltung der Umschläge (Becker), einen deutlichen Wiedererkennungswert besitzen.

Wie wichtig diese äußere Homogenität für die Markenbildung ist, lässt sich auch am Beispiel Peter Handkes illustrieren. Hier erscheint die Umschlaggestaltung noch schematischer als bei Walsers Büchern (s. Abb. 24 und Abb. 25). Handkes 1970 erscheinender Roman *Die Angst des Tormanns beim Elfmeter* ist der erste in einer umfangreichen Reihe von Umschlägen, auf denen der Autorname (beim *Tormann* heißt es unorthodoxerweise nur „Handke"), Titel und Verlagsname in einer markanten, an Schreibmaschinentypen gemahnenden Schrift auftauchen. Bis 1981 erscheinen Handkes Bücher im Suhrkamp Verlag – mit Ausnahme der zahlreichen Bände in den Reihen *edition suhrkamp* und *suhrkamp taschenbuch* – fast ausschließlich mit diesem Gestaltungsmerkmal.[160]

Die Umschläge strahlen durch die Schreibmaschinentype und die – wenn überhaupt vorhandenen – sehr kleinen oder reduzierten Illustrationen Modernität, Serialität und Schlichtheit aus. Darin steht das Äußere der Bücher jedoch in deutlichem Kontrast zu der typographischen Gestaltung, die den Leser in ihrem Inneren erwartet. Der Satzspiegel des *Tormanns* etwa fällt durch seinen großzü-

---

160 Eine Abweichung vom Schema bildet allein *Der kurze Brief zum langen Abschied* (1972). Suhrkamp greift danach noch drei Mal auf die alte Umschlaggestaltung zurück, und zwar bei den Texten *Die Wiederholung* (1986), *Die Abwesenheit* (1987) und *Die Morawische Nacht* (2008). Handke verfasste seine Texte bis 1989 ebenfalls auf der Schreibmaschine und ging erst danach dazu über, mit Bleistift zu schreiben. Die ‚Schreibmaschinentype' drückt so nicht nur Modernität aus, sie weist auch auf den Entstehungsprozess des Textes hin und auf sein (hervorragend gelungenes) Gemachtsein. Die ebenfalls konstruktiven Schreibverfahren Handkes, seine umfangreichen Korrekturen und der idiosynkratische Umgang mit seinen Schreibgeräten lassen sich an der Dokumentation des Nachlasses auf der Seite des Forschungsprojekts Handke*online* nachverfolgen, online unter www.handkeonline.onb.ac.at/index.php, letzter Zugriff: April 2018.

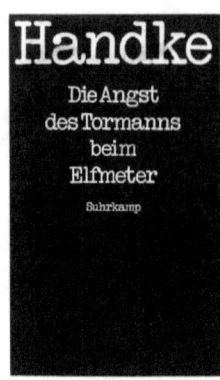

Abb. 24: Peter Handke, ausgewählte Erstausgaben im Suhrkamp Verlag 1970–1979.

Abb. 25: Peter Handke, ausgewählte Erstausgaben im Suhrkamp Verlag 1980–1986.

gigen Bundsteg auf, und auch die Wahl der Schriftart ist ungewöhnlich für einen zeitgenössischen Autor: Die *Walbaum* wirkt als klassizistische Antiqua-Schrift elegant und seriös und steht damit in starkem Spannungsverhältnis zum modern wirkenden Umschlagdesign (s. Abb. 26).

Beide Gestaltungen spiegeln jedoch gerade in Kombination die wichtigsten Aspekte von Handkes Markenimage im Suhrkamp Verlag wider: Der junge Autor, der durch einen Auftritt bei einer Sitzung der *Gruppe 47* in Princeton im Jahr 1966 quasi über Nacht berühmt geworden war, hatte die dort Anwesenden der „Beschreibungsimpotenz" bezichtigt und ihre „läppische und idiotische Prosa" kritisiert.[161] Dieses Ereignis schreibt Handkes Image für lange Zeit fest: Er gilt in

---

161 Das Tondokument ist neben anderen Lesungen und Diskussionen der *Gruppe 47* online abrufbar unter http://german.princeton.edu/landmarks/gruppe-47/recordings-agreement/

Abb. 26: Peter Handke, *Die Angst des Tormanns beim Elfmeter* (Erstausgabe 1970), Cover und Satzspiegel.

den 1960er bis in die Mitte der 1970er Jahre als adoleszenter Rebell, „Literatur-Provo" und „Beat-Autor",[162] der sich – im Kontrast zu seinem gleichermaßen oft kolportierten schüchternen und mädchenhaften Aussehen – durchaus souverän zu inszenieren weiß:[163] Dieses Image des

---

recordings/, letzter Zugriff: April 2018. Handkes unangekündigter Auftritt folgt auf Hermann Piwitts Lesung. Vgl. auch den Abdruck in Heinz Ludwig Arnold (Hg.), Im Wortlaut. Peter Handkes ‚Auftritt' in Princeton und Hans Mayers Entgegnung. In: Text+Kritik, Heft 24: Peter Handke, Neufassung, ⁵1989, S. 17–20.
162 Georg Pichler, Die Beschreibung des Glücks. Peter Handke: eine Biografie, Wien 2002, S. 80.
163 Im *Spiegel*-Artikel von Erich Kuby heißt es: „Dieser Mädchenjunge Peter mit seinen zierlich über die Ohren gekämmten Haaren, mit seinem blauen Schirmmützchen, fast ist man versucht zu sagen: mit seinem blauen Schirmmützchen, seinen engen Höschen, seinem sanften Osterei-Gesicht, er verletzt schließlich entschlossen Gesetz Nummer 5, indem er plötzlich zu einem fundamentalen Angriff auf alles ansetzt, was er seit Tagen gehört hat. Er erklärt es für Beschreibungsliteratur, für läppische Beschreibungsliteratur, für Bilderbuchduden, und die Gestik dieser

aufmüpfigen, jugendlichen Rebellen [und die Legende vom „Mädchenjungen Peter"] haftete ihm bis in die siebziger Jahre hinein an und wurde seitens der Kritik festgehalten. [...] Der Suhrkamp-Verlag erkannte frühzeitig die Werbewirksamkeit dieses Auftritts und förderte durch geschickte Werbemaßnahmen seinerseits zusätzlich den provokanten Ruf Handkes.[164]

Eine dieser Werbemaßnahmen ist die Buch- und Umschlaggestaltung. Beim *Tormann* wird Handkes Image des äußerlich modernen und etwas unscheinbaren Autors, der sich selbst durch seine Kritik an der *Gruppe 47* indirekt eine souveräne ‚Beschreibungspotenz' zugesprochen hat, typographisch in Szene gesetzt. Das zeitgemäß und schlicht anmutende äußere Erscheinungsbild des Buches wird kontrastiert mit dem klassizistischen Habitus der *Walbaum* Schrift, die den Eindruck vollkommener Souveränität vermittelt: Die weitlaufende Schrift, die mit ihrer 12 Punkt-Größe die klassischen Leseschriftgrade von 8–11 Punkt überschreitet,[165] wirkt – auch durch ihre relativ hohe Mittellänge, die sie größer als andere Schriften desselben Schriftgrades erscheinen lässt – großzügig und ist gut lesbar.[166] Sie trägt damit der Veränderung in Handkes Schreiben Rechnung, die er selbst im Frühjahr 1969 gegenüber seinem Verleger folgendermaßen beschreibt:

> [...] seit einer Woche hämmere ich ziemlich heftig auf der Maschine herum. Ich arbeite an einem kurzen Roman oder an einer langen Erzählung, für den oder die ich schon seit einem Jahr Vorarbeiten machte, „Die Angst des Tormanns beim Elfmeter". / Es ist eine andere Prosa, ziemlich straight, eine richtige Handlung, eins nach dem andern. Nach den Erfahrungen, die ich bis jetzt mit Sätzen gemacht habe, glaube ich so durchsichtig schreiben zu können, daß ich auch wieder eine richtige Geschichte schreiben kann und man trotzdem merkt, dass alles Sätze sind.[167]

Sprache für ‚völlig öd'. Er sagt, das Instrumentarium der Kritiker reiche gerade noch in seiner Läppischkeit für diese läppische Art von Literatur aus, aber zu allem, was darüber läge, fehlten ihnen, den Herren Kritikern, Begriffe und Verstehen." Erich Kuby, Ach ja, da liest ja einer. In: Der Spiegel, 2. Mai 1966.
164 Christel Terhorst, Peter Handke: Die Entstehung literarischen Ruhms. Die Bedeutung der literarischen Tageskritik für die Rezeption des frühen Peter Handke, Frankfurt a.M./New York 1990, S. 241 f. Terhorst nimmt hier als Werbemaßnahmen öffentlichkeitswirksame Veranstaltungen wie Lesungen, Auftritte und Theaterinszenierungen in den Blick, geht aber nicht auf die eminenten Auswirkungen der Buchgestaltung auf Handkes ‚literarischen Ruhm' ein.
165 Vgl. Willberg/Forssman, Lesetypographie, S. 17.
166 Vgl. Christina Killius, Die Antiqua-Fraktur Debatte um 1800 und ihre historische Herleitung, Wiesbaden 1999, S. 277.
167 Peter Handke, Brief 82 (19. März 1969). In: Peter Handke/Siegfried Unseld, Der Briefwechsel, hg. von Raimund Fellinger und Katharina Pektor, Frankfurt a.M. 2012, S. 111.

Die Prädikate „ziemlich straight", „eins nach dem anderen", „durchsichtig" zielen nicht nur auf sprachlich-stilistische Merkmale des neuen Romans, sondern lassen Unseld bereits implizit wissen, wie der Autor sich den Satz vorstellt: gut lesbar und ‚bedeutungstransparent'.[168] Handke, der oftmals dezidierte Vorstellungen von Umschlag- und Satzgestaltung seiner Bücher hat, spielt mit seiner Beschreibung gezielt auf das von ihm gewünschte typographische Erscheinungsbild seines Kriminalromans *Der Hausierer* (1967) an. Für dessen Satz hatte er sich einen Schriftgrad gewünscht, der

> möglichst größer sein sollte als in den „Hornissen", damit jeder Satz wie ein Schlag wirkt. Jeder Satz soll als einzelner erkennbar sein, nicht als Satz in einer Folge von Sätzen. Jeder Satz soll für sich allein lesbar sein, so daß der Leser nach jedem Satz stocken kann. (Das sollte er auch). Das würde auch das Lesen erleichtern, denn der Text verlangt eine Änderung der Lesegewohnheiten, und der Versuch des Lesers, den Roman „wie einen Roman" zu lesen, würde sofort auf Widerstand stoßen und den Leser ermüden und frustrieren.[169]

Die gewünscht große Schrifttype soll demnach mehrere Funktionen erfüllen, die ganz im Sinne des Verlegers sind, weshalb dieser den Vorschlägen auch ohne weiteres Folge leistet:[170] Sie kann einerseits die Etablierung des Markenimages befördern, indem sie sowohl Handkes provokatives Potenzial („jeder Satz wie ein Schlag") als auch seine ‚Größe', seine Souveränität ausstellt. Andererseits soll sie dem Leser das für die Vermeidung von Frustration und Ermüdung unverzichtbare Signal geben, dass es sich hier nicht um einen Roman handelt, der auch wie ein solcher – nämlich in ungestörter sukzessiver Lektüre – rezipiert werden soll oder kann. Der Klappentext machte es noch einmal unmissverständlich klar:

---

168 Eine große Ausnahme in dieser problemlosen, sukzessiven Lesbarkeit bildet die Passage auf Seite 117, in der Handke zunächst die verwendeten Wörter als Sogenanntes in einfache Anführungszeichen setzt und schließlich die Wörter durch Piktogramme ersetzt, um so die zunehmende Unfähigkeit der Hauptfigur Bloch, Verweisungszusammenhänge zwischen Dingen und Sprache herzustellen, im wahrsten Sinne ins Bild zu setzen: „Er wiederholte den Blick von links nach rechts; dieser Blick kam ihm wie Lesen vor. Er sah einen ‚Schrank', ‚danach' ‚einen' ‚kleinen' ‚Tisch', ‚danach' ‚einen' ‚Papierkorb', ‚danach' ‚einen' ‚Wandvorhang'; beim Blick von rechts nach links dagegen sah er [...] [hier folgt eine Reihe von Piktogrammen (Stuhl, Tisch, Papierkorb etc.), die die grammatischen Objekte durch bildhafte ersetzen, C.M.]." Peter Handke, Die Angst des Tormanns beim Elfmeter, Frankfurt a.M. 1970 (EA), S. 117. Der Wahrnehmungswechsel, der bei Bernhard durch die Wiederholung der immer gleichen Textbausteine zustande kommt, wird hier, wenn auch mit gänzlich anderen Mitteln, ebenfalls forciert.
169 Handke, Brief 42 (16. März 1967). In: Handke/Unseld, Briefwechsel, S. 66.
170 Vgl. Unseld, Brief 43 (21. März 1967). In: Handke/Unseld, Briefwechsel, S. 66.

Schrecken, Angst, Verfolgung, Tod werden hier nicht mehr beschrieben, sondern zeigen sich in der alogischen Struktur der Sätze. Im ‚Hausierer' – der ein sprachlich, nicht inhaltlich reflexiver Roman ist – kommt es auf jeden Satz an: jeder Satz ist eine Geschichte.

Was beim *Hausierer* noch moderat ins Bild gesetzt ist – der Satz wirkt mit der 11 Punkt großen, weitlaufenden *Walbaum*-Antiqua großzügig und der Effekt der ‚Satzvereinzelung' wird über vermehrte Absätze erreicht, welche zuweilen einzelne Sätze isolieren –, wird in späteren Handke-Büchern ostentativ in Szene gesetzt: *Der kurze Brief zum langen Abschied* (1972), *Wunschloses Unglück* (1974 in der *st*-Reihe erschienen), *Die linkshändige Frau* (1976) oder *Kindergeschichte* (1981) sind in ungewöhnlich großen Schriftgraden bis zu 14 Punkt gedruckt.

Im Fall der *Linkshändigen Frau* (s. Abb. 27) ist die große Schrifttype *auch* der Tatsache geschuldet, dass Handke und der Verlag sich für die recht kurze, aus einem Filmtext erstandene Erzählung einen Umfang von 120 Seiten wünschen.[171] Andererseits entspricht die Satzgestaltung eben jenem, sowohl von Handke als auch von Unseld gleich mehrfach geäußerten, Wunsch nach einer großen Schrift. Nicht nur beim *Hausierer* sprechen die beiden über die Möglichkeit dieser eigenwilligen Satzgestaltung, auch bei der Herstellung des *Tormanns* ist ursprünglich eine größere Schrifttype geplant. Aufgrund eines Missverständnisses zwischen Setzer, Autor und Verleger wird der Text jedoch schlussendlich zu klein gesetzt. Unseld schreibt nach der Herstellung des Satzes an Handke: „Ich bin sehr enttäuscht über Deine Enttäuschung gegenüber dem Satz des ‚Tormanns'. Ich hatte der Herstellung die klare Anweisung gegeben, wie groß die Type sein sollte (Kafka!) ... [...]."[172] Der Hinweis auf Kafka taucht hier nicht zum ersten Mal auf, und auch wenn Unselds Vergleich sich vermutlich auf die bei Kurt Wolff erschienene Erstausgaben der Romane *Das Schloss* (1926) und *Amerika* (1927) bezieht, denkt man beim übergroßen Satz der *Linkshändigen Frau* auch an die 1913 erschienene *Betrachtung*, Kafkas erste selbständige Publikation mit kurzen Prosatexten im Ernst Rowohlt Verlag (s. Abb. 28).[173]

---

171 Zum Entstehungskontext der Erzählung vgl. Katharina Pektor, Handke*online*, online unter www.handkeonline.onb.ac.at/node/1389, letzter Zugriff: April 2018. Zur Anpassung des Satzes an die Seitenvorgabe vgl. Unseld, Brief 242 (27. April 1976). In: Handke/Unseld, Briefwechsel, S. 305.
172 Unseld, Brief 113 (10. November 1969). In: Handke/Unseld, Briefwechsel, S. 148.
173 Auf Handkes Vorschläge zur Typographie des *Hausierers* schreibt Unseld: „Ihre Ausstattungsidee leuchtet mir ein, und zwar alles, was Sie schreiben. Nur [...] geben Sie sich einem Trugschluss hin. Eine große Satztype fordert einen großen Satzspiegel, daß heißt eine breite Zeile. Sonst hat die Type kein Verhältnis zum Ganzen der Seiten. [...] Wenn Sie einmal zu mir kommen, zeige ich ihnen die Erstausgaben von Kafka. Dort wurde auch eine große Type gewählt, aber eben auch ein breiteres Format." Unseld, Brief 43 (21. März 1967). In: Handke/Unseld, Briefwechsel, S. 66. Da hier explizit eine breite Zeile angesprochen ist, kann Unseld nicht explizit Kafkas *Be-*

Sie war dreißig Jahre alt und lebte in einer terrassenförmig angelegten Bungalowsiedlung am südlichen Abhang eines Mittelgebirges, gerade über dem Dunst einer großen Stadt. Sie hatte braune Haare und graue Augen, die, auch wenn sie niemanden anschaute, manchmal aufstrahlten, ohne daß ihr Gesicht sich sonst veränderte. An einem Winterspätnachmittag saß sie in dem gelben Licht, das von außen kam, am Fenster des ausgedehnten Wohnraums an einer elektrischen Nähmaschine, daneben ihr achtjähriger Sohn, der einen Schulaufsatz schrieb. Die eine Längsseite des Raums war eine einzige Glasfront vor einer grasbewachsenen Terrasse mit einem weggeworfenen Christbaum und der fensterlosen Mauer des Nachbarhauses. Das Kind

7

irgend einen beliebigen Arm sehen will, an dem er sich halten könnte, — der wird es ohne ein Gassenfenster nicht lange treiben. Und steht es mit ihm so, daß er gar nichts sucht und nur als müder Mann, die Augen auf und ab zwischen Publikum und Himmel, an seine Fensterbrüstung tritt, und er will nicht und hat ein wenig den Kopf zurückgeneigt, so reißen ihn doch unten die Pferde mit in ihr Gefolge von Wagen und Lärm und damit endlich der menschlichen Eintracht zu.

[76]

Abb. 27: Peter Handke, *Die linkshändige Frau* (Erstausgabe 1976).

Abb. 28: Franz Kafka, *Betrachtung* (Erstausgabe 1913 [Reprint 1994]).

Zwar wirkt die Schriftgröße bei Handke mit ihren 14 Punkt noch nicht so monumental wie Kafkas 16 Punkt große *Walbaum*-Antiqua (die Schriftart bildet eine weitere typographische Übereinstimmung zwischen Kafkas *Betrachtung* und Handkes *Tormann*), allerdings gilt auch für Handkes Satzspiegel, was Mareike Giertler für das Schriftbild der *Betrachtung* feststellt:

> Sowohl der Effekt, den die ungewohnt große Schrift auslöst, noch bevor der Leser zu lesen beginnt, als auch die schriftbildlichen Irritationsmomente während des Lesens können im besten Sinne als eine Provokation des Lesers aufgefasst werden, sich dieser auf typographischer Ebene angezeigten Lektüreanweisung zu stellen. Der Titel *Betrachtung* sowie die Schriftgröße Tertia, die bereits zu den *Schau*-Größen (14–48 pt) zählt, fordern dazu auf,

---

trachtung meinen, deren Satzgestaltung einen großen Schriftgrad mit schmaler Satzbreite kombiniert. Faksimiles der Roman-Erstausgaben sind erschienen in Franz Kafka, Sämtliche Werke, ‚Franz Kafka-Ausgabe', Historisch-kritische Ausgabe sämtlicher Handschriften, Drucke und Typoskripte, hg. von Roland Reuß und Peter Staengle, Frankfurt a.M./Basel 1995 ff.

die Texte der *Betrachtung* nicht nur als Schrift zu lesen, sondern auch als Schrift-Bilder zu betrachten.[174]

Die „schriftbildlichen Irritationsmomente" verdanken sich der großen Schrifttype, die in Kombination mit einer – in Handkes Fall relativ – schmalen Zeile die Ruckartigkeit und Sprunghaftigkeit der Augenbewegungen forciert. Diese ruckartigen Augenbewegungen, die Sakkaden, werden mit der Zeilenlänge kürzer und erlauben nur wenige Fixationen innerhalb dieser Zeile (innerhalb einer Fixationsphase werden etwa ein bis zwei Wörter bzw. 5–10 Buchstaben aufgenommen). Die Verkürzung der Sakkaden und die Verlängerung der Fixationen wirken sich nachteilig auf Lesetempo und -rhythmus aus:[175] Nicht umsonst werden große Schriftgrößen in Schulbüchern verwendet, um ein buchstabierendes Lesen zu ermöglichen und zu erzwingen.[176] Das flüssige, sukzessive Lesen wird immer wieder unterbrochen zugunsten einer Betrachtung der Schriftgestalt. Der Wahrnehmungswechsel zwischen sukzessiver Lektüre und synoptischer Betrachtung der Textbausteine wird hier – im Gegensatz zu Bernhards Texten – nicht durch textkonstitutive Verfahren wie Wiederholung und Variation einzelner Textbausteine erzeugt, sondern über die typographische Gestaltung der Schrift erreicht. Die ‚Manipulation' der Schrift, die ich in Zusammenhang mit der sequenziellen Struktur von Schrift beschrieben habe,[177] bezieht sich hier nicht auf die Vervielfältigung von Textbausteinen zu einer notationalen Sequenz, sondern auf die Schrift*gestalt* selbst. Aus dieser typographischen ‚Manipulation' der Schrift resultiert eine ‚mutierte' Ausführung des Codes, eine andersartige Lektüre des Textes, was in Handkes Fall schon auf den ersten Blick deutlich wird: Die für eine Erzählung unpassend groß erscheinende Schriftgröße erinnert auch hier, wie Kafka selbst es bezüglich seiner *Betrachtung* formuliert hat, an eine „Fibel, [...] ein Buch für Kinder".[178] Dieser Anblick, der sich schon beim Aufschlagen des Buches befremdlich ausnimmt, bereitet die Leser*innen indes auf die vom Autor beabsichtigte Irritation des *Leseprozesses* vor, die auch unvermeidlich folgt. Der

---

174 Mareike Giertler, Lesen als Akt des Sehens der Schrift – Am Beispiel von Kafkas *Betrachtung* im Erstdruck. In: Sprache und Literatur, Bd. 42, Nr. 107, 2007, S. 25–36, hier S. 30.
175 Vgl. Giertler, Lesen als Akt des Sehens der Schrift, S. 30.
176 Hubert Blana, Die Herstellung. Ein Handbuch für die Gestaltung, Technik und Kalkulation von Buch, Zeitschrift und Zeitung, 4., überarb. und erw. Ausg., München 1998, S. 149 f.
177 Vgl. Kap. 1.3 „Schrift als Sequenz".
178 Bei Mareike Giertler ist nachzulesen, dass Kafka Gertrude Urzidils ein Widmungsexemplar der *Betrachtung* mit den folgenden Worten überreicht: „Sehen Sie es an, es schaut aus wie eine Fibel, es ist also ein Buch für Kinder." Gertrude Urszidil, ‚Carmen' mit Kafka. In: „Als Kafka mir entgegenkam ...". Erinnerungen an Franz Kafka, hg. von Hans-Gerd Koch, Berlin 1995, S. 119–120, hier S. 120, zit. nach Giertler, Lesen als Akt des Sehens, S. 31.

Satz soll, um noch einmal mit Mareike Giertler zu sprechen, als „Provokation des Lesers" verstanden werden und entspricht damit erneut Handkes Markenimage.

An den gezeigten Beispielen wird deutlich, dass die typographische Ausstattung des Suhrkamp Verlags zwei Ziele verfolgt: Zunächst sind Umschlag und Satz entscheidende Mittel, das Markenimage des jeweiligen Autors ins Bild zu setzen. Der Typus des experimentellen Autors – hier repräsentiert durch Achternbusch und Becker – wird erkennbar an modernen und bisweilen schrill aufgemachten Umschlägen, der Satz lässt auf den ersten Blick erkennen, dass es sich hier nicht um ‚normale', sukzessiv zu lesende Prosa handelt, sondern um eine, die einen speziellen Rezeptionsmodus einfordert, zu dem die Zusammenschau der Schrift und ihrer Anordnung ebenso gehört wie die Lektüre. Das Markenimage wird nicht selten durch wiedererkennbare typographische Mittel gefestigt: Bei Achternbusch betrifft dies den Satz, bei Handke und Walser vor allem die Umschlaggestaltung. Wie empfindlich auf Verstöße gegen die Entsprechung von Ausstattung und Image seitens der (journalistischen) Leserschaft reagiert wird, ist am Beispiel von Walsers *Fiction* deutlich geworden.

Das zweite erklärte Ziel der Suhrkamp'schen Buchgestaltung ist es, durch einen ‚neutralen' Satz eine gute Lesbarkeit zu ermöglichen. Konfligiert dieser ‚neutrale' Satz mit einem bereits etablierten oder zu etablierenden Markenimage, so setzt Suhrkamp offensiv darauf, die Leseirritation, die der experimentelle Text fraglos initiieren wird, überdeutlich anzukündigen. Die große Schrift bei Handke, die unorthodoxen Zeilenumbrüche bei Achternbusch, die den Satz sprengende Schriftkomposition Beckers, die natürlich oftmals auch den Wünschen der Autoren oder Vorgaben des Typoskripts geschuldet sind, sind auf den ersten Blick erkennbar und werden zudem noch durch die Umschlaggestaltung und die Klappentexte vorbereitet. All diese Mittel setzen das eindeutige Signal: „Achtung, Störung!" Das ‚lineare Lesen', das Willberg und Forssman als ein von der Typographie ungestörtes Lesen beschreiben,[179] ist hier nicht möglich, die Störung wird als solche durch die Typographie jedoch nicht nur hervorgebracht, sie ist ihr auch vor dem Beginn des Leseprozesses im wahrsten Sinne *abzusehen*.

---

179 Vgl. Willberg/Forssman, Lesetypographie, S. 12: „Wenn die Regeln zur typographischen Gestaltung eingehalten werden, kann der Leser ungestört sein Buch lesen. Wort für Wort, Satz für Satz, Seite für Seite – den Aufbau des Werkes mitdenkend, seine Sprache miterlebend. Dieses ‚Eins-nach-dem-Anderen-Lesen' ist die klassische Art zu lesen, die unsere gewohnte Buchform geprägt hat. Wir nennen sie lineares Lesen."

3.5.3 Typographische Gestaltung und Rezeptionssteuerung am Beispiel Thomas Bernhards

Bei Thomas Bernhard fehlt diese durch typographische Mittel erzielte Vorwarnung der Leserschaft. Die Gründe dafür sind zunächst ebenfalls in der Entsprechung zwischen Markenimage und typographischer Gestaltung zu suchen. Bernhard debütiert als zwar intellektueller, aber auch aus einer ‚archaischen Welt' stammender Nachwuchsautor im Insel Verlag und lässt sich als solcher nur schwer in der *edition suhrkamp* vermarkten. Der Wechsel in die *Bibliothek Suhrkamp*, der 1969 stattfindet, schreibt sein Image auf das des modernen Klassikers fest, der Klappentext des Romans *Verstörung*, der 1969 in besagter Reihe erscheint, könnte dieses Image nicht prägnanter zusammenfassen. Hier heißt es, Bernhard nehme eine „dezidiert moderne Postion ein", die eine „neue, zeitgerechtere Form der erzählenden Prosa" ermögliche, in der „Geist der Wissenschaft und Geist der Poesie in spannungsreiche Wechselbeziehungen" träten.[180] Mit diesen Prädikaten entfernt die Autorenmarke Bernhard sich weit von den ‚Jungen Wilden' der *edition suhrkamp* und nähert sich dem an, was man typographisch mit dem „Geist der Wissenschaft" am ehesten in Verbindung bringen würde: dem Satz der *suhrkamp taschenbücher wissenschaft* Reihe, welche ab 1973 erscheint. Vor allem die Taschenbuchausgaben von Bernhards Texten, die teilweise in noch kleinerer Schriftgröße gesetzt sind als die Erstausgaben, ähneln nun typographisch geisteswissenschaftlichen Publikationen. Die *st*-Ausgabe des *Kalkwerks* (1973) bildet mit seiner kleinen Type (9 Punkt), den geringen Zeilenabständen, der mangelnden Strukturierung durch Absätze, den extrem verkleinerten Stegen und dem aus alldem resultierenden überfrachteten Satzspiegel (Stichwort: ‚Bleiwüste') ein anschauliches Beispiel für eine solche Annäherung (s. Abb. 29 und Abb. 30).[181]

Umschläge, Klappentexte und die hier exemplarisch gezeigte Satzgestaltung sollen – Bernhards Image des philosophischen Sprachvirtuosen entsprechend – suggerieren, dass seine Texte darauf ausgelegt sind, als Fließtext, d. h. ‚linear' und von vorne bis hinten durchgelesen zu werden. Unseld, der so empfindlich auf Bernhards Kursivierungen reagiert, weiß jedoch offenbar um die Schwierigkei-

---

180 Vgl. Thomas Bernhard, Verstörung, Frankfurt a.M. 1969 (EA), Klappentext vorne.
181 Die Taschenbuchausgabe des *Kalkwerks* (Abb. 29) ist nicht wie die Erstausgabe in *Garamond,* sondern in *Times* gesetzt, was einmal mehr die „dezidiert moderne Position" unterstreicht. Der signifikanteste Unterschied zwischen Habermas' und Bernhards Text ist die Positionierung der Seitenzahlen. Im wissenschaftlichen Text erfolgt die Paginierung auf Verso linksbündig und auf Recto rechtsbündig und ist an der äußeren Satzkante ausgerichtet, um beim konsultierenden Lesen dem Leser das Auffinden bestimmter Seiten beim Durchblättern zu erleichtern.

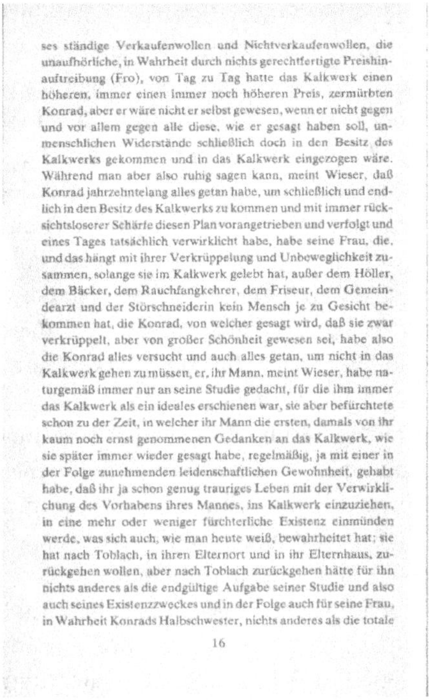

ses ständige Verkaufenwollen und Nichtverkaufenwollen, die unaufhörliche, in Wahrheit durch nichts gerechtfertigte Preishinauftreibung (Fro), von Tag zu Tag hatte das Kalkwerk einen höheren, immer einen immer noch höheren Preis, zermürbten Konrad, aber er wäre nicht er selbst gewesen, wenn er nicht gegen und vor allem gegen alle diese, wie er gesagt haben soll, unmenschlichen Widerstände schließlich doch in den Besitz des Kalkwerks gekommen und in das Kalkwerk eingezogen wäre. Während man aber also ruhig sagen kann, meint Wieser, daß Konrad jahrzehntelang alles getan habe, um schließlich und endlich in den Besitz des Kalkwerks zu kommen und mit immer rücksichtsloserer Schärfe diesen Plan vorangetrieben und verfolgt und eines Tages tatsächlich verwirklicht habe, habe seine Frau, die, und das hängt mit ihrer Verkrüppelung und Unbeweglichkeit zusammen, solange sie im Kalkwerk gelebt hat, außer dem Höller, dem Bäcker, dem Rauchfangkehrer, dem Friseur, dem Gemeindearzt und der Störschneiderin kein Mensch je zu Gesicht bekommen hat, die Konrad, von welcher gesagt wird, daß sie zwar verkrüppelt, aber von großer Schönheit gewesen sei, habe also die Konrad alles versucht und auch alles getan, um nicht in das Kalkwerk gehen zu müssen, er, ihr Mann, meint Wieser, habe naturgemäß immer nur an seine Studie gedacht, für die ihm immer das Kalkwerk als ein ideales erschienen war, sie aber befürchtete schon zu der Zeit, in welcher ihr Mann die ersten, damals von ihr kaum noch ernst genommenen Gedanken an das Kalkwerk, wie sie später immer wieder gesagt habe, regelmäßig, ja mit einer in der Folge zunehmenden leidenschaftlichen Gewohnheit, gehabt habe, daß ihr ja schon genug trauriges Leben mit der Verwirklichung des Vorhabens ihres Mannes, ins Kalkwerk einzuziehen, in eine mehr oder weniger fürchterliche Existenz einmünden werde, was sich auch, wie man heute weiß, bewahrheitet hat; sie hat nach Toblach, in ihren Elternort und in ihr Elternhaus, zurückgehen wollen, aber nach Toblach zurückgehen hätte für ihn nichts anderes als die endgültige Aufgabe seiner Studie und also auch seines Existenzzweckes und in der Folge auch für seine Frau, in Wahrheit Konrads Halbschwester, nichts anderes als die totale

16

Abb. 29: Thomas Bernhard, *Das Kalkwerk* (1973, suhrkamp taschenbuch).

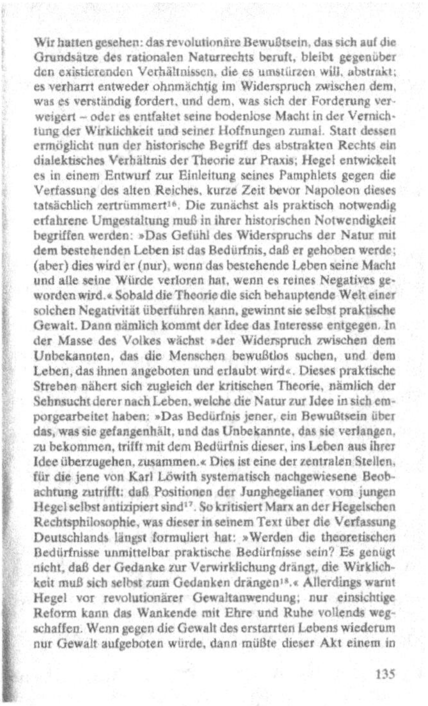

Wir hatten gesehen: das revolutionäre Bewußtsein, das sich auf die Grundsätze des rationalen Naturrechts beruft, bleibt gegenüber den existierenden Verhältnissen, die es umstürzen will, abstrakt; es verharrt entweder ohnmächtig im Widerspruch zwischen dem, was es verständig fordert, und dem, was sich der Forderung verweigert – oder es entfaltet seine bodenlose Macht in der Vernichtung der Wirklichkeit und seiner Hoffnungen zumal. Statt dessen ermöglicht nun der historische Begriff des abstrakten Rechts ein dialektisches Verhältnis der Theorie zur Praxis; Hegel entwickelt es in einem Entwurf zur Einleitung seines Pamphlets gegen die Verfassung des alten Reiches, kurze Zeit bevor Napoleon dieses tatsächlich zertrümmert[16]. Die zunächst als praktisch notwendig erfahrene Umgestaltung muß in ihrer historischen Notwendigkeit begriffen werden: »Das Gefühl des Widerspruchs der Natur mit dem bestehenden Leben ist das Bedürfnis, daß er gehoben werde; (aber) dies wird er (nur), wenn das bestehende Leben seine Macht und alle seine Würde verloren hat, wenn es reines Negatives geworden wird.« Sobald die Theorie die sich behauptende Welt einer solchen Negativität überführen kann, gewinnt sie selbst praktische Gewalt. Dann nämlich kommt der Idee das Interesse entgegen. In der Masse des Volkes wächst »der Widerspruch zwischen dem Unbekannten, das die Menschen bewußtlos suchen, und dem Leben, das ihnen angeboten und erlaubt wird«. Dieses praktische Streben nähert sich zugleich der kritischen Theorie, nämlich der Sehnsucht derer nach Leben, welche die Natur zur Idee in sich emporgearbeitet haben: »Das Bedürfnis jener, ein Bewußtsein über das, was sie gefangenhält, und das Unbekannte, das sie verlangen, zu bekommen, trifft mit dem Bedürfnis dieser, ins Leben aus ihrer Idee überzugehen, zusammen.« Dies ist eine der zentralen Stellen, für die jene von Karl Löwith systematisch nachgewiesene Beobachtung zutrifft: daß Positionen der Junghegelianer vom jungen Hegel selbst antizipiert sind[17]. So kritisiert Marx an der Hegelschen Rechtsphilosophie, was dieser in seinem Text über die Verfassung Deutschlands längst formuliert hat: »Werden die theoretischen Bedürfnisse unmittelbar praktische Bedürfnisse sein? Es genügt nicht, daß der Gedanke zur Verwirklichung drängt, die Wirklichkeit muß sich selbst zum Gedanken drängen[18].« Allerdings warnt Hegel vor revolutionärer Gewaltanwendung; nur einsichtige Reform kann das Wankende mit Ehre und Ruhe vollends wegschaffen. Wenn gegen die Gewalt des erstarrten Lebens wiederum nur Gewalt aufgeboten würde, dann müßte dieser Akt einem in

135

Abb. 30: Jürgen Habermas, *Theorie und Praxis* (1970, suhrkamp taschenbuch).

ten und Irritationen, die Bernhards Texte beim Lesen verursachen. Da Bernhards Typoskripte aber die blockhafte und absatzlose Schriftanordnung bereits vorgeben, welche in den Drucktexten aufgegriffen und teilweise durch die Anpassung der Schriftgröße und Seitenränder noch radikalisiert wird, gibt es hier für Unseld keine Möglichkeit, die Leser_innen auf die Irritation und die Notwendigkeit eines veränderten Leseverhaltens vorzubereiten. Die einzige Möglichkeit besteht darin, jegliche Irritation tunlichst gering zu halten, indem der Satz so ‚neutral' und ‚bedeutungstransparent' wie möglich gestaltet wird.[182]

Dass Bernhard derart auf den Kursivierungen besteht, ist – zusammen mit den typographischen Vorgaben seiner Typoskripte – ein unmissverständliches Zeichen dafür, dass er die durch den Gegensatz von blockhaftem Satz und Her-

182 Albert Ernst weist darauf hin, dass Hervorhebungen im ‚erzählenden Text' in der Regel sehr moderat eingesetzt werden, um die sukzessive Lektüre nicht zu stören. Vgl. Ernst, Wechselwirkung, S. 46.

vorhebung der einzelnen Textbausteine generierten Effekte bewusst kalkuliert. Handkes Wunsch, das Lesen seiner Textes durch eine spezifische Typographie zu erleichtern, die signalisiert, dass dieser Text „eine Änderung der Lesegewohnheiten [verlangt]",[183] steht dabei in deutlichem Kontrast zu Bernhards Anliegen. Wenn es hier gerade um den Irritationseffekt und den Wechsel der Wahrnehmungsmodi geht, wie die Analyse von Bernhards *Korrektur* im ersten Kapitel der vorliegenden Untersuchung gezeigt hat, dann ist davon auszugehen, dass dieser Effekt umso stärker ist, je weniger die Leserschaft auf ihn vorbereitet ist. Die Semantisierung der Typographie durch den Verlag und durch Bernhard selbst ist dabei – gerade weil Unselds Prinzip der ‚guten Lesbarkeit' derartig übersteigert wird, dass der Text gut lesbar *aussieht* – entscheidend für die Effekte, die Bernhards sequenzielle Schreibverfahren ganz offensichtlich auf die Rezeption ausüben.

Die Semantisierung der Typographie erfolgt in Bernhards Fall – wie im Suhrkamp Verlag durchaus üblich – über zwei Strategien, und zwar über die Eingliederung des Autors in Reihen und über die spezifische Gestaltung (Umschlag und Satz) eigenständiger Erstausgaben. Die Reihe steht dabei für eine programmatische Linie, die durch typographische und sonstige gestalterische Mittel (etwa die Ausstattung des Buches, die Farbgestaltung des Umschlags, die Schriftwahl etc.) ins Bild gesetzt wird. Durch die Eingliederung in eine Reihe wird der Autor oder die Autorin mit den Attributen versehen, welche die Reihe – auch und gerade durch ihre Ausstattung – verkörpert. Die Reihen des Suhrkamp Verlags könnten dabei nicht unterschiedlicher sein: „sachlich und dem klassischen Buch-Ideal entsprechend: die ‚Bibliothek Suhrkamp' (1959), eine kühne Designer-Idee die Regenbogenreihe der ‚edition suhrkamp' (1963) [...]."[184] Wie stark die jeweiligen Attribute an die Ausstattung der Reihe gebunden sind, zeigt Bernhards Imagewechsel vom zeitgenössischen Geheimtipp zum modernen Klassiker, der *allein* durch den Wechsel von der *edition suhrkamp* in die *Bibliothek Suhrkamp* vonstatten geht. Dieser Übergang wird durch entsprechende Klappentexte, Verlagsankündigungen und offenbar auch durch die in der Folge publizierten eigenständigen Erstausgaben zusätzlich legitimiert.

Ausstattung und Umschlaggestaltung
Für Bernhards Erstausgaben wird ab 1970 nicht nur die typographische Gestaltung im Innern der Bücher zunehmend wichtig, sondern auch die Umschlag-

---

183 Handke, Brief 42 (16. März 1967). In: Handke/Unseld, Briefwechsel, S. 66.
184 Hans Peter Willberg, Wichtige Buchgestalter. In: Bücher, Buchstaben, Bilder. Hannes Jähn, 1934–1987, hg. von Gundel Gelbert, Köln 1990, S. 119–124, hier S. 121.

gestaltung als „Kennmarke, Kennzeichen, Signal",[185] da beides nicht mehr den Vorgaben einer Reihengestaltung unterliegt, sondern nun das Markenimage des Autors ins Bild setzen soll. Wie bei Walser und Handke besitzt die Buchausstattung und Umschlaggestaltung auch in Bernhards Fall hohen Wiedererkennungswert. Allerdings lassen sich über die Jahre hinweg verschiedene gestalterische Trends ausmachen (s. Abb. 31).

Abb. 31: Thomas Bernhard, Umschlaggestaltung der Prosatexte (Erstausgaben 1968–1986).

Alle zwischen 1967 und 1986 unter Unselds Regie erscheinenden eigenständigen Erstausgaben zeichnen sich durch ein nahezu identisches Buchformat aus: Höhe und Breite sind durchgängig gleich, allein die Dicke variiert etwas gemäß der Seitenanzahl der Typoskripte. Platziert man die Bände im Bücherregal, entsteht aufgrund des einheitlichen Formats eine leicht zu erkennende ‚Bernhard-Reihe', die wiederum in drei relativ homogene Designs unterteilt werden kann.

---

185 Unseld, Der Marienbader Korb, S. 83.

Bernhards erste von Unseld betreute Publikation *Verstörung* erscheint am 5. März 1967 in einem für Fleckhaus in jeglicher Hinsicht charakteristischen Umschlag: Das schwarz hinterlegte Cover, die Titelgraphik mit den zu eng gesetzten Kleinbuchstaben (welche wiederum eine Reminiszenz an Bernhards bisheriges Erscheinen in der *edition suhrkamp* sein könnten), die streng geometrische Lösung des Umschlags – all dies sind allgemeine Kennzeichen für die Typographie der 60er und 70er Jahre *und* spezielle Markenzeichen von Willy Fleckhaus' Ästhetik,[186] welche wiederum untrennbar mit dem Suhrkamp-Image verbunden ist. Unseld schreibt Bernhard, man habe getan, was man konnte, um „die negative Wirkung des Titels [den Unseld von Beginn an zu verhindern versuchte, C.M.] durch einen attraktiven Umschlag zu neutralisieren".[187] Bernhard ist mit dem Äußeren des Buches zufrieden[188] und so wird für den darauffolgenden Roman *Das Kalkwerk* – auch um ein Wiedererkennen durch den Käufer zu gewährleisten – die gleiche Farbkombination gewählt. Die nun weiße Titelschrift erinnert mit den angeschnittenen Großbuchstaben auf schwarzem Grund, wie bereits erwähnt, deutlich an die ebenfalls von Fleckhaus gestalteten Cover des *twen*-Magazins und entspricht so absolut dem gestalterischen Zeitgeist.[189]

Ein Jahr nach dem *Kalkwerk* erscheint die Erstausgabe von *Gehen* in der brandneuen *st*-Reihe, darauf folgt eine längere Pause in Bernhards Prosaproduktion, da dieser sich vermehrt dem Schreiben von Theaterstücken und Filmtexten widmet.[190] Sein für 1975 geplantes Prosa-Comeback mit dem neuen Roman *Korrektur* gestaltet sich deshalb schwierig, weil exakt zeitgleich der erste Band von Bernhards Autobiographie mit dem Titel *Die Ursache* im Residenz Verlag erscheinen soll.[191] Um ungeachtet dessen Bernhards exklusive Zugehörigkeit zum Suhrkamp Verlag zu bekräftigen, setzt Unseld auf eine neue Umschlaggestaltung (s. Abb. 32). Mitte der 70er Jahre at sich ein Trend in der Suhrkamp'schen

---

186 Wie charakteristisch Fleckhaus' gestalterisches Repertoire ist, wird deutlich, wenn man den ein halbes Jahr nach der *Verstörung* erscheinenden Handke-Roman *Der Hausierer* betrachtet. Beabsichtigt oder nicht stellt der Umschlag durch seine gelbe Grundfarbe mit schwarzer Titelschrift eine ‚Inversion' von Bernhards Umschlag dar.
187 Unseld, Brief 31 (22. März 1967). In: Bernhard/Unseld, Briefwechsel, S. 53.
188 Unseld, Brief 31 (22. März 1967). In: Bernhard/Unseld, Briefwechsel, S. 53.
189 Vgl. etwa die in Koetzle/Wolff, Fleckhaus auf S. 41 abgebildeten Cover der Zeitschrift *twen* (Ausgabe 2/1962): „Der Kölner Karneval ist doof" oder *twen* (Ausgabe 12/1962): „Ich liebe meine Frau".
190 Zwischen 1970 und 1975 erscheinen vier Theaterstücke: *Ein Fest für Boris* (1970), *Der Ignorant und der Wahnsinnige* (1972), *Die Jagdgesellschaft* (1974), *Die Macht der Gewohnheit* (1974), zwei ‚Filmtexte': *Der Italiener* (1971) und *Der Kulterer* (1974) sowie ein Band mit kurzen Prosatexten in der BS: *Midland in Stilfs* (1971).
191 Vgl. Unseld, Brief 326 (5. August 1975). In: Bernhard/Unseld, Briefwechsel, S. 482.

Buchgestaltung durchgesetzt, der auch den gezeigten Umschlägen von Walsers Büchern anzusehen ist: Fleckhaus gestaltet reihenweise weiß hinterlegte Cover mit schwarzer Schrift[192] und erzielt damit einen hohen Wiedererkennungswert der Suhrkamp-Markenprodukte. Als solches wird durch die Umschlaggestaltung auch Bernhards *Korrektur* auf den ersten Blick erkennbar, wodurch das Signal gesetzt wird, dass Bernhard nach wie vor fest im Autorenkanon des Suhrkamp Verlags verankert ist. Zudem steht das Schwarz-Weiß der Ausgabe in deutlichem Kontrast zum farbigen Residenz-Umschlag der *Ursache* (s. Abb. 33), den Unseld „schlechterdings unmöglich und für Bernhard als total unangemessen"[193] empfindet.

Abb. 32: Thomas Bernhard, *Korrektur* (Erstausgabe 1975, Suhrkamp Verlag).

Abb. 33: Thomas Bernhard, *Die Ursache* (Erstausgabe 1975, Residenz Verlag).

---

192 Vgl. exemplarisch die Abbildungen der von Fleckhaus gestalteten Suhrkamp-Cover in Koetzle/Wolff, Fleckhaus, S. 168–171 und in Unseld, Der Marienbader Korb, S. 36–39, S. 43, S. 47, S. 76, S. 79–81, S. 85 f. und S. 88.
193 Vgl. Unseld, Brief 326 (5. August 1975). In: Bernhard/Unseld, Briefwechsel, S. 483.

Der verspielt wirkende Umschlag mit den auffälligen Farben und der Schriftgraphik, die womöglich auf das Labyrinthische von Bernhards Sprache, ergo auf eine erschwerte Lesbarkeit, anders als im Suhrkamp Verlag *vorbereiten* soll, könnte in keinem größeren Kontrast zum Suhrkamp-Umschlag stehen, dessen Gestaltung überaus sachlich wirkt. Die zu eng gesetzte *Garamond*-Titelschrift sendet verschiedene Signale: Als Suhrkamps ‚Hausschrift' attestiert sie erneut die Zugehörigkeit des Autors zum Verlag und präsentiert den neuen „Roman" der Marke „Bernhard" (der Vorname ist hier bereits überflüssig geworden) als dichten (zu eng gesetzte Buchstaben), aber gut lesbaren *(Garamond)* Text.

Die schwarz-weiße Umschlaggestaltung scheint auch Bernhards Geschmack zu treffen. Den von Fleckhaus entworfenen Umschlag zu *Korrektur* findet der Autor, der sich vermutlich überdies keinen weiteren Ärger mit seinem durch die Residenz-Publikation ohnehin schon aufgebrachten Verleger einhandeln will, „vollkommen".[194] Für *Die Erzählungen*, die zwei Jahre später erscheinen, wünscht er sich einen Umschlag, vor dem ihm „nicht graust, am liebsten weisse Schrift auf Schwarz, sonst nichts."[195] Zwar kommt Unseld dieser Bitte der Fabgestaltung nach, hält sich jedoch nicht an Bernhards „sonst nichts". Willy Fleckhaus soll dem Design mit weißem Fond und schwarzer Schrift noch ein von Andrej Reiser aufgenommenes Autorenportrait Bernhards hinzufügen,[196] das dem Markenimage des Autors voll und ganz entspricht. Bernhards schwarze Kleidung und seine selbstbewusste Haltung suggerieren ebenso wie die klassischen schwarz-weiß Kontraste von Fond und Schrift, dass die Leserschaft es hier mit einem ernsten, ja abgeklärten, modernen und intellektuellen Autor zu tun hat, der für ein exklusives und gebildetes Suhrkamp-Publikum schreibt (s. Abb. 31).

Auch in den Jahren 1975 bis 1982 schreibt Bernhard wieder vermehrt an Theaterstücken und seiner Autobiographie. Vier weitere Bände der autobiographischen Prosa erscheinen in dieser Zeit im Residenz Verlag,[197] im Suhrkamp Verlag

---

194 Vgl. Unseld, Brief 326 (5. August 1975). In: Bernhard/Unseld, Briefwechsel, S. 484.
195 Vgl. Bernhard, Brief 386 (18. Juli 1979). In: Bernhard/Unseld, Briefwechsel, S. 569.
196 Vgl. Brief 387 (24. Juni 1979). In: Bernhard/Unseld, Briefwechsel, S. 572, Anm. 2. Das Cover erinnert an den Band *Ereignisse*, der 1969 im Verlag des LCB erschienen ist und auf dessen weißem Cover sich eine schwarz-weiße Fotografie des sitzenden Autors befindet. Vgl. Thomas Bernhard, Ereignisse, Berlin 1969. Die Fotografie ist dem 1975 erschienenen Suhrkamp-Sammelprospekt *Bilder von Autoren* entnommen, mit dem zwölf ‚junge' Suhrkamp-Autoren beworben werden. Vgl. dazu Oster, Das Autorenfoto in Buch und Buchwerbung, S. 200–203. Abbildungen dieses Prospekts finden sich in Koetzle/Wolff, Fleckhaus, S. 180 f.
197 *Der Keller. Eine Entziehung* (1976); *Der Atem. Eine Entscheidung* (1978); *Die Kälte. Eine Isolation* (1981); *Ein Kind* (1982).

erscheinen acht Theaterstücke (davon sechs in der *Bibliothek Suhrkamp*),[198] ein von Bernhard als „Gedicht" betitelter Text (*Ave Vergil*, 1981), aber auch drei kürzere Erzählungen: *Ja* (1978), *Die Billigesser* (1980) und *Wittgensteins Neffe. Eine Freundschaft* (1982).[199] Um Bernhard trotz des Fehlens eines Romans weiterhin auch als Suhrkamp *Prosa*-Autor im Publikumsgedächtnis zu verankern, gibt der Verlag zwei Bücher mit Erzählungen heraus: den Band *Der Stimmenimitator* (1978) mit bislang unveröffentlichten Kurzprosastücken und – als Retrospektive, die Bernhard einmal mehr als kanonisierten Autor und modernen Klassiker ausweist – die Prosasammlung *Die Erzählungen* (1979).[200] Beide Bände führen das schwarz-weiße Schema des *Korrektur*-Umschlags fort und schaffen so nicht nur eine Kontinuität zwischen den einzelnen Publikationen, sondern auch eine unauflösbare Verbindung zwischen Autor und Verlag.

Der erste größere Prosatext *Beton*, der sieben Jahre nach der *Korrektur* 1982 erscheint, sticht mit seinem hell-lindgrünen Umschlag mit zement[!]grauer graphischer Titelschrift, die Bernhard sich ausdrücklich gewünscht hatte,[201] deut-

---

198 *Der Präsident* (BS, Bd. 440, 1975); *Die Berühmten* (BS, Bd. 495, 1976); *Minetti. Ein Portrait des Künstlers als alter Mann* (1977); *Immanuel Kant.* (BS, Bd. 556, 1978); *Der Weltverbesserer* (BS, Bd. 646, 1979); *Vor dem Ruhestand. Eine Komödie von deutscher Seele* (1979); *Über allen Gipfeln ist Ruh* (BS, Bd. 728, 1981); *Am Ziel* (BS, Bd. 767, 1981).
199 Diese Erzählungen erscheinen, um nochmals die enge Verbindung zwischen Autor und Verlag zu demonstrieren, in den Suhrkamp-Buchreihen: *Ja* erscheint als *Bibliothek Suhrkamp* Jubiläumsband 600. Bernhard hatte sich in einem Brief an Siegfried Unseld auch hier ausdrücklich ein „weisses Buch, schwarz beschriftet" gewünscht. Vgl. Bernhard, Brief 356 (22. Januar 1977). In: Bernhard/Unseld, Briefwechsel, S. 527. Die Erstausgabe erscheint jedoch mit blauem Umschlag und weißer Schrift, die Umschlagfarbe der zweiten Auflage wird auf Bernhards nochmaligen ausdrücklichen Wunsch geändert. Vgl. Unseld, Brief 367 (13. Oktober 1978). In: Bernhard/Unseld, Briefwechsel, S. 542. *Wittgensteins Neffe. Eine Freundschaft* erscheint als auffälliger, knallroter *Bibliothek Suhrkamp* Band 788. Allein die Erzählung *Die Billigesser* erscheint gegen Bernhards Willen und auf Unselds ausdrücklichen Wunsch 1980 in der *edition suhrkamp, Neue Folge* (Bd. 1006). Vgl. Unseld, Brief 396 (23. Januar 1980). In: Bernhard/Unseld, Briefwechsel, S. 584.
200 An den Auflagen, die Bernhard Unseld für diesen Band, den er eigentlich „nicht haben will", macht, lässt sich einerseits deutlich ablesen, wie viel Wert er auf sein Image als großer Autor legt. Andererseits zeigen seine Vorgaben, wie wichtig es ihm ist, verwendete oder noch brauchbare größere Textbausteine unter Verschluss zu halten und damit seine ausgeklügelte Wiederverwendungstechnik zugunsten des Eindrucks organischer Kunstwerke zu verschleiern: „Da er aber gemacht wird, soll er durchaus ,Die Erzählungen' heissen und nicht ,Erzählungen', was ich abstossend finde, aber er darf nur die Erzählungen von ,Amras' bis ,Ja' enthalten, also alles *vor* ,Amras' nicht und *nach* ,Ja' nicht. Auch muss er sich auf die sogenannten grossen Erzählungen beschränken und darf nichts auch nur andeutungsweise aus den Romanen enthalten." Bernhard, Brief 386 (18. Juni 1979). In: Bernhard/Unseld, Briefwechsel, S. 569. Vgl. zur Wiederverwendung von Textbausteinen aus der ,Schublade' S. 133 ff. der vorliegenden Untersuchung.
201 Bernhard, Brief 441 (28. Januar 1982). In: Bernhard/Unseld, Briefwechsel, S. 650.

lich aus dieser schwarzweißen Reihe hervor, s. Abb. 31). Diese Sonderstellung auch innerhalb des uniformen schwarz-weißen Suhrkamp-Programms scheint Bernhard so gut zu gefallen, dass er ein Jahr später bei den Planungen zum Erscheinen des *Untergehers* dezidierte Vorstellungen zu Ausstattung und Umschlaggestaltung entwickelt: er wünscht sich ausdrücklich die schwarz-gelbe Farbgebung der früheren Umschläge zurück. Unseld schreibt in seinem Reisebericht vom 19.–21. April 1983 über das Gespräch mit Bernhard: „Ihm schwebe vor, Format wie ‚Beton‘, aber einen Umschlag zu machen in der Typographie wie die ‚Verstörung‘, und das Wichtigste: die Farben müssen schwarz-gelb sein."[202] Die Signalwirkung der durch den Umschlag ins Bild gesetzten Reminiszenz an die 15 Jahre zuvor erschienene *Verstörung* wird im selben Jahr durch das Erscheinen zweier weiterer Publikationen verstärkt: die Faksimile-Ausgabe von Bernhards Erstling *Frost*, welche der Suhrkamp Verlag zum 20jährigen Jubiläum seines Erscheinens auflegt, sowie die 1984 erscheinende Sonderausgabe von *Korrektur*.

Wie sehr sich diese über die Buchausstattung definierten ‚Neuauflagen‘ auf die Rezeption auswirken, lässt sich daran beobachten, dass in den zeitgenössischen Rezensionen, etwa zum *Untergeher*, erstmals vermehrt die Rede vom immer gleichen Text Bernhards aufkommt, der sich, so Sigrid Löfflers Rezension im ORF, eher einer handwerklichen Routine verdanke als einem Geniestreich:

> Wieder rattert sie los, die Bernhard'sche Sprachmaschine, programmiert auf ihre Zwänge und Ritualisierungen, eingerastet in der Mechanik ihrer Wiederholungen, ihrer Phrasen, ihrer Denkfiguren – ein wahres *perpetuum mobile* endloser Variationen und Permutationen.[203]

Löffler beschreibt Bernhards Stil, der sich den entsprechenden, im ersten Kapitel dieser Untersuchung beschrieben Schreibverfahren verdankt, treffend als Mechanik „endloser Variationen und Permutationen". Diese quasi-automatische Kombinatorik von Textbausteinen schließt sie – vielleicht hellsichtiger, als es ihr selbst bewusst ist – mit einer Metaphorik des Schreibmaschineschreibens kurz: Löfflers Bild einer „Bernhard'sche[n] Sprachmaschine", die durch die „Mechanik ihrer Wiederholungen" Textbausteine so variiert und konstelliert, dass ein ‚echter' Bernhard'scher Text entsteht, deckt sich mit meiner Analyse von Bernhards realen Schreibverfahren. Was Löffler jedoch als deutlichen Mangel von Stil und Schreibkunst ansieht, wird in anderen Rezensionen als virtuose Selbstpersi-

---

[202] Bernhard, Brief 485 (25. März 1983). In: Bernhard/Unseld, Briefwechsel, S. 672.
[203] Sigrid Löffler, Thomas Bernhard. Der Untergeher. In: ORF. Ex libris, 17. September 1983, zit. nach dem Kommentar in Thomas Bernhard, Der Untergeher. In: Bernhard, Werke, Bd. 6, hg. von Renate Langer, Frankfurt a.M. 2006, S. 174. Vgl. hier auch weitere Rezensionen, die in die gleiche Richtung zielen.

flage oder clevere Vermarktungsstrategie angesehen. In einer Rezension aus dem Schweizer *Tages-Anzeiger* heißt es in diesem Sinne, dass Bernhards Sprache

> ganz selbsttätig geworden ist, sich ständig selber parodiert und also aufhebt, nicht mehr abdeckt, was sie behauptet, überhaupt nicht mehr meint, was sie sagt [...]. Im Roman *Der Untergeher* tut Bernhard das, was in der Malerei geschieht, wenn ein berühmter Künstler seine erfolgversprechende Masche gefunden hat und sie bis zum Überdruß in einem ganz kleinen Raster ein bißchen abwandelt, aber vor allem wiederholt.[204]

Mit diesem „ganz kleinen Raster" ist wohl der Umfang des so betitelten „Romans" *Der Untergeher* gemeint, der mit seinem Typoskript von 91 Blättern[205] genau wie der vorhergehende – jedoch nicht als Roman klassifizierte – Text *Beton* erst durch eine große Schrifttype ein ‚richtiges' Buch ergibt. *Der Untergeher* wird bei seinem Erscheinen vor allem im Kontext von *Beton* und *Wittgensteins Neffe* gelesen,[206] die beide ein Jahr zuvor erschienen waren. All diese Texte werden in der Kritik einerseits als Fortführung der aus den früheren Texten bekannten Themen wahrgenommen: „Déjà-vu, déjà-lu, und dennoch gerät man früher oder später in den Sog dieser ‚essayistischen Auslassung'. [...] Es hängt damit zusammen, daß Bernhard seit Jahren an einem Buch schreibt."[207] Andererseits wird eine erstmals in *Beton* spürbare, auffällige Veränderung des Stils attestiert. In einer Rezension zu *Wittgensteins Neffe* schreibt etwa Marcel Reich-Ranicki in der *Frankfurter Allgemeinen Zeitung*: „Doch was schon in der Erzählung ‚Beton' auffiel, bestätigt sich hier: Er schreibt jetzt leichter, lockerer und durchsichtiger. Sein Stil ist gelassener und souveräner geworden."[208]

Reich-Ranicki ist nicht der einzige, der diese Veränderung des Stils hin zu einer entspannteren, ironischeren und souveräneren Erzählweise bemerkt,[209] und auch in der Forschung wird diese These aufgenommen, was oftmals dazu

---

204 Christoph Kuhn, Selbstparodie eines Virtuosen. Zu Thomas Bernhards Erzählung ‚Der Untergeher'. In: Tages-Anzeiger (Zürich, Schweiz), 29. November 1983.
205 Vgl. NLTB, TBA, W 6/1.
206 Vgl. dazu den Kommentar in Bernhard, Der Untergeher (WA), S. 176.
207 Hermann Burger, Gould-Variationen. Thomas Bernhards Roman ‚Der Untergeher'. In: Die Weltwoche, 17. November 1983.
208 Marcel Reich-Ranicki, Der Sieg vor dem Abgrund. In: Frankfurter Allgemeine Zeitung, 5. Februar 1983, zit. nach Unseld, Brief 456 (8. Februar 1983). In: Bernhard/Unseld, Briefwechsel, S. 670. Der Suhrkamp Verlag scheint dieses Image unterstützen zu wollen und druckt, wie man in besagtem Brief nachlesen kann, zwei Anzeigen mit diesem Zitat Reich-Ranickis.
209 Vgl. das entsprechende Resümee der Kommentare in Bernhard, Beton (WA) S. 157 ff.; Bernhard, Erzählungen III. Ja, Die Billigesser, Wittgensteins Neffe (WA), S. 354 sowie in Bernhard, Der Untergeher (WA), S. 175.

führt, dass Bernhards Werk in zwei Blöcke eingeteilt wird. Prominent für diese Forschungsrichtung ist Alfred Pfabigans Untersuchung *Thomas Bernhard. Ein österreichisches Weltexperiment*, die in den frühen Texten *Frost, Verstörung, Ungenach* und *Korrektur* einen „chthonischen" Block sieht, dem ein „apollinischer" Block folge, welcher die Texte *Der Untergeher, Holzfällen, Alte Meister* und *Auslöschung* beinhalte.[210]

Sowohl die zeitgenössische Kritik als auch die sich anschließende philologische Forschung wird, so meine These, maßgeblich durch das *Erscheinungsbild* der Texte beeinflusst: *Beton* markiert als erster längerer Prosatext seit *Korrektur* schon durch seine Umschlaggestaltung einen klaren Bruch mit den vorherigen Publikationen, welche allesamt durch die Buchausstattung eine Kontinuität mit dem letzten großen Roman *Korrektur* herstellen wollen (s. Abb. 31). Zweitens – und dies ist für die veränderte Rezeption ungleich wichtiger – suggeriert die mit dem Erscheinen von *Wittgensteins Neffe* durchgängig „leichter, lockerer und durchsichtiger" wirkende Satzgestaltung mit großer Schrifttype und großzügigen Rändern, dass der Leser es hier nicht mehr mit dem ‚dichten', verstandesbetonten und eine hohe Lesekompetenz voraussetzenden Autor des Frühwerks zu tun hat.[211] Auch die ‚Aufblähung' der kurzen Texte *Beton* und *Der Untergeher* auf Romanformat, die Bernhard ausdrücklich gewünscht hatte, unterstützt diesen Eindruck: Schon durch die Satz- und Buchgestaltung wird deutlich, dass es sich bei diesem Text um eine *Travestie* handelt, da hier ein viel zu kurzer Text im *Gewand* eines vollgültigen Romans präsentiert wird. Beim *Untergeher* wird durch die Nachahmung der früheren Umschlaggestaltung darüber hinaus ein tatsächliches ‚Déjà-vu' initiiert, das noch vor dem Beginn der Lektüre nahelegt, es könne sich hier auch um ein ‚Déjà-lu' handeln, um eine die erfolgreiche ‚Masche' wiederholende Selbstpersiflage des Bernhard'schen Texts.

Persifliert wird so jedoch nicht nur das eigene Schreiben, sondern auch eine werkpolitische Rezeptionssteuerung. Bernhard gibt erstmals in seinen autobiographischen Erzählungen den gattungsbezeichnenden Untertitel vollkommen auf und wählt andere Untertitel, die wie alternative Gattungsbezeichnungen daherkommen: *Die Ursache. Eine Andeutung* (1975), *Der Keller. Eine Entziehung* (1976), *Der Atem. Eine Entscheidung* (1978), *Die Kälte. Eine Isolation* (1981). Im Jahr 1981

---

210 Vgl. Alfred Pfabigan, Thomas Bernhard. Ein österreichisches Weltexperiment, Wien 1999.
211 Tatsächlich ist schon *Der Stimmenimitator* in sehr großzügigen 14 Punkt gesetzt, dies allerdings wohl auch deshalb, um die kurzen Prosastücke nicht allzu mickrig erscheinen zu lassen. Vgl. Thomas Bernhard, Der Stimmenimitator, Frankfurt a.M. 1978 (EA). Der darauffolgende Prosaband *Die Erzählungen* ist erneut in – für Prosatexte sehr viel üblicheren – 11 Punkt gesetzt. Vgl. Thomas Bernhard, Die Erzählungen, Frankfurt a.M. 1979 (EA).

erscheint auch das 1959/60 entstandene „Gedicht" *Ave Vergil*. Man könnte hier zunächst davon ausgehen, dass Bernhard mit der Herausgabe dieses ‚Jugendwerks' eine Werkpolitik verfolgt, die aus der Position eines nun vollständig kanonisierten Autors nachträglich die frühen Schreibversuche legitimiert, welche die Kritik verworfen hatte.[212] Für eine solche Strategie spricht auch der vom Autor selbst verfasste Klappentext:

> „*Ave Vergil* ist in den Jahren 59 und 60 in England, vor allem in Oxford, und in Sizilien, vor allem in Taormina, entstanden. Es ist von mir zwanzig Jahre vergessen gewesen. Ich hätte es mit anderen wiederaufgefundenen Gedichten aus der Zeit um die dreißig vernichten können, der Grund, es jetzt zu veröffentlichen, ist die in diesem Gedicht wie in keinem zweiten konzentriert wiedergegebene Verfassung, in welcher ich mich gegen Ende der fünfziger – Anfang der sechziger Jahre befunden habe. In dieser Zeit, nach dem Abschluß des Mozarteums, beschäftigten mich neben meinen Theaterstudien vor allem die Schriften Eliots (The Waste Land), Pounds, Eluards sowie César Vallejo und die Spanier Rafael Alberti und Jorge Guillén." *Thomas Bernhard*[213]

Diese Inszenierung ist jedoch schon aufgrund ihrer Übertriebenheit ebenfalls als Persiflage auf ein gebräuchliches Konzept auktorialer Werkpolitik zu lesen. Die Pedanterie und Dramatik der Darstellung – wichtig sind offenbar die Orte, an denen der Text entstanden ist („Oxford" und „Taormina" fungieren auch hier als Stichworte für ein intellektuelles, schöngeistiges Weltenbürgertum), sein Vergessenwerden und seine ‚Rettung' vor Vernichtung – decken sich mit der ‚Eigenkanonisierung', die Bernhard durch die Eingliederung in die Reihe großer Dichter der Moderne erreichen will. Wenig überraschend sind bei Erscheinen von *Ave Vergil* alle genannten Autoren bis auf Paul Éluard, in der *Bibliothek Suhrkamp* vertreten – und somit auch in dem jedem *BS*-Band angehängten alphabetischen Verzeichnis der bislang erschienenen Bände aufgelistet, wo Bernhard sie auf der Suche nach geeigneten Textbausteinen für seinen Klappentext ohne Weiteres gefunden haben könnte. Das durch diesen Klappentext als ‚konzentriert' prognostizierte ‚Gedicht' erzeugt auch hier eine Rezeptionserwartung beim Leser. Diese wird jedoch nur zum Teil erfüllt, wie Anne-Sophie Gomez in ihrem Aufsatz *Ave Vergil oder der entscheidende Übergang zu einer Ästhetik der Verfremdung*

---

[212] Diese werkpolitische Strategie stellt Steffen Martus am Beispiel von Ludwig Tieck dar, bei dem mit zunehmender literarischer Perfektion das nicht-perfekte Jugendwerk ins Blickfeld gerät: „Die philologische Aufmerksamkeit findet das Mangelhafte ‚interessant', weil es entweder für die ‚Geschichte' eines Autors oder für die ‚Geschichte' der Literatur relevant ist und zum Verständnis beiträgt." Vgl. Kapitel 5.3 „Die Poesie der Philologie I: Ludwig Tieck". In: Martus, Werkpolitik S. 371–410, hier S. 398.
[213] Thomas Bernhard, Ave Vergil, Frankfurt a.M. 1981 (EA).

richtig beobachtet hat. *Ave Vergil* stelle sich, so Gomez, zunächst als längeres Gedicht dar, unterscheide sich aber deutlich von Bernhards bisheriger Lyrik. Die Grenzen zwischen erzählender Literatur, Dramatik und Lyrik würden hier systematisch verwischt, indem der Text einerseits als Gedicht inszeniert werde, jedoch immer wieder ‚Bühnenanweisungen' auftauchten (etwa „*Viermal, fünfmal, immer eindringlicher*")[214] und der Titel und die Aufteilung des Gedichts in sieben Teile an die verschiedenen Stationen eines Epos gemahnen könnten.[215] Auch der kurze Text auf der Rückseite des Buchumschlags, der ein Zitat aus dem Text ist, spricht dafür, dass Bernhard diese Verwischung der Grenzen mit voller Absicht betreibt.

> „Auf den Fundamenten der Prosa
> *mein* Gedicht,
> *mein* Verrat."[216]

Der „Verrat", den Bernhard hier begeht, bezieht sich auf die Erfüllung der Rezeptionserwartung, die er bei seinen Lesern erzeugt. Bernhard *inszeniert* seine Texte durch paratextuelle und buchgestalterische Mittel als gattungskonforme Werke. Die Zuverlässigkeit der Gattungsgrenzen wird jedoch aufgekündigt, indem die hergestellte Leseerwartung nicht erfüllt wird. Dies geschieht etwa durch eine abweichende typographische Form, die den Inhalt nicht adäquat repräsentiert (etwa die zu große Schrifttype, die das Format ‚Roman' simuliert), oder durch die Ausstellung eines typographischen Dispositivs, das nicht adäquat ‚gefüllt' wird (wie etwa im Fall von *Ave Vergil*, das sich typographisch und paratextuell als Lyrik präsentiert, jedoch die Leseerwartung durch seine dramatischen und erzählerischen Anteile irritiert). In beiden Fällen widerspricht die sinnliche Wahrnehmung der auf die eine oder andere Weise hervorgehobenen Schriftgestalt der Inszenierung der autonomieästhetischen Werkpolitik, welche sowohl Bernhard als auch der Verlag voranzutreiben bemüht sind, indem sie auf den ‚Tiefsinn' der Texte abzielen. Mit der Verlagerung des Sinns an die aisthetische Oberfläche der Texte steht jedoch auch der Werkcharakter der Texte auf dem Spiel, wie Andrea Polaschegg zeigt:

> Denn sobald der Mentalismus dieses Werkmodells aufgehoben wird und der Aspekt der sinnlichen Wahrnehmung in den Reflexionshorizont rückt, unterspült die Verlaufsdimension der Literatur das Konzept eines simultaneisierten „Ganzen", und ihr Kunstcharakter ist gefährdet. Das transitorische Moment der Literatur und damit die Aisthesis des Textes

---

214 Bernhard, Ave Vergil, S. 25.
215 Vgl. Gomez, Ave Vergil oder der entscheidende Übergang, S. 187.
216 Bernhard, Ave Vergil, S. 24 und Umschlagrückseite.

erscheinen im Kontext dieser skulptural gefassten Werkästhetik somit nicht allein als Störfaktoren, sondern sogar als tatsächliche Bedrohung der ästhetischen Autonomie des sprachlichen Kunstwerks *als* Kunstwerk: Aisthesis und Ästhetik geraten hier in ein Spannungsverhältnis zueinander, das sich potentiell als Ausschlussverhältnis realisiert.[217]

Bei Bernhard *bleibt* dieses Ausschlussverhältnis potenziell, da das Spannungsverhältnis zwischen der Inszenierung der als tiefsinnig konnotierten Autorenmarke Thomas Bernhard und dem oberflächlichen aisthetischen Stör-Potenzial der Texte stets aufrechterhalten wird.

Wie viel Bernhard an dieser spannungsgeladenen Uneindeutigkeit gelegen ist, lässt sich auch den Untertiteln ablesen, die er seinen Texten seit dem Erscheinen von *Ave Vergil* systematisch hinzufügt. *Beton* (1982) und *Der Untergeher* (1983) bleiben als einzige Texte Thomas Bernhards ohne Untertitel oder tatsächliche oder alternative Gattungsbezeichnung. In den 80er Jahren erscheinen *Wittgensteins Neffe. Eine Freundschaft* (1982), *Holzfällen. Eine Erregung* (1984), *Alte Meister. Komödie* (1985) und – als *opus summum*[218] – *Auslöschung. Ein Zerfall* (1984). Diese Untertitel setzen sich genau an die Stelle, die typographisch der Gattungsbezeichnung vorenthalten ist und erzeugen so eine Leseerwartung, welche sich allerdings noch mehr auf den Inhalt der Texte richtet als auf deren Form. Mit dem Effekt, dass der Leser sich umso mehr an den Signalen der Buchgestaltung orientieren wird, um eine geeignete Rezeptionsanweisung für den Text zu erhalten. So gerät auch die Gestaltung des Satzspiegels, der sich in den 80er Jahren – auf Bernhards Wunsch – ebenfalls verändert, zunehmend und im wahrsten Sinne des Wortes in den Blick. Dass Bernhard mit Erscheinen von *Wittgensteins Neffe*, spätestens jedoch mit *Beton*, nicht mehr als der ernste, ‚dichte' und intellektuelle Autor wahrgenommen wird, als der er in den 60er und 70er Jahren im Suhrkamp Verlag aufgebaut worden war, sondern als solch einer, der seine eigenen Texte humoristisch persifliert, liegt zum entscheidenden Teil an der typographischen Gestaltung der Bücher.[219]

---

217 Polaschegg, Der Anfang des Ganzen, S. 284 f.
218 Bernhard *inszeniert* mithilfe des Verlags seinen umfangreichsten Text als Höhepunkt seiner Prosa und damit sein Schreiben als Lebenswerk, das im Spätwerk zur Meisterschaft gelangt. Auch hier entspricht die ‚Füllung' jedoch nicht der Inszenierung: *Auslöschung* ist nicht als letzter Prosatext geschrieben worden, sondern wartet schon seit einigen Jahren in Bernhards ‚Schublade' auf seine kalkulierte Veröffentlichung. Vgl. zur Entstehungsgeschichte den Kommentar in Bernhard, Auslöschung (WA), S. 511–541, insb. S. 520 f. Vgl. zum Konzept des Lebenswerks, das Steffen Martus zum ersten Mal bei Klopstock realisiert sieht, Martus, Werkpolitik, S. 224.
219 Wie abrupt dieser Imagewechsel vonstatten geht, lässt sich beispielsweise daran erkennen, dass Unseld noch 1981 (vor *Beton*) das Erscheinen von Bernhards Dramoletten, die er als qualitativ minderwertig und „[m]eist nur billig witzig" einstuft, unbedingt verhindern will. Auf Bernhards Zustimmung, diese Stücke zunächst nicht herauszubringen, reagiert Unseld mit großer Erleichte-

Satzgestaltung und Seitenspiegel
Im Gegensatz zu den vielen typographischen Sonderfällen der 1960er und 70er Jahre, die sich in Ausstattung (Umschlag, Farbe, Bindung etc.) und Satz (Absage an typographische Konventionen, etwa durch die Verwendung unterschiedlicher

---

rung: „Welcher Kelch ist da an mir und dem Verlag vorbeigegangen?" Vgl. Unseld, Brief 434 (3. Juli 1981). In: Bernhard/Unseld, Briefwechsel, S. 636 und S. 639. Sieben Jahre später, in denen sich das Image vom boshaft-komischen, schlitzohrigen und subversiven Autor Thomas Bernhard etabliert hat, erscheinen just diese Dramolette unter dem Titel *Der deutsche Mittagstisch* als Band 1480 in der *edition suhrkamp*. Die daran abzulesende Entwicklung lässt sich auch nach Bernhards Tod weiterverfolgen: Der Suhrkamp Verlag bringt in den Jahren 2008/2009 anlässlich von Bernhards 20. Todestag einige Publikationen auf den Markt, die offenbar darauf abzielen, die Marke Bernhard postum neu zu justieren. Dabei fällt auf, dass diese Publikationen sich zum großen Teil auf die Person Thomas Bernhard kaprizieren, so etwa die unter dem Titel *Meine Preise* zusammengefassten, neun autobiographischen Texte zu den von Bernhard erhaltenen und abgelehnten Preisen (Thomas Bernhard, Meine Preise, Berlin 2009, EA), der *Briefwechsel* zwischen Thomas Bernhard und Siegfried Unseld und auch eine DVD mit Krista Fleischmanns Interviews (Fleischmann, Monologe auf Mallorca, DVD). Im Jahr 2008 erscheint zudem eine Reihe ‚lustiger Taschenbücher' mit von Raimund Fellinger ausgewählten Bernhard'schen Schimpftiraden: *„Die Ursache bin ich": Eine Autobiographie in Fragmenten* (st, Bd. 3948); *Naturgemäß: Über die Menschen und die Natur* (st, Bd. 3949); *Meine Übertreibungskunst. Ein Kompendium* (st, Bd. 3950); *Alles ist lächerlich. Acht philosophische Mauerhaken* (st, Bd. 3951); *Die Ehehölle. Acht Szenen* (st, Bd. 3952); *„Ich bin ein Geschichtenzerstörer". Acht unerhörte Begebenheiten* (st, Bd. 3953). Ein weiterer Band, der 2009 erscheinen sollte, ist erst seit 2016 auf dem Markt: *Städtebeschimpfungen* (st, Bd. 4074). All diese Publikationen wurden mit einem 2008 erschienenen Autorenprospekt beworben (vgl. Thomas Bernhard, Suhrkamp, Frankfurt a.M. 2008, online unter www.suhrkamp.de/download/Prospekte/Bernhard_Prospekt.pdf, letzter Zugriff: April 2018), der Bernhard nicht mehr als den abgeklärten, distinguierten und ernsten Autor zeigt, der er noch in den 70er Jahren war, sondern gemäß seines anderen Images entspannt in der Hängematte liegend, den Betrachter freundlich anlächelnd beim Kartenspiel (S. 24) oder barfuß, lässig und grinsend am Türrahmen seines Vierkanthofs lehnend (Cover). Unterstützt wird dieses Autorenbild von den Bernhard-Zitaten, die im Prospekt abgedruckt sind. Die Zitate leisten jedoch noch mehr, sie stellen das durch Bernhard repräsentierte Autorenkonzept (wie es in den 60er und 70er Jahren prominent durch die Analogie zwischen Geistesmensch und realem Autor geprägt war) gewissermaßen vom (intellektuellen) Kopf auf die (nackten) Füße: „‚Auslöschung', ein guter Titel, ausgezeichnet: ‚Auslöschung, ein Zerfall'. Einer löscht alles aus, und drum herum zerfällt sowieso alles, also ist es eigentlich ein Blödsinn, daß er es auslöscht, weil eh alles zerfällt." (S. 10); „Wenn das Buch, also das Manuskript, völlig fertig ist, dann ist die Sklaverei zu Ende. Eine neue beginnt. Nämlich die des Nichtschreibens und Nichtgefesseltseins." (S. 16); „Intellectualitas – die größten Arschlöcher sind die sogenannten Intellektuellen." (S. 33) Vergleicht man diese Aussagen mit den Selbstaussagen Bernhards und den Werbetexten aus den 60er und 70erJahren, wird deutlich, wie sehr sich die Autorenmarke gewandelt hat. Dieser Wandel wird beeinflusst und gespiegelt durch die Gestaltung der Bücher. Im Rahmen dieser Untersuchung kann nicht ausführlich besprochen werden, welche Auswirkungen diese Veränderung auf die Literaturkritik und nicht zuletzt auf die Themenwahl der Literaturwissenschaft hat, diese Fragen wären jedoch dringend zu klären.

Satzformen, textsortenunspezifische Schriftarten oder -größen etc.) deutlich von der Norm abheben, erscheinen Bernhards Bücher geradezu als *Inbild* dieser Norm, die im Suhrkamp Verlag vor allem am Prinzip der guten Lesbarkeit orientiert ist. Die typographische ‚Neutralität' der Texte nimmt dabei eine entscheidende Rolle in der – vom Verlag gezielt betriebenen – Rezeptionssteuerung ein, auch wenn diese vom Leser oder von der Leserin nicht bewusst wahrgenommen wird:

> Je näher die typographischen Mittel der dispositiven Norm sind, desto mehr unbewußte und automatisierte Wahrnehmungs- und Deutungsprozesse finden an bzw. durch Typographie statt und desto geringer ist die Zahl bewußter und kontrollierter Semantisierungen der typographischen Form. Daß die typographische Form [...] für einen durchschnittlichen Leser nicht Gegenstand bewußter Interpretation wird, heißt nicht, daß sie bedeutungslos wäre [...]. Gerade ‚Normalität' hat auf den Verlauf der Textrezeption nicht zu unterschätzenden Einfluß.[220]

Erst durch die typographische Form der Bernhard'schen Texte, die dem Markenimage entspricht *und* es zugleich befördert, werden sie so rezipiert, wie es ihnen am wenigsten entspricht: als gut lesbare und transparent auf den eigenen (Tief-) Sinn orientierte erzählende Texte.[221] Erst auf dieser Folie können Bernhards Texte ihre aisthetische Sprengkraft – und diese ist wörtlich zu verstehen als Kraft, die den Text in seine einzelnen Bausteine zerlegt und ihn dadurch streckenweise unlesbar macht – entfalten.

Das typographisch auffälligste und am konsequentesten auftretende Merkmal von Bernhards Prosatexten ist ihr Format des absatzlosen Blocks, das 1967 mit *Verstörung* etabliert wird und sich bis zum letzten im Suhrkamp Verlag erscheinenden Prosatext *Auslöschung* durchzieht. Die einzige signifikante Abwandlung dieses Schemas betrifft zwischen den 60/70er und 80er Jahren die Schriftgröße, in der die Texte gesetzt sind. Im Sinne der oben definierten dispositiven Norm von Prosatexten sind jedoch auch diese, auf den ersten Blick möglicherweise marginal erscheinenden Manipulationen der Schriftgröße hoch signifikante und semiotisch relevante Parameter. Die Erstausgaben von *Das Kalkwerk* und *Korrektur* (s. Abb. 34) sind noch in 11 Punkt gesetzt, was für Prosatexte durchaus als gut

---

220 Wehde, Typographische Kultur, S. 185.
221 Vgl. dazu Ernst, Wechselwirkung, S. 46: „Die beschriebene Gestaltung [einer inhaltsgerechten Lesetypographie, C.M.] initiiert eine spezifische Art des Lesens, nämlich die konsequente Verfolgung des Zeilenverlaufs (lineares Lesen), wobei sich die Suche nach weiteren sinnvermittelnden Gestaltungsmerkmalen – zum Beispiel Überschriften oder Hervorhebungen [die laut Ernst nur sparsam eingesetzt werden, C.M.]– aufgrund des folgerichtigen Verlaufs erübrigt." Bernhards Texte widersetzen sich – nicht zuletzt durch die verschwenderisch eingesetzten Hervorhebungen – einer solchen Lektüre.

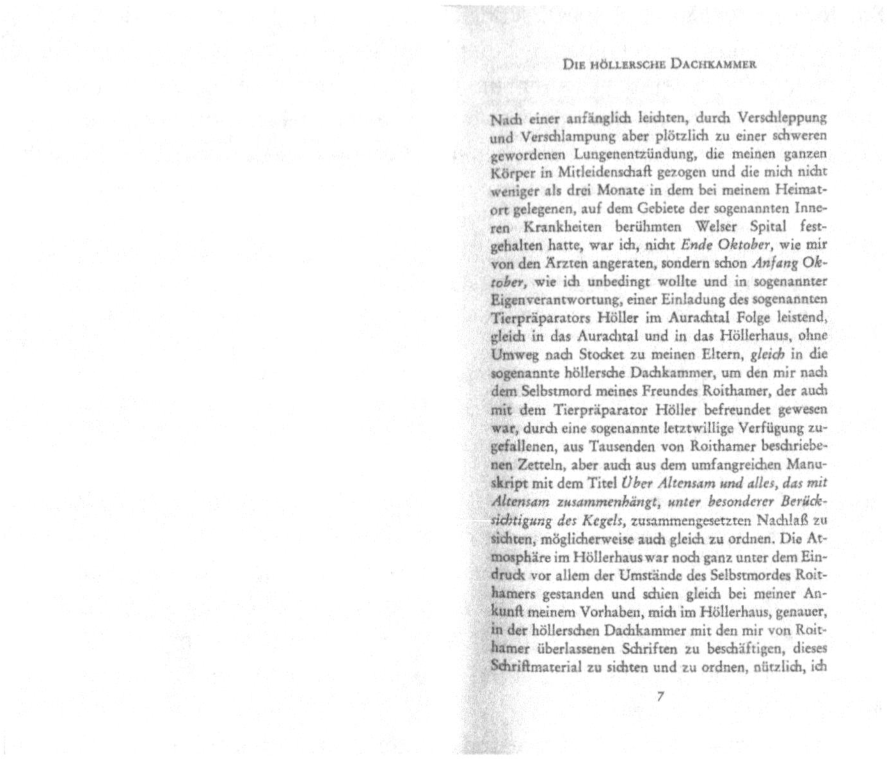

Die höllersche Dachkammer

Nach einer anfänglich leichten, durch Verschleppung und Verschlampung aber plötzlich zu einer schweren gewordenen Lungenentzündung, die meinen ganzen Körper in Mitleidenschaft gezogen und die mich nicht weniger als drei Monate in dem bei meinem Heimatort gelegenen, auf dem Gebiete der sogenannten Inneren Krankheiten berühmten Welser Spital festgehalten hatte, war ich, nicht *Ende Oktober*, wie mir von den Ärzten angeraten, sondern schon *Anfang Oktober*, wie ich unbedingt wollte und in sogenannter Eigenverantwortung, einer Einladung des sogenannten Tierpräparators Höller im Aurachtal Folge leistend, gleich in das Aurachtal und in das Höllerhaus, ohne Umweg nach Stocket zu meinen Eltern, *gleich* in die sogenannte höllersche Dachkammer, um den mir nach dem Selbstmord meines Freundes Roithamer, der auch mit dem Tierpräparator Höller befreundet gewesen war, durch eine sogenannte letztwillige Verfügung zugefallenen, aus Tausenden von Roithamer beschriebenen Zetteln, aber auch aus dem umfangreichen Manuskript mit dem Titel *Über Altensam und alles, das mit Altensam zusammenhängt, unter besonderer Berücksichtigung des Kegels*, zusammengesetzten Nachlaß zu sichten, möglicherweise auch gleich zu ordnen. Die Atmosphäre im Höllerhaus war noch ganz unter dem Eindruck vor allem der Umstände des Selbstmordes Roithamers gestanden und schien gleich bei meiner Ankunft meinem Vorhaben, mich im Höllerhaus, genauer, in der höllerschen Dachkammer mit den mir von Roithamer überlassenen Schriften zu beschäftigen, dieses Schriftmaterial zu sichten und zu ordnen, nützlich, ich

7

Abb. 34: Thomas Bernhard, *Korrektur* (Erstausgabe 1975), Satzspiegel.

lesbare Schriftgröße gilt (zur Erinnerung: als Richtlinie für ein flüssiges, ungestörtes Lesen gelten nach Willberg und Forssman 8–11 Punkt), auch die 24 Zeilen pro Seite (Richtwert: 30–40) und die Zeichenanzahl pro Zeile (Richtwert: 60–70) sind absolut normgerecht gestaltet.[222]

Die ‚Neutralität' des Schriftbildes impliziert eine Rezeptionsanweisung für den Leser, der ganz selbstverständlich annimmt, dass er diesen Text sukzessiv lesen soll. Die fehlenden Absätze untermauern den Anschein eines ‚gehaltvollen' Textes noch, indem sie die Konnotationen von Dichte und Konzentriertheit hervorrufen. Die Taschenbuchausgaben der 70er Jahre verstärken diesen Eindruck mit ihren kleineren Schriftgrößen (*Das Kalkwerk* ist in 9 Punkt gesetzt, *Frost* in 10 Punkt) und mit ihren schmalen Stegen, welche das besagte dichte Erscheinungs-

222 Vgl. Willberg/Forssman, Lesetypographie, S. 17.

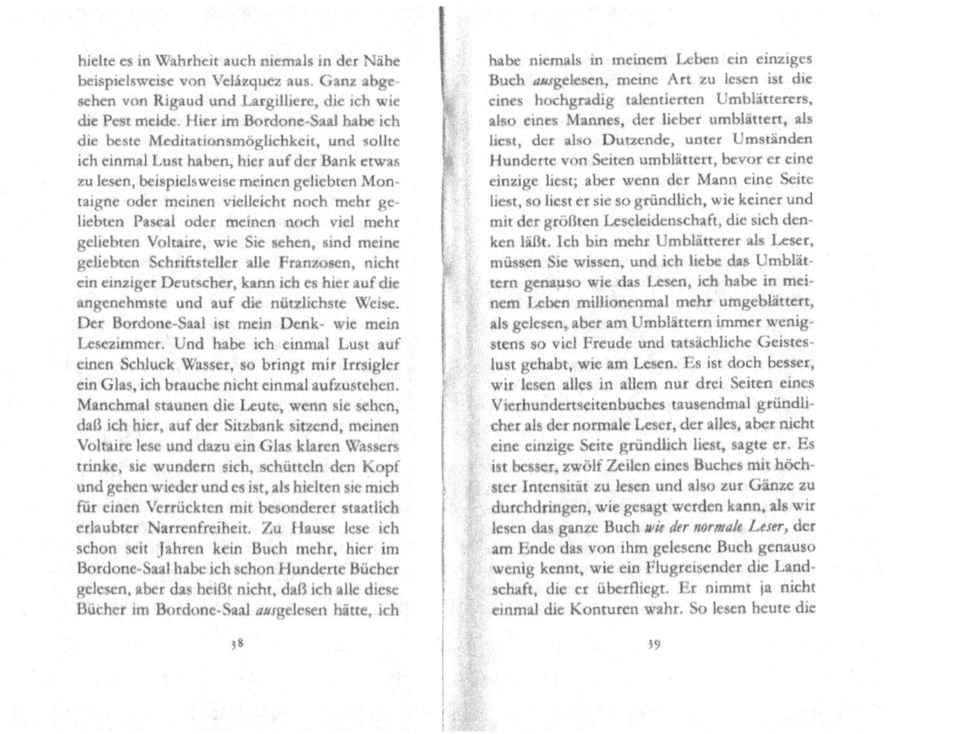

hielte es in Wahrheit auch niemals in der Nähe beispielsweise von Velázquez aus. Ganz abgesehen von Rigaud und Largilliere, die ich wie die Pest meide. Hier im Bordone-Saal habe ich die beste Meditationsmöglichkeit, und sollte ich einmal Lust haben, hier auf der Bank etwas zu lesen, beispielsweise meinen geliebten Montaigne oder meinen vielleicht noch mehr geliebten Pascal oder meinen noch viel mehr geliebten Voltaire, wie Sie sehen, sind meine geliebten Schriftsteller alle Franzosen, nicht ein einziger Deutscher, kann ich es hier auf die angenehmste und auf die nützlichste Weise. Der Bordone-Saal ist mein Denk- wie mein Lesezimmer. Und habe ich einmal Lust auf einen Schluck Wasser, so bringt mir Irrsigler ein Glas, ich brauche nicht einmal aufzustehen. Manchmal staunen die Leute, wenn sie sehen, daß ich hier, auf der Sitzbank sitzend, meinen Voltaire lese und dazu ein Glas klaren Wassers trinke, sie wundern sich, schütteln den Kopf und gehen wieder und es ist, als hielten sie mich für einen Verrückten mit besonderer staatlich erlaubter Narrenfreiheit. Zu Hause lese ich schon seit Jahren kein Buch mehr, hier im Bordone-Saal habe ich schon Hunderte Bücher gelesen, aber das heißt nicht, daß ich alle diese Bücher im Bordone-Saal *aus*gelesen hätte, ich

38

habe niemals in meinem Leben ein einziges Buch *aus*gelesen, meine Art zu lesen ist die eines hochgradig talentierten Umblätterers, also eines Mannes, der lieber umblättert, als liest, der also Dutzende, unter Umständen Hunderte von Seiten umblättert, bevor er eine einzige liest; aber wenn der Mann eine Seite liest, so liest er sie so gründlich, wie keiner und mit der größten Leseleidenschaft, die sich denken läßt. Ich bin mehr Umblätterer als Leser, müssen Sie wissen, und ich liebe das Umblättern genauso wie das Lesen, ich habe in meinem Leben millionenmal mehr umgeblättert, als gelesen, aber am Umblättern immer wenigstens so viel Freude und tatsächliche Geisteslust gehabt, wie am Lesen. Es ist doch besser, wir lesen alles in allem nur drei Seiten eines Vierhundertseitenbuches tausendmal gründlicher als der normale Leser, der alles, aber nicht eine einzige Seite gründlich liest, sagte er. Es ist besser, zwölf Zeilen eines Buches mit höchster Intensität zu lesen und also zur Gänze zu durchdringen, wie gesagt werden kann, als wir lesen das ganze Buch *wie der normale Leser,* der am Ende das von ihm gelesene Buch genauso wenig kennt, wie ein Flugreisender die Landschaft, die er überfliegt. Er nimmt ja nicht einmal die Konturen wahr. So lesen heute die

39

Abb. 35: Thomas Bernhard, *Alte Meister* (Erstausgabe 1985), Satzspiegel.

bild produzieren. So auch im Fall der Taschenbuchausgabe von *Gehen*, obwohl diese in größeren 11 Punkt gesetzt ist.[223]

In den 80er Jahren lockert sich die typographische Gestaltung der Bücher merklich. Die Erstausgaben von *Beton* (1982), *Der Untergeher* (1983), *Holzfällen* (1984) und *Alte Meister* (1985) (s. Abb. 35) zeichnen sich durch eine ähnliche, sehr großzügige Satzgestaltung aus: Zwar wird ein Standardverhältnis von Schriftgröße und Zeilenabstand mit 12/14 Punkt gewahrt, insgesamt wirken Schrift und Abstände jedoch sehr groß. Die Entscheidung, auch *Beton* in diesem sehr großzügigen Satz zu drucken, „damit aus 78 Seiten 200 werden“,[224] stellt sich als

223 Vgl. Thomas Bernhard, Gehen (st, Bd. 5, EA) dazu Abb. 9 in diesem Kapitel; Thomas Bernhard, Frost, Frankfurt a.M. 1972 (st, Bd 47); Thomas Bernhard, Das Kalkwerk, Frankfurt a.M. 1973 (st, Bd. 128), dazu Abb. 29 in diesem Kapitel. Im Fall von *Frost* ist der Eindruck nicht von gleicher Intensität, da dieser frühe Roman noch Absätze und Zwischenüberschriften enthält.

224 Unseld, Brief 441 (vor dem 28 Januar 1982). In: Bernhard/Unseld, Briefwechsel, S. 650.

folgenschwer heraus. Ob Bernhard gegenüber seinem Verleger diesen Wunsch äußert, um das Buch möglichst umfangreich (und damit zu einem möglichst hohen Ladenpreis) zu produzieren, oder ob er tatsächlich eine größere Typographie wünscht, um eine andere Rezeption zu erzielen, ist zunächst nebensächlich, da sich die Wirkung der Travestie, einer kurzen Erzählung in Romanverkleidung, dem Leser unabhängig davon aufdrängt. Auch die Satzgestaltung erzielt eine andere Konnotation bei der Leserin als die frühen, dichten Schriftbilder. Dieser Bernhard wirkt deutlich entspannter, um noch einmal Reich-Ranickis treffende Worte zu bemühen: ‚leichter, lockerer und souveräner'.

Die ab 1984 von Suhrkamp produzierten Bände *Holzfällen, Alte Meister* und *Auslöschung* befördern ein neues sowohl durch die Buchausstattung als auch durch den Satz installiertes Markenimage. Zwar sendet das Äußere dieser Bücher immer noch – und vielleicht mehr denn je – das Signal des distinguierten modernen Klassikers: Die in schwarz, zinnoberrot und dunkelgrün gestalteten Umschläge mit der zarten, kursiven Titelschrift, die an Handschrift gemahnt und so ein individuelleres Bild erzeugt als die zuvor graphisch gestalteten Umschläge, wirken edel und zeitlos (s. Abb. 31).[225] Jedoch evoziert die Gestaltung des *Satzspiegels* eine andere Rezeptionsweise: Auch wenn die Type nicht so groß ist wie bei Handkes Texten, ist die für Prosatexte unüblich große Type auch hier ein Signal dafür, dass es sich um einen Text handelt, dem es nicht nur darum geht, „seine Aufnahme, seine Zerstörung durch den Geist, seine Verwandlung in geistige Vor-

---

225 Diese Ausstattungsmerkmale gehen zum großen Teil auf die Wünsche des Autors zurück. Für *Holzfällen* möchte Bernhard erneut das Format und die großzügige Typographie des *Untergehers* (vgl. Unseld, Brief 466 (11. April 1984). In: Bernhard/Unseld, Briefwechsel, S. 693), er hat ebenso genaue Vorstellungen vom Umschlag, die zu einem entscheidenden Teil umgesetzt werden: „Schwarzer Umschlag, weiße Schrift, oben links ausgerückt Thomas Bernhard, in der Mitte ganz klein, möglichst kursiv, Holzfällen. / Unten Suhrkamp" (Unseld, Brief 467 (8. Juni 1984). In: Bernhard/Unseld, Briefwechsel, S. 695). Für *Auslöschung* wünscht Bernhard sich einen „Umschlag in der Art wie ‚Holzfällen', zarte Schrift, dunkles Nußbaumbraun, die Struktur wie beim Umschlag ‚Holzfällen'." (Unseld, Brief 490 (2. April 1986). In: Bernhard/Unseld, Briefwechsel, S. 750) Schließlich entscheidet man sich doch für Bernhards „Lieblingsfarbe Dunkelgrün". (Unseld, Brief 466 (11. April 1984). In: Bernhard/Unseld, Briefwechsel, S. 692) In einer Telefonnotiz für Siegfried Unseld heißt es: „Das ‚Grün' sollte so dunkel, ja fast schwarz sein, daß es schwer zu entscheiden wäre: grün oder schwarz? / Und das Gelb der Schrift wünscht er sich noch gedämpfter." (Unseld, Brief 494 (11. Juni 1986). In: Bernhard/Unseld, Briefwechsel, S. 753) Mit dieser Ausstattung spiegeln die drei zuletzt im Suhrkamp Verlag erschienenen Romane überdies einen in den 80er Jahren aufkommenden Buchgestaltungstrend wider, den Klaus Wagenbach als „Renaissance des Biedermeier in der Buchgestaltung" bezeichnet. Vgl. Die vollkommene Lesemaschine, S. 44.

gänge zu erleichtern".²²⁶ Die große Type signalisiert Entspanntheit statt Konzentration, womöglich sogar Oberflächlichkeit statt Tiefsinn, sodass der Leser sich weniger gefangen in dem Sog der Bernhard'schen Texte sieht und stattdessen einen ‚leichteren' Bernhard erwartet. Auch die Absatzlosigkeit der Texte sticht auf den ersten Blick nicht gleichermaßen ins Auge, da die Textmenge auf einer Seite durch die große Schrift schlicht geringer ist. Die große Type führt jedoch auch dazu, dass der flüssige, sukzessive Leseprozess durch die wenigen Fixationen, die pro Zeile möglich sind, ebenso wie die semantische Verarbeitung des Textes erschwert wird. Allerdings zeitigt die typographische Gestaltung hier andere Effekte auf die Lese- und Verstehensprozesse: Die in den frühen Texten durch eine Unvorhersehbarkeit der zu verarbeitenden Informationen erzeugte Irritation (häufige Wiederholungen, unzuverlässige Kursivierungen etc.) wandelt sich hier durch den Eindruck einer im wahrsten Sinne *ungezwungenen* Lektüre, die dem Leser durch die Satzgestaltung suggeriert wird, zu einem gleichsam mechanisch vollzogenen Lesen, das nicht notwendigerweise an ein Verstehen geknüpft ist. Die Kritik formuliert diesen Effekt in Bezug auf *Beton* so: „Der Leser hängt nicht mehr am semantischen Sinn der Sätze, er kann sich nur noch blindfühlend in der Atmosphäre des allgegenwärtigen Todes, einer makabren Rede eines Übertreibungsspezialisten bewegen."²²⁷ Das Sich-Berieseln-Lassen von Bernhards ‚Suada'²²⁸ – im Sinne eines *Wörter*schwalls – entfaltet dabei einen ganz eigenen Reiz, der ebenfalls eng an die Verwendung der Textbausteine gebunden ist: Anders als in den frühen Texten fungieren sie nicht mehr so sehr als Stolpersteine der Lektüre, sie bilden vielmehr ihren Anker. Die ständig wiederholten und kursivierten Wörter werden auf diesem Satzspiegel und in der ‚überfliegenden' Lektüre umso mehr als Fremdkörper, aber eben auch als intendierte Übertreibungen wahrgenommen. Die „Prater"-Episode aus *Alte Meister*,²²⁹ (s. Abb. 36) könnte mit all ihren Übertreibungen auch in den frühen

---

226 Unseld, Der Marienbader Korb, S. 13.
227 Harry Lachner, Nichts als Weltschmerz. In: Stuttgarter Nachrichten, 6. Oktober 1982, zit. nach dem Kommentar in Bernhard, Beton (WA), S. 160.
228 Vgl. Andreas Dorschel, Lakonik und Suada in der Prosa Thomas Bernhards. In: Thomas Bernhard Jahrbuch 2007/08, hg. von Martin Huber, Bernhard Judex, Manfred Mittermayer und Wendelin Schmidt-Dengler, Wien/Köln/Weimar 2009, S. 215–233. Dorschel bemerkt richtigerweise, dass es sich bei den kurzen Sätzen der späten Texte um eine „Suada des Lakonischen" handle, um „lauter kurze Sätze, doch immer wieder gleiche Worte in bloßer Umstellung", man habe es hier mit einer Redseligkeit zu tun, die „nicht aus dem Vollen, sondern aus dem Kargen schöpf[e]" (S. 222 f.).
229 So wird z. B. auf etwa zweieinhalb Seiten (Bernhard, Alte Meister (EA), S. 227–230) zwanzigmal das Wort „Prater" genannt, einige Male auch in den für Bernhard charakteristischen neo-

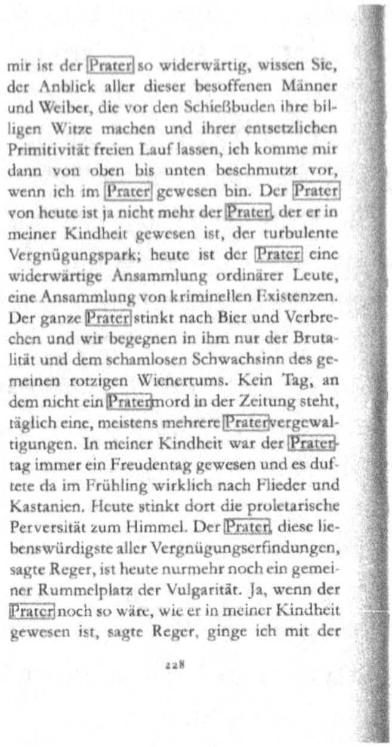

mir ist der Prater so widerwärtig, wissen Sie, der Anblick aller dieser besoffenen Männer und Weiber, die vor den Schießbuden ihre billigen Witze machen und ihrer entsetzlichen Primitivität freien Lauf lassen, ich komme mir dann von oben bis unten beschmutzt vor, wenn ich im Prater gewesen bin. Der Prater von heute ist ja nicht mehr der Prater, der er in meiner Kindheit gewesen ist, der turbulente Vergnügungspark; heute ist der Prater eine widerwärtige Ansammlung ordinärer Leute, eine Ansammlung von kriminellen Existenzen. Der ganze Prater stinkt nach Bier und Verbrechen und wir begegnen in ihm nur der Brutalität und dem schamlosen Schwachsinn des gemeinen rotzigen Wienertums. Kein Tag, an dem nicht ein Pratermord in der Zeitung steht, täglich eine, meistens mehrere Pratervergewaltigungen. In meiner Kindheit war der Pratertag immer ein Freudentag gewesen und es duftete da im Frühling wirklich nach Flieder und Kastanien. Heute stinkt dort die proletarische Perversität zum Himmel. Der Prater, diese liebenswürdigste aller Vergnügungserfindungen, sagte Reger, ist heute nurmehr noch ein gemeiner Rummelplatz der Vulgarität. Ja, wenn der Prater noch so wäre, wie er in meiner Kindheit gewesen ist, sagte Reger, ginge ich mit der

228

Irrsiglerfamilie hin, aber so gehe ich nicht hin, ich kann mir das nicht leisten; gehe ich mit der Irrsiglerfamilie in den Prater, bin ich auf Wochen hinaus zerstört. Noch meine Mutter ist mit ihren Eltern in der Kutsche in den Prater kutschiert worden und die Praterhauptallee entlanggelaufen im luftigen Seidenkleid. Diese Bilder sind Geschichte, sagte Reger, das ist alles vorbei. Heute müssen Sie froh sein, wenn Ihnen im Prater nicht in den Rücken geschossen wird, sagte Reger, ins Herz gestochen oder wenigstens die Brieftasche aus dem Rock gezogen. Die heutige Zeit ist eine durch und durch brutalisierte Zeit. Mit den Irrsiglerkindern im Prater, das habe ich nur einmal gemacht, nie wieder. Sie hängen an mir wie die Kletten und reißen mir die Kleider vom Leib und verlangen alle Augenblicke, daß ich mit ihnen auf der Geisterbahn fahre oder mit dem automatischen Ringelspiel. Mir ist dabei übel geworden, sagte Reger. Ich habe natürlich nichts gegen die Irrsiglerkinder, sagte Reger, aber ich halte sie nicht aus. Irrsigler allein, das geht, aber die ganze Irrsiglerfamilie, das geht nicht. Mit Irrsigler im Astoria an meinem Ecktisch mit dem Blick auf die leere Maysedergasse, das geht, aber mit der Irrsiglerfamilie in den Prater, das geht nicht. Jedesmal erfinde ich

229

Abb. 36: Thomas Bernhard, *Alte Meister* (Erstausgabe 1985), Satzspiegel.

Texten auftauchen – man denke nur an die groteske und humoristisch durchaus gelungene Passage in *Korrektur,* in welcher der Ich-Erzähler den Rucksack mit sämtlichen Notizen Roithamers umkippt und diese sodann hektisch in die Schreibtischschubladen stopft –, sie *wirkt* aber hier durch die entspannte Typographie um einiges vergnüglicher.[230]

---

logistischen „Zusammenballungswörtern". Die Rede ist unter anderem von einem „Pratermord" (S. 228), einem „Pratertag" (der verdächtig nah an einem „Vatertag" liegt) und den „Pratervergewaltigungen". Nicht nur inhaltlich weist die Rede über den Prater, den Reger sich weigert mit Irrsigler und seiner Familie zu besuchen, starke Übertreibungen auf („Heute müssen Sie froh sein, wenn Ihnen im Prater nicht in den Rücken geschossen wird, [...] ins Herz gestochen oder wenigstens die Brieftasche aus dem Rock gezogen." (S. 229)), die zur karikaturistischen Überzeichnung der Wirklichkeit beitragen. Das in geballter Nennung auftauchende Wort „Prater" referiert nicht auf die außersprachliche Wirklichkeit, jedoch auf den von Reger imaginierten, fiktiven Prater des Textes. Dieser ist bezeichnenderweise ein übertrieben ruinöser Gegenentwurf zum ebenso skurril und illusorisch anmutenden Prater seiner Kindheit: „In meiner Kindheit war der Pratertag immer ein Freudentag gewesen und es duftete da im Frühling wirklich nach Flieder und Kastanien."(S. 228)

230 Diese ‚Öffnung' der Typographie produziert dabei nicht nur eine veränderte Rezeption und Bewertung der Texte auf Seiten der Leserschaft, auch die Kritik sieht in Bernhard plötzlich nicht

Die 1986 erschienene *Auslöschung* stellt insofern eine Ausnahme in der durch die Umschläge begründeten Reihe der letzten drei Romane dar, als sie mit ihrer kleineren Schriftgröße (11 Punkt zu 13 Punkt Zeilenabstand) und den schmalen Stegen typographisch wieder konzentrierter als die vorherigen Texte wirkt. Bernhard wünscht sich explizit „die Typographie ‚Holzfällen' und ‚Alte Meister' [...], und das ergebe 700–800 Seiten, der Preis sei ihm egal."[231] Unseld überzeugt ihn jedoch – aus wirtschaftlichen Gründen – von der mittleren Fassung mit rund 600 Seiten, obschon Bernhard eigentlich die großzügigere Typographie bevorzugt, die 820 Seiten ergeben würde.[232] Die Typographie ähnelt somit – aus ökonomischen Gründen – wieder Bernhards frühen Büchern im Suhrkamp Verlag, in diesem Fall resultiert der dichtere Satz allein aus dem Umfang des Romans, der den aller anderen Bernhard-Texte übersteigt. Das Image, das Bernhard über die letzten Jahre bekommen hat, ist jedoch unerschütterlich. Die offene Typographie scheint den Blick geschärft zu haben für die Verfahren, die in den frühen Texten noch im dichten Block der Texte verborgen sind. Die Rezension zu *Auslöschung*, die Eberhard Falcke im Spiegel in Form einer überaus gelungenen Bernhard-Imitation schreibt, trifft dabei die Veränderung des Images ebenso wie Bernhards Ton genau auf den Kopf:

> Während der Bernhard früher, denke ich an meinem Schreibtisch, den ganzen Haßmechanismus und die ganze Verzweiflungsmaschinerie gezeigt hat, um uns die tödliche Ausweglosigkeit einer verzweifelten Natur vor Augen zu führen, aus keinem anderen Grund haben wir angefangen, ihn zu lesen, denke ich, zeigt er uns heute noch den ganzen Wiederholungsmechanismus und die ganze Selbstverwertungsmaschinerie des Schriftstellers Bernhard, von dem wir sagen müssen, daß er aus dem, was einmal ein Kunstwerk war, etwas gemacht hat, das bestenfalls, und auch das nur ausnahmsweise, nur noch ein Kunststück ist, weil es so, wie wir es vor uns haben, denke ich, nur noch ein Verzweiflungstrick ist und eine Haßnummer, also nichts anderes als eine jederzeit und überall wiederholbare Bernhardsche Verurteilungsarie, die jeder, die größte Rücksichtslosigkeit gegen sich selbst

---

mehr den Autor, der den ‚Geist der Poesie' und ‚Geist der Wissenschaft' vereint, kurzum den intellektuellen Dichter. Vgl. dazu den Kommentar in Bernhard, Beton (WA), S. 162: „So schreibt Thomas Anz über *Beton*: ‚[T]rotz aller polemischen Rundumschläge gegen alles Geistesfeindliche' gebe es bei Bernhard ‚für einen neuen Dichterkult keinen Platz. Im Gegenteil: Kaum jemand hat in den letzten Jahren die Rolle des Schriftstellers und die überkommene Rolle der Dichterverehrung so konsequent der Lächerlichkeit preisgegeben wie er.' Auch als Prosaautor, so Anz weiter, sei Bernhard ein ‚theatralischer Komödiant durch und durch.' Das sind Töne, die in dieser Intensität und Deutlichkeit in der Bernhard-Rezeption vorher so nicht zu vernehmen waren und die zugleich dokumentieren, wie wichtig diese Prosaarbeit Bernhards [gemeint ist *Beton*, C.M.] im Kontext des Gesamtwerkes ist."
231 Unseld, Brief 490 (2. April 1986). In: Bernhard/Unseld, Briefwechsel, S. 750.
232 Vgl. Unseld, Brief 494 (11. Juni 1986). In: Bernhard/Unseld, Briefwechsel, S. 752.

vorausgesetzt, nachsingen kann und naturgemäß auch der Bernhard, denke ich in mich hineinlachend und schlage die Tür hinter mir zu.[233]

Vielleicht ist der Umstand, dass Unseld die typographischen Vorstellungen des Autors im Falle von *Auslöschung* unberücksichtigt lässt, dafür verantwortlich, dass Bernhard für seinen letzten zu Lebzeiten erschienenen Prosatext doch noch einmal ‚fremdgeht'. Im Februar 1989 erscheint *In der Höhe* im Residenz Verlag.[234]

Ein typographischer Rettungsversuch – Bernhards *In der Höhe*

Drei Jahre nach Bernhards letztem Roman *Auslöschung* erscheint im Salzburger Residenz Verlag ein so genannter „Rettungsversuch", der typographisch nicht drastischer von den Prosatexten, die im Suhrkamp Verlag erscheinen, abweichen könnte. *In der Höhe. Rettungsversuch, Unsinn* ist schon äußerlich das Gegenteil von den schlichten, nicht bebilderten, modern und sachlich wirkenden Umschlägen, die der Suhrkamp Verlag als Bernhards ‚Verkleidung' wählt. Das broschierte Buch mit dem sanft blauen Umschlag und der klassizistisch wirkenden *Walbaum*-Titelschrift fällt vor allem durch die Illustration ins Auge, die sich am ehesten mit dem Prädikat ‚Idylle' beschreiben ließe (s. Abb. 37).

Die Irritation, die diese Darstellung, zumal im Vergleich mit dem maßgeblich durch die Vermarktung des Suhrkamp Verlags entstandenen Image Thomas Bernhards, auslöst, setzt sich beim Aufschlagen des Buches fort (s. Abb. 38). Hier zeigt sich dem Leser ein ebenso ungewohntes Bild: Vom monolithischen Bernhard'schen Textblock keine Spur, die Satzart wechselt stattdessen scheinbar unmotiviert zwischen Blocksatz und linksbündigem Flattersatz. Dieser experimentell wirkende, ‚zersprengte' Satz steht in starkem Kontrast zur Organisation des klassisch, wenn nicht klassizistisch anmutenden Satzspiegels: Die Linie in der Kopfzeile erinnert an die einfache Paginierung sogenannter toter Kolumnentitel, welche für schöngeistige Literatur verwendet werden,[235] die großzügigen Seitenstege fassen den Text so ein, dass ein Renaissance-Satzspiegel entsteht; die verwendete *Sabon*-Schrift, eine Variante der *Garamond*, garantiert auch dank ihrer Größe (12 Punkt) eine exzellente Lesbarkeit.

---

233 Eberhard Falcke, Abschreiben. Eine Auflehnung. In: Der Spiegel, 3. November 1986, S. 256–260.
234 Bernhard, In der Höhe. Rettungsversuch, Unsinn (EA). Vgl. dazu Bernhard, Brief 522 (20. November 1988). In: Bernhard/Unseld, Briefwechsel, S. 802 f.
235 Kolumnentitel [Art.]. In: Reclams Sachlexikon des Buches, hg. von Ursula Rautenberg, 2., verbesserte Auflage, Stuttgart 2003, S. 233.

Abb. 37: Thomas Bernhard, *In der Höhe* (Erstausgabe 1989, Residenz Verlag).

In Thomas Bernhards Nachlass findet sich der eindeutige Beweis dafür, dass diese Form von Bernhard ausdrücklich intendiert ist. Im Vertrag mit dem Residenz Verlag heißt es: „Th. B. gibt dem Residenzverlag Salzburg [...] das Recht, sein Buch (Werk) mit dem Titel In der Höhe. Rettungsversuch, Unsinn in einer einmaligen, vom Autor gewünschten Form und in unbeschränkter Auflage herauszubringen."[236] Der Kontrast zwischen potenziell guter Lesbarkeit, die der Organisation des Satzspiegels und der Schriftart und -größe zu verdanken wäre, und dem diese Lesbarkeit unterminierenden Effekt der Bernhard'schen Schrift ist hier auf die Spitze getrieben. Die Textbausteine, die sich im ‚neutral' gesetzten Block der Suhrkamp-Bücher verstecken, bis sie zu Blockaden oder Ankern für die Lektüre werden, sind hier in radikaler Weise offengelegt. Bernhard stellt in seinem zuletzt zu Lebzeiten erschienenen Text geradezu ostentativ seine Schreib- und Kompositionsverfahren zur Schau, indem er den Block sprengt und die Sukzession stellenweise unterbindet. Dies geschieht zum Beispiel, wenn auf der ersten Seite

---

[236] Anhand von Korrespondenzen mit dem Residenz Verlag wäre ebenfalls zu untersuchen, welche Rolle die typographische Form für das Erscheinen der fünfbändigen Autobiographie für Bernhard gespielt hat und ob sie ein Beweggrund gewesen sein könnte, diese Bücher nicht im Suhrkamp Verlag erscheinen zu lassen.

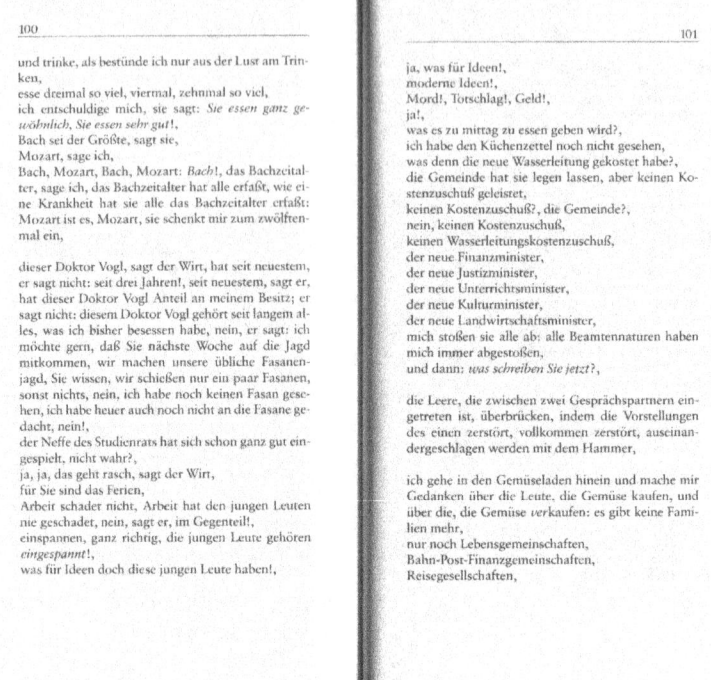

Abb. 38: Thomas Bernhard, *In der Höhe* (Erstausgabe 1989, Residenz Verlag), Satzspiegel.

die Wörter „Volksgrammatik, Volksgesundheit, Volksventil, Volksparadies, Volkshymne, Volksverrat, Volksfest" durch einen absichtlich schlecht eingerichteten und große Abstände zwischen den Wörtern produzierenden Blocksatz unverbunden zusammengestellt werden. Sogar das Verfahren der potenziell endlosen Vervielfachung dieser „Volks-"Reihe wird durch das ihr folgende „usf." angezeigt. Die exzessive Kursivierung, die Unseld zugunsten der Lesbarkeit verhindern wollte, wird hier schonungslos durchgesetzt und verstärkt den Eindruck materialisierter Textbausteine. Die Wiederholung einzelner Wörter oder Wortgruppen, die oftmals unverbunden untereinander stehen und sich damit als Variationen ausweisen, die Bildung von Extrem-Komposita, die Erzeugung ideogrammatischer Besonderheiten – hier sind es geballt und in unüblichen Kombinationen auftretende Satzzeichen – und die auffälligen Absätze, die mit den fast gänzlich fehlenden Absätzen der Suhrkamp-Prosa in starkem Kontrast stehen, weisen sowohl auf die Textbausteine selbst als auch die Verfahren hin, nach denen sie arrangiert und konstelliert werden.

Zwar lassen sich diese Besonderheiten der Bernhard'schen Schrift hier bereits auf den ersten Blick erkennen, und darin besteht vielleicht Bernhards

„Rettungsversuch" des „Unsinns", wenn dieser – im Gegensatz zum annoncierten Tief-Sinn der Suhrkamp-Texte – als sinnlich Wahrnehmbares auf der Textoberfläche zu suchen ist. Das reizvolle Spannungsverhältnis zwischen sukzessiver und synoptischer Wahrnehmung, das in der Bernhard'schen Arbeitsweise angelegt ist, kommt jedoch erst dann zur vollen Ausprägung, wenn die Typographie alles daran setzt, den als tiefsinnigen Autor vermarkteten Thomas Bernhard als gut lesbar zu präsentieren, während der Text selbst diese Lesbarkeit immer wieder torpediert. In diesen gewollten oder ungewollten Dynamiken liegt die eigentliche Bedeutsamkeit der Zusammenarbeit zwischen dem Suhrkamp Verlag und Thomas Bernhard.

4 Exemplarische Analyse von Thomas Bernhards *Gehen* (1971)

Thomas Bernhards Prosatexte sind sowohl der Forschung als auch dem laienhaften Leser für ihre labyrinthische Struktur mit den typischen „Schachtelsatzkonstruktionen"[1] bekannt. Die „ausufernden Satzperioden [rollen] mit imponierender Gewalt und Unausweichlichkeit daher"[2] und machen es der Leserin aufgrund ihrer Komplexität einerseits schwer, den (verstehenden) Lesefluss aufrechtzuerhalten, andererseits wird die sukzessive Lektüre geradezu *forciert*, indem der viel beschriebene ‚Sog'[3] der Sprache ein einfaches Unterbrechen der Lektüre schlechterdings nicht erlaubt. Der Text präsentiert sich jedoch nicht nur stilistisch und narratologisch ‚wie aus einem Guss',[4] sondern auch typographisch: Der Blocksatz ist entweder in wenige, sehr große Absätze oder überhaupt nicht gegliedert, was das ‚gewaltsame Rollen' des Textes noch unterstützt. Gerade in den 70er Jahren nimmt das Satzbild von Bernhards Texten durch gänzlich fehlende Absätze, Überschriften, Kennzeichnung direkter Rede, den konsequent eingehaltenen Blocksatz und die sehr schmalen Randstege schon typographisch eine absolut hermetische Form an. Diese typographisch zur Schau gestellte Abgeschlossenheit korrespondiert mit der erschwerten Lesbarkeit und mithin der sprachlichen und inhaltlichen Verstehbarkeit der Texte. Als einer der „abstraktesten und hermetischsten Texte"[5] und als „Extrempunkt in Bernhards Werk"[6] gilt die 1971 geschriebene und erschienene Erzählung *Gehen:* „Wie nie zuvor scheint sich die literarische Rede kaum von der Stelle zu bewegen, kreist sie um einzelne Wörter, staut sie sich an bestimmten Punkten und setzt sich obsessiv daran fest."[7] Dieser Leseeindruck ist, wie die folgende Analyse zeigen soll, auch hier Bernhards spezifischem Umgang mit seinem Schriftmaterial sowie der Beeinflussung des Leseprozesses durch die charakteristische Suhrkamp-Typographie geschuldet.

---

1 Betten, Thomas Bernhards Syntax, S. 186.
2 Sorg, Thomas Bernhard, S. 111.
3 Vgl. dazu beispielhaft Eyckeler, Reflexionspoesie, etwa S. 12 ff. u. 76 ff.
4 Vgl. Betten, Thomas Bernhards Syntax, S. 186.
5 Winterstein, Reduktionen, Leerstellen, Widersprüche, S. 31.
6 Mittermayer, Thomas Bernhard (1995), S. 69.
7 Mittermayer, Thomas Bernhard (1995), S. 69.

4.1 Das Aufschlagen des Buches: Leseerwartung und Rezeptionssteuerung

Die Erzählung *Gehen*, die in einer von der Forschung oftmals konstatierten ‚mittleren Werkphase'[8] entsteht, kann im Rahmen einer Radikalisierung hin zu dem so charakteristischen typographischen Gestaltungskonzept gesehen werden. Während die vorgängigen Prosatexte *Frost* (1963), *Amras* (1964), *Verstörung* (1967) und *Ungenach* (1968) noch über Zwischenüberschriften und gliedernde Absätze verfügen, erscheint *Watten* (1969) in der *edition suhrkamp* erstmals als ein 83 Seiten umfassender Block, der durch nur eine Überschrift und nur einen Absatz in drei etwa gleich große Teile gegliedert ist.[9] Der ein Jahr später erscheinende Roman *Das Kalkwerk* radikalisiert diese Form und verzichtet komplett auf jegliche Gliederung in Form von Absätzen oder Überschriften.

Mit dem Erscheinen von *Gehen* ist diese neue typographische Form, die nunmehr konsequent bis zum Erscheinen des letzten Romans *Auslöschung* im Suhrkamp Verlag eingehalten wird, vollends etabliert. Auch dieser 95 Seiten umfassende Text ist lediglich durch zwei Absätze gegliedert, ansonsten präsentiert er sich als dicht zusammenhängender Textblock. Er weist typographisch zudem nahezu prototypische Merkmale eines Prosatexts auf: Mit seiner adäquaten, d. h. gut lesbaren Schriftgröße, der Serifenschrift und dem Blocksatz fällt die Typographie nicht weiter aus dem Rahmen oder ablenkend ins Auge. Die Gestaltung entspricht auf den ersten Blick dem, was Susanne Wehde in ihrer Dissertation, die eine zeichentheoretische und kulturgeschichtliche Untersuchung von Typographie unternimmt, als ‚typographisches Dispositiv' bezeichnet.[10]

> Die regelhafte, typographisch dispositive Gliederung eines Textes erzeugt eine [auf den ersten Blick, C.M.] wiedererkennbare Form, die maßgeblich Einfluß auf die Leseweise und auf den Lektüreprozeß des Textes hat. Dispositive Textmerkmale beeinflussen den rezeptiven Zugriff auf einen Text nachhaltig – sie ‚konditionieren' unsere Lektüre. So wirken beispielsweise die konventionellen Satzformen von Zeitung, Roman oder Lexikon als geordnete Menge von ‚Leseanleitungen'. Sie fordern jeweils andere, kulturell gelernte Lektüreweisen: konsultierend-selektives Lesen (Lexikon), ‚Cross-Reading' (Zeitung) oder konsekutives Lesen (Roman). Das Wissen um den Zusammenhang von bestimmten Textformationen und

---

8 Vgl. etwa Peter Kahrs, Thomas Bernhards frühe Erzählungen. Rhetorische Lektüren, Würzburg 2000, S. 11.
9 Vgl. Thomas Bernhard, Watten, Frankfurt a.M. 1969 (EA es, Bd. 353). Die Überschrift befindet sich auf S. 36, der Absatz auf S. 59.
10 Zu diesem Konzept vgl. Wehde, Typographische Kultur, S. 119 ff.

> Lektüreweisen kann sowohl vom Autor selbst als auch vom Typographen gezielt eingesetzt werden, um bestimmte Lektüreweisen zu ‚erzeugen'.[11]

Wie Susanne Wehde zu Recht konstatiert, spielt der Umstand, dass man „Textsorten erkennt, bevor man ein einziges Wort des Sprachtextes gelesen hat", in der Literaturwissenschaft kaum eine Rolle, obwohl diese Tatsache durchaus produktions- und rezeptionsästhetische Konsequenzen habe.[12] Meine exemplarische Analyse von *Gehen* soll diesem Umstand Rechnung tragen, indem sie sich zunächst auf den Aspekt der visuell wahrnehmbaren Gestalt des Textes konzentriert, um von diesem Punkt aus sowohl die Rezeption als auch die Produktion eben dieses Textes zu beleuchten.

Ein Blick auf den Satzspiegel von *Gehen* (s. Abb. 1) verrät dem Leser: Es handelt sich hier eindeutig um einen der Textsorte ‚erzählende Literatur' zuzurechnenden Text; der geringere Umfang, der diesen Text zur Erzählung und nicht zum Roman macht, ist für die Leseanweisung, die das typographische Dispositiv initiiert, zunächst unerheblich. Laut Susanne Wehde vermittelt die Textanordnung, „noch bevor ein Text auch nur angelesen ist, (hypothetisches) Wissen über die Textsorte und definiert so den Interpretationshorizont des Lesers".[13] Die entscheidende Lektüreanweisung, die Bernhards Erzählung wie jeder andere prototypisch erscheinende Prosatext generiert, lautet: Diese Schrift soll konsekutiv gelesen werden. Die im Wortsinn augenblicklich konditionierte Rezeption verdankt sich, wie Wehde betont, sowohl den Eingriffen des Autors als auch denen des Typographen. Aus der Summe und Kombination dieser Eingriffe entsteht in Bernhards Fall ein komplexes Wechselspiel zwischen der Betonung der Schriftgestalt und -anordnung und der sukzessiven Lektüre. Thomas Bernhards Schreib- und Kompositionsverfahren akzentuieren, wie die vorliegende Untersuchung zeigt, den sequenziellen Charakter der Schrift und produzieren ein unaufhörliches Kippen zwischen einer sukzessiven und synoptischen Wahrnehmung der Schrift. Die Verfahren entwickeln sowohl hinsichtlich des typographischen Dispositivs als auch im Rahmen der typischen Suhrkamp-Typographie ein subversives Potenzial: Die Leserin erwartet durch die Gestaltung der Buchseite, die das typographische Dispositiv ‚erzählende Literatur' so perfekt bedient *und* evoziert, sowie aufgrund der Vermarktung, die im Fall von *Gehen* eine „vollständige Transformation von Exis-

---

11 Wehde, Typographische Kultur, S. 125.
12 Vgl. Wehde, Typographische Kultur, S. 125.
13 Wehde, Typographische Kultur, S. 125.

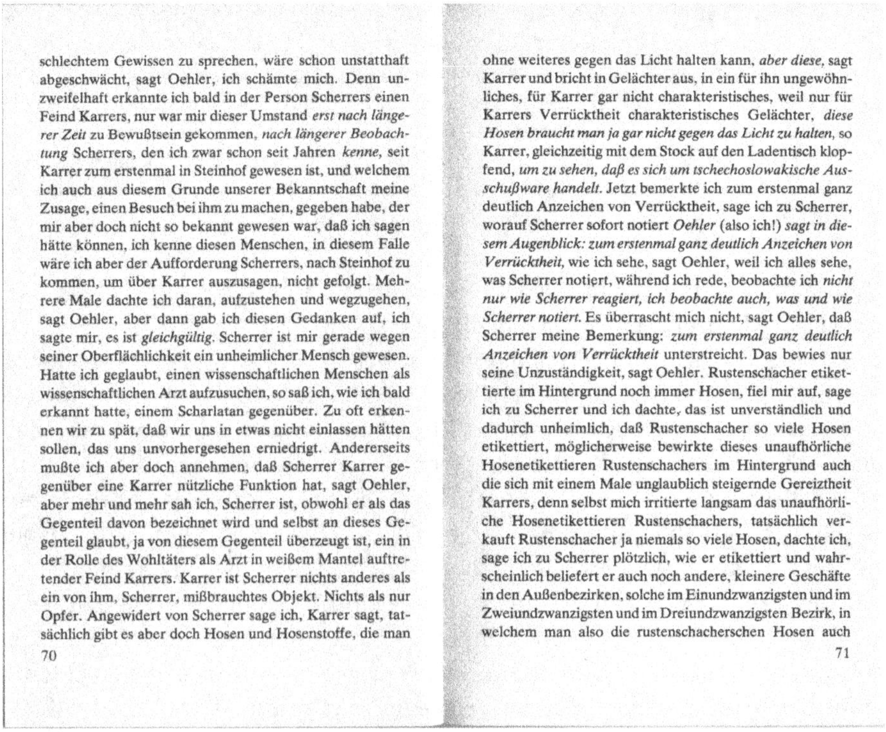

schlechtem Gewissen zu sprechen, wäre schon unstatthaft abgeschwächt, sagt Oehler, ich schämte mich. Denn unzweifelhaft erkannte ich bald in der Person Scherrers einen Feind Karrers, nur war mir dieser Umstand *erst nach längerer Zeit* zu Bewußtsein gekommen, *nach längerer Beobachtung* Scherrers, den ich zwar schon seit Jahren *kenne*, seit Karrer zum erstenmal in Steinhof gewesen ist, und welchem ich auch aus diesem Grunde unserer Bekanntschaft meine Zusage, einen Besuch bei ihm zu machen, gegeben habe, der mir aber doch nicht so bekannt gewesen war, daß ich sagen hätte können, ich kenne diesen Menschen, in diesem Falle wäre ich aber der Aufforderung Scherrers, nach Steinhof zu kommen, um über Karrer auszusagen, nicht gefolgt. Mehrere Male dachte ich daran, aufzustehen und wegzugehen, sagt Oehler, aber dann gab ich diesen Gedanken auf, ich sagte mir, es ist *gleichgültig*. Scherrer ist mir gerade wegen seiner Oberflächlichkeit ein unheimlicher Mensch gewesen. Hatte ich geglaubt, einen wissenschaftlichen Menschen als wissenschaftlichen Arzt aufzusuchen, so saß ich, wie ich bald erkannt hatte, einem Scharlatan gegenüber. Zu oft erkennen wir zu spät, daß wir uns in etwas nicht einlassen hätten sollen, das uns unvorhergesehen erniedrigt. Andererseits mußte ich aber doch annehmen, daß Scherrer Karrer gegenüber eine Karrer nützliche Funktion hat, sagt Oehler, aber mehr und mehr sah ich, Scherrer ist, obwohl er als das Gegenteil davon bezeichnet wird und selbst an dieses Gegenteil glaubt, ja von diesem Gegenteil überzeugt ist, ein in der Rolle des Wohltäters als Arzt in weißem Mantel auftretender Feind Karrers. Karrer ist Scherrer nichts anderes als ein von ihm, Scherrer, mißbrauchtes Objekt. Nichts als nur Opfer. Angewidert von Scherrer sage ich, Karrer sagt, tatsächlich gibt es aber doch Hosen und Hosenstoffe, die man

70

ohne weiteres gegen das Licht halten kann, *aber diese*, sagt Karrer und bricht in Gelächter aus, in ein für ihn ungewöhnliches, für Karrer gar nicht charakteristisches, weil nur für Karrers Verrücktheit charakteristisches Gelächter, *diese Hosen braucht man ja gar nicht gegen das Licht zu halten*, so Karrer, gleichzeitig mit dem Stock auf den Ladentisch klopfend, *um zu sehen, daß es sich um tschechoslowakische Ausschußware handelt*. Jetzt bemerkte ich zum erstenmal ganz deutlich Anzeichen von Verrücktheit, sage ich zu Scherrer, worauf Scherrer sofort notiert *Oehler* (also ich!) *sagt in diesem Augenblick: zum erstenmal ganz deutlich Anzeichen von Verrücktheit*, wie ich sehe, sagt Oehler, weil ich alles sehe, was Scherrer notiert, während ich rede, beobachte ich *nicht nur wie Scherrer reagiert, ich beobachte auch, was und wie Scherrer notiert*. Es überrascht mich nicht, sagt Oehler, daß Scherrer meine Bemerkung: *zum erstenmal ganz deutlich Anzeichen von Verrücktheit* unterstreicht. Das bewies nur seine Unzuständigkeit, sagt Oehler. Rustenschacher etikettierte im Hintergrund noch immer Hosen, fiel mir auf, sage ich zu Scherrer und ich dachte, das ist unverständlich und dadurch unheimlich, daß Rustenschacher so viele Hosen etikettiert, möglicherweise bewirkte dieses unaufhörliche Hosenetikettieren Rustenschachers im Hintergrund auch die sich mit einem Male unglaublich steigernde Gereiztheit Karrers, denn selbst mich irritierte langsam das unaufhörliche Hosenetikettieren Rustenschachers, tatsächlich verkauft Rustenschacher ja niemals so viele Hosen, dachte ich, sage ich zu Scherrer plötzlich, wie er etikettiert und wahrscheinlich beliefert er auch noch andere, kleinere Geschäfte in den Außenbezirken, solche im Einundzwanzigsten und im Zweiundzwanzigsten und im Dreiundzwanzigsten Bezirk, in welchem man also die rustenschacherschen Hosen auch

71

Abb. 1: Thomas Bernhard, *Gehen* (Erstausgabe 1971, suhrkamp taschenbuch).

tenzbewegung in *Sprach*bewegung“[14], ergo einen sukzessiv fortlaufenden und in Sprache abgebildeten Prozess ankündigt, einen konsekutiven Lesevorgang. Diese sukzessive Lektüre gerät jedoch, wie zu zeigen sein wird, in Bernhards *Gehen* auf die ein oder andere Weise ins Stolpern.

Die Typographie des Suhrkamp Verlags ist, wie in den Kapiteln 3.1 und 3.3 eingehend geschildert, vor allem für zwei Dinge verantwortlich: Für Siegfried Unseld soll die typographische Gestaltung in erster Linie die gute Lesbarkeit des Textes garantieren und – *en passant*, so scheint es – für die Etablierung einer für den Autor charakteristischen Form sorgen:

14 Vgl. Bernhard, Gehen (EA), Klappentext vorne: „Wenn es seit Kleist in der deutschsprachigen Literatur je wieder gelungen ist, Existenzbewegung in Sprachbewegung zu transformieren, dann hier. *(Günter Blöcker)*“ Im Folgenden wird aus dieser Ausgabe im Text unter Verwendung der Sigle G und Angabe der Seitenzahl zitiert.

[Willy Fleckhaus'] Ästhetik ist nie Selbstzweck, sie muß dienen. Sie dient einer Ordnung. Und dient der *Lesbarkeit*. Es muß Freude bereiten, Texte durch Typographie zu lesen! [...] Willy Fleckhaus muß immer wieder das Unmögliche unternehmen: das Beredtmachen des Stummen, das Kristallisieren des Sinnes eines Textes, er muß den flüchtigen, den bewegenden Charakter der Sprache eines Titels, also Vergängliches, festhalten, sublimieren, konzentrieren, verdichten. Er muß das Zufällige zum Typischen, zum Kennzeichnenden, zum Gültigen, zum Bild zusammenfassen. Und dieses Bild sollte nicht Abbild sein, sondern nach Möglichkeit immer *Kennmarke, Kennzeichen, Signal*.[15] [Hvh. C.M.]

Liest man diese programmatischen Äußerungen Unselds, so wird schnell klar: Zwar ist das Konzept einer ‚dienenden Typographie' vor allem an einer guten Lesbarkeit des Textes interessiert und orientiert sich damit vorrangig am Prinzip der Sukzession. Jedoch dient sie nicht nur einer sukzessiven Ordnung, sie stellt auch eine simultane *An*ordnung her, die den lesbaren Text zum anschaulichen ‚Bild' und darüber hinaus zur „Kennmarke, Kennzeichen" des Autors macht.

Im Druck der Erstausgabe von *Gehen* sind beide Prinzipien deutlich erkennbar: Die Etablierung einer für den Autor typischen Form steht dabei zunächst sogar im Vordergrund. Schon die Platzierung der Erzählung innerhalb der brandneuen Reihe *suhrkamp taschenbuch* demonstriert einmal mehr die enge Verbindung Bernhards zum Suhrkamp Verlag und seine Etablierung als Autorenmarke innerhalb des Suhrkamp-Kosmos. Der Text setzt zudem typographisch ins *Bild*, wofür Bernhard seit seiner Ehrung durch den Büchner-Preis 1970 steht: Der Klappentext des im Jahr der Preisverleihung erscheinenden Romans *Das Kalkwerk* bewirbt seine Erzählweise als „[i]m Vergleich zu den früheren Romanen *Frost* und *Verstörung* [...] noch konzentrierter".[16] Diese Aussage wird durch die typographische Gestaltung untermauert und – beim ersten Blick auf den Satzspiegel – im wahrsten Sinn anschaulich: Der Satzspiegel eines Bernhard'schen Prosatextes präsentiert sich in den 70er Jahren, spätestens mit Erscheinen des *Kalkwerks*, als kleingedruckter und dichter Blocksatz, der durch die von Bernhards Typoskripten vorgegebene Absatzlosigkeit noch zusätzlich komprimiert wird. Einer der konsequentesten Vertreter der solchermaßen gestalteten Texte ist Bernhards *Gehen*. Zwar ist die Schrifttype hier mit ihren 11 Punkt noch gut lesbar, jedoch sind die Innen- und Außenstege so stark komprimiert, dass der Satzspiegel hochkonzentriert und dicht wirkt und kaum freie Fläche auf der Seite belässt. *Gehen* ist so nicht nur eine Radikalisierung der im *Kalkwerk* behandelten Themen, wie schon der Klappen-

---

15 Unseld, Der Marienbader Korb, S. 83.
16 Bernhard, Das Kalkwerk (EA), Schutzumschlag, Rückenklappe.

text ankündigt,[17] diese Radikalisierung wird ebenso durch die typographische Gestaltung verbildlicht. Auch die Wahl der Schrifttype ist dabei entscheidend: Die *Times*-Schrift signalisiert nicht nur die radikale Modernität des Autors, sondern auch diejenige der gerade angelaufenen Taschenbuchreihe, in der er erscheint.

Der Eindruck von Dichte, der über die Satzgestaltung erzeugt wird, wirkt sich entscheidend auf die Leseerwartung und auf die Rezeption aus: Die Typographie legt schon auf den ersten Blick nahe, dass ein derartig ‚dichter' Autor eine präzise Lektüre verlangt. Die gut lesbare Schrift, die Zeilenlänge und Zeilenmenge, die trotz der schmalen seitlichen Randstege absolut in der Norm dessen liegen, was Willberg und Forssman in ihrem Standardwerk zur Lesetypographie als gut lesbar einstufen, sollen dieses flüssige ungestörte Lesen ermöglichen: Als Richtlinie für ein flüssiges, ungestörtes Lesen gelten 8–11 Punkt Schriftgröße, 60–70 Zeichen pro Zeile und 30–40 Zeilen pro Seite.[18] Im Erstdruck von *Gehen* sind diese Werte penibel eingehalten: 11 Punkt Schriftgröße, 60 Zeichen pro Zeile, 32 Zeilen pro Seite. Dieses Festhalten am Prinzip einer guten Lesbarkeit sorgt paradoxerweise erst dafür, dass die Innen- und Außenstege schrumpfen, was zusammen mit dem durch Bernhards Typoskripte vorgegebenen Block den dichten Eindruck entstehen lässt. Die typographische Gestaltung trägt in Kombination mit den für Bernhard so typischen langen Sätzen entscheidend dazu bei, dass das sukzessive Lesen geradezu forciert wird. Auch aufgrund der Tatsache, dass es im Text kaum Absätze gibt, kann die Leserin sich zu keiner Zeit einen querlesenden Überblick verschaffen und ist gezwungen, sich ganz auf den ‚Sog' des Textes einzulassen.[19] Die Typographie der Erstausgabe ist nicht allein deshalb konsequent, weil sie das Charakteristische, oder das, was als charakteristisch für Bernhards Texte beworben wird, buchstäblich ins Bild setzt und so eine deutliche Leseanweisung gibt. Sie ist auch deshalb dem Autor gemäß, weil sie durch Bernhards Typoskripte selbst autorisiert ist: Die typographische Gestaltung nimmt bereits im Typoskript vorhandene Gestaltungsprinzipien auf und transponiert diese in den Druck. Zu den immer wiederkehrenden Gestaltungsmerkmalen der Bernhard'schen Typoskripte gehören unter anderem die schmalen Seitenränder und ein für einen Schreibmaschinentext bemerkenswert konsequent produzierter Blocksatz.

---

17 Vgl. G, Klappentext vorne: „In dieser neuen Erzählung nimmt Thomas Bernhard Themen seiner früheren Werke, vor allem seines großen Romans *Das Kalkwerk* auf und radikalisiert sie."
18 Vgl. Willberg/Forssman, Lesetypographie, S. 17.
19 Vgl. dazu Billenkamp, Narrativik und poetologische Praxis, S. 263: „Der ununterbrochene Textfluss erzeugt einen permanenten sprachlichen Sog, der es dem Rezipienten [...] erschwert, sich Bernhards Wortgewalt zu entziehen."

Auch wenn alle Zeichen – sowohl die vom Autor getippten als auch die vom Verlag gesetzten – auf Sukzession stehen, widersetzt der Text sich, wie ich im Folgenden zeigen will, einer durch die Typographie und Vermarktung vor-geschriebenen, konsekutiven Lektüre. Dies geschieht, indem – in Susanne Wehdes Worten – „das Wissen um den Zusammenhang von bestimmten Textformationen und Lektüreweisen"[20] verschiedene Gestaltungsverfahren generiert, die wiederum den Wirkungseffekt eines ständigen Wahrnehmungswechsels zwischen sukzessiver Lektüre und synoptischer Wahrnehmung nach sich ziehen. Diese Verfahren operieren mit der Dialektik des sequenziellen Prinzips von Schrift, die aus einzelnen Einheiten besteht, die in eine Abfolge gebracht werden. Bernhards Schreib- und Kompositionsverfahren betonen nun wechselseitig die schriftlichen Einheiten, die hier, gemäß dem konstruktiven Prinzip, das diesen Verfahren zugrunde liegt, Textbausteine genannt werden, und ihren Verlauf. Das sukzessive Prinzip wird dabei einerseits durch den berüchtigten Sog, der nichts anderes als eine endlose Aneinanderreihung dieser Textbausteine ist, in Gang gesetzt und forciert, andererseits genau dadurch überstrapaziert. Die langen, verschachtelten Sätze und die ‚Ausweglosigkeit' des Textblocks bewirken, dass der Leser zwangsläufig den Faden verliert, was in Verständnisproblemen und längeren Fixationen der einzelnen Textbausteine mündet.[21] Zudem wird das flüssige Lesen von vornherein durch die Betonung einzelner Textbausteine (etwa durch Wiederholung und Kursivierung) torpediert. Welche Effekte Bernhards Verfahren auf das Lesen haben, wird im Folgenden anhand der Erzählung *Gehen* exemplarisch nachgezeichnet und in Hinblick auf Thomas Bernhards spezifische Arbeitsweise und vor allem seinen konstruktiven Umgang mit Schrift konturiert.

4.2 Der Gang in den „rustenschacherschen Laden"

Die Erstausgabe von *Gehen* erscheint als nahezu ungegliederte – und somit schon typographisch ihre eigene hermetische Struktur veranschaulichende – Texteinheit. Auf erzählerischer Ebene wird dieser hermetische Eindruck vor allem dadurch produziert, dass die Leser_innen es hier, wie Manfred Mittermayer richtig auf den Punkt bringt, mit dem „radikalste[n] Beispiel für Bernhards vermittel-

---

20 Wehde, Typographische Kultur, S. 125.
21 Vgl. Gross, Lese-Zeichen, S. 10: „Bei komplizierten Sätzen weisen die Augenbewegungen vor allem im zweiten Durchgang Ähnlichkeit mit einer Bildbetrachtung auf – die Saccaden sind groß, die Fixationen genau lokalisiert und selektiv."

tes Erzählen"²² zu tun haben: Ein namenloser Ich-Erzähler, der mit einer zweiten männlichen Hauptfigur namens Oehler regelmäßig spazieren geht, gibt dessen Aussagen über die psychische Erkrankung einer dritten, ebenfalls männlichen Figur – Karrer – wieder (eine weitere Figur ist Karrers Psychiater Scherrer, den Oehler in „Steinhof", der psychiatrischen Klinik, in der Karrer sich befindet, trifft, um mit ihm über Karrers Erkrankung zu sprechen, auch seine Aussagen werden nur vermittelt wiedergegeben). Diese komplexe narrative Verschachtelung kommt am ehesten einer Staffelung gleich, da Bernhard auf die Kennzeichnung direkter Rede oder Zitate verzichtet und stattdessen den Gesamttext durch immer wiederkehrende Inquit-Formeln strukturiert, die, werden die Ebenen der Perspektive ausgereizt, in Formulierungen wie „so Karrer, so Oehler zu Scherrer" (G, 56) gipfeln können. Das Zentrum des Textes – im thematischen Horizont der Figurenrede wie in seiner tatsächlichen, quantitativen Mitte – bildet jedoch der Augenblick, in dem Karrer in einem Wiener Bekleidungsgeschäft plötzlich verrückt wird, da es sich bei den Hosenstoffen, die der Händler ihm als erstklassige englische Ware präsentiert, nach seinem Dafürhalten nur um „tschechoslowakische Ausschussware" mit unzähligen „schütteren Stellen" handelt.

Die Erzählung verfügt im eigentlichen Sinn über lediglich zwei Zeilenumbrüche, da ein dritter zwar vorhanden ist, jedoch für den Leser nahezu unsichtbar bleibt.²³ Die beiden ins Auge fallenden Zeilenumbrüche hingegen grenzen besagte Szene im „rustenschacherschen Laden", in der Karrers plötzliches Wahnsinnigwerden geschildert wird, vom übrigen Text ab. Diese Umbrüche würden in jedem anderen Text absolut marginal erscheinen und erlangen in *Gehen* natürlich nur deshalb solche Prägnanz, weil der übrige Text als vollkommen kohärenter Block erscheint. Die Episode, die durch diese Absätze klar als eigenständige Texteinheit erkennbar ist, kann, wie ich nachfolgend zeigen möchte, in mehrerlei Hinsicht als *Epizentrum* des gesamten Textes gelten. Karrers Verrücktwerden an diesem Ort ist nicht nur erzähllogisch zugleich der Ausgangs- und Fluchtpunkt des gesamten Textes, an dem Oehlers Ausführungen und Reflexionen beginnen und auf den sie zusteuern. Vor allem ist diese Episode, wie später noch zu zeigen sein wird, entscheidend für die anhand von Bernhards Entwürfen und Typoskripten nachvollziehbare Textgenese.

---

22 Mittermayer, Thomas Bernhard (1995), S. 90.
23 Es gibt neben den beiden Zeilenumbrüchen, die die Episode in Gang setzen und beschließen, einen weiteren kaum wahrnehmbaren Zeilenumbruch nach dem oberen Viertel der S. 98 der EA, der im Typoskript ursprünglich ein Absatz mit darauffolgender Überschrift („Oehler sagt:") gewesen ist. Vgl. NLTB, TBA, W 19/4, Blatt 56.

Die Zeilenumbrüche realisieren zunächst einen Einschnitt auf narratologischer Ebene: Im unmittelbar vorausgehenden Textpassus berichtet die Hauptfigur Oehler, stets vermittelt durch den namenlosen Ich-Erzähler, über sein Treffen mit Scherrer, dem Psychiater Karrers, der ihn bittet, „über den Vorfall im rustenschacherschen Laden" (G, 52) genaue Angaben zu machen – die Schilderung der Ereignisse des folgenden Abschnitts ist also die logische Konsequenz einer, wenn auch extrem langen, nämlich die Hälfte der Erzählung ausmachenden, Einleitung. Folglich ist die Vorgehensweise, hier einen neuen Absatz zu beginnen, zunächst in keiner Weise ungewöhnlich, schließlich ist es *die* typographische Aufgabe eines Zeilenumbruchs, eine Sinneinheit von der nächsten abzusetzen. Bernhards Texte erteilen dieser Konvention jedoch in den meisten Fällen eine generelle Absage, weshalb jede tatsächliche Untergliederung des Textes gleich vielfaches Gewicht erlangt.

Man kann durchaus davon sprechen, dass bis zum Zeitpunkt des Zeilenumbruchs ein gewisses – bei Bernhard durch die vielen Einschübe freilich immer wieder retardierendes – Gespanntsein auf die Erzählung von Karrers Verrücktwerden im „rustenschacherschen Laden" aufgebaut wird. Oehler redet bereits die längste Zeit darüber, dass Scherrer, Karrers behandelnder Arzt, ihn „nach Steinhof hinauskommen [hat] lassen, um [ihn] über die Vorgänge im rustenschacherschen Laden zu vernehmen [...]" (G, 51). Wobei der „rustenschachersche[] Laden" als Ort des so signifikanten Geschehens hier auch nicht zum ersten Mal auftaucht, er ist bereits rund 20 Seiten zuvor in die ,Unterhaltung' zwischen Ich-Erzähler und Oehler – tatsächlich handelt es sich um die Wiedergabe des ununterbrochenen Oehler'schen Monologs durch ein ansonsten stummes Ich – eingeführt worden. Hier heißt es:

> Genausogut hätte *ich* in dem rustenschacherschen Laden verrückt werden können, sagt Oehler, wenn ich an dem Tag in der Verfassung Karrers in den rustenschacherschen Laden gegangen wäre, um mich mit Rustenschacher in die Debatte, in die sich Karrer eingelassen hat, einzulassen und wenn ich aus der Debatte im rustenschacherschen Laden nicht, so wie Karrer, die Konsequenzen gezogen hätte und jetzt in Steinhof wäre. (G, 28)

Die Informationen, die die Leserin so erhält, sind folgende: Der auslösende Faktor für Karrers Verrücktheit – und ebenso für die Erzählung *Gehen*, die aus nichts anderem besteht als aus Oehlers Überlegungen zu diesem Ereignis – ist im „rustenschacherschen Laden" zu finden. Genauer in einer „Debatte", die dort stattgefunden und maßgeblich zum „Karrerschen Unglück" (G, 29) beigetragen hat. Der Textbaustein „Debatte" wird dabei im darauffolgenden – sich im Drucktext über 14 ganze Zeilen erstreckenden – Satz insgesamt sechs Mal wortwörtlich wiederholt, obwohl es ein leichtes wäre, ihn durch ein einfaches Pronomen zu ersetzen:

4.2 Der Gang in den „rustenschacherschen Laden" — 335

> Aber tatsächlich ist es unmöglich, daß ich wie Karrer gehandelt hätte, sagt Oehler, weil ich nicht Karrer bin, *ich hätte wie ich* gehandelt, genauso, *wie Sie wie Sie* gehandelt hätten und nicht wie Karrer, und selbst wäre ich in den rustenschacherschen Laden hineingegangen wie Karrer, um die <u>Debatte</u> mit Rustenschacher und seinem Neffen anzufangen, ich hätte die <u>Debatte</u> auf ganz andere Weise geführt und es hätte sich naturgemäß alles ganz anders abgespielt, als es sich zwischen Karrer und Rustenschacher und dem rustenschacherschen Neffen abgespielt hat, die <u>Debatte</u> wäre eine andere <u>Debatte</u> gewesen, überhaupt wäre es nicht zu einer solchen <u>Debatte</u> gekommen, denn an Stelle von Karrer hätte ich diese <u>Debatte</u> ganz anders geführt und hätte sie wahrscheinlich überhaupt nicht geführt, so Oehler. (G, 29, Hvh. durch Unterstreichung C.M.)

Die Hervorhebung der „Debatte", die ich hier durch Unterstreichung erziele, wird im Drucktext (s. Abb. 2) durch einen zwar kontingent auftretenden, jedoch durch die Wiederholungsverfahren vorprogrammierten Effekt geleistet: Im gedruckten Text steht das wiederholte Wort die letzten drei Male diagonal so untereinander, dass ein sogenannter Gießbach produziert wird. An diesen sich untereinander ergebenden Wortlücken hält der regelmäßige Fixationsprozess inne und der Blick fällt gleichsam an der „Debatte" entlang durch die Zeilen, was den Leseprozess deutlich beeinträchtigt und zugleich die drei identischen Wörter visuell betont:[24]

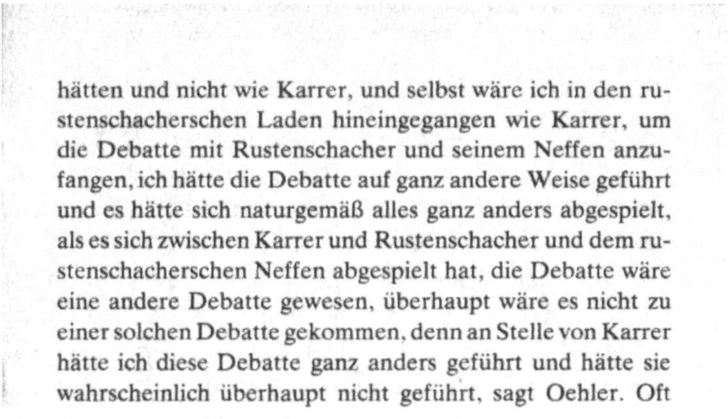

> hätten und nicht wie Karrer, und selbst wäre ich in den rustenschacherschen Laden hineingegangen wie Karrer, um die Debatte mit Rustenschacher und seinem Neffen anzufangen, ich hätte die Debatte auf ganz andere Weise geführt und es hätte sich naturgemäß alles ganz anders abgespielt, als es sich zwischen Karrer und Rustenschacher und dem rustenschacherschen Neffen abgespielt hat, die Debatte wäre eine andere Debatte gewesen, überhaupt wäre es nicht zu einer solchen Debatte gekommen, denn an Stelle von Karrer hätte ich diese Debatte ganz anders geführt und hätte sie wahrscheinlich überhaupt nicht geführt, sagt Oehler. Oft

Abb. 2: Thomas Bernhard, *Gehen* (EA), Gießbach.

---

24 Vgl. zur Störung des sukzessiven Leseprozesses durch Gießbäche De Jong/De Jong, Schriftwechsel, S. 42. Bernhard erzeugt diesen Effekt auch in seinen Typoskripten, oftmals sogar bewusst, indem er sich visuell an den bereits vorhandenen Textbausteinen der vorhergehenden Zeile orientiert, um den Text durch Kopieren dieser Textbausteine in der nächsten Zeile fortzuschreiben. Vgl. dazu Kapitel 2.2.7 „Visuelles Schreiben".

Der Leser ist nach diesen ‚nachträglichen Vorausdeutungen' Oehlers zu Recht gespannt darauf, welchen Gegenstand die „Debatte" als Auslöser des „Karrerschen Unglück[s] im rustenschacherschen Laden" (G, 29) gehabt haben könnte. Doch Oehlers Ausführungen entfernen sich erneut und zunehmend vom „rustenschacherschen Laden" und kehren erst rund 30 Seiten später wieder hierher zurück. Aus dem unspezifischen „rustenschacherschen Laden" wird einmalig das „rustenschachersche Hosengeschäft" (G, 48), Oehler ergeht sich in Andeutungen über das Geschehen, dem Leser werden so häppchenweise Informationen über die offenbar dramatischen Ereignisse vorgesetzt und immer wieder durch anderweitige Reflexionen Oehlers unterbrochen. Eine wichtige Rolle für die Kanalisierung von Oehlers Gedankengängen, die schlussendlich in der Wiedergabe des Augenblicks von Karrers Verrücktwerden münden, spielt Karrers Psychiater Scherrer, dessen Name auf Seite 47 zum Ersten mal fällt. Scherrer, der Oehler dazu drängt, den Vorfall im Hosengeschäft penibel nachzuerzählen, nimmt hier die Rolle des Lesers ein, der nun endlich alles über den Vorfall erfahren will:

> Scherrer bestand darauf, daß ich die ganze Zeit nur über den Vorfall im rustenschacherschen Laden Angaben machte, hier, in Bezug auf die Vorfälle im rustenschacherschen Laden, sagte Oehler, verlangte Scherrer von mir größte Genauigkeit, lassen Sie nichts aus, sagte er immer wieder, sagt Oehler, ich höre noch immer, wie er die ganze Zeit, lassen Sie nichts aus, sagt, so Oehler, während ich ununterbrochen über den Vorfall im rustenschacherschen Laden gesprochen habe. (G, 52)

Die Erwartung dessen, was Oehler über den Vorfall zu erzählen habe, ist an diesem Punkt der Erzählung am größten. Die komplexe zeitliche Konstellation und die Erzählsituation steigern diese Spannung noch, indem sie während des Lesevorgangs einen nicht enden wollenden Aufschub generieren und den *tatsächlichen* Vorfall – oder die Erzählung darüber – in immer weitere Ferne rücken lassen: Oehler *hat* Scherrer den Vorfall bereits minutiös geschildert und erzählt dies einer dritten Person, dem erzählenden Ich, das wiederum dem Leser diese Schilderung Oehlers wiedergibt. Der Leser wird damit nicht nur temporal, sondern auch erzählperspektivisch von dem für Karrers Wahnsinn als entscheidend geltenden Ereignis auf Abstand gehalten. In dieser Situation, in der der Leser gar nicht mehr daran glauben mag, tatsächlich noch etwas über den konkreten Vorfall im Hosengeschäft zu erfahren, gibt es einen, in Bernhard'scher Terminologie gesprochen, ‚urplötzlichen' – und dies ist entscheidend: *ersten* – Einschnitt im Text. Dieser Zeilenumbruch aktiviert bei der Leserin ein typographisches Wissen von der konventionellen Markierung eines neuen Sinnabschnitts durch einen neuen Absatz. Sie muss also schlechterdings davon ausgehen, dass die plötzliche Unterbrechung des bereits ein halbes Buch andauernden „Lesezwangs"²⁵ bedeutet, dass sie nun endlich über Karrers Wahnsinnigwerden, das durch Oehler mehrfach als ebenso plötzlich auftretendes charakterisiert wird, aufgeklärt werden wird.²⁶

Zwar wird die Leserschaft insofern nicht enttäuscht, als der lange zurückgehaltene Bericht Oehlers tatsächlich folgt, jedoch neutralisiert Bernhard den typographisch markierten Bruch auf inhaltlicher und sprachlicher Ebene, indem der erste Satz so sehr an das vorher Geschriebene anschließt, dass sein Anfang schwerlich als Beginn einer neuen Sinneinheit gelten kann. Der Satz beginnt mit den Worten „Oehler zu Scherrer unter anderem, [...]" (G, 53). Die Ellipse und die vorausgeschickte Abschwächung von Oehlers Aussage durch die Wendung „unter anderem" eliminiert nicht nur im Nu jegliche Spannung bezüglich der Schilderung des Vorfalls, sie schließt den Absatz inhaltlich auch sehr viel stärker an den vorhergehenden Absatz an, als der Absatz *selbst* es nahelegt. Dem typographischen Bruch korrespondiert so kein inhaltlicher oder sprachlicher, weshalb man durchaus davon sprechen kann, dass *allein* der Zeilenumbruch anzeigt, dass nun etwas andersartiges folgt, das wert erscheint, vom Rest des Textes abgegrenzt und separat betrachtet zu werden.

4.3 Ein Absatz als Passage in die Arbeitsweise: Schreibprozess und Textgenese

Was so im Leseprozess – oder besser in der Unterbrechung des Leseprozesses – deutlich den Übergang in eine andere, wenn nicht Sinn-, so doch Texteinheit signalisiert, ist in Hinblick auf die Reinschrift des Typoskripts zu *Gehen*, das Thomas Bernhard dem Suhrkamp Verlag am 12. Juli 1971 übersendet, als typographische ‚Schwundstufe' anzusehen. In dieser letzten Fassung aus Bernhards Maschine folgt auf besagten Zeilenumbruch nämlich eine Überschrift, die den Absatz noch deutlicher als solchen kennzeichnet: Bernhard schneidet hier aus dem bereits zitierten ersten Satz dieses Abschnittes die Wendung „Oehler zu Scherrer"²⁷ schlichtweg heraus und setzt sie als Überschrift über die gesamte Episode. Durch diese Zerstückelung der Schrift bei sprachlicher und inhaltlicher Kohärenz des Satzes wird die Spannung zwischen der konsekutiven Einheit der einzelnen Text-

---

[25] Auf diesen treffenden Begriff bringt Herbert Grieshop die Erfahrung seiner Erstlektüre von *Korrektur*. Grieshop, Rhetorik des Augenblicks, S. 63.
[26] Vgl. etwa G, 24 f.: „Es ist ein Augenblick, sagt Karrer, in welchem die Verrücktheit *eintritt*. Es ist ein einziger Augenblick, in welchem der Betroffene *plötzlich* verrückt ist."
[27] NLTB, TBA, W 19/4, Blatt 29.

bausteine und ihrer Konstellation umso deutlicher, weshalb sich der Eindruck einer *rein typographischen* Realisierung des Bruchs zwischen beiden Textteilen im Typoskript sogar noch stärker aufdrängt.

Dass Bernhards Verleger für solche Spannungen keinen Sinn hatte, oder mehr noch aufgrund des von ihm privilegierten typographischen Prinzips einer guten Lesbarkeit keinen Sinn haben *durfte,* leuchtet unmittelbar ein. Und so verwundert es auch nicht, dass auf Siegfried Unselds dezidierten Wunsch diese – wie auch eine weitere – Überschrift nicht in die Druckfahne übernommen wird. Unseld schreibt dazu in einem Brief vom 15. Juli 1971 an Thomas Bernhard, in dem er die Erzählung über alle Maßen lobt: „Ich sehe nicht richtig die Funktionen der Überschrift Seite 30: ‚Oehler zu Scherrer' und Seite 56: ‚Oehler sagt'. Ich meine, auf diese Gliederung könnte man bei der durchgängigen Stringenz dieses Textes doch auch verzichten."²⁸ Die „Funktion" der Überschrift liegt offenbar gerade und ausschließlich in einer *Störung* dieser Stringenz, die für Unseld gleichbedeutend mit der Lesbarkeit des Textes ist. Der Verleger votiert hier wohl auch deshalb so vehement für eine Streichung der Überschrift, weil er für das subversive Potenzial der Bernhard'schen Texte, die Lesbarkeit der absichtlich neutral gehaltenen Suhrkamp-Typographie zu unterminieren, ein feines Gespür hat und diese potenzielle Leseirritation um jeden Preis verhindern will. Bernhard kommt Unselds Bitte offenbar nach, da sich im Druck keine Überschriften mehr finden, dem Typoskript lässt sich jedoch deutlich ablesen, dass Bernhard die Episode im „rustenschacherschen Laden" ursprünglich als typographisch deutlich abgegrenzten größeren Textbaustein behandelt wissen will. Wie wichtig der Absatz ist, lässt sich jedoch auch im gedruckten Text erkennen, und zwar daran, dass der Satzspiegel auf der ersten Seite des Textteils um vier Zeilen nach unten gerückt wird, da der Absatz auf S. 53 ansonsten mit dem Seitenbeginn zusammenfallen und so unsichtbar würde. Das so entstehende unharmonische Bild der ersten Seite wird in Kauf genommen, um den Absatz zu bewahren. Im Typoskript selbst fügt Bernhard in seinen Maschinentext an den nämlichen Stellen statt der einfachen Zeilenumbrüche des Drucks eine zusätzliche Leerzeile ein und produziert somit deutlich erkennbare Absätze. Sowohl der Anfang als auch das Ende der Episode sind durch einen solchen Absatz definiert. Was also in der Druckfassung bereits als eigenständiger Textbaustein innerhalb der Erzählung lesbar ist, wird mit Blick auf das Typoskript noch schärfer umrissen.

---

28 Unseld, Brief 161 (15. Juli 1971). In: Bernhard/Unseld, Briefwechsel, S. 228. [Bernhards eigene Paginierung entspricht nicht der des Archivs, weshalb es hier zu abweichenden Seitenzahlen kommt, C.M.]

Dass die Episode im „rustenschacherschen Laden" jedoch nicht ein Textbaustein unter vielen, sondern vielmehr der wichtigste der gesamten Erzählung, der *Grundstein* der Gesamtkonstruktion ist, will die folgende Analyse zeigen. Dabei gilt es, den Baustein sowohl narratologisch als auch in Hinblick auf seine Hervorhebung und Abgrenzung durch typographische Mittel zu betrachten, und diese Leseeffekte an seine Entstehung und Funktion im Schreibprozess rückzubinden.

4.3.1 Die „schütteren Stellen" als Kulminationspunkt des Textes

Was im ersten Kapitel dieser Untersuchung bereits anhand der Kursivierungen im Roman *Korrektur* verdeutlicht wurde, gilt für alle Prosatexte Bernhards: Die häufig auftretenden Kursivierungen folgen bei Bernhard keinen konventionalisierten Regeln, d. h. sie bilden nicht wie sonst üblich Emphatisierungen oder Mündlichkeitsmerkmale ab.[29] Stattdessen verursachen sie eine gestaltliche Betonung der einzelnen Textbausteine – auch durch ihre nicht erkennbare Systematik und die dadurch entstehende Unerwartbarkeit der zu verarbeitenden Informationen, die wiederum dazu führt, dass das Auge länger auf den „schwierigen oder unerwarteten Textelementen" verweilt.[30] Vor diesem Hintergrund und auch im tatsächlich beobachtbaren Leseprozess ist es innerhalb der Episode im „rustenschacherschen Laden" vor allem ein Textpassus, der im wahrsten Sinne in den *Blick* gerät: Betrachtet man das synoptische Flächenarrangement der Seite 73 in der Erstausgabe, fallen die „schütteren Stellen" durch ihre Ansammlung und Schrägstellung unmittelbar ins Auge (s. Abb. 3). Zwar gibt es innerhalb der Episode noch weitere Kursivsetzungen, diese Ballung typographischer Auszeichnung ist jedoch – selbst für Bernhards Maßstäbe – außergewöhnlich. Und auch im Leseprozess sorgen die „schütteren Stellen" für erhebliche Irritation: Das sukzessive Lesen wird bereits vor Eintritt in die Passage unterbrochen, da das Auge die Masse an Kursivierungen bereits in den peripheren Bereichen auf einen Blick wahrnimmt, bevor die kursiv gesetzten und im wahrsten Sinne schräg anmutenden Wörter gelesen werden. Die elffache Wiederholung des identischen Textbausteins lenkt die Aufmerksamkeit auf die Schriftgestalt und zieht sie von seiner (auch durch diese Wiederholung fragwürdig werdenden) Bedeutung ab. Die Sakkaden, die Vorwärtssprünge des Auges, verkürzen sich durch die Unvorhersag-

---

[29] Zur konventionell geregelten Funktion von Kursivierungen vgl. Wehde, Typographische Kultur, S. 133 f.
[30] Vgl. Gross, Lese-Zeichen, S. 14.

> nicht mehr die Fähigkeit gehabt, Karrer aus dem rusten-
> schacherschen Laden hinauszubringen im entscheidenden
> Augenblick. Nachdem Rustenschacher selbst wieder, wie
> sein Neffe vorher, gesagt hat, daß es sich bei den Hosenstof-
> fen um erstklassige, er sagte nicht, wie sein Neffe vorher,
> erstklassigste, sondern nur erstklassige Stoffe, handle, und
> daß es unsinnig sei, zu behaupten, es handle sich bei diesen
> Hosenstoffen um Ausschußware oder gar um tschechoslo-
> wakische Ausschußware, sagt Karrer noch einmal, daß es
> sich bei diesen Hosenstoffen ganz offensichtlich um tsche-
> choslowakische Ausschußware handle und er tat, als wolle
> er tief einatmen und es hatte den Anschein, als gelänge es
> ihm nicht, worauf er noch etwas sagen wollte, sage ich zu
> Scherrer, sagt Oehler, aber er, Karrer, hatte keine Luft mehr
> und er konnte, weil er keine Luft mehr hatte, nicht mehr sa-
> gen, was er offensichtlich noch hatte sagen wollen. *Diese
> schütteren Stellen, diese schütteren Stellen, diese schütteren
> Stellen, diese schütteren Stellen, diese schütteren Stellen,* im-
> mer wieder *diese schütteren Stellen, diese schütteren Stellen,
> diese schütteren Stellen,* ununterbrochen *diese schütteren
> Stellen, diese schütteren Stellen, diese schütteren Stellen.* Ru-
> stenschacher hatte sofort begriffen, sagt Oehler zu Scherrer
> und der Neffe Rustenschachers hat auf meine Veranlassung
> hin alles veranlaßt, was zu veranlassen gewesen war, sagt
> Oehler zu Scherrer.
> Die unglaubliche Empfindlichkeit eines Menschen wie Kar-
> rer einerseits, seine große Rücksichtslosigkeit andererseits,
> sagte Oehler. Einerseits sein übergroßer Empfindungs-
> reichtum, andererseits seine übergroße Brutalität. Es ist ein
> ständiges zwischen allen Möglichkeiten eines menschlichen
> Kopfes Denken und zwischen allen Möglichkeiten eines
> menschlichen Hirns Empfinden und zwischen allen Mög-
> 73

Abb. 3: Thomas Bernhard, *Gehen* (EA).

barkeit der visuellen Information – denn welcher Leser erwartet in einem Prosatext schon die elffache Wiederholung der exakt gleichen Phrase? Der kursive Block wird bezeichnenderweise nur durch die Textbausteine „immer wieder" und „ununterbrochen" unterbrochen, die zwar eine ununterbrochene Sukzession thematisieren, in ihrer kursiven Umgebung jedoch extrem statisch wirken. Die Fixationsphasen der Blickbewegung werden länger und der Anteil an Regressionen, aber auch Progressionen nimmt zu, weshalb die Augen in den peripheren Bereichen immerzu „schüttere Stellen" wahrnehmen, ohne sie gelesen zu haben. Sabine Gross beschreibt diesen Effekt so: „Der Blick gleitet nicht länger über die Oberfläche, sondern verhakt sich in ihr. Die Materialisierung wird zur Resistenz und blockt die Semantisierung der Zeichen ab."[31] Erst der Zeilenumbruch beendet

---

31 Gross, Schrift-Bild, S. 233 f.

diesen synoptischen Wahrnehmungsmodus und signalisiert einen erforderlichen Neuanfang des sukzessiven Leseprozesses.

Die „schütteren Stellen", die an dieser Stelle durch ihre Schrägstellung die Textur des Schriftspiegels realiter typographisch durchlöchern, tauchen ab der Mitte der Erzählung immer wieder als Textbaustein auf. Die Geschehnisse im „rustenschacherschen Laden" bilden nämlich nicht nur das Zentrum der Narration, der Beginn der Episode „Oehler zu Scherrer" findet sich sowohl im Typoskript als auch im Druck in der tatsächlichen Mitte des Textes. Im letzten Typoskript, das ohne viele Änderungen als Druckvorlage gedient hat, ist dieses Verhältnis annähernd genau gewahrt – das Typoskript hat 57 Seiten, die Episode beginnt auf Seite 29 –, in der Erstausgabe beginnt die Episode jedoch in der *exakten* Mitte des Textes: Der Absatz beginnt nach 46 vollen Seiten (berücksichtigt man die vier unbedruckten Zeilen der ersten Seite), die Episode im „rustenschacherschen Laden" umfasst exakt 20½ Seiten, nach den „schütteren Stellen" folgen 25½ weitere. Dieses Verhältnis ist, wie schon im Fall von *Korrektur*, keinesfalls zufällig, sondern exakt konstruiert. Bernhard hat bei all seinen Texten eine genaue Vorstellung von der Inhalt-Seiten-Relation, wie sich anhand zahlreicher Entwürfe und mit Blick auf den Seitenumfang der Texte leicht feststellen lässt.[32]

Das endgültige *Gehen*-Typoskript hat, wie viele andere Erzählungen Bernhards, etwa 60 Seiten,[33] in deren Zentrum die Wiedergabe von Oehlers Schilderung der Szene im Hosengeschäft durch das Erzähler-Ich einsetzt. Diesem endgültigen Typoskript der Erzählung gehen einige, wenn auch rudimentäre, konzeptuelle Notizen Bernhards voraus, die allerdings im Zusammenhang der „schütteren Stellen" und der Gesamtkonstruktion des Textes sehr aufschlussreich sind.

---

32 Vgl. das Unterkapitel „Seitenvorgaben" in Kapitel 2.2.8 „Größere Textbausteine".
33 So zum Beispiel *Amras* (NLTB, TBA, W 15/3): 59 Seiten; *Ungenach* (NLTB, TBA, W 16/1): 57 Seiten; *Watten* (NLTB, TBA, W 17/2): exakt 60 Seiten; *Ja* (NLTB, TBA, W 21/3): 59 Seiten; *Die Billigesser* (NLTB, TBA, W 22/3): 71 Seiten (hier gibt es jedoch ein „Kerntyposkript", das von Thomas Bernhard paginiert wurde und einen Umfang von 56 Seiten hat); *Wittgensteins Neffe* (NLTB, TBA, W 23/3): 61 Seiten. Dieser Umfang definiert bei Bernhard die Textsorte ‚Erzählung' (Ausnahme ist allein das von Bernhard so betitelte ‚Filmdrehbuch' *Der Italiener* (NLTB, TBA, W 18/7), welches ebenfalls 62 Seiten besitzt). Wie schon Andreas Gößling treffend bemerkt, definiert sich die Textsorte bei Bernhard maßgeblich über den *Umfang* der Texte und nicht über inhaltliche oder stilistische Kriterien: „Man muß vermuten, daß der Begriff ‚Roman' stets dann dem Titel beigefügt wird, wenn der Text einen gewissen quantitativen Umfang [nämlich zumeist exakt 200 Seiten im Typoskript, C.M.] erreicht; ein anderer Anlaß als die (möglicherweise verlagsseitige) Hoffnung auf Auflagensteigerung ist schwerlich auszumachen." Gößling, Bernhards frühe Prosakunst, S. 1, Anm. 2.

4.3.2 Entwurf und Vorarbeiten zu *Gehen*

Den Entwurf, der für die endgültige Struktur von *Gehen* als wegweisend gelten kann, fertigt Bernhard an einem markanten Punkt seiner Arbeit an der Erzählung an: Er verwirft ein umfangreiches Typoskript, das ursprünglich zu einer Erzählung mit dem Titel *Atzbach* ausgearbeitet werden und im Herbst 1971 innerhalb der *edition suhrkamp* erscheinen sollte,[34] und nimmt eine komplette Neukonzeption vor, die schließlich zu einer überaus raschen Ausarbeitung von *Gehen* führt.[35] Diese Vorgehensweise, bestehende und oftmals umfangreiche Textbausteine zu einem neuen Text umzuarbeiten, ist für Bernhards Arbeitsweise, wie bereits gezeigt wurde, absolut charakteristisch.[36] Auch der für die Erzählung entscheidende, vollkommene Neu-Entwurf wird so nachlässig und skizzenhaft ausgeführt, wie man es von Bernhard gewohnt ist.[37] Bernhard legt mit nur wenigen handschriftlich notierten Wörtern die mögliche Struktur des zu schreibenden Textes fest:

> Oehlers Zustand verschlimmert sich
> Oehlers Zustand verschlimmert.
> Mittelteil <u>Fetzen!!</u>
> Oehler? wo?[38]

---

34 Vgl. Bernhards Ankündigung im Briefwechsel mit Unseld: „[...] Im Herbst 71 (September) könnte in der ‚es' ein Band mit dem Titel ‚Atzbach' (Untertitel ‚Vorschriften'), erscheinen. Wollen Sie das notieren!?!" Bernhard, Brief 128 (7. September 1979). In: Bernhard/Unseld, Briefwechsel, S. 192.
35 Vgl. den Kommentar in Bernhard, Erzählungen II. Ungenach, Watten, Gehen (WA), S. 263–265.
36 Vgl. das Unterkapitel „Bausteine aus anderen Texten" in Kapitel 2.2.9 „Größere Textbausteine".
37 Man denke hier an den berühmten hingekritzelten Entwurf zu *Auslöschung* auf der Rückseite einer Waschmaschinenbedienungsanleitung, der als paradigmatisch für seine Entwurfspraxis gelten kann. Vgl. Kap. 2, Abb. 9.
38 NLTB, TBA, W 19/3, Blatt 10. Während in den Vorstufen zur Erzählung Karrer noch keine Rolle spielt und es Oehler ist, der im „rustenschacherschen Laden" ein noch dramatischeres Ende findet, indem er sich dort erhängt (vgl. den Kommentar in Bernhard, Erzählungen II. Ungenach, Watten, Gehen (WA), S. 269), wird in der Neukonzeption offenbar dezidiert und mehrfach nach Oehlers Position innerhalb der geplanten Erzählung gefragt. Bernhard hat seine Notiz „Oehler? Wo?" graphisch deutlich hervorgehoben, sodass man davon ausgehen kann, dass die Frage der Perspektive von überaus großem Stellenwert für den Autor gewesen sein muss: Der Name „Oehler" ist von Bernhard zunächst mit Bleistift unterstrichen worden, um dann mit dem entscheidenden – und mit rotem Filzstift geschriebenen – Zusatz „Wo?" versehen zu werden. Die gesamte Phrase wiederum ist doppelt mit eben diesem roten Stift unterstrichen. Vgl. NLTB, TBA, W 19/3, Blatt 10.

Der letzte Zusatz „Oehler wo?" deutet bereits an, dass Bernhard sich hier noch im Unklaren über die Erzählperspektive ist. Die Erzählkonstruktion wird erst später ausgebaut zu einer (mindestens) doppelt verschachtelten Perspektive mit kaum konturiertem Ich-Erzähler, dessen einzige Aufgabe es ist, Oehlers Ausführungen zu referieren (der wiederum Karrers Meinungen und Ansichten zitiert). In diesem früheren Typoskript ist es hingegen noch Oehlers – nicht Karrers –, Zustand, der sich verschlimmert, Karrer kommt erst später und im wahrsten Sinne zum Einsatz, wenn Bernhard die Inquit-Formel „so Karrer" serienmäßig in das Typoskript einfügt[39] und durch diese nachträgliche Manipulation die Perspektive geradezu mutieren lässt.[40] Wie in den späteren Texten *Korrektur* und *Ja* experimentiert Bernhard auch hier mit einer nachträglichen Änderung der Erzählperspektive: Er erweitert diese entweder durch das Einsetzen von Textbausteinen oder überschreibt sie komplett, indem er bestehende Textbausteine durch andere ersetzt.[41]

Was bei allen späteren Änderungen – auch durch die doppelte Unterstreichung im Entwurf – als feststehendes und signifikantes Element hervorgehoben wird, ist der „Mittelteil" der Erzählung, der aus „Fetzen" bestehen soll. In diesen „Fetzen" ist schon deutlich die „tschechoslowakische Ausschußware" angesprochen, die Karrer aufgrund ihrer „schütteren Stellen" um den Verstand bringen wird. Auf den Seiten 53–73 sind diese „schütteren Stellen" omnipräsent und strukturieren den Text als immer wiederkehrender Textbaustein. Die auffälligen Kursivierungen erwecken den Eindruck, als handle es sich bei den „schütteren Stellen" tatsächlich um schadhafte Stellen, die den Fließtext durchlöchern. Wenn man für den Moment im Bild des durchlöcherten Textils bleiben will, hilft eine Äußerung des Hosenverkäufers, Bernhards Verfahren zu beleuchten: „Dazu Rustenschacher aus dem Hintergrund plötzlich: jede gegen das Licht gehaltene *Wirkware* zeige, halte man sie gegen das Licht, eine schüttere Stelle." (G, 65) Die „Wirkware" ist ein maschinell (!) hergestellter Stoff,[42] der einzelne Maschen zu einem Fadensystem verbindet. Hält man diese Textur gegen das Licht, wirkt die Textur ‚gelichtet', schütter, und die einzelnen Maschen werden, losgelöst von ihrer Verbindung, deutlich sichtbar. Es ist derselbe Effekt, den Bernhard als Aufleuchten der Wörter in seinen Prosatexten beschreibt: „Das Wort leuchtet auf, dadurch bekommt es

---

39 Vgl. W 19/4, Blatt 57.
40 Ich greife hier erneut auf die molekularbiologische Terminologie aus Werner Kogges Aufsatz *Schrift und das Rätsel des Lebendigen* zurück, um die manipulierbare Struktur und das operative Potenzial von Schrift aufzuzeigen. Vgl. dazu ausführlich Kapitel 1.3 „Schrift als Sequenz".
41 Vgl. das Unterkapitel „Schreiben in der vierten Dimension. Der Umbau des Korrektur-Typoskripts" in Kapitel 2.2.4 „Korrekturen".
42 Vgl. Gewirke, Wirkware [Art.], online unter www.brockhaus.de, letzter Zugriff: April 2018.

seine *Deutlichkeit* oder *Überdeutlichkeit*."[43] Rustenschachers Satz könnte so, auf Bernhards Text gemünzt, folgendermaßen lauten: Jeder Bernhard'sche Text offenbart durch die ‚Überbelichtung' seiner Kontur – die Überbetonung seiner semantisch leeren Materialität –, etwa durch Kursivierung oder endlose Wiederholung, seine eigene Bauweise.

Die „schütteren Stellen", die durch die elffache Wiederholung zu leeren Worthülsen geworden sind, werden durch die Kursivierung zusätzlich in ihrer Materialität betont. Jede „schüttere Stelle" wird so nur noch synoptisch als einzelner Textbaustein und in der räumlichen Konstellation mit ihren identischen Abbildern wahrgenommen. In dieser Passage offenbaren sich deutlich Bernhards Schreibverfahren, die die sequenzielle Struktur der Schrift wechselseitig zugunsten ihrer simultan wahrnehmbaren Einheiten und ihrer sukzessiven Einheit betonen. Dass die Bauweise von Bernhards Texten der maschinell hergestellten, die einzelnen Maschen und ihre Textur offenbarenden „tschechoslowakischen Ausschußware" (G, 55 u. ö.) entspricht, auf den ersten Blick jedoch denselben dichten Anschein erweckt wie die „erstklassigsten englischen Stoffe[n]" (G, 56 u. ö.), die so gewalkt sind, dass sich die Textur nicht mehr erkennen lässt, dürfte auf der Hand liegen. So ist es auch nur konsequent, dass es hier gerade die Löcher – die „Fetzen" und „schütteren Stellen" – sind, die sich als Textbausteine materialisieren, um den Kern des Gesamttextes zu bilden und seine Bauweise zu offenbaren.

Dieser Befund bestätigt sich, sieht man sich die Textgenese *vor* Bernhards konzeptuellem Entwurf zu *Gehen* an. Bereits im früheren *Atzbach*-Typoskript, das nur wenig Gemeinsamkeiten mit der späteren Erzählung aufweist, spielen die „schütteren Stellen" eine entscheidende Rolle. Der Entwurf, der als Schaltstelle chronologisch zwischen diesem verworfenen Projekt und der schnell fortschreitenden Arbeit an *Gehen* liegt,[44] privilegiert lediglich eine schon vorher existierende und in verschiedenen Variationen durchgespielte Textstelle, die sich stets auf das Element der „schütteren Stellen" konzentrieren lässt. Das dem *Gehen*-Konvolut zugerechnete, aus 88 Seiten bestehende Typoskript W 19/2 des Nachlasses ist in seiner Anlage überaus heterogen und dokumentiert Bernhards unentschiedene und nicht sonderlich weit gediehene Arbeit am *Atzbach*-Stoff.[45] Die Blätter 1–32 dieses Konvoluts sind eindeutig Vorstufen zu *Gehen*, in denen allerdings noch jede Spur von der mehrfach verschachtelten Perspektive fehlt. Auch Figuren und

---

43 Bernhard, Drei Tage, S. 151.
44 Vgl. dazu den Kommentar in Bernhard, Erzählungen II. Ungenach, Watten, Gehen (WA), S. 265.
45 Vgl. den Kommentar in Bernhard, Erzählungen II. Ungenach, Watten, Gehen (WA), S. 268.

Plot unterscheiden sich noch stark von der späteren Erzählung. So ist die Figur Karrers, die in *Gehen* zum eigentlichen Referenzpunkt wird, ebenfalls nur in Ansätzen vorhanden.[46]

Umso bemerkenswerter ist es, dass die spätere Konstellation mit den Vorarbeiten in einem entscheidenden Punkt deckungsgleich ist: der Episode im „rustenschacherschen Laden" oder genauer der Kulmination dieser Episode in Karrers Verrücktwerden ob der „schütteren Stellen". Just jene Passage, die in der Erstausgabe mit „[...] dann aber hat Karrer wahrscheinlich längst nicht mehr an seine schmerzhaften Beine gedacht, aber ganz einfach aus dem Grund, ihn nicht mehr verlassen zu können, nicht mehr aus dem „rustenschacherschen Laden" hinausgehen zu können" (G, 72) beginnt, ist mit den „schütteren Stellen" (die in diesem Typoskript noch *ohne* Unterstreichung auftauchen) und bis zu der abschließenden Formulierung „[...] was zu veranlassen gewesen war, sagt Oehler zu Scherrer" (ebd.) nahezu unverändert in das spätere Typoskript übernommen worden.[47] Darauf, dass dieser größere Textbaustein in anderem Kontext wiederverwertet wurde, deutet die für Bernhard typische systematische Streichung hin, die immer dann zum Einsatz kommt, wenn Textbausteine an eine andere Stelle verschoben werden (s. Abb. 4). Hier signalisiert die diagonale Streichung die Übernahme des in Bernhards Augen offenbar brauchbarsten Textbausteins in das neue, völlig neu konzipierte Schreibprojekt. Mehr noch, er wird zum entscheidenden Textbaustein der Neukonzeption, dem Mittelpunkt aus „Fetzen", um den herum Bernhard seinen neuen Text konstelliert. Der von ihm per Hand hinzugefügte Hinweis „aus, dann neu" am Ende der Episode deutet ebenso wie die mit Bleistift gezeichnete horizontale Linie, die einen Bruch zwischen den beiden Textteilen markiert, darauf hin, dass wirklich nur exakt dieser Baustein übernommen wird: Die „schütteren Stellen" werden so aus diesem frühen Typoskript herausgelöst, um dann in einer kurzen Phase der erneuten und konzeptuell entscheidenden Entwurfsarbeit zum eigentlichen Nukleus des Mittelteils der Erzählung zu werden. Im späteren Drucktext wird die Autonomie dieses Textbausteins noch durch die geballte Materialisierung der Schriftgestalt und den ihn abschließenden Zeilenumbruch sichtbar.

Dass es gerade die „schütteren Stellen" sind, die zum Kernelement der Textur werden, entspricht nicht nur Bernhards Vorliebe für den oftmals allzu vordergründigen Witz, es ist – wie so häufig bei diesen Witzen – zugleich auch aussagekräftig für die Poetologie seiner Texte. Bezeichnenderweise wird nämlich durch

---

46 Vgl. den Kommentar in Bernhard, Erzählungen II. Ungenach, Watten, Gehen (WA), S. 269.
47 Vgl. NLTB, TBA, W 19/2, Blatt 26.

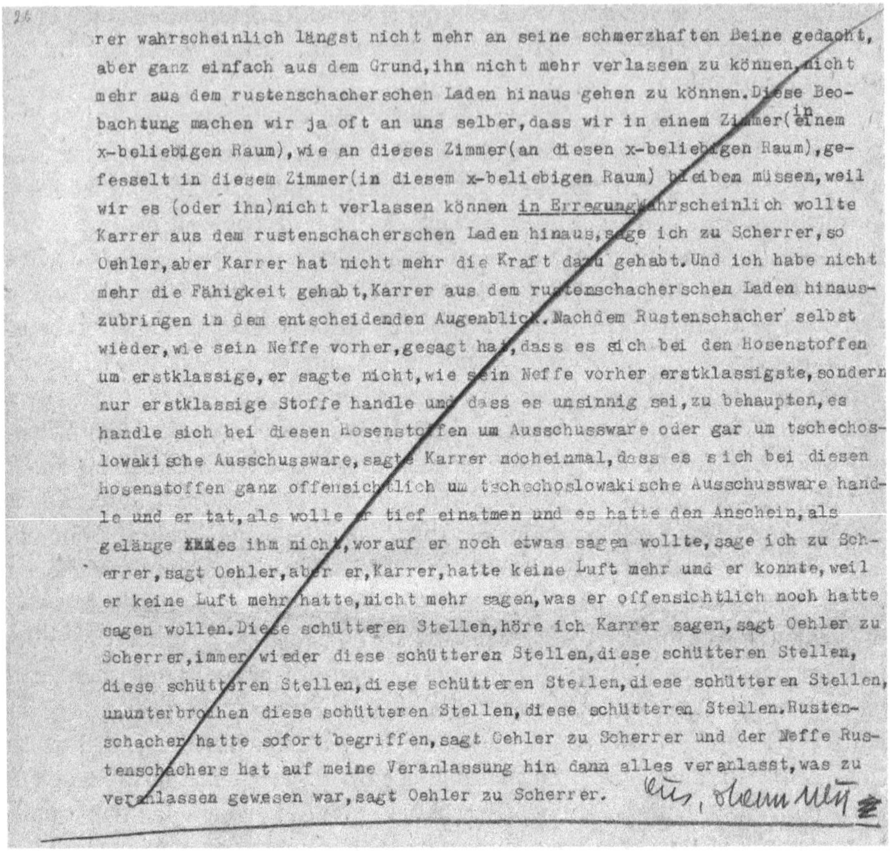

Abb. 4: Thomas Bernhard, *Gehen*, Typoskript, frühe Fassung, Blatt 26, Ausschnitt.

die ebenfalls erst im Drucktext hinzukommende Kursivierung nicht etwa – wie konventionell üblich – Mündlichkeit inszeniert, sondern genau das visualisiert und auf Dauer gestellt, was Karrer gerade „nicht mehr sagen [konnte], was er offensichtlich noch hatte sagen wollen: *Diese schütteren Stellen* [...]". (G, 73) Die ‚Plötzlichkeit', mit der Karrer verstummt und verrückt wird und die in der gesamten Erzählung – wie in allen Bernhard'schen Texten – omnipräsent ist,[48] mar-

---

[48] Vgl. exemplarisch Grieshop, Rhetorik des Augenblicks. Diese Untersuchung fußt unter anderem auf Karl-Heinz Bohrers Arbeiten zum Augenblick und zur Plötzlichkeit (vgl. exemplarisch die Aufsatzsammlung *Plötzlichkeit. Zum Augenblick des ästhetischen Scheins*, Frankfurt a.M. 1981). Vgl. dazu Polaschegg, Der Anfang des Ganzen, S. 93 f. Wie Polaschegg treffend bemerkt, orientiert sich Bohrers Ansatz ebenso wie die prominenten Konzepte Martin Seels zum ‚Erscheinen' und

kiert den – und dies ist wörtlich zu verstehen – Augen-Blick, in dem das sukzessive Sprechen bzw. Lesen auf einem Höhepunkt abbricht und in einen anderen Wahrnehmungsmodus kippt: in den der synoptischen Betrachtung der Schriftgestalt. Da, wo der Text unzusammenhängend wird, der konsekutive Lesevorgang kollabiert, setzt eine andere Rezeption ein, die sich an der Gestalt und nicht am Gehalt der Schrift orientiert. Dietmar Schmidt beschreibt in seinem Aufsatz zum „Umblättern" bei Thomas Bernhard, wie der immer wiederkehrende Topos der ‚Plötzlichkeit' in seinen Texten als „Einbruch des Erwarteten" zu denken sei. D. h. als ambivalenter Moment des einerseits determinierten Umwendens der Seite als Teil des Leseprozesses und des andererseits ‚urplötzlichen' Aufschlagens einer neuen Seite, das ein Nichtlesen bzw. ein Kippen des Wahrnehmungsmodus in die Synopse *innerhalb* des Leseprozesses markiere.[49]

> *Plötzlich, urplötzlich, aufeinmal* (letzterer Ausdruck durch Zusammenschreibung zusätzlich pointiert) sind Wendungen, die in Thomas Bernhards Texten mit hoher Frequenz vorkommen. Das *Urplötzliche*, dies deutet die Vorsilbe an, scheint seine eigene Kausalität in sich zu enthalten, es wird nicht von außen bedingt. Ebenso bezeichnet es nicht etwa ein Ereignis, das, als „Einbruch des Unerwarteten", im Gegensatz zum normalen Lauf der Dinge, zu einer etablierten Ordnung oder zu eingeübten Gewohnheiten stünde. Das Urplötzliche ist im Gegenteil der *Einbruch des Erwarteten:* Es betrifft das plötzliche Überschreiten einer Grenze, der sich jemand seit jeher angenähert hat. [...] Die lange Dauer und der ereignishafte Moment kontrastieren zwar miteinander, aber sie sind einander nicht entgegengesetzt. Was *aufeinmal* geschieht, ist nur die Verdichtung dessen, was schon ewig der Fall gewesen ist.[50]

Dies gilt nicht nur für die „plötzliche Verrücktheit Karrers", auf die „alles, gleichzeitig nichts" (G, 31) hingedeutet habe, sondern auch für den Wahrnehmungswechsel, der hier durch den Text thematisiert und zudem *veranschaulicht* wird. Dieser ist ein Effekt der Kombination von Passagen, die die Sukzession in Gang bringen, jedoch oftmals semantisch leer erscheinen, mit ‚resistenten Passagen', die die Schriftgestalt – in diesem Fall mit Hilfe der Kursivierung – hervorheben. Dieses Verfahren lässt sich im gesamten Text beobachten, seinen Kulminations-

---

Hans Ulrich Gumbrechts zur ‚Präsenz' an bildender Kunst, weshalb hier die Verläuflichkeit des Textes vollkommen außer Acht gelassen würde (vgl. dazu Martin Seel, Ästhetik des Erscheinens, Frankfurt a.M. 2003; Martin Seel, Die Macht des Erscheinens. Texte zur Ästhetik, Frankfurt a.M. 2007; Hans Ulrich Gumbrecht, Diesseits der Hermeneutik. Die Produktion von Präsenz, übers. von Joachim Schulte, Frankfurt a.M. 2004; Hans Ulrich Gumbrecht, Präsenz, hg. u. mit einem Nachw. von Jürgen Klein, Frankfurt a.M. 2012).
49 Vgl. Dietmar Schmidt, Umblättern statt Lesen. Lektüren des Nichtlesens bei Thomas Bernhard. In: Medienphilologie. Konturen eines Paradigmas, hg. von Friedrich Balke und Rupert Gaderer, Göttingen 2017, S. 143–171, insb. S. 158–163.
50 Schmidt, Umblättern statt Lesen, S. 169.

punkt findet es jedoch – ebenso wie der Handlungsverlauf der Erzählung – in der Passage im „rustenschacherschen Laden". Die „schütteren Stellen" wirken wie ein greifbares Konzentrat dieses Verfahrens, das auch durch den Text selbst thematisiert wird: Oehlers Erzählung von Karrers plötzlichem Verrücktwerden beginnt mit der Schilderung, dass Karrer

> immer wieder und immer wieder mit einer noch größeren Nachdrücklichkeit mit seinem Stock auf die vielen schütteren Stellen hin[deutete], die diese Hosen, hielt man sie gegen das Licht, aufwiesen, so Oehler zu Scherrer, auf die tatsächlich unübersehbaren schütteren Stellen, wie sich Karrer fortwährend ausdrückte, so Oehler zu Scherrer, [...] vor allem sagte er die ganze Zeit fortwährend diese merkwürdig schütteren Stellen in diesen sogenannten neuen Hosen, so Oehler zu Scherrer." (G, 53f.)

Diese Vorausdeutung auf die später im Text ebenso „immer wieder und immer wieder", und „fortwährend" auftauchenden „unübersehbaren schütteren Stellen", auf welche die Kursivierung „mit einer noch größeren Nachdrücklichkeit" hindeutet, wird abgelöst durch die Schilderung der substanzlosen Debatte zwischen „Rustenschacher", dem „Neffen Rustenschachers" und „Karrer", die sich nur um immer wiederkehrende Textbausteine wie etwa die „tschechoslowakische Ausschussware" (G, 55f.) und die „erstklassigen englischen Stoffe" (G, 58f.) dreht. Die Leserin verfolgt diese oftmals bis zur Lächerlichkeit parallel gebauten Sätze, die sich nur in einzelnen Textbausteinen unterscheiden und die Absurdität der „Debatte" unterstreichen" (stets unterbrochen von den ständig wiederholten Textbausteinen, die das Augenmerk auf die Schriftgestalt lenken), um dann am Ende der Episode mit dem Karrer'schen Holzstock und dem Bernhard'schen Holzhammer auf die „*schütteren Stellen*" und den durch sie initiierten Wahrnehmungswechsel gestoßen zu werden.

Die „schütteren Stellen" markieren jedoch nicht nur den Umschlagspunkt der Wahnehmung und den Augenblick von Karrers plötzlichem Verrücktwerden, sie unterbrechen auch den eigentliche *Gang* der Erzählung, nämlich dann, wenn Oehler und der Ich-Erzähler nur vier Seiten später ebenso „*plötzlich* vor dem Gasthaus Obenaus stehengeblieben [sind]" und Oehler „diesen Satz" sagt: „Der Gedanke ist ganz richtig, daß Karrer nicht mehr zum Obenaus gehen wird." (G, 77) Auf den folgenden beiden Seiten versucht Oehler die Frage zu klären „Was entgeht ihm dadurch?", „obwohl wir wissen, daß es unsinnig ist, diese Frage gestellt zu haben, ist die Frage nun einmal gestellt, lassen wir uns auf sie ein und gehen an die Beantwortung dieser Frage" (G, 78). Was hier wie eine logische Abhandlung daherkommt, der die Leserin*innen sukzessiv lesend folgen sollen, erschöpft sich tatsächlich im Stellen der Frage, genauer gesagt in ihrer Stell*ung*, und noch genauer gesagt in ihrer *Schrägstellung*. Auf der Doppelseite wird in unregelmäßigen Abständen die kursiv gesetzte Frage „*Was entgeht Karrer, wenn er nicht mehr*

Abb. 5: Thomas Bernhard, *Gehen* (EA), Satzspiegel.

zum Obenaus hineingeht?" – in geringer Variation – ganze zehn Mal wiederholt (s. Abb. 5).[51]

Die im wahrsten Sinn immer wieder in den Raum gestellte Frage wird durch semantisch so gut wie irrelevante Sätze unterbrochen, die jedoch auch hier die Wahrnehmung immer wieder auf die sukzessive Lektüre umstellen. Diese wird sodann erneut von den kursiven Textbausteinen, die durch ihre identische und somit leicht wiedererkennbare Gestalt nach einiger Zeit mit einem Blick erfasst werden, unterbrochen.

> Wir haben uns eine unglaublich komplizierte Frage gestellt und zwar ganz bewußt gestellt, sagt Oehler, weil wir *glauben*, daß es uns möglich ist, auch eine komplizierte Frage zu

---

[51] Auf der nächsten Seite wird das Muster fortgesetzt, indem Oehler sich fragt: „*Was entgeht mir, wenn ich nicht mehr zum Obenaus hineingehe?*", um schließlich zu der generellen Frage zu gelangen: „*Was entgeht einem Menschen, der oft beim Obenaus gewesen ist, wenn er plötzlich nicht mehr (und zwar niemehr) zum Obenaus hineingeht?*" (G, 80)

beantworten, wir fürchten uns also nicht vor einer komplizierten Frage wie vor der Frage, *Was entgeht Karrer, wenn er nicht mehr zum Obenaus hineingeht?* Weil wir glauben, daß wir über Karrer so viel (und so Tiefes) wissen, daß wir die Frage, *Was entgeht Karrer, wenn er nicht mehr zum Obenaus hineingeht?* beantworten können [...].

Nach einer Weile kommt Oehler zu dem Schluss, dass es „nicht möglich ist, eine Frage wie die Frage *Was entgeht Karrer, wenn er nicht mehr zum Obenaus hineingeht?* zu beantworten, weil wir ja nicht gefragt haben *Geht Karrer noch einmal zum Obenaus?*" Mit dieser Infragestellung der ursprünglichen Frage, die sich auch in der Substitution durch die neue Frage, die sich in gleicher kursiver Gestalt präsentiert, manifestiert, wird die gesamte sprachliche ‚Argumentation' der Doppelseite hinfällig. Was Bestand hat, sind die immer wiederholten Textbausteine, die nicht nur selbst gestaltlich betont sind, sondern auch die Bauweise des Textes, seine Struktur, zu erkennen geben. Am Ende der Passage bekennt Oehler: „Sehen Sie, sagt Oehler, wir können, gleich was für eine Frage, stellen, wir können die Frage nicht beantworten, wenn wir sie *wirklich* beantworten wollen, insoferne ist überhaupt keine Frage auf der Begriffswelt zu beantworten." (G, 80 f.) Der Beginn des Satzes mit der Aufforderung „Sehen sie", die nicht nur dem Ich-Erzähler, sondern auch der Leserin gilt, die – für Bernhard typische – eigenwillige Kommasetzung, die das „stellen" isoliert und betont, das durch die Kursivsetzung hervorgehobene „*wirklich*" und auch die inhaltliche Absage an das Potenzial der „Begriffswelt" deuten auf einen alternativen Erkenntnismodus hin: Antworten liegen nicht im ‚Tiefen' (wo Oehler sie in Bezug auf Karrer sucht), sondern an der Oberfläche. Sie drücken sich – dieser Bernhard entsprechende Kalauer sei hier erlaubt – „Obenaus". Durch den Text wird das Sehen der ‚wirklichen', konkreten (statt begrifflich-unkonkreten) Textbausteine privilegiert.[52]

4.4 Kursivierung als Verfahren zur Betonung der Schriftgestalt

Dafür, dass es sich bei den „schütteren Stellen" um ein Konzentrat des Gesamttextes und seiner Konstruktion handelt, spricht ebenso, dass mehr als

---

[52] Wie wichtig auch dieser – auf den ersten Blick zu sehende – Textbaustein in der Gesamtkonstruktion der Erzählung ist, lässt sich daran erkennen, dass auch er, wie die „schütteren Stellen", bereits in einem frühen Arbeitsstadium existiert. Vgl. dazu den Kommentar der Werkausgabe, der hinsichtlich des frühen „Atzbach"-Typoskripts konstatiert: „Außer einzelnen Figuren-Namen (bei ganz anderen Figurenentwürfen) und dem Namen des Gasthauses Obenaus, in das ein gewisser ‚Oehlzahnt' nicht mehr gehen kann (W 19/2, Bl. 34–38), finden sich kaum Beziehungen." Kommentar in Bernhard, Erzählungen II. Ungenach, Watten, Gehen (WA), S. 269.

die Hälfte desjenigen Textkonvoluts, das auch den beschriebenen Entwurf beinhaltet (W 19/3) und lediglich 12 Blätter umfasst, komplett den „schütteren Stellen" gewidmet ist. Die Szene im „rustenschacherschen Laden", die bereits in der früheren Fassung existierte, wird hier nun sogar in drei verschiedenen Parallelversionen erprobt.[53] Ohnehin scheint es so, als hätte Bernhard sich erst in diesem Arbeitsstadium mit der schlussendlichen Konstellation der Erzählung auseinandergesetzt, innerhalb derer die Episode ganz offensichtlich eine Sonderstellung einnimmt. Dass er den gesamten Text anhand eines feststehenden Textbausteins, der verschiedenen modifizierenden Verfahren unterzogen wird, konstruiert, ist dabei paradigmatisch für seine Arbeitsweise. Die Aggregation der „schütteren Stellen", die im Drucktext ins Auge springt, deckt sich mit der Häufung dieses Textbausteins in den drei im Typoskript durchgespielten Versionen der Episode. Wie man deutlich sehen kann, experimentiert Bernhard auch hier mit typographischen Auszeichnungen, indem er die „schütteren Stellen" in einigen der Versionen unterstreicht, in anderen nicht.[54] Im selben Textkonvolut befindet sich noch ein anderer früher Entwurf, der bereits die charakteristischen Unterstreichungen enthält: Es handelt sich um den – und dies ist ein Unikum innerhalb des Nachlasses – *handschriftlich* festgehaltenen Anfang der Erzählung, der große Ähnlichkeit mit dem Anfang des endgültigen Typoskripts aufweist.[55] Bernhards Handschrift erscheint hier extrem unleserlich, was für ein schnelles Herunterschreiben des Textes sprechen könnte. Trotz dieser offensichtlich schnellen und hingeschmiert wirkenden Ausarbeitung, für die auch die nachträglichen temperamentvollen Streichungen sprechen, unterstreicht Bernhard auch in diesem frühen und eher hypothetischen Arbeitsstadium bereits Wörter wie „naturgemäß", „Ihnen", „allein". Auch hier will Bernhard also offensichtlich einzelne Textbausteine innerhalb der Schriftstruktur hervorheben.

Die Unterstreichungen der „schütteren Stellen", die Bernhard im Druck und in Teilen der Typoskripte vollends auf die Spitze treibt, unterstützen den Eindruck, dass sich die Episode in diesem letzten Teil dank der Anhäufung des immer gleichen Textbausteins ein weiteres Mal verdichtet. Diese Konzentration auf das Schriftmaterial unterbricht den Lesefluss und lenkt die Aufmerksam-

---

53 Vgl. NLTB, TBA, W 19/3, Blätter 1–7. Zusammengehörig sind jeweils die Blätter 1 und 4, die Blätter 2 und 6 sowie die Blätter 3 und 5. Blatt 7 ist die Fortsetzung von Variante 1 und 4. Auch hier findet sich auf Blatt 2 Bernhards Notiz „Oehler? Wo?".
54 Vgl. NLTB, TBA, W 19/3, Blätter 1–7. In der Variante Blatt 1 und 4 gibt es noch keine Unterstreichungen, aber maschinenschriftliche Korrekturen, Variante Blatt 2 und 6 verfügt über maschinen- und handschriftliche Korrekturen sowie Unterstreichungen, Variante Blatt 3 und 5 ebenso.
55 Vgl. NLTB, TBA, W 19/3, Blatt 8r,v und 9r,v. Blatt 8r ist im zweiten Kapitel abgebildet (s. Abb. 5).

keit auf die Schriftgestalt und auf die einzelnen Textbausteine, aus denen der Text konstruiert ist. Es nimmt kaum Wunder, dass sich Siegfried Unseld, der schon die Unterstreichungen in Bernhards *Kalkwerk*-Typoskript als extrem störend empfand und diese nicht in den Druck umsetzen wollte, nach der Lektüre von Bernhards neuer Erzählung erneut deutlich gegen diese Kursivierungen im Text ausspricht.[56] Unseld kritisiert damit indirekt den oben beschriebenen Effekt der Kursivierungen, der für jemanden, dessen oberstes Credo die gute Lesbarkeit des Textes ist, ein eminentes Problem darstellt. Die „Schubkraft" von Bernhards Sprache, die Unseld in seinem Brief lobt, oder anders gesagt: die Betonung der Sukzession, steht mit den Kursivierungen auf dem Spiel. „Diese äußeren typographischen Dinge", wie Unseld die Kursivierungen nennt, unterbrechen den Lesefluss und gefährden nach seinem Dafürhalten die „Stringenz" des Textes.[57] Bernhard geht auf diese Kritik und explizite Bitte des Verlegers – anders als beim Druck des ein Jahr zuvor erscheinenden Romans *Das Kalkwerk* – offenbar zumindest in Teilen ein. Zwar ist die Druckfahne, die in großer Eile korrigiert werden muss, da Bernhard das Typoskript erst im letzten Moment geliefert hatte, im Nachlass nicht erhalten, es lässt sich jedoch feststellen, dass einige der Unterstreichungen, die in der Reinschrift vorkommen, im endgültigen Druck nicht umgesetzt worden sind. Als umso wichtiger müssen die Kursivierungen bewertet werden, die im letztgültigen Text tatsächlich stehengeblieben sind.

Sieht man sich die einzelnen Kursivierungen in *Gehen* an, so wird schnell deutlich, dass auch sie keine typographischen Mündlichkeitsmerkmale, sondern im Gegenteil genuin schriftlicher Natur sind. Bernhard baut durch die Kursivierungen eine Spannung zwischen der Semantik der Schrift und ihrer Gestalt auf, die schlussendlich dazu führt, dass die Wahrnehmung beständig vom Textverlauf in die Synopse kippt und *vice versa*. So werden zum Beispiel durch die Kursivierungen synoptisch wahrnehmbare typographische Konstellationen hergestellt, die eine Opposition bestimmter Wörter und Phrasen suggerieren, während semantisch allenfalls Scheingegensätze produziert werden:

> Wenn wir nicht immerfort *gegen,* sondern immerfort nur *mit* den Tatsachen existieren, sagt Oehler, gehen wir in kürzester Zeit zugrunde. Tatsache ist, daß unsere Existenz eine unerträgliche und entsetzliche Existenz ist, [...] es sollte uns also nichts wichtiger sein,

---

56 Vgl. Unseld, Brief 161 (15. Juni 1971). In: Bernhard/Unseld, Briefwechsel, S. 229.
57 Unseld, Brief 161 (15. Juni 1971). In: Bernhard/Unseld, Briefwechsel, S. 229.

> als immerfort wenn auch nur *in,* so doch gleichzeitig *gegen* die Tatsache einer unerträglichen und einer entsetzlichen Existenz zu existieren. Die gleiche Anzahl Möglichkeiten, *in (und mit)* der Tatsache der unerträglichen und entsetzlichen Existenz zu existieren, ist die gleiche, wie gegen die unerträgliche und entsetzliche Existenz und also *in (und mit)* und gleichzeitig *gegen* die Tatsache der unerträglichen und entsetzlichen Existenz. (G, 12)

Die anfangs aufgebaute Antithese zwischen „gegen" und „mit" wird im Laufe des Textes erweitert um ein kursiv gesetztes „in", das zunächst in die Nähe des „gegen" gerückt wird (‚es ist möglich in einer, aber zugleich auch gegen eine unerträgliche Existenz zu existieren'), um sodann jedoch gepaart mit einem „mit" aufzutreten, wodurch sich der anfängliche Gegensatz in Luft bzw. besser gesagt in die bloße Unterscheidung durch die variierende Schriftgestalt auflöst. Die einzelnen Textbausteine haben keine fixierbare Bedeutung mehr, sie verfügen nicht einmal über eine zuverlässig gleichbleibende Gestalt, wie das plötzlich recte gesetzte „gegen" in der vorletzten Zeile zeigt – die Auszeichnung und gestaltliche Betonung wirkt so vollkommen willkürlich. Die Wiederholung der unterschiedlich aussehenden, aber semantisch identischen Bausteine weist zudem auf die Gesamtkonstruktion des Textes hin, indem sie seine parallele Bauweise betont.

Die Akzentuierung der Schriftgestalt wird jedoch auch über die Nivellierung von Gegensätzen, etwa zwischen der Wiedergabe von Geschriebenem, Beobachtetem und Gesprochenem erreicht. Der Erzähler gibt Oehlers Bericht über sein Treffen mit Scherrer, dem Psychiater Karrers, wie folgt wieder:

> Jetzt bemerkte ich zum erstenmal ganz deutlich Anzeichen von Verrücktheit, sage ich zu Scherrer, worauf Scherrer sofort notiert: *Oehler (also ich!) sagt in diesem Augenblick: zum erstenmal ganz deutlich Anzeichen von Verrücktheit,* wie ich sehe, sagt Oehler, weil ich alles sehe, was Scherrer notiert, während ich rede, beobachte ich *nicht nur wie Scherrer reagiert, ich beobachte auch, was und wie Scherrer notiert.* Es überrascht mich nicht, sagt Oehler, daß Scherrer meine Bemerkung: *zum erstenmal ganz deutlich Anzeichen von Verrücktheit* unterstreicht. (G, 71)

Während hier zunächst Scherrers Notiz, also das von ihm Geschriebene, kursiv gesetzt wird – und der Leser somit etwa annehmen könnte, die Kursivierung bilde dessen Handschrift im Medium des Drucks ab –, hebt die darauffolgende Kursivierung das hervor, was Oehler beobachtet. Die letzte Kursivierung dieser Passage schließlich hebt das hervor, was Oehler Scherrer gegenüber geäußert hat – wobei hier unentscheidbar bleibt, ob die Kursive in diesem Fall tatsächlich Mündlichkeit abbildet oder die im Geschriebenen auf Dauer gestellte Äußerung Oehlers, die er in diesem Moment in Scherrers Notizen sieht.

Dies sind nur zwei Beispiele dafür, wie Bernhards Kursivierungen durch ihre semantische Entleerung bzw. Unzuverlässigkeit für eine Irritation des Lesevorgangs sorgen.[58] Der Blick bleibt an diesen kursivierten Wörtern, die nicht reibungslos prozessiert werden können, hängen, die kursiv gesetzten Textbausteine werden fixiert und bei dem Versuch, sie richtig ‚einzusortieren', wird auch die Gesamtkonstruktion des Textes synoptisch wahrgenommen.

4.5 Wiederholung und Variation als Verfahren zur Betonung der Sequenzialität

Die Betonung der Schriftgestalt, welche in einer synoptischen Betrachtung des Textes resultiert, wird jedoch nicht allein über die graphische Hervorhebung einzelner Textbausteine generiert. Der Bausteincharakter der Bernhard'schen Prosa offenbart sich auch in den exzessiven Wiederholungen und Variationen einzelner Wörter, Phrasen und ganzer (Teil-)Sätze, welche die in der Forschung viel beschriebenen Endlos- und Schachtelsätze erst generieren.[59] Durch den überkomplexen Satzbau wird das Leseverständnis oftmals erheblich erschwert, wodurch die einzelnen Textbausteine häufiger und länger fixiert werden, als es in einem ungestörten, flüssigen Leseprozess der Fall wäre. Die durch Anaphern und Epiphern geprägte litaneiartige Struktur der Sätze scheint ein ‚Thema' endlos abzuarbeiten, während *de facto* nur die immer gleichen Textbausteine wiederholt und variiert werden, was ebenfalls den konstruktiven Charakter der Prosa betont. Durch die für Bernhards Texte typische Aneinanderreihung der einzelnen schriftlichen Einheiten wird dabei einerseits das sukzessive Prinzip gesteigert, indem die Leserin geradezu gezwungen ist, den gebetsmühlenartigen Wiederholungen und ihren Abwandlungen lesend zu folgen, andererseits sind die Bausteine durch die Prinzipien der Wiederholung und Variation auch überdeutlich als solche *sichtbar*.

Bernhards Schreib- und Konstruktionsverfahren operieren, wie sich sowohl an diesen Effekten auf den Lesevorgang als auch in der Rekonstruktion seiner Arbeitsweise erkennen lässt, mit der sequenziellen Grundstruktur von Schrift, die aus der Aneinanderreihung *einzelner Elemente* eine *Abfolge* derselben herstellt. Dabei ist ein auf den ersten Blick paradoxer Mechanismus am Werk: Bernhard, der einzelne Textbausteine in identischer oder modifizierter Weise wiederholt, vervielfacht die distinkten Elemente der Schrift und generiert dadurch eine automatisch immer länger und komplexer werdende Struktur, die – so lautet die Anweisung des durch die Suhrkamp-Typographie erzeugten typographischen Dispositivs – sukzessiv

---

[58] Vgl. dazu meine ausführliche Analyse der Auszeichnungspraxis in Bernhards *Korrektur* in Kapitel 1.1.5 „‚Sichten und Ordnen' – Die Betonung der Schriftgestalt in Bernhards Korrektur".
[59] Vgl. exemplarisch Betten, Thomas Bernhards Syntax.

4.5 Wiederholung und Variation als Verfahren zur Betonung der Sequenzialität — 355

gelesen werden soll. Diese überdeutliche Anweisung ist gemeinsam mit den Konstruktionsverfahren Bernhards entscheidend für den Sog der Texte: Die Leserschaft folgt gehorsam den „grammatischen Exerzitien", um zum oftmals unerreichbar scheinenden Satzende, dem „Moment der Erlösung" zu gelangen.[60] Durch die spezielle Art der Textbaustein-Kombinatorik, die den Leser irritiert, da er die beharrlich auftauchenden ‚Kopien und Imitate' nicht erwartet und er es zudem mit semantischen Paradoxien und Uneindeutigkeiten zu tun hat, werden jedoch auch die einzelnen Schrifteinheiten immer wieder gestaltlich hervorgehoben.[61] Die Wahrnehmung kippt beständig zwischen sukzessiver Lektüre und Betrachtung der Schriftgestalt, da das Auge die Einheiten genau wie ihre Anordnung in den peripheren Seh-Bereichen simultan wahrnehmen kann, ohne die sukzessive Wahrnehmung komplett zu unterbinden.[62] Die häufigen Pro- und Regressionen des Blicks, welche die Folge dieser Irritation sind, und das zu lange Fixieren einzelner Wörter lenken die Aufmerksamkeit des Lesers einmal mehr auf die Textbausteine und ihre Anordnung.

Dieser Wahrnehmungswechsel lässt sich besonders gut an dem Punkt beobachten, an dem er regelmäßig und notwendigerweise eintritt, nämlich am Text*anfang*.[63] Das typographische Dispositiv, das dem Leser beim Aufschlagen der

---

60 Betten, Thomas Bernhard unter dem linguistischen Seziermesser, S. 187.
61 Die ‚Imitate' tauchen zudem oftmals gerade dann auf, wenn der Blick sich gerade mit einer ‚Kopie' angefreundet hat, sodass immer wieder neue Irritationen erzeugt werden. Vgl. das Auftauchen des Textbausteins „Wildente" und „Wildande" in Bernhards *Holzfällen* und meine Ausführungen dazu in Kapitel 2.2.7 „Visuelles Schreiben" sowie Abb. 24 im selben Kapitel.
62 Vgl. dazu noch einmal Werner Kogge: „Mit dem Konzept der Sequenz tritt [...] das Phänomen einer Abfolge von Elementen im Sinne eines pragmatisch relevanten Nacheinanders auf den Plan. Damit läßt sich eine zentrale Einsicht der jüngeren Schriftforschung präzisieren. Diese stellte nämlich heraus, dass sich Schrift über die Linearität der Buchstabenfolgen hinaus die Zweidimensionalität des Schriftbildes zunutze macht. [...] [W]ir [können] eines der Potenziale, die Schrift epistemologisch so relevant macht, gerade in dieser Möglichkeit sehen, Simultaneität und Sukzession miteinander zu verbinden. Dass im Schreiben und Lesen stets ein Teil des Geschriebenen/Gelesenen präsent ist, und als präsente Konfiguration Übergänge zu den nachfolgend aktualisierten Elementen ‚regelt', dieses skripturale Phänomen zu erfassen, ermöglicht der Terminus der Sequenzialität." Kogge, Schrift und das Rätsel des Lebendigen, S. 352, Anm. 96.
63 Ich beziehe mich hier und im Folgenden auf Andrea Polascheggs Untersuchung zum Textanfang als dem Moment, „an welchem der synoptische Aspekt der Bild- oder Schriftfläche in den Einsatz eines Verlaufs umschlägt und dabei in den unbesehenen Hintergrund des Anfangsgeschehens rückt. Als emergentes Ereignis ist dieses Geschehen insofern zu begreifen, als der Textanfang weder aus der *eo ipso* anfangslosen Fläche abgeleitet noch mit dem Beginn der Flächenbetrachtung gleichgesetzt werden kann. Vielmehr erscheint er als gegebener bzw. vorgefundener Anfang eines Verlaufs, dessen Aktualisierung mit einem kategorialen Wechsel des Wahrnehmungsmodus von der Simultaneität in die Sukzession einhergeht." Polaschegg, Der Anfang des Ganzen, S. 135.

ersten Textseite vor Augen steht (s. Abb. 6), konditioniert ihn, den Text von vorn bis hinten lesend zu durchlaufen. Zwar gilt diese Leseanweisung für die überwiegende Mehrheit literarischer Texte,[64] jedoch suggeriert Bernhards *Gehen*, wie bereits angedeutet, durch die typographische Gestaltung seine eigene ‚Dichte', in besonderer Weise: Ein solch ‚dichter' Text kann – so der Appell an den Leser – nur durch präzise Lektüre durchdrungen werden. Diese zweifach oktroyierte lesende Sinnsuche beginnt – zwangsläufig – mit dem ersten Satz.

> Während ich, bevor Karrer verrückt geworden ist, nur am Mittwoch mit Oehler gegangen bin, gehe ich jetzt, nachdem Karrer verrückt geworden ist, auch am Montag mit Oehler. Weil Karrer am Montag mit mir gegangen ist, gehen Sie, nachdem Karrer am Montag nicht mehr mit mir geht, auch am Montag mit mir, sagt Oehler, nachdem Karrer verrückt und sofort nach Steinhof hinaufgekommen ist. Und ohne zu zögern, habe ich zu Oehler gesagt, gut, gehen wir auch am Montag, nachdem Karrer verrückt geworden ist und in Steinhof ist. Während wir am Mittwoch immer in die eine (in die östliche) Richtung gehen, gehen wir am Montag in die westliche, auffallenderweise gehen wir am Montag viel schneller als am Mittwoch, wahrscheinlich, denke ich, ist Oehler mit Karrer immer viel schneller gegangen als mit mir, weil er am Mittwoch viel langsamer, am Montag viel schneller geht. Aus Gewohnheit gehe ich, sehen Sie, sagt Oehler, am Montag viel schneller als am Mittwoch, weil ich mit Karrer (also am Montag) immer viel schneller gegangen bin als mit Ihnen (am Mittwoch). Weil Sie, nachdem Karrer verrückt geworden ist, nicht mehr nur am Mittwoch, sondern auch am Montag mit mir gehen, brauche ich meine Gewohnheit, am Montag und am Mittwoch zu gehen, nicht zu ändern, sagt Oehler, freilich haben Sie, weil Sie jetzt Mittwoch *und* Montag mit mir gehen. Ihre Gewohnheit sehr wohl verändern müssen und zwar in für Sie wahrscheinlich unglaublicher Weise verändern müssen, sagt Oehler. Es sei aber gut, sagt Oehler und er sagt in unmißverständlich be-
>
> 7

Abb. 6: Thomas Bernhard, *Gehen* (EA), Satzspiegel erste Seite.

---

64 Vgl. dazu Andrea Polaschegg, (K)ein Anfang des Ganzen. Das skulpturale Werkkonzept der Klassik und seine Folgen für die Literaturwissenschaft. In: Konstellationen der Künste um 1800, hg. von Thorsten Valk und Albert Meier, Göttingen 2015, S. 99–124, hier S. 122 f.: „Im Unterschied zu wissenschaftlichen Texten, Enzyklopädien, Zeitungsartikeln und Bedienungsanleitungen akzentuieren literarische Texte ihre Verläuflichkeit [...] in ganz besonderem Maße, was sich an ihrer spezifischen typographischen Gestaltung ebenso ablesen lässt wie an der Form (respektive dem Fehlen) ihrer Paratexte. [...]. Betrachtet man Texte also als Operationsfelder [...] und begreift man Paratexte als Institutionen zur Lenkung dieser Operationen, dann präsentiert sich das Fehlen von Verzeichnissen, Randglossen und Zwischenüberschriften als deutlicher Indikator für einen vorgesehenen Gebrauch literarischer Texte, der darin besteht, sie tatsächlich (mindestens einmal) von Anfang bis Ende durchzulesen."

4.5 Wiederholung und Variation als Verfahren zur Betonung der Sequenzialität — 357

Ganz auf den Verlauf des Textes geeicht, wird der Leser oder die Leserin das initiale „Während" als temporale Konjunktion begreifen, die zwei simultan ablaufende Vorgänge markiert (etwa ‚in der Zeit, als ich dies und jenes tat, geschah etwas anderes'). Die auf das „Während ich" folgende Parenthese „bevor Karrer verrückt geworden ist" unterbricht den Nebensatz und den gerade erst in Gang gekommenen Leseprozess – um mit Bernhards Vokabular zu sprechen – ‚urplötzlich' und spannt zudem eine komplexe Zeitkonstellation auf („während ich dies und jenes tat, [...], bevor Karrer verrückt geworden ist, geschah *noch* etwas anderes."). Erst die verzögerte Fortsetzung des Nebensatzes eröffnet dem Leser durch das kleine Wörtchen „nur", das so eine besondere Hervorhebung erfährt, dass es ich beim „während" nicht wie angenommen um eine temporale, sondern um eine adversative Konjunktion handelt (‚Während ich, bevor Karrer verrückt geworden ist, nur am Mittwoch mit Oehler gegangen bin, geschah zu einer anderen Zeit etwas anderes.') Mit welch großem Bedacht Bernhard diese doppelwertige Konjunktion gewählt halt, lässt sich unschwer daran erkennen, dass er im handschriftlichen Entwurf des Anfangs von *Gehen*, den er später fast identisch in das endgültige Typoskript übernimmt, eine vorher gewählte Konjunktion mit „Während" überschreibt und unterstreicht.[65] Die Irritation, die sich einerseits der Erwartungshaltung des Lesers verdankt und andererseits durch die stakkatoartige Verschachtelung des Satzes ausgelöst wird, lässt das lesende Auge nach nur einem halben Satz entweder zurück an den Anfang des Textes springen oder durch diese Irritation verlangsamt weiterlesen. Sowohl bei der erneut beginnenden als auch bei der fortschreitenden Lektüre ist es vor allem die *Bauweise* des Satzes, die überdeutlich hervortritt: Die gezielt abrupte Unterbrechung des Nebensatzes, der durch einfache Umstellung sehr viel einfacher heißen könnte (‚Während ich nur am Mittwoch mit Oehler gegangen bin, bevor Karrer verrückt geworden ist [...]'); das deiktische „jetzt", welches sich für den Leser weniger auf einen durch den Text eröffneten Vorstellungsraum bezieht als vielmehr auf den Text in seiner Medialität selbst,[66] indem das „jetzt" quasi

---

[65] Vgl. NLTB, TBA, W 19/3, Blatt 8r. Das zuerst notierte Wort ist kaum noch erkennbar, die für Bernhards Handschrift charakteristischen Buchstaben „g" in der Mitte und „ch" am Ende könnten jedoch am ehesten für ein „Obgleich" sprechen. Dieses würde, obwohl beide Konjunktionen eine Simultanität der in Haupt- und Nebensatz verhandelten Handlungen oder Geschehnisse herstellen, durch seine Eindeutigkeit als *adversative* Konjunktion, einen Gegensatz zwischen den Teilsätzen ankündigen und so das Verständnis des Gelesenen stark vereinfachen.

[66] Die große Relevanz von Deiktika – sowie von anderen oft übersehenen ‚Kleinigkeiten' wie Pronomina, Konjunktionen und Artikeln – für die Verlaufsdynamik von Texten und die dadurch produzierten Sinneffekte hat Andrea Polaschegg nachgewiesen anhand ihre detailgenauen Analysen von Klees *Anfang eines Gedichts*, Heyses *Amazonenflucht*, Mallarmés *Un coup de dés*

den Startschuss für den erneuten Wahrnehmungswechsel gibt, der durch das darauffolgende und nur leicht variierte „nachdem Karrer verrückt geworden ist" initiiert wird; die für Bernhard so typische Wiederholung des Namens „Oehler" statt der im Deutschen üblichen Verwendung eines Personalpronomens; und der sich für den Leser faktisch als nicht besonders wichtig darstellende Gegensatz zwischen „Mittwoch" und „Montag" – all dies lenkt das Augenmerk auf die Austauschbarkeit der Textbausteine und die *Konstruktion* des für Bernhards Verhältnisse extrem kurzen Satzes. Der durch das typographische Dispositiv annoncierten sinnsuchenden Lektüre wird so schon zu Beginn des Textes eine Absage erteilt. Während die Idee einer semantischen Kohärenz sich beim ersten Blick auf den typographisch ‚dichten' Satzspiegel förmlich aufdrängt, entpuppt sich der erste Satz als eine Aneinanderreihung von überflüssigen Textbausteinen, die im buchstäblichen Sinne über-flüssig sind, da sie den Satz als potenzierte konsekutive Anordnung von Schriftelementen ausstellen und so paradoxerweise *auch* als Sukzessions-Generatoren wirken. Die Wahrnehmung kippt durch diese wechselnde Betonung der einzelnen Elemente und ihrer Aneinanderreihung immer wieder zum simultanen Betrachten und zurück zum sukzessiven Lesen der Schrift. Besonderen Erkenntniswert gewinnt dieser Umschlag am Anfang des Textes insofern, als er – mit Andrea Polaschegg gesprochen – den Textanfang als emergentes Ereignis tatsächlich *anschaulich* werden lässt:

> [Die Emergenz des Anfangs] markiert [...] innerhalb des sinnlich Wahrnehmbaren den Umschlag vom Aspekt der (Bild-)Synopse zum Aspekt des (Text-)Verlaufs, bleibt also – um die in den Poststrukturalismus fortgeschriebene Metaphorik der Zwei-Welten-Ontologie aufzugreifen – ein Ereignis der ‚Oberfläche'. Auf eben dieser Oberfläche, im Bereich des sinnlich Wahrnehmbaren also, wird das Phänomen des Textanfangs überhaupt erst greifbar, das als Einsatz eines gerichteten Verlaufs ausschließlich aisthetisch zu fassen ist.[67]

Durch Verfahren der Wiederholung und Variation und durch den wörtlich zu verstehenden *Einsatz* von Textbausteinen – Bernhard macht in all seinen Texten exzessiven Gebrauch von solchen den Satz unterbrechenden *und* verlängernden Einschüben – wird die Sukzession erschwert oder verlangsamt, was einen beständigen Wechsel zwischen sukzessivem Lesevorgang und synoptischer Wahrnehmung generiert. Die Aufmerksamkeit des Lesers, der durch das typographische Dispositiv auf den am Anfang eines literarischen Textes notwendigerweise voll-

---

sowie des Johannesprologs und der ersten Schöpfungserzählung der Bibel. Vgl. Polaschegg, Der Anfang des Ganzen, Kap. 3.4 (insb. S. 90 ff.), Kap. 3.7, Kap. 3.10, Kap. 4.3 und Kap. 4.5.
67 Polaschegg, Der Anfang des Ganzen, S. 96.

4.5 Wiederholung und Variation als Verfahren zur Betonung der Sequenzialität — 359

zogenen Wahrnehmungswechsel von der Zusammenschau des Satzspiegels zur sukzessiven Lektüre eingestellt ist, wird immer wieder auf die Schriftgestalt und die Anordnung der Textbausteine zurück gelenkt.[68] Ohne jedoch – und dies ist entscheidend – den Modus der sukzessiven Lektüre komplett zu unterbinden. Die Leserschaft ist und bleibt geeicht auf den Verlauf des Textes und den Fortgang der Lektüre.

Auch dieser entpuppt sich jedoch als Absage an eine ungestörte lesende Sinnsuche. Peter Kahrs' Darstellung der ersten Sätze von *Gehen* ist dabei kaum etwas hinzuzufügen:

> Auf die Verwendung von Pronomen wird hier – wie auch überwiegend in der gesamten Erzählung – verzichtet. Statt dessen gewährleistet das relativ einfache Mittel der Wiederholung die Textkohärenz. Obwohl die Perspektive in jedem Satz wechselt, bleibt der informative Zugewinn jeweils gering. Narrative Passagen und Oehlers in direkter Rede wiedergegebene Äußerungen bauen sich im Wechsel zu einer „musikalischen" Struktur auf, deren tautologischer Charakter offensichtlich ist. Wie Dominosteine werden etwa die Präpositionalphrasen „bevor [nachdem] Karrer verrückt geworden ist" über die Satzgrenze und damit über die jeweilige Figurenperspektive hinaus ausgetauscht. Oehlers Bemerkung enthält fast dasselbe Wortmaterial wie der erste Satz, der dem Ich-Erzähler zugeordnet ist. Oehlers als Redeweise veräußerlichte Gedanken kreisen somit um die gleichen Dualismen wie die des Erzählers: Mittwoch / Montag, vorher / nachher, östliche Richtung / westliche Richtung, langsam / schnell. Wäre von einer mit konventionellen Mitteln erzählten Geschichte gerade am Anfang eine Konturierung der auftretenden Figuren zu erwarten, unternimmt Bernhard hier das Gegenteil: Seine Figuren ergänzen sich und reden die gleiche Sprache. In dem sich sukzessive aufbauenden Monolog wird mit jedem weiteren Satz nur wenig nicht-redundante Information gegeben: Karrer ist nach „Steinhof" verbracht worden, die Wegrichtung und Gangarten waren an den beiden Tagen sehr unterschiedlich.[69]

Dass Bernhards Text sich beim ‚Austausch von Dominosteinen', wie Peter Kahrs richtig erkennt, nicht um die Grenzen der sich ändernden Figurenperspektive schert und die Perspektiven selbst weder Kohärenz stiftend noch von semantischer Relevanz oder für die „Konturierung der auftretenden Figuren" entscheidend sind, unterstützt einmal mehr die Beobachtung, dass die Perspektive lediglich aufgepfropft und ausschließlich durch den – in der Textgenese von *Gehen* später hinzugetretenen – Textbaustein der Inquit-Formeln definiert ist. Obwohl

---

[68] Andrea Polaschegg beschreibt diesen Effekt bezüglich Paul Klees *Anfang eines Gedichts* (1938) wie folgt: „Mit dem Einstieg in den Textverlauf rückt die Synopse des Bildes notwendig ins Unbesehene; tritt sie dagegen hervor, wird die Verläuflichkeit sofort in der Fläche aufgehoben." Polaschegg, Der Anfang des Ganzen, S. 97.
[69] Kahrs, Thomas Bernhards frühe Erzählungen, S. 153.

Kahrs' Untersuchung wiederholt auf die sprachliche und sprachskeptische Dimension von *Gehen* abhebt,[70] zeugt seine Lektüre deutlich vom Eindruck eines konstruktiven Charakters des Bernhard'schen Textes: So würden laut Kahrs Präpositionalphrasen wie „Dominosteine" ausgetauscht; „narrative Passagen" (und damit klar erkennbare, sukzessiv organisierte Text-Einheiten) würden sich mit anderen Einheiten (Oehlers direkter Rede) abwechseln; diese wechselnden Einheiten würden sich dann zu einer „‚musikalischen' Struktur" aufbauen, deren tautologischer Charakter „offensichtlich" sei, offensichtlich im Sinne meiner Argumentation deshalb, weil das ständig wiederholte „Wortmaterial" zunächst vor dem lesenden und alsdann vor dem inneren Auge bestehen bleibt; der „sich sukzessive aufbauende[] Monolog" böte dem Leser „nur wenig nicht-redundante Information" und lenkt, so meine These, auch die Aufmerksamkeit des professionellen Lesers auf das sich schriftgestaltlich manifestierende Konzentrat dieser Passage: „Mittwoch / Montag, vorher / nachher, östliche Richtung / westliche Richtung, langsam / schnell." Kahrs' in Anführungszeichen gesetzte „‚musikalische' Struktur" macht dabei die Unsicherheit darüber deutlich, wie eine solche, von „einer mit konventionellen Mitteln erzählten Geschichte" abweichende Textur zu nennen sei. Kahrs betont in diesem Zusammenhang, dass die Musikalität der Bernhard'schen Texte nicht „im Sinn von Klangzauber, sondern als Konstruktionsprinzip" zu verstehen sei.[71] Allerdings wird das Konstruktions*material* hier wie in weiten Teilen der Bernhard-Forschung[72] als genuin *sprachliches* angesehen. Dieses phonographisch-sprachzentrierte Verständnis von Schrift verstellt jedoch den Blick auf die offensichtliche Hervorhebung der Schriftgestalt in Bernhards Prosa. Zwar bemerkt Kahrs wie auch andere Bernhard-Exegeten an mehreren Stellen Auffälligkeiten der Schriftgestalt, nutzt diese jedoch paradoxerweise gerade als Beleg für die These ihrer musikalischen oder quasi-mündlichen Beschaffenheit.[73] Als Beweis für die „antidiskursive und quasi-mündliche Erzählweise der Prosa" nennt Kahrs zuallererst die „im Satzbild auffälligen

---

[70] Vgl. Kahrs, Thomas Bernhards frühe Erzählungen, S. 27–35.
[71] Kahrs, Thomas Bernhards frühe Erzählungen, S. 191f.
[72] Vgl. exemplarisch Grieshop, Fingierte Mündlichkeit. Thomas Bernhards *Korrektur* [Kap.]. In: Grieshop, Rhetorik des Augenblicks. Vgl. ebenso Kappes, Schreibgebärden oder Langendorf, Schimpfkunst. Mit Schreiben und Schrift ist hier stets Notation von mündlicher Sprache oder Sprachstilistik gemeint, die Eigengesetzlichkeiten der Schriftstruktur und -gestalt werden praktisch komplett außer Acht gelassen.
[73] Vgl. etwa Grieshop, Rhetorik des Augenblicks, S. 72ff. und insb. 126ff. Die „Augenblickspoesie" wird hier zwar anhand der richtig beobachteten schriftgestaltlichen Besonderheiten entwickelt, daraus dann allerdings eine lautsprachliche Musikalität der Texte abgeleitet.

4.5 Wiederholung und Variation als Verfahren zur Betonung der Sequenzialität — 361

Auslassungszeichen".[74] Wie ich an anderer Stelle dieser Untersuchung gezeigt habe, verselbstständigen sich diese Auslassungszeichen, welche konventionell tatsächlich Mündlichkeit simulieren bzw. den Abbruch einer Rede markieren, in Bernhards Texten durch ihre extensive Wiederholung jedoch und büßen so ihre mündliche Qualität ein.[75] Sie werden zu materialisierten Leerstellen, die aus dem Fließtext gestaltlich hervortreten, genauso wie die „schütteren Stellen" in *Gehen*.[76] Kahrs' zweites Argument dafür, dass Bernhards Stil auf mündliche Alltagssprache referiere, ist der Verweis auf eine „gelockerte Kohärenz, wie sie in schriftkonstituierten Texten nicht zu erwarten ist".[77] Tatsächlich trifft eine solch „gelockerte Kohärenz" die Leserin des Bernhard'schen Textes besonders unerwartet – und ist mithin poetologisch umso signifikanter –, da nicht nur das typographische Dispositiv eine gesteigerte ‚Dichte', sondern auch die grammatische Struktur der Texte selbst kohärente Sinnhaftigkeit suggeriert. Christian Klug bemerkt in seiner Studie zu Bernhards Theaterstücken, dass Bernhard

> für den Rezipienten [kaum bemerkbar][...] elementare Prädikationen in einem komplexen syntaktischen Gebilde zu einer abstrusen Gesamtaussage [verknüpft]. Wenn in Interpretationen immer wieder der rationale Charakter des Gefüges (im Gegensatz zur Irrationalität

---

74 Kahrs, Thomas Bernhards frühe Erzählungen, S. 46.
75 Vgl. Kapitel 2.2.5 „Satzzeichen" in der vorliegenden Untersuchung.
76 In diesem Zusammenhang ist es deshalb auch umso frappierender, dass Kahrs bei seiner Analyse der „schütteren Stellen" jedwede schriftliche Dimension mit aller Gewalt ausblendet, während seine Formulierungen jedoch ungewollt genau darauf abheben: „Karrer, der sich vom Verkäufer ununterbrochen neue Hosen *gegen das Licht halten* läßt, fordert mit der Unbedingtheit des Wahrheitsfanatikers, daß die Wahrnehmung der äußeren Wirklichkeit (die Hosen) mit den Bezeichnungen (den Etiketten) übereinstimmen. Seine ununterbrochen Versuche zu *lesen* scheitern an den *„schütteren Stellen"* bzw. an den Auszeichnungen, die dieser Tatsache widersprechen." (Kahrs, Thomas Bernhards frühe Erzählungen, S. 161 [Hvh. im Original, C.M.]) Die „Auszeichnungen" erteilen nicht nur einer Abbildung von Realität durch Sprache eine Absage, sie widersetzen sich – versteht man sie wortwörtlich als *typographische* Auszeichnungen – zunächst einmal und ganz banal dem Lesen des *Textes*. Zwar ist es ein attraktives, von Alois Eder entliehenes Bild, diese Iteration als „Musikstück" zu begreifen, das „in ein mechanisch wiederholtes Geräusch übergeht, wenn die Abtastnadel auf einer defekten Schallplatte in der Rille hakt", was, so Kahrs, dazu führe, dass sich der „Ausdruck der Rede bei unablässiger Wiederholung in der Referenzlosigkeit" verliere (S. 161), allerdings spricht weder die Rezeption des deutlich *visuell* auffälligen Textes noch der Text selbst dafür, dass es sich hier um wie auch immer geartete akustische Qualitäten handelt, da dieser doch betont, dass es sich bei den „schütteren Stellen" um exakt das handelt, was Karrer gerade *nicht* mehr hatte sagen können. Vgl. zu Kahrs' Ausführungen Eder, Perseveration als Stilmittel moderner Prosa, S. 85.
77 Kahrs, Thomas Bernhards frühe Erzählungen, S. 46. Kahrs rekurriert hier auf die in der Bernhard-Forschung einflussreiche linguistische Untersuchung von Anne Betten, Sprachrealismus im deutschen Drama der siebziger Jahre, Heidelberg 1985, S. 385 ff.

> von Wortwahl und Gehalt) hervorgehoben wird, so darf das nicht so verstanden werden, als
> entspräche die Konstruktion tatsächlich immer einem explizierbaren Sinn. Vielmehr fungiert die verschachtelte Syntax für sich als ein sinnliches Zeichen (Signal) für Rationalität,
> Überblick, Differenziertheit [...].[78]

Was Klug hier treffend beschreibt, ist die Suggestion einer kontinuierlichen Sukzession des Textes, deren – mit Andrea Polaschegg gesprochen – „Folge-Richtigkeit [...] sich als nachgerade zwingend präsentiert", und zwar obwohl „im Textverlauf schließlich allein das Nachfolgen *eines* nächsten Wortes, *einer* nächsten Sequenz oder Phrase, *eines* nächsten Satzes oder Verses [„determiniert" ist] [...]."[79] In Bernhards Texten steht die tatsächliche Folge der Wörter, Sequenzen und Phrasen jedoch quer zur angenommenen „Folge-Richtigkeit", da diese im Übermaß und wortwörtlich wiederholt werden, ihre typographische Hervorhebung keine semantische Entsprechung findet oder sie durch die Mechanismen der Wiederholung und Variation die Bauweise der Prosa so sehr betonen, dass die inhaltliche Kohärenz der Sätze sowohl beim Lesen als auch beim Verstehen der Sätze vollkommen in den Hintergrund tritt. Die von Kahrs konstatierte „gelockerte Kohärenz" der Bernhard'schen Prosa, die ihm als Beleg ihres quasi-mündlichen Charakters dient, ist allerdings nur ein weiteres Zeichen dafür, dass die Kohärenz hier schlicht an der falschen Stelle gesucht wird. Entgegen der sprach- und medientheoretischen Überzeugung, dass Textkohärenz ein genuines Phänomen der *Tiefenstruktur* von Texten sei,[80] lenken Bernhards Schreibverfahren das buchstäbliche Augenmerk des Lesers immer wieder auf die aisthetische Dimension des Textes und machen so deutlich, dass Kohärenz sich an der ‚Text-Oberfläche', nämlich über die wahrnehmbare Gestalt und Struktur der Schrift herstellt. Interessanterweise verzichtet der Bernhard'sche Text weitestgehend auf kohäsive Elemente, die man landläufig auf eben dieser Textoberfläche erwarten würde – am Eindrücklichsten ist der nahezu komplette Verzicht auf die im Deutschen so üblichen beziehungsstiftenden Pronomina –, und reduziert sie auf exakt *ein* Mittel: den hochgradig unüblichen exzessiven Gebrauch von Rekurrenzen, d. i. die Wiederholung exakt gleicher oder variierter Wörter oder Phrasen. Ganz gemäß ihrer lateinischen Bedeutung dienen diese Rekurrenzen in Bernhards Text aufgrund ihrer Anhäufung nicht etwa dazu, dem Text einen *syntaktisch-semantischen* Zusammenhang auf der Textoberfläche zu verleihen, sie stellen im Gegenteil einen *strukturellen und gestaltlichen* Zu-

---

[78] Klug, Thomas Bernhards Theaterstücke, S. 141.
[79] Polaschegg, Der Anfang des Ganzen, S. 120.
[80] Vgl. den Überblick über die verschiedenen Positionen der Forschung in Cristina Cezara Missing, Kohärenz und Komplexität, Kassel 2016, insb. S. 42–74.

4.5 Wiederholung und Variation als Verfahren zur Betonung der Sequenzialität — 363

sammenhang der Elemente auf der Textoberfläche aus, indem sie der eigentlich von vorn nach hinten gerichteten Sukzession des Textes *zuwiderlaufen* und stets nur auf die bereits wahrgenommenen identischen Wörter und Phrasen verweisen.[81]

Ziel meiner Analyse des in der Forschung bereits viel besprochenen Prosatexts *Gehen* war es, durch die Fokussierung auf die spezifische Betonung der Gestalt und Struktur der Schrift einen neuen Blick auf den Text zu werfen. Einerseits lassen sich in der ‚Mutation' der Rezeption, die immer wieder von der sukzessiven Lektüre zur simultanen Betrachtung der Schrift kippt, die Wirkungseffekte einer produktionsseitigen ‚Manipulation' erkennen. Bernhards ‚Handhabung' von Schrift ist geprägt von der Kombination einzelner Einheiten, den in meiner Arbeit sogenannten Textbausteinen, die aneinandergefügt, ausgetauscht, ausgeschnitten, unterstrichen, kopiert und modifiziert werden können. Diese an Konstruktivität kaum zu überbietenden Schreibverfahren sorgen dafür, dass die der Schrift grundsätzlich eignende sequenzielle Struktur überbetont wird, was sich im Lesen durch die Wahrnehmung der einzelnen Textbausteine und ihrer Konstellation abzeichnet. Andererseits sind diese Wirkungseffekte Hinweis auf das epistemologische Potenzial des Bernhard'schen Textes hinsichtlich der Bedingungen des Lesens – und Verstehens – literarischer Texte. Durch den beschriebenen Kippvorgang wird dieser Prozess vorgeführt und diskutiert, indem die Schriftgestalt anders als in einem ‚normalen' Lesevorgang immer wieder in den Vordergrund der Wahrnehmung tritt. Eminenten Anteil an diesem Prozess hat die spezifische typographische Gestaltung der Texte, die sichtbar um eine gute Lesbarkeit bemüht ist, durch das stereotype *Bild* eines Prosatextes jedoch Erwartungen beim Leser weckt, die den Kippeffekt noch verstärken. Während die Leserin – auch konditioniert durch die Bewerbung der Autorenmarke Bernhard – einen ‚dichten', philosophischen Text vor sich glaubt, der lesend durchdrungen werden soll, arbeitet der Text systematisch

---

[81] Diese Zusammenhänge können hier nur angerissen werden und bedürfen einer detaillierten textlinguistischen Analyse. Ein vielversprechender Ansatz dazu findet sich in Heiko Hausendorf, Wolfgang Kesselheim, Hiloko Kato u. a., Textkommunikation. Ein textlinguistischer Neuansatz zur Theorie und Empirie der Kommunikation mit und durch Schrift, Berlin/Boston 2017. Hier werden die Phänomene Kohärenz und Kohäsion in Abhängigkeit sowohl zur konkreten typographischen Buch- und Seitengestaltung als auch in Hinblick auf die Lesbarkeit des Textes gedacht, die wiederum in direkten Zusammenhang mit der Schriftgestalt(ung) gebracht wird (vgl. insb. Kap. 3 „Lesbarkeitshinweise" und Kap. 4 „Lesbarkeitsquellen").

gegen die eigene Verläuflichkeit an.[82] Dieses aufrechterhaltene Spannungsverhältnis, das die Lektüre einerseits erschwert und andererseits reizvoll macht – eine in der Forschung vieldiskutierte Eigenschaft der Bernhard'schen Texte –, lässt im wahrsten Sinne anschaulich werden, dass die Lektüre von Texten stets an das Medium Schrift mit all seinen gestaltlichen und strukturellen Eigengesetzlichkeiten gebunden ist und *bleibt*. Während des Leseprozesses wird Schrift, das macht Bernhards Text deutlich, nämlich nicht etwa auf einen wie auch immer gearteten ‚hinter' oder ‚unter' ihr liegenden Sinn transparent gemacht oder verschwindet gar gänzlich,[83] sie verbleibt stets als operative Struktur im Bereich des Aisthetischen, auch wenn in dem Moment, wo das Lesen (immer wieder) einsetzt, von der Schriftgestalt im Wortsinn abgesehen werden muss. An den Wirkungseffekten der Bernhard'schen ‚Schreibweise' lassen sich indes zu guter Letzt nicht nur die Bedingungen, Möglichkeiten und Beeinflussungen von Rezeptionsprozessen ablesen, sondern auch diejenigen der *Sinn*produktion. Dadurch, dass die Wörter, Phrasen und Satzteile gestaltlich betont und nur durch ihre Konstruktion kohärent an der Textoberfläche ausgestellt werden, erscheinen sie entweder semantisch entleert oder ‚im Fluss', obwohl sie fast mit Händen greifbar wirken.[84] Die Forschung, welche diese semantische Ambivalenz der Begriffe beharrlich als *Sprach*skepsis deutet,[85] verkennt dabei, dass sie ein direkter Effekt von Bernhards spezifischem Umgang mit *Schrift* ist, der – in Abhängigkeit mit der typographischen Gestaltung – die Prozesse unseres Lesens und Verstehens determiniert. Auch verkennt sie so den konstruktiven Charakter des Bernhard'schen Textes, der ein alternatives Erkenntnismodell anbietet, das im visuellen Abtasten der Schriftgestalt und der synoptischen Zusammenschau der Textfläche besteht und weniger in der sinnsuchenden Lektüre des sukzessiven Textverlaufs. Oder, um es lapidar mit der Hauptfigur Reger aus Bernhards zuletzt geschriebenen Roman *Alte Meister* zu sagen: „Wer alles liest, hat nichts begriffen."[86]

---

[82] Wie bereits geschildert, ist die typographische Gestaltung durch das Seitenarrangement in Bernhards Typoskripten angelegt, was darauf hindeutet, dass die erzeugte Spannung zwischen blockartiger, ‚dichter' Erscheinung hier durchaus vom Autor intendiert und durch die Gestaltung und Vermarktung des Suhrkamp Verlags auf die Spitze getrieben ist.
[83] Vgl. zu dieser in der Sprach-, Literatur- und Medientheorie weit verbreiteten Vorstellung noch einmal die Kritik von Fehrmann/Linz, Resistenz und Transparenz der Zeichen.
[84] Vgl. Windrich, TechnoTheater, S. 203.
[85] Vgl. exempl. Eyckeler, Reflexionspoesie.
[86] Bernhard, Alte Meister (WA), S. 27. Ich komme auf diesen Punkt im Ausblick meiner Arbeit zurück und deute ihn hier als fetischistische Strategie, die das handgreifliche Substitut der Schriftgestalt an Stelle des nicht erreichbaren Signifikats setzt.

Ausblick

Die vorliegende Arbeit hat ihren Blick intentional auf das Phänomen der Schrift in Bernhards Prosa-Texten verengt, da die Forschung das Potenzial, das in einer solchen Analyse liegt, bisher nur sehr wenig erkannt hat. Die Struktur und Gestalt von Schrift hat entscheidende Auswirkungen auf Bernhards Schreib- und Kompositionsverfahren: Wie die Analyse des Nachlasses zeigt, *sieht* und *begreift* Bernhard Schrift im buchstäblichen Sinne als Material mit operativem Potenzial, das – in enger Zusammenarbeit mit der Schreibmaschine – zur Konstruktion von Texten eingesetzt werden kann. Doch nicht nur für die Textproduktion spielt die Gestalt und die (manipulierbare) Struktur von Schrift eine wichtige Rolle. Auch in der typographischen Übersetzung in den Drucktext kommen der Schrift Aufgaben zu, die über das bloße sprachliche Signifizieren hinausgehen. Typographie und Buchgestaltung tragen entscheidend dazu bei, *wie* wir Bernhards Texte lesen: nämlich als solche, die auf ‚Tiefsinn' angelegt sind und somit eine genaue, fortschreitende Lektüre erfordern. Dass die Texte sich jedoch einer solchen Lektüre – und ebenso einer auf diesen Tiefsinn ausgerichteten hermeneutischen Ausdeutung – widersetzen, ist ein Effekt von Bernhards Umgang mit Schrift.

Bernhards poetische Verfahren können durchaus fetischistisch genannt werden. Zwar kann zum Fetisch nur werden, was (1.) ein stoffliches Ding ist, das (2.) aus seinem konventionellen Gebrauchs- und Sinnkontext herausgelöst wird,[1] jedoch behandelt Bernhard seine Textbausteine eben so, als *seien* sie materielle Dinge, die nicht nur visuell wahrgenommen, sondern mit denen auch schreibende und konstellierende Operationen durchgeführt werden können. Die Herauslösung der Schriftzeichen aus dem funktionalen Kontext des Signifizierens konzentriert sie auf ihren materiellen Träger; aus gehaltvollen *Worten* werden gestaltlich materialisierte und handhabbare *Wörter*. Dieser andersartige Gebrauch der Textbausteine, die, wie die Analyse von Bernhards Arbeitsweise gezeigt hat, nicht nach semantischen Prinzipien, sondern nach visuellen Kriterien komponiert werden, wirkt sich auf die Rezeption der Texte aus: Die sukzessive Lektüre wird durch die langen und komplex gebauten Sätze, die zudem mit den immer gleichen Wörtern ‚versetzt' sind, erheblich gestört. Durch ihre Wie-

---

[1] Vgl. Andrea Polaschegg, Moses in Wonderland oder Warum Literatur (nicht) fetischisierbar ist. In: Der Code der Leidenschaften. Fetischismus in den Künsten, hg. von Hartmut Böhme und Johannes Endres, München 2010, S. 70–95, insb. S. 72–74. Vgl. ebenso Giorgio Agamben, Stanzen, Zürich/Berlin 2005. Auch Agamben sieht die Bedingung für das „Hinüberwechseln" eines Gegenstands in die Sphäre des Fetischs darin begründet, dass „die Regel, die jedem Ding einen eigenen Gebrauch zuweist, überschritten worden ist" (S. 99).

derholung werden die Wörter semantisch uneindeutig und, wie die Forschung es beschreibt, zu „gleitenden", „kreisenden" und sich in diesem Kreisen selbst entleerenden Signifikanten.[2]

Auch auf Seiten der Rezeption erscheinen die Wörter so aus ihrem gewohnten Gebrauchs- und Sinnkontext herausgelöst, es gibt keinen fixierbaren Sinn mehr. Dies ist der Grund, warum Thomas Bernhard in weiten Teilen der Forschung als sprachkritischer Autor *par excellence* gelesen wird. Viele der Beiträge interpretieren die von ihm entworfenen Szenerien als Welt, in der „Erkenntnis der ‚Wahrheit' der Dinge und der sich aus ihr zusammensetzenden Welt"[3] unmöglich werde. Was dieser Ansatz jedoch zu übersehen scheint, ist die Tatsache, dass Bernhards Texte in der gestaltlichen Betonung der Textbausteine, die mit ihrer semantischen Entleerung einhergeht, zwar ein sprachskeptisches Konzept *ausstellen,* jedoch zugleich eine neue innerliterarische Realität entwerfen, die sich gerade über eine Autonomie der Schrift gegenüber dem Sinn generiert. In der Fokussierung auf die exakte Wiederholung der Signifikanten werden nur noch ‚Worthüllen' reproduziert, die auf der Ebene des Signifikats keine eindeutige Entsprechung finden, dafür aber neue Bedeutungen annehmen und nicht konventionell geregelte Konstellationen eingehen können.

> Durch die Steigerungen und Inversionen [d. i. die Variation und Kombinatorik der Textbausteine, C.M.] wird die Identifikation von Wort und Welt erschwert, auch und gerade für den Leser. Der Inhalt der Darstellung scheint zwar deutlich, mit Händen greifbar hervorzutreten, doch da sich die Formulierungen ständig wiederholen bzw. einander überbieten, wird aus der Deutlichkeit eine unwirkliche Überdeutlichkeit – das Dargestellte bleibt im Fluß.[4]

Aus der paradoxen, mit Händen zu greifenden Unbestimmtheit der Wörter resultiert nicht nur eine mutierende Rezeption im Sinne eines beständigen Wechsels zwischen sukzessiver Lektüre und synoptischer Wahrnehmung der Schriftgestalt und -anordnung,[5] aus ihr kann auch ein *neuer* Sinn erwachsen. Bernhards fetischisierte Schrift verschleiert ihre eigene Inhaltsleere durch die aisthetische Präsenz der Schriftgestalt: Einerseits stellen Bernhards Texte durch die ständige Wiederholung der selben Wörter, die nicht selten auf komplexe Konzepte oder reale Personen referieren, diese angeblich intakten sprachlichen Zeichen mit aller Vehemenz und im wahrsten Sinne des Wortes vor Augen. Anderseits deutet

---

2 Vgl. etwa Maier, Die Abstraktion vor ihrem Hintergrund gesehen, S. 11–23.
3 Stellvertretend für diese Forschungsrichtung Eyckeler, Reflexionspoesie, S. 47.
4 Windrich, TechnoTheater, S. 203.
5 Vgl. zum Konzept der Manipulation der notationalen Sequenz, die eine Mutation ihrer Ausführung zur Konsequenz hat Kapitel 1.3 „Schrift als Sequenz".

gerade diese Fokussierung auf die Schriftgestalt auf den ambivalenten Status von Bernhards Wörtern hin.[6] Aus der Fetischisierung der Schrift resultiert solchermaßen eine inszenierte Authentizität,[7] welche auch in den Texten selbst thematisiert wird.

So zum Beispiel in Bernhards „Komödie" *Alte Meister*. Dieser von Bernhard zuletzt verfasste Text besteht aus den Reflexionen des Kunstkritikers Reger, der für die *Times* arbeitet und seit 30 Jahren in das Wiener *Kunsthistorische Museum* kommt, um von der ausschließlich für ihn reservierten „Bordone-Saal-Sitzbank" Tintorettos Gemälde des „Weißbärtigen Mann[s]" anzuschauen. Auch hier setzt Bernhard eine mehrfach gestaffelte Perspektive ein. Im ersten Satz führt ein neutraler Erzähler (dessen Präsenz sich im Zusatz „schreibt Atzbacher" erschöpft) in die komplexe Erzähl- und Beobachtungssituation ein:

> Erst für halb zwölf Uhr mit Reger im *Kunsthistorischen Museum* verabredet, war ich schon um halb elf Uhr dort, um ihn, wie ich mir schon längere Zeit vorgenommen gehabt hatte, einmal von einem möglichst idealen Winkel aus ungestört beobachten zu können, schreibt Atzbacher.[8]

Atzbachers niedergeschriebene Beobachtungen werden offenbar von einem weitgehend unsichtbar bleibenden Erzähler referiert, Atzbacher hingegen gibt seinerseits Regers Äußerungen direkt und mithilfe der – auch hier den gesamten Text strukturierenden – Inquit-Formeln „sagte Reger" oder „so Reger" wieder. Hinzu kommt noch das „Sprachrohr Regers",[9] der Saaldiener Irrsigler, dessen Äußerungen, die eigentlich wörtlich wiedergegebene Äußerungen Regers sind, ebenfalls vom Erzähler referiert werden. Im letzten Teil des Textes wird dieser Textbaustein von Bernhard merklich reduziert, sodass die gestaffelte Perspektive immer mehr zu Regers monologischer Tirade wird. Schon durch diese hoch artifiziell wirkende, mehrfach verschachtelte Perspektive wird eine wie

---

6 Der Fetisch hat eine paradoxe Struktur. Zwar ist er ein konkretes und greifbares Objekt in der Sphäre der Dinge, das einen Mangel kompensiert. Zugleich repräsentiert er jedoch durch sein bloßes Vorhandensein die Präsenz eben jenes Mangels. Das Fetisch-Objekt verweist so nur mehr auf sich selbst, indem es die (Nicht-)Existenz eines begehrten Objekts verleugnet. Zum Mechanismus der fetischistischen Verleugnung vgl. Sigmund Freud, Fetischismus. In: Freud, Gesammelte Werke, Bd. 14: Werke aus den Jahren 1925–1931, Frankfurt a.M. 1976, S. 311–317.
7 Vgl. zu diesem Paradox Henje Richter, „Ich weiß zwar, dass es kein Original sein muss, aber dennoch ...": Fetischistische Grundlagen der Authentizität musealer Objekte. In: Echte Geschichte. Authentizitätsfiktionen in populären Geschichtskulturen, hg. von Eva Ulrike Pirker, Mark Rüdiger und Christa Klein, Bielefeld 2010, S. 47–60, hier S. 57 f.
8 Bernhard, Alte Meister (EA), S. 7.
9 Bernhard, Alte Meister (EA), S. 12.

auch immer geartete authentische Wiedergabe von Äußerungen höchst fragwürdig.

In Sachen fragwürdiger Authentizität kommt es allerdings noch besser: Reger sitzt seit über 30 Jahren auf derselben „Bordone-Saal-Sitzbank", nur einziges Mal hat jemand seinen Platz eingenommen. In der Mitte des Textes – und dies kann, wie die Analyse von *Korrektur* und *Gehen* gezeigt hat, kein Zufall sein – befindet sich eine deutlich als solche erkennbare Episode, die mit dem plötzlichen Auftauchen des Textbausteins „Der Engländer" beginnt, der später teilweise zu „der Engländer aus Wales"[10] ausgebaut wird. Dieser weigert sich auch auf Irrsiglers und Regers Bitten, Regers Stammplatz zu räumen, und bleibt auch für den Leser resistent, welcher den Textbaustein auf den folgenden Seiten unzählige Male zu sehen bekommt. Der „Engländer aus Wales", so wird im Lauf der Episode klar, ist in das Kunsthistorische Museum gekommen,

> um den *Weißbärtigen Mann* zu studieren, denn er habe bei sich *zu Hause einen ebensolchen Weißbärtigen Mann* über dem Kamin seines Schlafzimmers in Wales hängen, *tatsächlich denselben Weißbärtigen Mann*, sagte der Engländer, sagte Reger.[11]

Der „*Weißbärtige Mann*", der im gesamten Text kursiviert auftaucht und somit den Anschein erweckt, es handle sich um den Titel des einzigen und echten Gemäldes von Tintoretto, wird hier plötzlich als eine Fälschung ausgewiesen. Genauer gesagt, wird er einerseits als Fälschung bezeichnet, andererseits geht der Engländer aber auch davon aus, es könne sich um zwei absolut identische Bilder handeln.

> *Eine ganz ausgezeichnete Fälschung*, sagte der Engländer dann. Ich werde sehr bald herausbekommen, welcher *Weißbärtige Mann* von Tintoretto nun der echte und welcher der gefälschte ist, sagte der Engländer, sagte Reger, und dann, daß es aber auch durchaus möglich sei, daß beide *Weißbärtigen Männer* echt sind, also von Tintoretto und echt sind. Nur einem so großen Künstler wie Tintoretto mag es, so der Engländer, so Reger, tatsächlich gelungen sein, ein zweites Gemälde nicht *als ein vollkommen gleiches, sondern als vollkommen dasselbe zu malen. Das wäre dann immerhin eine Sensation*, sagte der Engländer, sagte Reger, und ging aus dem Bordone-Saal hinaus.[12]

---

[10] Bernhard, Alte Meister (EA), S. 144 ff.
[11] Bernhard, Alte Meister (EA), S. 151.
[12] Bernhard, Alte Meister (EA), S. 159 f.

Die „Sensation" ist hier ganz wörtlich zu verstehen: An die Stelle einer durch Wiederholung produzierten Differenz[13] setzt sich die *sinnliche* Wahrnehmung der wiederholten Wörter, die jede Kopie zu etwas Einzigartigem werden lässt, da Kategorien wie ‚Originalität', ‚Authentizität' und ‚Ursprung' einfach ausgehebelt werden.[14] Ob es sich, mit den Worten des Engländers, „*um ein vollkommen gleiches*" oder „*vollkommen dasselbe*" handelt, wird nebensächlich, besonders dann, wenn Bernhard die semantischen Unterschiede durch die durchgängige Kursivierung zusätzlich einebnet und stattdessen die Gestalt der Schrift hervorhebt. „Nur einem so großen Künstler wie …" Thomas Bernhard ist es, wendet man die Äußerung des Engländers poetologisch auf den Bernhard'schen Text, gelungen, diesen Text aus gleichen oder identischen Textbausteinen zusammenzusetzen, die sich nicht mehr darüber definieren, ob sie ‚Fälschungen' oder ‚Originale' sind, sondern in der ‚künstlichen Beleuchtung' ihrer Kontur, ihrer ‚überbeleuchteten' Gestalt ihren Sinn finden.[15]

---

13 Jacques Derrida sieht in der Wiederholung von Zeichen die Begründung ihres Funktionierens. Zeichen müssen, so Derrida, prinzipiell wiederholbar sein, um bedeuten zu können, zugleich verändert sich jedoch mit jeder Iteration eines Signifikanten seine Bedeutung, sodass niemals eine fixe Bedeutung reproduziert oder produziert werden kann. Vgl. Jacques Derrida, Die différance. In: Derrida, Randgänge der Philosophie, hg. von Peter Engelmann, Wien 1999, S. 31–56 sowie Jacques Derrida, Signatur Ereignis Kontext. In: Derrida, Randgänge der Philosophie, S. 325–351.
14 Vgl. zu den poetologischen Implikationen dieses Schriftgebrauchs den luziden Aufsatz von Gabriella Catalano, Jedes Original ist ja eigentlich an sich schon eine Fälschung". Zu Thomas Bernhards *Alte Meister*. In: Huber/Judex/Mittermayer/Schmidt-Dengler (Hg.), Thomas Bernhard Jahrbuch 2007/08, S. 203–214.
15 Vgl. hier noch einmal Bernhards berühmte Äußerung aus dem *Drei Tage* Interview: „In meinen Büchern ist alles *künstlich*, das heißt, alle Figuren, Ereignisse, Vorkommnisse, spielen sich auf einer Bühne ab, und der *Bühnen*raum ist total finster. Auftretende Figuren auf einem *Bühnen*raum, in einem *Bühnen*viereck, sind durch ihre Konturen deutlicher zu erkennen, als wenn sie *in der natürlichen Beleuchtung* erscheinen wie in der üblichen uns bekannten Prosa. In der Finsternis wird alles deutlich. Und so ist es nicht nur mit den Erscheinungen, dem Bildhaften – es ist auch mit der Sprache *so*. Man muß sich die Seiten in den Büchern *vollkommen finster* vorstellen: Das Wort leuchtet auf, dadurch bekommt es seine *Deutlichkeit* oder *Überdeutlichkeit*." Bernhard, Drei Tage, S. 150 f. Um exakt dieses Moment geht es Bernhard offenbar auch bei der Auswahl des *Weißbärtigen Mannes*, den er in einem Buch von Friederike Klauner, der damaligen Direktorin des *Kunsthistorischen Museums*, entdeckt. Im Nachlass befindet sich eine, mit Bernhards Markierungen versehene, Kopie der Buchseiten. Eine der unterstrichenen Passagen lautet: „Aus der Schwärze des Hintergrunds, in die kaum unterscheidbar das dunkle Gewand des Mannes eingeht, leuchten nur Kopf und Hand hervor. Auf diese, vor allem aber auf den Kopf ist das Licht wie aus einem Scheinwerfer konzentriert, alles andere wird zurückgenommen." Vgl. den Kommentar in Bernhard, Alte Meister (WA), S. 208 sowie die Abbildung der von Bernhard markierten Buchkopie auf S. 212/213.

Die Forschung hat dieses Konzept einer Authentizität des Künstlichen, welche „das Dargestellte durch die Darstellung klar als Dargestelltes präsentiert", verschiedentlich gewinnbringend untersucht.[16] Jedoch gibt es auch zahlreiche Forschungsansätze, die Bernhards Stichwörter auf ihre Authentizität hin befragen indem sie die ‚Abbilder' der historischen, philosophischen oder kulturellen Konzepte, die im Text durch bloße *Benennung* („Wittgenstein", „Schopenhauer", „Heidegger", „Nationalsozialismus", „Katholizismus", „Musik", „Natur", Kunst" etc.) zahllos auftauchen, auf ihre realen Entsprechungen und ihren ‚Tiefsinn' prüfen.[17]

Meiner Ansicht nach handelt es sich jedoch bei Bernhards Authentizitätsbegriff gerade um einen, der sich an der *Oberfläche* des Textes abspielt. Dadurch, dass die Fälschungen dieser ‚gehaltvollen' Konzepte als gestaltliche Bausteine in den Text eingebracht werden, werden sie aus ihrem gewohnten Sinnzusammenhang gelöst und durch ihren *Namen* – nicht umsonst taucht bei Bernhard das attributive Wort „sogenannt" in extremer Häufung auf – fetischistisch substituiert. So wird eine rein innertextliche Wirklichkeit entworfen, die nur bedingt auf reale Begriffe und Konzepte Bezug nimmt. Bei diesem Verfahren handelt es sich jedoch auch nicht um reines philosophisches Namedropping, wie Martin Huber schon früh bemerkt hat:

> Der Modellfall der Schopenhauer-Aufnahme trägt [...] bei zum Verständnis der Bernhard'schen Poetik [...]: so die Einsicht, daß Schopenhauer bei Bernhard anders präsent ist als durch seine philosophischen Theorien, daß also Litereme statt Philosopheme stehen, daß das Wie der Rezeption so interessant ist wie das Was. All das mag die Einsicht befördern, daß es für die Interpretation der literarischen Texte Bernhards notwendig ist, falsche inhaltliche, „philosophische" Sicherheiten aufzugeben, daß sich die Aufmerksamkeit auf die formale Aufnahme Schopenhauers zu richten hat, welche freilich erst vor dem Hintergrund der inhaltlichen Affinitäten ihre Dimension und Perspektive erhält.[18]

Das, was Huber hier noch sprachstilistisch als „formale Aufnahme" – die Verwendung des Wortes ‚Schopenhauer' ohne die Übernahme philosophischer Inhalte – bezeichnet, bekommt mit Blick auf Bernhards Arbeitsweise große Plausibilität.

---

16 Vgl. exemplarisch Haas, Arbeit am Abscheu, S. 146–164, Zitat S. 155 oder auch Alexander Knopf, Die Wiedergeburt der Alten Meister. Wiederholung und Differenz in Thomas Bernhards letztem Prosawerk. In: Huber/Judex/Mittermayer/Schmidt-Dengler (Hg.), Thomas Bernhard Jahrbuch 2007/08, S. 187–202.
17 Vgl. zuletzt und exemplarisch Juliane Werner, Thomas Bernhard und Jean-Paul Sartre, Berlin 2016; Markus Scheffler, Kunsthaß im Grunde. Über Melancholie bei Arthur Schopenhauer und deren Verwendung in Thomas Bernhards Prosa, Heidelberg 2008.
18 Martin Huber, Thomas Bernhards philosophisches Lachprogramm. Zur Schopenhauer-Aufnahme im Werk Thomas Bernhards, Wien 1992, S. 187.

Bernhards Textbausteine sehen dadurch, dass ihre Gestalt niemals komplett von dem damit verbundenen Vorstellungsinhalt abzulösen ist, genauso aus wie bedeutungstragende Wörter, sie sind mit ihnen auf den ersten Blick so identisch wie der eine *Weißbärtige Mann* mit dem anderen. Durch ihre Wiederholung werden sie jedoch als Fälschungen, als sinnentleerte Worthüllen erkennbar, die sich gleichwohl im Rahmen des literarischen Textes vollends selbst genügen: „Der Verlust des Originals wird nicht beklagt, sondern herbeigeführt. Das Trugbild verweist nicht mehr wie das Abbild auf seinen Ursprung, sondern nur noch auf sich selbst als Trugbild."[19] Die Produktion solcher ‚Trugbilder' geht sowohl auf Bernhards Schreib- und Kompositionsverfahren wie auch auf die durch ihn selbst und den Verlag betriebene Werkpolitik zurück, weshalb die Forschung diese beiden wichtigen Felder nicht außer Acht lassen sollte. Statt die – für eine kulturwissenschaftliche Untersuchung der Texte zugegebenermaßen attraktiven – *Stichwörter* auf ihren ‚Ursprung' und ihre poetologische Relevanz für die Bernhard'schen Texte zu befragen, wäre es fruchtbarer, die Bedingungen und Effekte ihres Auftretens zu untersuchen.

In den letzten Jahren haben sich die Forschungsbeiträge, welche Bernhards Inszenierungsstrategien und seine Vermarktung durch den Verlag in den Blick nehmen, zusehends gehäuft.[20] Dies mag auch daran liegen, dass der Suhrkamp Verlag das Image der Marke Thomas Bernhard seit einigen Jahren abermals neu justiert, was einmal mehr darauf hindeutet, welch enormes Potenzial für Zuschreibungen seine Texte bieten. Vom düsteren Heimatdichter der frühen 60er Jahre, über den philosophischen Autor und modernen Klassiker der 70er Jahre, hin zur sich selbst persiflierenden Übertreibungsmaschine der 80er Jahre, wird Bernhard nun durch verschiedene Taschenbuchbände als charmant grantelnder Autor beworben, dessen erste Pflicht es ist, die Leserschaft durch seine Schimpftiraden zu erheitern. Zugleich erscheint im Frühjahr 2018, „nach über 10 Jahren strengster Philologie verpflichteter Arbeit am gesamten Korpus der Bernhard'schen Werke" die aufwendig gestaltete Taschenbuch-Werkausgabe.[21] Suhr-

---

19 Knopf, Die Wiedergeburt der Alten Meister, S. 198.
20 Vgl. etwa Götze, Ichwerdung als dichterischer Selbstentwurf; Clemens Götze, „Ein Autor ist etwas ganz und gar lächerliches und erbärmliches ...". Autorschaft und mediale Inszenierung im Werk Thomas Bernhards, Berlin 2016; Tabah/Mittermayer (Hg.), Thomas Bernhard. Persiflage und Subversion; Manuela Dressel, Thomas Bernhard und seine Verleger, Wien 2014.
21 Thomas Bernhard, Werke. 23 Bände in Kassette, hg. von Martin Huber, Wendelin Schmidt-Dengler u. a., Berlin 2018. Dieses und die folgenden Zitate sind dem Ankündigungstext der Suhrkamp Verlag Website entnommen. Vgl. http://www.suhrkamp.de/buecher/werke-thomas_bernhard_46850.html, letzter Zugriff: April 2018. Die (gebundene) Werkausgabe war Ende 2015 mit dem 22. Band (in zwei Teilbänden) abgeschlossen worden.

kamp verspricht nicht nur „kompletter kann eine Bernhardausgabe nicht sein", der aus der Rezension der Neuen Zürcher Zeitung zitierte Satz adelt Suhrkamps „verlegerische Großtat", die „Thomas Bernhard endgültig zum Klassiker" mache.

Zwischen diesen beiden buchgestalterisch und paratextuell inszenierten Facetten der Autorenmarke siedelt sich eine Publikation an, die Thomas Bernhards poetologischem Programm einer ‚inszenierten Authentizität' sehr viel gerechter werden könnte als die Inszenierungen als ‚Schimpfkünstler'[22] oder moderner Klassiker: Der seit 2014 immer wieder verschobene Band *Sätze*[23] soll die nicht-publizierten Äußerungen Thomas Bernhards aus dem berühmten Interview *Drei Tage* enthalten, welche aus einer verspätet im Nachlass aufgetauchten Transkription dieses Interviews stammen. Der Band wird angekündigt als „einzig legitime Quelle für sogenannte ‚authentische Aussagen' über [Thomas Bernhard] und sein Werk" und macht sich so – nicht nur durch das für Bernhard typische Wörtchen „sogenannt" – die Strategien der Bernhard'schen Übertreibungskunst zu eigen:

> Ob informationssüchtiger Bernhard-Verehrer oder interpretationssuchender Bernhard-Forscher – für alle sind die unter dem Titel „Sätze" zusammengestellten Äußerungen von Thomas Bernhard die einzig legitime Quelle für sogenannte „authentische Aussagen" über sich und sein Werk. Zur Erinnerung: 1970 setzt er sich auf eine weiße Parkbank in Hamburg und spricht Sätze, die für alle Bernhard-Liebhaber und -Gegner zu einer Art Bibel geworden sind; etwa, er sei ein Geschichtenzerstörer, Friedhöfe und Schlachthäuser seien seine bevorzugten Aufenthaltsorte, er schreibe aus reiner Opposition gegen sich selbst. Aufgetaucht sind nun im Thomas-Bernhard-Archiv in Gmunden die Transkriptionen der kompletten Auslassungen Bernhards: sie machen gerade mal ein Drittel des ursprünglich Gesagten aus. Da ist also nachzulesen, in ungekürzten Selbstaussagen und im unredigierten Rededuktus – und erweisen sich als vergnügliche und lehrreiche Plaudereien in Bernhardscher Manier: an der Oberfläche lustig-humorvoll, verbergend die unbedingte Anstrengung, im Schreiben an die Grenzen des Sagbaren zu gehen.[24]

---

22 Vgl. zu diesem Begriff und Konzept schon zu Beginn der 2000er Jahre Langendorf, Schimpfkunst.
23 Vgl. zum potenziellen Wert dieses Bandes für die Forschung, in Abgrenzung zu den in den letzten Jahren erschienenen ‚Unterhaltungsbändchen' – hier speziell zum 2012 von Raimund Fellinger herausgegebenen Band *Thomas Bernhard für Boshafte* – Clemens Götze, Ärgern wir uns ein bisschen ... „Thomas Bernhard für Boshafte" im Insel Verlag ist eine von vielen (mehr oder weniger gelungenen) Kompilationen [Rez.]. In: literaturkritik.de, Nr. 3, März 2014, online unter: http://literaturkritik.de/public/rezension.php?rezid=18967, letzter Zugriff: April 2018.
24 Die Ankündigung des Buches ist online nur noch an wenigen Stellen im Netz zu finden, vgl. z. B. unter https://www.eurobuch.com/buch/isbn/9783518424179.html, letzter Zugriff: April 2018. Im Katalog der Nationalbibliothek findet sich das Buch unter dem link zum Datensatz http://d-nb.info/1043639322, letzter Zugriff: April 2018.

In dieser Ankündigung spiegeln sich, intentional oder nicht, die Strategien des Suhrkamp Verlags zur Inszenierung der Marke Thomas Bernhard überdeutlich wider. Angekündigt wird – auch das ist aufschlussreich für das ausgeprägte Wechselverhältnis zwischen der Poetik des Textes, der Buch- und Paratextgestaltung und der Marketingstrategien des Verlags – ein Text, der als eine der elaboriertesten Selbstinszenierungen des Autors gilt. Clemens Götze beschreibt das von Bernhard selbst transportierte Autorenimage im *Drei Tage* Filminterview prägnant als „Habitus des kritischen Intellektuellen in provokativ-selbstbewusster Pose mit entsprechendem selbstbewussten, aber auch plakativ-provokantem Sprechmodus."[25] Auch das durch den Klappentext suggerierte Autorenbild ist divers und verspricht jedem Leser seinen ‚eigenen Bernhard': dem Liebhaber wie dem Gegner, dem an „vergnügliche[n] und lehrreiche[n] Plaudereien" interessierten Connaisseur und dem „interpretationssuchende[n] Bernhard-Forscher", der durch diese Formulierung einerseits – gemäß der bekannten Bernhard'schen Abneigung gegen Germanisten[26]– ‚plakativ-provokant' karikiert wird, andererseits jedoch Bernhards ‚verborgene', wenngleich „unbedingte Anstrengung, im Schreiben an die Grenzen des Sagbaren zu gehen", untermauert und nobilitiert.

Wie die Trugbilder in seinen Texten, wird hier der Autor Thomas Bernhard zu einer beliebig mit Sinn aufladbaren und für verschiedenste Leser_innen geeigneten Autorenmarke. Der Fetisch-Charakter des angekündigten Textes wird dadurch verstärkt, dass dieser als echtes *objet trouvé* inszeniert wird, welches durch seinen ‚ursprünglichen', d. h. „ungekürzten" und „unredigierten" Zustand die höchste – wenn auch nur „sogenannte" – Authentizität für sich reklamieren kann. In dieser Hinsicht scheint es sogar wertvoller als das „ursprünglich Gesagte" im Interview. Besondere Authentizität wird hier also erneut Bernhards *Sprache* zugeschrieben, die Konzentration auf die „Selbstaussagen", den „Rededuktus" und auf die „vergnügliche[n] und lehrreiche[n] Plaudereien in Bernhardscher Manier" verschleiern die Tatsache, dass die ‚Authentizität' der Marke Thomas Bernhard eine durch *Schrift* produzierte ist: Die Transkription des *Drei Tage* Interviews würde erst in dem Moment zu einem ‚echten' Bernhard'schen

---

[25] Götze, Autorschaft und mediale Inszenierung im Werk Thomas Bernhards, S. 93. Vgl. zum *Drei Tage* Interview ausführlich S. 86– 92 von Götzes Studie.
[26] Vgl. zum Beispiel Bernhards Äußerung im Interview mit Krista Fleischmann: „Sitzt dann einer und schreibt ein Buch, das heißt „Der Begriff der Ironie und seine besondere Bedeutung für die Nachwelt", Und der sitzt vier Jahre, kriegt vom Ministerium monatlich zwölftausend Schilling, daß er in den Begriff hineinkriecht, wie in ein Mauseloch, und dann erscheint nach acht Jahren ein Buch, das keinen Menschen interessiert. So werden Millionen verschleudert für Dissertation, für Begriffsausschlachter. Oder haben Sie schon einmal ein Buch gelesen von einem Dissertanten, das interessant gewesen wäre?" Bernhard/Fleischmann, Eine Begegnung, S. 127.

Text, in dem der Autor ihm die charakteristischen Kursivierungen hinzufügt,[27] der Autor des Textes wird erst durch Buch- und Paratextgestaltung zur Marke Thomas Bernhard.

Die inszenierte Authentizität des Ankündigungstextes deckt sich dabei mit den Mitteln der Buchgestaltung: Diese zielt ganz auf das im Ankündigungstext beschriebene Spannungsverhältnis zwischen der (lustig-humorvollen) *Oberfläche* und dem – im Versuch, „an die Grenze des Sagbaren zu gehen" – produzierten Tief-Sinn ab. Von der Nahaufnahme einer hellgrauen Gesteinsfläche heben sich, in verlagstypischer schwarzer *Garamond* gesetzt, die beiden untrennbar miteinander verbundenen Markennamen „Thomas Bernhard" und „Suhrkamp" ab. Der hell gedruckte Titel „Sätze" kommt im Spannungsfeld dieser – in doppeltem Sinne – *gesetzten* Namen zu stehen und unterscheidet sich farblich kaum von der Gesteinsfläche, ist aber mit grauen Schatten unterlegt, sodass die Schrift einerseits dreidimensional wirkt, andererseits jedoch merkwürdig transparent, eben wie eine bloße Wort-Hülle. Dieser ‚in Stein gemeißelte' Titel *Sätze* (besser lässt sich Bernhards Fokussierung auf die konstruktive Struktur der Texte nicht auf einen Titel bringen!) ruft den gleichen Eindruck hervor wie die durch die Bernhard'schen Verfahren erzeugten, sich gestaltlich vor dem Auge der Leserin materialisierenden, jedoch inhaltsleer erscheinenden Textbausteine.

Woran es auch liegen mag, dass der Band zwar seit 2014 angekündigt, bisher jedoch nicht publiziert worden ist – an verlags-, nachlasspolitischen oder schlicht pragmatischen Entscheidungen: Sein Erscheinen würde erneut gewinnbringende Einsichten in die Wechselwirkung zwischen den einzelnen, am literarischen Buchgebrauch beteiligten Instanzen und Operationen versprechen und somit die *Bedingungen und Effekte* dieses Buchgebrauchs offenlegen. Wie die vorliegende Untersuchung zeigt, erlaubt eine sich am gestaltlichen und operationalen Eigensinn der Schrift orientierende Analyse literarischer Texte eine Neujustierung auch etablierter Forschungsfelder: Eine Untersuchung der wechselseitigen Bedingungsverhältnisse von konkreten Schreibverfahren, poetischen Programmen, verlags- und autorseitigen Werk- und Vermarktungsstrategien, die ihren Ausdruck unter anderem in der Buch- und Seitengestaltung finden, sowie der Lenkung der Rezeption und Interpretation literarischer Texte durch die Gesamtheit dieser Konfigurationen und Operationen könnte auch zu anderen, ebenso viel besprochenen Autoren wie Thomas Bernhard noch Neues zu Papier bringen.

---

27 Vgl. dazu Kapitel 2.2.6 „Auszeichnungen in Typoskript und Druck".

Literaturverzeichnis

Quellen

Werkausgabe (WA)

Bernhard, Thomas, Werke, 22 Bde., hg. von Martin Huber, Wendelin Schmidt-Dengler u. a., Frankfurt a.M. 2003–2015.
Bernhard, Thomas, Frost. In: Bernhard, Werke, Bd. 1, hg. von Martin Huber und Wendelin Schmidt-Dengler, Frankfurt a.M. 2003.
Bernhard, Thomas, Verstörung. In: Bernhard, Werke, Bd. 2, hg. von Martin Huber und Wendelin Schmidt-Dengler, Frankfurt a.M. 2003.
Bernhard, Thomas, Das Kalkwerk. Roman. In: Bernhard, Werke, Bd. 3, hg. von Renate Langer, Frankfurt a.M. 2004.
Bernhard, Thomas, Korrektur. Roman. In: Bernhard, Werke, Bd. 4, hg. von Martin Huber und Wendelin Schmidt-Dengler, Frankfurt a.M. 2005.
Bernhard, Thomas, Beton. In: Bernhard, Werke, Bd. 5, hg. von Martin Huber und Wendelin Schmidt-Dengler, Frankfurt a.M. 2006.
Bernhard, Thomas, Der Untergeher. In: Bernhard, Werke, Bd. 6, hg. von Renate Langer, Frankfurt a.M. 2006.
Bernhard, Thomas, Holzfällen. Eine Erregung. In: Bernhard, Werke, Bd. 7, hg. von Martin Huber und Wendelin Schmidt-Dengler, Frankfurt a.M. 2007.
Bernhard, Thomas, Alte Meister. Komödie. In: Bernhard, Werke, Bd. 8, hg. von Martin Huber und Wendelin Schmidt-Dengler, Frankfurt a.M. 2008.
Bernhard, Thomas, Auslöschung. In: Bernhard, Werke, Bd. 9, hg. von Hans Höller, Frankfurt a.M. 2009.
Bernhard, Thomas, Die Autobiographie. In: Bernhard, Werke, Bd. 10, hg. von Martin Huber und Manfred Mittermayer, Frankfurt a.M. 2004.
Bernhard, Thomas, Erzählungen I. In der Höhe. Amras. Der Italiener. Der Kulterer. In: Bernhard, Werke, Bd. 11, hg. von Martin Huber und Wendelin Schmidt-Dengler, Frankfurt a.M. 2004.
Bernhard, Thomas, Erzählungen II. Ungenach. Watten. Gehen. In: Bernhard, Werke, Bd. 12, hg. von Hans Höller und Manfred Mittermayer, Frankfurt a.M. 2006.
Bernhard, Thomas, Erzählungen III. Ja. Die Billigesser. Wittgensteins Neffe. In: Bernhard, Werke, Bd. 13, hg. von Hans Höller und Manfred Mittermayer, Frankfurt a.M. 2008.
Bernhard, Thomas, Dramen II. In: Bernhard, Werke, Bd. 16, hg. von Manfred Mittermayer und Jean-Marie Winkler, Frankfurt a.M. 2005.

Erstausgaben (EA)

Bernhard, Thomas, Frost, Frankfurt a.M. 1963.
Bernhard, Thomas, Amras, Frankfurt a.M. 1964.
Bernhard, Thomas, Verstörung, Frankfurt a.M. 1967.
Bernhard, Thomas, Prosa, Frankfurt a.M. 1967 (edition suhrkamp, Bd. 213).

Bernhard, Thomas, An der Baumgrenze. Erzählungen, Salzburg 1969.
Bernhard, Thomas, Watten, Frankfurt a.M. 1969 (edition suhrkamp, Bd. 353).
Bernhard, Thomas, Ereignisse, Berlin 1969 (LCB-Editionen, Bd. 12).
Bernhard, Thomas, Das Kalkwerk. Roman, Frankfurt a.M. 1970.
Bernhard, Thomas, Gehen, Frankfurt a.M. 1971 (suhrkamp taschenbuch, Bd. 5).
Bernhard, Thomas, Der Italiener, Salzburg 1971.
Bernhard, Thomas, Der Kulterer, Salzburg 1974.
Bernhard, Thomas, Korrektur. Roman, Frankfurt a.M. 1975.
Bernhard, Thomas, Die Ursache. Eine Andeutung, Salzburg 1975.
Bernhard, Thomas, Der Keller. Eine Entziehung, Salzburg 1976.
Bernhard, Thomas, Der Atem. Eine Entscheidung, Salzburg/Wien 1978.
Bernhard, Thomas, Immanuel Kant, Frankfurt a.M. 1978 (Bibliothek Suhrkamp, Bd. 556).
Bernhard, Thomas, Ja, Frankfurt a.M 1978 (Bibliothek Suhrkamp, Bd. 600).
Bernhard, Thomas, Ave Vergil, Frankfurt a.M. 1981 (Bibliothek Suhrkamp, Bd. 769).
Bernhard, Thomas, Die Kälte. Eine Isolation, Salzburg/Wien 1981.
Bernhard, Thomas, Beton, Frankfurt a.M. 1982.
Bernhard, Thomas, Ein Kind, Salzburg/Wien 1982.
Bernhard, Thomas, Der Untergeher, Frankfurt a.M. 1983.
Bernhard, Thomas, Holzfällen. Eine Erregung, Frankfurt a.M. 1984.
Bernhard, Thomas, Alte Meister. Komödie, Frankfurt a.M. 1985.
Bernhard, Thomas, Auslöschung. Ein Zerfall, Frankfurt a.M. 1986.
Bernhard, Thomas, In der Höhe. Rettungsversuch, Unsinn, Salzburg/Wien 1989.

Andere Ausgaben und Texte

Thomas Bernhard, Verstörung, Frankfurt a.M. 1969 (Bibliothek Suhrkamp, Bd. 229).
Thomas Bernhard, Drei Tage. In: Bernhard, Der Italiener, Salzburg 1971.
Bernhard, Thomas, Frost, Frankfurt a.M. 1972 (suhrkamp taschenbuch, Bd 47).
Bernhard, Thomas, Das Kalkwerk, Frankfurt a.M. 1973 (suhrkamp taschenbuch, Bd. 128).
Bernhard, Thomas, „Unseld". In: Der Verleger und seine Autoren. Siegfried Unseld zum sechzigsten Geburtstag, Frankfurt a.M. 1984, S. 52–54.
Bernhard, Thomas, Der Atem. Eine Entscheidung, Salzburg/Wien 1998.
Bernhard, Thomas, Argumente eines Winterspaziergängers. Und ein Fragment zu „Frost": Leichtlebig. Mit dem Faksimile des Leichtlebig-Typoskripts, hg. von Raimund Fellinger und Martin Huber, Frankfurt a.M. 2013.
Bernhard, Thomas, Meine Preise, Berlin 2009.

Interviews, Zeitungsartikel, Filme, Briefe

Bernhard, Thomas, Meine eigene Einsamkeit. In: Die Presse, 24. Dezember 1965.
Bernhard, Thomas, und Kurt Hofmann, Bis einem Hören und Sehen vergeht. In: Hofmann, Aus Gesprächen mit Thomas Bernhard, Wien 1988, S. 21–34.
Bernhard, Thomas, und Krista Fleischmann, Eine Begegnung. Gespräche mit Krista Fleischmann, Frankfurt a.M. 2006.

Bernhard, Thomas, und Siegfried Unseld, Der Briefwechsel, hg. von Raimund Fellinger, Frankfurt a.M. 2009.
Fleischmann, Krista, Monologe auf Mallorca & Die Ursache bin ich selbst. Die großen Interviews mit Thomas Bernhard, DVD mit Begleitheft, darin Essays von Raimund Fellinger und Krista Fleischmann, 94 Minuten, Frankfurt a.M. 2008 (filmedition suhrkamp, Nr. 4).
Radax, Ferry, und Thomas Bernhard, Der Italiener. Nach einer Erzählung von Thomas Bernhard, DVD mit Begleitheft, 127 Minuten, Berlin 2010 (filmedition suhrkamp, Nr. 18).

Andere literarische Texte

Achternbusch, Herbert, Hülle, Frankfurt a.M. 1969 (EA).
Becker, Jürgen, Ränder, Frankfurt a.M. 1968 (EA).
Becker, Jürgen, Umgebungen, Frankfurt a.M. 1970 (EA).
Handke, Peter, Der Hausierer, Frankfurt a.M. 1967 (EA).
Handke, Peter, Die Angst des Tormanns beim Elfmeter, Frankfurt a.M. 1970 (EA).
Handke, Peter, „Als ich Verstörung von Thomas Bernhard las". In: Handke, Ich bin ein Bewohner des Elfenbeinturms, Frankfurt a.M. 1972, S. 211–216.
Walser, Martin, Halbzeit, Frankfurt a.M., 1960 (EA).
Walser, Martin, Der Sturz, Frankfurt a.M. 1973 (EA).

Forschungsliteratur

Abbt, Christine, und Tim Kammasch (Hg.), Punkt, Punkt, Komma, Strich? Geste, Gestalt und Bedeutung philosophischer Zeichensetzung, Bielefeld 2009.
Agamben, Giorgio, Stanzen, Zürich/Berlin 2005.
Albes, Claudia, Der Spaziergang als Erzählmodell. Studien zu Jean-Jacques Rousseau, Adalbert Stifter, Robert Walser und Thomas Bernhard, Tübingen/Basel 1999.
Arnold, Heinz Ludwig (Hg.), Im Wortlaut. Peter Handkes ‚Auftritt' in Princeton und Hans Mayers Entgegnung. In: Text+Kritik, Heft 24: Peter Handke, Neufassung, ^{5}1989, S. 17–20.
Assmann, Aleida, Die Sprache der Dinge. Der lange Blick und die wilde Semiose. In: Materialität der Kommunikation, hg. von Hans Ulrich Gumbrecht und K. Ludwig Pfeiffer, Frankfurt a.M., 2. Auflage 1995, S. 237–251.
Baier, Peter E., Maschinenschreiben und forensische Urheberidentifizierung [Art.]. In: Schrift und Schriftlichkeit. Ein interdisziplinäres Handbuch internationaler Forschung, hg. von Hartmut Günther und Otto Ludwig, Berlin/New York 1994–1996 (Handbücher zur Sprach- und Kommunikationswissenschaft, Bd. 10), Bd. 2, S. 1056–1067.
Baumgart, Reinhard, Da ging die Kunst drauf. In: Der Spiegel 46/1969, 10. November 1969, S. 209.
Becker, Rolf, Wortwörtliche Streichlerei. In: Der Spiegel 37/1966, 5. September 1966, S. 116–118.
Benveniste, Émile, Der Begriff des „Rhythmus" und sein sprachlicher Ausdruck. In: Benveniste, Probleme der allgemeinen Sprachwissenschaft, Frankfurt a.M. 1977, S. 363–374.
Berger, Joe, Die Zunge. Eine Ursache. In: Der Bernhardiner. Ein wilder Hund. Tomaten, Satiren und Parodien über Thomas Bernhard, hg. von Jens Dittmar, Wien 1990, S. 43–48.

Betten, Anne, Sprachrealismus im deutschen Drama der siebziger Jahre, Heidelberg 1985.
Betten, Anne, Die Bedeutung der Ad-hoc-Komposita im Werk von Thomas Bernhard, anhand ausgewählter Beispiele aus ‚Holzfällen. Eine Erregung' und ‚Der Untergeher'. In: Neue Forschungen zur Wortbildung und Historiographie der Linguistik. Festgabe für Herbert E. Brekle zum 50. Geburtstag, hg. von Brigitte Asbach-Schnitker und Johannes Roggenhofer, Tübingen 1987 (Tübinger Beiträger zur Linguistik, Bd. 284), S. 69–90.
Betten, Anne, Thomas Bernhards Syntax: keine Wiederholung des immer Gleichen. In: Deutsche Grammatik – Thema in Variationen, Festschrift für Hans-Werner Eroms, hg. von Karin Donhauser und Ludwig M. Eichinger, Heidelberg 1998, S. 169–190.
Betten, Anne, Thomas Bernhard unter dem linguistischen Seziermesser. In: Wissenschaft als Finsternis?, hg. von Martin Huber und Wendelin Schmidt-Dengler, Wien/Köln/Weimar 2002 (Jahrbuch der Thomas-Bernhard-Privatstiftung in Kooperation mit dem Österreichischen Literaturarchiv, Bd. 1), S. 181–194.
Betten, Anne, Kerkerstrukturen. Thomas Bernhards syntaktische Mimesis. In: Rhetorik und Sprachkunst bei Thomas Bernhard, hg. von Joachim Knape und Olaf Kramer, Würzburg 2011, S. 63–80.
Billenkamp, Michael, Thomas Bernhard. Narrativik und poetologische Praxis, Heidelberg 2008 (Beiträge zur neueren Literaturgeschichte, Bd. 259).
Blana, Hubert, Die Herstellung. Ein Handbuch für die Gestaltung, Technik und Kalkulation von Buch, Zeitschrift und Zeitung, 4., überarbeitete und erweiterte Ausgabe, München 1998.
Blöcker, Günter, Thomas Bernhard: Amras. In: Frankfurter Allgemeine Zeitung, 14. November 1964.
Bloemsaat-Voerknecht, Lisbeth, Brunettimeißel, Doppelrachiotom, Durazange. Zur Verwendung des im Nachlaß aufgefundenen Skripts *Pathologie – Obduktion* in *Der Ignorant und der Wahnsinnige*. In: Thomas Bernhard Jahrbuch 2003, hg. von Martin Huber, Manfred Mittermayer und Wendelin Schmidt-Dengler, Wien/Köln/Weimar 2003 (Jahrbuch der Thomas-Bernhard-Privatstiftung in Kooperation mit dem Österreichischen Literaturarchiv, Bd. 2), S. 141–168.
Bloemsaat-Voerknecht, Lisbeth, Thomas Bernhard und die Musik. Themenkomplex mit drei Fallstudien und einem musikalischen Register, Würzburg 2006 (Epistemata, Reihe Literaturwissenschaft, Bd. 539).
Botond, Anneliese (Hg.), Über Thomas Bernhard, Frankfurt a.M. 1970 (edition suhrkamp, Bd. 401).
Brockhaus Online-Präsenz: www.brockhaus.de, letzter Zugriff: April 2018.
Burger, Hermann, Gould-Variationen. Thomas Bernhards Roman ‚Der Untergeher'. In: Die Weltwoche, 17. November 1983.
Büttner, Urs, Mario Gotterbarm, Frederik Schneeweiss u. a. (Hg.), Diesseits des Virtuellen. Hand-schrift im 20. und 21. Jahrhundert, Paderborn 2015 (Zur Genealogie des Schreibens, Bd. 18).
Campe, Rüdiger, Die Schreibszene, Schreiben. In: Paradoxien, Dissonanzen, Zusammenbrüche. Situationen offener Epistemologie, hg. von Hans Ulrich Gumbrecht und K. Ludwig Pfeiffer, Frankfurt a.M. 1991, S. 759–772.
Catalano, Gabriella, „Jedes Original ist ja eigentlich an sich schon eine Fälschung". Zu Thomas Bernhards *Alte Meister*. In: Thomas Bernhard Jahrbuch 2007/08, hg. von Martin Huber, Bernhard Judex, Manfred Mittermayer und Wendelin Schmidt-Dengler, Wien/Köln/Weimar 2009 (Jahrbuch der Thomas-Bernhard-Privatstiftung in Kooperation mit dem Österreichischen Literaturarchiv, Bd. 5), S. 203–214.

Damerau, Burghard, Selbstbehauptungen und Grenzen. Zu Thomas Bernhard, Würzburg 1996 (Epistemata, Reihe Literaturwissenschaft, Bd. 190).
De Jong, Ralf, und Stephanie de Jong, Schriftwechsel. Schrift sehen, verstehen, wählen und vermitteln, Mainz 2008.
Derrida, Jacques, Die différance. In: Derrida, Randgänge der Philosophie, hg. von Peter Engelmann, Wien 1999, S. 31–56.
Derrida, Jacques, Signatur Ereignis Kontext, In: Derrida, Randgänge der Philosophie, hg. von Peter Engelmann, Wien 1999, S. 325–351.
Die vollkommene Lesemaschine: von deutscher Buchgestaltung im 20. Jahrhundert, ausgewertet und mit Anmerkungen versehen von Friedrich Friedel, Rainer Groothuis, Matthias Gubig u. a., Leipzig/Frankfurt a.M./Berlin 1997.
Diller, Axel, „Ein literarischer Komponist?" Musikalische Strukturen in der späten Prosa Thomas Bernhards, Heidelberg 2011 (Reihe Siegen, Bd. 165).
Dilloo, Rüdiger, Zehn Jahre, Vier Wände. In: twen, Heft 9, September 1969.
DLA Marbach, Suhrkamp-Insel 12: Nicht enden können. Thomas Bernhards Korrekturen, PM 07/2014, 06.Februar 2014, online unter https://www.dla-marbach. de/presse/presse-details/news/pm-072014/?no_cache=1&tx_news_pi1%5Bcontroller%5D=News&tx_news_pi1%5Baction%5D=detail&cHash=71dd58ba696a-7424be29f2d7b1fdf654, letzter Zugriff: April 2018.
Dorschel, Andreas, Lakonik und Suada in der Prosa Thomas Bernhards. In: Thomas Bernhard Jahrbuch 2007/08, hg. von Martin Huber, Bernhard Judex, Manfred Mittermayer und Wendelin Schmidt-Dengler, Wien/Köln/Weimar 2009 (Jahrbuch der Thomas-Bernhard-Privatstiftung in Kooperation mit dem Österreichischen Literaturarchiv, Bd. 5), S. 215–233.
Duden Online-Präsenz: www.duden.de, letzter Zugriff: April 2018.
Eder, Alois, Perseveration als Stilmittel moderner Prosa. Thomas Bernhard und seine Nachfolge in der Österreichischen Literatur. In: Annali Studi Tedeschi, Bd. 22, Heft 1, 1979, S. 65–100.
Enzensberger, Hans Magnus, Bildung als Konsumgut. Analyse der Taschenbuchproduktion. In: Enzensberger, Einzelheiten, Frankfurt a.M. 1962 (EA), S. 110–136.
Enzensberger, Hans-Magnus, Bildung als Konsumgut. Analyse der Taschenbuchproduktion. In: Enzensberger, Einzelheiten I, Frankfurt a.M. 1964 (edition suhrkamp, Bd. 63), S. 145–175.
Ernst, Albert, Wechselwirkung. Textinhalt und typografische Gestaltung, Würzburg 2005.
Eyckeler, Franz, Reflexionspoesie. Sprachskepsis, Rhetorik und Poetik in der Prosa Thomas Bernhards, Berlin 1995 (Philologische Studien und Quellen, Bd. 133).
Falcke, Eberhard, Abschreiben. Eine Auflehnung. In: Der Spiegel 45/1986, 3. November 1986, S. 256–260.
Fehrmann, Gisela, und Erika Linz, Resistenz und Transparenz der Zeichen. Der verdeckte Mentalismus in der Sprach- und Medientheorie. In: Die Kommunikation der Medien, hg. von Jürgen Fohrmann und Erhard Schüttpelz, Tübingen 2004 (Studien und Texte zur Sozialgeschichte der Literatur, Bd. 97), S. 81–104.
Fellinger, Raimund, und Wolfgang Schopf, Kleine Geschichte der edition suhrkamp, Frankfurt a.M. 2003 (Sonderdruck zum 40jährigen Bestehen der edition suhrkamp).
Fellinger Raimund, Die imaginäre Bibliothek des Thomas Bernhard. In: Text+Kritik, Heft 43: Thomas Bernhard, Neufassung, ⁴2016, 145–152, hier S. 148.
Felsch, Philipp, Der lange Sommer der Theorie. Geschichte einer Revolte. 1960–1990, München 2015.

Fleckhaus, Willy, Arbeiten aus meiner vielseitigen Tätigkeit. Vortrag von Willy Fleckhaus auf Einladung der Vereinigung der Schweizer Buchhändler, gehalten am 9. November 1973. In: Hans-Michael Koetzle und Carsten M. Wolff, Fleckhaus. Deutschlands erster Art Director, München 1997, S. 275–279.

Flusser, Vilém, Die Geste des Schreibens. In: Schreiben als Kulturtechnik. Grundlagentexte, hg. von Sandro Zanetti, Berlin 2012, S. 261–282.

Freud, Sigmund, Fetischismus. In: Freud, Gesammelte Werke, Bd. 14: Werke aus den Jahren 1925–1931, Frankfurt a.M. 1976, S. 311–317.

Gerlach, Rainer, Die Bedeutung des Suhrkamp Verlags für das Werk von Peter Weiss, St. Ingbert 2005 (Kunst und Gesellschaft, Bd. 1).

Giertler, Mareike, Lesen als Akt des Sehens der Schrift – Am Beispiel von Kafkas Betrachtung im Erstdruck. In: Sprache und Literatur, Bd. 42, Nr. 107, 2007, S. 25–36.

Giertler, Mareike, und Rea Köppel (Hg.), Von Lettern und Lucken. Zur Ordnung der Schrift im Bleisatz, München 2012.

Giuriato, Davide, Martin Stingelin und Sandro Zanetti (Hg.), „Schreiben heißt: sich selber lesen". Schreibszenen als Selbstlektüren, München 2008 (Zur Genealogie des Schreibens, Bd. 9).

Giuriato, Davide, Maschinen-Schreiben. In: Schreiben als Kulturtechnik. Grundlagentexte, hg. von Sandro Zanetti, Berlin 2012, S. 305–317.

Gomez, Anne-Sophie, Ave Vergil oder der entscheidende Übergang zu einer Ästhetik der Verfremdung. In: Thomas Bernhard Jahrbuch 2003, hg. von Martin Huber, Manfred Mittermayer und Wendelin Schmidt-Dengler, Wien/Köln/Weimar 2003 (Jahrbuch der Thomas-Bernhard-Privatstiftung in Kooperation mit dem Österreichischen Literaturarchiv, Bd. 2), S. 185–200.

Gößling, Andreas, Thomas Bernhards frühe Prosakunst. Entfaltung und Zerfall seines ästhetischen Verfahrens in den Romanen: Frost, Verstörung, Korrektur, Berlin/New York 1987 (Quellen und Forschungen zur Sprach- und Kulturgeschichte der germanischen Völker, N.F., Bd. 88 (212)).

Götze, Clemens, Musikschreiben oder das musikalische Versatzstück und die Kunst des Scheiterns. Beobachtungen zu einem Motivkomplex bei Thomas Bernhard. In: Variations, Bd. 20, 2012, S. 123–136.

Götze, Clemens, Ichwerdung als dichterischer Selbstentwurf. Thomas Bernhards ‚literarische' Inszenierung. In: Subjektform Autor. Autorschaftsinszenierungen als Praktiken der Subjektivierung, hg. von Sabine Kyora, Bielefeld 2014, S. 69–82.

Götze, Clemens, Ärgern wir uns ein bisschen ... „Thomas Bernhard für Boshafte" im Insel Verlag ist eine von vielen (mehr oder weniger gelungenen) Kompilationen. In: literaturkritik.de, Nr. 3, März 2014 (http://literaturkritik.de/public/rezension.php?rez_id=18967, letzter Zugriff: April 2018).

Götze, Clemens, „Ein Autor ist etwas ganz und gar lächerliches und erbärmliches ...". Autorschaft und mediale Inszenierung im Werk Thomas Bernhards, Berlin 2016.

Grésillon, Almuth, Bemerkungen zur französischen édition génétique. In: Textgenetische Edition, hg. von Hans Zeller und Gunter Martens, Tübingen 1998 (Beihefte zu editio, Bd. 10), S. 52–64.

Gfrereis, Heike, und Ellen Strittmatter (Hg.), Zettelkästen. Maschinen der Phantasie, Marbach a.N. 2013 (Marbacher Kataloge, Bd. 66).

Grieshop, Herbert, Rhetorik des Augenblicks. Studien zu Thomas Bernhard, Heiner Müller, Peter Handke und Botho Strauss, Würzburg 1998 (Epistemata, Reihe Literaturwissenschaft, Bd. 221).

Gross, Sabine, Schrift-Bild: Die Zeit des Augen-Blicks. In: Zeit-Zeichen. Aufschübe und Interferenzen zwischen Endzeit und Echtzeit, hg. von Georg Christoph Tholen und Michael O. Scholl, Weinheim 1990, S. 231–246.
Gross, Sabine, Lese-Zeichen. Kognition, Medium und Materialität im Leseprozess, Darmstadt 2006.
Guldin, Rainer: Philosophieren zwischen den Sprachen. Vilém Flussers Werk, München 2005.
Gumbrecht, Hans Ulrich, Diesseits der Hermeneutik. Die Produktion von Präsenz, Frankfurt a.M. 2004.
Gumbrecht, Hans Ulrich, Präsenz, hg. u. mit einem Nachwort von Jürgen Klein, Frankfurt a.M. 2012.
Haas, Claude, Arbeit am Abscheu. Zu Thomas Bernhards Prosa, München 2007.
Haas, Claude, Gehen lernen. Intertextualität und Poetik des Spaziergangs in Thomas Bernhards *Frost*. In: Euphorion, Bd. 105, Heft 1, 2011, S. 79–103.
Haller, Miriam, Das Fest der Zeichen. Schreibweisen des Festes im modernen Drama, Köln 2002 (Kölner germanistische Studien, N.F., Bd. 3).
Handke, Peter, und Siegfried Unseld, Der Briefwechsel, hg. von Raimund Fellinger und Katharina Pektor, Frankfurt a.M. 2012.
Handke*online* (Website im Rahmen des FWF-Projekts Forschungsplattform Peter Handke), Literaturarchiv der Österreichischen Nationalbibliothek, online unter http://handkeonline.onb.ac.at/node/11, letzter Zugriff: April 2018.
Haueis, Eduard, Schriftlich erzeugte Mündlichkeit: Thomas Bernhards Interpunktionen. In: Osnabrücker Beiträge zur Sprachtheorie, Bd. 61, 2000, S. 19–41.
Hausendorf, Heiko, Wolfgang Kesselheim, Hiloko Kato und Martina Breitholz, Textkommunikation. Ein textlinguistischer Neuansatz zur Theorie und Empirie der Kommunikation mit und durch Schrift, Berlin/Boston 2017 (Reihe Germanistische Linguistik, Bd. 308).
Heidegger, Martin, Parmenides. In: Heidegger, Gesamtausgabe, II. Abteilung: Vorlesungen 1923–1944, Bd. 54, hg. von Manfred S. Frings, Frankfurt a.M. 1982.
Helms-Derfert, Hermann, Die Last der Geschichte. Interpretationen zur Prosa von Thomas Bernhard, Köln 1997 (Kölner germanistische Studien, Bd. 39).
Hennetmair, Karl Ignaz, Ein Jahr mit Thomas Bernhard. Das versiegelte Tagebuch 1972, München 2003.
Hens, Gregor, Thomas Bernhards Trilogie der Künste. Der Untergeher, Holzfällen, Alte Meister, Rochester, NY 1999.
Hermey, Guido, Molekularbiologische Techniken. In: Guido Hermey, Claudia Mahlke, Michael Schwake und Tobias Sommer, Der Experimentator: Neurowissenschaften, Heidelberg 2010, S. 7–33.
Hiergeist, Teresa, Erlesene Erlebnisse: Formen der Partizipation an narrativen Texten, Bielefeld 2014.
Hildesheimer, Wolfgang, Stimme der Ohnmacht. In: Der Spiegel 26/1968, 24. Juni 1968, S. 102–104.
Hoell, Joachim, Die Bücher des Geistesmenschen. Thomas Bernhards Bibliothek des bösen Geistes. In: Thomas Bernhard – eine Einschärfung, hg. von Joachim Hoell, Alexander Honold und Kai Luehrs-Kaiser, Berlin 1998, S. 26–31.
Hoell, Joachim, Thomas Bernhard, München 2000.
Höller, Hans, Kritik einer literarischen Form, Stuttgart 1979.

Höller, Hans, Wie die Form der Sprache das Denken des Lesers ermöglicht. Der analytische Charakter von Bernhards Sprache. In: Rhetorik und Sprachkunst bei Thomas Bernhard, hg. von Joachim Knape und Olaf Kramer, Würzburg 2011, S. 81–90.

Holmsten, Georg, Voltaire in Selbstzeugnissen und Bilddokumenten, Reinbek bei Hamburg 1971 (rowohlt monographien, Bd. 173).

Huber, Martin, Thomas Bernhards philosophisches Lachprogramm. Zur Schopenhauer-Aufnahme im Werk Thomas Bernhards, Wien 1992.

Huber, Martin, „schrieb und schrieb und schrieb ...". Erste Anmerkungen zu Nachlaß und Arbeitsweise Thomas Bernhards. In: Thomas Bernhard und seine Lebensmenschen. Der Nachlaß, hg. von Martin Huber, Manfred Mittermayer und Peter Karlhuber, Frankfurt a.M. 2002, S. 69–79.

Huntemann, Willi, Artistik und Rollenspiel: Das System Thomas Bernhard, Würzburg 1990 (Epistemata, Reihe Literaturwissenschaft, Bd. 53).

Hurlebusch, Klaus, Den Autor besser verstehen: aus seiner Arbeitsweise. Prolegomenon zu einer Hermeneutik textgenetischen Schreibens. In: Textgenetische Edition, hg. von Hans Zeller und Gunter Martens, Tübingen 1998 (Beihefte zu editio, Bd. 10), S. 7–51.

Inhoff, Albrecht W., und Keith Rayne, Das Blickverhalten beim Lesen. In: Schrift und Schriftlichkeit. Ein interdisziplinäres Handbuch internationaler Forschung, hg. von Hartmut Günther und Otto Ludwig, Berlin/New York 1994–1996 (Handbücher zur Sprach- und Kommunikationswissenschaft, Bd. 10), Bd. 2, S. 942–957.

Jacob, Lars, Bildschrift – Schriftbild. Zu einer eidetischen Fundierung von Erkenntnistheorie im modernen Roman, Würzburg 2000 (Epistemata, Reihe Literaturwissenschaft, Bd. 266).

Janke, Pia, Thomas Bernhard als Librettist. In: Thomas Bernhard. Traditionen und Trabanten, hg. von Joachim Hoell und Kai Luehrs-Kaiser, Würzburg 1999, S. 217–227.

Jansen, Georg, Prinzip und Prozess Auslöschung. Intertextuelle Destruktion und Konstitution des Romans bei Thomas Bernhard, Würzburg 2005 (Epistemata, Reihe Literaturwissenschaft, Bd. 551).

Jakobson, Roman, Linguistik und Poetik. In: Jakobson, Poetik. Ausgewählte Aufsätze 1921–1971, hg. von Elmar Holenstein und Tarcisius Schelbert, Frankfurt a.M. 1979, S. 94.

Jeske Wolfgang, und Heinz Sarkowski, Der Insel-Verlag. 1899–1999. Die Geschichte des Verlags 1899–1964, Frankfurt a.M./Leipzig 1999.

Judex, Bernhard, Der Schriftsteller Johannes Freumbichler 1881–1949: Leben und Werk von Thomas Bernhards Großvater, Wien 2006 (Literatur und Leben, Bd. 69).

Jünger, Ernst, Der Arbeiter. In: Jünger, Sämtliche Werke, Bd. 8: Essays II, Stuttgart 1981, S. 159–208.

Kafka, Franz, Sämtliche Werke, ‚Franz Kafka-Ausgabe', Historisch-kritische Ausgabe sämtlicher Handschriften, Drucke und Typoskripte, hg. von Roland Reuß und Peter Staengle, Frankfurt a.M./Basel 1995 ff.

Kahrs, Peter, Thomas Bernhards frühe Erzählungen. Rhetorische Lektüren, Würzburg 2000 (Epistemata, Reihe Literaturwissenschaft, Bd. 320).

Kammer, Stephan, Tippen und Typen. Einige Anmerkungen zum Maschinenschreiben und seiner editorischen Behandlung. In: Text und Autor, Beiträge aus dem Venedig-Symposium 1998 des Graduiertenkollegs „Textkritik", hg. von Christiane Henkes, Harald Saller und Thomas Richter, München/Tübingen 2000 (Beihefte zu editio, Bd. 15), S. 191–206.

Kappes, Christoph, Schreibgebärden. Zur Poetik und Sprache bei Thomas Bernhard, Peter Handke und Botho Strauss, Würzburg 2006 (Epistemata, Reihe Literaturwissenschaft, Bd. 559).

Kapr, Albert, und Walter Schiller, Gestalt und Funktion der Typografie, Leipzig 1977.
Kastberger, Klaus, Handke*online*, online unter: https://handkeonline.onb.ac.at/node/949, letzter Zugriff: April 2018.
Kedzierski, Marek, Aurach, in: Lettre International, Bd. 84, Heft 1: Schräge Geschichten, 2009, S. 10.
Kepplinger-Prinz, Christoph, Handke*online*, online unter www.handkeonline.onb.ac.at/node/509, letzter Zugriff: April 2018.
Killius, Christina, Die Antiqua-Fraktur Debatte um 1800 und ihre historische Herleitung, Wiesbaden 1999 (Mainzer Studien zur Buchwissenschaft, Bd. 7).
Kittler, Friedrich, Grammophon. Film. Typewriter, Berlin 1986.
Klug, Christian, Thomas Bernhards Theaterstücke, Stuttgart 1991 (Metzler Studienausgabe).
Kluge. Etymologisches Wörterbuch der deutschen Sprache, hg. von Friedrich Kluge, bearbeitet von Elmar Seebold, 24., durchgesehene und erweiterte Auflage, Berlin/Boston 2002.
Knopf, Alexander, Die Wiedergeburt der Alten Meister. Wiederholung und Differenz in Thomas Bernhards letztem Prosawerk. In: Thomas Bernhard Jahrbuch 2007/08, hg. von Martin Huber, Bernhard Judex, Manfred Mittermayer und Wendelin Schmidt-Dengler, Wien/Köln/Weimar 2009 (Jahrbuch der Thomas-Bernhard-Privatstiftung in Kooperation mit dem Österreichischen Literaturarchiv, Bd. 5), S. 187–202.
Köllerer, Christian, Zu Besuch bei Thomas Bernhard in Obernathal, online unter www.koellerer.net/2011/03/19/zu-besuch-bei-thomas-bernhard-in-obernathal/, letzter Zugriff: April 2018.
Körte, Mona, Blatt für Blatt. Text, Tod und Erinnerung bei Thomas Bernhard und Imre Kertesz, Graz 2012.
Koetzle, Hans-Michael, und Carsten M. Wolff, Fleckhaus. Deutschlands erster Art Director, München 1997.
Koetzle, Hans-Michael, Der Regenbogenmann. Willy Fleckhaus war nicht Suhrkamp. Aber was wäre Suhrkamp ohne Fleckhaus? In: Du. Die Zeitschrift der Kultur, Bd. 70, Heft 803, 2010, S. 40–43.
Koetzle, Hans-Michael, Carsten Wolff, Michael Buhrs, und Petra Hesse (Hg.), Willy Fleckhaus. Design, Revolte, Regenbogen. Publikation anlässlich der gleichnamigen Ausstellung im MAKK und in der Museum Villa Stuck, Köln 2016.
Kogge, Werner, Schrift und das Rätsel des Lebendigen. Die Entstehung des Begriffssystems der Molekularbiologie zwischen 1880 und 1950. In: Schriftbildlichkeit. Wahrnehmbarkeit, Materialität und Operativität von Notationen, hg. von Sybille Krämer, Eva Cancik-Kirschbaum und Rainer Totzke, Berlin 2012, S. 329–359.
Kohlenbach, Margarete, Das Ende der Vollkommenheit. Zum Verständnis von Thomas Bernhards „Korrektur", Tübingen 1986.
Kring, Alfred, Die Graphologie der Schreibmaschine auf wissenschaftlicher Grundlage. Handbuch für graphologische und kriminologische Untersuchungen, Zürich 1936.
Krämer, Sybille, ‚Schriftbildlichkeit' oder: Über eine (fast) vergessene Dimension der Schrift. In: Bild – Schrift – Zahl, hg. von Sybille Krämer und Horst Bredekamp, München 2003 (Reihe Kulturtechnik), S. 157–176.
Krämer, Sybille, Von der ‚Tiefe' des intellektualistischen Sprachbildes zur ‚Oberfläche' der verkörperten Sprache. In: Oberfläche und Performanz. Untersuchungen zur Sprache als dynamischer Gestalt, hg. von Angelika Linke und Helmuth Feilke, Tübingen 2009, S. 33–48.

Krämer, Sybille, Sprache, Stimme, Schrift: Zur impliziten Bildlichkeit sprachlicher Medien. In: Sprache intermedial. Stimme und Schrift, Bild und Ton, hg. von Arnulf Deppermann und Angelika Linke, Berlin/Boston 2010 (Jahrbuch des Instituts für Deutsche Sprache 2009), S. 13–24.

Krämer, Sybille, Eva Cancik-Kirschbaum und Rainer Totzke (Hg.), Schriftbildlichkeit. Wahrnehmbarkeit, Materialität und Operativität von Notationen, Berlin 2012.

Krämer, Sybille, Punkt, Strich, Fläche. In: Schriftbildlichkeit. Wahrnehmbarkeit, Materialität und Operativität von Notationen, hg. von Sybille Krämer, Eva Cancik-Kirschbaum und Rainer Totzke, Berlin 2012, S. 91–101.

Kuby, Erich, Ach ja, da liest ja einer. In: Der Spiegel 19/1966, 2. Mai 1966, S. 154–165.

Kuhn, Christoph, Selbstparodie eines Virtuosen. Zu Thomas Bernhards Erzählung ‚Der Untergeher'. In: Tages-Anzeiger (Zürich, Schweiz), 29. November 1983.

Kuhn, Gudrun, Musik und memoria. Zu Hör-Arten von Bernhards Prosa. In: Wissenschaft als Finsternis?, hg. von Martin Huber und Wendelin Schmidt-Dengler, Wien/Köln/Weimar 2002 (Jahrbuch der Thomas-Bernhard-Privatstiftung in Kooperation mit dem Österreichischen Literaturarchiv, Bd. 1), S. 145–162.

Lamping, Dieter, Das lyrische Gedicht. Definitionen zu Theorie und Geschichte der Gattung, Göttingen 1989.

Langendorf, Nikolaus, Schimpfkunst. Die Bestimmung des Schreibens in Thomas Bernhards Prosawerk, Frankfurt a.M. u. a. 2001 (Europäische Hochschulschriften, Reihe 1, Deutsche Sprache und Literatur, Bd. 1815).

Ludwig, Otto, Lesen, um zu Schreiben: ein schreibtheoretischer Aufriss. In: „Schreiben heißt: sich selber lesen". Schreibszenen als Selbstlektüren, hg. von Davide Giuriato, Martin Stingelin und Sandro Zanetti, München 2008 (Zur Genealogie des Schreibens, Bd. 9), S. 301–311.

Lütkehaus, Ludger, „Ein Ding gleich mir ...". Wie der Philosoph Friedrich Nietzsche sich die Schreibmaschine zunutze machte. In: Die Zeit, Nr. 44, 23. Oktober 2003.

Lyrik [Art.]. In: Metzler Literaturlexikon: Begriffe und Definitionen, hg. von Günther und Irmgard Schweikle, 2. Auflage, Stuttgart 1990, S. 286.

Maak, Niklas, Suhrkamp ändert seine legendären Cover. In: Frankfurter Allgemeine Zeitung, 18. September 2004.

Maier, Wolfgang, Die Abstraktion vor ihrem Hintergrund gesehen. In: Über Thomas Bernhard, hg. von Anneliese Botond, Frankfurt a.M. 1970 (edition suhrkamp, Bd. 401), S. 7–23.

Marquardt, Eva, Gegenrichtung. Entwicklungstendenzen in der Erzählprosa Thomas Bernhards, Tübingen 1990 (Untersuchungen zur deutschen Literaturgeschichte, Bd. 54).

Marquardt, Eva, „Wörterverkehr". Sprachskepsis im Werk Thomas Bernhards. In: Skepsis oder das Spiel mit dem Zweifel, Festschrift für Ralph-Rainer Wuthenow, hg. von Carola Hilmes, Dietrich Mathy und Hans Joachim Piechotta, Würzburg 1994, S. 132–139.

Martus, Steffen, Werkpolitik. Zur Literaturgeschichte kritischer Kommunikation vom 17. bis ins 20. Jahrhundert mit Studien zu Klopstock, Tieck, Goethe und George, Berlin/New York 2007 (Historia Hermeneutica. Series Studia, Bd. 3).

Mayer, Franziska, Zur Konstitution von ‚Bedeutung' bei der Buchgestaltung. Aspekte einer Semiotik des Buchs. In: Text, Material, Medium. Zur Relevanz editorischer Dokumentationen für die literaturwissenschaftliche Interpretation, hg. von Wolfgang Lukas, Rüdiger Nutt-Kofoth und Madleen Podewski, Berlin/Boston 2014 (Beihefte zu editio, Bd. 37), S. 197–215.

Menke, Bettine, Auslassungszeichen, Operatoren der Spatialisierung – was ‚Gedankenstriche' tun. In: Von Lettern und Lücken. Zur Ordnung der Schrift im Bleisatz, hg. von Mareike Giertler und Rea Köppel, München 2012, S. 73–95.

Meyer, Thomas, Die phantastische Gabe des Gegen-Gedächtnisses. Ethik und Ästhetik in Thomas Bernhards „Auslöschung", Bielefeld 2014.

Michalski, Claudia, Aufklärung und Kritik. Die *edition suhrkamp* und das geisteswissenschaftliche Taschenbuch. In: Bleiwüste und Bilderflut, hg. von Caspar Hirschi und Carlos Spoerhase, Wiesbaden 2015 (Kodex. Jahrbuch der Internationalen Buchwissenschaftlichen Gesellschaft, Bd. 5), 21–36.

Missing, Cristina Cezara, Kohärenz und Komplexität. Eine empirische Untersuchung zur Rezeption von Konnektoren durch Nicht-Muttersprachler des Deutschen auf DSH-Niveau, Kassel 2016.

Mittermayer, Manfred, Thomas Bernhard, Stuttgart 1995 (Sammlung Metzler, Bd. 291).

Mittermayer, Manfred, Thomas Bernhard, Frankfurt a.M. 2006 (BasisBiographie, Bd. 11).

Mittermayer, Manfred, „Aufzuwachen und ein Haus zu haben". Thomas Bernhards „Heimatkomplex" in frühen und frühesten Texten. In: Ferne Heimat, nahe Fremde: bei Dichtern und Nachdenkern, hg. von Eduard Beutner und Karlheinz Rossbacher, Würzburg 2008, S. 186–202.

Mittermayer, Manfred, „Mein geliebter Phantast". Bernhards „Philosoph Alexander" und sein reales Vorbild Alexander Üxküll-Gyllenband. In: Thomas Bernhard. Persiflage und Subversion, hg. von Mireille Tabah und Manfred Mittermayer, Würzburg 2013, S. 207–223.

Müller-Wille, Klaus, Sezierte Bücher. Hans Christian Andersens Materialästhetik, Paderborn 2017 (Zur Genealogie des Schreibens, Bd. 21).

Nebrig, Alexander, und Carlos Spoerhase (Hg.), Die Poesie der Zeichensetzung. Studien zur Stilistik der Interpunktion, Bern/Berlin u. a. 2012 (Publikationen zur Zeitschrift für Germanistik, Bd. 25).

Neef, Sonja, Abdruck und Spur. Handschrift im Zeitalter ihrer technischen Reproduzierbarkeit, Berlin 2008.

Neumeyer, Harald, „Experimentalsätze" und „Lebensversicherungen". Thomas Bernhards *Kalkwerk* und die Methode des Viktor Urbantschitsch. In: Politik und Medien bei Thomas Bernhard, hg. von Franziska Schössler und Ingeborg Villinger, Würzburg 2002, S. 4–29.

Niccolini, Elisabetta, Der Spaziergang des Schriftstellers. *Lenz* von Georg Büchner, *Der Spaziergang* von Robert Walser, *Gehen* von Thomas Bernhard, Stuttgart 2000.

Nienhaus, Birgit, Architekturen und andere Räume. Raumdarstellung in der Prosa Thomas Bernhards, Marburg 2010.

Nottbusch, Guido, Rüdiger Weingarten und Udo Will: Schreiben mit der Hand und Schreiben mit dem Computer. In: Osnabrücker Beiträge zur Sprachtheorie, Bd. 56, 1998, S. 11–27.

Oberösterreichisches Landesmuseum, Protokoll der Pressekonferenz zur Wiedereröffnung des Oberösterreichischen Landesmuseums, 2. Oktober 2013, online unter www.land-oberoesterreich.gv.at/Mediendateien/LK/PK_LH_Dr._Puehringer_2.10.2013_Internet.pdf, letzter Zugriff: April 2108.

Oster, Sandra, Das Autorenfoto in Buch und Buchwerbung. Autorinszenierung und Kanonisierung mit Bildern, Berlin/Boston 2014 (Archiv für Geschichte des Buchwesens – Studien, Bd. 11).

[o. Vf.], Bücher demnächst in Deutschland. Süße Anarchie. In: Der Spiegel, 27/1970, 29. Juni 1970, S. 129–131.

[o. Vf.], Neu erschienen: Thomas Bernhard „Frost", In: Der Spiegel 36/1963, 4. September 1963, S. 93.
Pause, Johannes, Die ironische Korrektur. Vom philosophischen Paradigmenwechsel Thomas Bernhards, Berlin 2004.
Pektor, Katharina, Handke*online*, www.handkeonline.onb.ac.at/node/1389, letzter Zugriff: April 2018.
Pfabigan, Alfred, Thomas Bernhard. Ein österreichisches Weltexperiment, Wien 1999.
Pichler, Georg, Die Beschreibung des Glücks. Peter Handke: Eine Biografie, Wien 2002.
Podszun, Johannes Frederik G., Untersuchungen zum Prosawerk Thomas Bernhards. Die Studie und der Geistesmensch: Entwicklungstendenzen in der literarischen Verarbeitung eines Grundmotivs, Frankfurt a.M./New York 1998.
Polaschegg, Andrea, Moses in Wonderland oder Warum Literatur (nicht) fetischisierbar ist. In: Der Code der Leidenschaften. Fetischismus in den Künsten, hg. von Hartmut Böhme und Johannes Endres, München 2010, S. 70–95.
Polaschegg, Andrea, Literatur auf einen Blick. Zur Schriftbildlichkeit der Lyrik. In: Schriftbildlichkeit, Wahrnehmbarkeit, Materialität und Operativität von Notationen, hg. von Sybille Krämer, Eva Cancik-Kirschbaum und Rainer Totzke, Berlin 2012, S. 245–260.
Polaschegg, Andrea, Der Anfang des Ganzen. Eine Theorie der Literatur als Verlaufskunst, Habilitationsschrift HU Berlin, 2015 [unveröffentlichtes Manuskript].
Polaschegg, Andrea, (K)ein Anfang des Ganzen. Das skulpturale Werkkonzept der Klassik und seine Folgen für die Literaturwissenschaft. In: Konstellationen der Künste um 1800, hg. von Thorsten Valk und Albert Meier, Göttingen 2015 (Schriftenreihe des Zentrums für Klassikforschung, Bd. 2), S. 99–124.
Pontzen, Alexandra, Künstler ohne Werk. Modelle negativer Produktionsästhetik in der Künstlerliteratur von Wackenroder bis Heiner Müller, Berlin 2000 (Philologische Studien und Quellen, Bd. 164).
Portrait der Stempel Garamond auf der Seite des Museums der Arbeit, online unter www.museum-der-arbeit.de/documents/museum_der_arbeit/866/original/GaramondStempel.pdf?1395665375, letzter Zugriff: April 2018.
Prosagedicht [Art.]. In: Reallexikon der deutschen Literaturwissenschaft, Bd. 3, hg. von Jan-Dirk Müller, Berlin/New York 2003, S. 172–174.
Rahn, Thomas, Gestörte Texte. Detailtypographische Interpretamente und Edition. In: Text, Material, Medium. Zur Relevanz editorischer Dokumentationen für die literaturwissenschaftliche Interpretation, hg. von Wolfgang Lukas, Rüdiger Nutt-Kofoth und Madleen Podewski, Berlin/Boston 2014 (Beihefte zu editio, Bd. 37), S. 149–171.
Rambures, Jean-Louis, Ich behaupte nicht, mit der Welt gehe es schlechter. Aus einem Gespräch mit dem Schriftsteller Thomas Bernhard. In: Frankfurter Allgemeine Zeitung, 24.02.1983.
Rambures, Jean-Louis, Aus zwei Interviews mit Thomas Bernhard, aufgenommen von Jean-Louis Rambures. In: Antiautobiografie. Zu Thomas Bernhards ‚Auslöschung', hg. von Hans Höller und Irene Heidelberger-Leonard, Frankfurt a.M. 1995, S. 13–18.
Rau, Cornelia, Revisionen beim Schreiben. Zur Bedeutung von Veränderungen in Textproduktionsprozessen, Tübingen 1994 (Reihe Germanistische Linguistik, Bd. 148).
Reclams Sachlexikon des Buches, hg. von Ursula Rautenberg, 2., verbesserte Auflage, Stuttgart 2003.
Reichensperger, Richard, Der große Durchstreicher. In: Der Standard, 9. Februar 2001.

Reich-Ranicki, Marcel, Jenseits der Literatur. Martin Walsers Roman „Jenseits der Liebe". In: Frankfurter Allgemeine Zeitung, 27. März 1976.

Richter, Henje, „Ich weiß zwar, dass es kein Original sein muss, aber dennoch ...": Fetischistische Grundlagen der Authentizität musealer Objekte. In: Echte Geschichte. Authentizitätsfiktionen in populären Geschichtskulturen, hg. von Eva Ulrike Pirker, Mark Rüdiger und Christa Klein, Bielefeld 2010 (Historische Lebenswelten in populären Wissenskulturen, Bd. 3), S. 47–60.

Riemann Musiklexikon, hg. von Hans Heinrich Eggebrecht, Mainz 1967.

Ries, Thorsten, Verwandlung als anthropologisches Motiv in der Lyrik Gottfried Benns: Textgenetische Edition ausgewählter Gedichte aus den Jahren 1935 bis 1953, Berlin/Boston 2014 (Exempla critica, Bd. 4).

Scheffler, Markus, Kunsthaß im Grunde. Über Melancholie bei Arthur Schopenhauer und deren Verwendung in Thomas Bernhards Prosa, Heidelberg 2008 (Beiträge zur neueren Literaturgeschichte, Bd. 252).

Schlichtmann, Silke, Das Erzählprinzip ‚Auslöschung'. Zum Umgang mit Geschichte in Thomas Bernhards Roman *Auslöschung. Ein Zerfall*, Frankfurt a.M. 1996 (Trierer Studien zur Literatur, Bd. 27).

Schmied, Wieland, und Erika Schmied, Thomas Bernhards Häuser, Wien/Salzburg 1995.

Schmied, Wieland, und Erika Schmied, Thomas Bernhard. Leben und Werk in Bildern und Texten, St. Pölten 2008.

Schmidt, Dietmar, Umblättern statt Lesen. Lektüren des Nichtlesens bei Thomas Bernhard. In: Medienphilologie. Konturen eines Paradigmas, hg. von Friedrich Balke und Rupert Gaderer, Göttingen 2017, S. 143–171.

Schmidt-Dengler, Wendelin, Von der Schwierigkeit, Thomas Bernhard zu lesen. In: Bernhard. Annäherungen, hg. von Manfred Jurgensen, Bern 1981 (Queensland studies in German language and literature, Bd. 8), S. 123–141.

Schmidt-Dengler, Wendelin, Elf Thesen zum Werk Thomas Bernhards. In: Studien zur Literatur des 19. und 20. Jahrhunderts in Österreich, Festschrift für Alfred Doppler zum 60. Geburtstag, hg. von Johann Holzner, Michael Klein und Wolfgang Wiesmüller, Innsbruck 1981 (Innsbrucker Beiträge zur Kulturwissenschaft, Germanistische Reihe, Bd. 12), S. 231–234.

Schmidt-Dengler, Wendelin, Von der Schwierigkeit, Bernhard beim Gehen zu begleiten. Zu Gehen. In: Schmidt-Dengler, Der Übertreibungskünstler. Studien zu Thomas Bernhard, 3., erweiterte Auflage, Wien 1997, S. 36–58.

Schmidt-Dengler, Wendelin, Der Übertreibungskünstler. Studien zu Thomas Bernhard, 3., erweiterte Auflage, Wien 1997.

Schmidt-Dengler, Wendelin, „Absolute Hilflosigkeit (des Denkens)". Zur Typologie der wissenschaftlichen Auseinandersetzung mit Thomas Bernhard. Eine Einführung. In: Wissenschaft als Finsternis?, hg. von Martin Huber und Wendelin Schmidt-Dengler, Wien/Köln/Weimar 2002 (Jahrbuch der Thomas-Bernhard-Privatstiftung in Kooperation mit dem Österreichischen Literaturarchiv, Bd. 1), S. 9–18.

Schönthaler, Philipp, Negative Poetik. Die Figur des Erzählers bei Thomas Bernhard, W.G. Sebald und Imre Kertész, Bielefeld 2011.

Spinnler, Rolf, Thomas-Bernhard-Ausstellung in Marbach. Ringen um die Vollendung. In: Stuttgarter Zeitung, 18. Februar 2014.

Seel, Martin, Ästhetik des Erscheinens, Frankfurt a.M. 2003.

Seel, Martin, Die Macht des Erscheinens. Texte zur Ästhetik, Frankfurt a.M. 2007.

Sorg, Bernhard, Thomas Bernhard, 2., neubearbeitete Auflage, München 1992 (Beck'sche Reihe, Autorenbücher, Bd. 627).
Steingröver, Reinhild, Einerseits und andererseits. Essays zur Prosa Thomas Bernhards, New York 2000 (Literature and the sciences of man, Bd. 20).
Stingelin, Martin, Schreiben. Einleitung. In: „Mir ekelt vor diesem tintenklecksenden Säkulum." Schreibszenen im Zeitalter der Manuskripte, hg. von Martin Stingelin, Davide Giuriato und Sandro Zanetti, München 2004 (Zur Genealogie des Schreibens, Bd. 1), S. 7–21.
Stingelin, Martin, Davide Giuriato und Sandro Zanetti (Hg.), „Mir ekelt vor diesem tintenklecksenden Säkulum." Schreibszenen im Zeitalter der Manuskripte, München 2004 (Zur Genealogie des Schreibens, Bd. 1).
Stingelin, Martin, Schreibwerkzeuge. In: Handbuch Medien der Literatur, hg. von Natalie Binczek, Till Dembeck und Jörgen Schäfer, Berlin/Boston 2013, S. 99–119.
Strebel-Zeller, Christa, Die Verpflichtung der Tiefe des eigenen Abgrunds in Thomas Bernhards Prosa, Zürich 1975.
Strowick, Elisabeth, Unzuverlässiges Erzählen der Existenz. Thomas Bernhards Spaziergänge mit Kierkegaard. In: Denken, Schreiben (in) der Krise. Existentialismus und Literatur, hg. von Cornelia Blasberg und Franz-Josef Deiters, St. Ingbert 2004 (Kunst und Gesellschaft, Bd. 2), S. 453–481.
Süselbeck, Jan, Das Missverständnis. Zu Andreas Maiers Rezeption der Prosa Thomas Bernhards. In: Thomas Bernhard Jahrbuch 2005/2006, hg. von Martin Huber, Bernhard Judex, Manfred Mittermayer u. a., Wien/Köln/Weimar 2006 (Jahrbuch der Thomas-Bernhard-Privatstiftung in Kooperation mit dem Österreichischen Literaturarchiv, Bd. 4), S. 191–201.
Suhrkamp-Verlagsgeschichte [1950–1987], Frankfurt a.M. 1987.
Suhrkamp Verlag, Thomas Bernhard-Autorenprospekt: Thomas Bernhard. Suhrkamp, Frankfurt a.M. 2008, online unter www.suhrkamp.de/download/Prospekte/Bernhard_Prospekt.pdf, letzter Zugriff: April 2018.
Suhrkamp Verlag, Ankündigungstext der Taschenbuchausgabe von Thomas Bernhards Werken http://www.suhrkamp.de/buecher/werke-thomas_bernhard_46850.html, letzter Zugriff: April 2018.
Suhrkamp Verlag, Autoreninfo Herbert Achternbusch: Online unter www.suhrkamp.de/autoren/herbert_achternbusch_15.html, letzter Zugriff: April 2018.
Thabti, Sahbi, Die Paraphrase der Totalität. Zum Verhältnis von Denken und Sprechen in Thomas Bernhards *In der Höhe*. In: Wirkendes Wort, Bd. 44, 1994, S. 296–315.
Thomas Bernhard Privatstiftung, Thomas-Bernhard-Archiv und Internationale Thomas Bernhard Gesellschaft, offizielle Thomas Bernhard Internetpräsenz, online unter http://www.thomasbernhard.at/, letzter Zugriff: April 2018.
Terhorst, Christel, Peter Handke, Die Entstehung literarischen Ruhms. Die Bedeutung der literarischen Tageskritik für die Rezeption des frühen Peter Handke, Frankfurt a.M./New York 1990 (Europäische Hochschulschriften: Reihe I, Deutsche Sprache und Literatur, Bd. 1206).
Tracy, Walter, Letters of Credit. A View of Type Design, Boston, MA 1986.
Unseld, Siegfried, Der Marienbader Korb. Über die Buchgestaltung im Suhrkamp Verlag. Willy Fleckhaus zu Ehren, Hamburg 1976.
Unseld, Siegfried, Kleine Geschichte der Bibliothek Suhrkamp. In: Klassiker der Moderne. Ein Lesebuch, hg. von Hans-Ulrich Müller-Schwefe, Frankfurt a.M. 1989 (Bibliothek Suhrkamp, Sonderband), S. 7–23.

Urbantschitsch, Victor, Über methodische Hörübungen und deren Bedeutung für Schwerhörige. Vortrag, gehalten in der k. k. Gesellschaft der Aerzte in Wien am 17. Februar 1899, Wien 1899.

Valéry, Paul, Die beiden Dinge, die den Wert eines Buchs ausmachen. In: Valéry, Über Kunst. Essays, ins Deutsche übersetzt von Carlo Schmidt, Frankfurt a.M. 1959 (Bibliothek Suhrkamp, Bd. 53), S. 15–22.

Vellusig, Robert, Thomas Bernhards Gesprächskunst. In: Thomas Bernhard. Beiträge zur Fiktion der Postmoderne. Londoner Symposion, hg. von Wendelin Schmidt-Dengler, Adrian Stevens und Fred Wagner, Frankfurt a.M./New York 1997, S. 25–46.

Viollet, Catherine, Textgenetische Mutationen einer Erzählung: Ingeborg Bachmanns *Ein Schritt nach Gomorrha*. In: Schreiben. Prozesse, Prozeduren und Produkte, hg. von Jürgen Baurmann und Rüdiger Weingarten, Opladen 1995, S. 129–146.

Viollet, Catherine, Mechanisches Schreiben, Tippräume. Einige Vorbedingungen für eine Semiologie des Typoskripts. In: „Schreibkugel ist ein Ding gleich mir: von Eisen". Schreibszenen im Zeitalter der Typoskripte, hg. von Davide Giuriato und Sandro Zanetti, Paderborn/München 2005 (Zur Genealogie des Schreibens, Bd. 2), S. 21–47.

Voica, Alina, Selbstmordverschiebung. Zu Thomas Bernhards Schreibverhalten im Prosawerk, online unter www.diss.fu-berlin.de/diss/receive/FUDISS_thesis_000000012663, letzter Zugriff: April 2018.

Wehde, Susanne, Typographische Kultur. Eine zeichentheoretische und kulturgeschichtliche Studie zur Typographie und ihrer Entwicklung, Tübingen 2000 (Studien und Texte zur Sozialgeschichte der Literatur, Bd. 69).

Weinzierl, Ulrich, Bernhard als Erzieher: Thomas Bernhards Auslöschung. In: The German Quarterly, Band 63, Heft 3/4, 1990, S. 455–461.

Werner, Juliane, Thomas Bernhard und Jean-Paul Sartre, Berlin 2016 (Internationale Forschungen zur allgemeinen und vergleichenden Literaturwissenschaft, Bd. 193).

Weymann, Ulrike, Intermediale Grenzgänge. *Das Gespräch der drei Gehenden* von Peter Weiss, *Gehen* von Thomas Bernhard und *Die Lehre der Sainte-Victoire* von Peter Handke, Heidelberg 2007 (Probleme der Dichtung, Bd. 40).

Wieland, Magnus, about:blank. Appropriationen des Leerraums seit Mallarmé. In: Wiederaufgelegt. Zur Appropriation von Texten und Büchern in Büchern, hg. v. Annette Gilbert, Bielefeld 2012 (Reihe Lettre), S. 193–216.

Willberg, Hans Peter, Buchkunst im Wandel. Die Entwicklung der Buchgestaltung in der Bundesrepublik Deutschland, Frankfurt a.M. 1984.

Willberg, Hans Peter, Wichtige Buchgestalter. In: Bücher, Buchstaben, Bilder. Hannes Jähn, 1934–1987, hg. von Gundel Gelbert, Köln 1990, S. 119–124.

Willberg, Hans Peter, und Friedrich Forssman, Lesetypographie, Mainz 1997.

Windgätter, Christof, Vom „Blattwerk der Signifikanz" oder: Auf dem Weg zu einer Epistemologie der Buchgestaltung. In: Wissen im Druck. Zur Epistemologie der modernen Buchgestaltung, hg. von Christof Windgätter, Wiesbaden 2010 (Buchwissenschaftliche Beiträge, Bd. 80), S. 6–50.

Windgätter, Christof, Wissenschaft als Marke, Berlin 2016.

Windrich, Johannes, TechnoTheater. Dramaturgie und Philosophie bei Rainald Goetz und Thomas Bernhard, München 2007.

Winterstein, Stefan, Reduktionen, Leerstellen, Widersprüche. Eine Relektüre der Erzählung *Gehen* von Thomas Bernhard. In: Thomas Bernhard Jahrbuch 2004, hg. von Martin

Huber, Manfred Mittermayer, Wendelin Schmidt-Dengler u. a., Wien/Köln/Weimar 2005 (Jahrbuch der Thomas-Bernhard-Privatstiftung in Kooperation mit dem Österreichischen Literaturarchiv, Bd. 3), S. 31–54.

Witte, Georg, Textflächen und Flächentexte. Das Schriftsehen der literarischen Avantgarden. In: Schrift. Kulturtechnik zwischen Auge, Hand und Maschine, hg. von Gernot Grube, Werner Kogge und Sybille Krämer, Paderborn/München 2005 (Reihe Kulturtechnik), S. 375–396.

Wittgenstein, Ludwig, Philosophische Untersuchungen. In: L. Wittgenstein, Werkausgabe, Bd. 1: Tractatus logico-philosophicus. Tagebücher. Philosophische Untersuchungen, neu durchgesehen von Joachim Schulte, Frankfurt a.M. 1984, S. 522–531.

Wolff, Carsten, Mit Intellekt und Emotion. Willy Fleckhaus als Buchgestalter und Lehrer. In: Willy Fleckhaus. Design, Revolte, Regenbogen, hg. von Hans-Michael Koetzle, Carsten Wolff, Michael Buhrs und Petra Hesse, Köln 2016, S. 142–184.

Zanetti, Sandro, Proben auf dem Papier. In: Chaos und Konzept. Proben und Probieren im Theater, hg. von Melanie Hinz und Jens Roselt, Berlin 2011, S. 171–189.

Zanetti, Sandro, Durchstreichen – und dann? (Beckett, Kafka, Celan, Schmidt). In: Schreiben und Streichen. Zu einem Moment produktiver Negativität, hg. von Lucas Marco Gisi, Hubert Thüring und Irmgard Wirtz, Göttingen/Zürich 2011 (Beide Seiten, Bd. 2), S. 287–303.

Zanetti, Sandro, Einleitung. In: Schreiben als Kulturtechnik. Grundlagentexte, hg. von Sandro Zanetti, Berlin 2012, S. 7–34.

Zanetti, Sandro (Hg.), Schreiben als Kulturtechnik. Grundlagentexte, Berlin 2012.

Zeller, Hans, und Gunter Martens (Hg.), Textgenetische Edition, Tübingen 1998 (Beihefte zu editio 10).

Abbildungsverzeichnis

Kapitel 1

Abb. 1: Schmied, Wieland, und Erika Schmied, Thomas Bernhard. Leben und Werk in Bildern und Texten, St. Pölten 2008, S. 260.
Abb. 2: Bernhard, Thomas, und Siegfried Unseld, Der Briefwechsel, hg. von Raimund Fellinger, Frankfurt a.M. 2009, [o.S.], Abb. 12.
Abb. 3: The Stanley Kubrick Archives, hg. von Alison Castle, Köln u. a. 2008, S. 448.
Abb. 4: NLTB, TBA, W 1/3a, Blatt 15, abgebildet in Thomas Bernhard, Frost. In: Bernhard, Werke, Bd. 1, hg. von Martin Huber und Wendelin Schmidt-Dengler, Frankfurt a.M. 2003, S. 357.

Kapitel 2

Abb. 1: NLTB, TBA, W 1/3a, Blatt 1, abgebildet in Martin Huber, Manfred Mittermayer und Peter Karlhuber (Hg.), Thomas Bernhard und seine Lebensmenschen. Der Nachlaß, Frankfurt a.M. 2002, S. 108.
Abb. 2: NLTB, TBA, W 1/4, Blatt 3, abgebildet in Martin Huber, Manfred Mittermayer und Peter Karlhuber (Hg.), Thomas Bernhard und seine Lebensmenschen. Der Nachlaß, Frankfurt a.M. 2002, S. 109.
Abb. 3: Bernhard, Thomas, Der Ignorant und der Wahnsinnige, Frankfurt a.M. 1972 (EA, Bibliothek Suhrkamp, Bd. 317), S. 7.
Abb. 4: NLTB, TBA, W 22/2, Blatt 6.
Abb. 5: NLTB, TBA, W 19/3, Blatt 8r.
Abb. 6: Dreissinger, Sepp, und Wieland Schmied, Thomas Bernhard. Portraits: Bilder & Texte, Weitra 1991, S. 88 (Foto: Johann Barth, 1966).
Abb. 7: Schmied, Wieland, und Erika Schmied, Thomas Bernhard. Leben und Werk in Bildern und Texten, St. Pölten 2008, S. 138.
Abb. 8: Huber, Martin, Manfred Mittermayer und Peter Karlhuber (Hg.), Thomas Bernhard und seine Lebensmenschen. Der Nachlaß, Frankfurt a.M. 2002, S. 53.
Abb. 9: Huber, Martin, Manfred Mittermayer und Peter Karlhuber (Hg.), Thomas Bernhard und seine Lebensmenschen. Der Nachlaß, Frankfurt a.M. 2002, S. 140.
Abb. 10: NLTB, TBA, W 3/1, Blatt 10v.
Abb. 11: Huber, Martin, Manfred Mittermayer und Peter Karlhuber (Hg.), Thomas Bernhard und seine Lebensmenschen. Der Nachlaß, Frankfurt a.M. 2002, S. 133.
Abb. 12: NLTB, TBA, W 19/2, Blatt 26.
Abb. 13: NLTB, TBA, W 3/3, Blatt 21.
Abb. 14: NLTB, TBA, W 5/1a, Blatt 18.
Abb. 15: NLTB, TBA, W 5/1a, Blatt 19.
Abb. 16: NLTB, TBA, W 5/1a, Blatt 18, Ausschnitt.
Abb. 17: NLTB, TBA, W 21/1, Blatt 5r.
Abb. 18: NLTB, TBA, W 15/2, Blatt 40.
Abb. 19: Bernhard, Thomas, Amras, Frankfurt a.M. 1964 (EA), S. 4/35.
Abb. 20: NLTB, TBA, W 24/2, Blatt 25.

Abb. 21: Bernhard, Thomas, In der Höhe. Rettungsversuch, Unsinn, Salzburg/Wien 1989 (EA), S. 99, Ausschnitt.
Abb. 22: Bernhard, Thomas, Drei Tage. In: Bernhard, Der Italiener, Salzburg 1971 (EA), S. 150/151.
Abb. 23: NLTB, TBA, W 2/2, Blatt 89, Ausschnitt.
Abb. 24: NLTB, TBA, W 7/1, Blatt 73, Ausschnitt.
Abb. 25: NLTB, TBA, W 7/1, Blatt 73.
Abb. 26: NLTB, TBA, W 7/1, Blatt 80, Ausschnitt.
Abb. 27: NLTB, TBA, W 4/2, Blatt 188, Ausschnitt.
Abb. 28: NLTB, TBA, W 4/2, Blatt 130, Ausschnitt.
Abb. 29: NLTB, TBA, W 19/2, Blatt 26.
Abb. 30: NLTB, TBA, W 7/3, Blatt 5a.
Abb. 31: NLTB, TBA, W 7/3, Blatt 5b.
Abb. 32: NLTB, TBA, W 7/3, Blatt 5b, Ausschnitt.
Abb. 33: Holmsten, Georg, Voltaire in Selbstzeugnissen und Bilddokumenten, Reinbek bei Hamburg 1971 [1972] (rowohlt monographien, Bd. 173), S. 164.
Abb. 34: Bernhard, Thomas, Das Kalkwerk, Frankfurt a.M. 1970 (EA), S. 127.
Abb. 35: NLTB, TBA, W 19/2, Blatt 32, abgebildet in Thomas Bernhard, Erzählungen II. Ungenach. Watten. Gehen. In: Bernhard, Werke, Bd. 12, hg. von Hans Höller und Manfred Mittermayer, Frankfurt a.M. 2006, S. 261.
Abb. 36: NLTB, TBA, W 19/4, Blatt 45.
Abb. 37: NLTB, TBA, W 2/2, Blatt 1, abgebildet in Thomas Bernhard, Verstörung. In: Bernhard, Werke, Bd. 2, hg. von Martin Huber und Wendelin Schmidt-Dengler, Frankfurt a.M. 2003, S. 217.
Abb. 38: NLTB, TBA, W 1/3a, Blatt 1, abgebildet in Thomas Bernhard und seine Lebensmenschen. Der Nachlaß, hg. von Martin Huber, Manfred Mittermayer und Peter Karlhuber, Frankfurt a.M. 2002, S. 108.
Abb. 39: NLTB, TBA, W 1/4, Blatt 3, abgebildet in Thomas Bernhard und seine Lebensmenschen. Der Nachlaß, hg. von Martin Huber, Manfred Mittermayer und Peter Karlhuber, Frankfurt a.M. 2002, S. 109.
Abb. 40: Bernhard, Thomas, Frost, Frankfurt a.M. 1963 (EA), S. 5.
Abb. 41: Bernhard, Thomas, Amras, Frankfurt a.M. 1964 (EA), S. 21.
Abb. 42: Bernhard, Thomas, Das Kalkwerk, Frankfurt a.M. 1970 (EA), S. 127. [Markierungen von C.M.]
Abb. 43: NLTB, TBA, W 9/2, Blatt 162, Ausschnitt.

Kapitel 3

Abb. 1: Brecht, Bertolt, Gedichte und Lieder, Frankfurt a.M. 1958 (Bibliothek Suhrkamp, Bd. 33), Schutzumschlag vorne.
Abb. 2: Brecht, Bertolt, Gedichte und Lieder, Frankfurt a.M. 1960 (Bibliothek Suhrkamp, Bd. 33), Schutzumschlag vorne.
Abb. 3: Bernhard, Thomas, Frost, Frankfurt a.M. 1963 (EA), Schutzumschlag vorne, abgebildet in Wolfgang Jeske und Heinz Sarkowski, Der Insel-Verlag. 1899–1999. Die Geschichte des Verlags 1899–1964, Frankfurt a.M./Leipzig 1999, [o.S.], Abb. 74.

Abb. 4: Bernhard, Thomas, Amras, Frankfurt a.M. 1965 (edition suhrkamp, Bd. 142), Cover.
Bernhard, Thomas, Prosa, Frankfurt a.M. 1967 (edition suhrkamp, Bd. 213), Cover.
Bernhard, Thomas, Ungenach, Frankfurt a.M. 1968 (edition suhrkamp, Bd. 279), Cover.
Bernhard, Thomas, Watten, Frankfurt a.M. 1969 (edition suhrkamp, Bd. 353), Cover.
Abb. 5: Bernhard, Thomas, Das Kalkwerk, Frankfurt a.M. 1970 (EA), Schutzumschlag vorne.
Abb. 6: Alternativen '68. Krieg und Frieden. In: twen, Heft 11, 1968, abgebildet in Hans-Michael Koetzle und Carsten M. Wolff, Fleckhaus. Deutschlands erster Art Director, München 1997, [o.S./S. 80], Ausschnitt.
Abb. 7: Von links oben nach rechts unten abgebildete Cover: Samuel Beckett, Warten auf Godot. En attendant Godot. Waiting for Godot, Frankfurt a.M. 1970 (suhrkamp taschenbuch, Bd. 1); Max Frisch, Wilhelm Tell für die Schule, Frankfurt a.M. 1970 (suhrkamp taschenbuch, Bd. 2); Peter Handke, Chronik der laufenden Ereignisse, Frankfurt a.M. 1970 (suhrkamp taschenbuch, Bd. 3); Hans Magnus Enzensberger, Gedichte 1955–1970, Frankfurt a.M. 1970 (suhrkamp taschenbuch, Bd. 4); Thomas Bernhard, Gehen, Frankfurt a.M. 1970 (suhrkamp taschenbuch, Bd. 5); Martin Walser, Gesammelte Stücke, Frankfurt a.M. 1970 (suhrkamp taschenbuch, Bd. 6); Hermann Hesse, Lektüre für Minuten, Frankfurt a.M. 1970 (suhrkamp taschenbuch, Bd. 7); Olof Lagercrantz, China-Report, Frankfurt a.M. 1970 (suhrkamp taschenbuch, Bd. 8); Jürgen Habermas, Theorie und Praxis, Frankfurt a.M. 1970 (suhrkamp taschenbuch, Bd. 9); Alexander Mitscherlich, Thesen zur Stadt der Zukunft, Frankfurt a.M. 1970 (suhrkamp taschenbuch, Bd. 10).
Abb. 8: NLTB, TBA, W 19/4, Blatt 45.
Abb. 9: Bernhard, Thomas, Gehen, Frankfurt a.M. 1970 (EA, suhrkamp taschenbuch, Bd. 5), S. 70/71.
Abb. 10: Man Ray, chant bruyant. In: Francis Picabia (Hg.), 391, Nr. 17, 1924, abgebildet in Christian Briend und Clément Chéroux (Hg.), Man Ray, Picabia, et la revue Littérature, Paris 2014 (Editions du Centre Pompidou), S. 26.
Abb. 11: Achternbusch, Herbert, Hülle, Frankfurt a.M. 1969 (EA), Schutzumschlag vorne. Achternbusch, Herbert, Das Kamel, Frankfurt a.M. 1970 (EA), Schutzumschlag vorne.
Abb. 12: Achternbusch, Herbert, Hülle, Frankfurt a.M. 1969 (EA), S. 7.
Abb. 13: Becker, Jürgen, Ränder, Frankfurt a.M. 1968 (EA), Cover.
Abb. 14: Walser, Martin, Die Gallistl'sche Krankheit, Frankfurt a.M. 1972 (EA), Cover.
Abb. 15: Becker, Jürgen, Ränder, Frankfurt a.M. 1968 (EA), S. 20/21.
Abb. 16: Becker, Jürgen, Ränder, Frankfurt a.M. 1968 (EA), S. 30/31.
Abb. 17: Becker, Jürgen, Ränder, Frankfurt a.M. 1968 (EA), S. 42/43.
Abb. 18: Becker, Jürgen, Ränder, Frankfurt a.M. 1968 (EA), S. 50/51.
Abb. 19: Becker, Jürgen, Ränder, Frankfurt a.M. 1968 (EA), S. 56/[o.S.]
Abb. 20: Becker, Jürgen, Ränder, Frankfurt a.M. 1968 (EA), S. 56, Ausschnitt.
Abb. 21: Becker, Jürgen, Umgebungen, Frankfurt a.M. 1970 (EA), Bucheinband vorne und hinten.
Abb. 22: Walser, Martin, Fiction, Frankfurt a.M. 1970 (EA), Cover und S. 7.
Abb. 23: Walser, Martin, Halbzeit, Frankfurt a.M. 1950 (EA), Schutzumschlag vorne.
Walser, Martin, Das Einhorn, Frankfurt a.M. 1966 (EA), Schutzumschlag vorne.
Walser, Martin, Der Sturz, Frankfurt a.M. 1973 (EA), Schutzumschlag vorne.
Walser, Martin, Jenseits der Liebe, Frankfurt a.M. 1976 (EA), Schutzumschlag vorne.
Walser, Martin, Seelenarbeit, Frankfurt a.M. 1979 (EA), Schutzumschlag vorne.
Abb. 24: Handke, Peter, Die Angst des Tormanns beim Elfmeter, Frankfurt a.M. 1970 (EA), Cover.

Handke, Peter, Die Stunde der wahren Empfindung, Frankfurt a.M. 1975 (EA), Cover.
Handke, Peter, Die linkshändige Frau, Frankfurt a.M. 1976 (EA), Cover.
Handke, Peter, Langsame Heimkehr, Frankfurt a.M. 1979 (EA), Cover.
Abb. 25: Handke, Peter, Die Lehre der Sainte Victoire, Frankfurt a.M. 1980 (EA), Cover.
Handke, Peter, Über die Dörfer, Frankfurt a.M. 1981 (EA), Cover.
Handke, Peter, Kindergeschichte, Frankfurt a.M. 1981 (EA), Cover.
Handke, Peter, Die Wiederholung, Frankfurt a.M. 1986 (EA), Cover.
Abb. 26: Handke, Peter, Die Angst des Tormanns beim Elfmeter, Frankfurt a.M. 1970 (EA), Cover und S. 7.
Abb. 27: Handke, Peter, Die linkshändige Frau, Frankfurt a.M. 1976 (EA), S. 7.
Abb. 28: Kafka, Franz, Betrachtung, Leipzig 1913 (Reprint Frankfurt a.M. 1994), S. 76.
Abb. 29: Bernhard, Thomas, Das Kalkwerk, Frankfurt a.M. 1973 (suhrkamp taschenbuch, Bd. 128), S. 16.
Abb. 30: Habermas, Jürgen, Theorie und Praxis, Frankfurt a.M. 1970 (suhrkamp taschenbuch, Bd. 9), S. 136.
Abb. 31: Schutzumschläge von links oben nach rechts unten:
Bernhard, Thomas, Verstörung, Frankfurt a.M. 1967 (EA).
Bernhard, Thomas, Das Kalkwerk, Frankfurt a.M. 1970 (EA).
Bernhard, Thomas, Korrektur, Frankfurt a.M. 1975 (EA).
Bernhard, Thomas, Der Stimmenimitator, Frankfurt a.M. 1978 (EA).
Bernhard, Thomas, Die Erzählungen, Frankfurt a.M. 1979 (EA).
Bernhard, Thomas, Beton, Frankfurt a.M. 1982 (EA).
Bernhard, Thomas, Der Untergeher, Frankfurt a.M. 1983 (EA).
Bernhard, Thomas, Holzfällen, Frankfurt a.M. 1984 (EA).
Bernhard, Thomas, Alte Meister, Frankfurt a.M. 1985 (EA).
Bernhard, Thomas, Auslöschung, Frankfurt a.M. 1986 (EA).
Abb. 32: Bernhard, Thomas, Die Ursache, Salzburg/Wien 1975 (EA), Schutzumschlag vorne.
Abb. 33: Bernhard, Thomas, Korrektur, Frankfurt a.M. 1975 (EA), Schutzumschlag vorne.
Abb. 34: Bernhard, Thomas, Korrektur, Frankfurt a.M. 1975 (EA), S. 6/7.
Abb. 35: Bernhard, Thomas, Alte Meister, Frankfurt a.M. 1985 (EA), S. 38/39.
Abb. 36: Bernhard, Thomas, Alte Meister, Frankfurt a.M. 1985 (EA), S. 228/229. [Markierungen von C.M.]
Abb. 37: Bernhard, Thomas, In der Höhe. Rettungsversuch, Unsinn, Salzburg/Wien 1989 (EA), Cover.
Abb. 38: Bernhard, Thomas, In der Höhe. Rettungsversuch, Unsinn, Salzburg/Wien 1989 (EA), S. 100/101.

Kapitel 4

Abb. 1: Bernhard, Thomas, Gehen, Frankfurt a.M. 1971 (EA, suhrkamp taschenbuch, Bd. 5), S. 70/71.
Abb. 2: Bernhard, Thomas, Gehen, Frankfurt a.M. 1971 (EA, suhrkamp taschenbuch, Bd. 5), S. 29.
Abb. 3: Bernhard, Thomas, Gehen, Frankfurt a.M. 1971 (EA, suhrkamp taschenbuch, Bd. 5), S. 73.

Abb. 4: NLTB, TBA, W 19/2, Blatt 26, Ausschnitt.
Abb. 5: Bernhard, Thomas, Gehen, Frankfurt a.M. 1971 (EA, suhrkamp taschenbuch, Bd. 5), S. 78 f.
Abb. 6: Bernhard, Thomas, Gehen, Frankfurt a.M. 1971 (EA, suhrkamp taschenbuch, Bd. 5), S. 7.

Personenregister

Abbt, Christine 163
Achternbusch, Herbert 275–278, 286, 288, 290–291, 299
Adorno, Theodor W. 228, 245
Agamben, Giorgio 365
Albes, Claudia 261
Anz, Thomas 321
Arnold, Heinz Ludwig 293
Assmann, Aleida 95

Bachmann, Ingeborg 101, 124
Baier, Peter E. 209
Barthes, Roland 139
Baumgart, Reinhard 278
Becker, Jürgen 259, 275, 278–287, 290–291, 299
Becker, Rolf 290
Beckett, Samuel 259
Benjamin, Walter 228, 245
Benveniste, Émile 34–35
Berger, Joe 196–197
Betten, Anne 2, 29–30, 39, 41, 78, 85–86, 109, 164, 218, 326, 354–355, 361
Billenkamp, Michael 19, 29, 115, 164, 331
Blana, Hubert 298
Bloch, Ernst 228, 245, 258
Blöcker, Günter 241, 248–249
Bloemsaat-Voerknecht, Lisbeth 111, 140, 196, 202
Bohrer, Karl-Heinz 246, 346
Botond, Anneliese 246
Büchner, Georg 248
Buhrs, Michael 226
Burger, Hermann 309
Büttner, Urs 102, 121

Campe, Rüdiger 7, 20–21, 55
Cancik-Kirschbaum, Eva 5, 92
Catalano, Gabriella 369
Chartier, Roger 268
Cixous, Hélène 253

Damerau, Burghard 37, 39, 51
De Jong, Ralf 335

De Jong, Stephanie 335
Derrida, Jacques 369
De Saussure, Ferdinand 264
Diller, Axel 111
Dittmar, Jens 196
Dorschel, Andreas 319
Dressel, Manuela 371

Eco, Umberto 119
Eder, Alois 1, 53, 361
Eich, Günter 245
Eldridge, Leroy 247
Éluard, Paul 311
Enzensberger, Hans Magnus 226–228, 233, 245, 259
Ernst, Albert 234, 263–264, 301, 315
Eyckeler, Franz 42, 218, 326, 364, 366

Fabjan, Peter 100, 131
Falcke, Eberhard 321–322
Fehrmann, Gisela 6, 95, 364
Fellinger, Raimund 100, 149, 153, 202, 204, 223, 227, 314, 372
Felsch, Philipp 227
Fleckhaus, Ulla 253
Fleckhaus, Willy 225, 228–233, 236, 246–247, 251–256, 258–260, 272–274, 290, 304–306, 330
Fleischmann, Krista 15, 148, 200, 314, 373
Flusser, Vilém 10, 55, 107
Forssman, Friedrich 3–4, 173, 258, 274, 294, 299, 316, 331
Freud, Sigmund 367
Freumbichler, Johannes 19, 100, 131–132
Friedel, Friedrich 240
Frisch, Max 101, 233, 245, 259

Gerlach, Rainer 11, 227–228, 231, 233, 237–238, 242, 247, 250
Gfrereis, Heike 134
Giertler, Mareike 163, 297–299
Giuriato, Davide 20, 56
Goetz, Rainald 112, 115
Gomez, Anne-Sophie 202, 311–312

Gößling, Andreas 29, 38, 42, 341
Gotterbarm, Mario 102, 121
Götze, Clemens 14, 111, 371–373
Grésillon, Almuth 103
Grieshop, Herbert 71, 76, 114, 337, 346, 360
Groothuis, Rainer 240
Gross, Sabine 49, 53, 220, 332, 339–340
Grube, Gernot 5
Gubig, Matthias 240
Guldin, Rainer 107
Gumbrecht, Hans Ulrich 347

Haas, Claude 28, 37–38, 52, 261, 370
Habermas, Jürgen 259, 300–301
Haller, Miriam 94–95
Handke, Peter 101, 122–123, 125, 210, 233, 243, 246–247, 259, 275, 288, 291–299, 302, 304, 318, 210
Haueis, Eduard 175
Hausendorf, Heiko 363
Heidegger, Martin 43, 99, 126, 148
Helms-Derfert, Hermann 37
Hennetmair, Karl Ignaz 98, 128
Hens, Gregor 148
Hermey, Guido 96
Hesse, Hermann 259, 274
Hesse, Petra 226
Hiergeist, Teresa 35
Hildesheimer, Wolfgang 281
Hoell, Joachim 19–20, 29, 240
Hofmann, Kurt 133, 138, 217
Höller, Hans 43, 218–219
Holmsten, Georg 199, 201
Huber, Martin 86–90, 100–101, 202, 370
Huntemann, Willi 179, 218
Hurlebusch, Klaus 8, 24–26, 87, 90, 97, 103–106, 186, 222
Husserl, Edmund 235

Inhoff, Albrecht W. 53
Iser, Wolfgang 235

Jacob, Lars 1, 35, 43, 218
Jakobson, Roman 82–83
Janke, Pia 111
Jeske, Wolfgang 225
Johnson, Uwe 233, 245

Judex, Bernhard 131
Jünger, Ernst 133

Kafka, Franz 296–298
Kahrs, Peter 327, 359–362
Kammasch, Tim 163
Kammer, Stephan 101, 120–121
Kappes, Christoph 1, 81, 119, 360
Kapr, Albert 257
Kastberger, Klaus 101
Kato, Hiloko 363
Kedzierski, Marek 131
Kepplinger-Prinz, Christoph 122
Kerouac, Jack 187
Kesselheim, Wolfgang 363
Killius, Christina 294
Kittler, Friedrich 99
Klug, Christian 29, 117, 361–362
Knopf, Alexander 370–371
Koetzle, Hans-Michael 225–226, 238, 247, 251, 253, 272–274, 290, 304–306
Kogge, Werner 5–6, 8–9, 91–93, 95, 97, 343, 355
Kohlenbach, Margarete 37–38, 184
Köllerer, Christian 15
Köppel, Rea 163
Körte, Mona 27
Krämer, Sybille 5, 92, 95, 266
Kring, Alfred 120–121
Kubrick, Stanley 56–59
Kuby, Erich 293–294
Kuhn, Christoph 309
Kuhn, Gudrun 111

Lachner, Harry 319
Lagercrantz, Olof 259–260
Lamping, Dieter 283
Langendorf, Nikolaus 1, 360, 372
Lardent, Victor 263
Lenz, Siegfried 247
Linz, Erika 6, 95, 364
Löffler, Sigrid 308
Ludwig, Otto 175–176, 183
Luhmann, Niklas 112
Lütkehaus, Ludger 126

Maak, Niklas 261
Maier, Wolfgang 39, 47, 366
Mallarmé, Stéphane 269, 283, 285
Man Ray 268–269
Marquardt, Eva 35, 220
Martens, Gunter 103
Martus, Steffen 11, 205, 311, 313
Mayer, Franziska 287
Menke, Bettine 165
Metz, Bernhard 56
Meyer, Thomas 28, 172
Michalski, Claudia 232
Missing, Christina Cesara 362
Mitscherlich, Alexander 259
Mittermayer, Manfred 128, 209, 240, 326, 332–333, 371
Morison, Stanley 263
Müller-Wille, Klaus 56

Nebrig, Alexander 163
Neef, Sonja 102
Neumeyer, Harald 23, 140
Niccolini, Elisabetta 261
Nienhaus, Birgit 43
Nossack, Hans Erich 245
Nottbusch, Guido 107
Novalis 164, 248

Oster, Sandra 260, 306

Pause, Johannes 38, 41
Pektor, Katharina 296
Pfabigan, Alfred 29, 310
Picabia, Francis 269
Pichler, Georg 293
Piwitt, Hermann 293
Podszun, Johannes Frederik G. 19
Polaschegg, Andrea 3–4, 6, 36, 39, 82–83, 95, 115, 234–235, 264, 266, 269, 283–285, 312–313, 346, 355–359, 362, 365
Pontzen, Alexandra 22, 24

Radax, Ferry 93, 143–144, 172
Rahn, Thomas 235
Raible, Wolfgang 5
Rambures, Jean-Louis 111, 120, 208–209

Rau, Cornelia 176, 182–183
Rautenberg, Ursula 322
Rayne, Keith 53
Reichensperger, Richard 153
Reich-Ranicki, Marcel 243, 246, 289, 309, 318
Reiser, Andrej 306
Richter, Henje 367
Ries, Thorsten 157

Sarkowski, Heinz 225
Scheffler, Markus 370
Schiller, Walter 257
Schlichtmann, Silke 151
Schmidt, Arno 101, 187
Schmidt, Dietmar 347
Schmidt-Dengler, Wendelin 37, 169, 261
Schmied, Erika 13, 18–19
Schmied, Wieland 13, 18–19, 240
Schneeweiss, Frederik 102, 121
Schönthaler, Philipp 109
Schopf, Wolfgang 227
Seel, Martin 346–347
Sorg, Bernhard 29, 38, 218, 326
Spinnler, Rolf 154, 202, 223
Spoerhase, Carlos 163
Staudt, Rolf 258, 260
Steingröver, Reinhild 41
Stingelin, Martin 7, 20, 54–56
Strebel-Zeller, Christa 218
Strittmatter, Ellen 134
Strowick, Elisabeth 81
Suhrkamp, Peter 225, 227, 230, 237
Süselbeck, Jan 164–165
Szabó, Magda 253

Tabah, Mireille 371
Terhorst, Christel 294
Thabti, Sahbi 39
Tieck, Ludwig 311
Totzke, Rainer 5, 92
Tracy, Walter 263
Tschichold, Jan 234

Unseld, Siegfried 32–33, 153, 158–159, 173, 189, 202–203, 211, 223–234, 236–238, 242–245, 247, 249–251, 257–264, 266,

272–273, 295–296, 300–308, 313–314, 317–319, 321–322, 324, 329–330, 338, 342, 352
Urbantschitsch, Viktor 23, 140

Valéry, Paul 234–235
Vellusig, Robert 76
Viollet, Catherine 104, 124, 139, 187
Voica, Alina 19, 150–151

Wagenbach, Klaus 318
Walser, Martin 233, 245, 259, 279, 287–291, 299, 303, 305
Wehde, Susanne 3–4, 60, 165, 167, 172, 264–271, 275, 289, 315, 327–328, 332, 339
Weingarten, Rüdiger 107
Weinzierl, Ulrich 219–220
Weiss, Peter 233, 245
Werner, Juliane 370

Wieland, Magnus 269
Will, Udo 107
Willberg, Hans Peter 3–4, 173, 251, 258, 267, 273–274, 294, 299, 302, 316, 331
Windgätter, Christof 227–228, 273
Windrich, Johannes 112–115, 118, 124, 364
Winterstein, Stefan 12, 191, 202, 326
Witte, Georg 271
Wittgenstein, Ludwig 4, 36, 234–235, 245, 370
Wolfe, Thomas 100
Wolff, Carsten M. 225–226, 228, 238, 247, 251, 253, 273–274, 290, 304–306
Wolff, Kurt 296

Zanetti, Sandro 54–58, 60
Zeeh, Burgel 156
Zeller, Hans 103
Zuckmayer, Carl 239, 241, 246

www.ingramcontent.com/pod-product-compliance
Lightning Source LLC
Chambersburg PA
CBHW051554230426
43668CB00013B/1853